CHRISTIAN BAUER
GAVIN KING

JAVA PERSISTENCE COM HIBERNATE

TRADUÇÃO
GUSTAVO VINOCUR
SUN CERTIFIED JAVA PROGRAMMER
SUN CERTIFIED WEB COMPONENT DEVELOPER

Do original

Java Persistence with Hibernate, by Christian Bauer and Gavin King

Original English language edition published by Manning Publications Co., 209 Bruce Park Avenue, Greenwich, Connecticut 06830. Copyright© 2007 by Manning Publications Co. Portuguese language edition copyright© 2007 by Editora Ciência Moderna Ltda. All rights reserved.

Copyright© 2007 Editora Ciência Moderna Ltda.

Todos os direitos para a língua portuguesa reservados pela EDITORA CIÊNCIA MODERNA LTDA.

Nenhuma parte deste livro poderá ser reproduzida, transmitida e gravada, por qualquer meio eletrônico, mecânico, por fotocópia e outros, sem a prévia autorização, por escrito, da Editora.

Editor: Paulo André P. Marques
Supervisão Editorial: Carlos Augusto L. Almeida
Tradução: Gustavo Vinocur
Capa: Patricia Seabra (baseada no original)
Diagramação: Érika Loroza
Arte-final: Patricia Seabra
Copidesque: Luiz Carlos de Paiva Josephson
Assistente Editorial: Daniele M. Oliveira

Várias **Marcas Registradas** aparecem no decorrer deste livro. Mais do que simplesmente listar esses nomes e informar quem possui seus direitos de exploração, ou ainda imprimir os logotipos das mesmas, o editor declara estar utilizando tais nomes apenas para fins editoriais, em benefício exclusivo do dono da Marca Registrada, sem intenção de infringir as regras de sua utilização.

FICHA CATALOGRÁFICA

Bauer, Christian e King, Gavin
Java Persistence com Hibernate
Rio de Janeiro: Editora Ciência Moderna Ltda., 2007.

Informática; Linguagem de programação; Java
I — Título

ISBN: 978-85-7393-614-8   CDD 001642

Editora Ciência Moderna Ltda.
Rua Alice Figueiredo, 46 – Riachuelo
CEP: 20950-150– Rio de Janeiro, RJ – Brasil
Tel: (21) 2201-6662
Fax: (21) 2201-6896
E-mail: lcm@lcm.com.br
www.lcm.com.br

Elogios à Primeira Edição

"Melhor Livro de Java de 2005!"

—Java Developer's Journal

Hibernate em Ação deve ser considerado o tomo definitivo sobre Hibernate. Como os autores estão intimamente envolvidos com o projeto, a percepção sobre o Hibernate que eles fornecem não pode ser facilmente duplicada.

—JavaRanch.com

"Não somente põe você em dia com o Hibernate e suas características... Também lhe apresenta a maneira correta de desenvolver e ajustar uma aplicação Hibernate de qualidade industrial. ...apesar de muito técnico, sua leitura é espantosamente fácil...infelizmente muito raro hoje em dia...[um] excelente produto..."

—JavaLobby.com

"O primeiro e único tutorial, referência e guia confiável completo, e um dos livros mais esperados do ano pelos usuários do Hibernate."

—Dr. Dobb's Journal

"...o livro ultrapassou as minhas expectativas...esse livro é a solução definitiva."

—Javalobby.org, (segunda crítica, outono de 2005)

"...de ninguém mais que o desenvolvedor-chefe e o documentador-chefe, esse livro é uma ótima introdução e documentação de referência para o uso do Hibernate. Ele está organizado de tal maneira que os conceitos são explicados em ordem progressiva, dos mais simples para os mais complexos, e os autores tomam bastante cuidado ao explicar cada detalhe com bons exemplos. ... O livro não somente põe você em dia com o Hibernate e suas características (o que a documentação faz muito bem). Também lhe apresenta a correta maneira de desenvolver e ajustar uma aplicação Hibernate de qualidade industrial."

—Slashdot.org

"Altamente recomendado, pois um tópico contemporâneo e estado da arte está muito bem explicado, e especialmente, pois as palavras vêm literalmente dos mestres do assunto."

—C Vu, o Jornal da ACCU

"O guia final para o projeto de código aberto Hibernate. Ele fornece informação detalhada sobre a arquitetura do Hibernate, a configuração do Hibernate e o desenvolvimento usando o Hibernate... Ele também explica conceitos essenciais, como mapeamento objeto/relacional (ORM), persistência, cacheamento, consultas e descreve como elas são tratadas com relação ao Hibernate... escrito pelos criadores do Hibernate que fizeram os maiores esforços para introduzir e potencializar o Hibernate. Eu recomendo esse livro para todo aquele que estiver interessado em ficar familiarizado com o Hibernate."

—*JavaReference.com*

"Vale o preço... Embora a documentação on-line seja boa (o Sr. Bauer, um dos autores, está no comando da documentação on-line), o livro é melhor. Ele começa com uma descrição do que você está tentando fazer (freqüentemente deixado de fora em livros de computador) e o conduz de uma maneira consistente através de todo o sistema Hibernate. Excelente livro!"

—*Books-on-Line*

"Uma leitura compacta (408 páginas), focada, sensata e uma fonte essencial para qualquer um que se aventure no cenário do ORM. Os primeiros três capítulos desse livro sozinhos são indispensáveis para os desenvolvedores que querem rapidamente construir uma aplicação potencializando o Hibernate, mas mais importante para os que realmente querem entender os conceitos, framework, metodologia e as razões que moldaram o desenho do framework do Hibernate. Os demais capítulos continuam a abrangente visão geral do Hibernate que inclui como mapear e persistir objetos, herança, transações, concorrência, cacheamento, recuperar objetos eficientemente usando HQL, configurar o Hibernate para ambientes gerenciados e não gerenciados, e o Hibernate Toolset, que pode ser potencializado para vários cenários de desenvolvimento diferentes."

—*Grupo de Usuários Java de Columbia*

"Os autores mostram seu conhecimento de bancos de dados relacionais e o paradigma de mapear esse mundo com o mundo orientado para objetos do Java. É por isso que o livro é tão bom em explicar o Hibernate no contexto de resolver ou fornecer uma solução para o problema bastante complexo do mapeamento objeto/relacional."

—*GUJ de Denver*

Sumário

Prólogo à edição revisada XIII

Prólogo à primeira edição XV

Prefácio à edição revisada XVII

Prefácio à primeira edição XIX

Agradecimentos XXI

Este livro XXIII

A ilustração da capa XXVII

Parte 1 – Introdução ao Hibernate e ao EJB 3.0 1

Capítulo 1 – Entenda persistência objeto/relacional 3

1.1 O que é persistência? 5
    1.1.1 Bancos de dados relacionais 5
    1.1.2 Entenda o SQL 6
    1.1.3 Como usar SQL no Java 7
    1.1.4 Persistência em aplicações orientadas para objetos 8

1.2 Disparidade do paradigma 10
    1.2.1 Problema da granulosidade 12
    1.2.2 Problema dos subtipos 13
    1.2.3 Problema da identidade 14
    1.2.4 Problemas relacionados às associações 16
    1.2.5 Problema de navegação de dados 18
    1.2.6 Custo da disparidade 19

1.3 Camadas de persistência e alternativas 20
    1.3.1 Arquitetura em camadas 20
    1.3.2 Como codificar à mão uma camada de persistência com SQL/JDBC ... 22
    1.3.3 Como utilizar serialização 23
    1.3.4 Sistemas de banco de dados orientados para objetos 23
    1.3.5 Outras opções 24

1.4 Mapeamento objeto/relacional 24
    1.4.1 O que é ORM? 25
    1.4.2 Problemas genéricos de ORM 27
    1.4.3 Por que ORM? 28

VI | JAVA PERSISTENCE COM HIBERNATE

1.4.4 Apresentação do Hibernate, EJB3 e JPA 31
1.5 Resumo 35

Capítulo 2 – Como começar um projeto 37
2.1 Como começar um projeto com Hibernate 38
   2.1.1 Selecione um processo de desenvolvimento 39
   2.1.2 Como montar o projeto 41
   2.1.3 Como configurar e inicializar o Hibernate 49
   2.1.4 Como rodar e testar a aplicação 60
2.2 Como começar um projeto com Java Persistence 68
   2.2.1 Como usar o Hibernate Annotations 68
   2.2.2 Como usar o Hibernate EntityManager 72
   2.2.3 Introdução aos componentes EJB 79
   2.2.4 Como trocar para interfaces do Hibernate 86
2.3 Engenharia reversa em um banco de dados legado 88
   2.3.1 Como criar a configuração do banco de dados 89
   2.3.2 Como customizar a engenharia reversa 90
   2.3.3 Como gerar código-fonte Java 92
2.4 Como integrar com serviços Java EE 96
   2.4.1 Como integrar a JTA 97
   2.4.2 SessionFactory vinculada a JNDI 101
   2.4.3 Como implantar o serviço JMX 103
2.5 Resumo 104

Capítulo 3 – Modelos de domínio e metadados 105
3.1 Aplicação CaveatEmptor 106
   3.1.1 Como analisar o domínio de negócios 107
   3.1.2 Modelo de domínio do CaveatEmptor 108
3.2 Como implementar o modelo de domínio 110
   3.2.1 Como tratar o vazamento das preocupações 111
   3.2.2 Persistência transparente e automatizada 112
   3.2.3 Como escrever POJOs e classes persistentes de entidade 113
   3.2.4 Como implementar associações no POJO 116
   3.2.5 Como adicionar lógica aos métodos de acesso 120
3.3 Metadados de mapeamento objeto/relacional 123
   3.3.1 Metadados em XML 123
   3.3.2 Metadados baseados em anotação 125
   3.3.3 Como usar o XDoclet 131
   3.3.4 Como tratar os metadados globais 133
   3.3.5 Como manipular os metadados em tempo de execução 138
3.4 Representação alternativa de entidade 140
   3.4.1 Como criar as aplicações dinâmicas 141
   3.4.2 Como representar os dados em XML 148
3.5 Resumo 152

Parte 2 – Conceitos e estratégias de mapeamento 155

Capítulo 4 – Como mapear classes persistentes 157
4.1 Entenda entidades e tipos de valor 158
   4.1.1 Modelos de domínio de granulosidade fina 158

SUMÁRIO | VII

4.1.2 Como definir conceito 159
4.1.3 Como identificar as entidades e os tipos de valor 160
4.2 Como mapear entidades com identidade 161
    4.2.1 Entenda identidade e igualdade Java 162
    4.2.2 Como tratar a identidade do banco de dados 162
    4.2.3 Chaves primárias do banco de dados 166
4.3 Opções de mapeamento de classe 171
    4.3.1 Geração dinâmica de SQL 172
    4.3.2 Como tornar uma entidade imutável 173
    4.3.3 Como nomear entidades para consultas 173
    4.3.4 Como declarar um nome de pacote 174
    4.3.5 Como pôr entre aspas os identificadores SQL 175
    4.3.6 Como implementar convenções de nomenclatura 175
4.4 Modelos e mapeamentos de granulosidade fina 177
    4.4.1 Como mapear propriedades básicas 177
    4.4.2 Como mapear componentes 184
4.5 Resumo 189

CAPÍTULO 5 – HERANÇA E TIPOS CUSTOMIZADOS **191**

5.1 Como mapear herança de classe 192
    5.1.1 Tabela por classe concreta com polimorfismo implícito 192
    5.1.2 Tabela por classe concreta com uniões 195
    5.1.3 Tabela por hierarquia de classe 199
    5.1.4 Tabela por subclasse 203
    5.1.5 Como misturar estratégias de herança 207
    5.1.6 Como escolher uma estratégia 210
5.2 O sistema de tipo do Hibernate 212
    5.2.1 Recapitulação de entidade e tipos de valor 212
    5.2.2 Tipos de mapeamento inerentes 214
    5.2.3 Como usar os tipos de mapeamento 219
5.3 Como criar tipos de mapeamento customizados 220
    5.3.1 Considere os tipos de mapeamento customizados 221
    5.3.2 Os pontos de extensão 222
    5.3.3 O caso para tipos de mapeamento customizados 223
    5.3.4 Como criar um UserType 224
    5.3.5 Como criar um CompositeUserType 228
    5.3.6 Como parametrizar os tipos customizados 230
    5.3.7 Como mapear as enumerações 233
5.4 Resumo 239

CAPÍTULO 6 – COMO MAPEAR COLEÇÕES E ASSOCIAÇÕES DE ENTIDADE **240**

6.1 Conjuntos, sacolas, listas e mapas de tipos de valor 241
    6.1.1 Como selecionar uma interface de coleção 241
    6.1.2 Como mapear um conjunto 243
    6.1.3 Como mapear uma sacola identificadora 244
    6.1.4 Como mapear uma lista 246
    6.1.5 Como mapear um mapa 247
    6.1.6 Coleções classificadas e ordenadas 248

VIII | JAVA PERSISTENCE COM HIBERNATE

6.2 Coleções de componentes 251
    6.2.1 Como escrever classe componente 252
    6.2.2 Como mapear coleção 252
    6.2.3 Como habilitar navegação bidirecional 253
    6.2.4 Como evitar colunas not-null 254
6.3 Como mapear coleções com anotações 256
    6.3.1 Mapeamento básico de coleção 256
    6.3.2 Coleções classificadas e ordenadas 257
    6.3.3 Como mapear uma coleção de objetos embutidos 258
6.4 Como mapear um relacionamento pai/filho 260
    6.4.1 Multiplicidade 261
    6.4.2 A associação mais simples possível 261
    6.4.3 Como tornar a associação bidirecional 264
    6.4.4 Como cascatear estado do objeto 267
6.5 Resumo 275

CAPÍTULO 7 – MAPEAMENTOS AVANÇADOS DE ASSOCIAÇÃO DE ENTIDADE 277

7.1 Associações de entidade monovaloradas 278
    7.1.1 Associações de chave primária compartilhada 279
    7.1.2 Associações de chave estrangeira um-para-um 282
    7.1.3 Como mapear com uma tabela de junção 285
7.2 Associações de entidade multivaloradas 290
    7.2.1 Associações um-para-muitos 290
    7.2.2 Associações muitos-para-muitos 297
    7.2.3 Como adicionar colunas em tabelas de junção 303
    7.2.4 Como mapear mapas 310
7.3 Associações polimórficas 313
    7.3.1 Associações polimórficas muitos-para-um 313
    7.3.2 Coleções polimórficas 315
    7.3.3 Associações polimórficas para uniões 316
    7.3.4 Tabela polimórfica por classe concreta 319
7.4 Resumo 321

CAPÍTULO 8 – BANCO DE DADOS LEGADO E SQL CUSTOMIZADO 322

8.1 Como integrar banco de dados legado 323
    8.1.1 Como tratar chaves primárias 324
    8.1.2 Condições de junção arbitrárias com fórmulas 337
    8.1.3 Como juntar tabelas arbitrárias 342
    8.1.4 Como trabalhar com gatilhos 346
8.2 Como customizar o SQL 350
    8.2.1 Como escrever declarações CRUD customizadas 351
    8.2.2 Como integrar procedimentos e funções armazenados 356
8.3 Como melhorar a DDL do esquema 364
    8.3.1 Nomes e tipos de dados SQL customizados 365
    8.3.2 Como garantir a consistência dos dados 367
    8.3.3 Como adicionar restrições de domínios e coluna 369
    8.3.4 Restrições no nível de tabela 370
    8.3.5 Restrições de banco de dados 373
    8.3.6 Como criar índices 375

SUMÁRIO IX

8.3.7 Como adicionar DDL auxiliar 376
8.4 Resumo 378

PARTE 3 – PROCESSAMENTO CONVERSACIONAL DE OBJETOS 381

CAPÍTULO 9 – COMO TRABALHAR COM OBJETOS 383
9.1 Ciclo de vida da persistência 384
   9.1.1 Estados de objeto 385
   9.1.2 Contexto de persistência 388
9.2 Identidade e igualdade de objeto 391
   9.2.1 Introdução às conversações 391
   9.2.2 Escopo de identidade do objeto 393
   9.2.3 Identidade de objetos desligados 394
   9.2.4 Como estender um contexto de persistência 400
9.3 Interfaces do Hibernate 401
   9.3.1 Como guardar e carregar objetos 402
   9.3.2 Como trabalhar com objetos desligados 408
   9.3.3 Como gerenciar o contexto de persistência 414
9.4 API do Java Persistence 417
   9.4.1 Como guardar e carregar objetos 417
   9.4.2 Como trabalhar com instâncias de entidade desligadas 423
9.5 Como usar o Java Persistence em componentes EJB 426
   9.5.1 Como injetar uma EntityManager 426
   9.5.2 Como pesquisar uma EntityManager 429
   9.5.3 Como acessar uma EntityManagerFactory 429
9.6 Resumo 431

CAPÍTULO 10 – TRANSAÇÕES E CONCORRÊNCIA 433
10.1 Noções básicas de transação 434
   10.1.1 Transações de banco de dados e de sistema 435
   10.1.2 Transações em uma aplicação Hibernate 437
   10.1.3 Transações com Java Persistence 449
10.2 Como controlar acesso concorrente 453
   10.2.1 Entenda concorrência no nível do banco de dados 453
   10.2.2 Controle de concorrência otimista 458
   10.2.3 Como obter garantias adicionais de isolamento 465
10.3 Acesso não transacional a dados 469
   10.3.1 Como desmitificar os mitos da autoconfirmação 470
   10.3.2 Como trabalhar de forma não transacional com o Hibernate 471
   10.3.3 Transações opcionais com JTA 473
10.4 Resumo 474

CAPÍTULO 11 – COMO IMPLEMENTAR CONVERSAÇÕES 476
11.1 Como propagar a Session do Hibernate 477
   11.1.1 O caso de uso para propagação de Session 478
   11.1.2 Propagação através de thread-local 480
   11.1.3 Propagação com JTA 482
   11.1.4 Propagação com EJBs 483
11.2 Conversações com o Hibernate 485
   11.2.1 Como fornecer garantias conversacionais 485

X | JAVA PERSISTENCE COM HIBERNATE

11.2.2 Conversações com objetos desligados 486
11.2.3 Como estender uma Session para uma conversação 489
11.3 Conversações com JPA 497
11.3.1 Propagação do contexto de persistência em Java SE 498
11.3.2 Como fundir objetos desligados em conversações 499
11.3.3 Como estender o contexto de persistência em Java SE 501
11.4 Conversações com EJB 3.0 506
11.4.1 Como propagar contexto com EJBs 506
11.4.2 Contextos de persistência estendidos com EJBs 510
11.5 Resumo 515

CAPÍTULO 12 – COMO MODIFICAR OBJETOS EFICIENTEMENTE 517
12.1 Persistência transitiva 518
12.1.1 Persistência por acessibilidade 519
12.1.2 Como aplicar cascateamento para as associações 520
12.1.3 Como trabalhar com estado transitivo 524
12.1.4 Associações transitivas com JPA 531
12.2 Operações em massa e em lote 532
12.2.1 Declarações em massa com HQL e JPA QL 533
12.2.2 Como processar em lotes 537
12.2.3 Como usar uma Session sem estado 539
12.3 Filtragem de dados e interceptação 540
12.3.1 Filtros de dados dinâmicos 541
12.3.2 Como interceptar eventos do Hibernate 546
12.3.3 O sistema de evento do núcleo 553
12.3.4 Receptores e callbacks de entidade 556
12.4 Resumo 558

CAPÍTULO 13 – COMO OTIMIZAR A RECUPERAÇÃO E O CACHEAMENTO 559
13.1 Como definir o plano de recuperação global 560
13.1.1 As opções de recuperação de objeto 560
13.1.2 O plano de recuperação preguiçosa padronizada 564
13.1.3 Entenda proxies 564
13.1.4 Como desabilitar a geração de proxy 567
13.1.5 Carregamento ansioso de associações e coleções 568
13.1.6 Carregamento preguiçoso com interceptação 571
13.2 Como selecionar uma estratégia de recuperação 573
13.2.1 Como pré-recuperar dados em lotes 574
13.2.2 Como pré-recuperar coleções com subseleções 577
13.2.3 Recuperação ansiosa com junções 578
13.2.4 Como otimizar a recuperação para tabelas secundárias 581
13.2.5 Diretrizes de otimização 584
13.3 Fundamentos do cacheamento 592
13.3.1 Estratégias e escopos de cacheamento 593
13.3.2 A arquitetura do cache do Hibernate 597
13.4 Cacheamento na prática 602
13.4.1 Como selecionar uma estratégia de controle de concorrência 602
13.4.2 Entenda regiões do cache 604

Sumário | XI

13.4.3 Como configurar um fornecedor de cache local 605
13.4.4 Como configurar um cache replicado 606
13.4.5 Como controlar o cache de segundo nível 611
13.5 Resumo 612

Capítulo 14 – Como consultar com HQL e JPA QL 614
14.1 Como criar e rodar consultas 615
14.1.1 Como preparar uma consulta 616
14.1.2 Como executar uma consulta 625
14.1.3 Como usar consultas nomeadas 629
14.2 Consultas HQL e JPA QL básicas 633
14.2.1 Seleção 633
14.2.2 Restrição 635
14.2.3 Projeção 641
14.3 Junções, consultas de relatório e subseleções 643
14.3.1 Como juntar relações e associações 643
14.3.2 Consultas de relatório 655
14.3.3 Como usar subseleções 659
14.4 Resumo 662

Capítulo 15 – Opções avançadas de consulta 663
15.1 Como consultar com critérios e exemplo 664
15.1.1 Consultas básicas por critérios 665
15.1.2 Junções e recuperação dinâmica 670
15.1.3 Projeção e consultas informativas 676
15.1.4 Consulta por exemplo 680
15.2 Como usar consultas em SQL nativo 683
15.2.1 Tratamento automático do conjunto de resultados 683
15.2.2 Como recuperar valores escalares 684
15.2.3 SQL nativo em Java Persistence 686
15.3 Como filtrar coleções 688
15.4 Como cachear resultados de consulta 691
15.4.1 Como habilitar o cache do resultado de consulta 691
15.4.2 Entenda o cache de consulta 692
15.4.3 Quando usar o cache de consulta 693
15.4.4 Pesquisas ao cache por identificador natural 693
15.5 Resumo 695

Capítulo 16 – Como criar e testar aplicações em camadas 697
16.1 O Hibernate em uma aplicação web 698
16.1.1 Como introduzir o caso de uso 698
16.1.2 Como escrever um controlador 699
16.1.3 O padrão Open Session in View 701
16.1.4 Como projetar inteligentes modelos de domínio 705
16.2 Como criar uma camada de persistência 708
16.2.1 Um genérico padrão de objeto de acesso a dados 709
16.2.2 Como implementar a interface CRUD genérica 711
16.2.3 Como implementar DAOs de entidade 713
16.2.4 Como usar objetos de acesso a dados 715

XII | JAVA PERSISTENCE COM HIBERNATE

16.3 Introdução ao padrão Command 718
   16.3.1 As interfaces básicas 719
   16.3.2 Como executar objetos de comando 721
   16.3.3 Variações do padrão Command 723
16.4 Como projetar aplicações com EJB 3.0 725
   16.4.1 Como implementar uma conversação com stateful beans 725
   16.4.2 Como escrever DAOs com EJBs 727
   16.4.3 Como utilizar injeção de dependência 728
16.5 Como testar 730
   16.5.1 Entenda os diferentes tipos de testes 731
   16.5.2 Introdução ao TestNG 732
   16.5.3 Como testar a camada de persistência 736
   16.5.4 Considere benchmarks de performance 744
16.6 Resumo 746

CAPÍTULO 17 – INTRODUÇÃO AO JBOSS SEAM 747

17.1 O modelo de programação do Java EE 5.0 748
   17.1.1 Considere JavaServer Faces 749
   17.1.2 Considere EJB 3.0 751
   17.1.3 Como escrever uma aplicação web com JSF e EJB 3.0 752
   17.1.4 Análise da aplicação 762
17.2 Como melhorar a aplicação com o Seam 765
   17.2.1 Como configurar o Seam 766
   17.2.2 Como vincular páginas a componentes Seam com estado 767
   17.2.3 Análise da aplicação Seam 773
17.3 Entenda componentes contextuais 779
   17.3.1 Como escrever a página de login 779
   17.3.2 Como criar os componentes 781
   17.3.3 Como apelidar variáveis contextuais 784
   17.3.4 Como completar a característica de login/logout 786
17.4 Como validar entrada do usuário 789
   17.4.1 Introdução ao Hibernate Validator 790
   17.4.2 Como criar a página de registro 791
17.5 Como simplificar a persistência com o Seam 803
   17.5.1 Como implementar uma conversação 804
   17.5.2 Como deixar o Seam gerenciar o contexto de persistência 811
17.6 Resumo 816

PRÓLOGO À EDIÇÃO REVISADA

Quando *Hibernate em Ação* foi publicado há dois anos, ele foi imediatamente reconhecido não somente como o livro definitivo sobre o Hibernate, mas também como o trabalho definitivo sobre mapeamento objeto/relacional.

Nesse meio tempo, o cenário da persistência mudou com a liberação da API Java Persistence, o novo padrão para mapeamento objeto/relacional para Java EE e Java SE, que foi desenvolvido sob o Processo da Comunidade Java (JCP) como parte da Especificação do Enterprise JavaBeans 3.0.

No desenvolvimento da API Java Persistence, o Grupo de Especialistas do EJB 3.0 se beneficiou amplamente da experiência dos frameworks de mapeamento O/R já em uso na comunidade Java. Como um dos líderes entre esses, o Hibernate teve uma influência muito significativa na direção técnica do Java Persistence. Isso foi por causa não somente da participação de Gavin King e outros membros da equipe do Hibernate no esforço de padronização do EJB 3.0, mas foi também em grande parte por causa da abordagem direta e pragmática que o Hibernate tomou em direção ao mapeamento O/R e à simplicidade, claridade e poder de suas APIs – e o agrado resultante delas à comunidade Java.

Além de suas contribuições ao Java Persistence, os desenvolvedores do Hibernate também fizeram grandes avanços com a liberação do Hibernate 3 descrito neste livro. Dentre eles estão o suporte para operações sobre grandes conjuntos de dados; opções de mapeamento adicionais e mais sofisticadas, especialmente para tratamento de banco de dados legado; filtros de dados; estratégias para gerenciamento de conversações; e integração com o Seam, o novo framework para desenvolvimento de aplicação web com JSF e EJB 3.0.

Java Persistence com Hibernate é então consideravelmente mais do que meramente uma segunda edição do *Hibernate em Ação*. Ele fornece um panorama abrangente de todas as capacidades da API Java Persistence além daquelas às do Hibernate 3, assim como uma análise comparativa detalhada dos dois. Ele descreve como o Hibernate tem sido usado para implementar o padrão Java Persistence e como aproveitar as extensões do Hibernate para o Java Persistence.

Mais importante: por toda a apresentação do Hibernate e do Java Persistence, Christian Bauer e Gavin King ilustram e explicam os princípios e decisões fundamentais que precisam ser levados em consideração tanto no desenho quanto no uso de um framework de mapeamento objeto/relacional. Os conhecimentos que eles fornecem nas questões subjacentes de ORM dão ao leitor um profundo entendimento da eficiente aplicação de ORM como uma tecnologia corporativa.

Java Persistence com Hibernate alcança com isso uma grande gama de desenvolvedores – desde recém-chegados ao mapeamento objeto/relacional até desenvolvedores experientes – buscando aprender mais sobre inovações tecnológicas de ponta na comunidade Java que ocorreram e que continuam a emergir como resultado desse trabalho.

LINDA DEMICHIEL
Chefe de Especificação
Enterprise JavaBeans 3.0 e Java Persistence
Sun Microsystems

Prólogo à primeira edição

Bancos de dados relacionais estão incontestavelmente no núcleo da corporação moderna.

Enquanto modernas linguagens de programação, incluindo Java[TM], fornecem uma visão intuitiva, orientada para objetos, de entidades de negócio no nível da aplicação, os dados corporativos subjacentes a essas entidades são fortemente relacionais por natureza. Além disso, a principal força do modelo relacional – sobre os anteriores modelos navegacionais, assim como sobre os posteriores modelos BDOO – é que, por projeto, ele é intrinsecamente agnóstico à manipulação programática e à visão no nível da aplicação dos dados a que ele serve.

Muitas tentativas foram feitas para criar uma ponte entre a tecnologia relacional e a orientada para objetos, ou para substituir uma pela outra, mas a lacuna entre as duas é um dos fatos que não podem ser contestados pela computação corporativa hoje em dia. É esse desafio – o de fornecer uma ponte entre o dado relacional e os objetos Java[TM] – que o Hibernate assume através de sua abordagem do mapeamento objeto/relacional (ORM). O Hibernate cumpre esse desafio de uma maneira bem pragmática, direta e realista.

Como Christian Bauer e Gavin King demonstram neste livro, o uso eficaz da tecnologia ORM em todos, exceto os mais simples ambientes corporativos, requer entendimento e configuração de como a mediação entre o dado relacional e os objetos é realizada. Isso demanda que o desenvolvedor esteja ciente e instruído dos requisitos da aplicação e seus dados, da linguagem de consulta SQL, das estruturas relacionais de armazenamento e do potencial para otimização que a tecnologia relacional oferece.

Não somente o Hibernate fornece uma solução completa que cumpre esses requisitos de modo direto, como também ele é uma flexível e configurável arquitetura. Os desenvolvedores do Hibernate o projetaram com modularidade, "plugabilidade", extensibilidade e customização pelo usuário em mente. Como resultado, nos poucos anos desde sua liberação inicial, o Hibernate se tornou rapidamente uma das tecnologias de ORM líder para desenvolvedores corporativos – e merecidamente.

Este livro fornece uma completa visão geral do Hibernate. Ele aborda como usar suas capacidades de mapeamento de tipo e facilidades para modelar associações e herança; como recuperar objetos eficientemente usando a linguagem de consulta do Hibernate; como configurar o Hibernate para uso tanto em ambiente gerenciado quanto em não gerenciado; e como usar suas ferramentas. Além disso, ao longo do livro, os autores propiciam compreensão das questões subjacentes de ORM e das escolhas de projeto por detrás do Hibernate. Essas compreensões dão ao leitor um profundo entendimento do uso efetivo de ORM como uma tecnologia corporativa.

Hibernate em Ação é o guia definitivo para o uso do Hibernate e para o mapeamento objeto/relacional na computação corporativa nos dias de hoje.

LINDA DEMICHIEL
Arquiteta-Chefe, Enterprise JavaBeans
Sun Microsystems

Prefácio à Edição Revisada

O predecessor deste livro, *Hibernate em Ação*, começou com uma citação de Anthony Berglas: "Só porque é possível empurrar pequenos galhos pelo chão com o nariz de alguém não quer necessariamente dizer que é a melhor maneira de coletar lenha". Desde então, o projeto Hibernate, e as estratégias e os conceitos que os desenvolvedores de software se baseiam para gerenciar informação evoluíram. Contudo, as questões fundamentais ainda são as mesmas – todas as empresas com que trabalhamos todos os dias ainda usam bancos de dados SQL e o Java é entrincheirado na indústria como a primeira escolha para desenvolvimento de aplicação corporativa.

A representação tabular de dados em um sistema relacional é ainda fundamentalmente diferente em comparação às redes de objetos usadas em aplicações orientadas para objetos Java. Nós ainda vemos o obstáculo da disparidade objeto/relacional e, freqüentemente, vemos que a importância e o custo dessa disparidade são subestimados.

Por outro lado, agora temos uma variedade de ferramentas e soluções disponíveis para lidar com esse problema. Já terminamos de coletar a lenha e o isqueiro de bolso foi substituído por um lança-chamas.

O Hibernate agora está disponível em sua terceira grande liberação; Hibernate 3.2 é a versão que descrevemos neste livro. Se comparada a versões mais antigas, essa nova grande liberação tem duas vezes mais características – e este livro é quase o dobro do tamanho de *Hibernate em Ação*. A maioria dessas características é o que vocês, os desenvolvedores que trabalham com o Hibernate todo dia, pediram. Já dissemos algumas vezes que o Hibernate é uma solução de 90 por cento de todos os problemas com que um desenvolvedor de aplicação Java tem de lidar ao criar uma aplicação de banco de dados. Com a última versão do Hibernate, esse número está mais para 99 por cento.

À medida que o Hibernate amadureceu, e sua comunidade e base de usuários continuou crescendo, os padrões Java para gerenciamento de dados e desenvolvimento de aplicação de banco de dados foram julgados carentes por muitos desenvolvedores. Nós até mesmo lhe dissemos para não usar *entity beans* do EJB 2.x no *Hibernate em Ação*.

Entra o EJB 3.0 e o novo padrão Java Persistence. Esse novo padrão da indústria é um grande avanço para a comunidade de desenvolvedores Java. Ele define um leve e simplificado

XVIII | JAVA PERSISTENCE COM HIBERNATE

modelo de programação e uma poderosa persistência objeto/relacional. Muitos dos conceitos-chave do novo padrão foram modelados conforme o Hibernate e outras soluções de persistência objeto/relacional de sucesso. A mais recente versão do Hibernate implementa o padrão Java Persistence.

Então, além do novo tudo-em-um Hibernate para todo propósito, você pode agora usar o Hibernate como qualquer outro fornecedor de Java Persistence, com ou sem outros componentes EJB 3.0 e serviços Java EE 5.0. Essa profunda integração do Hibernate com tal rico modelo de programação lhe permite projetar e implementar funcionalidade de aplicação que antes era difícil de criar à mão.

Escrevemos este livro para lhe dar um completo e preciso guia tanto para o Hibernate quanto para o Java Persistence (e também para todos os conceitos relevantes do EJB 3.0). Esperamos que você aprecie aprender o Hibernate e que mantenha esta bíblia de referência na sua mesa para o seu trabalho diário.

Prefácio à primeira edição

Só porque é possível empurrar pequenos galhos pelo chão com o nariz de alguém não quer necessariamente dizer que é a melhor maneira de coletar lenha.

– Anthony Berglas

Hoje em dia, muitos desenvolvedores de software trabalham com Sistemas de Informação Corporativa (EIS). Esse tipo de aplicação cria, gerencia e armazena informação estruturada e, ainda, compartilha essa informação entre muitos usuários em múltiplas localizações físicas.

O armazenamento de dados do EIS envolve uso maciço de sistemas de gerenciamento de banco de dados baseados em SQL. Todas as empresa que conhecemos durante nossas carreiras usam pelo menos um banco de dados SQL; a maioria é completamente dependente da tecnologia relacional de banco de dados no centro de seu negócio.

Nos últimos cinco anos, a ampla adoção da linguagem de programação Java tem ocasionado a ascendência do paradigma da orientação para objetos para o desenvolvimento de software. Os desenvolvedores agora são atraídos pelos benefícios da orientação para objetos. Contudo, a grande maioria dos negócios também está amarrada a investimentos a longo prazo em caros sistemas relacionais de banco de dados. Não somente estão entrincheirados determinados produtos de fornecedor, mas dados legados existentes também devem tornar-se disponíveis para (e via) as novas aplicações web orientadas para objetos.

Contudo, a representação tabular dos dados em um sistema relacional é fundamentalmente diferente em comparação às redes de objetos usadas em aplicações orientadas para objetos Java. A diferença levou à assim chamada disparidade do *paradigma objeto/relacional*.

Tradicionalmente, a importância e o custo dessa disparidade têm sido subestimados, e ferramentas para resolver a disparidade têm sido insuficientes. Enquanto isso, os desenvolvedores Java culpam a tecnologia relacional pela disparidade; os profissionais de dados culpam a tecnologia de objeto.

Mapeamento objeto/relacional (ORM) é o nome dado a soluções automatizadas para o problema da disparidade. Para os desenvolvedores cansados de tediosos códigos de acesso a dados, a boa notícia é que o ORM chegou à maturidade. Já se pode esperar que as aplicações

XX | JAVA PERSISTENCE COM HIBERNATE

construídas com middleware ORM sejam mais baratas, mais performáticas, menos específicas de fornecedor e mais capazes de lidar com mudanças no objeto interno ou no esquema subjacente SQL. A coisa mais impressionante é que esses benefícios estão agora disponíveis de graça para os desenvolvedores Java.

Gavin King começou a desenvolver o Hibernate no final de 2001 quando ele achou que a solução popular de persistência na época – Entity Beans CMP – não escalava para aplicações não-triviais com complexos modelos de dados. O Hibernate começou sua vida com um projeto de código aberto independente não-comercial.

A equipe do Hibernate (incluindo os autores) aprendeu o ORM da maneira difícil – ou seja, escutando pedidos de usuários e implementando o necessário para satisfazer a essas necessidades. O resultado, Hibernate, é uma solução prática, enfatizando a produtividade do desenvolvedor e a liderança técnica. O Hibernate tem sido usado por dezenas de milhares de usuários e em muitos milhares de aplicações de produção.

Quando as demandas foram se tornando esmagadoras, a equipe do Hibernate concluiu que o sucesso futuro do projeto (e da continuidade da sanidade do Gavin) demandava desenvolvedores profissionais dedicados em tempo integral ao Hibernate. O Hibernate se juntou a jboss.org no final de 2003 e agora tem um aspecto comercial; você pode comprar treinamento e suporte comercial da JBoss Inc. Mas, treinamento comercial não deveria ser a única maneira de aprender sobre o Hibernate.

É óbvio que muitos, talvez até mesmo a maioria, dos projetos Java se beneficiam do uso de uma solução ORM tipo o Hibernate – ainda que isso não fosse óbvio há alguns anos! À medida que a tecnologia ORM se torna progressivamente de tendência predominante, a documentação de produto como o manual gratuito do usuário do Hibernate não mais é suficiente. Nós percebemos que a comunidade e os novos usuários de Hibernate precisavam de um livro completo, não somente para aprender sobre desenvolvimento de software com Hibernate, mas também para entender e apreciar a disparidade objeto/relacional e as motivações por trás do projeto do Hibernate.

O livro que você está segurando foi um enorme esforço que ocupou a maior parte do tempo por mais de um ano. Ele também foi a fonte de muitas discussões quentes e experiências de aprendizado. Esperamos que este livro seja um excelente guia para o Hibernate (ou, "a bíblia do Hibernate", como um dos nossos críticos o denominou) e também a primeira documentação abrangente da disparidade objeto/relacional e ORM em geral. Esperamos que você o ache de grande auxílio e aprecie trabalhar com o Hibernate.

AGRADECIMENTOS

Este livro cresceu de uma pequena segunda edição de *Hibernate em Ação* para um volume de tamanho considerável. Não poderíamos tê-lo criado sem a ajuda de muitas pessoas.

Emmanuel Bernard fez um excelente trabalho como revisor técnico; obrigado pelas muitas horas que você gastou editando nossos exemplos de código quebrados. Também gostaríamos de agradecer aos nossos outros revisores: Patrick Dennis, Jon Skeet, Awais Bajwa, Dan Dobrin, Deiveehan Nallazhagappan, Ryan Daigle, Stuart Caborn, Patrick Peak, TVS Murthy, Bill Fly, David Walend, Dave Dribin, Anjan Bacchu, Gary Udstrand e Srinivas Nallapati. Um agradecimento especial a Linda DeMichiel por concordar em escrever o prólogo do nosso livro, assim como fez na primeira edição.

Marjan Bace novamente montou uma ótima equipe de produção na Manning: Sydney Jones editou nosso original cru e o transformou em um verdadeiro livro. Tiffany Taylor, Elizabeth Martin e Andy Carroll, que encontraram todos os nossos erros de digitação e tornaram o texto legível. Dottie Marsico foi responsável pela composição e deu a este livro a sua ótima aparência. Mary Piergies coordenou e organizou o processo de produção. Gostaríamos de agradecer a vocês todos por trabalharem conosco.

ESTE LIVRO

Nós tinhamos três objetivos quando escrevemos este livro, ou seja, que você possa lê-lo como:

- Um tutorial para Hibernate, Java Persistence e EJB 3.0 que o guie através dos seus primeiros passos com as soluções que apresenta
- Um guia para aprender todas as características básicas e avançadas do Hibernate para mapeamento objeto/relacional, processamento de objeto, consulta, otimização de performance e projeto de aplicação
- Uma referência para toda vez que você precisar de uma completa e tecnicamente precisa definição de funcionalidade do Hibernate e de Java Persistence

Geralmente, os livros são tutoriais ou guias de referência, então essa extensão tem um preço. Se você é iniciante no Hibernate, sugerimos que comece a ler o livro do início, com os tutoriais nos Capítulos 1 e 2. Se você já usou uma versão mais antiga do Hibernate, deve ler os dois primeiros capítulos rapidamente para ter uma visão geral e, então, ir para a parte central com o Capítulo 3.

Nós iremos, sempre que apropriado, lhe informar se uma determinada seção ou assunto é opcional ou material de referência que você possa seguramente ignorar durante a sua primeira leitura.

Roteiro

Este livro é dividido em três grandes partes:

Na Parte 1, apresentamos a disparidade do paradigma objeto/relacional e explicamos os princípios por trás do mapeamento objeto/relacional. Passamos por um tutorial prático para você se familiarizar com o seu primeiro projeto Hibernate, Java Persistence ou EJB 3.0. Procuramos no projeto de aplicação Java por modelos de domínio e nas opções por criação de metadados de mapeamento objeto/relacional.

Mapear classes e propriedades Java para tabelas e colunas SQL é o foco da Parte 2. Exploramos todas as opções básicas e avançadas de mapeamento no Hibernate e em Java Persistence, com arquivos de mapeamento XML e anotações Java. Nós lhe mostramos como

XXIV | Java Persistence com Hibernate

lidar com herança, coleções e complexas associações de classe. E, por fim, discutimos a integração com esquemas de banco de dados legado e algumas estratégias de mapeamento que são especialmente complicadas.

A Parte 3 é toda sobre o processamento de objetos e como você pode carregar e guardar dados com Hibernate e Java Persistence. Apresentamos as interfaces de programação, como escrever aplicações transacionais e clientes de conversação, e como escrever consultas. Depois, nos focamos nos corretos projetos e implementação de aplicações Java em camadas. Discutimos os padrões mais comuns de projeto usados com Hibernate, como os padrões Data Access Object (DAO) e Command EJB. Você verá como testar a sua aplicação Hibernate facilmente, e que outras práticas serão melhores e relevantes se você trabalhar com um software de mapeamento objeto/relacional.

E, por fim, apresentamos o framework JBoss Seam, que leva muitos conceitos do Hibernate até um nível superior e lhe permite criar aplicações web conversacionais com tranqüilidade. Prometemos que você vai achar esse capítulo interessante, mesmo se não estiver em seus planos usar o Seam.

Quem deve ler este livro?

Os leitores deste livro devem ter um conhecimento básico de desenvolvimento de software orientado para objetos e devem ter usado esse conhecimento na prática. Para entender os exemplos de aplicação, você deve estar familiarizado com a linguagem de programação Java e com a UML.

Nosso público-alvo primário consiste em desenvolvedores Java que trabalham com sistemas de banco de dados baseados em SQL. Nós iremos lhe mostrar como aumentar substancialmente a sua produtividade potencializando o ORM.

Se você é um desenvolvedor de banco de dados, o livro pode ser parte da sua introdução ao desenvolvimento de software orientado para objetos.

Se você é um administrador de banco de dados, vai ficar interessado em como o ORM afeta a performance, e como você pode ajustar a performance do sistema de gerenciamento de banco de dados SQL e camada de persistência para alcançar metas de performance. Como o acesso a dados é o gargalo na maioria das aplicações Java, este livro presta bastante atenção às questões de performance. Muitos DBAs estão, de maneira compreensível, nervosos em confiar performance ao código SQL gerado por ferramenta; nós buscamos atenuar esses medos e também destacar casos onde as aplicações não devem usar acesso a dados gerenciado por ferramenta. Você pode ficar aliviado em descobrir que não afirmamos que ORM seja a melhor solução para qualquer problema.

Convenções de código

Este livro fornece vários exemplos, que incluem todos os artefatos de aplicação do Hibernate: código Java, arquivos de configuração do Hibernate e arquivos de metadados de mapeamento XML. O código-fonte em listagem ou em texto está em `fonte monoespacejada como esta` para separá-lo do texto comum. Além disso, nomes de método Java, parâmetros de componente, propriedades de objeto, e elementos e atributos XML no texto também são apresentados usando esta `fonte tipográfica`.

Java, HTML e XML podem todos ser prolixos. Em muitos casos, o código-fonte original (disponível on-line) foi reformatado; nós adicionamos quebras de linha e retrabalhamos a endentação para acomodar no espaço da página disponível no livro. Em casos raros, mesmo isso não foi o suficiente e as listagens incluíram marcadores de continuação de linha. Além disso, os comentários no código-fonte foram freqüentemente removidos das listagens quando o código aparece descrito no texto.

Anotações de código acompanham algumas das listagens de código-fonte, destacando importantes conceitos. Em alguns casos, os marcadores numerados ligam-se às explicações que seguem a listagem.

Códigos-fonte para baixar

O Hibernate é um projeto de código aberto liberado sob a Licença Pública GNU Menor (LGPL). As instruções para baixar os pacotes do Hibernate, na forma de fonte ou binário, estão disponíveis na página da web do Hibernate: www.hibernate.org/.

O código-fonte para todos os exemplos das aplicações Hello World e CaveatEmptor deste livro está disponível em http://caveatemptor.hibernate.org/ sob uma licença livre (tipo BSD). O código da aplicação de exemplo CaveatEmptor está disponível nessa página da web em diferentes sabores – por exemplo, com um foco em Hibernate nativo, em Java Persistence e no JBoss Seam. Você também pode baixar o código para os exemplos deste livro na página da web da editora Manning: www.manning.com/bauer2.

Os autores

Christian Bauer é membro da equipe de desenvolvimento do Hibernate. Ele trabalha como treinador, consultor e gerente de produto para Hibernate, EJB 3.0 e JBoss Seam na JBoss, uma divisão da Red Hat. Com Gavin King, Christian escreveu *Hibernate em Ação*.

Gavin King é o fundador dos projetos Hibernate e JBoss Seam, e membro do grupo de especialistas do EJB 3.0 (JSR 220). Ele também chefia a JSR 299 Web Beans, um esforço de padronização envolvendo conceitos do Hibernate, JBoss Seam, JSF e EJB 3.0. Gavin trabalha como desenvolvedor-chefe na JBoss, uma divisão da Red Hat.

Autor Online

A aquisição de *Java Persistence com Hibernate* inclui acesso livre a um fórum privado da web (em inglês) mantido pela Manning Publications, onde você pode fazer comentários sobre o livro, perguntar sobre assuntos técnicos, e receber ajuda dos autores e de outros usuários. Para acessar o fórum e se inscrever nele, coloque o seu navegador da web na página

XXVI | JAVA PERSISTENCE COM HIBERNATE

www.manning.com/bauer2. Essa página fornece informação sobre como entrar no fórum em que você se registrou, que tipo de ajuda está disponível e as regras de conduta no fórum.

O compromisso da Manning para com os leitores é fornecer um local onde um diálogo significativo entre leitores individuais, e entre os leitores e os autores possa acontecer. Não é um compromisso com qualquer quantidade específica de participação por parte do autor, cuja contribuição ao AO permanece voluntária (e não remunerada). Sugerimos que você tente fazer aos autores algumas perguntas desafiadoras, para que o interesse deles não se perca!

O fórum Autor Online e os arquivos de discussões anteriores estarão acessíveis pela página da web da editora enquanto a edição original do livro estiver em circulação.

A ILUSTRAÇÃO DA CAPA

A ilustração na capa de *Java Persistence com Hibernate* foi extraída de uma coleção de vestimentas do Império Otomano publicada em 1º de janeiro de 1802 por William Miller de Old Bond Street, Londres. O frontispício perdeu-se da coleção e não conseguimos localizá-lo até hoje. O índice do livro identifica as figuras tanto em inglês quanto em francês, e cada ilustração traz os nomes de dois artistas que trabalharam nelas, os quais iriam sem dúvida ficar surpresos ao encontrar sua arte ilustrando a capa frontal de um livro de programação de computador... duzentos anos depois.

A coleção foi comprada por um editor da Manning em um antiquário de mercado de pulgas na "Garagem", na West 26th Street, em Manhattan. O vendedor era um americano estabelecido em Ankara, Turquia, e a transação ocorreu quando ele já estava desmontando seu estande para finalizar o dia. O editor da Manning não tinha com ele a quantia em dinheiro necessária para a compra, e um cartão de crédito e um cheque foram educadamente recusados. Com o vendedor voltando para Ankara naquela noite, a transação parecia irrealizável. Qual foi a solução? Acabou sendo nada mais que um acordo verbal à moda antiga selado com um aperto de mão. O vendedor simplesmente propôs que o dinheiro fosse pago a ele via transferência bancária e o editor saiu com a informação do banco em um pedaço de papel e o portfólio de imagens debaixo do braço. Nem é necessário dizer que transferimos o dinheiro no dia seguinte, e que ficamos gratos e impressionados com a confiança depositada por essa pessoa desconhecida em um de nós. Isso recorda procedimentos que podem ter acontecido há muito tempo.

As figuras da coleção Otomana, como as outras ilustrações que aparecem em nossas capas, despertam a riqueza e a variedade de modelos de vestuário de dois séculos atrás. Elas lembram o senso de isolamento e distância daquele período – e de qualquer outro período histórico, exceto nosso próprio presente hipercinético.

Os códigos de vestimenta mudaram desde então e a diversidade por região, tão rica na época, desapareceu. Hoje em dia, em muitos casos, é difícil distinguir o habitante de um continente do habitante de outro. Talvez, tentando ver isso de forma otimista, nós tenhamos trocado uma diversidade cultural e visual por uma vida pessoal mais variada. Ou por uma vida intelectual e técnica mais variada e interessante.

XXVIII | JAVA PERSISTENCE COM HIBERNATE

Nós, da Manning, celebramos a criatividade, a iniciativa e, sim, a diversão do negócio de computadores com capas de livros baseadas na rica diversidade da vida regional de dois séculos atrás, trazida de volta à vida pelas figuras desta coleção.

PARTE 1

INTRODUÇÃO AO
HIBERNATE E AO EJB 3.0

Na Parte 1, mostramos por que persistência de objetos é um tópico bastante complexo e quais soluções você pode aplicar na prática. O Capítulo 1 introduz a disparidade do paradigma objeto/relacional e várias estratégias para lidar com isso, sendo a mais importante delas o mapeamento objeto/relacional (ORM). No Capítulo 2, nós o guiamos passo a passo através de um tutorial com Hibernate, Java Persistence, e EJB 3.0 - iremos implementar e testar um exemplo de "Hello World" em todas as variações. Com esse conhecimento, no Capítulo 3, você estará pronto para aprender como projetar e implementar os modelos de domínio de negócio mais complexos em Java, e quais opções de metadados de mapeamento você tem disponíveis.

Após ler essa parte do livro, você irá entender por que precisamos de mapeamento objeto/relacional, e como o Hibernate, Java Persistence, e EJB 3.0 funcionam na prática. Você terá escrito seu primeiro projeto de pequeno porte e estará preparado para encarar problemas mais complexos. Você também entenderá como entidades de negócio do mundo real podem ser implementadas como modelo de domínio do Java, e em qual formato você prefere trabalhar com metadados de mapeamento objeto/relacional.

CAPÍTULO 1

ENTENDA PERSISTÊNCIA OBJETO/RELACIONAL

Esse capítulo aborda

- Persistência de objetos com banco de dados SQL
- Disparidade do paradigma objeto/relacional
- Camadas de persistência em aplicações orientadas para objetos
- Conhecimentos em mapeamento objeto/relacional

4 JAVA PERSISTENCE COM HIBERNATE

A abordagem de gerenciar dados persistentes tem sido uma peça fundamental de decisão na concepção de todo o projeto de software em que trabalhamos. Tendo que dados persistentes não são um novo e nem mesmo incomum requisito para aplicações Java, é esperado que você seja capaz de fazer uma simples escolha entre soluções de persistência similares e bem estabelecidas. Pense em frameworks para aplicações web (Struts versus WebWork), frameworks de componentes GUI (Swing versus SWT), ou motores de modelo – template engines (JSP versus Velocity). Cada uma das soluções tem suas vantagens e desvantagens, mas todas compartilham o mesmo escopo e abordagem em geral. Infelizmente, esse não é o caso ainda com as tecnologias de persistência, nas quais vemos enormes diferenças de soluções para o mesmo problema.

Por muitos anos, persistência tem sido um tópico quente de debates na comunidade Java. Muitos desenvolvedores nem mesmo concordam com o escopo do problema. Será a persistência um problema que já foi resolvido pela tecnologia relacional e suas extensões como procedimentos armazenados (stored procedures), ou ele é um problema mais amplo que precisa ser endereçado por modelos de componentes Java especiais, como os *entity beans* (componentes de entidade) do EJB? Devemos escrever à mão até mesmo as mais primitivas operações CRUD (criar, ler, atualizar, deletar – create, read, update, delete) em SQL e JDBC, ou esse trabalho deve ser automatizado? Como alcançamos portabilidade se todo sistema de gerenciamento de banco de dados possui o seu próprio dialeto SQL? Devemos abandonar o SQL em definitivo e adotar uma tecnologia diferente de banco de dados, como o sistema de banco de dados orientado para objetos? O debate continua, mas agora a solução chamada *mapeamento objeto/relacional* (ORM - object/relational mapping) tem uma grande aceitação. O Hibernate é uma implementação, de código aberto, do serviço ORM.

O Hibernate é um projeto ambicioso que visa ser uma solução completa para o problema de gerenciar dados persistentes em Java. Ele medeia a interação da aplicação com o banco de dados relacional, deixando o desenvolvedor livre para se concentrar no problema de negócio que tem nas mãos. O Hibernate é uma solução não intrusiva. Não é necessário que você siga muitas das regras e dos padrões de projeto específicos do Hibernate quando estiver escrevendo a sua lógica de negócio e suas classes persistentes; é por essa razão que o Hibernate se integra tranquilamente à maioria das novas e existentes aplicações e não necessita de mudanças incômodas ao resto da aplicação.

Este livro é sobre o Hibernate. Iremos analisar características básicas e avançadas e descrever algumas maneiras de como desenvolver novas aplicações usando o Hibernate. Muitas vezes, essas recomendações nem serão específicas do Hibernate. Algumas vezes elas serão nossas idéias sobre as *melhores* formas de fazer as coisas quando estiver trabalhando com dados persistentes, explicadas no contexto do Hibernate. Esse livro também é sobre Java Persistence, um novo padrão para persistência que é parte da também atualizada especificação EJB 3.0. O Hibernate implementa Java Persistence e suporta todos os padronizados mapeamentos, consultas, e APIs. Antes que possamos começar com o Hibernate, porém, você precisa entender os problemas essenciais de persistência de objetos e mapeamento objeto/

relacional. Esse capítulo explica por que ferramentas como o Hibernate e especificações como Java Persistence e EJB 3.0 são necessárias.

Primeiro, definimos o gerenciamento de dados persistentes em um contexto de aplicações orientadas para objetos e discutimos a relação entre SQL, JDBC, e Java, as tecnologias subjacentes e padrões que o Hibernate usa como base. Em seguida discutimos o tão comumente chamado *disparidade do paradigma objeto/relacional* e problemas genéricos que encontramos no desenvolvimento de softwares orientados para objetos com bancos de dados relacionais. Esses problemas mostram que precisamos de ferramentas e padrões para minimizar o tempo que temos que gastar nos códigos de persistência de nossas aplicações. Após analisarmos ferramentas alternativas e mecanismos de persistência, você verá que o ORM é a melhor solução disponível para muitos cenários. Nossa discussão sobre as vantagens e desvantagens do ORM lhe dará total conhecimento para tomar a melhor decisão quando for escolher uma solução de persistência para o seu próprio projeto.

Também veremos os vários módulos do Hibernate, e como você pode combiná-los para ou trabalhar somente com Hibernate, ou com características que estão de acordo com Java Persistent e EJB 3.0.

A melhor maneira de aprender o Hibernate não é necessariamente linear. Entendemos que talvez você queira experimentar de imediato o Hibernate. Se é assim que você quer proceder, vá direto para o segundo capítulo desse livro e dê uma olhada no exemplo "Hello World" e monte um projeto. Recomendamos que volte aqui em determinados pontos à medida que for dando uma olhada pelo livro. Desse modo, você estará preparado e terá todo o conhecimento dos conceitos que precisará para o resto do material.

1.1 O QUE É PERSISTÊNCIA?

Quase todas as aplicações necessitam de dados persistentes. Persistência é um dos conceitos fundamentais no desenvolvimento de aplicações. Se um sistema de informação não preservar os dados quando ele for desligado, o sistema será de pouco uso prático. Quando falamos de persistência em Java, normalmente estamos falando sobre como guardar dados em um banco de dados relacional usando SQL. Começaremos dando uma pequena olhada na tecnologia e como a usamos com Java. De posse dessa informação, iremos então continuar nossa discussão sobre a persistência e sobre como ela é implementada em aplicações orientadas para objetos.

1.1.1 Bancos de dados relacionais

Você, como a maioria dos desenvolvedores, provavelmente já trabalhou com um banco de dados relacional. A maioria de nós usa banco de dados relacional todos os dias. A tecnologia relacional é muito bem conhecida e somente isso já é razão suficiente para muitas organiza-

6 | JAVA PERSISTENCE COM HIBERNATE

ções escolherem-na. Mas dizer somente isso é não prestar o devido respeito merecido. Bancos de dados relacionais estão tão firmemente estabelecidos, pois eles são uma incrível e flexível abordagem para o gerenciamento de dados. Devido ao completo e consistente fundamento teórico do modelo de dados relacional, bancos de dados relacionais podem efetivamente garantir e proteger a integridade dos dados, dentre outras características desejáveis. Algumas pessoas até diriam que a última grande invenção na computação foi o conceito relacional para gerenciamento de dados, primeiramente introduzido por E.F. Codd (Codd, 1970), mais de três décadas atrás.

Sistemas de gerenciamento de banco de dados relacionais não são específicos para o Java, nem é um banco de dados relacional específico para uma aplicação em particular. Esse princípio importante é conhecido como *independência dos dados*. Em outras palavras, e não conseguimos "estressar" esse fato importante o suficiente, *os dados vivem por mais tempo do que as aplicações*. A tecnologia relacional fornece um modo de compartilhar dados por entre diferentes aplicações, ou por entre tecnologias que formam partes de uma mesma aplicação (o motor transacional e o motor de relatórios, por exemplo). A tecnologia relacional é um denominador comum de vários sistemas e tecnologias das plataformas diferentes. É por essa razão, que o modelo de dados relacional é freqüentemente a representação mais comum, nas corporações, das entidades de negócio.

Os sistemas de gerenciamento de banco de dados relacionais possuem interfaces de programação de aplicação baseadas em SQL; é por essa razão, que atualmente chamamos os produtos de banco de dados relacional de *sistemas de gerenciamento de banco de dados* SQL ou, quando estamos falando de determinados sistemas, *bancos de dados* SQL.

Antes de irmos para algo mais detalhado sobre os aspectos práticos dos bancos de dados SQL, temos que mencionar uma importante questão: Embora comercializado como relacional, um sistema de banco de dados que fornece somente a interface à linguagem de dados SQL não é realmente relacional e em várias maneiras não chega nem perto do conceito original. Naturalmente, isso levou a confusões. Os praticantes de SQL culpam o modelo de dados relacional por deficiências na linguagem SQL, e peritos em gerenciamento de dados relacional culpam o padrão SQL por ser uma fraca implementação do modelo relacional e seus ideais. Os desenvolvedores de aplicação estão presos em algum lugar no meio, com o fardo de entregar algo que funcione. Iremos destacar alguns aspectos importantes e significantes dessa questão no decorrer do livro, mas, em geral, iremos analisar os aspectos práticos. Se você estiver interessado em mais material para o seu conhecimento, recomendamos muito o livro *Practical Issues in Database Management: A Reference for the Thinking Practitioner* de Fabian Pascal (Pascal, 2000).

1.1.2 Entenda o SQL

Para usar o Hibernate efetivamente, um entendimento sólido do modelo relacional e de SQL é um pré-requisito. Você precisa entender o modelo relacional e tópicos como normalização, para garantir a integridade dos seus dados, e você precisará usar o seu conhecimento de SQL para melhorar a performance da sua aplicação Hibernate. O Hibernate automatiza muitas tarefas de código repetitivas, mas o seu conhecimento da tecnologia de persistência deve se estender além do Hibernate se você quiser tirar vantagem de todo o poder dos bancos de dados SQL modernos. Mas lembre-se de que o objetivo fundamental é um robusto gerenciamento eficiente de dados persistidos.

Vamos rever alguns dos termos SQL usados nesse livro. Usaremos SQL como *linguagem de definição de dados* (*data definition language* - DDL) para criar um esquema de banco de dados com declarações CREATE e ALTER. Após criar as tabelas (e os índices, seqüências, e assim por diante), usaremos o SQL como *linguagem de manipulação de dados* (*data manipulation language* - DML) para manipular e recuperar os dados. As operações de manipulação incluem *inserções, atualizações* e *deleções*. Recuperamos dados através de operações de consulta como *restrições, projeções* e *junções* (incluindo o *produto cartesiano*). Para relatórios eficientes, utilizamos o SQL para *agrupamento, ordenamento* e *agregações* de dados quando necessário. Você pode até embutir declarações SQL uma dentro da outra; essa técnica utiliza *subconsultas*.

Provavelmente você já utiliza SQL por muitos anos e já está familiarizado com as operações e declarações básicas escritas nessa linguagem. Mas mesmo assim, sabemos por nossas experiências que SQL, algumas vezes é difícil de lembrar, e alguns termos variam no seu uso. Para entender este livro, devemos utilizar os mesmo termos e conceitos, com isso nós o aconselhamos a ler o apêndice A caso alguns dos termos mencionados aqui sejam novos ou não estejam totalmente claros o suficiente para você.

Se precisar de mais detalhes, especialmente sobre algum aspecto de performance e como o SQL é executado, consiga uma cópia do excelente livro *SQL Tuning* por Dan Tow (Tow, 2003). Leia também o livro *An Introduction to Database Systems* por Chris Date (Date, 2003) para a parte teórica, conceitos, e ideais dos sistemas de bancos de dados (relacionais). O último livro é uma excelente referência (ele é grande) para todas as questões que você possa ter sobre bancos de dados e gerenciamento de dados.

Embora o banco de dados seja uma parte do ORM, a outra parte, claro, consiste nos objetos da sua aplicação Java que necessitam ser persistidos no e carregados do banco de dados utilizando SQL.

1.1.3 Como usar SQL no Java

Quando se trabalha com um banco de dados SQL em uma aplicação Java, o código Java trata das declarações SQL para o banco de dados via API de Conectividade a Banco de Dados para Java (Java Database Connectivity - JDBC). Seja o SQL escrito à mão e embutido no código Java, ou gerado dinamicamente pelo código Java, você usa a API JDBC para vincular os argumentos a fim de preparar os parâmetros de uma consulta, para executar a consulta, rolar pela tabela de resultado da consulta, para recuperar valores do conjunto de resultados, e assim por diante. Essas são tarefas de acesso aos dados de baixo nível; como desenvolvedores de aplicação, estamos mais interessados no problema de negócio que necessita desse acesso aos

8 | JAVA PERSISTENCE COM HIBERNATE

dados. O que nós realmente gostaríamos de escrever é um código que salve e recupere os objetos – instâncias das nossas classes – no e do banco de dados, aliviando-nos desse penoso trabalho de baixo nível.

Pelo fato de as tarefas de acesso a dados serem freqüentemente tão tediosas, temos de perguntar: Será que o modelo de dados relacional e (especialmente) o SQL são as escolhas certas de persistência em aplicações orientadas para objetos? Nós respondemos essa pergunta imediatamente: Sim! Existem várias razões por que os bancos de dados SQL dominam a indústria da computação – sistemas de gerenciamento de banco de dados relacionais são a única tecnologia de gerenciamento de dados comprovada, e eles quase sempre são uma *necessidade* em qualquer projeto Java.

Contudo, pelos últimos 15 anos, desenvolvedores vêm falando de uma *disparidade do paradigma*. Essa disparidade explica por que é gasto tanto esforço em questões relacionadas à persistência em todo projeto corporativo. Os *paradigmas* referidos são: a modelagem de objetos e a modelagem relacional, ou talvez a programação orientada para objetos e SQL.

Vamos começar a nossa exploração sobre o problema da disparidade perguntando: o que a *persistência* quer dizer em um contexto de desenvolvimento de aplicação orientada para objetos? Primeiro vamos ampliar a definição simplista de persistência, indicada no inicio dessa seção, para uma definição mais ampla, de entendimento mais maduro sobre o que está envolvido na manutenção e na utilização dos dados persistentes.

1.1.4 Persistência em aplicações orientadas para objetos

Em uma aplicação orientada para objetos, a persistência permite um objeto sobreviver ao processo que o criou. O estado do objeto pode ser guardado no disco, e um objeto com um mesmo estado pode ser recriado em algum ponto no futuro.

Isso não está limitado a objetos sozinhos – redes inteiras de objetos interconectados podem ser tornadas persistentes e mais à frente recriadas em um novo processo. A maioria dos objetos não são persistentes; um objeto *transiente* tem um tempo de vida limitado que é delimitado pela vida do processo que o instanciou. Quase todas as aplicações Java possuem uma mistura de objetos persistentes e transientes; é por essa razão, que precisamos de um subsistema que gerencie nossos dados persistentes.

Bancos de dados relacionais modernos fornecem uma representação estruturada dos dados persistentes, permitindo a manipulação, a classificação, a busca e a agregação dos dados. Os sistemas de gerenciamento de banco de dados são responsáveis por gerenciar a concorrência e a integridade dos dados; eles são responsáveis por compartilhar os dados por entre múltiplos usuários e múltiplas aplicações. Eles garantem a integridade dos dados através de regras de integridade que são implementadas com restrições (constraints). Um sistema de gerenciamento de banco de dados fornece segurança no nível dos dados. Quando discutimos persistência nesse livro, estamos pensando em todas essas coisas:

CAPÍTULO 1 – ENTENDA PERSISTÊNCIA OBJETO/RELACIONAL | 9

- Armazenamento, organização, e recuperação de dados estruturados
- Concorrência e integridade dos dados
- Compartilhamento de dados

E, em particular, estamos pensando nesses problemas em um contexto de uma aplicação orientada para objetos que utilize um modelo de domínio.

Uma aplicação com um modelo de domínio não funciona diretamente com a representação tabular das entidades de negócio; a aplicação tem seu próprio modelo orientado para objetos das entidades de negócio. Se o banco de dados de um sistema de leilão em tempo real tivesse as tabelas ITEM e BID, por exemplo, a aplicação Java definiria as classes Item e Bid.

Então, em vez de trabalhar diretamente com as linhas e colunas de um conjunto de resultados SQL, a lógica de negócio interage com esse modelo de domínio orientado para objetos e sua representação em tempo de execução como uma rede de objetos interconectados. Cada instância de Bid tem uma referência para um Item do leilão, e cada Item pode ter uma coleção de referências para instâncias de Bid. A lógica de negócio não é executada no banco de dados (como um procedimento armazenado SQL); ela é implementada em Java na camada física (tier) da aplicação. Isso permite a lógica de negócio usar os sofisticados conceitos da orientação para objetos como a herança e o polimorfismo. Por exemplo, poderíamos usar conhecidos padrões de projetos como o *Strategy*, *Mediator* e *Composite* (Gamma e outros, 1995), em que todos dependem de chamadas a métodos polimórficos.

Agora uma advertência: nem todas as aplicações Java são desenhadas dessa forma, e nem deveriam. As aplicações simples podem ser bem melhores sem um modelo de domínio. As aplicações complexas talvez precisem reutilizar procedimentos armazenados existentes. O SQL e a API JDBC são perfeitamente usáveis para lidar com puros dados tabulares, e o *RowSet* do JDBC torna as operações CRUD ainda mais fáceis. Trabalhar com representação tabular de dados persistentes é simples e é uma técnica bem conhecida.

Contudo, no caso de aplicações com lógicas de negócio não triviais, a abordagem do modelo de domínio ajuda a melhorar a reutilização e a manutenção de código significativamente. Na prática, *ambas* as estratégias são comuns e necessárias. Muitas aplicações precisam executar procedimentos que modifiquem grandes conjuntos de dados. Ao mesmo tempo, outros módulos da aplicação poderiam se beneficiar de um modelo de domínio orientado para objetos que execute a lógica usual de processamento de transação em tempo real na camada (física) da aplicação. Um modo eficiente de trazer os dados persistentes mais para perto da aplicação é necessário.

Se considerarmos SQL e bancos de dados relacionais novamente, conseguiremos observar, finalmente, a disparidade entre os dois paradigmas. Operações SQL como projeções e junções sempre resultam em uma representação tabular do resultado dos dados. (Isso é conhecido como *fechamento transitivo*, o resultado das operações sobre relações é sempre uma relação.) Isso

10 | JAVA PERSISTENCE COM HIBERNATE

é um pouco diferente da rede de objetos interconectados utilizada para executar a lógica de negócio na aplicação Java. Esses são modelos fundamentalmente diferentes, não apenas modos diferentes de visualizar o mesmo modelo.

Com esse entendimento, você pode começar a enxergar os problemas – alguns bem conhecidos e outros um pouco menos – que devem ser resolvidos por uma aplicação que combine ambas as representações de dados: o modelo de domínio orientado para objetos e o modelo de persistência relacional. Vamos olhar mais de perto essa tão chamada disparidade do paradigma.

1.2 DISPARIDADE DO PARADIGMA

A disparidade do paradigma objeto/relacional pode ser quebrada em várias partes para que possamos examinar uma de cada vez. Vamos começar nossa exploração com um exemplo simples e livre de problemas. À medida que começarmos a incrementar, você começará a ver a disparidade aparecer.

Suponha que você tenha que desenhar e implementar uma aplicação de e-commerce em tempo real. Nessa aplicação, você precisa de uma classe que represente a informação sobre o usuário do sistema, e outra classe para representar a informação dos detalhes de uma cobrança de um usuário, como mostrado na Figura 1.1.

Nesse diagrama, podemos ver que um User tem vários BillingDetails. Temos um relacionamento bidirecional entre as classes. As classes representando essas entidades podem ser extremamente simples:

```
public class User {
    private String username;
    private String name;
    private String address;
    private Set billingDetails;
    // Accessor methods (getter/setter), business methods, etc.
    ...
}
public class BillingDetails {
    private String accountNumber;
    private String accountName;
    private String accountType;
    private User user;
    // Accessor methods (getter/setter), business methods, etc.
...
```

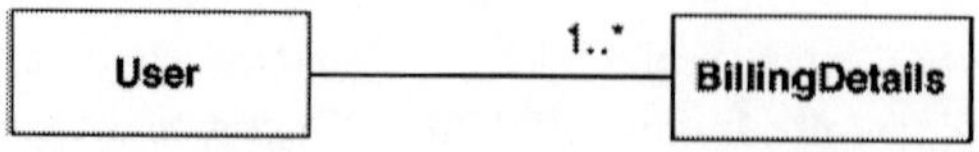

Figura 1.1 Um simples diagrama de classes UML das entidades User e BillingDetails

Capítulo 1 – Entenda persistência objeto/relacional

Note que só estamos interessados no estado das entidades com relação à persistência, por isso omitimos a implementação dos métodos de acesso das propriedades e dos métodos de negócio (como getUsername() ou billAuction()).

É fácil propor um bom desenho do esquema SQL para esse caso:

```
create table USERS (
    USERNAME varchar(15) not null primary key,
    NAME varchar(50) not null,
    ADDRESS varchar(100)
)
create table BILLING_DETAILS (
    ACCOUNT_NUMBER varchar(10) not null primary key,
    ACCOUNT_NAME varchar(50) not null,
    ACCOUNT_TYPE varchar(2) not null,
    USERNAME varchar(15) foreign key references USERS
)
```

O relacionamento entre as duas entidades é representado pela chave estrangeira, USERNAME, da tabela BILLING_DETAILS. Para esse simples modelo de domínio, a disparidade objeto/relacional dificilmente fica em evidência; é muito simples escrever o código JDBC de inserir, atualizar e deletar informações sobre usuários e detalhes de uma cobrança.

Agora, vamos ver o que acontece quando consideramos algo um pouco mais realista. A disparidade do paradigma será visível quando adicionarmos mais entidades e relacionamentos entre entidades para nossa aplicação.

O problema mais óbvio de todos com a nossa implementação atual, é que nós projetamos um endereço como um simples valor String. Na maioria dos sistemas, é necessário guardar as informações da rua, da cidade, do estado, do país, e do CEP, tudo separadamente. Claro que poderíamos ter adicionado essas propriedades direto à classe User, mas pelo fato de ser bem possível que outras classes no sistema também carreguem essa informação do endereço, faz mais sentido criar uma classe Address separada. O modelo atualizado é apresentado na Figura 1.2.

Deveríamos também adicionar uma tabela ADDRESS? Não necessariamente. É comum manter a informação do endereço na tabela USERS, em colunas individuais. Provavelmente essa proposta tem uma performance melhor, pelo fato de não precisar de uma junção de tabelas se quisermos recuperar o usuário e o endereço em uma única consulta. A melhor solução talvez até seja criar um tipo de dados SQL definido pelo usuário para representar os endereços, e assim usar uma única coluna daquele novo tipo na tabela USERS ao invés de várias novas colunas.

Basicamente, temos a escolha de ou adicionar várias colunas ou uma única coluna (do novo tipo de dados SQL). Isso é claramente um problema de *granulosidade*.

Figura 1.2 O User tem um Address

1.2.1 Problema da granulosidade

Granulosidade se refere ao tamanho relativo dos tipos com os quais você esteja trabalhando.

Vamos voltar ao nosso exemplo. Adicionar um novo tipo de dados ao nosso catálogo do banco de dados, para guardar instâncias Address do Java em uma única coluna, soa como a melhor abordagem. Um novo tipo Address (class) no Java e um novo tipo de dados SQL ADDRESS devem garantir a interoperabilidade. Contudo, você achará vários problemas se checar o suporte para tipos de dados definidos pelo usuário (user-defined datatypes - UDT) nos sistemas de gerenciamento de banco de dados de hoje em dia.

Suporte para UDT é somente um entre muitos dos chamados *extensões objeto-relacional* para o SQL tradicional. Esse termo sozinho é confuso, pois ele quer dizer que os sistemas de gerenciamento de banco de dados têm (ou é suposto que se suporte) um sofisticado sistema de tipo de dados – algo que você toma como verdade se alguém lhe vender um sistema que possa tratar dados de um modo relacional. Infelizmente, o suporte para UDT é uma característica um pouco obscura na maioria dos sistemas de gerenciamento de banco de dados SQL e certamente não é portável entre diferentes sistemas. Além do mais, o padrão SQL suporta os tipos de dados definidos pelo usuário, mas é bem fraquinho.

Essa limitação não é uma falha do modelo de dados relacional. Você pode considerar o fracasso de padronizar uma parte tão importante de funcionalidade como conseqüência da guerra dos bancos de dados objeto-relacional entre os fornecedores nos meados de 1990. Hoje em dia, a maioria dos desenvolvedores aceita que os produtos SQL possuem sistemas limitados de tipo – sem fazer qualquer pergunta. Contudo, mesmo com um sofisticado sistema UDT em nosso sistema de gerenciamento de banco de dados, iríamos provavelmente ainda duplicar as declarações de tipo, escrevendo o novo tipo em Java e novamente em SQL. As tentativas de encontrar uma solução para a indústria Java, como o SQLJ, infelizmente, não obtiveram muito sucesso.

Por essas e outras razões, o uso de UDTs ou tipos Java dentro do banco de dados SQL não é uma prática comum na indústria nesse momento, e é pouco provável que você encontre um esquema legado que faça grande uso de UDTs. Nós, portanto, não podemos e não iremos guardar instâncias de nossa nova classe Address em uma única coluna que tenha o mesmo tipo de dados que o da camada Java.

Nossa solução pragmática para esse problema possui várias colunas inerentes de tipos SQL definidos por fornecedor (como os tipos de dados, booleano, numérico, e de seqüência de caracteres – string). A tabela USERS é normalmente definida da seguinte forma:

```
create table USERS (
   USERNAME varchar(15) not null primary key,
   NAME varchar(50) not null,
   ADDRESS_STREET varchar(50),
   ADDRESS_CITY varchar(15),
   ADDRESS_STATE varchar(15),
```

```
ADDRESS_ZIPCODE varchar(5),
ADDRESS_COUNTRY varchar(15)
)
```

As classes no nosso modelo de domínio são apresentadas em um âmbito de diferentes níveis de granulosidade – desde classes de entidade de granulosidade grossa como User, até classes de granulosidade fina como Address, chegando a simples propriedades de valor String como o zipcode. Em contraste, somente dois níveis de granulosidade são visíveis no nível do banco de dados SQL: tabelas como USERS e colunas como ADDRESS_ZIPCODE.

Muitos mecanismos simples de persistência falham em reconhecer essa disparidade e terminam forçando a representação SQL menos flexível sobre o modelo de objetos. Já vimos inúmeras classes User com propriedades zipcode!

O fato é que o problema da granulosidade não é especialmente difícil de resolver. Provavelmente não iríamos discutir isso, se não fosse pelo fato que seja tão visível em vários sistemas existentes. Descrevemos a solução para esse problema no Capítulo 4, Seção 4.4, "Modelos e mapeamentos de granulosidade fina".

Um problema muito mais difícil e interessante surge quando consideramos modelos de domínio que se baseiam em *herança*, uma característica da orientação para objetos que podemos utilizar para cobrar os usuários da aplicação de e-commerce de novas e interessantes maneiras.

1.2.2 Problema dos subtipos

Em Java, implementamos herança de tipos utilizando superclasses e subclasses. Para ilustrar por que isso pode apresentar um problema de disparidade, vamos adicionar à nossa aplicação de e-commerce algo que nos permita aceitar não somente cobranças de contas bancárias, mas também de cartões de crédito e débito. A forma mais natural de refletir essa mudança no modelo é utilizar herança para a classe BillingDetails.

Podemos ter uma superclasse abstrata BillingDetails, junto com várias subclasses concretas: CreditCard, BankAccount, e assim por diante. Cada uma dessas subclasses define um dado um pouco diferente (e funcionalidades completamente diferentes que agem nos dados). O diagrama de classes UML na Figura 1.3 ilustra esse modelo.

O SQL provavelmente deveria incluir um suporte padronizado para *supertabelas* e *subtabelas*. Isso iria efetivamente nos permitir criar uma tabela que herdasse determinadas

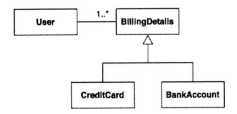

Figura 1.3 Uso de herança para diferentes estratégias de cobrança.

colunas do seu pai. Contudo, tal característica seria questionável, pois iria introduzir uma nova noção: *colunas virtuais* nas tabelas básicas. Tradicionalmente, esperamos colunas virtuais em tabelas virtuais, que são chamadas de *visões (views)*. Além do mais, em nível teórico, a herança que aplicamos no Java é *herança de tipo*. Uma tabela não é um tipo, então a noção de supertabelas e subtabelas é questionável. De qualquer forma, podemos pegar um caminho menor e observar que os produtos de banco de dados SQL na sua maior parte não implementam herança de tipo e tabela, e, mesmo se implementassem, não seguiriam uma sintaxe padronizada e normalmente exporiam você a problemas de integridade nos dados (regras de integridade limitadas para visões atualizáveis).

No Capítulo 5, Seção 5.1, "Como mapear herança de classe", discutimos como soluções ORM, por exemplo Hibernate, resolvem o problema de persistir uma hierarquia de classes para uma tabela ou tabelas do banco de dados. Esse problema hoje em dia já é bem conhecido na comunidade, e a maioria das soluções suporta aproximadamente a mesma funcionalidade.

Mas ainda não terminamos com herança. Assim que introduzirmos herança no modelo, teremos a possibilidade de *polimorfismo*.

A classe User tem uma associação para a superclasse BillingDetails. Isso é uma *associação polimórfica*. Em tempo de execução, um objeto User pode referenciar uma instância de qualquer uma das subclasses da BillingDetails. Do mesmo jeito, queremos ser capazes de escrever *consultas polimórficas* que se refiram à classe BillingDetails, e fazer com que a consulta retorne instâncias de suas subclasses.

Os bancos de dados SQL também deixam a desejar em maneiras óbvias (ou pelo menos uma maneira padronizada) de representar a associação polimórfica. Uma restrição de chave estrangeira faz referência a exatamente uma tabela-alvo; não é simples definir uma chave estrangeira que faça referência a múltiplas tabelas. Teríamos que escrever uma restrição procedimental para forçar esse tipo de regra de integridade.

O resultado dessa disparidade de subtipos é que a estrutura de herança no seu modelo deve ser persistida em um banco de dados que não ofereça uma estratégia de herança. Felizmente, três das soluções de mapeamento de herança que mostramos no Capítulo 5 são projetadas para acomodar a representação de associações polimórficas e de executar eficientemente as consultas polimórficas.

O próximo aspecto do problema da disparidade objeto/relacional é o ponto da *identidade do objeto*. Você provavelmente notou que definimos o USERNAME como chave primária da tabela USERS. Foi essa uma boa escolha? Como lidamos com objetos idênticos no Java?

1.2.3 Problema da identidade

Embora o problema da identidade do objeto não pareça óbvio a princípio, iremos encontrá-lo freqüentemente em nosso crescente e expansível sistema de e-commerce, como quando precisarmos checar se dois objetos são idênticos. Existem três maneiras de atacar esse problema: duas no mundo Java e uma no nosso banco de dados SQL. Como esperado, elas só funcionam com alguma ajuda.

Os objetos Java definem duas noções de *igualdade*:

- Identidade do objeto (mais ou menos o equivalente à localização na memória, verificada com a==b)
- Igualdade determinada pela implementação do método equals() (também chamada de *igualdade por valor*)

Por outro lado, a identidade de uma linha do banco de dados é expressa pelo valor da chave primária. Como você verá no Capítulo 9, Seção 9.2, "Identidade e igualdade de objeto", nem o equals() nem o == são naturalmente equivalentes ao valor da chave primária. É comum que vários objetos não idênticos representem uma mesma linha do banco de dados ao mesmo tempo, por exemplo, em *threads* (linhas de execução) de uma aplicação rodando concorrentemente. Além do mais, algumas dificuldades sutis estão envolvidas na implementação correta do equals() para uma classe persistente.

Vamos discutir um outro problema relacionado à identidade do banco de dados com um exemplo. Em nossa definição da tabela USERS, utilizamos o USERNAME como chave primária. Infelizmente, essa decisão torna difícil trocar um nome de usuário; precisaremos atualizar não somente a coluna USERNAME em USERS, mas também a coluna de chave estrangeira em BILLING_DETAILS. Para resolver esse problema, mais a frente nesse livro recomendamos que você use *chaves de surrogate (chaves artificiais)* sempre que você não conseguir encontrar uma boa chave apropriada (também iremos discutir o que faz uma chave ser boa). Uma coluna com chave de surrogate é uma coluna de chave primária sem nenhum significado para o usuário; em outras palavras, uma chave que não é apresentada para o usuário e que somente é utilizada para identificação dos dados dentro do sistema de software. Por exemplo, podemos alterar as nossas definições das tabelas para ficarem parecidas com isso:

```
create table USERS (
    USER_ID bigint not null primary key,
    USERNAME varchar(15) not null unique,
    NAME varchar(50) not null,
    ...
)
create table BILLING_DETAILS (
    BILLING_DETAILS_ID bigint not null primary key,
    ACCOUNT_NUMBER VARCHAR(10) not null unique,
    ACCOUNT_NAME VARCHAR(50) not null,
    ACCOUNT_TYPE VARCHAR(2) not null,
    USER_ID bigint foreign key references USER
)
```

As colunas USER_ID e BILLING_DETAILS_ID contêm valores gerados pelo sistema. Essas colunas foram introduzidas simplesmente para o benefício do modelo de dados, então

16 | JAVA PERSISTENCE COM HIBERNATE

como (se é que devem) elas deveriam ser representadas no modelo de domínio? Discutiremos isso no Capítulo 4, Seção 4.2, "Como mapear entidades com identidade", e acharemos uma solução com ORM.

No contexto de persistência, identidade é intimamente ligada em como o sistema lida com cacheamento e transações. Soluções diferentes de persistência escolheram diferentes estratégias, e essa tem sido uma área de confusão. Analisaremos todos esses tópicos interessantes – mostrando ainda como eles estão relacionados – nos Capítulos 10 e 13.

Até agora, o esqueleto que projetamos da aplicação de e-commerce já identificou problemas de disparidade com a granulosidade do mapeamento, subtipos, e identidade do objeto. Estamos quase prontos para seguir em frente, para as outras partes da aplicação, mas, primeiro, precisamos discutir o importante conceito das *associações*: como os relacionamentos entre nossas classes são mapeados e tratados. Será que só a chave estrangeira no banco de dados é tudo de que você precisa?

1.2.4 Problemas relacionados às associações

Em nosso modelo de domínio, as associações representam relacionamentos entre entidades. As classe User, Address e BillingDetails estão todas associadas; mas diferente da Address, BillingDetails depende de si mesma. As instâncias de BillingDetails são guardadas em sua própria tabela. Mapeamento de associação e gerenciamento de associações da entidade são conceitos centrais em qualquer solução de persistência de objetos.

As linguagens orientadas para objetos representam as associações utilizando *referências entre objetos*; mas, no mundo relacional, uma associação é representada por uma coluna de *chave estrangeira*, com cópias dos valores da chave (e uma restrição para garantir a integridade). Existem diferenças substanciais entre as duas representações.

As referências entre os objetos são essencialmente direcionais, a associação é de um objeto para o outro. Eles são ponteiros. Se uma associação entre os objetos deve ser bidirecional, você terá de definir a associação *duas vezes*, uma para cada uma das classes associadas. Você já viu isso no modelo de domínio das classes:

```
public class User {
   private Set billingDetails;
   ...
}
public class BillingDetails {
   private User user;
   ...
}
```

Por outro lado, as associações de chave estrangeira não são por natureza direcionais. *Navegação* não tem sentido para o modelo de dados relacional, pois podemos criar associações de dados arbitrárias com *junções de tabelas* e *projeções*. O desafio é ligar um modelo de dados completamente aberto, que é independente da aplicação que trabalha com os dados,

Capítulo 1 – Entenda persistência objeto/relacional | 17

com um modelo navegacional dependente da aplicação, uma visão limitada das associações necessárias por essa aplicação em particular.

Não é possível determinar a multiplicidade de uma associação unidirecional somente olhando nas classes Java. As associações Java podem ter multiplicidade *muitos-para-muitos*. Por exemplo, as classes poderiam se parecer assim:

```java
public class User {
    private Set billingDetails;
    ...
}
public class BillingDetails {
    private Set users;
    ...
}
```

As associações de tabela, por outro lado, são sempre *um-para-muitos* ou *um-para-um*. Podemos ver a multiplicidade de imediato olhando a definição da chave estrangeira. A seguir temos uma declaração de chave estrangeira na Tabela BILLING_DETAILS para uma associação um-para-muitos (ou, se lermos na outra direção, uma associação muitos-para-um):

```
USER_ID bigint foreign key references USERS
```

Essas são associações um-para-um:

```
USER_ID bigint unique foreign key references USERS
BILLING_DETAILS_ID bigint primary key foreign key references USERS
```

Se desejarmos representar uma associação muitos-para-muitos em um banco de dados relacional, devemos colocar uma nova tabela, chamada *tabela de ligação*. Essa tabela não aparece em lugar algum no modelo de domínio. Para o nosso exemplo, se considerarmos o relacionamento entre o usuário e a informação de cobrança como sendo muitos-para-muitos, a tabela de ligação é definida assim:

```
create table USER_BILLING_DETAILS (
    USER_ID bigint foreign key references USERS,
    BILLING_DETAILS_ID bigint foreign key references BILLING_DETAILS,
    PRIMARY KEY (USER_ID, BILLING_DETAILS_ID)
)
```

Discutimos associação e mapeamentos de coleção mais detalhadamente nos Capítulos 6 e 7.

Até agora, as situações que consideramos são principalmente: *estruturais*. Podemos observá-las somente considerando uma visão puramente estática do sistema. Talvez o problema mais difícil na persistência de objetos seja *dinâmico*. Ele tem a ver com associações, e já demos uma dica quando mostramos uma distinção entre *navegação em uma rede de objetos* e *junções de tabelas* na Seção 1.1.4, "Persistência em aplicações orientadas para objetos". Vamos explorar esse problema de disparidade significante com mais detalhes.

1.2.5 Problema de navegação de dados

Existem diferenças fundamentais na maneira pela qual são acessados os dados no Java e em um banco de dados relacional. Em Java, quando acessamos a informação de cobrança de um usuário, chamamos aUser.getBillingDetails().getAccountNumber() ou algo similar. Esse é o modo mais natural de acessar dado orientado para objetos, e é freqüentemente descrito como andar na rede de objetos. Navegamos de um objeto para outro, seguindo os ponteiros entre as instâncias. Infelizmente, esse não é um modo eficiente para a recuperação dos dados de um banco de dados SQL.

A coisa mais importante que você pode fazer para melhorar a performance do código de acesso aos dados é *minimizar o número de requisições para o banco de dados*. O jeito mais óbvio de fazer isso é minimizando o número de consultas SQL. (Claro que existem outras maneiras mais sofisticadas que seguem como um segundo passo.)

Portanto, o acesso eficiente a dados relacionais com SQL normalmente requer junções entre as tabelas envolvidas. O número de tabelas contidas na junção, quando se estiver recuperando os dados, determinará a profundidade da rede de objetos em que poderemos navegar na memória. Por exemplo, se precisar recuperar um User e não estiver interessado na informação de cobrança do usuário, você poderá escrever essa simples consulta:

```
select * from USERS u where u.USER_ID = 123
```

Mas, por outro lado, se precisasse recuperar um User e então visitar subseqüentemente cada uma das instâncias BillingDetails associadas (digamos, para listar todos os cartões de crédito de um usuário), você escreveria uma consulta diferente:

```
select *
   from USERS u
   left outer join BILLING_DETAILS bd on bd.USER_ID = u.USER_ID
   where u.USER_ID = 123
```

Como você pode ver, para utilizar as junções eficientemente é necessário saber que porção da rede de objetos você planeja acessar quando recuperar o User inicial – isso é *antes* de começar a navegar na rede de objetos!

Mas por outro lado, qualquer solução de persistência de objetos fornece a funcionalidade de trazer os dados dos objetos associados somente quando o objeto é acessado pela primeira vez. Contudo, esse estilo em estágios de acesso aos dados é fundamentalmente ineficiente no contexto de um banco de dados relacional, pois requer que se execute uma declaração para cada nó ou coleção da rede de objetos acessada. Esse é o temido *problema das n+1 seleções (n+1 selects problem)*.

Essa disparidade na forma como acessamos objetos em Java e como acessamos em banco de dados relacional é talvez a coisa mais comum como a fonte dos problemas de performance nas aplicações Java. Existe uma tensão natural entre seleções demais e seleções muito grandes, que recuperam informação desnecessária para a memória. Além do mais, embora tenhamos sido abençoados com inúmeros livros e artigos de revistas nos aconselhando a usar StringBuffer para a concatenação de seqüências de caracteres, parece impossível achar algum conselho sobre estratégias para evitar o problema das n+1 seleções. Felizmente, o Hibernates fornece características sofisticadas para trazer a rede de objetos do banco de dados para a aplicação que a está acessando, de um modo eficaz e transparente. Discutiremos essas características nos Capítulos 13, 14, e 15.

1.2.6 Custo da disparidade

Agora temos uma lista e tanto de problemas de disparidade objeto/relacional, e será custoso (em tempo e esforço) achar as soluções, assim como você já deve saber por sua própria experiência. Esse custo é freqüentemente subestimado, e achamos que essa seja a maior razão para muitos fracassos nos projetos de software. Na nossa experiência pessoal (regularmente confirmada por desenvolvedores com quem conversamos), o propósito principal de aproximadamente 30 por cento do código escrito de uma aplicação Java é para tratar o tedioso SQL/JDBC e criar a "ponte" manualmente da disparidade do paradigma objeto/relacional. Apesar de todo esse esforço, o resultado final ainda não parece certo. Já vimos projetos quase afundarem devido à complexidade e inflexibilidade de suas camadas de abstração do banco de dados. Também vemos desenvolvedores Java (e DBAs) perderem rapidamente sua confiança quando decisões de concepção sobre a estratégia de persistência para um projeto devem ser tomadas.

Um dos maiores custos está na área da modelagem. O relacional e os modelos de domínio devem ambos incluir as mesmas entidades de negócio, mas um purista de orientação para objetos irá modelar essas entidades de uma maneira diferente da de um modelador de dados relacional. A solução mais comum para esse problema é ir fazendo ajustes no modelo de domínio e nas classes implementadas até que eles sejam iguais ao esquema do banco de dados SQL. (Que, seguindo o princípio de independência dos dados, é certamente uma escolha segura a longo prazo.)

Isso pode ser feito com sucesso, mas somente com o custo de perder algumas das vantagens da orientação para objetos. Tenha em mente que a modelagem relacional é apoiada pela teoria relacional. A orientação para objetos não possui tal definição matemática rigorosa ou corpo de trabalho teórico, então não podemos consultar a matemática para explicar como poderíamos completar esse vão entre os dois paradigmas – não existe uma transformação elegante esperando para ser descoberta. (Acabar com Java e SQL, e começar do nada não é considerado elegante.)

A disparidade da modelagem de domínio não é a única fonte da inflexibilidade e perda de produtividade que leva a altos custos. Uma causa adicional é a própria API JDBC. JDBC e SQL fornecem uma abordagem *orientada para declaração* (ou seja, orientada para comando) a fim de mover dados para e de um banco de dados SQL. Se você quer consultar ou manipular dados, as tabelas e colunas envolvidas devem ser especificadas pelo menos três

20 | JAVA PERSISTENCE COM HIBERNATE

vezes (insert, update, select), aumentando o tempo necessário para concepção e implementação. Os distintos dialetos para todos os sistemas de gerenciamento de banco de dados SQL não melhoram a situação.

Para completar o seu entendimento de persistência de objetos, e antes que abordemos possíveis soluções, precisamos discutir a *arquitetura da aplicação* e o papel de uma *camada de persistência* em um típico desenho de uma aplicação.

1.3 CAMADAS DE PERSISTÊNCIA E ALTERNATIVAS

Em uma aplicação de médio ou grande porte, normalmente faz sentido organizar as classes por funcionalidade. Persistência é uma funcionalidade; outras incluem a apresentação, workflow, e a lógica de negócio.[1] Uma arquitetura típica de orientação para objetos inclui camadas de código que representam as funcionalidades. É normal e certamente uma boa prática agrupar todas as classes e componentes responsáveis pela persistência em uma camada separada de persistência, em uma arquitetura de sistemas em camada.

Nessa seção, primeiro daremos uma olhada nas camadas desse tipo de arquitetura e por que usá-las. Depois, analisaremos a camada em que estamos interessados – a camada de persistência – e algumas maneiras pelas quais ela pode ser implementada.

1.3.1 Arquitetura em camadas

Uma arquitetura em camadas define interfaces entre os códigos que implementam as várias funcionalidades, permitindo que mudanças sejam feitas de forma que uma funcionalidade seja implementada sem afetar significativamente o código em outras camadas. A distribuição em camadas também determina os tipos de dependências entre camadas que ocorrem. As regras são as seguintes:

- As camadas se comunicam do topo para a base. Uma camada é dependente somente da camada abaixo dela.
- Cada camada não sabe de qualquer outra camada, exceto a logo abaixo dela.

Sistemas diferentes agrupam as funcionalidades diferentemente, então eles definem camadas diferentes. Uma típica, provada, arquitetura de aplicação de alto nível utiliza três camadas: uma para a apresentação, uma para a lógica de negócio, e a de persistência, como mostrado na Figura 1.4.

Vamos dar uma olhada mais de perto nas camadas e nos elementos do diagrama:

---

[1] Existem também as chamadas *preocupações ortogonais (cross-cutting concerns)*, que podem ser implementadas genericamente – por framework, por exemplo. As preocupações ortogonais típicas incluem logging, autorização e demarcações de transação.

CAPÍTULO 1 – ENTENDA PERSISTÊNCIA OBJETO/RELACIONAL   21

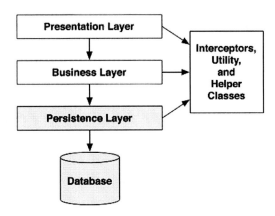

Figura 1.4 A camada de persistência é a base em uma arquitetura em camadas.

- *Camada de apresentação* – A lógica da interface com o usuário é a que fica mais ao topo. O código responsável pela apresentação, o controle da página e a navegação na tela ficam na camada de apresentação.

- *Camada de negócio* – A forma exata dessa próxima camada varia amplamente entre as aplicações. Geralmente concorda-se, contudo, que a camada de negócio seja responsável pela implementação de qualquer regra de negócio ou necessidades do sistema entendidas pelos usuários como parte do domínio do problema. Essa camada normalmente inclui algum tipo de componente de controle – um código que saiba quando invocar a regra de negócio adequada. Em alguns sistemas, essa camada tem sua própria representação interna das entidades de domínio de negócio, e em outros reutiliza o modelo definido pela camada de persistência. Voltaremos a essa questão no Capítulo 3.

- *Camada de persistência* – A camada de persistência é um grupo de classes e componentes responsáveis por guardar os dados em, e recuperá-los de, um ou mais repositórios de dados. Essa camada necessariamente inclui o modelo das entidades de domínio de negócio (mesmo que seja somente um modelo de metadados).

- *Banco de dados* – O banco de dados existe fora da aplicação Java em si. É na verdade, a representação persistente do estado do sistema. Se um banco de dados SQL é utilizado, o banco de dados inclui um esquema relacional e possivelmente procedimentos armazenados.

- *Classes de ajuda e de utilidade* – Toda a aplicação tem um conjunto de infra-estrutura de classes de ajuda e de utilidade que são usadas em todas as camadas da aplicação (como classes Exception para tratamento de erro). Esses elementos de infra-estrutura não formam uma camada, pois não obedecem às regras de dependência entre as camadas da arquitetura em camadas.

22 | JAVA PERSISTENCE COM HIBERNATE

Agora vamos dar uma rápida olhada nas várias formas pelas quais a camada de persistência pode ser implementada em uma aplicação Java. Não se preocupe – chegaremos ao ORM e ao Hibernate logo. Há muito a ser aprendido observando outras abordagens.

1.3.2 Como codificar à mão uma camada de persistência com SQL/JDBC

A abordagem mais comum para persistência em Java é de que os programadores trabalhem diretamente com SQL e JDBC. A final de contas, os desenvolvedores estão familiarizados com sistemas de gerenciamento de banco de dados relacionais, eles entendem SQL, e sabem como trabalhar com tabelas e chaves estrangeiras. E mais ainda, eles podem sempre utilizar o bem conhecido e amplamente utilizado padrão data access object (DAO) para esconder a complexidade do código JDBC e o SQL não portável da camada de negócio.

O padrão DAO é um bom padrão – tão bom que freqüentemente recomendamos seu uso até mesmo com ORM. Contudo, o trabalho envolvido em codificar manualmente a persistência para cada classe de domínio é considerável, particularmente quando múltiplos dialetos SQL são suportados. Esse trabalho normalmente acaba consumindo uma grande porção do esforço de desenvolvimento. Além do mais, quando as necessidades mudam, uma solução codificada à mão sempre precisa de mais atenção e esforço para manutenção.

Por que não implementar um simples framework de mapeamento para encaixar as necessidades especificas do seu projeto? O resultado de tal esforço poderia até ser reutilizado em futuros projetos. Muitos desenvolvedores tomaram essa abordagem: inúmeras camadas de persistência objeto/relacional, "feitas em casa", estão em sistemas de produção hoje em dia. Contudo, não recomendamos essa abordagem. Excelentes soluções já existem: não somente (a maioria caras) as ferramentas vendidas por fornecedores, mas também projetos de código aberto com licença gratuita. Estamos certos de que você achará uma solução que se encaixe nas suas necessidades, tanto de negócio, como técnicas. É possível que tal solução faça muito mais coisas, e que faça melhor, do que uma que você construiria em um tempo limitado.

Desenvolver um razoável ORM com todas as suas características pode levar vários meses dos desenvolvedores. Por exemplo, o Hibernate tem aproximadamente 80.000 linhas de código, e muitas delas mais difíceis do que o código de uma aplicação típica, junto com 25.000 linhas de código de teste unitário. Isso pode ser mais código do que a sua própria aplicação. Muito mais detalhes podem ser abordados facilmente em tal projeto de grande porte – assim como ambos os autores sabem por suas próprias experiências! Mesmo que uma ferramenta existente não implemente completamente duas ou três necessidades mais exóticas do seu projeto, ainda assim é provável que não valha a pena criar a sua própria ferramenta. Qualquer software ORM irá tratar os casos mais comuns e tediosos – aqueles que acabam com a produtividade. É normal que você precise codificar à mão alguns casos especiais; poucas aplicações são compostas principalmente por casos especiais.

1.3.3 Como utilizar serialização

Java tem um mecanismo inerente de persistência: a serialização fornece a habilidade de pegar uma "foto" de uma rede de objetos (o estado da aplicação) e escrever em uma seqüência de bytes, que poderão então ser persistidos em um arquivo ou banco de dados. A serialização também é utilizada pela Invocação Remota de Métodos (Remote Method Invocation - RMI) do Java para conseguir semânticas de passagem por valor de objetos complexos. Outro uso da serialização é para replicar o estado da aplicação entre nós em máquinas "clusterizadas".

Por que não usar a serialização para a camada de persistência? Infelizmente, uma rede de objetos interconectados serializada só pode ser acessada como um todo; não é possível recuperar algum dado da seqüência sem desserializar toda a seqüência. Dessa maneira, o resultado da seqüência de bytes deve ser considerado inadequado para uma busca arbitrária ou agregação de grandes conjuntos de dados. Nem é mesmo possível acessar ou atualizar um único objeto ou subconjunto de objetos independentemente. Carregar e sobrescrever toda uma rede de objetos em cada transação não é uma opção para sistemas projetados para suportar grande concorrência.

Dada a tecnologia atual, a serialização é inadequada como um mecanismo de persistência para aplicações corporativas e web com alta concorrência. Ela tem um nicho particular como um mecanismo de persistência adequado para as aplicações de desktop.

1.3.4 Sistemas de banco de dados orientados para objetos

Pelo fato de trabalharmos com objetos em Java, seria ideal que tivéssemos um modo de guardar esses objetos em um banco de dados sem que precisássemos fazer qualquer ajuste no modelo de objetos. Nos meados de 1990, os sistemas de banco de dados orientados para objetos ganharam atenção. Eles são baseados no modelo de dados em rede, que era bem comum antes mesmo do advento do modelo de dados relacional, décadas atrás. A idéia básica é guardar uma rede de objetos, com todos os seus ponteiros e nós, e recriar o mesmo grafo na memória tempos mais tarde. Isso pode ser otimizado com vários metadados e com definições da configuração.

Um sistema de gerenciamento de banco de dados orientado para objetos (SGBDOO ou no inglês OODBMS) é mais como uma extensão ao ambiente da aplicação do que um repositório de dados externo. Um SGDBOO normalmente apresenta uma implementação n-camadas (físicas), com o repositório de dados back-end, cache de objeto, e a aplicação de cliente fortemente acoplados e interagindo via um protocolo de rede proprietário. Os nós dos objetos são mantidos em páginas de memória, que são transportadas do e para o repositório de dados.

O desenvolvimento do banco de dados orientado para objetos começa com a definição top-down de "vínculos com a linguagem anfitriã" (host language bindings) que adiciona capacidades de persistência à linguagem de programação. É por essa razão, que bancos de dados de objetos oferecem uma integração completa, sem necessidade de ajustes, com o

JAVA PERSISTENCE COM HIBERNATE

ambiente de uma aplicação orientada para objetos. Isso é diferente do modelo utilizado pelos bancos de dados relacionais de hoje, onde a interação com o banco de dados ocorre por meio de uma linguagem intermediária (SQL) e a independência dos dados de uma aplicação em particular é a grande preocupação.

Para obter informações de base em bancos de dados orientados para objetos, recomendamos o respectivo capítulo do livro *An Introduction to Database Systems* (Date, 2003).

Não vamos nos incomodar em profundidade com o motivo por que a tecnologia do banco de dados orientado para objetos não se tornou mais popular; só vamos fazer a observação que os bancos de dados orientados para objetos não foram amplamente adotados e nem parece que serão em um futuro próximo. Estamos confiantes em que a grande maioria dos desenvolvedores terá muito mais oportunidades de trabalhar com a tecnologia relacional, devido às atuais políticas existentes (ambientes de implantação (deployment) predefinidos) e a comum necessidade de independência dos dados.

1.3.5 Outras opções

Obviamente existem outros tipos de camada de persistência. Persistência com XML é uma variação do assunto da serialização; essa abordagem endereça algumas das limitações da serialização em seqüências de bytes, de forma a permitir o fácil acesso aos dados através de uma ferramenta padronizado como interface. Contudo, gerenciar dados em XML iria expor você a uma disparidade objeto/relacional. Além do mais, não existe nenhum benefício adicional do XML em si, é só mais um formato de texto e não possui capacidades inerentes para o gerenciamento de dados. Você pode usar procedimentos armazenados (até mesmo escrevendo em Java, algumas vezes) e mover o problema para a camada (física) do banco de dados. Os assim chamados bancos de dados objeto-relacional têm sido vendidos como a solução, mas eles somente oferecem um sistema de tipo de dados mais sofisticado, fornecendo somente a metade da solução dos nossos problemas (e mais terminologia confusa). Temos certeza de que existem vários outros exemplos, mas nenhum deles parece que irá se tornar popular em um futuro imediato.

As restrições políticas e econômicas (investimentos de longo prazo nos bancos de dados SQL), a independência dos dados, e as necessidades de acessar dados valiosos do legado pedem por uma abordagem diferente. ORM pode ser a solução mais prática para nossos problemas.

1.4 MAPEAMENTO OBJETO/RELACIONAL

Agora que já vimos as técnicas alternativas de persistência de objetos; chegou a hora de introduzir a solução que achamos a melhor, e a que usamos no Hibernate: ORM. Apesar de sua longa história (os primeiros papéis de pesquisa foram publicados no final dos anos 80), os termos utilizados para ORM pelos desenvolvedores variam. Alguns chamam de mapeamento objeto relacional, outros preferem somente mapeamento de objetos; nós exclusivamente usamos o termo mapeamento objeto/relacional e o seu acrônimo, ORM. A barra reforça o problema da disparidade que ocorre quando os dois mundos colidem.

Nessa seção, iremos primeiro olhar o que ORM é. Então iremos enumerar os problemas que uma boa solução ORM resolve. E finalmente, discutiremos os benefícios gerais que o ORM fornece e por que recomendamos essa solução.

1.4.1 O que é ORM?

Em poucas palavras, mapeamento objeto/relacional é a persistência automatizada (e transaparente) dos objetos em uma aplicação Java para as tabelas de um banco de dados relacional, utilizando metadados que descrevem o mapeamento entre os objetos e o banco de dados.

ORM, em sua essência, trabalha com transformação (reversível) dos dados de uma representação para outra. Isso implica algumas penalidades de performance. Contudo, se o ORM é implementado como um middleware, existem várias oportunidades para otimização que não iriam existir para uma camada de persistência codificada à mão. O provimento e o gerenciamento de metadado que governa a transformação acrescentam um custo em tempo de desenvolvimento, mas o custo é menor do que o custo equivalente envolvido na manutenção de uma solução codificada à mão. (E até mesmo bancos de dados de objetos necessitam de quantias significativas de metadados.)

> **FAQ** *O ORM não é um plug-in do Visio?* O acrônimo ORM também significa *modelagem da função do objeto (object role modeling)*, e esse termo foi inventado antes mesmo do mapeamento objeto/relacional se tornar relevante. Ele descreve um método de análise de informação, utilizado na modelagem de banco de dados, e é principalmente suportado pelo Microsoft Visio, uma ferramenta gráfica de modelagem. Especialistas em banco de dados usam-no como um substituto ou em conjunto com o mais popular *modelagem de entidade-relacionamento*. Contudo, se você conversar com desenvolvedores Java sobre ORM, é normalmente no contexto de mapeamento objeto/relacional.

Uma solução ORM consiste nas seguintes quatro partes:

- Uma API para realizar operações CRUD básicas em objetos de classes persistentes
- Uma linguagem ou API para especificar consultas que se referem às classes ou às propriedades das classes
- Uma facilidade para especificar o metadado de mapeamento
- Uma técnica para que a implementação ORM interaja com objetos transacionais para executar checagem de sujeira (dirty checking), associação de recuperação preguiçosa (lazy association fetching), e outras funções de otimização

JAVA PERSISTENCE COM HIBERNATE

Estamos utilizando o termo *ORM completo* para incluir qualquer camada de persistência onde o SQL é gerado automaticamente a partir de descrições baseadas em metadados. Não estamos incluindo camadas de persistência onde o problema do mapeamento objeto/relacional é resolvido por desenvolvedores codificando à mão SQL com JDBC. Com o ORM, a aplicação interage com as APIs do ORM e as classes do modelo de domínio, e é abstraída da interação direta com o SQL/JDBC. Dependendo das características ou de uma implementação em particular, o motor ORM pode se tornar responsável por questões como bloqueio otimista (optmistic locking) e cacheamento, aliviando a aplicação dessas preocupações completamente.

Vamos ver as várias formas que o ORM pode ser implementado. Mark Fussel (Fussel, 1997), um desenvolvedor do campo do ORM, definiu os quatro níveis de qualidade do ORM que serão descritas a seguir. Nós reescrevemos levemente suas descrições e colocamo-las no contexto do desenvolvimento de aplicação Java atual.

Relacional puro (Pure relational)

Toda a aplicação, incluindo a interface com o usuário, é desenhada com base no modelo relacional e operações relacionais baseadas em SQL. Essa abordagem, apesar de sua deficiência para sistemas de grande porte, pode ser uma excelente solução para as aplicações simples onde a reutilização pequena do código é tolerada. O SQL diretamente pode ter um ajuste fino em todos os aspectos, mas as desvantagens, como a falta de portabilidade e manutenibilidade, são significantes, especialmente em um grande espaço de tempo. As aplicações dessa categoria freqüentemente fazem uso pesado dos procedimentos armazenados, tirando alguns dos trabalhos da camada de negócios e mandando para o banco de dados.

Mapeamento leve (Light object mapping)

Entidades são representadas como classes que são mapeadas manualmente para as tabelas relacionais. SQL/JDBC codificado à mão é escondido da lógica de negócio utilizando um padrão de projetos bem conhecido. Essa abordagem é extremamente comum no mercado e é um sucesso para aplicações com um baixo número de entidades, ou aplicações com o genérico modelo de dados orientado para metadados. Procedimentos armazenados podem ter seu lugar nesse tipo de aplicação.

Mapeamento médio (Médium object mapping)

A aplicação é desenhada em torno do modelo de objetos. O SQL é gerado no momento da construção utilizando ferramentas de geração de código, ou em tempo de execução pelo código do framework. As associações entre os objetos são suportadas pelo mecanismo de persistência, e consultas podem ser especificadas utilizando uma linguagem de expressão orientada para objetos. Os objetos são colocados em cache pela camada de persistência. Muitos produtos ORM e camadas de persistência feitas em casa suportam pelo menos esse

CAPÍTULO 1 – ENTENDA PERSISTÊNCIA OBJETO/RELACIONAL | 27

nível de funcionalidade. Ela serve bem para as aplicações de médio porte com algumas transações complexas, particularmente quando a portabilidade entre produtos de banco de dados diferentes é importante. Essas aplicações normalmente não usam procedimentos armazenados.

Mapeamento completo (Full object mapping)

O mapeamento completo suporta modelagem de objetos sofisticada: composição, herança, polimorfismo e persistência por transitividade. A camada de persistência implementa uma persistência transparente, classes persistentes não herdam de uma classe básica especial ou têm que implementar uma interface em especial. Estratégias eficientes para recuperação (preguiçosa, ansiosa e pré-recuperação – lazy, eager e prefetching) e estratégias de cacheamento são implementadas transparentemente para a aplicação. Esse nível de funcionalidade pode dificilmente ser alcançado por uma camada de persistência feita em casa – ela é equivalente a anos de tempo de desenvolvimento. Um número de ferramentas comerciais e de código aberto Java de ORM conseguiu alcançar esse nível de qualidade.

Esse nível bate com a definição de ORM que estamos usando neste livro. Vamos ver os problemas que esperamos resolver com uma ferramenta que alcance o mapeamento completo.

1.4.2 Problemas genéricos de ORM

A seguinte lista de preocupações, a qual chamaremos de problemas ORM, identifica as questões fundamentais resolvidas por uma ferramenta de mapeamento objeto/relacional completa em um ambiente Java. Algumas ferramentas ORM em particular podem fornecer funcionalidades extras (por exemplo, cacheamento agressivo), mas esta é uma lista razoavelmente completa dos problemas conceituais e questões específicas do mapeamento objeto/relacional.

1   *Com que as classes persistentes se parecem?* O quão *transparente* é a ferramenta de persistência? Temos que adotar um modelo de programação e convenções para classes e modelos de domínio?

2   *Como o metadado de mapeamento é definido?* Pelo fato da transformação objeto/relacional ser totalmente governada por metadado, o formato e a definição desse metadado é importante. A ferramenta ORM deveria fornecer uma interface GUI para manipular esse metadado graficamente? Ou existem melhores abordagens para definição do metadado?

3   *Como a identidade e a igualdade do objeto se relacionam com a identidade do banco de dados (chave primária)?* Como mapeamos instâncias de classes particulares para linhas particulares da tabela?

4   *Como devemos mapear a hierarquia de herança da classe?* Existem várias estratégias padronizadas. E sobre as associações polimórficas, as classes abstratas e as interfaces?

28 | JAVA PERSISTENCE COM HIBERNATE

5 *Como a lógica de persistência interage em tempo de execução com os objetos do domínio de negócios?* Esse é um problema de programação genérica, e existem várias soluções incluindo geração de fonte, reflexão em tempo de execução, geração de bytecode em tempo de execução, e melhoramento do bytecode em tempo de construção. A solução para esse problema pode afetar o seu processo de construção (mas, preferivelmente, não deveria de outra maneira afetá-lo como usuário).

6 *Qual é o ciclo de vida de um objeto persistente?* O ciclo de vida de alguns objetos depende do ciclo de vida de outros objetos associados? Como transformamos o ciclo de vida de um objeto no ciclo de vida de uma linha do banco de dados?

7 *Que facilidades são fornecidas para classificação, busca e agregação?* A aplicação poderia fazer alguma dessas coisas na memória, mas o uso eficiente da tecnologia relacional necessita que esse trabalho seja freqüentemente feito pelo banco de dados.

8 *Como recuperamos eficientemente dados com associações?* Acesso eficiente a dados relacionais é normalmente conseguido via as junções de tabelas. As aplicações orientadas para objetos normalmente acessam os dados navegando em uma rede de objetos. Dois padrões de acesso aos dados deveriam ser evitados quando possível: o problema das *n+1 seleções* e seu complemento, o problema do *produto cartesiano* (recuperar muitos dados em uma única seleção).

Mais dois pontos que impõem restrições fundamentais na concepção e na arquitetura de uma ferramenta ORM são comuns para qualquer tecnologia de acesso a dados:

- Transações e concorrências
- Gerenciamento de cache (e concorrência)

Como poder ver, uma ferramenta de mapeamento objeto/relacional completa precisa endereçar uma grande lista de preocupações. Por agora, você já deve estar começando a ver o valor do ORM. Na próxima seção, veremos alguns dos outros benefícios que você ganha quando usa uma solução ORM.

1.4.3 Por que ORM?

Uma implementação ORM é de grande complexidade – menos complexo que um servidor de aplicações, porém mais complexo que um framework de aplicação web, como o Struts ou o Tapestry. Por que deveríamos introduzir mais um elemento de infra-estrutura complexo dentro do nosso sistema? Será que ele valerá a pena?

Fornecer uma resposta completa a essas questões tomará a maior parte deste livro, mas esta seção fornece um rápido resumo dos benefícios que requerem mais atenção. Primeiro, porém, vamos apresentar rapidamente um não benefício.

Uma suposta vantagem do ORM é que ele protege os desenvolvedores do SQL confuso, difícil de resolver. Essa visão sustenta que não se pode esperar que os desenvolvedores de orientação para objetos entendam SQL ou bancos de dados relacionais bem, e, ainda, que eles acham o SQL de certa forma ofensivo. Pelo contrário, acreditamos que os desenvolvedores Java devem ter um nível suficiente de familiaridade com – e apreciação pela – modelagem relacional e SQL para que possam trabalhar com ORM. ORM é uma técnica avançada que deve ser utilizada pelos desenvolvedores que já a fizeram de uma forma difícil. Para usar o Hibernate efetivamente, você deve ser capaz de ver e interpretar as declarações SQL que ele apresenta e entender as implicações para performance.

Agora vamos ver alguns dos benefícios do ORM e do Hibernate.

Produtividade

O código relacionado à persistência pode ser talvez o mais tedioso código em uma aplicação Java. O Hibernate elimina muitas tarefas rotineiras do trabalho (mais do que você imagina) e deixa você se concentrar no problema de negócio.

Não importa qual estratégia de desenvolvimento de aplicação você prefere – top-down, começando com um modelo de domínio, ou bottom-up, começando com um esquema de banco de dados existente – o Hibernate, utilizado junto com as ferramentas apropriadas, irá reduzir significativamente o tempo de desenvolvimento.

Manutenibilidade

Menos linhas de código (LOC) tornam o sistema mais legível (de mais fácil entendimento), pois enfatiza na lógica de negócio ao invés do encanamento (termo técnico para o código que gerencia o acesso aos dados, persistência, e assim por diante). E o mais importante, um sistema com menos código é mais fácil para refatorar. A persistência objeto/relacional automatizada reduz substancialmente as LOC. Claro que, contar as linhas de código é um modo duvidoso de medir a complexidade de uma aplicação.

Contudo, existem outras razões para que uma aplicação Hibernate seja mais fácil de manter. Em sistemas com persistências codificadas à mão, uma inevitável tensão existe entre a representação relacional e a implementação do modelo de objetos do domínio. Mudanças em um deles quase sempre envolvem mudanças no outro, e freqüentemente, o formato de uma representação é comprometida para acomodar a existência do outro. (O que quase sempre acontece na prática é que o *modelo de objetos* do domínio fica comprometido.) O ORM fornece um isolamento entre os dois modelos, permitindo um uso mais elegante da orientação para objetos no lado do Java, e isolando cada modelo de pequenas mudanças que afetem o outro.

Performance

Uma reivindicação comum é que a persistência codificada à mão possa sempre ser pelo menos tão rápida, e freqüentemente ser mais rápida, quanto uma persistência automatizada.

30 | JAVA PERSISTENCE COM HIBERNATE

Isso é verdade no mesmo sentido que é verdade também que o código de máquina sempre possa ser pelo menos tão rápido quanto o código Java, ou que um analisador gramatical (parser) escrito à mão possa sempre ser pelo menos tão rápido quanto um analisador gramatical gerado pelo YACC ou ANTLR – em outras palavras, isso não vem ao caso. A implicação não falada da reivindicação é que a persistência codificada à mão irá executar pelo menos tão bem quanto a automatizada em uma aplicação real. Mas essa implicação será verdadeira somente se o esforço necessário para implementar uma persistência codificada à mão que seja pelo menos tão rápida for similar à quantidade de esforço envolvido para utilizar uma solução automatizada. Uma questão realmente interessante é o que acontece quando consideramos tempo e orçamento como restrições?

Dada uma tarefa de persistência, muitas otimizações são possíveis. Algumas (como dicas para consulta – query hints) são muito mais fáceis de conseguir com um SQL/JDBC codificado à mão. A maioria das otimizações, entretanto, são muito mais fáceis de conseguir com um ORM automatizado. Em um projeto com restrições de tempo, persistência codificada à mão normalmente permite que você faça algumas otimizações. O Hibernate permite muito mais otimizações para serem utilizadas *todo* o tempo. Além do mais, persistência automatizada melhora tanto a produtividade do desenvolvedor que você pode gastar mais tempo otimizando à mãais tempo otimizando a molvedoroso os poucos gargalos que sobraram.

E, por fim, as pessoas que implementaram o seu software de ORM provavelmente tiveram muito mais tempo de investigar as otimizações de performance do que você tem. Você sabia, por exemplo, que o pooling de instâncias do PreparedStatement resulta em um ganho significativo de performance para o driver JDBC do DB2, mas que dá problemas para o driver do InterBase? Você imaginava que atualizar somente as colunas necessárias de uma tabela pode ser significativamente mais rápido em alguns bancos de dados, mas potencialmente mais lento em outros? Na sua solução construída à mão, o quão fácil é testar o impacto dessas várias estratégias?

Independência de fornecedor

Um ORM abstrai a sua aplicação da interação direta com o banco de dados SQL e do dialeto SQL. Se a ferramenta suportar um número bom de diferentes bancos de dados (e a maioria suporta), isso garantirá certo nível de portabilidade na sua aplicação. Você não deve necessariamente esperar que "escreveu uma vez, roda em qualquer lugar", até mesmo pelo fato de que as competências dos bancos de dados diferem, e conseguir portabilidade total iria necessitar sacrificar algumas das melhores características das plataformas mais poderosas. Como se não bastasse, é normalmente muito mais fácil desenvolver uma aplicação multiplataforma com o ORM. Mesmo que você não precise de uma operação multiplataforma, um ORM ainda assim pode ser de grande ajuda para mitigar alguns dos riscos associados a forte dependência com os fornecedores.

Fora isso, a independência do banco de dados ajuda nos cenários de desenvolvimento onde os desenvolvedores utilizam um banco de dados leve na sua máquina local, mas implantam para produção em um banco de dados diferente.

CAPÍTULO 1 – ENTENDA PERSISTÊNCIA OBJETO/RELACIONAL | 31

Você precisa escolher um produto de ORM em um determinado ponto. Para tomar uma decisão com base em um conhecimento efetivo, você precisa de uma lista dos módulos e dos padrões do software disponíveis.

1.4.4 Apresentação do Hibernate, EJB3 e JPA

O Hibernate é uma ferramenta de mapeamento objeto/relacional completa que fornece todos os benefícios de um ORM listados anteriormente. A API que você estará trabalhando no Hibernate é nativa e projetada pelos desenvolvedores do Hibernate. O mesmo é verdade para as interfaces de consulta e as linguagens de consulta, e de como o metadado de mapeamento objeto/relacional é definido.

Antes de começar o seu primeiro projeto com Hibernate, você deve conhecer melhor o padrão EJB 3.0 e sua subespecificação, *Java Persistence*. Vamos voltar um pouco no tempo e ver como esse novo padrão chegou à sua existência.

Muitos desenvolvedores Java consideraram os *entity beans* do EJB 2.1 como uma das tecnologias para a implementação da camada de persistência. Toda essa programação com EJB e o modelo de persistência têm sido muito adotados pela indústria, e têm sido um fator importante para o sucesso do J2EE (ou, Java EE, como ele é chamado agora).

Contudo, nos últimos anos, os críticos do EJB na comunidade dos desenvolvedores tornaram-se uma voz mais ativa (especialmente com relação aos *entity beans* e à persistência), as companhias se deram conta de que o padrão EJB deveria ser melhorado. A Sun, como o grupo responsável pelo rumo do J2EE, sabia que uma revisão já estava a caminho e iniciou um novo pedido de especificação Java (Java specification request - JSR) com o propósito de simplificar o EJB no início de 2003. Essa nova JSR, Enterprise JavaBeans 3.0 (JSR220), atraiu um interesse significativo. Os desenvolvedores do time do Hibernate se juntaram ao grupo de especialistas nas fases iniciais e ajudaram a moldar a nova especificação. Outros fornecedores, incluindo todas as grandes e algumas pequenas companhias da indústria do Java, também contribuíram na empreitada. Uma importante decisão feita para o novo padrão foi o de especificar e padronizar coisas que funcionam na prática, pegando as idéias e os conceitos de projetos existentes e produtos de sucesso. O Hibernate, portanto, como sendo uma solução de persistência de dados de sucesso, teve um papel importante na parte de persistência desse novo padrão. Mas qual é exatamente o relacionamento entre o Hibernate e o EJB3; e o que é Java Persistence?

Entenda os padrões

Em primeiro lugar, é difícil (mas não impossível) comparar a especificação e o produto. As perguntas que devem ser feitas são: "O Hibernate implementa a especificação do EJB 3.0, e qual é o impacto no meu projeto? Tenho que usar um ou outro?"

A nova especificação do EJB 3.0 vem em várias partes: a primeira parte define o novo modelo de programação do EJB para *session beans* (componentes de sessão) e *message-driven beans* (componentes orientados para mensagem), as regras de implantação, e assim por diante.

32 | JAVA PERSISTENCE COM HIBERNATE

A segunda parte da especificação trata da persistência exclusivamente; entidades, metadados de mapeamento objeto/relacional, interfaces para gerenciar a persistência, e a linguagem de consulta. Essa segunda parte é chamada de Java Persistence API (JPA), provavelmente porque suas interfaces estão no pacote javax.persistence. Usaremos esse acrônimo por todo o livro.

Essa separação também existe nos produtos do EJB 3.0; alguns implementam um contêiner EJB 3.0 completo que suporta todas as partes da especificação, e alguns produtos podem implementar somente a parte do Java Persistence. Dois princípios importantes foram projetados no novo padrão:

- O motor do JPA deve ser independente, o que significa que você deve ser capaz de tirar um produto e substituí-lo por outro se não estiver satisfeito – mesmo que queira continuar com o mesmo contêiner EJB 3.0 ou um servidor de aplicações Java EE 5.0.
- O motor do JPA deve permitir rodá-lo fora de um ambiente de tempo de execução EJB 3.0 (ou qualquer outro), sem nenhum contêiner em puro padrão Java.

As conseqüências dessa formulação é que existem mais opções para os desenvolvedores e arquitetos, que faz com que aumente a competição e, portanto, a qualidade em geral dos produtos melhore. Claro que os produtos reais também oferecem características que vão além da especificação, como as extensões específicas do fornecedor (como ajuste – tuning – de performance, ou porque o fornecedor tem um foco em uma determinada solução específica de um problema vertical).

O Hibernate implementa o Java Persistence, e pelo fato de o motor do JPA ter que ser independente, novas e interessantes combinações de software são possíveis. Você pode selecionar vários módulos de software do Hibernate e combiná-los dependendo das suas necessidades técnicas e de negócio.

Hibernate Core

O Hibernate Core também é conhecido como Hibernate 3.2.x, ou Hibernate. É o serviço básico para a persistência, com a sua API nativa e seus metadados de mapeamento guardados em arquivos XML. Ele tem uma linguagem de consulta chamada HQL (quase a mesma coisa que o SQL), assim como interfaces de consulta programática para consultas do tipo Criteria e Example. Existem centenas de opções e características disponíveis para tudo, como o Hibernate Core é a fundação e a plataforma, todos os outros módulos o usam como base.

Você pode usar o Hibernate Core por si só, independente de qualquer framework ou de qualquer ambiente de tempo de execução em particular com todas as JDKs. Ele funciona em qualquer servidor de aplicações Java EE/J2EE, em aplicações Swing, em um simples contêiner de servlets, e assim por diante. Desde que você possa configurar uma fonte de dados para o Hibernate, ele funcionará. O código (na sua camada de persistência) da sua aplicação irá usar as APIs e as consultas do Hibernate, e o seu metadado de mapeamento será escrito em arquivos XML do Hibernate nativo.

CAPÍTULO 1 – ENTENDA PERSISTÊNCIA OBJETO/RELACIONAL | 33

APIs, consultas e arquivos de mapeamento XML do Hibernate nativo são os focos principais desse livro, e eles são primeiramente explicados em todos os códigos de exemplo. A razão para isso é que a funcionalidade do Hibernate é um *superconjunto* de todas as outras opções disponíveis.

Hibernate Annotations

Uma nova maneira de definir os metadados da aplicação ficou disponível com o JDK 5.0: anotações (annotations) type-safe embutidas diretamente no código-fonte Java. Muitos usuários do Hibernate já estão familiarizados com esse conceito, já que o software XDoclet suporta atributos como metadado no Javadoc e um pré-processador em tempo de compilação (que, para o Hibernate, gera arquivos de mapeamento XML).

Com o pacote do *Hibernate Annotations* em cima do Hibernate Core, você pode usar metadados type-safe do JDK 5.0 como um substituto ou em conjunto com os arquivos de mapeamento XML do Hibernate nativo.Você achará a sintaxe e as semânticas das anotações de mapeamento familiar uma vez que as vir lado a lado com os arquivos de mapeamento XML do Hibernate. Contudo, as anotações básicas não são proprietárias.

A especificação JPA define a sintaxe dos metadados de mapeamento objeto/relacional e as semânticas, com o mecanismo primário sendo as anotações do JDK 5.0. (Sim, JDK 5.0 é necessário para Java EE 5.0 e EJB 3.0.) Naturalmente, o Hibernate Annotations é um conjunto de anotações básicas que implementam o padrão JPA, e elas também são um conjunto de anotações de extensão que você precisa para mais mapeamentos e ajustes avançados e exóticos do Hibernate.

Você pode usar o Hibernate Core e o Hibernate Annotations para reduzir suas linhas de código, em comparação com os arquivos XML nativos, dos metadados de mapeamento, e também pode gostar das melhores capacidades de refatoração das anotações. Você pode usar somente as anotações JPA, ou pode adicionar uma anotação de extensão do Hibernate se uma portabilidade completa não for a sua principal preocupação. (Na prática, você deveria adotar por completo o produto que escolheu em vez de negar sua existência todo o tempo.)

Iremos discutir o impacto das anotações no seu processo de desenvolvimento e como usá-las nos mapeamentos, ao longo desse livro, junto com exemplos de mapeamento XML do Hibernate nativo.

Hibernate EntityManager

A especificação JPA também define interfaces de programação, regras de ciclo de vida para objetos persistentes e características de consulta. A implementação do Hibernate para essa parte do JPA está disponível como o Hibernate EntityManager, outro módulo opcional que você pode empilhar em cima do Hibernate Core. Você pode voltar atrás quando uma interface puro Hibernate, ou até mesmo uma Connection do JDBC for necessária. As características nativas do Hibernate são um superconjunto das características de persistência do JPA em todos os detalhes. (Resumindo, o Hibernate EntityManager é um pequeno invólucro em volta do Hibernate Core que fornece compatibilidade com o JPA.)

Trabalhar com interfaces padronizadas e usar uma linguagem de consulta padronizada lhe permitem executar sua camada de persistência compatível com JPA em qualquer servidor de aplicações que esteja de acordo com o EJB 3.0. Ou, você pode usar o JPA em Java puro, fora de qualquer ambiente específico de tempo de execução padronizado (que significa realmente que o Hibernate Core pode ser usado *em qualquer lugar*).

O Hibernate Annotations deve ser levado em consideração para ser usado junto com o Hibernate EntityManager. Seria incomum que você fosse escrever o código da sua aplicação conforme as interfaces do JPA e com consultas do JPA, e que não fosse criar a maioria dos seus mapeamentos com as anotações do JPA.

Servidores de aplicações Java EE 5.0

Não apresentamos todo o EJB 3.0 neste livro; nosso foco está, naturalmente, em persistência e, portanto, na parte JPA da especificação. (Iremos, claro, mostrar-lhe várias técnicas com componentes gerenciados do EJB quando falarmos da arquitetura e do projeto da aplicação.)

O Hibernate também é parte do *JBoss Application Server* (JBoss AS), uma implementação do J2EE 1.4 e (logo) Java EE 5.0. Uma combinação do Hibernate Core, do Hibernate Annotations e do Hibernate EntityManager forma o motor de persistência desse servidor de aplicações. É por essa razão que tudo que você possa usar de forma independente (standalone), você também poderá usar dentro do servidor de aplicações com todos os benefícios do EJB 3.0, como, por exemplo, *session beans*, *message-driven beans*, e outros serviços do Java EE.

Para completar a figura, você também precisa entender que os servidores de aplicações Java EE 5.0 não são mais as bestas monolíticas da era J2EE 1.4. Na realidade, o contêiner EJB 3.0 do JBoss também vem em uma versão *embutível (embeddable)*, que roda *dentro* de outros servidores de aplicações, até mesmo no Tomcat, ou em um teste unitário, ou em uma aplicação Swing. No próximo capítulo, você preparará um projeto que utiliza componentes do EJB 3.0 e instalará o servidor JBoss para um teste fácil de integração.

Como você pode ver, as características do Hibernate nativo implementam partes significativas da especificação ou são extensões naturais dos fornecedores, oferecendo funcionalidades adicionais se preciso.

Eis um simples truque para ver de imediato para qual código você está olhando, seja JPA ou Hibernate nativo. Se somente houver a importação javax.persistence.*, você estará trabalhando dentro da especificação; mas se houver também a importação org.hibernate.*, você estará usando funcionalidades do Hibernate nativo. Mais adiante mostraremos mais alguns truques que o ajudarão a separar limpamente o código portável do código específico de fornecedor.

FAQ *Qual o futuro do Hibernate?* O Hibernate Core será desenvolvido independentemente das especificações EJB 3.0 ou Java Persistence e mais rápido. Ele será a base de testes para novas idéias, assim como sempre foi. Qualquer nova característica desenvolvida para o Hibernate Core é imediata e automaticamente disponível como uma extensão para todos os usuários do Java Persistence com Hibernate Annotations e Hibernate EntityManager.Com o tempo, se um conceito em particular provar a sua utilidade, os desenvolvedores do Hibernate trabalharão junto com outros membros de um grupo de especialistas para uma futura padronização em um EJB atualizado, ou na especificação do Java Persistence. É por essa razão, que se você estiver interessado em um padrão com evolução rápida, nós o encorajamos a usar a funcionalidade do Hibernate nativo, e mandar um retorno da sua experiência para o devido grupo de especialistas. O desejo de se ter uma portabilidade total e a rejeição das extensões dos fornecedores foram as grandes razões para a estagnação que vimos no EJB 1.x e 2.x.

Após muitos elogios ao ORM e ao Hibernate, chegou a hora de olhar para algum código de fato. É hora de dar uma conclusão na teoria e montar o primeiro projeto.

1.5 RESUMO

Neste capítulo discutimos o conceito de persistência de objetos e a importância do ORM como uma técnica de implementação.

Persistência de objetos significa que objetos individuais podem sobreviver ao processo da aplicação; eles podem ser salvos em um repositório de dados e, então, recriados em algum outro ponto do tempo. A disparidade objeto/relacional aparece quando o repositório de dados é um sistema de gerenciamento de banco de dados relacional baseado em SQL. Por exemplo, uma rede de objetos não pode ser salva em uma tabela do banco de dados; ela deve ser desmontada e persistida para as colunas de tipos de dados SQL portáveis. Uma boa solução para esse problema é o mapeamento objeto/relacional (ORM), que ajuda bastante, especialmente se considerarmos modelos de domínio Java com uma variedade de tipos.

Um modelo de domínio representa as entidades de negócio em uma aplicação Java. Em uma arquitetura de sistemas em camadas, o modelo de domínio é utilizado para executar lógicas de negócio na camada de negócios (em Java, não em um banco de dados). Essa camada de negócios se comunica com a camada de persistência abaixo no intuito de carregar e guardar os objetos persistentes do modelo de domínio. O ORM é o middleware na camada de persistência que gerencia a persistência.

O ORM não é uma bala de prata (silver bullet - algo que é visto como uma solução rápida para o problema) para todas as tarefas de persistência; seu trabalho é o de aliviar o desenvolvedor de 95 por cento do trabalho de persistência dos objetos, como escrever declarações complexas em SQL com várias junções de tabelas e copiar os valores dos conjuntos de resultado do JDBC para os objetos ou grafos de objetos. Um solução de middleware ORM com todas as características pode fornecer portabilidade de banco de dados, certas técnicas de otimização como cacheamento, e outras funções viáveis que não são fáceis de codificar à mão em um tempo limitado com SQL e JDBC.

36 | JAVA PERSISTENCE COM HIBERNATE

É provável que uma solução melhor do que o ORM surja algum dia. Nós (e muitos outros) teremos que talvez repensar tudo o que sabemos sobre SQL, padrões da API de persistência, e integração da aplicação. A evolução de se ter os sistemas de hoje dentro dos sistemas de banco de dados relacionais puros com uma integração completa, sem necessidades de ajustes, com a orientação para objetos, permanece pura especulação. Mas não podemos esperar, e não há nenhum sinal de que quaisquer dessas questões sejam melhoradas logo (uma indústria multibilionária não é muito ágil). O ORM é a melhor solução disponível hoje, e é um poupador de tempo para os desenvolvedores que enfrentam a disparidade objeto/relacional todos os dias. Com EJB 3.0, uma especificação para um completo software de mapeamento objeto/relacional, que é aceito na indústria Java, está finalmente disponível.

CAPÍTULO 2

COMO COMEÇAR UM PROJETO

Esse capítulo aborda

- "Hello World" com Hibernate e Java Persistence (JPA)
- Conjunto de ferramentas para o desenvolvimento e para a engenharia reversa
- Configuração e integração do Hibernate

JAVA PERSISTENCE COM HIBERNATE

Você quer começar a usar Hibernate e Java Persistence e aprender com um exemplo passo a passo. Você quer ver ambas as APIs de persistência e como pode se beneficiar do Hibernate nativo ou do JPA padronizado. Isso é o que você encontrará neste capítulo: um passeio através de uma aplicação "Hello World" clara.

Contudo, um bom e completo tutorial já está disponível ao público na documentação de referência do Hibernate, mas em vez de repeti-lo aqui, mostraremos instruções mais detalhadas sobre a integração e configuração do Hibernate ao longo do caminho. Se você deseja começar com um tutorial menos elaborado que possa completar em uma hora, nossa sugestão é considerar a documentação de referência do Hibernate. Ele o levará desde uma simples aplicação Java independente com Hibernate até os conceitos de mapeamento mais essenciais, e finalmente demonstrará uma aplicação web com Hibernate implantada no Tomcat.

Neste capítulo, você vai aprender como montar a infra-estrutura de um projeto para uma aplicação puro Java integrada com o Hibernate e verá muito mais detalhes sobre como o Hibernate pode ser configurado nesse ambiente. Também discutiremos a configuração e a integração do Hibernate em um ambiente controlado – ou seja, um ambiente que forneça serviços Java EE.

Como ferramenta de construção para o projeto "Hello World", apresentamos o Ant; com ele criaremos um script de construção que poderá não somente compilar e rodar o projeto, como também utilizar o Hibernate Tools. Dependendo do seu processo de desenvolvimento, você irá utilizar o conjunto de ferramentas do Hibernate para exportar esquemas do banco de dados automaticamente ou até mesmo fazer uma engenharia reversa de uma aplicação completa a partir de um esquema de banco de dados (legado) existente.

Como todo bom engenheiro de computação, antes de começar o seu primeiro projeto real com Hibernate, você deve preparar suas ferramentas e decidir como será o seu processo de desenvolvimento. E, dependendo do processo que escolher, poderá naturalmente optar por diferentes ferramentas. Vamos dar uma olhada nessa fase de preparação e quais são suas opções, e então começar um projeto com Hibernate.

2.1 COMO COMEÇAR UM PROJETO COM HIBERNATE

Em alguns projetos, o desenvolvimento de uma aplicação é movido por desenvolvedores analisando o domínio de negócio nos termos de orientação para objeto. Em outros, ele é muito influenciado por um modelo de dados relacional já existente: seja um banco de dados legado ou um esquema novinho projetado por um modelador de dados profissional. Existem várias escolhas a serem feitas, e as seguintes questões precisam ser respondidas antes que você possa começar:

- Pode você começar do zero com um projeto claro de um novo requisito de negócio, ou o que você tem é dado do legado e/ou código de aplicação legado?

- Pode alguns dos pedaços necessários serem gerados automaticamente a partir de um artefato existente (por exemplo, fonte Java a partir de um esquema de banco de dados existente)? Pode o esquema de banco de dados ser gerado a partir de código Java e de metadados de mapeamento do Hibernate?
- Que tipo de ferramenta está disponível para ajudar nesse trabalho? E sobre outras ferramentas para ajudar todo o ciclo de desenvolvimento?

Iremos discutir essas questões nas seções seguintes à medida que montamos um projeto básico com Hibernate. Este é o seu guia:

1. Selecione um processo de desenvolvimento
2. Monte a infra-estrutura do projeto
3. Escreva o código da aplicação e os mapeamentos
4. Configure e inicie o Hibernate
5. Rode a aplicação

Após ler as próximas seções, você estará preparado para a correta abordagem no seu próprio projeto, e também terá a informação de base necessária para cenários mais complexos dos quais falaremos mais adiante nesse capítulo.

2.1.1 Selecione um processo de desenvolvimento

Primeiro vamos dar uma visão geral das ferramentas disponíveis, os artefatos que eles utilizam como entrada, e a saída que é produzida. A Figura 2.1 mostra várias tarefas do Ant de importação e exportação; todas as funcionalidades também estão disponíveis com o

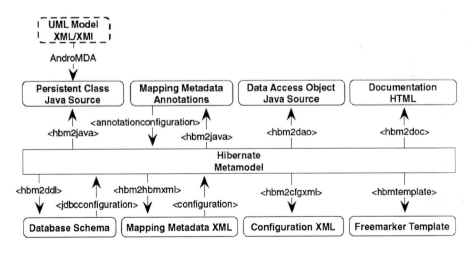

Figua 2.1 Entrada e saída das ferramentas utilizadas para o desenvolvimento com Hibernate.

40 | JAVA PERSISTENCE COM HIBERNATE

Hibernate Tools para o Eclipse (plug-ins). Consulte esse diagrama enquanto estiver lendo esse capítulo.[1]

NOTA *Hibernate Tools para a IDE Eclipse* – O Hibernate Tools é um plug-in para a *IDE Eclipse* (faz parte do *JBoss IDE para o Eclipse* – um conjunto de guias, editores e visões extras no Eclipse que ajudam a desenvolver EJB3, Hibernate, JBoss Seam, e outras aplicações Java baseadas no middleware JBoss). As características para o desenvolvimento e para a engenharia reversa são equivalentes às ferramentas baseadas em Ant. A visão adicional *Hibernate Console* lhe permite executar consultas *ad hoc* do Hibernate (HQL e Criteria) contra o seu banco de dados e também visualizar o resultado graficamente. O editor de XML do Hibernate Tools possui geração automática de código dos arquivos de mapeamento, incluindo classes, propriedades, e até mesmo nomes de tabelas e colunas. A ferramenta gráfica ainda estava em desenvolvimento, somente disponível na versão beta durante a elaboração desse livro, com isso qualquer imagem da tela estaria obsoleta para futuros lançamentos do software. A documentação do Hibernate Tools possui várias imagens das telas e instruções detalhadas de como montar um projeto que você poderá adaptar para criar o seu primeiro programa "Hello World" com a IDE Eclipse.

Os seguintes cenários de desenvolvimento são comuns:

- Top down (de cima para baixo) – No desenvolvimento top-down, você começa com um modelo de domínio existente, a sua implementação em Java, e (idealmente) total liberdade a respeito do esquema de banco de dados. Você deve criar metadados de mapeamento – seja com arquivos XML ou com anotações (annotations) no código Java – e então opcionalmente deixe a ferramenta do Hibernate hbm2ddl gerar o esquema do banco de dados. Na falta da existência de um esquema de banco de dados, esse é o estilo de desenvolvimento mais confortável para a maioria dos desenvolvedores Java. Você pode até usar o Hibernate Tools para atualizar automaticamente o esquema do banco de dados em todo reinício da aplicação em desenvolvimento.

- Bottom up (de baixo para cima) – Ao contrário, o desenvolvimento bottom-up começa com esquema de banco de dados existente e um modelo de dados. Nesse caso, o jeito mais fácil de proceder é usar as ferramentas de engenharia reversa para extrair metadados do banco de dados. Esses metadados podem ser utilizados para gerar arquivos XML de mapeamento, com o hbm2hbmxml, por exemplo. Com o hbm2java, os metadados de mapeamento do Hibernate são usados para gerar classes persistentes em Java, e até mesmo objetos de acesso a dados – em outras palavras, um esqueleto para a camada de persistência em Java. Ou, em vez de gerar para arquivos XML de mapeamento, o código-fonte Java anotado (classes de entidade EJB 3.0) pode ser

---

[1] Note que AndroMDA, uma ferramenta que gera códigos-fonte POJO a partir de diagramas UML, não é estritamente considerada parte do conjunto de ferramentas do Hibernate, por isso não é discutida neste capítulo. Veja a área da comunidade na página da internet do Hibernate para maiores informações sobre o módulo do Hibernate para AndroMDA.

CAPÍTULO 2 – COMO COMEÇAR UM PROJETO | 41

gerado diretamente pelas ferramentas. Contudo, nem todos os detalhes da associação de classes e metainformação específica do Java podem ser gerados automaticamente a partir de um esquema de banco de dados SQL com essa estratégia, assim fique preparado para algum trabalho manual.

- Middle out (do meio para fora) – Os metadados de mapeamento XML do Hibernate fornecem informação suficiente para deduzir completamente o esquema de banco de dados e para gerar o código-fonte do Java para a camada de persistência da aplicação. Além do mais, o documento XML de mapeamento não é tão verboso. Por isso, alguns arquitetos e desenvolvedores preferem o desenvolvimento *middle-out*, onde eles começam com arquivos XML de mapeamento do Hibernate escritos à mão, e então geram o esquema do banco de dados utilizando a ferramenta hbm2ddl e classes Java utilizando hbm2java. Os arquivos XML de mapeamento do Hibernate são atualizados constantemente durante o desenvolvimento, e outros artefatos são gerados dessa definição principal. Novas lógicas de negócio ou objetos de banco de dados são adicionados através de classes baseadas em herança (subclassing) e DDL auxiliar. Esse estilo de desenvolvimento é recomendado somente para os experientes com Hibernate.

- Meet in the middle (encontrar no meio) – É o cenário mais difícil que combina classes Java existentes e um esquema de banco de dados também existente. Nesse caso, existe pouca coisa que o conjunto de ferramentas do Hibernate pode fazer para ajudar. Não é possível, claro, mapear modelos de domínio Java arbitrários para um determinado esquema, então esse cenário geralmente requer pelo menos alguma refatoração das classes Java, do esquema do banco de dados, ou de ambos. Os metadados de mapeamento terão que, quase com certeza, ser escritos à mão e em arquivos XML (embora possa ser possível usar anotações se houver correspondência). Esse pode ser um cenário bem complicado, e é, felizmente, muito raro.

Agora exploraremos as ferramentas e suas opções de configuração em mais detalhes e montaremos um ambiente de trabalho para um típico desenvolvimento de aplicação com Hibernate. Você pode seguir nossas instruções passo a passo e criar o mesmo ambiente, ou pode pegar somente os pedaços de que precisar, como os scripts de construção do Ant.

O primeiro processo de desenvolvimento que assumimos é o top-down, e iremos passar por um projeto com Hibernate que não envolve nenhum esquema de dados legado ou código Java. Após isso, você vai migrar o código para JPA e EJB 3.0, e então irá começar um projeto bottom-up fazendo uma engenharia reversa de um esquema de banco de dados existente.

2.1.2 Como montar o projeto

Presumimos que você já baixou a última versão de produção lançada do Hibernate da página da internet, http://www.hibernate.org/, e que já desempacotou o arquivo. Você também precisará do *Apache Ant* instalado na sua máquina de desenvolvimento.

JAVA PERSISTENCE COM HIBERNATE

Baixe também a versão atual do HSQLDB da página http://hsqldb.org/ e extraia o pacote; você usará esse sistema de gerenciamento de banco de dados para seus testes. Se possuir algum outro sistema de gerenciamento de banco de dados já instalado, a única coisa de que precisará é pegar o driver JDBC dele.

Ao invés da aplicação sofisticada que você desenvolverá mais a frente nesse livro, começaremos com um exemplo "Hello World". Desse jeito, você pode concentrar-se no processo de desenvolvimento sem se distrair com os detalhes do Hibernate. Vamos montar a estrutura de diretórios primeiro.

Como criar o diretório de trabalho

Crie um novo diretório no seu sistema, pode ser em qualquer lugar que desejar; C:\helloworld é uma boa escolha se você trabalha no sistema Microsoft Windows. Vamos nos referir a esse diretório como WORKDIR em exemplos futuros. Crie os subdiretórios lib e src, e copie todas as bibliotecas necessárias:

```
WORKDIR
  +lib
      antlr.jar
      asm.jar
      asm-attrs.jars
      c3p0.jar
      cglib.jar
      commons-collections.jar
      commons-logging.jar
      dom4j.jar
      hibernate3.jar
      hsqldb.jar
      jta.jar
  +src
```

As bibliotecas apresentadas no diretório de bibliotecas (lib) são da distribuição do Hibernate, a maioria delas é necessária para um típico projeto com Hibernate. O arquivo hsqldb.jar é da distribuição do HSQLDB; substitua-o por um outro driver caso você deseje utilizar um outro sistema de gerenciamento de banco de dados. Lembre-se de que algumas das bibliotecas vistas aqui podem não ser necessárias para a versão do Hibernate em particular que estiver usando, que provavelmente é uma versão mais recente da que usamos quando escrevemos este livro. Para ter certeza que esteja usando o conjunto certo de bibliotecas, sempre dê uma olhada no arquivo lib/README.txt no pacote da distribuição do Hibernate. Esse arquivo contém uma lista atualizada de todas as bibliotecas necessárias e opcionais de terceiros para o Hibernate – você só precisará das bibliotecas listadas como necessárias para executar.

Na aplicação "Hello World", você quer guardar mensagens no banco de dados e recuperá-las do banco de dados. Precisa, portanto, criar o modelo de domínio para esse caso de negócio.

Como criar o modelo de domínio

As aplicações Hibernate definem as *classes persistentes* que são mapeadas para tabelas do banco de dados. Essas classes são baseadas na análise do domínio de negócio; por isso, que são um modelo do domínio. O exemplo "Hello World" consiste em uma classe e seu mapeamento. Vamos dar uma olhada como uma simples classe persistente se parece, como o mapeamento é criado e algumas das coisas que você pode fazer com as instâncias da classe persistente no Hibernate.

O objetivo desse exemplo é guardar as mensagens no banco de dados e recuperá-las para mostrar no console. A aplicação tem uma simples classe persistente, Message, que representa essas mensagens. A classe Message é mostrada na Listagem 2.1.

Listagem 2.1 Message.java: uma simples classe persistente

```java
package hello;

public class Message {
    private Long id;                      ← Atributo Identificador
    private String text;                  ← Texto da mensagem
    private Message nextMessage;          ← Referência a outra
                                            instância Message

    Message() {}

    public Message(String text) {
        this.text = text;
    }

    public Long getId() {
        return id;
    }

    private void setId(Long id) {
        this.id = id;
    }

    public String getText() {
        return text;
    }

    public void setText(String text) {
        this.text = text;
    }

    public Message getNextMessage() {
        return nextMessage;
    }

    public void setNextMessage(Message nextMessage) {
        this.nextMessage = nextMessage;
    }
}
```

A classe Message possui três atributos: o identificador, o texto da mensagem e uma referência para outro objeto Message. O atributo identificador permite que a aplicação acesse a identidade do banco de dados – o valor da chave primária – de um objeto persistente. Se duas instâncias da classe Message tiverem o mesmo valor de identificador, elas representarão uma mesma linha no banco de dados.

Esse exemplo usa o tipo Long para o atributo identificador, mas isso não é uma obrigação. O Hibernate permite virtualmente qualquer coisa para o tipo do identificador, como você verá mais à frente.

Talvez você tenha notado que todos os atributos da classe Message possuem o estilo de nomenclatura dos métodos de acesso das propriedades dos JavaBeans. A classe também possui um construtor que não recebe nenhum parâmetro. As classes persistentes que mostraremos nos exemplo irão quase sempre se parecer dessa forma. O construtor sem argumento é um requisito (ferramentas como Hibernate utilizam reflexão nesse construtor para instanciar os objetos).

As instâncias da classe Message podem ser gerenciadas (se tornar persistentes) pelo Hibernate, mas elas não precisam necessariamente desse gerenciamento. Pelo fato de o objeto Message não implementar nenhuma das classe ou interfaces especificas do Hibernate, você pode usá-lo como qualquer outra classe Java:

```
Message message = new Message("Hello World");
    System.out.println( message.getText() );
```

Esse fragmento de código faz exatamente o que se espera de uma aplicação "Hello World": Ele imprime *Hello World* no console. Pode parecer que estamos dando uma de engraçadinhos; mas, de fato, estamos demonstrando uma importante característica que diferencia o Hibernate de qualquer outra solução de persistência. A classe persistente pode ser usada em qualquer contexto de execução – não é necessário um container em especial. Note que isso também é um dos benefícios das novas entidades do JPA, que também são puros objetos Java.

Salve o código da classe Message na pasta de fontes (src), dentro de um diretório de nome hello (esse é o pacote da classe).

Como mapear a classe para um esquema do banco de dados

Para permitir que a mágica do mapeamento objeto/relacional ocorra, o Hibernate necessita de algumas informações a respeito de como exatamente a classe Message deve se tornar persistente. Em outras palavras, o Hibernate precisa saber como as instâncias daquela classe devem ser guardadas e recuperadas. Esse metadado pode ser escrito em um *documento de mapeamento XML*, que define, entre outras coisas, como as propriedades da classe Message são mapeadas com as colunas da tabela MESSAGES. Vamos dar uma olhada no documento de mapeamento na Listagem 2.2.

Listagem 2.2 Um simples mapeamento XML no Hibernate

```xml
<?xml version="1.0"?>
<!DOCTYPE hibernate-mapping PUBLIC
    "-//Hibernate/Hibernate Mapping DTD//EN"
    "http://hibernate.sourceforge.net/hibernate-mapping-3.0.dtd">

<hibernate-mapping>
    <class
        name="hello.Message"
        table="MESSAGES">

        <id
            name="id"
            column="MESSAGE_ID">
            <generator class="increment"/>
        </id>

        <property
            name="text"
            column="MESSAGE_TEXT"/>

        <many-to-one
            name="nextMessage"
            cascade="all"
            column="NEXT_MESSAGE_ID"
            foreign-key="FK_NEXT_MESSAGE"/>

    </class>

</hibernate-mapping>
```

O documento de mapeamento informa ao Hibernate que a classe Message deve ser persistente com a tabela MESSAGES, que a propriedade identificadora deve ser mapeada com a coluna chamada MESSAGE_ID, que a propriedade do texto deve ser mapeada com a coluna chamada MESSAGE_TEXT, e que a propriedade de nome nextMessage é uma associação de *multiplicidade muitos-para-um* que é mapeada para uma coluna de chave estrangeira chamada NEXT_MESSAGE_ID. O Hibernate também gerará o esquema do banco de dados para você e adicionará a restrição da chave estrangeira, com o nome FK_NEXT_MESSAGE, ao catálogo do banco de dados. (Não se preocupe com os outros detalhes por agora.)

O documento XML não é tão difícil de entender. Você pode facilmente escrevê-lo e mantê-lo à mão. Mais à frente, discutiremos uma maneira de usar anotações diretamente no código-fonte para definir as informações de mapeamento; mas qualquer que seja o método escolhido, o Hibernate terá informação suficiente para gerar todas as declarações SQL necessárias para

46 | JAVA PERSISTENCE COM HIBERNATE

inserir, atualizar, deletar e recuperar as instâncias da classe Message. Você não precisa mais escrever essas declarações SQL à mão.

Crie um arquivo chamado Message.hbm.xml com o conteúdo mostrado na Listagem 2.2 e coloque-o no mesmo lugar do seu arquivo Message.java, no pacote do fonte chamado hello. O sufixo *hbm* é uma convenção de nomenclatura aceita pela comunidade do Hibernate, e muitos desenvolvedores preferem colocar os arquivos de mapeamento próximos do código-fonte de suas classes de domínio.

Vamos recuperar e guardar alguns objetos no código principal da aplicação "Hello World".

Como guardar e recuperar objetos

O que você veio realmente ver aqui é o Hibernate, então vamos salvar um novo Message no banco de dados (veja a Listagem 2.3).

Listagem 2.3 O código principal da aplicação "Hello World"

```
package hello;

import java.util.*;

import org.hibernate.*;
import persistence.*;

public class HelloWorld {

    public static void main(String[] args) {

        // First unit of work
        Session session =
            HibernateUtil.getSessionFactory().openSession();
        Transaction tx = session.beginTransaction();

        Message message = new Message("Hello World");
        Long msgId = (Long) session.save(message);

        tx.commit();
        session.close();

        // Second unit of work
        Session newSession =
            HibernateUtil.getSessionFactory().openSession();
        Transaction newTransaction = newSession.beginTransaction();

        List messages =
            newSession.createQuery("from Message m order by
            ➥ m.text asc").list();

        System.out.println( messages.size() +
            " message(s) found:" );
```

Capítulo 2 – Como começar um projeto | 47

```java
for ( Iterator iter = messages.iterator();
    iter.hasNext(); ) {
  Message loadedMsg = (Message) iter.next();
  System.out.println( loadedMsg.getText() );
}

newTransaction.commit();
newSession.close();

// Shutting down the application
HibernateUtil.shutdown();
  }
}
```

Coloque esse código no arquivo HelloWorld.java na pasta dos fontes do seu projeto, dentro do pacote hello. Vamos analisar o código.

A classe tem o método padronizado do Java main(), e você pode chamá-la diretamente da linha de comando. Dentro do código principal da aplicação, você executa duas unidades de trabalho separadas com o Hibernate. A primeira unidade guarda um novo objeto Message, e a segunda unidade recupera todos os objetos e imprime seus respectivos textos no console.

Você chama as interfaces Session, Transaction e Query do Hibernate para acessar o banco de dados:

- Session – Uma Session do Hibernate são várias coisas em uma só. É um objeto *single-thread* (de linha de execução única) não compartilhado que representa uma unidade de trabalho em particular com o banco de dados. Ela tem a API do gerenciador de persistência que você chama para recuperar e guardar os objetos. (Internamente a Session consiste em uma fila de declarações SQL que necessitam ser sincronizadas com o banco de dados em um determinado ponto e um mapa de instâncias de persistência gerenciadas que são monitoradas pela Session.)

- Transaction – Essa API do Hibernate pode ser usada para definir limites de transação programaticamente, mas ela é opcional (limites de transação não são). Outras escolhas podem ser a demarcação de transação do JDBC, a interface JTA, ou as transações gerenciadas pelo contêiner, com EJBs.

- Query – Uma consulta a banco de dados pode ser escrita na própria linguagem orientada para objetos do Hibernate (HQL) ou em puro SQL. Essa interface lhe permite criar consultas, vincular argumentos a espaços reservados na consulta e executar a consulta de diversas formas.

Ignore a linha de código que chama HibernateUtil.getSessionFactory() – iremos abordar isso logo.

Java Persistence com Hibernate

A primeira unidade de trabalho, se rodada, resulta na execução de algo similar ao seguinte SQL:

```
insert into MESSAGES (MESSAGE_ID, MESSAGE_TEXT, NEXT_MESSAGE_ID)
   values (1, 'Hello World', null)
```

Só um momento – a coluna MESSAGE_ID é inicializada com um valor estranho. Você não definiu a propriedade id de message em lugar algum, com isso você esperava que ela fosse NULL, certo? Na verdade, a propriedade id é especial. Ela é uma *propriedade identificadora*: guarda um valor único pré-gerado. O valor é designado para a instância de Message pelo Hibernate no momento em que o save() é chamado. (Iremos discutir como o valor é gerado mais adiante.)

Veja a segunda unidade de trabalho. A seqüência de caracteres literal "from Message m order by m.text asc" é uma consulta do Hibernate, expressa em HQL. Essa consulta é traduzida internamente no seguinte SQL quando o método list() é chamado:

```
select m.MESSAGE_ID, m.MESSAGE_TEXT, m.NEXT_MESSAGE_ID
   from MESSAGES m
   order by m.MESSAGE_TEXT asc
```

Se você rodar o método main() (não tente isso agora – ainda é necessário configurar o Hibernate), a saída no seu console será a seguinte:

```
1 message(s) found:
   Hello World
```

Se você nunca usou uma ferramenta ORM (Object/Relational Mapping – Mapeamento Objeto/Relacional) como o Hibernate antes, provavelmente esperava ver as declarações SQL em algum lugar no código ou metadados de mapeamento, mas eles não estão lá. Todo SQL é gerado em tempo de execução (aliás, na inicialização para todas as declarações SQL reutilizáveis).

O seu próximo passo seria normalmente configurar o Hibernate. Contudo, se você se sentir confiante, poderá adicionar duas outras características do Hibernate – checagem automática de sujeira e cascateamento (cascading) – a uma terceira unidade de trabalho adicionando o seguinte código a sua aplicação principal:

```
// Third unit of work
Session thirdSession =
   HibernateUtil.getSessionFactory().openSession();
Transaction thirdTransaction = thirdSession.beginTransaction();

// msgId holds the identifier value of the first message
message = (Message) thirdSession.get( Message.class, msgId );
message.setText( "Greetings Earthling" );
message.setNextMessage(
   new Message( "Take me to your leader (please)" )
);
thirdTransaction.commit();
thirdSession.close();
```

Esse código chama três declarações SQL dentro da mesma transação de banco de dados:

```
select m.MESSAGE_ID, m.MESSAGE_TEXT, m.NEXT_MESSAGE_ID
from MESSAGES m
where m.MESSAGE_ID = 1

insert into MESSAGES (MESSAGE_ID, MESSAGE_TEXT, NEXT_MESSAGE_ID)
values (2, 'Take me to your leader (please)', null)

update MESSAGES
set MESSAGE_TEXT = 'Greetings Earthling', NEXT_MESSAGE_ID = 2
where MESSAGE_ID = 1
```

Perceba como o Hibernate detecta a modificação das propriedades text e nextMessage da primeira mensagem e automaticamente atualiza o banco de dados – o Hibernate fez a *checagem automática de sujeira*. Essa característica poupa o esforço de explicitamente pedir ao Hibernate que atualize o banco de dados quando o estado de um objeto é modificado dentro de uma unidade de trabalho. Da mesma forma, a nova mensagem tornou-se persistente quando uma referência foi criada pela primeira mensagem. Essa característica é chamada de *salvamento em cascata*. Ela poupa o esforço de explicitamente tornar o novo objeto persistente com a chamada save(), desde que ela seja acessível por uma instância já persistida.

Perceba também que a ordem das declarações SQL não é a mesma ordem em que você definiu os valores das propriedades. O Hibernate utiliza um algoritmo sofisticado para determinar uma ordem eficiente que evita violações de restrição de chave estrangeira do banco de dados, mas mesmo assim é suficientemente previsível para o usuário. Essa característica é chamada de *escrita transacional assíncrona* (*transactional write-behind*).

Se você rodasse a aplicação agora, você teria a seguinte saída (temos que copiar a segunda unidade de trabalho após a terceira unidade de trabalho para executar o passo de mostrar o resultado das consultas novamente):

```
2 message(s) found:
Greetings Earthling
Take me to your leader (please)
```

Agora você tem as classes de domínio, um arquivo XML de mapeamento, e o código-fonte da aplicação "Hello World" que recupera e guarda os objetos. Antes que possa compilar e rodar esse código, você precisa criar a configuração do Hibernate (e resolver o mistério da classe HibernateUtil).

2.1.3 Como configurar e inicializar o Hibernate

O modo mais comum para inicializar o Hibernate é criar um objeto SessionFactory a partir de um objeto Configuration. Se preferir, você pode pensar no Configuration como uma representação de objeto de um arquivo de configuração (ou arquivo de propriedades) para o Hibernate.

Vamos dar uma olhada em algumas variações antes de envolvermos o objeto na classe HibernateUtil.

Como construir uma SessionFactory

Esse é um exemplo de um procedimento típico de inicialização do Hibernate, em uma linha de código, usando detecção automática do arquivo de configuração:

```
SessionFactory sessionFactory =
    new Configuration().configure().buildSessionFactory();
```

Um momento – como o Hibernate sabia onde o arquivo de configuração estava localizado e qual deles carregar?

Quando new Configuration() é chamado, o Hibernate procura por um arquivo chamado hibernate.properties na raiz do classpath. Se encontrar, todos hibernate.*properties serão carregados e adicionados ao objeto Configuration.

Quando configure() é chamado, o Hibernate procura por um arquivo chamado hibernate.cfg.xml na raiz do classpath, e uma exceção será lançada caso ele não encontre. Você não tem que chamar esse método se você não tiver esse arquivo de configuração, claro. Se as definições no arquivo de configuração XML forem duplicatas das propriedades definidas anteriormente, as definições do XML sobrescreverão as definidas antes.

A localização do arquivo de configuração hibernate.properties é sempre na raiz do classpath, fora de qualquer pacote. Se você desejar usar um arquivo diferente ou fazer com que o Hibernate procure em algum subdiretório do seu classpath pelo arquivo de configuração XML, você deverá passar o caminho como um argumento do método configure():

```
SessionFactory sessionFactory = new Configuration()
        .configure("/persistence/auction.cfg.xml")
        .buildSessionFactory();
```

E por fim, você pode sempre definir opções de configuração adicionais ou localizações de arquivos de mapeamento no objeto Configuration programaticamente, antes de construir o SessionFactory:

```
SessionFactory sessionFactory = new Configuration()
        .configure("/persistence/auction.cfg.xml")
        .setProperty(Environment.DEFAULT_SCHEMA, "CAVEATEMPTOR")
        .addResource("auction/CreditCard.hbm.xml")
        .buildSessionFactory();
```

Muitas fontes para a configuração são aplicadas nesse ponto: primeiro, o arquivo hibernate.properties no seu classpath é lido (caso exista). Depois, todas as definições do arquivo /persistence/auction.cfg.xml são adicionadas e sobrescrevem quaisquer definições previamente aplicadas. E por fim, uma propriedade de configuração adicional (um nome de um esquema de banco de dados predefinido) é definida programaticamente, e um arquivo XML adicional de metadados de mapeamento do Hibernate é adicionado à configuração.

Você pode, claro, definir todas as opções programaticamente, ou alternar entre diversos arquivos de configuração XML para diferentes distribuições de bancos de dados. Não existe efetivamente

somente é necessário criar o SessionFactory a partir de uma configuração preparada.

qualquer limitação que estabeleça como você pode configurar e implantar o Hibernate; no final,
somente é necessário criar o SessionFactory a partir de uma configuração preparada.

NOTA *Encadeamento de métodos (Method chaining)* – Encadeamento de métodos é um estilo
de programação suportado por muitas interfaces do Hibernate. Esse estilo é mais popular
no Smalltalk do que no Java, mas algumas pessoas consideram que ele torna o código menos
legível e mais difícil de depurar do que o estilo mais aceito no Java. Contudo, é conveniente
em vários casos, como no trecho de código de configuração visto nessa seção. É assim que
funciona: muitos desenvolvedores Java declaram métodos setter ou adder (de definição de
valores) que retornam void, ou seja, não retornam valor algum; mas, no Smalltalk, que não
tem o tipo void, os métodos setter ou adder geralmente retornam o objeto recebido. Usamos
esse estilo do Smalltalk em alguns códigos de exemplo, mas se você não gosta, não é
necessário usá-lo. Se você optar realmente por esse estilo de codificação, será preferível
escrever cada invocação de método em uma linha diferente. Caso contrário, talvez seja
difícil visualizar a passagem pelo código no momento da depuração.

Agora que você sabe como o Hibernate é iniciado e como criar o SessionFactory, o que
fazer a seguir? Você deve criar um arquivo de configuração para o Hibernate.

Como criar um arquivo de configuração XML

Vamos presumir que você queira manter as coisas simples, e, como a maioria dos usuários,
decida usar um único arquivo de configuração XML para o Hibernate que contém todos os
detalhes da configuração.

Recomendamos que dê ao seu novo arquivo de configuração o nome predefinido
hibernate.cfg.xml e coloque-o diretamente no diretório dos fontes do seu projeto, fora de
qualquer pacote. Desse jeito, ele ficará na raiz do seu classpath após a compilação, e o
Hibernate irá achá-lo automaticamente. Veja o arquivo na Listagem 2.4.

Listagem 2.4 Um simples arquivo de configuração XML do Hibernate

```
<!DOCTYPE hibernate-configuration SYSTEM
"http://hibernate.sourceforge.net/hibernate-configuration-3.0.dtd">

<hibernate-configuration>
   <session-factory>
      <property name="hibernate.connection.driver_class">
         org.hsqldb.jdbcDriver
      </property>
      <property name="hibernate.connection.url">
         jdbc:hsqldb:hsql://localhost
      </property>
      <property name="hibernate.connection.username">
         sa
      </property>
```

```xml
<property name="hibernate.dialect">
    org.hibernate.dialect.HSQLDialect
</property>

<!-- Use the C3P0 connection pool provider -->
<property name="hibernate.c3p0.min_size">5</property>
<property name="hibernate.c3p0.max_size">20</property>
<property name="hibernate.c3p0.timeout">300</property>
<property name="hibernate.c3p0.max_statements">50</property>
<property name="hibernate.c3p0.idle_test_period">3000</property>

<!-- Show and print nice SQL on stdout -->
<property name="show_sql">true</property>
<property name="format_sql">true</property>

<!-- List of XML mapping files -->
<mapping resource="hello/Message.hbm.xml"/>

    </session-factory>
</hibernate-configuration>
```

A *declaração do tipo de documento* é utilizada pelo analisador gramatical de XML para validar esse documento contra o DTD do Hibernate. Note que esse não é o mesmo DTD utilizado nos arquivos de mapeamento XML do Hibernate. Note também que adicionamos algumas quebras de linha nos valores das propriedades para tornar esse arquivo mais legível – você não deve fazer isso no seu arquivo de configuração real (a não ser que o nome do usuário do seu banco de dados contenha uma quebra de linha).

As primeiras coisas que aparecem no arquivo de configuração são as definições de conexão com o banco de dados. Você precisa informar ao Hibernate qual o driver JDBC que será usado e como se conectar com o banco de dados, com a URL, o nome do usuário, e a senha (a senha nesse caso é omitida, pois o HSQLDB como valor-padrão não necessita de uma). Você define um dialeto (Dialect), para que o Hibernate saiba que variações de SQL ele deve gerar para "conversar" com seu banco de dados; dezenas de dialetos já vêm junto com o Hibernate – dê uma olhada na documentação da API do Hibernate para ver a lista.

No arquivo de configuração XML, as propriedades do Hibernate podem ser especificadas sem o prefixo hibernate, então você escreve hibernate.show_sql ou somente show_sql. Os nomes e os valores de propriedade são de outra maneira idênticos às propriedades de configuração programática – ou seja, às constantes como definidas em org.hibernate.cfg.Environment. A propriedade hibernate.connection.driver_class, por exemplo, tem a constante Environment.DRIVER.

Antes de darmos uma olhada em algumas opções importantes de configuração, considere a última linha na configuração que dá o nome do arquivo de mapeamento XML do Hibernate. O objeto Configuration precisa saber sobre todos os arquivos de mapeamento XML antes que você construa o SessionFactory. Um SessionFactory é um objeto que representa uma configuração do Hibernate em particular para um determinado conjunto de metadados de mapeamento em particular. Você pode listar todos os arquivos de mapeamento XML no arquivo de configuração XML do Hibernate, ou pode definir seus nomes e caminhos programaticamente no objeto Configuration. Em qualquer dos casos, se você listá-los como um *recurso*, o caminho para os arquivos de mapeamento é a localização relativa no classpath, como, neste exemplo, hello sendo um pacote na raiz do classpath.

Você também habilitou a impressão de todo o SQL executado pelo Hibernate no console e informou ao Hibernate que faça uma boa formatação para que você possa checar o que está acontecendo por trás dos panos. Voltaremos à log mais adiante neste capítulo.

Outro, às vezes útil, truque é deixar as opções de configuração mais dinâmicas, com propriedades do sistema:

```
...
<property name="show_sql">${displaysql}</property>
...
```

Você agora pode especificar uma propriedade de sistema, tal como java -displaysql=true, na linha de comando quando você iniciar a aplicação, o valor será aplicado automaticamente à propriedade de configuração do Hibernate.

As definições do pool de conexões do banco de dados merecem uma atenção extra.

Pool de conexões do banco de dados

Geralmente não é aconselhável criar uma conexão cada vez que você queira interagir com o banco de dados. Ao invés disso, as aplicações Java devem usar um *pool* de conexões. Cada *thread* da aplicação que precisar trabalhar no banco de dados requisitará uma conexão desse pool e depois a devolverá para o pool quando todas as operações SQL tiverem sido executadas. O pool mantém as conexões e minimiza o custo de abrir e fechar as conexões.

Existem três razões para o uso do pool:

- Adquirir uma nova conexão é custoso. Alguns sistemas de gerenciamento de banco de dados até iniciam um processo completamente novo para cada conexão.

- Manter muitas conexões inativas é custoso para o sistema de gerenciamento de banco de dados, e o pool pode otimizar o uso dessa conexões inativas (ou desconectar caso não existam pedidos de conexão).

- Criar declarações preparadas (prepared statements) também é custoso para alguns drivers, e o pool de conexões pode fazer o cache de declarações para uma conexão durante requisições.

A Figura 2.2 mostra o papel do pool de conexões em um ambiente de tempo de execução de aplicação não gerenciado (ou seja, não existe um servidor de aplicações).

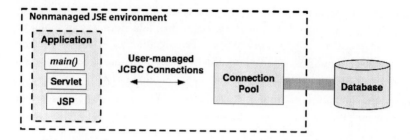

Figura 2.2 Pool de conexões JDBC em um ambiente não gerenciado.

Sem um servidor de aplicações para prover um pool de conexões, a aplicação ou implementa seu próprio algoritmo de pool ou conta com bibliotecas de terceiros como o software de código aberto (open source), C3P0. Sem o Hibernate, o código da aplicação chama o pool de conexões para obter uma conexão JDBC e, em seguida, executa declarações SQL com a interface de programação JDBC. Quando a aplicação fecha as declarações SQL e por fim fecha a conexão, as declarações preparadas e a conexão não são destruídas, mas sim retornam para o pool.

Com o Hibernate, a figura muda: ele age como um cliente do pool de conexões JDBC, como mostra a Figura 2.3. O código da aplicação usa as APIs Session e Query do Hibernate para operações de persistência, e gerencia as transações no banco de dados (provavelmente) com a API Transaction do Hibernate.

O Hibernate define uma arquitetura de plug-in que permite integração com qualquer software de pool de conexões. Contudo, o suporte para o C3P0 é inerente, e o software já vem no pacote do Hibernate, sendo assim você irá usá-lo (você já copiou o arquivo c3p0.jar no seu diretório de biblioteca, certo?). O Hibernate mantém o pool pra você, e propriedades de configuração são passadas. Como você configura o C3P0 pelo Hibernate?

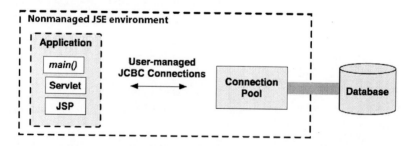

Figura 2.3 Hibernate com pool de conexões em um ambiente não gerenciado.

Uma maneira de configurar o pool de conexões é colocar as definições dentro do arquivo de configuração hibernate.cfg.xml, como você já fez na seção anterior.

Alternativamente, você pode criar o arquivo hibernate.properties na raiz do classpath da aplicação. Um exemplo de um arquivo hibernate.properties para o C3P0 é mostrado na Listagem 2.5. Perceba que esse arquivo, com a exceção de uma lista de recursos de mapeamento, é equivalente à configuração mostrada na Listagem 2.4.

Listagem 2.5 Uso do hibernate.properties para as definições do pool de conexões do C3P0

```
hibernate.connection.driver_class = org.hsqldb.jdbcDriver
hibernate.connection.url = jdbc:hsqldb:hsql://localhost
hibernate.connection.username = sa
hibernate.dialect = org.hibernate.dialect.HSQLDialect

hibernate.c3p0.min_size = 5            ❶
hibernate.c3p0.max_size = 20           ❷
hibernate.c3p0.timeout = 300           ❸
hibernate.c3p0.max_statements = 50     ❹
hibernate.c3p0.idle_test_period = 3000 ❺

hibernate.show_sql = true
hibernate.format_sql = true
```

❶ É o número mínimo de conexões JDBC que o C3P0 mantém preparadas a todo tempo.

❷ É o número máximo de conexões no pool. Uma exceção é lançada em tempo de execução caso esse número se esgote.

❸ Especifica o período de tempo limite (nesse caso, 300 segundos) após o qual uma conexão inativa será removida do pool.

❹ Um máximo de 50 declarações preparadas irá para o cache. Cacheamento de declarações preparadas é essencial para uma melhor performance com Hibernate.

❺ Esse é o tempo de inatividade em segundos antes que uma conexão seja automaticamente validada.

Especificar propriedades da forma hibernate.c3p0.* seleciona o C3P0 como o pool de conexões (a opção c3p0.max_size é necessária – não é necessário nenhum outro acionador para habilitar o suporte ao C3P0). O C3P0 tem mais características do que as mostradas no exemplo anterior; consulte o arquivo de propriedades no subdiretório /etc da distribuição do Hibernate para pegar um exemplo mais detalhado de onde você pode se basear.

O Javadoc da classe org.hibernate.cfg.Environment também documenta todas as propriedades de configuração do Hibernate. Além do mais, você pode achar uma tabela atualizada com todas as opções de configuração do Hibernate na documentação de referência do Hibernate. Iremos, mesmo assim, explicar as definições mais importantes no decorrer do livro. Você já sabe tudo o que precisa para começar.

FAQ *Posso fornecer minhas próprias conexões?* Implemente a interface org. hibernate.connection.ConnectionProvider, e nomeie sua implementação com a opção de configuração hibernate.connection.provider_class. Com isso o Hibernate irá contar com o seu fornecedor de conexões, personalizado, caso necessite de uma conexão do banco de dados.

Agora que completou o arquivo de configuração do Hibernate, você pode prosseguir e criar a SessionFactory na aplicação.

Como tratar a SessionFactory

Na maioria das aplicações Hibernate, a SessionFactory deve ser instanciada uma vez durante a inicialização da aplicação. A instância única deve então ser usada por todo o código em um determinado processo, e qualquer Session deve ser criada usando essa SessionFactory única. A SessionFactory é *thread-safe* e pode ser compartilhada; uma Session é um objeto *single-thread*.

Uma pergunta freqüentemente feita é: onde a fábrica (factory) deve ser guardada após sua criação e como ela pode ser acessada sem muita trabalheira. Existem opções mais avançadas, mais confortáveis, como JNDI e JMX, mas elas geralmente só estão disponíveis em um servidor de aplicações Java EE completo. Em vez disso, vamos introduzir uma solução rápida e pragmática que resolve ambos os problemas da inicialização do Hibernate (o de uma linha de código) e o de guardar e acessar a SessionFactory: você irá usar uma variável estática global e uma inicialização estática.

Ambas, variável e inicialização, podem ser implementadas em uma única classe, que será cahamada de HibernateUtil. Essa classe de ajuda é bem conhecida na comunidade do Hibernate – é um padrão comum para inicialização do Hibernate em aplicações puro Java sem os serviços Java EE. Uma implementação básica é mostrada na Listagem 2.6.

Listagem 2.6 A classe HibernateUtil para inicialização e tratamento da SessionFactory

```
package persistence;

import org.hibernate.*;
import org.hibernate.cfg.*;

public class HibernateUtil {

    private static SessionFactory sessionFactory;

    static {
        try {
            sessionFactory=new Configuration()
                            .configure()
```

```
                        .buildSessionFactory();
    } catch (Throwable ex) {
        throw new ExceptionInInitializerError(ex);
    }
}

public static SessionFactory getSessionFactory() {
    // Alternatively, you could look up in JNDI here
    return sessionFactory;
}

public static void shutdown() {
    // Close caches and connection pools
    getSessionFactory().close();
}
}
```

Você cria um bloco de inicialização estático para iniciar o Hibernate; esse bloco é executado pelo carregador (loader) dessa classe exatamente uma vez, na inicialização, quando a classe é carregada. A primeira chamada para HibernateUtil na aplicação carrega a classe, cria a SessionFactory, e define as variáveis estáticas ao mesmo tempo. Caso ocorra um problema, qualquer Exception ou Error é envolvido e lançado do bloco estático (é por isso que você utiliza o catch com Throwable). O envolvimento na ExceptionInInitializerError é obrigatório para inicializadores estáticos.

Você criou essa nova classe em um novo pacote chamado persistence. Em uma aplicação Hibernate com todas as características, de vez em quando você precisa desse pacote – por exemplo, para abranger seus customizados interceptadores e conversores de tipo de dados da camada de persistência como parte da sua infra-estrutura.

Agora, sempre que precisar acessar uma Session do Hibernate na aplicação, você poderá pegá-la facilmente com HibernateUtil.getSessionFactory().openSession(), assim como você fez no código principal da aplicação no HelloWorld.

Você está quase pronto para rodar e testar a aplicação. Mas como com certeza você irá querer saber o que se passa por trás dos panos, primeiro você irá habilitar o log.

Como habilitar o log e as estatísticas

Você já viu a propriedade de configuração hibernate.show_sql. Você irá precisar dela constantemente quando desenvolver softwares com o Hibernate; ela habilita o log de todos os SQLs gerados, para o console. Você usará isso para solução de problemas, para ajustes de performance, e para ver o que está se passando. Se você habilitar também a propriedade hibernate.format_sql, a saída será mais legível mas precisará de mais espaço na tela. Uma terceira opção que você não definiu ainda é a hibernate.use_sql_comments – ela faz com que o Hibernate coloque comentários dentro de todas as declarações SQL geradas para ajudar a saber de onde elas vieram. Por exemplo, você pode então facilmente verificar se um SQL em

58 | JAVA PERSISTENCE COM HIBERNATE

particular foi gerado por uma consulta explícita ou por uma inicialização de uma coleção por demanda.

Habilitar a saída do SQL para o stdout é somente a sua primeira opção de log. O Hibernate (e muitas outras implementações de ORM) executam declarações SQL *assincronamente*. Uma declaração de INSERT normalmente não é executada quando a aplicação faz a chamada session.save(), nem um UPDATE é tratado imediatamente quando a aplicação chama item.setPrice(). Ao invés disso, as declarações SQL são normalmente tratadas no final da transação.

Isso significa que rastrear e depurar o código ORM são procedimentos algumas vezes pouco triviais. Na teoria, é possível para a aplicação tratar o Hibernate como uma caixa preta e ignorar esses comportamentos. Contudo, quando você está solucionando problemas difíceis, é necessário poder ver *exatamente* o que está acontecendo internamente no Hibernate. Pelo fato de o Hibernate ser um código aberto, você pode facilmente entrar dentro do código do Hibernate, e ocasionalmente isso ajuda muito! Especialistas em Hibernate depuram problemas somente olhando no log do Hibernate e nos arquivos de mapeamento; nós o encorajamos a perder um pouco de tempo vendo a saída de log gerada pelo Hibernate e se familiarizar com o código do Hibernate.

O Hibernate gera o log de todos os eventos interessantes através do *Apache commons-logging*, uma pequena camada de abstração que direciona a saída ou para o *Apache Log4j* (se você colocar o log4j.jar no classpath) ou para o log do JDK 1.4 (se você estiver rodando sob JDK 1.4 ou superior e que o Log4j não esteja presente). Nós recomendamos Log4j, pois é mais maduro, mais popular e possui mais desenvolvimento efetivo.

Para ver a saída do Log4j, você precisa de um arquivo chamado log4j.properties no classpath (no mesmo lugar do hibernate.properties ou hibernate.cfg.xml). Não se esqueça também de copiar a biblioteca log4j.jar para o diretório de bibliotecas. O exemplo de configuração do Log4j na Listagem 2.7 direciona todas as mensagens de log para o console.

Listagem 2.7 Um exemplo de arquivo de configuração log4j.properties

```
# Direct log messages to stdout
log4j.appender.stdout=org.apache.log4j.ConsoleAppender
log4j.appender.stdout.Target=System.out
log4j.appender.stdout.layout=org.apache.log4j.PatternLayout
log4j.appender.stdout.layout.ConversionPattern=%d{ABSOLUTE}
    ➥ %5p %c{1}:%L - %m%n

# Root logger option
log4j.rootLogger=INFO, stdout

# Hibernate logging options (INFO only shows startup messages)
log4j.logger.org.hibernate=INFO
```

CAPÍTULO 2 – COMO COMEÇAR UM PROJETO | 59

```
# Log JDBC bind parameter runtime arguments
log4j.logger.org.hibernate.type=INFO
```

A última categoria nesse arquivo de configuração é bem interessante: ela habilitará o log dos parâmetros de vinculação do JDBC se o nível de log for definido para DEBUG, fornecendo informações que geralmente não são vistas no log *ad hoc* SQL do console. Para um exemplo mais fácil de entender, dê uma olhada no arquivo log4j.properties empacotado no diretório /etc da distribuição do Hibernate, e veja também a documentação do Log4j para mais informações. Note que você nunca deve gerar algum log no nível de DEBUG na produção, pois fazendo isso, poderá causar um tremendo impacto de performance da sua aplicação.

Você também pode monitorar o Hibernate habilitando as estatísticas em tempo real. Sem um servidor de aplicações (ou seja, se você não tiver um ambiente de implantação com JMX), a maneira mais fácil de obter estatísticas do motor do Hibernate em tempo de execução é o SessionFactory:

```
Statistics stats =
   HibernateUtil.getSessionFactory().getStatistics();

stats.setStatisticsEnabled(true);
...

stats.getSessionOpenCount();
stats.logSummary();

EntityStatistics itemStats =
   stats.getEntityStatistics("auction.model.Item");
itemStats.getFetchCount();
```

As interfaces de estatísticas são: Statistics para informações gerais, EntityStatistics para informação sobre uma determinada entidade, CollectionStatistics para um determinado papel da coleção (collection role), QueryStatistics para consultas SQL e HQL, e SecondLevelCacheStatistics para informação detalhada em tempo de execução sobre uma determinada região no opcional cache de dados de segundo nível. Um método conveniente é o logSummary(), que imprime um resumo completo no console com uma única chamada. Se você quiser habilitar essa coleção de estatísticas através de configuração, e não programaticamente, defina a propriedade de configuração hibernate.generate_statistics como true. Veja a documentação da API para mais informações sobre os vários métodos de recuperação de estatísticas.

Antes de você rodar a aplicação "Hello World", verifique se o seu diretório de trabalho possui todos os arquivos necessários:

```
WORKDIR
build.xml
+lib
```

60 | Java Persistence com Hibernate

```
<all required libraries>
+src
  +hello
    HelloWorld.java
    Message.java
    Message.hbm.xml
  +persistence
    HibernateUtil.java
hibernate.cfg.xml (or hibernate.properties)
log4j.properties
```

O primeiro arquivo, build.xml, é a definição de construção do Ant. Ele contém os alvos (targets) do Ant para construir e rodar a aplicação, que iremos discutir a seguir. Você também irá adicionar um alvo capaz de gerar o esquema do banco de dados automaticamente.

2.1.4 Como rodar e testar a aplicação

Para rodar a aplicação, você precisa compilá-la e iniciar o sistema de gerenciamento de banco de dados com o esquema de banco de dados correto.

O Ant é um poderoso sistema de construção para o Java. Tipicamente, você escreve um arquivo build.xml para o seu projeto e chama os alvos de construção que definiu nesse arquivo com a ferramenta de linha de comando do Ant. Você também pode chamar os alvos do Ant a partir da sua IDE Java, se ela tiver esse suporte.

Como compilar o projeto com o Ant

Você agora irá adicionar o arquivo build.xml e alguns alvos ao projeto "Hello World". O conteúdo inicial do arquivo de construção é apresentado na Listagem 2.8 – crie esse arquivo diretamente no seu WORKDIR.

Listagem 2.8 Um arquivo de construção, básico, Ant para o "Hello World"

```xml
<project name="HelloWorld" default="compile" basedir=".">

  <!- Name of project and version ->
  <property name="proj.name"      value="HelloWorld"/>
  <property name="proj.version"   value="1.0"/>

  <!- Global properties for this build ->
  <property name="src.java.dir"   value="src"/>
  <property name="lib.dir"        value="lib"/>
  <property name="build.dir"      value="bin"/>

  <!- Classpath declaration ->
  <path id="project.classpath">
    <fileset dir="${lib.dir}">
      <include name="**/*.jar"/>
      <include name="**/*.zip"/>
    </fileset>
```

Capítulo 2 – Como começar um projeto

```xml
</path>

<!– Useful shortcuts –>
<patternset id="meta.files">
   <include name="**/*.xml"/>
   <include name="**/*.properties"/>
</patternset>

<!– Clean up –>
<target name="clean">
   <delete dir="${build.dir}"/>
   <mkdir dir="${build.dir}"/>
</target>

<!– Compile Java source –>
   <target name="compile" depends="clean">
   <mkdir dir="${build.dir}"/>
      <javac
      srcdir="${src.java.dir}"
      destdir="${build.dir}"
      nowarn="on">
      <classpath refid="project.classpath"/>
   </javac>
</target>

<!– Copy metadata to build classpath –>
<target name="copymetafiles">
   <copy todir="${build.dir}">
      <fileset dir="${src.java.dir}">
         <patternset refid="meta.files"/>
      </fileset>
   </copy>
</target>

<!– Run HelloWorld –>
<target name="run" depends="compile, copymetafiles"
   description="Build and run HelloWorld">
   <java fork="true"
      classname="hello.HelloWorld"
      classpathref="project.classpath">
      <classpath path="${build.dir}"/>
   </java>
</target>

</project>
```

A primeira metade do arquivo de construção Ant contém definições de propriedades, como o nome do projeto e as localizações dos arquivos e diretórios. Você já pode ver que essa construção é baseada na estrutura de diretórios existente, o WORKDIR (para o Ant, esse é o mesmo diretório que o basedir). O alvo-padrão (default), quando esse arquivo de construção é chamado sem um nome de alvo, é o compile.

62 | Java Persistence com Hibernate

Depois, um nome que pode ser referenciado facilmente mais à frente, project.classpath, é definido como um atalho para todas as bibliotecas no diretório de bibliotecas do projeto. Outro atalho para um padrão, que irá ajudar bastante, é definido como meta.files. Você precisa tratar a configuração e os arquivos de metadados separadamente no processamento da construção, usando esse filtro.

O alvo clean remove todos os arquivos criados e compilados e limpa também o projeto. Os últimos três alvos, compile, copymetafiles e run, devem ser auto-explicativos. Rodar a aplicação depende da compilação de todo código Java, e da cópia de todos os arquivos de configuração de mapeamento e de propriedade para o diretório de construção (build.dir).

Agora, execute ant compile no seu WORKDIR para compilar a aplicação "Hello World". Você não deve ver qualquer erro (nem quaisquer avisos) durante a compilação e os seus arquivos compilados *class* você achará no diretório bin. Chame também ant copymetafiles uma vez só, e verifique se todos os arquivos de configuração e mapeamento foram copiados corretamente para o seu diretório bin.

Antes de você rodar a aplicação, inicie o sistema de gerenciamento de banco de dados e exporte um esquema de banco de dados fresquinho.

Como iniciar o sistema de banco de dados HSQL

O Hibernate suporta mais de 25 sistemas de gerenciamento de banco de dados SQL que já vem com ele, e suporte para qualquer dialeto desconhecido pode ser adicionado facilmente. Se você já tiver um banco de dados, ou se souber o básico de administração de banco de dados, poderá substituir as opções de configuração (principalmente definições de conexão e de dialeto) criada anteriormente com definições para o seu sistema preferido.

Para dizer "olá!" para o mundo, você precisa de um leve e simples sistema de banco de dados que seja fácil de instalar e configurar. Uma boa escolha é o HSQLDB, um sistema de gerenciamento de banco de dados SQL, escrito em Java, de código aberto. Ele pode rodar "in-process" (acesso direto) com a aplicação principal; mas, de acordo com nossa experiência, rodá-lo de forma independente com uma porta TCP escutando por conexões é normalmente mais conveniente. Você já copiou o arquivo hsqldb.jar para dentro do diretório de bibliotecas do WORKDIR – essa biblioteca inclui o motor do banco de dados e o driver JDBC requerido para se conectar a uma instância que esteja rodando.

Para iniciar o servidor HSQLDB, abra uma janela de comando, mude para o seu WORKDIR, e rode o comando mostrado na Figura 2.4. Você deverá ver mensagens de inicialização e, depois, uma mensagem de ajuda que informa como desligar o sistema de banco de dados (é permitido usar o Ctrl+C). Você também irá perceber alguns novos arquivos no WORKDIR, começando pelo test – esses são os arquivos usados pelo HSQLDB para guardar os dados. Se você quiser iniciar com um banco de dados vazio, delete os arquivos entre os reiniciados do servidor.

CAPÍTULO 2 – COMO COMEÇAR UM PROJETO | 63

Figura 2.4 Como iniciar o servidor HSQLDB pela linha de comando.

Agora você tem um banco de dados vazio sem nenhum conteúdo, nem mesmo um esquema. Vamos criar um esquema a seguir.

Como exportar um esquema do banco de dados

Você pode criar o esquema do banco de dados à mão escrevendo DDL SQL com declarações CREATE e executando essa DDL no banco de dados. Ou (e isso é muito mais conveniente) você pode deixar o Hibernate cuidar disso e criar um esquema padonizado para a sua aplicação. O pré-requisito no Hibernate para geração automática de DDL SQL é sempre uma definição de metadados de mapeamento do Hibernate, seja em arquivos de mapeamento XML ou em anotações no código-fonte Java. Acreditamos que você projetou e implementou seu modelo de domínio de classes e escreveu metadados de mapeamento em XML como fizemos nas seções anteriores.

A ferramenta usada para a geração de esquema é a hbm2ddl; sua classe é a org.hibernate.tool.hbm2ddl.SchemaExport, então ela também é chamada algumas vezes de SchemaExport.

Existem várias maneiras de rodar essa ferramenta e criar o esquema:

- Você pode rodar a <hbm2ddl> em um alvo do Ant no seu procedimento normal de construção.
- Você pode rodar a SchemaExport programaticamente no código da aplicação, talvez na classe de inicialização HibernateUtil. Isso não é comum, no entanto, pois você raramente precisa de controle programático sobre a geração do esquema.
- Você pode habilitar a exportação automática de um esquema quando a SessionFactory é construída, definindo a propriedade de configuração hibernate.hbm2ddl.auto para create ou create-drop. A primeira definição resulta em declarações DROP seguida de declarações CREATE quando a SessionFactory é construída. A segunda definição adiciona declarações DROP adicionais quando a aplicação é desligada e a SessionFactory é fechada – efetivamente deixando o banco de dados limpo após cada execução.

64 | JAVA PERSISTENCE COM HIBERNATE

A geração programática de esquema é simples:

```
Configuration cfg = new Configuration().configure();
SchemaExport schemaExport = new SchemaExport(cfg);
schemaExport.create(false, true);
```

Um novo objeto SchemaExport é criado a partir do Configuration; todas as definições (como o driver do banco de dados, a URL de conexão, e assim por diante) são passadas para o construtor do SchemaExport. A chamada create(false, true) desencadeia o processo de geração de DDL, sem que seja impresso qualquer SQL no stdout (por causa da definição false), mas com a DDL sendo executada imediatamente no banco de dados (por causa da passagem do valor true). Veja a API da SchemaExport para mais informações e definições adicionais.

Seu processo de desenvolvimento determina se você deve habilitar a exportação automática de esquema com a definição de configuração hibernate.hbm2ddl.auto. Muitos usuários novatos do Hibernate acham a remoção e a recriação automática na construção da SessionFactory um pouco confusas. Depois que você estiver mais familiarizado com o Hibernate, nós o encorajaremos a explorar essa opção para tempos de rápidas mudanças no teste de integração.

Uma opção adicional para essa propriedade de configuração, update, pode ser bem útil durante o desenvolvimento: ela habilita a ferramenta inerente SchemaUpdate, que pode tornar a evolução do esquema mais fácil. Se habilitada, o Hibernate lê os metadados JDBC do banco de dados na inicialização e cria novas tabelas e restrições comparando o antigo esquema com os metadados de mapeamento atual. Note que essa funcionalidade depende da qualidade dos metadados fornecidos pelo driver JDBC, uma área onde muitos drivers ficam a dever. Na prática, essa característica é, portanto, menos excitante e útil do que parece.

Atenção   Já vimos usuários do Hibernate tentando usar o SchemaUpdate para atualizar o esquema de um banco de dados de produção automaticamente. Isso pode terminar rapidamente em desastre e não será permitido pelo seu DBA.

Você também pode rodar o SchemaUpdate programaticamente:

```
Configuration cfg = new Configuration().configure();
SchemaUpdate schemaUpdate = new SchemaUpdate(cfg);
schemaUpdate.execute(false);
```

A definição false no final, novamente, desabilita a impressão da DDL SQL no console e somente executa as declarações SQL diretamente no banco de dados. Se você exportar a DDL para o console ou para um arquivo de texto, o seu DBA poderá utilizá-la como um ponto de partida para produzir script de evolução do esquema com qualidade.

Outra definição de hbm2ddl.auto útil no desenvolvimento é validate. Ela habilita a SchemaValidator para rodar na inicialização. Essa ferramenta pode comparar o seu mapeamento contra os metadados JDBC e informar se o esquema e os mapeamentos batem. Você também rodar a SchemaValidator programaticamente:

```
Configuration cfg = new Configuration().configure();
new SchemaValidator(cfg).validate();
```

Uma exceção será lançada se uma diferença entre os mapeamentos e o esquema do banco de dados for detectada.

Como você está baseando a sua construção do sistema no Ant, você irá idealmente adicionar um alvo schemaexport a sua construção do Ant que gera e exporta um esquema novinho para o seu banco de dados sempre que você precisa de um (veja a Listagem 2.9).

Listagem 2.9 Alvo do Ant para exportação de esquema

```
<taskdef name="hibernatetool"
    classname="org.hibernate.tool.ant.HibernateToolTask"
    classpathref="project.classpath"/>

<target name="schemaexport" depends="compile, copymetafiles"
    description="Exports a generated schema to DB and file">

    <hibernatetool destdir="${basedir}">
        <classpath path="${build.dir}"/>

        <configuration
            configurationfile="${build.dir}/hibernate.cfg.xml"/>

        <hbm2ddl
            drop="true"
            create="true"
            export="true"
            outputfilename="helloworld-ddl.sql"
            delimiter=";"
            format="true"/>

    </hibernatetool>

</target>
```

Nesse alvo, você primeiro define uma nova tarefa do Ant que você gostaria de usar, HibernateToolTask. Essa é uma tarefa genérica que pode fazer várias coisas – exportar um esquema em DDL SQL a partir dos metadados de mapeamento do Hibernate é uma delas. Você irá usá-la por todo esse capítulo em todas as construções Ant. Tenha a certeza de que você incluiu todas as bibliotecas do Hibernate, bibliotecas necessárias de terceiros, e seu driver JDBC no classpath da definição da tarefa. É necessário adicionar também o arquivo hibernate-tools.jar, que pode ser encontrado no pacote para baixar Hibernate Tools.

66 | JAVA PERSISTENCE COM HIBERNATE

O alvo do Ant schemaexport utiliza essa tarefa, e também depende das classes compiladas e dos arquivos de configuração copiados no diretório de construção. Basicamente o uso da tarefa <hibernatetool> é sempre a mesma: uma *configuration* é o ponto de partida para toda a geração de artefato do código. A variação mostrada aqui, <configuration>, entende arquivos de configuração XML do Hibernate e lê todos os arquivos de metadados de mapeamento XML do Hibernate listados na configuração apresentada. A partir dessa informação, um modelo interno de metadados do Hibernate (que é o que o *hbm* quer dizer em todos os lugares) é produzido, e esses dados do modelo são então processados subseqüentemente pelos exportadores (exporters). Discutiremos ferramentas de configuração que podem ler anotações ou um banco de dados para uma engenharia reversa mais à frente neste capítulo.

O outro elemento no alvo é um assim chamado *exportador*. A configuração da ferramenta manda suas informações de metadados para o exportador selecionado; no exemplo anterior, é o exportador <hbm2ddl>. Como você já pode ter adivinhado, esse exportador entende o modelo de metadados do Hibernate e produz DDL SQL. Você pode controlar a geração da DDL de várias maneiras:

- O exportador gera o SQL, então é obrigatório que você defina um dialeto no seu arquivo de configuração do Hibernate.

- Se drop for definido como true, as declarações SQL de DROP serão geradas primeiro, e todas as tabelas e restrições serão removidas se existirem. Se create for definido como true, as declarações SQL de CREATE serão geradas em seguida, para criar todas as tabelas e restrições. Se habilitarmos ambas as opções, efetivamente iremos remover e recriar o esquema do banco de dados em toda execução do alvo do Ant.

- Se export for definido como true, todas as declarações DDL serão executadas no banco de dados. O exportador abrirá uma conexão com o banco de dados utilizando as definições de conexão encontradas no arquivo de configuração.

- Se um outputfilename estiver presente, todas as declarações DDL serão escritas nesse arquivo, e o arquivo será salvo no destdir que você configurou. O caractere definido em delimiter será anexado a todas as declarações SQL escritas no arquivo, e se format estiver habilitado, todas as declarações SQL serão bem identadas.

Agora você pode gerar, imprimir e exportar diretamente o esquema para um arquivo de texto e para o banco de dados rodando ant schemaxport em seu WORKDIR. Todas as tabelas e restrições são removidas e depois criadas novamente, e assim você tem um banco de dados zerado e pronto. (Ignore qualquer mensagem de erro que informe que uma tabela não pode ser removida porque ela não existia.)

Verifique se o seu banco de dados esteja rodando e que ele tenha o correto esquema de banco de dados. Uma ferramenta útil incluída com o HSQLDB é um simples navegador de banco de dados. Você chamá-la com o seguinte alvo do Ant:

```
<target name="dbmanager" description="Start HSQLDB manager">
  <java
    classname="org.hsqldb.util.DatabaseManagerSwing"
    fork="yes"
    classpathref="project.classpath"
    failonerror="true">
    <arg value="-url"/>
    <arg value="jdbc:hsqldb:hsql://localhost/"/>
    <arg value="-driver"/>
    <arg value="org.hsqldb.jdbcDriver"/>
  </java>
</target>
```

Você deve ver o esquema mostrado na Figura 2.5 depois de se logar.

Rode a aplicação com ant run, e observe o console para saída de log do Hibernate. Você deve ver suas mensagens sendo guardadas, recuperadas e imprimidas. Execute uma consulta SQL no navegador do HSQLDB para verificar o conteúdo do seu banco de dados diretamente.

Agora você tem uma infra-estrutura Hibernate funcionando e um arquivo Ant de construção do projeto. Você poderia pular para o próximo capítulo e continuar escrevendo e mapeando classes de negócio mais complexas. Entretanto, recomendamos que você gaste um tempo com a aplicação "Hello World" e a incremente com mais funcionalidades. Você pode,

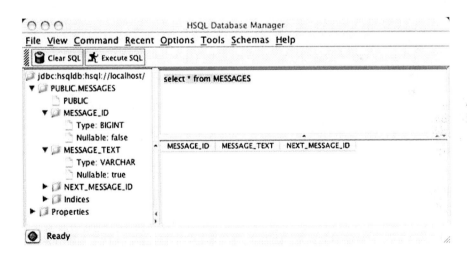

Figura 2.5 O navegador do HSQLDB e o console do SQL.

por exemplo, tentar diferentes opções de consultas HQL ou de logging. Não esqueça que seu sistema de banco de dados continua rodando em segundo plano, e que você tem ou que exportar um esquema novinho ou pará-lo e deletar os arquivos do banco de dados para ficar com um banco de dados limpo e vazio novamente.

Na próxima seção, estudaremos o exemplo "Hello World" novamente, com interfaces Java Persistence e EJB 3.0.

2.2 Como começar um projeto com Java Persistence

Nas próximas seções, mostraremos algumas das vantagens do JPA e o novo padrão EJB 3.0, e como anotações e interfaces de programação padronizadas podem simplificar o desenvolvimento da aplicação, mesmo quando comparadas com o Hibernate. Obviamente que projetar e utilizar as interfaces padronizadas é uma vantagem se você alguma vez precisar portar ou implantar sua aplicação em um diferente ambiente de tempo de execução. Além da portabilidade, de qualquer forma, existem várias boas razões para se dar uma boa olhada no JPA.

Nós agora o guiaremos através de um outro exemplo "Hello World", dessa vez com Hibernate Annotations e Hibernate EntityManager. Você irá reutilizar a infra-estrutura básica do projeto introduzida nas seções anteriores para que possa ver onde o JPA se difere do Hibernate. Depois de trabalhar com anotações e com as interfaces do JPA, mostraremos como uma aplicação se integra e interage com outros componentes gerenciados – EJBs. Discutiremos muito mais exemplos de desenho de aplicação mais à frente neste livro; entretanto, essa primeira olhada irá lhe permitir decidir sobre uma determinada abordagem o mais breve possível.

2.2.1 Como usar o Hibernate Annotations

Vamos primeiro usar o Hibernate Annotations para substituir os arquivos de mapeamento XML do Hibernate com metadados em linha (in-line). Talvez você queira fazer uma cópia do seu diretório do projeto já existente do "Hello World" antes de fazer as seguintes mudanças – você irá migrar do Hibernate nativo para o mapeamentos padronizado do JPA (e código do programa mais tarde).

Copie as bibliotecas do Hibernate Annotations para o diretório /lib do WORKDIR – veja a documentação do Hibernate Annotations para uma lista completa das bibliotecas necessárias. (Na época da escrita, hibernate-annotations.jar e a API stubs na ejb3-persistence.jar eram necessárias.)

Agora delete o arquivo src/hello/Message.hbm.xml. Você substituirá esse arquivo por anotações no código da classe src/hello/Message.java, mostrado na Listagem 2.10.

Listagem 2.10 Como mapear a classe Message com anotações

```java
package hello;

import javax.persistence.*;

@Entity
@Table(name = "MESSAGES")
public class Message {

    @Id @GeneratedValue
    @Column(name = "MESSAGE_ID")
    private Long id;

    @Column(name = "MESSAGE_TEXT")
    private String text;

    @ManyToOne(cascade = CascadeType.ALL)
    @JoinColumn(name = "NEXT_MESSAGE_ID")
    private Message nextMessage;

    private Message() {}

    public Message(String text) {
        this.text = text;
    }

    public Long getId() {
        return id;
    }

    private void setId(Long id) {
        this.id = id;
    }

    public String getText() {
        return text;
    }

    public void setText(String text) {
        this.text = text;
    }

    public Message getNextMessage() {
        return nextMessage;
    }

    public void setNextMessage(Message nextMessage) {
        this.nextMessage = nextMessage;
    }
}
```

JAVA PERSISTENCE COM HIBERNATE

A primeira coisa que provavelmente você notará nessa classe de negócio atualizada é a importação das interfaces de javax.persistence. Dentro desse pacote estão todas as anotações JPA padronizadas necessárias para mapear a classe de entidade (@Entity) para uma tabela (@Table) do banco de dados. Você coloca as anotações nos campos privados da classe, começando com @Id e @GeneratedValue para o mapeamento do identificador do banco de dados. O fornecedor de persistência do JPA detecta que a anotação @Id está em um campo e assume que ele deve acessar as propriedades em um objeto diretamente pelos campos em tempo de execução. Se você colocasse a anotação @Id em cima do método getId(), permitiria o acesso às propriedades através dos métodos de acesso getter e setter por padrão. Portanto, todas as outras anotações também são colocadas ou em campos ou em métodos getter, seguindo a estratégia selecionada.

Note que as anotações @Table, @Column e @JoinColumn não são necessárias. Todas as propriedades de uma entidade são automaticamente consideradas persistentes, com estratégias e nomes de tabela/coluna padronizada. Você as adiciona aqui para maior clareza e para ter os mesmos resultados obtidos com um arquivo de mapeamento XML. Compare as duas estratégias de metadados de mapeamento agora, e você verá que as anotações são muito mais convenientes e reduzem as linhas de metadados significativamente. As anotações também são type-safe, elas suportam autocomplemento na IDE à medida que você vai digitando (assim como qualquer outra interface Java), e elas tornam a refatoração das classes e propriedades mais fácil.

Se está preocupado com o fato de que as importações das interfaces do JPA vinculem o seu código a esse pacote, você deve saber que ele só será necessário no classpath quando as anotações forem utilizadas pelo Hibernate em tempo de execução. É possível carregar e executar essa classe sem as interfaces do JPA no classpath, desde que você não queira recuperar e guardar as instâncias com o Hibernate.

Uma segunda preocupação, que os desenvolvedores novos em anotações algumas vezes têm, vincula-se com a inclusão de *metadado de configuração* no código-fonte Java. Por definição, metadado de configuração é um metadado que pode mudar para cada implantação da aplicação, como nomes de tabela. JPA tem uma simples solução: você pode sobrescrever ou substituir todo metadado anotado por arquivos de metadado XML. Mais adiante, neste livro, mostraremos como isso é feito.

Vamos presumir que isso é tudo o que queremos do JPA – anotações em vez de XML. Você não quer utilizar as interfaces de programação ou linguagem de consulta JPA; iremos usar a Session do Hibernate e HQL. A outra única modificação que precisará fazer no seu projeto, além de deletar o agora obsoleto arquivo de mapeamento XML, é uma modificação na configuração do Hibernate, no hibernate.cfg.xml:

```
<!DOCTYPE hibernate-configuration SYSTEM
"http://hibernate.sourceforge.net/hibernate-configuration-3.0.dtd">

<hibernate-configuration>
<session-factory>
   <!- ... Many property settings ... ->
   <!- List of annotated classes->
   <mapping class="hello.Message"/>
```

CAPÍTULO 2 – COMO COMEÇAR UM PROJETO 71

```
</session-factory>
</hibernate-configuration>
```

O arquivo de configuração do Hibernate antes tinha uma lista de todos os arquivos de mapeamento XML. Isso foi substituído por uma lista de todas as classes anotadas. Se você usar configuração programática de uma SessionFactory, o método addAnnotatedClass() substitui o método addResource():

```
// Load settings from hibernate.properties
AnnotationConfiguration cfg = new AnnotationConfiguration();
// ... set other configuration options programmatically

cfg.addAnnotatedClass(hello.Message.class);

SessionFactory sessionFactory = cfg.buildSessionFactory();
```

Note que agora você usou AnnotationConfiguration no lugar da interface básica do Hibernate Configuration – essa extensão entende classes anotadas. No mínimo, você também precisará alterar o seu inicializador em HibernateUtil para utilizar essa interface. Se você exportar o esquema do banco de dados com um alvo do Ant, substitua <configuration> por <annotationconfiguration> no arquivo build.xml.

Isso é tudo que você precisa alterar para rodar a aplicação "HelloWorld" com anotações. Tente rodá-la novamente, se possível com um banco de dados zerado.

O metadado de anotação também pode ser global, embora você não precise disso na aplicação "Hello World". Metadado de anotação global é colocado em um arquivo chamado package-info.java em um determinado diretório de pacote. Além de listar as classes anotadas, você precisa adicionar os pacotes que contêm metadado global à sua configuração. Por exemplo, no arquivo de configuração XML do Hibernate, você precisa adicionar o seguinte:

```
<!DOCTYPE hibernate-configuration SYSTEM
"http://hibernate.sourceforge.net/hibernate-configuration-3.0.dtd">

<hibernate-configuration>
<session-factory>
    <!— ... Many property settings ... —>

    <!— List of annotated classes—>
    <mapping class="hello.Message"/>

    <!— List of packages with package-info.java —>
    <mapping package="hello"/>

</session-factory>
</hibernate-configuration>
```

Ou você pode alcançar os mesmos resultados com configuração programática:

JAVA PERSISTENCE COM HIBERNATE

```
// Load settings from hibernate.properties
AnnotationConfiguration cfg = new AnnotationConfiguration();
// ... set other configuration options programmatically

cfg.addClass(hello.Message.class);

cfg.addPackage("hello");

SessionFactory sessionFactory = cfg.buildSessionFactory();
```

Vamos dar um passo à frente e substituir o código nativo do Hibernate que recupera e guarda mensagens com código que usa JPA. Com o Hibernate Annotations *e* o Hibernate EntityManager, você pode criar mapeamentos e código de acesso a dados portáveis e de acordo com o padrão (standards-compliant).

2.2.2 Como usar o Hibernate EntityManager

O Hibernate EntityManager é um invólucro do Hibernate Core que fornece as interfaces de programação JPA, suporta o ciclo de vida de uma instância de entidade JPA, e lhe permite escrever consultas com a padronizada linguagem de consulta do Java Persistence. Como a funcionalidade do JPA é um subconjunto das capacidades nativas do Hibernate, você deve estar se perguntando por que usar o pacote EntityManager em cima do Hibernate. Iremos apresentar uma lista de vantagens mais à frente nessa seção, mas você verá uma simplificação em particular tão logo configure o projeto para Hibernate EntityManager: você não precisa mais listar todas as classes anotadas (ou arquivos de mapeamento XML) no seu arquivo de configuração.

Vamos modificar o projeto "Hello World" e vamos prepará-lo para compatibilidade total com JPA.

Configuração básica do JPA

Uma SessionFactory representa uma determinada configuração de repositório de dados (data-store) lógico em uma aplicação Hibernate. A EntityManagerFactory tem o mesmo papel em uma aplicação JPA, e você configura uma EntityManagerFactory (EMF) com arquivos de configuração ou em código da aplicação assim como você configuraria uma SessionFactory. A configuração de uma EMF, junto com um conjunto de metadados de mapeamento (normalmente classes anotadas), é chamada de *unidade de persistência*.

A noção de unidade de persistência também inclui o empacotamento da aplicação, mas queremos manter as coisas o mais simples possível para o "Hello World"; presumiremos que você queira começar com a configuração JPA padronizada e nenhum empacotamento especial. Não somente o conteúdo, mas também o nome e a localização do arquivo de configuração do JPA para uma unidade de persistência são padronizados.

Crie um diretório chamado WORKDIR/etc/META-INF e coloque lá o arquivo básico de configuração chamado persistence.xml, mostrado na Listagem 2.11, neste diretório.

Listagem 2.11 Arquivo de configuração da unidade de persistência

```
<persistence xmlns="http://java.sun.com/xml/ns/persistence"
    xmlns:xsi="http://www.w3.org/2001/XMLSchema-instance"
    xsi:schemaLocation="http://java.sun.com/xml/ns/persistence
       http://java.sun.com/xml/ns/persistence/persistence_1_0.xsd"
    version="1.0">

    <persistence-unit name="helloworld">
       <properties>
          <property name="hibernate.ejb.cfgfile"
             value="/hibernate.cfg.xml"/>
       </properties>
    </persistence-unit>

</persistence>
```

Toda a unidade de persistência precisa de um nome, e nesse caso ele é helloworld.

NOTA O cabeçalho do XML do arquivo de configuração da unidade de persistência, mencionado anteriormente, declara qual esquema (do XML) deve ser utilizado, e é sempre o mesmo. Iremos omitir isso em exemplos futuros e acreditaremos que você irá adicioná-lo.

Uma unidade de persistência é configurada mais adiante com um número arbitrário de propriedades, que são todas específicas de fornecedor. A propriedade no exemplo anterior, hibernate.ejb.cfgfile, age como um pega-tudo. Ela se refere ao arquivo hibernate.cfg.xml (na raiz do classpath) que contém todas as definições para essa unidade de persistência – estamos reutilizando a configuração existente do Hibernate. Mais à frente, você irá mover todos os detalhes de configuração para o arquivo persistence.xml, mas por agora estamos mais interessados em rodar o "Hello World" com JPA.

O padrão JPA diz que o arquivo persistence.xml precisa estar presente no diretório META-INF de uma unidade de persistência implantada. Como você não está realmente empacotando e implantando a unidade de persistência, isso significa que você tem que copiar o persistence.xml para dentro de um diretório META-INF do diretório de saída da construção. Vamos modificar o build.xml, e adicionar o seguinte no alvo copymetafiles:

```
<property name="src.etc.dir" value="etc"/>

<target name="copymetafiles">

    <!— Copy metadata to build —>
    <copy todir="${build.dir}">
       <fileset dir="${src.java.dir}">
          <patternset refid="meta.files"/>
       </fileset>
    </copy>
```

74 | JAVA PERSISTENCE COM HIBERNATE

```
<!- Copy configuration files from etc/ ->
<copy todir="${build.dir}">
  <fileset dir="${src.etc.dir}">
    <patternset refid="meta.files"/>
  </fileset>
</copy>

</target>
```

Tudo o que for encontrado no diretório WORKDIR/etc que combine com o padrão meta.files será copiado para o diretório de saída da construção, que faz parte do classpath em tempo de execução.

Vamos reescrever o código principal da aplicação com JPA.

"Hello World" com JPA

Essas são as interfaces de programação primárias no Java Persistence:

- javax.persistence.Persistence – Uma classe de inicialização que fornece um método estático para a criação de uma EntityManagerFactory.

- javax.persistence.EntityManagerFactory – Equivale à SessionFactory do Hibernate. Esse objeto de tempo de execução representa uma determinada unidade de persistência. Ele é *thread-safe*, é normalmente tratado como um singleton, e fornece métodos para a criação de instâncias da EntityManager.

- javax.persistence.EntityManager – Equivale à Session do Hibernate. Esse objeto *single-thread* não compartilhado representa uma unidade particular de trabalho para acesso aos dados. Ela fornece os métodos para tratar o ciclo de vida das instâncias de entidade e para criar as instâncias de Query.

- javax.persistence.Query – Equivale à Query do Hibernate. Um objeto é uma determinada representação de linguagem de consulta JPA ou de consulta em SQL nativo, e ele permite uma vinculação segura de parâmetros e fornece vários métodos para a execução da consulta.

- javax.persistence.EntityTransaction – Equivale à Transaction do Hibernate, usada em ambientes Java SE para a demarcação de transações RESOURCE_LOCAL. No Java EE, você se baseia na interface padronizada javax.transaction.UserTransaction do JTA para demarcação de transação programática.

Para usar as interfaces JPA, é preciso copiar as bibliotecas necessárias para o seu diretório WORKDIR/lib; verifique a documentação que vem com o Hibernate EntityManager para uma lista atualizada. Você pode então reescrever o código do WORKDIR/src/hello/HelloWorld.java e trocar de Hibernate pelas interfaces JPA (veja a Listagem 2.12).

Listagem 2.12 O código principal da aplicação "Hello World" com JPA

```java
package hello;

import java.util.*;
import javax.persistence.*;

public class HelloWorld {

    public static void main(String[] args) {

        // Start EntityManagerFactory
        EntityManagerFactory emf =
            Persistence.createEntityManagerFactory("helloworld");

        // First unit of work
        EntityManager em = emf.createEntityManager();
        EntityTransaction tx = em.getTransaction();
        tx.begin();

        Message message = new Message("Hello World");
        em.persist(message);

        tx.commit();
        em.close();

        // Second unit of work
        EntityManager newEm = emf.createEntityManager();
        EntityTransaction newTx = newEm.getTransaction();
        newTx.begin();

        List messages = newEm
            .createQuery("select m from Message m
            ↪ order by m.text asc")
            .getResultList();

        System.out.println( messages.size() + " message(s) found" );

        for (Object m : messages) {
            Message loadedMsg = (Message) m;
            System.out.println(loadedMsg.getText());
        }

        newTx.commit();
        newEm.close();

        // Shutting down the application
        emf.close();
    }
}
```

JAVA PERSISTENCE COM HIBERNATE

A primeira coisa que você deve ter notado nesse código é que não existe mais qualquer importação do Hibernate, somente javax.peristence.*. A EntityManagerFactory é criada com uma chamada estática do Persistence e o nome da unidade de persistência. O restante do código deve ser auto-explicativo – você usa o JPA assim como o Hibernate, embora haja algumas pequenas diferenças na API, e os métodos têm uma pequena diferença nos nomes. Além do mais, você não usou a classe HibernateUtil para inicialização estática da infra-estrutura, você pode criar uma classe JPAUtil e mover a criação da EntityManagerFactory para lá se você quiser, ou pode remover o agora não utilizado pacote WORKDIR/src/persistence.

O JPA também suporta configuração programática, com um mapa de opções:

```
Map myProperties = new HashMap();
myProperties.put("hibernate.hbm2ddl.auto", "create-drop");
EntityManagerFactory emf =
    Persistence.createEntityManagerFactory("helloworld", myProperties);
```

As propriedades programáticas customizadas sobrescrevem qualquer propriedade defini-da no arquivo de configuração persistence.xml.

Tente rodar o código adaptado do HelloWorld com um banco de dados zerado. Você deverá ver exatamente a mesma saída de log na sua tela que viu com Hibernate nativo – o motor do fornecedor de persistência JPA é Hibernate.

Detecção automática de metadados

Prometemos anteriormente que você não precisaria listar todas as classes anotadas ou os arquivos de configuração XML na configuração, mas ela ainda está lá, no hibernate.cfg.xml. Vamos habilitar a característica do JPA de autodetecção.

Rode a aplicação "Hello World" novamente depois de trocar para DEBUG o nível do log para o pacote org.hibernate. Linhas adicionais devem aparecer no seu log:

```
...
Ejb3Configuration:141
  - Trying to find persistence unit: helloworld
Ejb3Configuration:150
  - Analyse of persistence.xml:
     file:/helloworld/build/META-INF/persistence.xml
PersistenceXmlLoader:115
  - Persistent Unit name from persistence.xml: helloworld
Ejb3Configuration:359
  - Detect class: true; detect hbm: true
JarVisitor:178
  - Searching mapped entities in jar/par: file:/helloworld/build
JarVisitor:217
  - Filtering: hello.HelloWorld
JarVisitor:217
  - Filtering: hello.Message
```

```
JarVisitor:255
    - Java element filter matched for hello.Message
Ejb3Configuration:101
    - Creating Factory: helloworld
...
```

Na inicialização, o método Persistence.createEntityManagerFactory() tenta localizar a unidade de persistência chamada helloworld. Ele busca no classpath por todos os arquivos META-INF/persistence.xml e então configurará a EMF se algum arquivo tiver sido encontrado. A segunda parte do log mostra algo que provavelmente você não esperava. O fornecedor de persistência JPA tentou encontrar todas as classes anotadas e todos os arquivos de mapeamento XML no diretório de saída da construção. A lista de classes anotadas (ou a lista de arquivos de mapeamento XML) no hibernate.cfg.xml não é mais necessária, pois hello.Message, a classe de entidade anotada, já foi encontrada.

Ao invés de remover somente essa opção desnecessária do hibernate.cfg.xml, vamos remover todo o arquivo e mover todas as configurações para o persistence.xml (veja na Listagem 2.13).

Listagem2.13 Arquivo de configuração completo da unidade de persistência

```
<persistence-unit name="helloworld">

    <provider>org.hibernate.ejb.HibernatePersistence</provider>

    <!-- Not needed, Hibernate supports auto-detection in JSE
        <class>hello.Message</class>
    -->

    <properties>
        <property name="hibernate.archive.autodetection"
            value="class, hbm"/>

        <property name="hibernate.show_sql" value="true"/>
        <property name="hibernate.format_sql" value="true"/>

        <property name="hibernate.connection.driver_class"
                value="org.hsqldb.jdbcDriver"/>
        <property name="hibernate.connection.url"
                value="jdbc:hsqldb:hsql://localhost"/>
        <property name="hibernate.connection.username"
                value="sa"/>

        <property name="hibernate.c3p0.min_size"
                value="5"/>
        <property name="hibernate.c3p0.max_size"
                value="20"/>
        <property name="hibernate.c3p0.timeout"
                value="300"/>
        <property name="hibernate.c3p0.max_statements"
                value="50"/>
```

```
<property name="hibernate.c3p0.idle_test_period"
        value="3000"/>

<property name="hibernate.dialect"
        value="org.hibernate.dialect.HSQLDialect"/>

<property name="hibernate.hbm2ddl.auto" value="create"/>
    </properties>
</persistence-unit>
```

Existem três novos elementos interessantes nesse arquivo de configuração. Primeiro, você define explicitamente um <provider> que deve ser usado para essa unidade de persistência. Isso é normalmente necessário somente se você trabalha com várias implementações JPA ao mesmo tempo, mas esperamos que o Hibernate venha a ser, claro, o único. Depois, a especificação requer que você liste todas as classes anotadas em elementos do tipo <class> se implantar em um ambiente que não seja Java EE – o Hibernate suporta a autodetecção dos metadados de mapeamento em qualquer lugar, tornando isso opcional. E, finalmente, a definição de configuração do Hibernate archive.autodetection informa ao Hibernate por qual metadado varrer automaticamente: classes anotadas (class) e/ ou arquivos de mapeamento XML do Hibernate (hbm). Por padrão, o Hibernate EntityManager procura pelos dois. O restante do arquivo de configuração contém todas as opções já explicadas e utilizadas anteriormente neste capítulo, no arquivo normal hibernate.cfg.xml.

A detecção automática de classes anotadas e arquivos de mapeamento XML é uma grande característica do JPA. Normalmente ela só está disponível nos servidores de aplicação Java EE; pelo menos, isso é o que a especificação do EJB 3.0 garante. Mas o Hibernate, como fornecedor de JPA, também implementa isso em puro Java SE, embora não seja possível utilizar exatamente a mesma configuração com qualquer outro fornecedor JPA.

Você agora criou uma aplicação que está totalmente de acordo com a especificação JPA. Seu diretório do projeto deve se parecer com esse (note que também movemos o log4j.properties para o diretório etc/):

```
WORKDIR
+etc
   log4j.properties
   +META-INF
   persistence.xml
+lib
   <all required libraries>
+src
   +hello
      HelloWorld.java
      Message.java
```

Todas as definições de configuração do JPA são colocadas no persistence.xml, todos os metadados de mapeamento estão no código Java da classe Message, e o Hibernate automaticamente varre e encontra os metadados na inicialização. Comparado ao puro Hibernate, temos os seguintes benefícios:

- Varredura automática de metadados implantados, uma importante característica em projetos de grande porte. Manter uma lista de classes anotadas ou arquivos de mapeamento se torna difícil se centenas de entidades são desenvolvidas por uma grande equipe.

- Configuração padronizada e simplificada, com uma localização padronizada para o arquivo de configuração, e um conceito de implantação – a unidade de persistência – que tem muito mais vantagens em projetos maiores que envolvem várias unidades (JARs) em um arquivo comprimido da aplicação (EAR).

- Código padronizado de acesso a dados, ciclo de vida de instância de entidade, e consultas totalmente portáveis. Não existe qualquer importação proprietária na sua aplicação.

Essas são somente algumas das vantagens do JPA. Você verá o seu verdadeiro poder se combiná-lo com o completo modelo de programação EJB 3.0 e outros componentes gerenciados.

2.2.3 Introdução aos componentes EJB

O Java Persistence começa a brilhar quando você também trabalha com *session beans* e *message-driven beans* do EJB 3.0 (e outros padrões Java EE 5.0). A especificação do EJB 3.0 foi projetada para permitir a integração de persistência, para que você possa, por exemplo, ter demarcação automática de transação nos limites do método de um *bean*, ou um contexto de persistência (pense Session) que transponha o ciclo de vida de um *stateful session EJB* (componente de sessão com estado).

Essa seção vai familiarizá-lo com EJB 3.0 e JPA em ambiente Java EE gerenciado; você novamente irá modificar a aplicação "Hello World" para aprender os conceitos básicos. Primeiro, você precisa de um ambiente Java EE – um contêiner que, em tempo de execução, fornece os serviços Java EE. Existem duas maneiras de se conseguir um:

- Você pode instalar um servidor de aplicações Java EE 5.0 completo que suporte EJB 3.0 e JPA. Vários de código aberto (Sun GlassFish, JBoss AS, ObjectWeb EasyBeans) e outros de licença proprietária estavam no mercado na época em que escrevemos o livro, e muitos outros estarão disponíveis quando você o estiver lendo.

- Você pode instalar um servidor modular que forneça somente os serviços de que precisa, selecionado do pacote completo do Java EE 5.0. No mínimo, você provavelmente quer um contêiner EJB 3.0, serviços de transação JTA, e um registro JNDI. Na época em que escrevíamos este livro, somente o JBoss AS fornecia os serviços Java EE 5.0 modulares em um pacote de fácil customização.

Para manter as coisas simples e mostrar como é fácil começar a trabalhar com EJB 3.0, você deve instalar e configurar o modular JBoss Application Server e habilitar somente os serviços necessários do Java EE 5.0.

80 | JAVA PERSISTENCE COM HIBERNATE

Como instalar o contêiner EJB

Vá à página http://jboss.com/products/ejb3, baixe o servidor modular embutível, e descompacte o arquivo comprimido baixado. Copie todas as bibliotecas que vêm com o servidor para dentro do seu diretório do projeto WORKDIR/lib, e copie todos os arquivos de configuração incluídos para o seu diretório WORKDIR/src. Você agora deve ter o seguinte leiaute de diretório:

```
WORKDIR
+etc
   default.persistence.properties
   ejb3-interceptors-aop.xml
   embedded-jboss-beans.xml
   jndi.properties
   log4j.properties
   +META-INF
      helloworld-beans.xml
      persistence.xml
+lib
   <all required libraries>
+src
   +hello
      HelloWorld.java
      Message.java
```

O servidor embutível do JBoss se baseia no Hibernate para Java Persistence, então o arquivo default.persistence.properties contém definições padronizadas para o Hibernate necessárias a todas as implantações (como definições de integração JTA). Os arquivos ejb3-interceptors-aop.xml e embedded-jboss-beans.xml contêm a configuração dos serviços do servidor – você pode ver esses arquivos, mas não é necessário modificá-los agora. Por padrão, na época em que escrevíamos estas linhas, os serviços habilitados eram o JNDI, o JCA, o JTA e o contêiner EJB 3.0, exatamente do que você precisa.

Para migrar a aplicação "Hello World", você precisa de um datasource gerenciado, que é uma conexão com o banco de dados tratada pelo servidor embutível. A forma mais fácil de configurar um datasource gerenciado é adicionar um arquivo de configuração que implanta o datasource como um serviço gerenciado. Crie o arquivo da Listagem 2.14 como WORKDIR/etc/META-INF/helloworld-beans.xml.

Listagem 2.14 Arquivo de configuração do datasource para o servidor JBoss

```
<?xml version="1.0" encoding="UTF-8"?>
<deployment xmlns:xsi="http://www.w3.org/2001/XMLSchema-instance"
   xsi:schemaLocation="urn:jboss:bean-deployer bean-deployer_1_0.xsd"
   xmlns="urn:jboss:bean-deployer:2.0">

   <!— Enable a JCA datasource available through JNDI —>
   <bean name="helloWorldDatasourceFactory"
```

Capítulo 2 – Como começar um projeto

```
class="org.jboss.resource.adapter.jdbc.local.LocalTxDataSource">

    <property name="jndiName">java:/HelloWorldDS</property>

    <!— HSQLDB —>
    <property name="driverClass">
       org.hsqldb.jdbcDriver
    </property>
    <property name="connectionURL">
       jdbc:hsqldb:hsql://localhost
    </property>
    <property name="userName">sa</property>

    <property name="minSize">0</property>
    <property name="maxSize">10</property>
    <property name="blockingTimeout">1000</property>
    <property name="idleTimeout">100000</property>

    <property name="transactionManager">
       <inject bean="TransactionManager"/>
    </property>
    <property name="cachedConnectionManager">
       <inject bean="CachedConnectionManager"/>
    </property>
    <property name="initialContextProperties">
       <inject bean="InitialContextProperties"/>
    </property>
  </bean>

  <bean name="HelloWorldDS" class="java.lang.Object">
     <constructor factoryMethod="getDatasource">
        <factory bean="helloWorldDatasourceFactory"/>
     </constructor>
  </bean>

</deployment>
```

Novamente, o cabeçalho do XML e a declaração do esquema não são importantes para esse exemplo. Você definiu dois *beans*: o primeiro é uma fábrica que pode produzir o segundo tipo de *bean*. O LocalTxDataSource é agora efetivamente o pool de conexões do banco de dados, e todas as definições do pool de conexões estão disponíveis nessa fábrica. A fábrica vincula um datasource gerenciado sob o nome JNDI java:/HelloWorldDS.

A segunda configuração de *bean* declara como o objeto registrado chamado HelloWorldDS deverá ser instanciado, se outro serviço pesquisar por ele no registro JNDI. A sua aplicação "Hello World" pede pelo datasource sob esse nome, e o servidor chama getDatasource() na fábrica LocalTxDataSource para obtê-lo.

82 | JAVA PERSISTENCE COM HIBERNATE

Perceba também que adicionamos algumas quebras de linha nos valores das propriedades para torná-los mais legíveis – você não deve fazer isso no seu arquivo de configuração real (a não ser que o nome de usuário do seu banco de dados tenha uma quebra de linha).

Como configurar a unidade de persistência

Agora, você precisa alterar a configuração da unidade de persistência da aplicação "Hello World" para acessar um datasource JTA gerenciado, em vez de um pool de conexões recurso-local (resource-local). Mude o seu arquivo WORKDIR/etc/META-INF/persistence.xml conforme é mostrado a seguir:

```
<persistence ...>

  <persistence-unit name="helloworld">
    <jta-data-source>java:/HelloWorldDS</jta-data-source>
    <properties>
      <property name="hibernate.show_sql" value="true"/>
      <property name="hibernate.format_sql" value="true"/>
      <property name="hibernate.dialect"
               value="org.hibernate.dialect.HSQLDialect"/>
      <property name="hibernate.hbm2ddl.auto" value="create"/>

    </properties>
  </persistence-unit>

</persistence>
```

Você removeu várias opções de configuração do Hibernate que não são mais relevantes, como as definições do pool de conexões e da conexão com o banco de dados. No lugar disso, definiu uma propriedade <jta-data-source> com o nome do datasource como vinculado na JNDI. Não esqueça que você ainda precisa configurar o correto dialeto SQL e quaisquer outras opções do Hibernate que não estejam presentes no default.persistence.properties.

A instalação e a configuração do ambiente estão agora completas, (iremos lhe mostrar o propósito dos arquivos jndi.properties em instantes) e você pode reescrever o código da aplicação com EJBs.

Como escrever EJBs

Existem várias maneiras de desenhar e criar uma aplicação com componentes gerenciados. A aplicação "Hello World" não é sofisticada o suficiente para mostrar exemplos elaborados, por isso introduziremos somente o tipo básico de EJB, um *stateless session bean* (*componente de sessão sem estado*). (Você já viu classes de entidade – classes puro Java anotadas que podem ter instâncias persistentes. Note que o termo *entity bean* somente se refere aos antigos *entity beans* do EJB 2.1; EJB 3.0 e Java Persistence padronizam um modelo de programação mais leve para puras *classes de entidade*.)

Todo *session bean* EJB precisa de uma *interface de negócio*. Essa não é uma interface especial que precise implementar métodos predefinidos ou estender métodos já existentes; é puro Java. Crie a seguinte interface no pacote WORKDIR/src/hello:

```
package hello;

public interface MessageHandler {

   public void saveMessages();

   public void showMessages();
}
```

Uma MessageHandler pode salvar e mostrar mensagens; é simples assim. O EJB de fato implementa essa interface de negócio, que é por padrão considerada uma interface local (ou seja, clientes EJB remotos não podem chamá-la); veja a Listagem 2.15.

Listagem 2.15 O código da aplicação "Hello World" do *session bean* EJB

```
package hello;

import javax.ejb.Stateless;
import javax.persistence.*;
import java.util.List;

@Stateless
public class MessageHandlerBean implements MessageHandler {

   @PersistenceContext
   EntityManager em;

   public void saveMessages() {
      Message message = new Message("Hello World");
      em.persist(message);
   }

   public void showMessages() {
      List messages =
         em.createQuery("select m from Message m
         ➥ order by m.text asc")
            .getResultList();

      System.out.println(messages.size() + " message(s) found:");

      for (Object m : messages) {
         Message loadedMsg = (Message) m;
         System.out.println(loadedMsg.getText());
      }
   }
}
```

84 | JAVA PERSISTENCE COM HIBERNATE

Existem várias coisas interessantes a serem observadas nessa implementação. Primeiro, é uma classe puro Java sem nenhuma forte dependência de algum outro pacote. Ela se torna um EJB somente com um simples metadado de anotação, @Stateless. EJBs suportam serviços gerenciados por contêiner, então você pode aplicar a anotação @PersistenceContext, e o servidor injeta uma instância novinha da EntityManager sempre que um método nesse *stateless bean* é chamado. Cada método também é designado automaticamente a uma transação pelo contêiner. A transação inicia quando o método é chamado, e confirma (commit) quando o método retorna. (Ela seria revertida quando uma exceção fosse lançada de dentro do método.)

Você pode agora modificar a classe principal HelloWorld e delegar todo trabalho de guardar e mostrar mensagens para a MessageHandler.

Como rodar a aplicação

A classe principal da aplicação "Hello World" chama o *stateless session bean* MessageHandler após tê-lo pesquisado no registro JNDI. Obviamente que, o ambiente gerenciado e todo servidor de aplicações, incluindo o registro JNDI, devem ser inicializados primeiro. Você faz isso tudo no método main() do HelloWorld.java (veja a Listagem 2.16).

Listagem 2.16 Código principal da aplicação "Hello World", chamando EJBs

```
package hello;

import org.jboss.ejb3.embedded.EJB3StandaloneBootstrap;
import javax.naming.InitialContext;

public class HelloWorld {

  public static void main(String[] args) throws Exception {

    // Boot the JBoss Microcontainer with EJB3 settings, automatically
    // loads ejb3-interceptors-aop.xml and embedded-jboss-beans.xml
    EJB3StandaloneBootstrap.boot(null);

    // Deploy custom stateless beans (datasource, mostly)
    EJB3StandaloneBootstrap
       .deployXmlResource("META-INF/helloworld-beans.xml");

    // Deploy all EJBs found on classpath (slow, scans all)
    // EJB3StandaloneBootstrap.scanClasspath();
    // Deploy all EJBs found on classpath (fast, scans build directory)
    // This is a relative location, matching the substring end of one
    // of java.class.path locations. Print out the value of
    // System.getProperty("java.class.path") to see all paths.
    EJB3StandaloneBootstrap.scanClasspath("helloworld-ejb3/bin");

    // Create InitialContext from jndi.properties
```

Capítulo 2 – Como começar um projeto | 85

```
InitialContext initialContext = new InitialContext();

// Look up the stateless MessageHandler EJB
MessageHandler msgHandler = (MessageHandler) initialContext
                    .lookup("MessageHandlerBean/local");

// Call the stateless EJB
msgHandler.saveMessages();
msgHandler.showMessages();

// Shut down EJB container
EJB3StandaloneBootstrap.shutdown();
    }
}
```

O primeiro comando no método main() inicializa o kernel do servidor e implanta os serviços básicos encontrados nos arquivos de configuração de serviço. Em seguida, a configuração da fábrica de datasource, que você criou mais cedo no helloworld-beans.xml, é implantada, e o datasource é vinculado a JNDI pelo contêiner. A partir desse ponto, o contêiner está pronto para implantar os EJBs. A forma mais fácil (mas geralmente não a mais rápida) de implantar todos os EJBs é deixar o contêiner buscar em todo o classpath qualquer classe que tenha uma anotação EJB. Para aprender sobre várias outras opções de implantação disponíveis, dê uma olhada na documentação do JBoss AS que vem junto da distribuição baixada.

Para pesquisar um EJB, você precisa de um InitialContext, que é o seu ponto de entrada para o registro JNDI. Se você instanciar o InitialContext, o Java automaticamente procura pelo arquivo jndi.properties no classpath. Você precisa criar esse arquivo em WORKDIR/etc com definições que combinem com a configuração do registro JNDI do servidor JBoss:

```
java.naming.factory.initial
    ↪ org.jnp.interfaces.LocalOnlyContextFactory
java.naming.factory.url.pkgs org.jboss.naming:org.jnp.interfaces
```

Você não precisa saber exatamente o que essa configuração quer dizer, mas basicamente aponta o seu InitialContext para um registro JNDI rodando na máquina virtual local (chamadas de um cliente EJB remoto iriam requisitar um serviço JNDI que suporte comunicação remota).

Por padrão, você pesquisa o *bean* MessageHandler pelo nome de uma classe de implementação, com o sufixo /local para uma interface local. Como os EJBs são nomeados, como eles são vinculados a JNDI, e como você os pesquisa variam e podem ser customizados. Esses são os padrões para o servidor JBoss.

E por fim, você chama o EJB MessageHandler e deixa-o fazer todo o trabalho automaticamente em duas unidades – cada chamada a método resultará em uma transação separada.

86 | JAVA PERSISTENCE COM HIBERNATE

Isso completa nosso primeiro exemplo com componentes EJB gerenciados e JPA integrado. Você provavelmente já pode ver como a demarcação automática de transação e a injeção da EntityManager podem melhorar a legibilidade do código. Mais adiante, iremos lhe mostrar como os *stateful session beans* podem ajudar a implementar sofisticadas conversações entre o usuário e a aplicação, com semânticas transacionais. Além do mais, os componentes EJB não possuem qualquer código de integração (glue code) ou métodos de infra-estrutura desnecessários, e eles são totalmente reutilizáveis, portáveis, e executáveis em qualquer contêiner EJB 3.0.

NOTA *Empacotamento de unidades de persistência* – Ainda não falamos muito sobre o empacotamento de unidades de persistência – não é necessário empacotar o exemplo "Hello World" para quaisquer das implantações. Contudo, se você quiser utilizar características como reimplantação quente (hot redeployment – reimplantação sem a necessidade de reiniciar o servidor) em um servidor de aplicações completo, será necessário empacotar sua aplicação corretamente. Isso inclui a combinação usual de JARs, WARs, EJB-JARs e EARs. A implantação e o empacotamento são freqüentemente específicos de cada fornecedor, potanto é melhor consultar a documentação do seu servidor de aplicações para maiores informações. As unidades de persistência JPA podem ter seus escopos definidos para JARs, WARs e EJB-JARs, o que quer dizer que um ou vários desses arquivos comprimidos contêm todas as classes anotadas e um arquivo de configuração META-INF/persistence.xml com todas as definições para a unidade em particular. Você pode envolver um ou vários JARs WARs, e EJB-JARs em um único arquivo comprimido de aplicação corporativa, um EAR. O seu servidor de aplicações deverá detectar corretamente todas as unidades de persistência e criar as fábricas necessárias automaticamente. Com um atributo de nome da unidade na anotação @PersistenceContext, você instrui o contêiner a injetar uma EntityManager de uma unidade em particular.

A portabilidade total de uma aplicação não é freqüentemente a primeira razão para se usar JPA ou EJB 3.0. Afinal de contas, você tomou uma decisão de usar o Hibernate como o seu fornecedort de persistência do JPA. Vamos dar uma olhada em como você pode voltar atrás e usar uma característica do Hibernate nativo de tempos em tempos.

2.2.4 Como trocar para interfaces do Hibernate

Você decidiu usar o Hibernate como um fornecer de persistência do JPA por várias razões: Primeiro, o Hibernate é uma boa implementação do JPA que fornece várias opções que não afetam o código. Por exemplo, você pode habilitar o cache de dados de segundo nível do Hibernate na sua configuração do JPA, e transparentemente melhorar o desempenho e a escalabilidade da sua aplicação sem mexer em qualquer código.

Segundo, você pode usar APIs ou mapeamentos nativos do Hibernate quando necessário. Discutiremos a mistura de mapeamentos (especialmente anotações) no Capítulo 3, Seção 3.3, "Metadados de mapeamento objeto/relacional", mas o que queremos lhe mostrar aqui é como usar uma API do Hibernate na sua aplicação JPA, quando necessário. Obviamente que importar uma API do Hibernate no seu código torna mais difícil portar o código para um diferente fornecedor JPA. Portanto, torna-se extremamente importante isolar essas partes do código corretamente, ou pelo menos documentar por que e onde foi usada uma característica do Hibernate.

Você pode voltar para APIs do Hibernate a partir de suas interfaces equivalentes JPA, e usar, por exemplo, uma Configuration, uma SessionFactory, e até mesmo uma Session quando for necessário.

Por exemplo, em vez de criar uma EntityManagerFactory com a classe estática Persistence, você pode usar uma Ejb3Configuration do Hibernate:

```
Ejb3Configuration cfg = new Ejb3Configuration();
EntityManagerFactory emf =
    cfg.configure("/custom/hibernate.cfg.xml")
        .setProperty("hibernate.show_sql", "false")
        .setInterceptor( new MyInterceptor() )
        .addAnnotatedClass( hello.Message.class )
        .addResource( "/Foo.hbm.xml")
        .buildEntityManagerFactory();

AnnotationConfiguration
        hibCfg = cfg.getHibernateConfiguration();
```

A Ejb3Configuration é uma nova interface que duplica a regular Configuration do Hibernate em vez de estendê-la (isso é um detalhe de implementação). Isso quer dizer que você pode pegar um puro objeto AnnotationConfiguration a partir de uma Ejb3Configuration, por exemplo, e passá-lo a uma instância do SchemaExport programaticamente.

A interface SessionFactory será útil se você precisar de controle programático sobre as regiões do cache de segundo nível. Você pode pegar uma SessionFactory convertendo a EntityManagerFactory primeiro:

```
HibernateEntityManagerFactory hibEMF =
        (HibernateEntityManagerFactory) emf;
SessionFactory sf = hibEMF.getSessionFactory();
```

A mesma técnica pode ser aplicada para pegar uma Session de uma EntityManager:

```
HibernateEntityManager hibEM =
    (HibernateEntityManager) em;
Session session = hibEM.getSession();
```

Essa não é a única maneira de pegar uma API nativa a partir da padronizada EntityManager. A especificação JPA suporta um método getDelegate() que retorna a implementação subjacente:

JAVA PERSISTENCE COM HIBERNATE

```
Session session = (Session) entityManager.getDelegate();
```

Ou você pode fazer com que uma Session seja injetada dentro de um componente EJB (embora isso só funcione com o JBoss Application Server):

```
@Stateless
public class MessageHandlerBean implements MessageHandler {
    @PersistenceContext
    Session session;

    ...
}
```

Em casos raros, você pode se voltar para interfaces puro JDBC a partir da Session do Hibernate:

```
Connection jdbcConnection = session.connection();
```

Essa última opção vem com algumas advertências: você tem permissão de fechar a Connection JDBC que você pegou do Hibernate – isso acontece automaticamente. A exceção a essa regra é que em um ambiente baseado em liberações agressivas de conexão, ou seja, em um ambiente JTA ou CMT, você *tem* que fechar a conexão retornada no código da aplicação.

Um jeito melhor e mais seguro de acessar uma conexão JDBC diretamente é através de injeção de recurso em um Java EE 5.0. Anote um campo ou método setter em um EJB, um escutador EJB, um servlet, um filtro de servlet, ou até mesmo em um *bean de apoio* (*backing bean*) do JavaServer Faces, deste jeito:

```
@Resource(mappedName="java:/HelloWorldDS") DataSource ds;
```

Até agora presumimos que você trabalha em um novo projeto Hibernate ou JPA que não envolve qualquer código de aplicação legado ou esquema de banco de dados existente. Nós agora mudamos de perspectiva e consideramos um processo de desenvolvimento que é bottom-up. Em tal cenário, você provavelmente quer fazer uma engenharia reversa dos artefatos automaticamente a partir de um esquema de banco de dados existente.

2.3 ENGENHARIA REVERSA EM UM BANCO DE DADOS LEGADO

O seu primeiro passo quando mapeando um banco de dados legado possivelmente envolve um procedimento de engenharia reversa automática. Afinal de contas, um esquema de entidade já existe em seu sistema de banco de dados. Para facilitar, o Hibernate possui um conjunto de ferramentas que pode ler um esquema e produzir vários artefatos a partir desse metadado, inclusive arquivos de mapeamento XML e código-fonte Java. Tudo isso é baseado em modelo, então muitas customizações são possíveis.

Você pode controlar o processo de engenharia reversa com ferramentas e tarefas na sua construção Ant. A HibernateToolTask, que você usou anteriormente para exportar DDL SQL a partir de metadados de mapeamento do Hibernate, tem muito mais opções, a maioria delas relacionada à engenharia reversa, de como arquivos de mapeamento XML, código Java, ou até mesmo esqueletos da aplicação podem ser gerados automaticamente a partir de um esquema de banco de dados existente.

Primeiro vamos lhe mostrar como escrever um alvo do Ant que pode carregar um banco de dados existente para dentro de um modelo de metadados do Hibernate. Em seguida, você irá aplicar vários exportadores e produzir arquivos XML, código Java, e outros artefatos úteis a partir das tabela e colunas do banco de dados.

2.3.1 Como criar a configuração do banco de dados

Presumimos que você tenha um novo WORKDIR com nada além do diretório lib (e seus conteúdos usuais) e um diretório src vazio. Para gerar mapeamentos e código a partir de um banco de dados existente, primeiro você precisa criar um arquivo de configuração que contenha suas definições de conexão com o banco de dados:

```
hibernate.dialect = org.hibernate.dialect.HSQLDialect
hibernate.connection.driver_class = org.hsqldb.jdbcDriver
hibernate.connection.url = jdbc:hsqldb:hsql://localhost
hibernate.connection.username = sa
```

Guarde esse arquivo diretamente no WORKDIR, e chame-o de helloworld.db.properties. As quatro linhas mostradas aqui são o mínimo necessário para se conectar ao banco de dados e ler os metadados de todas as tabelas e colunas. Você poderia ter criado um arquivo de configuração XML do Hibernate em vez do helloworld.db.properties, mas não há razão para tornar isso mais complexo do que o necessário.

Escreva o alvo do Ant a seguir. No arquivo build.xml do nosso projeto, adicione o seguinte código:

```
<taskdef name="hibernatetool"
    classname="org.hibernate.tool.ant.HibernateToolTask"
    classpathref="project.classpath"/>

<target name="reveng.hbmxml"
    description="Produces XML mapping files in src directory">

    <hibernatetool destdir="${basedir}/src">

        <jdbcconfiguration
            propertyfile="${basedir}/helloworld.db.properties"
            revengfile="${basedir}/helloworld.reveng.xml"/>

        <hbm2hbmxml/> <!-- Export Hibernate XML files -->
        <hbm2cfgxml/> <!-- Export a hibernate.cfg.xml file -->

    </hibernatetool>

</target>
```

90 | JAVA PERSISTENCE COM HIBERNATE

A definição da HibernateToolTask para o Ant é a mesma de antes. Acreditamos que você reutilizará a maior parte do arquivo de construção introduzido nas seções anteriores, e que referências como project.classpath são as mesmas. A tarefa <hibernatetool> é definida com WORKDIR/src como o diretório de destino-padrão para todos os artefatos gerados.

Uma <jdbconfiguration> é uma configuração de ferramenta do Hibernate que pode se conectar a um banco de dados via JDBC e ler os metadados JDBC a partir do catálogo do banco de dados. Você normalmente a configura com duas opções: definições de conexão com banco de dados (o arquivo de propriedades) e um opcional arquivo de customização da engenharia reversa.

O metadado produzido pela configuração de ferramenta é então passado para os exportadores. O alvo do Ant de exemplo apresenta dois desses exportadores: o exportador hbm2hbmxml, como você pode imaginar pelo nome, pega metadado do Hibernate (hbm) a partir de uma configuração, e gera arquivos de mapeamento XML do Hibernate; o segundo exportador pode preparar um arquivo hibernate.cfg.xml que liste todos os arquivos de mapeamento XML gerados.

Antes de falarmos desses e de vários outros exportadores, vamos gastar um minuto no arquivo de customização da engenharia reversa para ver o que você pode fazer com ele.

2.3.2 Como customizar a engenharia reversa

Metadado JDBC – ou seja, a informação que você pode ler de um banco de dados sobre ele mesmo via JDBC – freqüentemente não é suficiente para criar um perfeito arquivo de mapeamento XML, muito menos o código de aplicação Java. O oposto também pode ser verdadeiro: o banco de dados pode conter informação que você quer ignorar (como determinadas tabelas e colunas) ou que deseja transformar com estratégias diferentes da padrão. Você pode customizar um procedimento de engenharia reversa com um arquivo de configuração de engenharia reversa, que utilize uma sintaxe XML.

Vamos imaginar que você esteja fazendo engenharia reversa do banco de dados da aplicação "Hello World" que você criou mais cedo neste capítulo, com sua única tabela MESSAGES e algumas poucas colunas. Com um arquivo helloworld.reveng.xml, como mostrado na Listagem 2.17, você poderá customizar essa engenharia reversa.

Listagem 2.17 Configuração para engenharia reversa customizada

```xml
<?xml version="1.0" encoding="UTF-8"?>
<!DOCTYPE hibernate-reverse-engineering SYSTEM        ◄———❶
    "http://hibernate.sourceforge.net/
        ➥ hibernate-reverse-engineering-3.0.dtd">

<hibernate-reverse-engineering>

    <table-filter match-name=".*" package="hello"/>  ◄———❷
    <table name="MESSAGES" schema="PUBLIC" class="Message">  ◄———❸

        <primary-key>  ◄———❹
```

Capítulo 2 – Como começar um projeto | 91

```
    <generator class="increment"/>
    <key-column name="MESSAGE_ID" property="id" type="long"/>
</primary-key>

<column name="MESSAGE_TEXT" property="text"/>  ◄——❺

<foreign-key constraint-name="FK_NEXT_MESSAGE">  ◄——❻
    <many-to-one property="nextMessage"/>
    <set exclude="true"/>
</foreign-key>

    </table>

</hibernate-reverse-engineering>
```

❶ Esse arquivo XML tem seu próprio DTD para validação e autocomplemento.

❷ Um filtro de tabela pode excluir tabelas por nome com uma expressão regular. Contudo, nesse exemplo, você define um pacote padronizado para todas as classes produzidas para as tabelas que se encaixam na expressão regular.

❸ Você pode customizar as tabelas individualmente por nome. O nome do esquema é normalmente opcional, mas o HSQLDB designa o esquema PUBLIC para todas as tabelas como padrão, então essa definição é necessária para identificar a tabela quando o metadado JDBC é recuperado. Você também pode definir um nome customizado de classe para a entidade gerada aqui.

❹ A coluna da chave primária gera uma propriedade chamada id, o padrão seria messageId. Você também declara explicitamente que gerador de identificador do Hibernate deva ser usado.

❺ Uma coluna individual pode ser excluída ou, nesse caso, o nome da propriedade gerada pode ser especificado – o padrão seria messageText.

❻ Se a restrição de chave estrangeira FK_NEXT_MESSAGE é recuperada a partir de metadado JDBC, uma associação muitos-para-um é criada por padrão para a entidade-alvo daquela classe. Comparando a restrição de chave estrangeira por nome, você pode especificar se uma coleção inversa (um-para-muitos) deve também ser gerada (o exemplo exclui isso) e qual o nome da propriedade muitos-para-um deva ser.

Se você agora rodar o alvo do Ant com essa customização, ele gerará um arquivo Message.hbm.xml no pacote hello no seu diretório de fonte. (Você precisa copiar os arquivos JAR do Freemarker e jTidy no seu diretório de bibliotecas primeiro.) As customizações que você fez resultam no mesmo arquivo de mapeamento do Hibernate que você escreveu mais cedo à mão, mostrado na Listagem 2.2.

Além do arquivo de mapeamento XML, o alvo do Ant também gera um arquivo de configuração XML do Hibernate no diretório de fonte:

```xml
<hibernate-configuration>
  <session-factory>
    <property name="hibernate.connection.driver_class">
      org.hsqldb.jdbcDriver
    </property>
    <property name="hibernate.connection.url">
      jdbc:hsqldb:hsql://localhost
    </property>
    <property name="hibernate.connection.username">
      sa
    </property>
    <property name="hibernate.dialect">
      org.hibernate.dialect.HSQLDialect
    </property>

    <mapping resource="hello/Message.hbm.xml" />

  </session-factory>
</hibernate-configuration>
```

O exportador escreve todas as definições de conexão com banco de dados que você usou para engenharia reversa dentro desse arquivo, assumindo que esse é o banco de dados que você quer se conectar quando rodar a aplicação. Ele também adiciona todos os arquivos de mapeamento XML gerados à configuração.

Qual o seu próximo passo? Você pode começar a escrever o código-fonte para a classe Java Message. Ou você pode deixar o Hibernate Tools gerar as classes do modelo de domínio para você.

2.3.3 Como gerar código-fonte Java

Presumimos que você tenha um arquivo de mapeamento XML do Hibernate existente para a classe Message, e que você gostaria de gerar o fonte para essa classe. Como discutido no Capítulo 3, uma classe de entidade puro Java idealmente implementa Serializable, tem um construtor sem argumentos, possui getters e setters para todas as propriedades e uma implementação encapsulada.

Códigos-fonte para classes de entidade podem ser gerados com o Hibernate Tools e o exportador hbm2java na sua construção Ant. O artefato fonte pode ser qualquer coisa que possa ser lido em um modelo de metadado do Hibernate – arquivos de mapeamento XML do Hibernate são melhores se você quiser customizar a geração do código Java.

Adicione o seguinte alvo à sua construção Ant:

```xml
<target name="reveng.pojos"
    description="Produces Java classes from XML mappings">

  <hibernatetool destdir="${basedir}/src">

    <configuration>
```

Capítulo 2 – Como começar um projeto | 93

```
<fileset dir="${basedir}/src">
    <include name="**/*.hbm.xml"/>
</fileset>
</configuration>

<hbm2java/> <!— Generate entity class source —>

</hibernatetool>
```

```
</target>
```

A <configuration> lê todos os arquivos de mapeamento XML do Hibernate, e o exportador <hbm2java> produz código-fonte Java com a estratégia-padrão.

Como customizar a geração de classe de entidade

Por padrão, o hbm2java gera uma simples classe de entidade para cada entidade mapeada. A classe implementa a interface de marcação Serializable e possui os métodos de acesso para todas as propriedades, além do construtor necessário. Todos os atributos da classe têm visibilidade privada para os campos, embora você possa trocar esse comportamento com o elemento <meta> e atributos nos arquivos de mapeamento XML.

A primeira mudança no comportamento-padrão da engenharia reversa que você faz é a de restringir o escopo de visibilidade para os atributos de Message. Por padrão, todos os métodos de acesso são gerados com visibilidade pública. Digamos que objetos Message são imutáveis; você não iria expor os métodos setter na interface pública, mas somente os métodos getter. Ao invés de incrementar o mapeamento de cada propriedade com um elemento <meta>, você pode declarar um atributo meta no nível da classe, dessa forma aplicando a definição a todas as propriedades naquela classe:

```
<class name="Message"
    table="MESSAGES">

    <meta attribute="scope-set">private</meta>
    ...

</class>
```

O atributo scope-set define a visibilidade de métodos setter de propriedade.

O exportador hbm2java também aceita os atributos meta no próximo nível superior, dentro do elemento raiz <hibernate-mapping>, quando são então aplicados a todas as classes mapeadas no arquivo XML. Você também pode adicionar atributos meta de granulosidade fina a mapeamentos de uma única propriedade, coleção, ou componente.

Uma (embora pequena) melhoria da geração da classe de entidade é a inclusão de text da Message na saída do gerado método toString(). O texto é um bom elemento de controle visual na saída do log da aplicação. Você pode modificar o mapeamento de Message para incluí-lo no código gerado:

```
<property name="text" type="string">
  <meta attribute="use-in-tostring">true</meta>
  <column name="MESSAGE_TEXT" />
</property>
```

O código gerado do método toString() em Message.java se parece com isto:

```
public String toString() {
  StringBuffer buffer = new StringBuffer();
  buffer.append(getClass().getName())
    .append("@")
    .append( Integer.toHexString(hashCode()) )
    .append(" [");
    .append("text").append("='").append(getText()).append("' ");
    .append("]");

  return buffer.toString();
}
```

Os atributos meta podem ser herdados; ou seja, se você declarar um use-in-tostring no nível de um elemento <class>, todas as propriedades dessa classe serão incluídas no método toString(). Esse mecanismo de herança funciona para todos os atributos meta hbm2java, mas você pode desligá-lo seletivamente:

```
<meta attribute="scope-class" inherit="false">public abstract</meta>
```

Definir inherit para false no atributo meta scope-class criará somente a classe-pai desse elemento <meta> como public abstract, mas nenhuma das (possivelmente) subclasses aninhadas.

O exportador hbm2java suporta, na época em que este livro era elaborado, 17 atributos meta para ajuste fino de geração do código. A maioria está relacionada à visibilidade, implementação de interface, extensão de classe, e comentários Javadoc predefinidos. Consulte a documentação do Hibernate Tools para uma lista completa.

Se você usa o JDK 5.0, pode trocar para genéricos (generics) e importações estáticas (static imports) gerados automaticamente com a definição jdk5="true" na tarefa <hbm2java>. Ou, você pode produzir classes de entidade EJB 3.0 com anotações.

Como gerar as classes de entidade Java Persistence

Normalmente, você usa arquivos de mapeamento XML do Hibernate ou anotações JPA no seu código-fonte de classe de entidade para definir o seu metadado de mapeamento, então gerar classes de entidade Java Persistence com anotações a partir de arquivos de mapeamento XML não parece razoável. Contudo, você pode um criar código-fonte de classe de entidade com anotações diretamente a partir de metadados JDBC, e pular o passo de mapeamento XML. Veja o seguinte alvo Ant:

CAPÍTULO 2 – COMO COMEÇAR UM PROJETO | 95

```
<target name="reveng.entities"
    description="Produces Java entity classes in src directory">

  <hibernatetool destdir="${basedir}/src">

    <jdbcconfiguration
      propertyfile="${basedir}/helloworld.db.properties"
      revengfile="${basedir}/helloworld.reveng.xml"/>

    <hbm2java jdk5="true" ejb3="true"/>
    <hbm2cfgxml ejb3="true"/>

  </hibernatetool>

</target>
```

Esse alvo gera o código-fonte de classe de entidade com anotações de mapeamento e um arquivo hibernate.cfg.xml que lista essas classes mapeadas. Você poderá editar o fonte Java diretamente a fim de customizar o mapeamento, se a customização em helloworld.reveng.xml for muito limitada.

Note também que todos exportadores se baseiam em modelos escritos na linguagem de modelo do FreeMarker. Você pode customizar os modelos da maneira que você quiser, ou até mesmo escrever o seu próprio. Mesmo a customização programática de geração de código é possível. A documentação de referência do Hibernate Tools mostra como essas opções são usadas.

Outras configurações e exportadores estão disponíveis com o Hibernate Tools:

- Uma <annotationconfiguration> substituiá a regular <configuration> se você quiser ler metadado de mapeamento a partir de classes Java anotadas, ao invés de arquivos de mapeamento XML. Seu único argumento é a localização e o nome de um arquivo hibernate.cfg.xml que contenha uma lista das classes anotadas. Use essa abordagem para exportar um esquema de banco de dados a partir de classes anotadas.

- Uma <ejb3configuration> é equivalente a uma <annotationconfiguration>, exceto que ela pode digitalizar por classes Java anotadas automaticamente no seu classpath; ela não precisa de um arquivo hibernate.cfg.xml .

- O exportador <hbm2dao> pode criar fonte Java adicional para uma camada de persistência, baseado no padrão *data access object*. Na época da realização deste livro, os modelos para esse exportador eram velhos e precisavam de atualização. Esperamos que os modelos finalizados sejam similares ao código DAO mostrado no Capítulo 16, Seção 16.2, "Como criar uma camada de persistência".

- O exportador <hbm2doc> gera arquivos HTML que documentam as tabelas e as entidades Java.

- O exportador <hbmtemplate> pode ser parametrizado com um conjunto de modelos FreeMaker customizados, e você pode gerar o que quiser com essa abordagem. Modelos que produzem um esqueleto completo de aplicação pronto para rodar com o framework JBoss Seam são empacotados no Hibernate Tools.

Você pode ser criativo com a funcionalidade de importação e exportação das ferramentas. Por exemplo, você pode ler classes Java anotadas com <annotationconfiguration> e exportá-las com <hbm2hbmxml>. Isso lhe permite desenvolver com JDK 5.0 e as anotações mais convenientes, mas implantar arquivos de mapeamento XML do Hibernate em produção (com JDK 1.4).

Vamos finalizar esse capítulo com algumas mais avançadas opções de configuração e integrar o Hibernate com serviços Java EE.

2.4 Como integrar com serviços Java EE

Presumimos que você já testou o exemplo "Hello World" mostrado mais cedo nesse capítulo e que esteja familiarizado com a configuração básica do Hibernate e como o Hibernate pode ser integrado com uma aplicação puro Java. Agora vamos discutir as opções de configuração mais avançadas do Hibernate nativo e como uma simples aplicação Hibernate pode utilizar serviços Java EE fornecidos por um servidor de aplicações Java EE.

Se você criou o seu primeiro projeto JPA com o Hibernate Annotations e o Hibernate EntityManager, o seguinte conselho de configuração não lhe é tão relevante – você já está bem aprofundado no mundo Java EE se está usando JPA, e nenhum passo extra de integração é necessário. Portanto, você pode pular essa seção se já usa o Hibernate EntityManager.

Servidores de aplicações Java EE, como JBoss AS, BEA WebLogic e IBM WebSphere, implementam o padrão de ambiente gerenciado (específico do Java EE) para Java. Os três serviços Java EE mais interessantes com os quais o Hibernate pode ser integrado são: JTA, JNDI e JMX.

O JTA permite ao Hibernate participar de transações em recursos gerenciados. O Hibernate pode pesquisar por recursos gerenciados (conexões com banco de dados) via JNDI e também vincular-se, a si mesmo, como um serviço a JNDI. E por fim, o Hibernate pode ser implantado via JMX e, então, ser gerenciado como um serviço pelo contêiner JMX e monitorado em tempo de execução com clientes JMX padronizados.

Vamos analisar cada serviço e como você pode integrar o Hibernate a ele.

2.4.1 Como integrar a JTA

A *Java Transaction API* (JTA) é o serviço de interface padronizado para o controle de transação em aplicações corporativas Java. Ela expõe várias interfaces, como a API UserTransaction para demarcação da transação e a API TransactionManager para participação no ciclo de vida da transação. O gerenciador de transação pode coordenar uma transação que transponha vários recursos – imagine trabalhar em duas Sessions do Hibernate em dois bancos de dados em uma única transação.

Um serviço de transação JTA é fornecido por todos servidores de aplicações Java EE. Contudo, muitos serviços Java EE são utilizáveis de forma independente, e você pode implantar um fornecedor JTA junto com a sua aplicação, como o JBoss Transactions ou o ObjectWeb JOTM. Não teremos muito o que dizer sobre essa parte da sua configuração a não ser focar a integração do Hibernate a um serviço JTA, que é a mesma em servidores de aplicações completos ou fornecedores independentes de JTA.

Veja a Figura 2.6. Você usa a interface Session do Hibernate para acessar o(s) seu(s) banco(s) de dados, e é de responsabilidade do Hibernate integrar-se aos serviços Java EE do ambiente gerenciado.

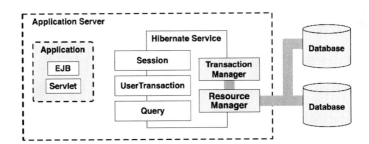

Figura 2.6 Hibernate em um ambiente com recursos gerenciados.

Em tal ambiente gerenciado, o Hibernate não mais cria e mantém um pool de conexões JDBC – o Hibernate obtém conexões com banco de dados pesquisando um objeto Datasource no registro JNDI. Portanto, a sua configuração do Hibernate precisa de uma referência ao nome JNDI onde conexões gerenciadas possam ser obtidas.

```
<hibernate-configuration>
<session-factory>

    <property name="hibernate.connection.datasource">
        java:/MyDatasource
```

JAVA PERSISTENCE COM HIBERNATE

```
</property>

<property name="hibernate.dialect">
    org.hibernate.dialect.HSQLDialect
</property>
...

</session-factory>
</hibernate-configuration>
```

Com esse arquivo de configuração, o Hibernate pesquisa conexões com banco de dados na JNDI usando o nome java:/MyDatasource. Quando você configura o seu servidor de aplicações e implanta a sua aplicação, ou quando você configura o seu fornecedor JTA independente, esse é o nome ao qual você deve vincular o datasource gerenciado. Note que uma definição do dialeto ainda é necessária para o Hibernate produzir o correto SQL.

NOTA *Hibernate com Tomcat* – O Tomcat não é um servidor de aplicações Java EE, ele é somente um contêiner servlet, embora um contêiner servlet com algumas características normalmente encontradas somente em servidores de aplicações. Uma dessas características pode ser usada com o Hibernate: o pool de conexões do Tomcat. O Tomcat usa o pool de conexões DBCP internamente, mas o expõe como um datasource JNDI, assim como um servidor de aplicações real. Para configurar o datasource do Tomcat, você precisa editar o server.xml, de acordo com as instruções na documentação JNDI/JDBC do Tomcat. O Hibernate pode ser configurado para usar esse datasource através da definição de hibernate.connection.datasource. Tenha em mente que o Tomcat não vem com um gerenciador de transação, então você ainda tem semânticas de transação puro JDBC, que o Hibernate pode esconder com sua opcional API Transaction. Alternativamente, você pode implantar um gerenciador independente de transação compatível com JTA junto com sua aplicação web, na qual você deve considerar pegar a padronizada API UserTransaction. Por outro lado, um regular servidor de aplicações (especialmente se ele é modular como o JBoss AS) pode ser mais fácil de configurar do que o Tomcat junto com DBCP mais JTA, além de fornecer melhores serviços.

Para integrar totalmente o Hibernate ao JTA, você precisa informar ao Hibernate um pouco mais sobre o seu gerenciador de transação. O Hibernate tem que se tornar parte integral do ciclo de vida da transação para, por exemplo, gerenciar seus caches. Primeiro, você precisa informar ao Hibernate que gerenciador de transação está usando:

```
<hibernate-configuration>
<session-factory>

    <property name="hibernate.connection.datasource">
        java:/MyDatasource
    </property>
```

```
<property name="hibernate.dialect">
    org.hibernate.dialect.HSQLDialect
</property>

<property name="hibernate.transaction.manager_lookup_class">
    org.hibernate.transaction.JBossTransactionManagerLookup
</property>

<property name="hibernate.transaction.factory_class">
    org.hibernate.transaction.JTATransactionFactory
</property>

...

</session-factory>
</hibernate-configuration>
```

Você precisa pegar a classe apropriada de pesquisa para o seu servidor de aplicações, como fez no código anterior – o Hibernate já traz com ele as classes para os mais populares fornecedores de JTA e servidores de aplicações. E por fim, você informa ao Hibernate que você quer usar as interfaces de transação JTA na aplicação para definir limites de transação. A JTATransactionFactory faz várias coisas:

- Ela habilita uma definição correta de escopo e propagação da Session para JTA se você decidir usar o método SessionFactory.getCurrentSession() em vez de ficar abrindo e fechando a Session manualmente. Discutiremos essa característica mais detalhadamente no Capítulo 11, Seção 11.1, "Como propagar a Session do Hibernate".

- Ela informa ao Hibernate que você está planejando chamar a interface JTA UserTransaction na aplicação a fim de iniciar, confirmar, ou reverter (rollback) transações de sistema.

- Ela também troca a API Transaction do Hibernate para JTA, caso você não queira trabalhar com a padronizada UserTransaction. Se você agora começar uma transação com a API do Hibernate, ela vai checar se já existe uma transação JTA em progresso e, se possível, se junta a essa transação. Se não existir uma transação JTA em progresso, uma nova transação será iniciada. Se você confirmar ou reverter com a API do Hibernate, ou ela ignorará a chamada (se o Hibernate tiver se juntado a uma transação existente) ou definirá a transação do sistema para confirmar ou reverter. Não recomendamos o uso da API Transaction do Hibernate se a sua implantação estiver em um ambiente que suporte JTA. Contudo, essa definição mantém o código existente portável entre ambientes gerenciados e não gerenciados, embora com possível comportamento transacional diferente.

Existem outras opções de TransactionFactory inerentes, e você pode escrever o seu próprio implementando essa interface. A JDBCTransactionFactory é a padrão em um ambiente não gerenciado, e você a tem usado no decorrer desse capítulo no simples exemplo do "Hello

JAVA PERSISTENCE COM HIBERNATE

World" sem JTA. A CMTTransactionFactory deverá ser habilitada ser você estiver trabalhando com JTA *e* EJBs, e se estiver planejando definir os limites da transação declarativamente em seus componentes gerenciados EJB – em outras palavras, se você implanta a sua aplicação EJB em um servidor de aplicações Java EE, mas não define os limites da transação programaticamente com a interface UserTransaction no código da aplicação.

Nossas recomendadas opções de configuração, ordenadas por preferência, são as seguintes:

- Se a aplicação tem que rodar em ambientes gerenciados e não gerenciados, você deve mover a responsabilidade por integração de transação e gerenciamento de recurso para o disponibilizador (deployer). Chame a API JTA UserTransaction no seu código da aplicação e deixe o disponibilizador da aplicação configurar o servidor de aplicações ou um fornecedor independente JTA de acordo. Habilite a JTATransactionFactory na sua configuração do Hibernate para integrar com o serviço JTA, e defina a correta classe de pesquisa.

- Considere definir os limites da transação declarativamente, com componentes EJB. O seu código de acesso a dados então não está vinculado a qualquer API de transação, e a CMTTransactionFactory integra e trata a Session do Hibernate para você por detrás dos panos. Essa é a solução mais fácil – claro, o disponibilizador agora tem a responsabilidade de fornecer um ambiente que suporte JTA e componentes EJB.

- Escreva o seu código com a API Transaction do Hibernate e deixe o Hibernate trocar-se entre os diferentes ambientes de implantação definindo ou a JDBCTransactionFactory ou a JTATransactionFactory. Esteja atento a que as semânticas de transação possam mudar, e o início ou a confirmação de uma transação pode resultar em um não funcionamento inesperado. Essa é sempre a última opção quando portabilidade de demarcação de transação é necessária.

FAQ *Como posso usar vários bancos de dados com o Hibernate?* Se você quer trabalhar com vários bancos de dados, você cria vários arquivos de configuração. Cada banco de dados é atribuído a sua própria SessionFactory, e você constrói várias instâncias da SessionFactory a partir de distintos objetos Configuration. Cada Session aberta, a partir de qualquer SessionFactory, pesquisa um datasource gerenciado na JNDI. Agora é a responsabilidade do gerenciador de recurso e transação coordenar esses recursos – o Hibernate somente executa declarações SQL nessas conexões com o banco de dados. Os limites da transação ou são definidos programaticamente com JTA ou são tratados pelo contêiner com EJBs e uma montagem declarativa.

O Hibernate não só pode pesquisar recursos gerenciados na JNDI, como também pode vincular a si mesmo a JNDI. Vamos ver isso a seguir.

2.4.2 SessionFactory vinculada a JNDI

Já fizemos a pergunta que todo o novo usuário do Hibernate tem que lidar: Como uma SessionFactory deve ser guardada, e como ela deve ser acessada ao código da aplicação? Anteriormente nesse capítulo, tratamos desse problema escrevendo uma classe HibernateUtil que mantinha um SessionFactory em um campo estático e fornecia o método estático getSessionFactory(). Contudo, se você implantar a sua aplicação em um ambiente que suporte JNDI, o Hibernate poderá vincular uma SessionFactory a JNDI, e você poderá pesquisá-la lá quando necessário.

NOTA A API *Java Naming and Directory Interface* (JNDI) permite que os objetos sejam guardados em uma estrutura hierárquica (árvore de diretório) e recuperados dela. A JNDI implementa o padrão *Registry*. Objetos de infra-estrutura (contextos de transação, datasources, e assim por diante), definições de configuração (definições de ambiente, registros de usuário, e assim por diante) e até mesmo objetos de aplicação (referências EJB, fábricas de objeto, e assim por diante) podem todos ser vinculados a JNDI.

A SessionFactory do Hibernate automaticamente se vincula a JNDI se a propriedade hibernate.session_factory_name é definida para o nome do nó JNDI. Se o seu ambiente de tempo de execução não fornece um contexto JNDI padrão (ou se a implementação padrão da JNDI não suportar instâncias de Referenceable), você precisa especificar um contexto inicial da JNDI utilizando as propriedades hibernate.jndi.url e hibernate.jndi.class.

Segue um exemplo de configuração do Hibernate que vincula a SessionFactory ao nome java:/hibernate/MySessionFactory utilizando a (gratuita) implementação JNDI baseada em sistema de arquivo da Sun, fscontext.jar:

```
hibernate.connection.datasource = java:/MyDatasource
   hibernate.transaction.factory_class = \
      org.hibernate.transaction.JTATransactionFactory
   hibernate.transaction.manager_lookup_class = \
      org.hibernate.transaction.JBossTransactionManagerLookup
   hibernate.dialect = org.hibernate.dialect.PostgreSQLDialect
   hibernate.session_factory_name = java:/hibernate/MySessionFactory
   hibernate.jndi.class = com.sun.jndi.fscontext.RefFSContextFactory
   hibernate.jndi.url = file:/auction/jndi
```

Você pode, claro, também utilizar a configuração baseada em XML para isso. Esse exemplo não é realista, pois a maioria dos servidores de aplicações que fornecem um pool de conexões através da JNDI também possuem uma implementação JNDI com um contexto padrão capaz de armazenar dados.

102 | JAVA PERSISTENCE COM HIBERNATE

O JBoss AS certamente tem, então você pode pular as duas últimas propriedades e simplesmente especificar um nome para a SessionFactory.

NOTA *JNDI com Tomcat* – O Tomcat já traz com ele um contexto JNDI só com permissão de leitura, que não é capaz de armazenar dados a partir do código no nível da aplicação após a inicialização do container de servlet. O Hibernate não pode vincular a esse contexto: Você tem que ou utilizar uma implementação de contexto completa (como o contexto Sun FS) ou desabilitar vinculação a JNDI da SessionFactory omitindo a propriedade session_factory_name na configuração.

A SessionFactory é vinculada a JNDI quando você a constrói, ou seja, quando Configuration.buildSessionFactory() é chamado. Para manter o seu código da aplicação portável, talvez você queira implementar essa construção e a pesquisa na HibernateUtil, e continuar utilizando essa classe de ajuda no seu código de acesso a dados, como mostrado na Listagem 2.18.

Listagem 2.18 HibernateUtil para pesquisa JNDI da SessionFactory

```
public class HibernateUtil {

    private static Context jndiContext;

    static {
        try {
            // Build it and bind it to JNDI
            new Configuration().buildSessionFactory();

            // Get a handle to the registry (reads jndi.properties)
            jndiContext = new InitialContext();

        } catch (Throwable ex) {
            throw new ExceptionInInitializerError(ex);
        }
    }

    public static SessionFactory getSessionFactory(String sfName) {
        SessionFactory sf;
        try {
            sf = (SessionFactory) jndiContext.lookup(sfName);
        } catch (NamingException ex) {
            throw new RuntimeException(ex);
        }
        return sf;
    }
}
```

Alternativamente, você pode pesquisar a SessionFactory diretamente no código da aplicação com uma chamada JNDI. No entanto, você ainda precisa pelo menos da linha de código de inicialização new Configuration().buildSessionFactory() em algum lugar na sua aplicação. Um jeito de remover essa última linha de código de inicialização do Hibernate, e de eliminar completamente a classe HibernateUtil, é implantar o Hibernate como um serviço JMX (ou usando JPA e Java EE).

2.4.3 Como implantar o serviço JMX

O mundo Java é cheio de especificações, padrões e implementações disso. Um relativamente novo, mas importante, padrão está em sua primeira versão: o *Java Management Extensions* (JMX). O JMX trata de gerenciamento de componentes de sistema ou, melhor, de serviços de sistema.

Onde o Hibernate se encaixa nesse novo cenário? O Hibernate, quando implantado em um servidor de aplicações, faz uso de outros serviços, como pooled datasources e transações gerenciadas. Além disso, com a integração JMX Hibernate, o Hibernate pode ser um serviço JMX gerenciado, que depende de outros e é utilizado por eles.

A especificação JMX define os seguintes componentes:

- O *MBean JMX* – Um componente reutilizável (normalmente de infra-estrutura) que expõe uma interface para *gerenciamento* (administração)
- O *contêiner JMX* – Medeia acesso genérico (local ou remoto) ao MBean
- O *cliente JMX* – Pode ser usado para administrar qualquer MBean via o contêiner JMX

Um servidor de aplicações com suporte para JMX (como o JBoss AS) age como um contêiner JMX e permite que um MBean seja configurado e inicializado como parte do processo de inicialização do servidor de aplicações. O seu serviço Hibernate pode ser empacotado e implantado como um MBean JMX; a interface empacotada para isso é a org.hibernate.jmx.HibernateService. Você pode iniciar, parar, e monitorar o núcleo do Hibernate através dessa interface com qualquer cliente JMX padronizado. Uma segunda interface MBean que pode ser implantada opcionalmente é a org.hibernate.jmx.StatisticsService, que lhe permite habilitar e monitorar comportamento em tempo de execução do Hibernate com um cliente JMX.

Como serviços JMX e MBeans são implantados é específico de cada fornecedor. Por exemplo, no JBoss Application Server, você só tem de adicionar um arquivo jboss-service.xml ao seu EAR da aplicação para implantar o Hibernate como um serviço JMX gerenciado.

Em vez de explicar cada opção aqui, veja a documentação de referência para o JBoss Application Server. Ela contém uma seção que mostra a integração e a implantação do Hibernate passo a passo (http://docs.jboss.org/jbossas). Configuração e implantação em outros servidores de aplicações que suportam JMX devem ser similares, e você pode adaptar e portar os arquivos de configuração do JBoss.

2.5 Resumo

Neste capítulo, você completou o primeiro projeto Hibernate. Vimos como arquivos de mapeamento XML do Hibernate são escritos e quais APIs você pode chamar no Hibernate para interagir com o banco de dados.

Depois introduzimos Java Persistence e EJB 3.0 e explicamos como isso pode simplificar até mesmo a mais básica aplicação Hibernate com varredura automática de metadados, configuração e empacotamento padronizados, e injeção de dependência em componentes EJB gerenciados.

Se você precisar começar com um banco de dados legado, poderá usar o conjunto de ferramentas do Hibernate para fazer a engenharia reversa de arquivos de mapeamento XML a partir de um esquema existente. Ou, se trabalhar com JDK 5.0 e/ ou EJB 3.0, você poderá gerar o código Java da aplicação direto de um banco de dados SQL.

E por fim, vimos as opções mais avançadas de integração e configuração do Hibernate em um ambiente Java EE – integração que já é feita para você se você se baseia em JPA ou EJB 3.0.

Uma comparação e visão geral de alto nível entre a funcionalidade do Hibernate e Java Persistence é mostrada na Tabela 2.1. (Você pode achar uma tabela de comparação similar no final de cada capítulo.)

Tabela 2.1 Comparação do Hibernate e do JPA

Hibernate Core	Java Persistence e EJB 3.0
Integra-se a tudo, em qualquer lugar. É flexível, mas às vezes a configuração é complexa.	Funciona tanto em Java EE quanto em Java SE. Configuração simples e padronizada; nenhuma integração extra ou configuração especial é necessária em ambientes Java EE.
A configuração requer uma lista de arquivos de mapeamento XML ou de classes anotadas.	O fornecedor JPA digitaliza por arquivos de mapeamento XML e classes anotadas automaticamente.
Proprietário mias poderoso. Interfaces nativas de programação e linguagem de consulta continuadamente melhoradas.	Interfaces padronizadas e estáveis, com um suficiente subconjunto de funcionalidade do Hibernate. Fácil retorno às APIs do Hibernate é possível.

No próximo capítulo, introduzimos uma aplicação de exemplo mais complexa com a qual iremos trabalhar por todo o restante do livro. Você verá como desenhar e implementar um modelo de domínio, e que opções de metadado de mapeamento são as melhores escolhas em um projeto maior.

CAPÍTULO 3

MODELOS DE DOMÍNIO E METADADOS

Esse capítulo aborda

- Aplicação de exemplo CaveatEmptor
- Desenho de um POJO para "ricos" modelos de domínio
- Opções de metadados de mapeamento objeto/relacional

106 | JAVA PERSISTENCE COM HIBERNATE

O exemplo "Hello World" do capítulo anterior apresentou-o ao Hibernate; contudo, ele não é muito útil para entender as necessidades das aplicações do mundo real com modelos de dados complexos. Até o final do livro, usaremos um exemplo de aplicação muito mais sofisticada—CaveatEmptor, um sistema de leilão em tempo real—para demonstrar o Hibernate e o Java Persistence.

Começamos nossa discussão sobre a aplicação apresentando um modelo de programação para as classes persistentes. Projetar e implementar as classes persistentes é um processo com vários passos que iremos examinar em detalhes.

Primeiro você irá aprender a identificar as entidades de negócio de um domínio do problema. Você irá criar um modelo conceitual dessas entidades e seus atributos, chamado modelo de domínio, e irá implementá-lo em Java criando as classes persistentes. Gastaremos um tempo explorando exatamente como essas classes Java devem se parecer, e também veremos as capacidades de persistência das classes, e como esse aspecto influencia no projeto e na implementação.

Depois exploraremos as opções de metadados de mapeamento—as formas pelas quais você pode dizer ao Hibernate como as suas classes persistentes e suas propriedades se relacionam com as tabelas e colunas do banco de dados. Isso pode envolver escrever documentos XML que são eventualmente implantados junto com as classes compiladas Java e são lidos pelo Hibernate em tempo de execução. Outra opção é usar os metadados de anotação do JDK 5.0, baseados no padrão EJB 3.0, diretamente no código-fonte Java das classes persistentes. Após ler esse capítulo, você saberá como projetar as partes persistentes do seu modelo de domínio em projetos complexos do mundo real, e qual a opção de metadado de mapeamento você irá preferir usar normalmente.

E, finalmente, na última (provavelmente opcional) seção desse capítulo, iremos dar uma olhada na capacidade do Hibernate para a independência da representação. Uma característica relativamente nova no Hibernate que lhe permite criar o seu modelo de domínio em Java que é totalmente dinâmico; por exemplo, um modelo sem suas classes concretas e, sim, somente HashMaps. O Hibernate também suporta uma representação do modelo de domínio com documentos XML.

Vamos começar com a aplicação de exemplo.

3.1 APLICAÇÃO CAVEATEMPTOR

A aplicação de leilão em tempo real, CaveatEmptor, demonstra as técnicas do ORM e as funcionalidades do Hibernate; você pode baixar o código-fonte da aplicação no endereço http://caveatemptor.hibernate.org. Não iremos dar muita atenção para a interface com o usuário neste livro (que poderia ser baseada na web ou um cliente rico – aplicação que fica na máquina do usuário, mas que recupera dados da internet); no lugar disso vamos nos concentrar no código de acesso aos dados. Contudo, quando uma decisão de projeto sobre

CAPÍTULO 3 – MODELOS DE DOMÍNIO E METADADOS | 107

o código de acesso aos dados, que tenha conseqüências na interface com o usuário, tiver que ser feita, naturalmente consideraremos ambas.

De forma a entender as questões de projeto envolvidas no ORM, vamos fingir que a aplicação CaveatEmptor não existe ainda, e que a estaremos construindo do nada. Nossa primeira tarefa será a análise.

3.1.1 Como analisar o domínio de negócios

A realização do desenvolvimento de software começa com a análise do domínio do problema (presumindo que nenhum código legado ou banco de dados legado já existam).

Nesse estágio, você, com a ajuda de especialistas em domínio do problema, identifica as principais entidades que são relevantes para o sistema de software. As entidades geralmente são representações entendidas pelos usuários do sistema: pagamento, cliente, pedido, item, lance, e assim por diante. Algumas entidades podem ser abstrações de coisas menos concretas que o usuário pensa a respeito, como um algoritmo de definição de preços, mas até mesmo essas entidades seriam, geralmente, entendidas pelo usuário. Todas essas entidades são encontradas na visão conceitual do negócio, que algumas vezes chamamos de modelo de negócios. Desenvolvedores e arquitetos de software orientado para objetos analisam o modelo de negócios e criam o modelo orientado para objetos, ainda em nível conceitual (sem código Java). Esse modelo pode ser tão simples quanto uma imagem mental existente na cabeça do desenvolvedor, ou pode ser tão elaborado quanto um diagrama de classes UML criado em uma ferramenta CASE (do inglês computer-aided software engineering) como o ArgoUML ou TogetherJ. Um simples modelo expressado em UML é mostrado na Figura 3.1.

Esse modelo contém entidades que você certamente irá encontrar em qualquer sistema de leilão típico: category, item e user. As entidades e seus relacionamentos (e talvez seus atributos) estão todos representados por esse modelo do domínio do problema. Chamamos esse tipo de modelo orientado para objetos das entidades do domínio do problema, envolvendo-do somente as entidades que são de interesse do usuário, de modelo de domínio. É uma visão abstrata do mundo real.

O objetivo motivador por trás da análise e do desenho do modelo de domínio é capturar a essência da informação de negócio para o propósito da aplicação. Desenvolvedores e arquitetos podem, ao invés de um modelo orientado para objetos, começar o projeto da aplicação com um modelo de dados (possivelmente expresso com um diagrama de Entida-de-Relacionamento). Normalmente falamos que, a respeito de persistência, existe uma pequena diferença entre as duas: elas são meramente pontos de partida diferentes. No final das contas, estamos mesmo mais interessados na estrutura e nos relacionamentos das entidades de negócio, na regra que deve ser aplicada para garantir a integridade dos dados (por exemplo, a multiplicidade dos relacionamentos), e na lógica usada para manipular os dados.

Figura 3.1 Um diagrama de classes de um modelo típico de leilão em tempo real.

Na modelagem de objetos, há um foco na lógica de negócio polimórfica. Para o nosso propósito e com uma abordagem de desenvolvimento top-down, será de grande ajuda se pudermos implementar nosso modelo lógico em Java polimórfico; é por essa razão que o primeiro esboço é um modelo orientado para objetos. Em seguida derivamos o modelo de dados lógico relacional (geralmente sem diagramas adicionais) e implementamos de fato o esquema de banco de dados físico.

Vamos ver o resultado final da nossa análise do domínio do problema da aplicação CaveatEmptor.

3.1.2 Modelo de domínio do CaveatEmptor

O site CaveatEmptor leiloa tipos diferentes de coisas: de equipamento elétrico até passagens aéreas. O leilão procede de acordo com a estratégia inglesa de leilão: os usuários continuam dando lances em um item até que o período de lances daquele item expire, e o maior lance ganha.

Em qualquer loja, os produtos são categorizados por tipo e agrupados com produtos similares em seções e nas prateleiras. O catálogo do leilão necessita de algum tipo de hierarquia das categorias dos itens para que um comprador possa navegar nessas categorias ou arbitrariamente procurar por uma categoria e atributos de um item. As listas de itens aparecem quando o usuário está vendo uma categoria e nas telas de resultado de uma busca. Selecionar um item da lista leva o comprador a uma visão detalhada do item.

Um leilão consiste em uma seqüência de lances, e um é o lance ganhador. Os detalhes do usuário incluem nome, login, endereço, e-mail e informações de cobrança.

Uma rede de confiança é uma característica essencial para um site de leilão em tempo real. A rede de confiança permite que os usuários construam uma reputação para sua credibilidade (ou não-credibilidade). Os compradores podem colocar seus comentários sobre os vendedores (e vice-versa), e os comentários são visíveis para todos os outros usuários.

A Figura 3.2 apresenta uma visão de alto nível do nosso modelo de domínio. Vamos discutir rapidamente algumas características interessantes desse modelo.

Cada item só pode ser leiloado uma vez, então você não precisa fazer nenhuma distinção de Item para qualquer das entidades do leilão. Ao invés disso, você terá uma única entidade do item de leilão chamada Item. Dessa forma, Bid está associada diretamente com Item. Os Users podem escrever Comments sobre outros usuários somente no contexto de um leilão; é por isso que há uma associação entre Item e Comment. A informação do Address de um User estará modelada como uma classe separada, mesmo que um User só tenha um Address; eles podem ter alternativamente três, um para casa, um para cobrança e um para entrega. Você permite que o usuário tenha vários BillingDetails. As várias estratégias de cobrança são representadas como subclasses de uma classe abstrata (permitindo futuras extensões).

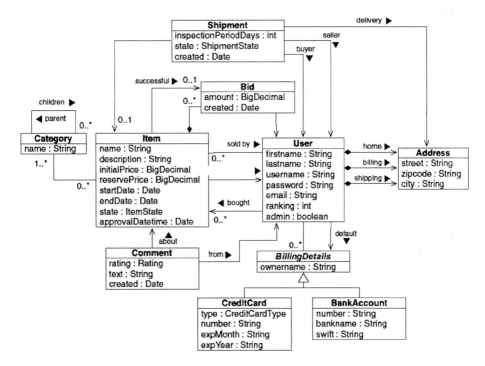

Figura 3.2 Classes persistentes do modelo de domínio do CaveatEmptor e seus relacionamentos.

A Category pode ser aninhada dentro de outra Category. Isso é expresso pela associação recursiva, da entidade Category para ela mesma. Perceba que uma única Category pode ter muitas categorias como filhos, mas no máximo um pai. Cada Item pertence pelo menos a uma Category.

As entidades em um modelo de domínio devem encapsular estado e comportamento. Por exemplo, a entidade User deve definir o nome e o endereço do cliente e a lógica necessária para calcular os custos de envio dos itens (para esse cliente em particular). O modelo de domínio é um rico modelo de objetos, com associações complexas, interações, e relacionamentos de herança. Uma discussão interessante e detalhada das técnicas de orientação para objetos para trabalhar com modelos de domínio pode ser encontrada em *Patterns of Enterprise Application Architecture* (Fowler, 2003) ou em *Domain-Driven Design* (Evans, 2003).

110 | JAVA PERSISTENCE COM HIBERNATE

Nesse livro, não teremos muito o que dizer sobre as regras de negócio ou sobre o comportamento do nosso modelo de domínio. Isso não é porque nós os consideramos sem importância; pelo contrário, esse assunto é na maior parte ortogonal ao problema da persistência. É o estado das nossas entidades que é persistente, então concentramos a nossa discussão em como representar melhor o estado em nosso modelo de domínio, não em como representar o comportamento. Por exemplo, neste livro, não estamos interessados em como as taxas são calculadas para os itens vendidos ou como o sistema aprova uma nova conta de usuário. Estamos mais interessados em saber como o relacionamento entre os usuários e os itens que eles vendem é representado e se torna persistente. Voltaremos a essa questão em capítulos mais adiante, sempre que dermos uma olhada mais de perto no projeto da aplicação em camadas e na separação da lógica da parte de acesso aos dados.

NOTA *ORM sem um modelo de domínio* – Não cansamos de falar que a persistência de objetos com um ORM completo é mais apropriada em aplicações baseadas em um rico modelo de domínio. Se sua aplicação não implementar regras de negócio complexas ou interações complexas entre as entidades (ou se você tiver poucas entidades), você poderá não precisar de um modelo de domínio. Muitos problemas simples e alguns não tão simples são perfeitamente apropriados para soluções orientadas para tabela (table-oriented), onde a aplicação é projetada em torno do modelo de dados do banco de dados em vez de ser em torno do modelo de domínio orientado para objetos, freqüentemente com a lógica sendo executada no banco de dados (procedimentos armazenados). Contudo, quanto mais complexo e expressivo o seu modelo de domínio for, mais você se beneficiará do uso do Hibernate; ele impressiona quando está lidando com toda a complexidade da persistência objeto/relacional.

Agora que você tem um (básico) desenho da aplicação com um modelo de domínio, o próximo passo é implementá-lo em Java. Vamos ver algumas coisas que você precisa considerar.

3.2 COMO IMPLEMENTAR O MODELO DE DOMÍNIO

Várias questões devem ser tipicamente endereçadas quando implementamos o modelo de domínio em Java. Por exemplo, como você separa as preocupações de negócio das preocupações ortogonais (como as transações e até mesmo a persistência)? Você precisa de uma persistência automatizada ou transparente? Você tem que usar um modelo de programação específico para alcançar isso? Nessa seção, examinaremos esses tipos de questões e como endereçá-las em uma aplicação típica com Hibernate.

Vamos começar por um ponto com o qual qualquer implementação precisa lidar; a separação das preocupações. O implementação do modelo de domínio é geralmente um componente central, organizador; ele é bastante reutilizado sempre que você implementa uma nova funcionalidade da aplicação. Por essa razão, você deve estar preparado para se esforçar em garantir que as preocupações, com exceção dos aspectos de negócio, não vazem para a implementação do modelo de domínio.

3.2.1 Como tratar o vazamento das preocupações

A implementação do modelo de domínio é uma parte bastante importante de código que não deve depender de APIs ortogonais do Java. Por exemplo, o código no modelo de domínio não deve fazer pesquisas JNDI ou chamar um banco de dados via API JDBC. Isso lhe permite o reuso da implementação do modelo de domínio praticamente em qualquer lugar. E o mais importante, torna mais fácil a execução de um teste unitário no modelo de domínio sem que seja necessário um ambiente de tempo de execução em particular ou um contêiner (ou a necessidade de simular qualquer serviço do qual se dependa). Essa separação enfatiza a distinção entre o teste unitário da lógica e o teste unitário de integração.

Dizemos que o modelo de domínio deve se preocupar somente em modelar o domínio de negócio. Contudo, existem outras preocupações, como a persistência, o gerenciamento de transação, e autorização. Você não deve colocar o código que trata essas preocupações ortogonais nas classes que implementam o modelo de domínio. Quando essas preocupações começam a aparecer nas classes do modelo de domínio, trata-se de um exemplo de vazamento das preocupações.

O padrão EJB resolve esse problema de vazamento das preocupações. Se você implementar suas classes de domínio utilizando o modelo de programação de entidade, o contêiner tomará conta de algumas preocupações para você (ou pelo menos deixará você exteriorizar essas preocupações em metadados, como anotações ou descritores XML). O contêiner EJB previne o vazamento de determinadas preocupações ortogonais utilizando interceptação. Um EJB é um componente gerenciado, executado dentro de um contêiner EJB; o contêiner intercepta as chamadas para os seus *beans* e executa sua própria funcionalidade. Essa abordagem permite ao contêiner implementar a preocupação ortogonal predefinida – segurança, concorrência, persistência, transações e distanciamento (remoteness) – de um modo genérico.

Infelizmente, a especificação do EJB 2.1 impôs várias regras e restrições a respeito de como você deve implementar um modelo de domínio. Isso, por si só, é um tipo de vazamento das preocupações – nesse caso, as preocupações do programador do contêiner que vazou! Isso foi resolvido na especificação EJB 3.0, que não é intrusiva e fica muito mais perto do tradicional modelo de programação JavaBean.

O Hibernate não é um servidor de aplicações e não tenta implementar todas as preocupações ortogonais da especificação completa do EJB. O Hibernate é uma solução para somente uma dessas preocupações: persistência. Se você precisar de segurança declarativa e gerenciamento de transação, deverá acessar as instâncias de entidade via *session bean*, tirando vantagem da implementação do contêiner EJB dessas preocupações. O Hibernate em um contêiner EJB substitui (EJB 2.1, *entity beans* com CMP) ou implementa (EJB 3.0, entidades Java Persistence) o aspecto da persistência.

JAVA PERSISTENCE COM HIBERNATE

As classes persistentes do Hibernate e o modelo de programação de entidade do EJB 3.0 oferecem uma persistência transparente. O Hibernate e o Java Persistence também fornecem persistência automática.

Vamos explorar ambos os termos detalhadamente e encontrar uma definição mais exata.

3.2.2 Persistência transparente e automatizada

Usamos transparente para demonstrar uma separação completa das preocupações entre as classes persistentes do modelo de domínio e a lógica da persistência, onde as classes persistentes não sabem da existência do – e não possuem nenhuma dependência – mecanismo de persistência. Usamos automática como referência a uma solução de persistência que o alivia de lidar com os detalhes de baixo nível, como escrever a maior parte das declarações SQL e trabalhar com a API JDBC.

A classe Item, por exemplo, não tem nenhuma dependência em nível de código de qualquer API do Hibernate. Além do mais:

- O Hibernate não necessita que quaisquer superclasses especiais ou interfaces sejam herdadas ou implementadas pelas classes persistentes. Nem são usadas quaisquer classes especiais para implementar propriedades ou associações. (Claro que a opção de usar ambas as técnicas está sempre lá.) A persistência transparente melhora a legibilidade e a manutenibilidade do código, como você verá em breve.

- Classes persistentes podem ser reusadas fora do contexto da persistência, em testes unitários ou na camada (física) da interface com o usuário (user interface – UI), por exemplo. A testabilidade é uma necessidade básica para aplicações com ricos modelos de domínio.

- Em um sistema com persistência transparente, os objetos não têm conhecimento do repositório de dados abaixo deles; eles nem precisam saber se estão sendo persistidos ou recuperados. As preocupações da persistência são exteriorizadas para uma interface genérica que gerencia persistência – no caso do Hibernate, o Session e a Query. No JPA, o EntityManager e a Query (que tem o mesmo nome, mas um pacote diferente e uma API um pouco diferente) fazem os mesmos papéis.

A persistência transparente promove um grau de portabilidade; sem interfaces especiais, as classes persistentes são desacopladas de qualquer solução de persistência em particular. Nossa lógica de negócio é totalmente reutilizável em qualquer outro contexto da aplicação. Você poderia facilmente mudar para outro mecanismo de persistência transparente. Pelo fato de o JPA seguir os mesmos princípios, não existe nenhuma diferença entre as classes persistentes do Hibernate e as classes de entidade do JPA.

Por essa definição de persistência transparente, determinadas camadas de persistência não automatizadas são transparentes (por exemplo, o padrão DAO) pois elas desacoplam o código relacionado à persistência com interfaces de programação abstratas. Somente classes em puro Java sem dependências são expostas para a lógica de negócio ou contêm lógica de negócio. E contrariamente, algumas camadas de persistência automatizadas (incluindo as instâncias de entidade do EJB 2.1 e algumas soluções de ORM) não são transparentes pois elas necessitam de interfaces especiais ou modelos de programação intrusivo.

Nós consideramos a transparência uma necessidade. A persistência transparente deveria ser um dos objetivos primários de qualquer solução ORM. Contudo, nenhuma solução de persistência automatizada é completamente transparente: toda camada de persistência automatizada, incluindo o Hibernate, impõe algumas necessidades nas classes persistentes. Por exemplo, o Hibernate necessita que as propriedades, que serão uma coleção, sejam ou da interface java.util.Set ou java.util.List e, não, de uma classe concreta como java.util.HashSet (de qualquer maneira isso é uma boa prática). Ou, uma classe de entidade JPA tem que ter uma propriedade especial, chamada de identificadora do banco de dados.

Agora você sabe por que o mecanismo de persistência deve ter um impacto mínimo na sua implementação do modelo de domínio, e que a persistência transparente e automatizada é uma necessidade. Que tipo de modelo de programação você deve usar? Quais são as necessidades e os contratos exatos a serem observados? Será mesmo necessário um modelo de programação especial para você? Em teoria, não; na prática, contudo, você deveria adotar um disciplinado, consistente modelo de programação bem aceito na comunidade Java.

3.2.3 Como escrever POJOs e classes persistentes de entidade

Como uma reação contra as instâncias de entidade do EJB 2.1, muitos desenvolvedores começaram a falar de Plain Old Java Objects (POJOs – o bom e velho objeto puro Java),[1] uma abordagem "de volta às raízes" que essencialmente ressuscita o JavaBeans, um modelo de componente para desenvolvimento de UI, e a reaplicá-los na camada de negócios. (A maioria dos desenvolvedores usa agora o termo POJO e JavaBeans quase como sinônimos.) A revisão da especificação do EJB nos trouxe novas entidades mais leves, e seria apropriado chamá-las de JavaBeans capazes de persistência. Os desenvolvedores Java logo irão usar todos os três termos como sinônimos para a mesma abordagem de idéia básica.

Neste livro, usamos classes persistentes para qualquer implementação de classe que seja capaz de ter instâncias persistentes, usamos POJO caso algumas das melhores práticas do Java sejam relevantes, e usamos classe de entidade quando a implementação do Java seguir as especificações do EJB 3.0 e do JPA. Novamente, você não deve ficar tão preocupado com essas diferenças, pois o objetivo final é aplicar o aspecto de persistência o mais transparente possível. Quase toda classe Java pode ser uma classe persistente, ou um POJO, ou uma classe de entidade, se algumas boas práticas forem seguidas.

---

[1] O POJO às vezes também é escrito como Plain *Ordinary* Java Objects. Esse termo foi introduzido em 2002 por Martin Fowler, Rebecca Parsons e Josh Mackenzie.

JAVA PERSISTENCE COM HIBERNATE

O Hibernate trabalha melhor com um modelo de domínio implementado com POJOs. As poucas necessidades que o Hibernate impõe na implementação do seu modelo de domínio também são boas práticas para a implementação POJO, então a maioria dos POJOs são compatíveis com o Hibernate sem precisar de mudanças. As necessidades do Hibernate são quase as mesmas das classes de entidade EJB 3.0, então uma implementação POJO pode ser facilmente alterada com anotações e fazer uma entidade compatível com EJB 3.0.

Um POJO declara métodos de negócio, que definem o comportamento, e propriedades, que representam o estado. Algumas propriedades representam associações para outros POJOs definidos pelo usuário.

Uma simples classe POJO é mostrada na Listagem 3.1. Essa é uma implementação da entidade User do seu modelo de domínio.

Listagem 3.1 Implementação do POJO da classe User

```
public class User
     implements Serializable {  ◄─────── Declaração de Serializable

    private String username;
    private Address address;

    public User() {}  ◄─────── Construtor da classe sem argumento

    public String getUsername() {                    ◄──────┐
        return username;                                    │
    }                                                       │
                                                            │
    public void setUsername(String username) {   ◄─────────┤
        this.username = username;                           │   Métodos de acesso
    }                                                       │   de propriedade
                                                            │
    public Address getAddress() {                  ◄────────┤
        return address;                                     │
    }                                                       │
                                                            │
    public void setAddress(Address address) {    ◄─────────┘
        this.address = address;
    }

    public MonetaryAmount calcShippingCosts(Address fromLocation) {
        ...
    }  ◄─────── Método de negócio
}
```

Capítulo 3 – Modelos de domínio e metadados | 115

O Hibernate não necessita que as classes persistentes implementem Serializable. Contudo, quando os objetos são guardados em um HttpSession ou é passado por valor usando RMI, a serialização é necessária. (Isso é totalmente plausível de acontecer em uma aplicação com Hibernate.) A classe pode ser abstrata e, se necessária, estender uma classe não persistente.

Diferentemente da especificação do JavaBeans, que não necessita de um construtor específico, o Hibernate (e o JPA) necessita de um construtor que não receba parâmetros para toda classe persistente. O Hibernate chama as classes persistentes usando a Java Reflection API (API Java de Reflexão) nesses construtores para instanciar os objetos. O construtor não precisa ser público, mas precisa ser pelo menos visível no pacote se proxies (representantes) gerados em tempo de execução forem usados para otimização da performance. A geração do proxy também necessita que a classe não seja declarada como final (e nem tenha métodos final também)! (Iremos voltar aos proxies no Capítulo 13, Seção 13.1, "Como definir o plano global de recuperação".)

As propriedades do POJO implementam os atributos das entidades de negócio – por exemplo, o username do User. As propriedades geralmente são implementadas como variáveis de instância privadas ou protegidas, junto com os métodos de acesso público das propriedades: um método para recuperar o valor da variável de instância e um método para alterar o valor. Esses métodos são conhecidos como getter e setter, respectivamente. O POJO de exemplo da Listagem 3.1 declara métodos getter e setter para as propriedades username e address.

A especificação do JavaBean define as diretrizes para a nomenclatura desses métodos, e eles permitem que ferramentas genéricas como o Hibernate descubram e manipulem facilmente o valor da propriedade. O nome de um método getter começa com get, seguido do nome da propriedade (sendo a primeira letra maiúscula); o nome de um método setter começa com set, seguido pelo nome da propriedade (do mesmo jeito do getter). Métodos getter para propriedades booleanas podem começar com is em vez de get.

Você pode escolher como o estado de uma instância das suas classes persistentes deve ser persistido pelo Hibernate, seja por acesso direto aos campos ou através de métodos de acesso. Seu projeto da classe não é perturbado por essas considerações. Você pode fazer alguns métodos de acesso como não públicos ou removê-los completamente. Alguns métodos getter e setter fazem coisas mais sofisticadas do que acessar as variáveis de instância (validação, por exemplo), mas os métodos de acesso triviais também são comuns. A vantagem primária deles é fornecer isolamento adicional entre a representação interna e a interface pública da classe, permitindo a refatoração independente de ambos.

O exemplo na Listagem 3.1 também define um método de negócio que calcula o custo de envio de um item para um usuário em particular (nós deixamos de fora a implementação desse método).

Quais são as necessidades das classes de entidade do JPA? A boa notícia é que, até agora, todas as convenções que discutimos para os POJOs também são necessárias para as entidades do JPA. Você tem que aplicar algumas regras adicionais, mas elas são igualmente simples; voltaremos a elas mais adiante.

Agora que já apresentamos o básico no uso de classes persistentes POJO como o modelo de programação; vamos ver como lidar com as associações entre essas classes.

3.2.4 Como implementar associações no POJO

Usamos propriedades para expressar associações entre classes POJO, e também usamos os métodos de acesso para navegar de objeto para objeto em tempo de execução. Vamos considerar as associações definidas pela a classe Category, como mostra a Figura 3.3.

Figura 3.3 Diagrama da classe Category com associações.

Assim como em todos os nossos diagramas, deixamos de fora os atributos relacionados às associações (vamos chamá-los de parentCategory e childCategories) pois eles iriam atrapalhar a ilustração. Esses atributos e os métodos que manipulam seus valores são chamados de *código scaffolding (andaime)*.

Veja como o código scaffolding para a auto-associação um-para-muitos da Category se parece:

```
public class Category {
   private String name;
   private Category parentCategory;
   private Set childCategories = new HashSet();

   public Category() { }
   ...
}
```

Para permitir a navegação bidirecional da associação, você precisa de dois atributos. O campo parentCategory implementa a ponta monovalorada da associação e é declarada com o tipo Category. A ponta multivalorada, implementada pelo campo childCategories, deve ser de um tipo de coleção. Escolha um Set (conjunto), pois não é permitida a duplicidade, e inicialize a variável de instância para uma nova instância de HashSet.

O Hibernate necessita de interfaces para os atributos do tipo coleção, assim você deve usar ou o java.util.Set ou o java.util.List em vez do HashSet, por exemplo. Isso é consistente com

CAPÍTULO 3 – MODELOS DE DOMÍNIO E METADADOS | 117

as necessidades da especificação do JPA para as coleções nas entidades. Em tempo de execução, o Hibernate envolve a instância do HashSet com uma instância de uma das próprias classes do Hibernate. (Essa classe especial não é visível para o código da aplicação.) De qualquer maneira é uma boa prática programar com as interfaces das coleções em vez das implementações concretas, por isso essa restrição não deverá incomodá-lo.

Agora temos algumas variáveis de instância privadas, mas nenhuma interface pública que permita o acesso a partir do código de negócio ou do gerenciador de propriedade pelo Hibernate (se é que ele não devesse acessar os campos diretamente). Vamos adicionar alguns métodos de acesso à classe:

```java
public String getName() {
    return name;
}
public void setName(String name) {
    this.name = name;
}
public Set getChildCategories() {
    return childCategories;
}
public void setChildCategories(Set childCategories) {
    this.childCategories = childCategories;
}
public Category getParentCategory() {
    return parentCategory;
}
public void setParentCategory(Category parentCategory) {
    this.parentCategory = parentCategory;
}
```

De novo, esses métodos de acesso precisarão ser declarados public somente se fizerem parte da interface externa da classe persistente usada pela lógica da aplicação para criar o relacionamento entre dois objetos. Contudo, gerenciar a ligação entre duas instâncias Category é mais difícil do que definir o valor de uma chave estrangeira em um campo do banco de dados. Por experiência própria, sabemos que os desenvolvedores freqüentemente não sabem dessa complicação que surge a partir de um modelo de rede de objetos com referências bidirecionais. Vamos passar passo a passo por esse ponto.

O procedimento básico para adicionar um filho Category a um pai Category se parece com isto:

```java
Category aParent = new Category();
Category aChild = new Category();
aChild.setParentCategory(aParent);
aParent.getChildCategories().add(aChild);
```

Sempre que uma ligação é criada entre um pai Category e um filho Category, duas ações são necessárias:

- O parentCategory do filho deve ser definido, quebrando efetivamente a associação entre o filho e o antigo pai (cada filho só pode ter um pai).
- O filho deve ser adicionado à coleção childCategories do novo pai Category.

NOTA *Relacionamentos gerenciados no Hibernate* – O Hibernate não gerencia associações persistentes. Se você quiser manipular uma associação, deverá escrever exatamente o mesmo código que escreveria sem o Hibernate. Se uma associação for bidirecional, ambos os lados do relacionamento deverão ser considerados. Os modelos de programação como os *entity beans* do EJB 2.1 distorceram esse comportamento porque introduziram relacionamentos gerenciados pelo contêiner – o contêiner trocará automaticamente o outro lado do relacionamento se um dos lados for modificado pela aplicação. Essa é uma das razões de por que os códigos que usam *entity beans* do EJB 2.1 não podiam ser reutilizados fora do contêiner. As associações de entidade do EJB 3.0 são transparentes, assim como no Hibernate. Se alguma vez tiver problema para entender o comportamento das associações no Hibernate, pergunte a você mesmo: "O que eu faria sem o Hibernate?" O Hibernate não muda a semântica regular do Java.

É uma boa idéia adicionar um método conveniente à classe Category que agrupa essas operações, permitindo a reutilização e ajudando a manter a exatidão, efinalgarantir a integridade dos dados:

```
public void addChildCategory(Category childCategory) {
    if (childCategory == null)
        throw new IllegalArgumentException("Null child category!");
    if (childCategory.getParentCategory() != null)
        childCategory.getParentCategory().getChildCategories()
                                .remove(childCategory);
    childCategory.setParentCategory(this);
    childCategories.add(childCategory);
}
```

O método addChildCategory() não somente reduz as linhas de código quando tratando com objetos Category, como também reforça a cardinalidade da associação. Os erros que surgem quando nos esquecemos de uma das duas ações necessárias são evitados. Esse tipo de agrupamento das operações deve sempre ser feito para as associações, se possível. Se você comparar isso com o modelo relacional de chaves estrangeiras em um banco de dados relacional, poderá facilmente ver como um modelo de rede e de ponteiro complica uma simples operação: ao invés de uma restrição declarativa, você precisa de um código procedural para garantir a integridade.

Como você quer que o addChildCategory()seja o único método visível externamente a modificar as categorias filiais (possivelmente junto com o método removeChildCategory()), você poderá fazer com que o método setChildCategories() seja privado ou poderá tirá-lo e usar acesso direto aos campos para a persistência. O método getter ainda retorna uma coleção modificável, com isso os clientes podem usá-lo para fazer as alterações que não são refletidas no lado inverso. Você deve levar em consideração os métodos estáticos Collections.unmodifiableCollection(c) e Collections.unmodifiableSet(s), se preferir envolver as coleções internas antes de retorná-las no seu método getter. O cliente então receberá uma exceção se tentar alterar a coleção; toda alteração é forçada a passar pelo método de gerenciamento do relacionamento.

Um tipo diferente de relacionamento existe entre as classes Category e Item: uma associação muitos-para-muitos bidirecional, como mostra a Figura 3.4.

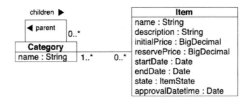

Figura 3.4 Category e a classe associada Item.

No caso da associação muitos-para-muitos, ambos os lados são implementados com coleção nos atributos. Vamos adicionar os novos atributos e métodos, da classe Category, para acessar o relacionamento do Item, como mostrado na Listagem 3.2.

Listagem 3.2 Código scaffolding da Category para o Item

```
public class Category {
    ...
    private Set items = new HashSet();
    ...
    public Set getItems() {
        return items;
    }

    public void setItems(Set items) {
        this.items = items;
    }
}
```

JAVA PERSISTENCE COM HIBERNATE

O código para classe Item (a outra ponta da associação muitos-para-muitos) é similar ao código da classe Category. Você adiciona o atributo coleção, os métodos de acesso padrão, e um método que simplifica o gerenciamento do relacionamento, como na Listagem 3.3.

Listagem 3.3 Código scaffolding do Item para a Category

```java
public class Item {
    private String name;
    private String description;
    ...
    private Set categories = new HashSet();
    ...

    public Set getCategories() {
        return categories;
    }

    private void setCategories(Set categories) {
        this.categories = categories;
    }

    public void addCategory(Category category) {
        if (category == null)
            throw new IllegalArgumentException("Null category");
        category.getItems().add(this);
        categories.add(category);
    }
}
```

O método addCategory() é similar ao método de conveniência addChildCategory() da classe Category. Ele é usado por um cliente para manipular a ligação entre o Item e a Category. Por causa da legibilidade, não mostraremos mais os métodos de conveniência em códigos futuros de exemplo pois presumimos que você irá adicioná-los de acordo com a sua vontade.

Usar métodos de conveniência para lidar com a associação não é a única maneira de melhorar a implementação do modelo de domínio. Também podemos adicionar a lógica aos métodos de acesso.

3.2.5 Como adicionar lógica aos métodos de acesso

Uma das razões por que gostamos de usar os métodos de acesso no estilo JavaBeans é que eles fornecem encapsulamento. A escondida implementação interna da propriedade pode ser alterada sem qualquer mudança na interface pública. Isso lhe permitirá abstrair a estrutura interna dos dados da classe – as variáveis de instância – do projeto do banco de dados, caso o Hibernate acesse, em tempo de execução, as propriedades pelos métodos de acesso. Isso também permitirá uma refatoração mais fácil e independente da API pública e da representação interna de uma classe.

Por exemplo, se o seu banco de dados guardar o nome do usuário como uma única coluna NAME, mas a classe User tiver como propriedades o firstname e o lastname, você poderá adicionar a seguinte propriedade persistente name à classe:

```
public class User {
   private String firstname;
   private String lastname;
   ...

   public String getName() {
      return firstname + ' ' + lastname;
   }

   public void setName(String name) {
      StringTokenizer t = new StringTokenizer(name);
      firstname = t.nextToken();
      lastname = t.nextToken();
   }
   ....
}
```

Mais adiante, você verá que um tipo personalizado do Hibernate é uma maneira melhor de lidar com essas situações. Contudo, é sempre bom ter várias opções.

Os métodos de acesso também podem executar validações. Como se pode ver, no exemplo seguinte, o método setFirstName() verifica se o nome está em letras maiúsculas:

```
public class User {
   private String firstname;
   ...

   public String getFirstname() {
      return firstname;
   }

   public void setFirstname(String firstname)
      throws InvalidNameException {

      if ( !StringUtil.isCapitalizedName(firstname) )
         throw new InvalidNameException(firstname);
      this.firstname = firstname;
   }
   ....
}
```

O Hibernate pode usar os métodos de acesso para popularizar o estado de uma instância quando estiver carregando o objeto do banco de dados, e algumas vezes você vai preferir que

122 | JAVA PERSISTENCE COM HIBERNATE

essa validação não ocorra quando o Hibernate estiver inicializando um objeto carregado. Nesse caso, faz sentido informar ao Hibernate que acesse diretamente as variáveis de instância.

Outro ponto a ser considerado é a checagem de sujeira. O Hibernate detecta automaticamente as mudanças no estado do objeto para poder sincronizar o estado atualizado com o banco de dados. Normalmente é mais seguro retornar um objeto diferente a partir do método getter do que o objeto passado pelo Hibernate ao setter. O Hibernate compara os objetos por valor – não é pela identidade do objeto – para determinar se o estado persistente da propriedade precisa ser atualizado. Por exemplo, o seguinte método getter não resulta em UPDATEs do SQL desnecessários:

```
public String getFirstname() {
    return new String(firstname);
}
```

Há uma importante exceção para isso: as coleções são comparadas por identidade! Para uma propriedade mapeada como uma coleção persistente, você deve retornar exatamente a mesma instância da coleção a partir do método getter que o Hibernate passou para o método setter. Se você não fizer isso, o Hibernate irá atualizar o banco de dados, mesmo que a atualização não seja necessária, sempre que o estado mantido em memória for sincronizado com o banco de dados. Esse tipo de código deve ser quase sempre evitado nos métodos de acesso:

```
public void setNames(List namesList) {
    names = (String[]) namesList.toArray();
}

public List getNames() {
    return Arrays.asList(names);
}
```

E por fim, você deve saber como as exceções nos métodos de acesso serão tratadas se você configurar o Hibernate para usar esses métodos quando estiver carregando e guardando as instâncias. Se uma RuntimeException for lançada, a transação atual será revertida, e será de sua responsabilidade tratar a exceção. Se uma exceção verificada da aplicação for lançada, o Hibernate a envolverá em uma RuntimeException.

Você pode ver que, com o Hibernate , não ficará restrito ao modelo de programação em POJO se for desnecessário. Você está livre para implementar qualquer que seja a lógica que precise nos métodos de acesso (desde que mantenha a mesma instância da coleção tanto no getter quanto no setter). Como o Hibernate acessa as propriedades é totalmente configurável. Esse tipo de transparência garante uma implementação do modelo de domínio independente e reutilizável. E tudo o que dissemos e explicamos até agora é igualmente verdade para as classes persistentes do Hibernate e para as entidades do JPA.

Vamos agora definir o mapeamento objeto/relacional para as classes persistentes.

3.3 Metadados de mapeamento objeto/relacional

As ferramentas de ORM precisam de metadados para especificar o mapeamento entre classes e tabelas, propriedades e colunas, associações e chaves estrangeiras, tipos do Java e tipos do SQL, e assim por diante. Essa informação é chamada de metadados de mapeamento objeto/relacional. Metadado é uma informação sobre um dado e os metadados de mapeamento definem e governam as transformações entre os sistemas de diferentes tipos e representações do relacionamento na orientação para objetos e nos sistemas SQL.

É seu dever, como desenvolvedor, escrever e manter esse metadado. Discutiremos várias abordagens nesta seção, incluindo metadados em arquivos XML e anotações, do JDK 5.0, no código-fonte. Normalmente se decide por utilizar uma estratégia em um projeto em particular, e, após ler essas seções, você terá a informação de base para tomar uma decisão consciente.

3.3.1 Metadados em XML

Qualquer solução ORM deve fornecer um formato de mapeamento de fácil leitura ao homem, e de fácil edição à mão, e não somente uma ferramenta de mapeamento GUI. Atualmente, o formato mais popular de metadados objeto/relacional é o XML. Os documentos de mapeamento escritos em e com XML são leves, de leitura fácil, de fácil manipulação por sistemas de controle de versão e editores de texto, e eles podem ser customizados em tempo de implantação (ou até mesmo em tempo de execução, com geração de XML programática).

Mas serão os metadados baseados em XML a melhor abordagem? Uma certa reação adversa contra o uso excessivo do XML pode ser vista na comunidade Java. Todo framework e servidor de aplicações parecem precisar do seu próprio descritor XML.

Em nossa visão, existem três razões principais para essa reação adversa:

- Soluções baseadas em metadados têm sido freqüentemente utilizadas inapropriadamente. Metadado não é, por natureza, mais flexível ou mais fácil de manter do que o código puro Java.

- Muitos formatos de metadados existentes não foram projetados para serem legíveis e de fácil edição à mão. Particularmente, uma grande causa de sofrimento é a falta de valores padronizados sensatos para os atributos e elementos, e com isso causando uma necessidade significativa de mais digitação do que deveria ser necessário. Pior ainda, alguns esquemas de metadados usam somente elementos XML e valores em texto, sem quaisquer atributos. Um outro problema são esquemas muito genéricos, onde toda declaração é envolvida em um atributo de extensão genérico de um elemento meta.

- Editores bons de XML, especialmente nas IDEs, não são tão comuns e bons como os ambientes de codificação Java. E pior, e de mais flexibilidade, a declaração do tipo do documento (DTD) freqüentemente não é fornecida, fazendo com que não tenha autocomplemento e validação.

124 | JAVA PERSISTENCE COM HIBERNATE

Não há como evitar a necessidade dos metadados no ORM. Contudo, o Hibernate foi projetado com total consciência dos típicos problemas dos metadados. O formato do metadado XML do Hibernate é extremamente legível e define valores-padrão muito úteis. Se os valores dos atributos estiverem faltando, a reflexão será usada nas classes mapeadas para determinar os valores-padrão. O Hibernate também vem com o um DTD completo e documentado. E por fim, o suporte das IDEs para XML aumentou bastante ultimamente, e IDEs modernas fornecem validação dinâmica do XML e até a característica de autocomplemento.

Vamos dar uma olhada em um modo pelo qual você pode usar os metadados XML no Hibernate. Você já criou a classe Category na seção anterior; agora você precisa mapeá-la com a tabela do banco de dados CATEGORY. Para fazer isso, escreva o documento de mapeamento XML da Listagem 3.4.

Listagem 3.4 Mapeamento XML do Hibernate da classe Category

```
<?xml version="1.0"?>
<!DOCTYPE hibernate-mapping PUBLIC     ◄━━━❶
    "-//Hibernate/Hibernate Mapping DTD//EN"
    "http://hibernate.sourceforge.net/hibernate-mapping-3.0.dtd">

<hibernate-mapping>   ◄━━━❷
    <class    ◄━━━❸
        name="auction.model.Category"
        table="CATEGORY">

        <id   ◄━━━❹
            name="id"
            column="CATEGORY_ID"
            type="long">
            <generator class="native"/>
        </id>

        <property   ◄━━━❺
            name="name"
            column="NAME"
            type="string"/>

    </class>
</hibernate-mapping>
```

❶ O DTD do mapeamento do Hibernate deve ser declarado em todos os arquivos de mapeamento – ele é necessário para validação sintática do XML.

❷ Os mapeamentos são declarados dentro do elemento <hibernate-mapping>. Você pode incluir quantos mapeamentos de classe quiser, junto com determinadas declarações especiais que iremos mencionar mais adiante neste livro.

CAPÍTULO 3 – MODELOS DE DOMÍNIO E METADADOS | 125

❸ A classe Category (do pacote auction.model) é mapeada para a tabela CATEGORY. Cada linha dessa tabela representa uma instância desse tipo Category.

❹ Ainda não discutimos o conceito de identidade do objeto, assim você pode ficar surpreso com esse elemento do mapeamento. Esse tópico complexo será abordado no próximo capítulo. Para entender esse mapeamento, o que você precisa saber é que toda linha na tabela CATEGORY tem um valor de chave primária que combina com a identidade do objeto da instância que está na memória. O elemento de mapeamento <id> é usado para definir os detalhes da identidade do objeto.

❺ A propriedade name de tipo java.lang.String é mapeada à coluna NAME do banco de dados. Perceba que o tipo declarado no mapeamento é um tipo (string) inerente do Hibernate, não é o tipo da propriedade Java nem o tipo da coluna SQL. Veja isso como o conversor que representa a ponte entre os outros dois sistemas de tipo.

Nós deixamos intencionalmente os mapeamentos da coleção e da associação de fora desse exemplo. Os mapeamentos da associação e especialmente da coleção são mais complexos, por isso voltaremos a eles na segunda parte do livro.

Embora seja possível declarar mapeamentos para múltiplas classes em um só arquivo de mapeamento através do uso de múltiplos elementos <class>, a prática recomendada (e a prática esperada por algumas ferramentas do Hibernate) é usar um arquivo de mapeamento por classe persistente. A convenção diz para dar ao nome do arquivo o mesmo nome da classe mapeada, colocando um sufixo (por exemplo, Category.hbm.xml), e colocando-o no mesmo pacote da classe Category.

Como já foi mencionado, os arquivos de mapeamento XML não são a única maneira de definir metadados de mapeamento na aplicação com Hibernate. Se você usar o JDK 5.0, a melhor escolha será o Hibernate Annotations baseado no padrão EJB 3.0 e Java Persistence.

3.3.2 Metadados baseados em anotação

A idéia básica é colocar os metadados próximos da informação que ele descreve, ao invés de separá-lo fisicamente em um arquivo diferente. O Java não tinha essa funcionalidade até o JDK 5.0, com isso uma alternativa foi desenvolvida. O projeto XDoclet introduziu a anotação de código-fonte Java com metainformação, utilizando tags especiais do Javadoc com suporte para pares de chave/valor. Através de tags aninhadas, estruturas bem complexas são suportadas, mas somente algumas IDEs permitem a customização dos modelos Javadoc para autocomplemento e validação.

A JSR 175 introduziu o conceito de anotação na linguagem Java, com type-safe e interfaces declaradas para a definição das anotações. Autocomplemento e checagem em tempo de compilação não são mais uma questão. Nós achamos que o metadado de anotação é, se comparado com XDoclet, não verboso e que ele tem padrões melhores. Contudo, as anotações do JDK 5.0 algumas vezes são mais difíceis de ler do que as anotações do XDoclet,

126 | JAVA PERSISTENCE COM HIBERNATE

pois elas ficam dentro de blocos normais de comentário; você deve usar uma IDE que suporte o destaque de sintaxe das anotações configurável. Fora isso, não vimos nenhuma desvantagem séria em trabalhar com anotações em nosso dia a dia de trabalho nesses anos, e consideramos o suporte para metadados de anotação como uma das mais importantes características do JDK 5.0.

Agora iremos introduzir anotações de mapeamento e usar JDK 5.0; se você tiver que trabalhar com JDK 1.4, mas gostar de usar metadados baseados em anotação, considere o XDoclet, que iremos mostrar mais tarde.

Como definir e usar as anotações

Antes que anote sua primeira classe persistente, vamos ver como as anotações são criadas. Naturalmente, você em geral vai usar anotações predefinidas. Contudo, saber como estender o formato do metadado existente ou como escrever suas próprias anotações são habilidades úteis. O código seguinte mostra a definição de uma anotação Entity:

```
package javax.persistence;

@Target(TYPE)
@Retention(RUNTIME)
public @interface Entity {
    String name() default "";
}
```

A primeira linha define o pacote, como sempre. Essa anotação está no pacote javax.persistence, a API do Java Persistence como definido pelo EJB 3.0. É uma das anotações mais importantes da especificação – você pode aplicá-la em um POJO a fim de torná-lo uma classe persistente de entidade. A próxima linha é uma anotação que adiciona metainformação à anotação @Entity (metadado sobre metadado). Ela especifica que a anotação @Entity só pode ser colocada em declarações de tipo; em outras palavras, você só pode marcar as classes com a anotação @Entity, não pode nos campos ou nos métodos. A política de retenção escolhida para essa anotação é RUNTIME; outras opções (para outros casos de uso) incluem a remoção do metadado de anotação durante a compilação, ou somente a inclusão em byte-code sem a possibilidade de reflexibilidade em tempo de execução. Queremos preservar todas as metainformações da entidade até mesmo em tempo de execução, para que o Hibernate possa lê-las na inicialização através do Java Reflection. O que se segue no próximo exemplo é a declaração de fato da anotação, incluindo o nome da sua interface e seus atributos (só um nesse caso, name, com uma seqüência de caracteres vazia como padrão).

Vamos usar esta anotação para fazer uma classe persistente POJO, uma entidade Java Persistence:

```
package auction.model;

import javax.persistence.*;

@Entity
@Table(name = "ITEM")
public class Item {
    ...
}
```

Essa classe pública, Item, foi declarada como uma entidade persistente. Todas as suas propriedades são agora persistidas automaticamente com uma estratégia padronizada. Também é mostrada uma segunda anotação que declara o nome da tabela que está no esquema do banco de dados a quem essa classe persistente está mapeada. Se você omitir essa informação, o fornecedor JPA assume como padrão o nome não qualificado da classe (assim como o Hibernate fará se você omitir o nome da tabela em um arquivo de mapeamento XML).

Tudo isso é type-safe, e as anotações declaradas são lidas com Java Reflection quando o Hibernate inicia. Você não precisa escrever quaisquer arquivos de mapeamento XML, o Hibernate não precisa fazer uma análise gramatical de qualquer XML, e a inicialização é mais rápida. Sua IDE também pode facilmente validar e destacar as anotações – elas não passam de tipos do Java, afinal de contas.

Um dos benefícios mais claros das anotações é sua flexibilidade para desenvolvimento ágil. Se refatorar seu código, você renomeará, deletará, ou moverá as classes e as propriedades, tudo ao mesmo tempo. A maioria das ferramentas de desenvolvimento e editores não consegue refatorar um elemento do XML e valores de um atributo, mas as anotações fazem parte da linguagem Java e são incluídas em todas as operações de refatoração.

Quais anotações você deve aplicar? Você tem a escolha dentre tantas padronizadas e também outras de pacotes específicos de fornecedores.

Considere os padrões

Metadado baseado em anotação tem um impacto significativo na maneira como você escreve aplicações Java. Outros ambientes de programação, como C# e .NET, tiveram esse tipo de suporte por um bom tempo, e os desenvolvedores adotaram os atributos como metadados rapidamente. No mundo Java, a grande inauguração das anotações está acontecendo com Java EE 5.0. Todas as especificações que fazem parte do Java EE, como EJB, JMX, JMS, e até mesmo a especificação do servlet, serão atualizadas e usarão anotações do JDK 5.0 para suas necessidades de metadados. Por exemplo, web services no J2EE 1.4 geralmente requer um grande número de metadados em arquivos XML, então esperamos ver uma melhora de fato na produtividade com as anotações. Ou, você pode deixar o contêiner web injetar um *handle* (um identificador especial designado a um recurso, tipicamente um ponteiro, que permite que ele seja acessado) para o EJB dentro do seu servlet, simplesmente adicionando uma anotação a um campo. A Sun iniciou um esforço para uma especificação (JSR 250) para tratar das

128 | JAVA PERSISTENCE COM HIBERNATE

anotações quando surgirem novas especificações, no intuito de definir as anotações comuns para toda a plataforma Java. Para você, contudo, quando trabalhar em uma camada de persistência, a especificação mais importante será a do EJB 3.0 e JPA.

As anotações do pacote do Java Persistence estão disponíveis em javax.persistence uma vez que você inclui as interfaces do JPA no seu classpath. Você pode usar essas anotações para declarar classes persistentes de entidade, classes embutidas (discutiremos essas classes no próximo capítulo), propriedades, campos, chaves, e assim por diante. A especificação JPA aborda o fundamental e os mapeamentos avançados mais relevantes – tudo o que você precisa para escrever uma aplicação portável, com uma independente camada de persistência padronizada que funciona tanto dentro quanto fora de qualquer contêiner de tempo de execução.

Quais características das anotações e dos mapeamentos não estão especificadas no Java Persistence? Um motor e produto JPA em particular pode naturalmente oferecer vantagens – as tão chamadas extensões do fornecedor (vendor).

Como usar as extensões do fornecedor

Mesmo que você mapeie a maior parte do seu modelo da aplicação com anotações compatíveis com JPA do pacote javax.persistence, você terá que usar as extensões do fornecedor em algum ponto. Por exemplo, quase todas as opções de ajuste de performance que você espera que estejam disponíveis em um software de persistência de alta qualidade, como definições de recuperação e cacheamento, estão disponíveis como anotações específicas do Hibernate.

Vamos ver como isso se parece em um exemplo. Anote o código-fonte da entidade Item novamente:

```
package auction.model;

import javax.persistence.*;

@Entity
@Table(name = "ITEM")
@org.hibernate.annotations.BatchSize(size = 10)
@org.hibernate.annotations.DiscriminatorFormula(
    "case when ITEM_IS_SPECIAL is not null then A else B end"
)
public class Item {
    ...
}
```

Esse exemplo contém duas anotações do Hibernate. A primeira, @BatchSize, é uma opção de recuperação que pode aumentar a performance em situações que examinaremos mais à frente nesTe livro. A segunda, @DiscriminatorFormula, é uma anotação de mapeamento do Hibernate que é especialmente útil para esquemas de legado quando a herança de classe não pode ser determinada simplesmente com valores literais (aqui ele mapeia uma coluna do legado ITEM_IS_SPECIAL – provavelmente algum tipo de indicador (flag) – para um valor literal). Ambas as anotações possuem como prefixo o nome do pacote org.hibernate.annotations. Considere isso uma boa prática, pois agora você pode facilmente ver quais metadados dessa classe de entidade são da especificação do JPA e quais são específicos do fornecedor. Você também pode facilmente buscar em seu código-fonte por "org.hibernate.annotations" e ter uma visão geral de todas as anotações que não são padrões na sua aplicação com uma única busca.

Se você trocar o seu fornecedor de Java Persistence, a única coisa que tem de fazer é trocar as extensões específicas do fornecedor; e você pode esperar que um conjunto de características similares estejam disponíveis com soluções mais sofisticadas. Claro que esperamos que você nunca tenha de fazer isso, e isso não acontece com freqüência na prática – só esteja preparado.

As anotações nas classes somente cobrem os metadados que são aplicáveis para aquela classe em particular. Contudo, você freqüentemente precisa de metadados em um nível mais acima, para um pacote todo ou até mesmo para toda a aplicação. Antes de discutirmos essas opções, gostaríamos de introduzir outro formato de metadados de mapeamento.

Descritores XML no JPA e no EJB 3.0

O padrão EJB 3.0 e Java Persistence aderem fortemente às anotações. Contudo, o grupo de especialistas ficou sabendo das vantagens dos descritores de implantação XML em determinadas situações, especialmente para metadados de configuração que muda a cada implantação. Como conseqüência, toda anotação do EJB 3.0 e do JPA pode ser substituída por um elemento do descritor XML. Em outras palavras, você não é obrigado a usar as anotações se não quiser (embora o encorajemos fortemente a reconsiderar e tentar usar as anotações, se essa for a sua primeira reação às anotações).

Vamos ver um exemplo de um descritor XML do JPA para uma unidade de persistência em particular:

```
<?xml version="1.0" encoding="UTF-8"?>

<entity-mappings
    xmlns="http://java.sun.com/xml/ns/persistence/orm"
    xmlns:xsi="http://www.w3.org/2001/XMLSchema-instance"
    xsi:schemaLocation=
        "http://java.sun.com/xml/ns/persistence/orm orm_1_0.xsd"
    version="1.0">

    <persistence-unit-metadata>
        <xml-mapping-metadata-complete/>
        <persistence-unit-defaults>
            <schema>MY_SCHEMA</schema>
            <catalog>MY_CATALOG</catalog>
            <cascade-persist/>
        </persistence-unit-defaults>
    </persistence-unit-metadata>
```

```xml
<package>auction.model</package>

<entity class="Item" access="PROPERTY"
    metadata-complete="true">
  <attributes>
    <id name="id">
       <generated-value strategy="AUTO"/>
    </id>
  </attributes>
</entity>
```

```xml
</entity-mappings>
```

Esse XML é automaticamente pego pelo fornecedor JPA se você colocá-lo em um arquivo chamado orm.xml no seu classpath, no diretório META-INF da unidade de persistência. Você pode observar que você somente tem que nomear uma propriedade identificadora para uma classe; como nas anotações, todas as outras propriedades da classe de entidade são consideradas persistentes automaticamente com um sensato mapeamento padronizado.

Você também pode definir mapeamentos padronizados para toda a unidade de persistência, como o nome do esquema e as opções de cascateamento padronizado. Se você incluir o elemento <xml-mapping-metadata-complete>, o fornecedor JPA ignorará completamente todas as anotações nas suas classes de entidade nessa unidade de persistência e somente contará com os mapeamentos definidos no arquivo orm.xml. Você pode (redundantemente nesse caso) habilitar isso no nível da entidade, com metadata-complete="true". Se habilitado, o fornecedor JPA assume que todas as propriedades da entidade estão mapeadas em XML, e que todas as anotações para essa entidade sejam ignoradas.

Se você não quiser ignorar, mas, ao invés disso, quiser sobrescrever o metadado da anotação, primeiro remova o elemento global <xml-mapping-metadata-complete> do arquivo orm.xml. Remova também o atributo metadata-complete="true" de qualquer mapeamento de entidade que deva sobrescrever, não substituir, as anotações:

```xml
<entity-mappings ...>

<package>auction.model</package>

<entity class="Item">
   <attributes>
      <basic name="initialPrice" optional="false">
         <column name="INIT_PRICE"/>
      </basic>
   </attributes>
</entity>
```

```xml
</entity-mappings>
```

Aqui você mapeia a propriedade initialPrice para a coluna INIT_PRICE e especifica que não aceita nulo. Qualquer anotação na propriedade initialPrice da classe Item é ignorada, mas todas as outras anotações da classe Item ainda são aplicadas. Perceba também que você não especificou uma estratégia de acesso a esse mapeamento, então o acesso é feito no campo ou o no método de acesso dependendo da posição da anotação @Id na classe Item. (Voltaremos a esse detalhe no próximo capitulo.)

Um problema óbvio com descritores de implantação XML no Java Persistence é sua compatibilidade com arquivos de mapeamento XML do Hibernate nativo. Os dois formatos não são compatíveis de maneira alguma, e você deve tomar a decisão de usar um ou outro. A sintaxe do descritor XML do JPA é muito mais parecida de fato com as anotações JPA do que com a dos arquivos de mapeamento XML do Hibernate nativo.

Você também deverá considerar as extensões do fornecedor quando tomar sua decisão por um formato de metadados XML. O formato XML do Hibernate suporta todos os mapeamentos possíveis do Hibernate, então se alguma coisa não puder ser mapeada com as anotações JPA/Hibernate, ela poderá ser mapeada com os arquivos XML do Hibernate nativo. O mesmo não é verdade com os descritores XML do JPA – eles fornecem somente convenientes metadados exteriorizados que abordam a especificação. A Sun não permite extensões de fornecedores com uma coleção de nomes (namespace) adicionais.

Por outro lado, você não pode sobrescrever anotações com arquivos de mapeamento XML do Hibernate; você tem que definir o mapeamento completo de uma classe de entidade no XML.

Por essas razões, não mostramos todas as possibilidades de mapeamento nos três formatos; concentramo-nos no metadado XML do Hibernate nativo e nas anotações JPA/Hibernate. Contudo, você aprenderá bastante sobre o descritor XML do JPA para poder usá-lo se quiser.

Considere as anotações JPA/Hibernate como a primeira escolha se você estiver usando JDK 5.0. Volte atrás para os arquivos de mapeamento XML do Hibernate nativo se quiser exteriorizar um mapeamento de classe em particular, ou utilize uma extensão do Hibernate que não esteja disponibilizada como uma anotação. Considere os descritores XML do JPA somente se não planejar usar nenhuma extensão de fornecedor (que é, na prática, improvável), ou se quiser sobrescrever somente algumas anotações, ou se precisar de portabilidade completa que inclua até mesmo os descritores de implantação.

Mas e se você estiver preso ao JDK 1.4 (ou até mesmo 1.3) e ainda assim quiser o benefício de melhores capacidades de refatoração e linhas de código reduzidas de metadados em linha?

3.3.3 Como usar o XDoclet

O projeto XDoclet trouxe ao Java a noção de programação orientada para atributo. O XDoclet investe no formato de tag do Javadoc (@attribute) para especificar atributos como metadados para um campo de uma classe, ou no nível de um método. Até existe um livro sobre o XDoclet publicado pela Manning Publications, *XDoclet in Action* (Walls and Richards, 2004).

O XDoclet é implementado como uma tarefa do Ant que gera os metadados XML do Hibernate (ou outra coisa, dependendo do plug-in) como parte do processo de construção. Criar o documento de mapeamento XML do Hibernate com XDoclet é simples: em vez de

132 | JAVA PERSISTENCE COM HIBERNATE

escrevê-lo à mão, você marca o código-fonte Java da sua classe persistente com tags personalizadas do Javadoc, como mostrado na Listagem 3.5.

Listagem 3.5 Como usar as tags do XDoclet para marcar as classes Java com metadados de mapeamento

```
/**
 * The Category class of the CaveatEmptor auction site domain model.
 *
 * @hibernate.class
 *     table="CATEGORY"
 */
public class Category {
  ...

  /**
   * @hibernate.id
   * generator-class="native"
   * column="CATEGORY_ID"
   */
  public Long getId() {
     return id;
  }

  ...



  /**
   * @hibernate.property
   */
  public String getName() {
     return name;
  }

  ...
}
```

Com a classe anotada corretamente e a tarefa do Ant pronta, você pode gerar automaticamente o mesmo documento XML mostrado na seção anterior (Listagem 3.4).

O lado ruim do XDoclet é que ele precisa de um outro passo na construção. A maioria dos projetos de grande porte em Java já usa Ant, então isso normalmente não entra em questão. De forma discutível, os mapeamentos do XDoclet são menos configuráveis em tempo de implantação, mas isso é discutível; mas também nada o impede de editar à mão o XML gerado antes da implantação, então isso provavelmente não é uma objeção significativa. Por fim, o suporte para a validação da tag do XDoclet pode não estar disponível no seu ambiente de desenvolvimento. Contudo, as IDEs mais recentes suportam pelo menos o autocomplemento dos nomes das tags. Não iremos abordar XDoclet neste livro, mas você pode achar exemplos na página da web do Hibernate.

Use os arquivos XML, as anotações do JDK 5.0, ou o XDoclet, você irá notar freqüentemente que tem de duplicar os metadados em vários lugares. Em outras palavras, você precisa adicionar informação global que seja aplicável a mais de uma propriedade, a mais de uma classe persistente, ou até mesmo a toda aplicação.

3.3.4 Como tratar os metadados globais

Considere a seguinte situação: todas as classes persistentes do seu modelo de domínio estão no mesmo pacote. Contudo, você tem que especificar os nomes totalmente qualificados das classes, incluindo o pacote, em cada arquivo de mapeamento XML. Seria muito mais fácil declarar o nome do pacote somente uma vez e, então, usar somente o nome curto da classe persistente. Ou, ao invés de habilitar acesso direto ao campo para cada propriedade através do atributo de mapeamento access="field", seria preferível usar somente um acionador para habilitar o acesso ao campo para todas as propriedades. Os metadados no escopo da classe ou do pacote seriam muito mais convenientes.

Alguns metadados são válidos para toda aplicação. Por exemplo, consultas da sua aplicação podem ser exteriorizadas para metadados e podem ser chamadas por um único nome global no código da aplicação. Uma consulta normalmente não está relacionada a uma classe em particular, e às vezes nem mesmo a um pacote em particular. Outros metadados no escopo da aplicação incluem tipos de mapeamento definidos pelo usuário (conversores) e definições de filtro de dados (visão dinâmica).

Vamos dar uma passada em alguns exemplos de metadados globais nos mapeamentos XML do Hibernate e nas anotações do JDK5.0.

Metadados globais no mapeamento XML

Se você checar o DTD do mapeamento XML, você verá que o elemento-raiz <hibernate-mapping> possui opções globais que são aplicadas ao(s) mapeamento(s) da(s) classe(s) dentro dele – algumas dessas opções são mostradas no seguinte exemplo:

```
<hibernate-mapping
    schema="AUCTION"
    default-lazy="false"
    default-access="field"
    auto-import="false">

<class ...>
    ...
</class>

</hibernate-mapping>
```

O atributo schema habilita um prefixo do esquema do banco de dados, AUCTION, que será usado pelo Hibernate para todas as declarações SQL geradas das classes mapeadas. Definindo o default-lazy para false, você habilita a recuperação com outer-join como padrão para algumas das associações de classe, um tópico que iremos discutir no Capítulo 13, Seção 13.1, "Como definir o plano global de recuperação". (Esse acionador default-lazy="true" tem um interessante efeito colateral: ele troca para um comportamento de recuperação padronizado do Hibernate 2.x – muito útil se você migrar para o Hibernate 3.x mas não quer atualizar suas definições de recuperação.) Com default-access, você habilita o acesso direto ao campo pelo Hibernate para todas as propriedades persistentes de todas as classes mapeadas nesse arquivo. E por fim, a definição do auto-import é desligada para todas as classes desse arquivo. Falaremos sobre importação e nomeação das entidades no Capítulo 4, Seção 4.3, "Opções de mapeamento de classe".

DICA *Arquivos de mapeamento sem definições de classe* – Os metadados globais são necessários e presentes em qualquer aplicação sofisticada. Por exemplo, você pode facilmente importar uma dúzia de interfaces, ou exteriorizar centenas de consultas. Em aplicações de larga escala, você freqüentemente cria arquivos de mapeamento sem mapeamentos de classe de fato, somente com importações, consultas exteriorizadas, ou definições de filtros globais e de tipos. Se olhar para o DTD, você verá que os mapeamentos <class> são opcionais dentro do elemento-raiz <hibernate-mapping>. Divida e organize seus metadados globais em arquivos separados, como AuctionTypes.hbm.xml, AuctionQueries.hbm.xml, e assim por diante, e os carregue na configuração do Hibernate da mesma maneira que os outros arquivos de mapeamento. Contudo, tenha certeza de que todos os tipos e filtros customizados sejam carregados antes de qualquer outro metadado de mapeamento que aplique esses tipos e filtros nos mapeamentos de classe.

Vamos dar uma olhada nos metadados globais com as anotações do JDK 5.0.

Metadados globais com as anotações

As anotações são por natureza tecidas no código-fonte Java para uma classe em particular. Embora seja possível colocar as anotações globais no arquivo-fonte da classe (no topo), nós preferimos manter os metadados globais em um arquivo separado. Isso é chamado de metadado de pacote (package metadata), e é habilitado com um arquivo chamado package-info.java em um determinado diretório de pacote:

```
@org.hibernate.annotations.TypeDefs({
    @org.hibernate.annotations.TypeDef(
        name="monetary_amount_usd",
        typeClass = MonetaryAmountType.class,
        parameters = { @Parameter(name="convertTo", value="USD") }
    ),
    @org.hibernate.annotations.TypeDef(
        name="monetary_amount_eur",
        typeClass = MonetaryAmountType.class,
        parameters = { @Parameter(name="convertTo", value="EUR") }
    )
})
```

CAPÍTULO 3 – MODELOS DE DOMÍNIO E METADADOS | 135

```
@org.hibernate.annotations.NamedQueries({
   @org.hibernate.annotations.NamedQuery(
      name = "findItemsOrderByPrice",
      query = "select i from Item i order by i.initialPrice)"
   )
})
```

```
package auction.persistence.types;
```

Esse exemplo de arquivo de metadado de pacote, dentro do pacote auction.persistence.types, declara dois conversores de tipo do Hibernate. Iremos discutir o sistema de tipo do Hibernate no Capítulo 5, Seção 5.2, "O sistema de tipo do Hibernate". Agora você pode se referir aos tipos definidos pelo usuário nos mapeamentos de classe pelos seus nomes. O mesmo mecanismo pode ser usado para exteriorizar consultas e para definir geradores de identificador globais (o que não foi mostrado no último exemplo).

Há uma razão para que o exemplo anterior só incluísse as anotações do pacote do Hibernate e nenhuma anotação do Java Persistence. Uma das (de última hora) mudanças feitas na especificação do JPA foi a remoção de visibilidade do pacote de anotações JPA. Como resultado disso, nenhuma anotação do Java Persistence pode ser colocada no arquivo package-info.java. Se você precisar de metadado do Java Persistence global e portável, coloque-o no arquivo orm.xml.

Note que você tem de nomear um pacote que contenha um arquivo de metadados na sua configuração de unidade de persistência do Hibernate, ou do JPA se você não estiver usando detecção automática – veja o Capítulo 2, Seção 2.2.1, "Como usar o Hibernate Annotations".

As anotações globais (do Hibernate e do JPA) também podem ser colocadas no código-fonte de uma classe em particular, logo após a parte do import. A sintaxe da anotação é a mesma do arquivo package-info.java, então não a repetiremos aqui.

Agora você sabe escrever metadados de mapeamento local e global. Outro ponto de aplicações de larga escala é a portabilidade dos metadados.

Como usar os espaços reservados (placeholders)

Em qualquer aplicação grande com o Hibernate, você irá enfrentar o problema de código nativo no seu metadado de mapeamento – código que efetivamente vincula o seu mapeamento a um produto de banco de dados em particular. Por exemplo, as declarações SQL, como fórmulas, restrições, ou mapeamentos de filtro, não analisados gramaticalmente pelo Hibernate, mas passados diretamente para o sistema de gerenciamento do banco de dados. A vantagem é a flexibilidade – você pode chamar qualquer função ou palavra-chave nativa do SQL que o seu sistema de banco de dados suporte. A desvantagem de colocar SQL nativo no seu metadado de mapeamento é a perda de portabilidade do banco de dados, pois seus mapeamentos, e por causa disso a sua aplicação, só irão funcionar com um determinado SGBD (ou até mesmo só com uma versão do SGBD).

Até mesmo as coisas simples, como as estratégias de geração de chave primária, normalmente não são portáveis por todos os sistemas de banco de dados. No próximo capítulo,

136 | JAVA PERSISTENCE COM HIBERNATE

discutiremos um gerador especial de identificador chamado native, que é um inerente gerador de chave primária esperto. No Oracle, ele usa a seqüência do banco de dados para gerar os valores da chave primária para cada linha da tabela; no IBM DB2, ele usa uma coluna especial de identidade para a chave primária por padrão. É assim que você faz o mapeamento no XML:

```
<class name="Category" table="CATEGORY">

    <id name="id" column="CATEGORY_ID" type="long">
        <generator class="native"/>
    </id>

    ...
</class>
```

Iremos discutir os detalhes desse mapeamento mais adiante. A parte interessante é a declaração class="native" como o gerador do identificador. Vamos presumir que a portabilidade que esse gerador fornece não seja a de que você precise, talvez porque você usou um gerador de identificador personalizado, a classe que você escreveu que implementa a interface IdentifierGenerator do Hibernate:

```
<id name="id" column="CATEGORY_ID" type="long">
    <generator class="auction.custom.MyOracleGenerator"/>
</id>
```

O arquivo de mapeamento XML agora está vinculado a um produto de banco de dados em particular, e você perdeu a portabilidade do banco de dados da sua aplicação com o Hibernate. Uma maneira de lidar com essa situação é usar um espaço reservado no seu arquivo XML que será substituído durante a construção quando os arquivos de mapeamento forem copiados para o diretório-alvo (o Ant dá suporte a isso). Esse mecanismo só é recomendado se você tem experiência com o Ant ou se já precisa de substituição em tempo de construção para outras partes da sua aplicação.

Uma variação muito mais elegante é usar entidades personalizadas do XML (não tem nada a ver com as entidades de negócio da nossa aplicação). Vamos assumir que você precise exteriorizar um elemento ou um valor de atributo nos seus arquivos XML para mantê-los portáveis:

```
<id name="id" column="CATEGORY_ID" type="long">
    <generator class="&idgenerator;"/>
</id>
```

O valor &idgenerator; é chamado de espaço reservado de entidade. Você pode definir o seu valor no topo do arquivo XML como uma declaração de entidade, como parte da definição do tipo de documento:

```
<?xml version="1.0"?>
<!DOCTYPE hibernate-mapping SYSTEM
```

CAPÍTULO 3 – MODELOS DE DOMÍNIO E METADADOS | 137

```
    "http://hibernate.sourceforge.net/hibernate-mapping-3.0.dtd"
[
<!ENTITY idgenerator "auction.custom.MyOracleGenerator">
]>
```

Agora o analisador gramatical do XML irá substituir o espaço reservado na inicialização do Hibernate, quando os arquivos de mapeamentos forem lidos.

Você pode levar isso um passo mais à frente e exteriorizar essa inclusão para o DTD em um arquivo separado e incluir as opções globais em todos os outros arquivos de mapeamento:

```
<?xml version="1.0"?>
<!DOCTYPE hibernate-mapping SYSTEM
    "http://hibernate.sourceforge.net/hibernate-mapping-3.0.dtd"
[
<!ENTITY % globals SYSTEM "classpath://persistence/globals.dtd">
%globals;
]>
```

Esse exemplo mostra a inclusão de um arquivo externo como parte do DTD. A sintaxe, como freqüentemente ocorre no XML, é um tanto tosca, mas o propósito de cada linha deve ser claro. Todas as definições globais são adicionadas ao arquivo globals.dtd no pacote persistence do classpath:

```
<!ENTITY idgenerator "auction.custom.MyOracleGenerator">
<!— Add more options if needed... —>
```

Para trocar entre o Oracle e um sistema de banco de dados diferente, é só implantar um arquivo globals.dtd diferente.

Freqüentemente, você precisa não somente substituir um elemento ou um valor de atributo do XML, mas também incluir blocos inteiros de metadados de mapeamento em todos os arquivos, como quando muitas das suas classes compartilham algumas propriedades em comum e você não pode usar herança para capturá-las em um só lugar. Com a substituição de entidade no XML, você pode exteriorizar um pequeno pedaço do XML para um arquivo separado e incluí-lo em outros arquivos XML

Vamos considerar que todas as classes persistentes tenham uma propriedade dateModified. O primeiro passo é colocar esse mapeamento em seu próprio arquivo, digamos, DateModified.hbm.xml:

```
<property name="dateModified"
    column="DATE_MOD"
    type="timestamp"/>
```

Esse arquivo não precisa do cabeçalho de XML ou de qualquer outra tag. Agora você irá incluí-lo em um arquivo de mapeamento de uma classe persistente:

```
<?xml version="1.0"?>
<!DOCTYPE hibernate-mapping SYSTEM
```

138 | JAVA PERSISTENCE COM HIBERNATE

```
"http://hibernate.sourceforge.net/hibernate-mapping-3.0.dtd"
[
<!ENTITY datemodified SYSTEM "classpath://model/DateModified.hbm.xml">
]>

<hibernate-mapping>

<class name="Item" table="ITEM"
    <id ...>

    &datemodified;

    ...
</class>
```

O conteúdo de DateModified.hbm.xml será incluído e adotado para o espaço reservado &datemodified;. Isso, é claro, também funciona com pedaços maiores de XML.

Quando o Hibernate iniciar e ler os arquivos de mapeamento, os DTDs do XML têm que ser resolvidos pelo analisador gramatical do XML. O responsável por resolver entidades, inerente ao Hibernate, procura pelo hibernate-mapping-3.0.dtd no classpath; ele deve achar o DTD no arquivo hibernate3.jar antes de tentar procurar na Internet, o que acontece automaticamente sempre que a URL de uma entidade está com o prefixo http://hibernate.sourceforge.net/. O responsável por resolver entidades, do Hibernate, também pode detectar o prefixo classpath:/ /, e o recurso é então procurado no classpath, onde você pode copiá-lo na implantação. Temos que repetir essa FAQ: o Hibernate nunca procurará o DTD na Internet se você tiver uma referência correta de DTD no seu mapeamento e o JAR certo no classpath.

As abordagens que descrevemos até agora – XML, anotações do JDK 5.0, e atributos do Xdoclet – assumem que toda informação de mapeamento seja conhecida em tempo de desenvolvimento (ou de implantação). Suponha, contudo, que alguma informação não seja conhecida antes de a aplicação iniciar. Será que você pode manipular programaticamente os metadados de mapeamento em tempo de execução?

3.3.5 Como manipular os metadados em tempo de execução

Algumas vezes é muito útil para uma aplicação ver, manipular, ou criar novos mapeamentos em tempo de execução. APIs de XML como DOM, dom4j, e JDOM permitem a manipulação direta em tempo de execução de documentos XML, então você poderá criar ou manipular um documento XML em tempo de execução, antes de remetê-lo como entrada para o objeto Configuration.

Por outro lado, o Hibernate também disponibiliza um metamodelo de tempo de configuração que contém toda informação declarada no metadado de mapeamento estático. A programação de manipulação direta desse metamodelo algumas vezes é muito útil, especialmente para aplicações que permitem extensões por código escrito pelo usuário. Uma abordagem mais drástica seria uma definição dinâmica e completamente programática do

CAPÍTULO 3 – MODELOS DE DOMÍNIO E METADADOS | 139

metadado de mapeamento, sem nenhum mapeamento estático. Contudo, isso é bem exótico e deve ser reservado para uma determinada classe de aplicações totalmente dinâmicas, ou para kits de construção de aplicação.

O código a seguir adiciona uma nova propriedade, motto, na classe User:

```
// Pega o mapeamento existente de User a partir de Configuration
PersistentClass userMapping =
    cfg.getClassMapping(User.class.getName());

// Define uma nova coluna para a tabela USER
Column column = new Column();
column.setName("MOTTO");
column.setNullable(false);
column.setUnique(true);
userMapping.getTable().addColumn(column);

// Envolve a coluna em um Value
SimpleValue value = new SimpleValue();
value.setTable( userMapping.getTable() );
value.setTypeName("string");
value.addColumn(column);

// Define uma nova propriedade da classe User
Property prop = new Property();
prop.setValue(value);
prop.setName("motto");
prop.setNodeName(prop.getName());
userMapping.addProperty(prop);

// Constrói uma nova SessionFactory usando o novo mapeamento
SessionFactory sf = cfg.buildSessionFactory();
```

O objeto PersistentClass representa o metamodelo para uma classe persistente, e você o recupera pelo objeto Configuration. Column, SimpleValue e

Property são classes do metamodelo do Hibernate e estão disponíveis no pacote org.hibernate.mapping.

DICA Tenha em mente que adicionar uma propriedade a um mapeamento de classe persistente existente, como mostrado aqui, é bem fácil, mas criar programaticamente um novo mapeamento para uma classe não mapeada anteriormente é mais complicado.

Uma vez que o SessionFactory é criado, seus mapeamentos são imutáveis. O SessionFactory usa internamente um metamodelo diferente do usado em tempo de configuração. Não há como voltar ao Configuration original a partir do SessionFactory ou do Session. (Perceba que você poderá pegar um SessionFactory a partir de um Session se desejar acessar definições globais.)

140 | JAVA PERSISTENCE COM HIBERNATE

Contudo, a aplicação pode ler o metamodelo do SessionFactory chamando getClassMetadata() ou getCollectionMetadata(). Eis um exemplo:

```
Item item = ...;
ClassMetadata meta = sessionFactory.getClassMetadata(Item.class);
String[] metaPropertyNames =
        meta.getPropertyNames();
Object[] propertyValues =
        meta.getPropertyValues(item, EntityMode.POJO);
```

Esse pedaço de código recupera os nomes das propriedades persistentes da classe Item e os valores dessas propriedades para uma determinada instância. Isso o ajuda a escrever códigos genéricos. Por exemplo, você pode usar essa característica para rotular componentes UI ou melhorar a saída do log.

Embora você tenha visto algumas construções de mapeamento na seção anterior, não tínhamos introduzido nenhum mapeamento de classe e propriedade mais sofisticado até agora. Agora cabe a você decidir que opção de metadado de mapeamento você gostaria de usar no seu projeto e, então, ler mais sobre mapeamentos de classe e propriedade no próximo capítulo.

Ou, se já é um usuário experiente no Hibernate, você pode continuar lendo e descobrir como a versão mais atual do Hibernate lhe permite representar o modelo de domínio sem classes Java.

3.4 REPRESENTAÇÃO ALTERNATIVA DE ENTIDADE

Neste livro, até agora, sempre falamos sobre implementações do modelo de domínio baseadas em classes Java – nós as chamamos de POJOs, classes persistentes, JavaBeans, ou entidades. Uma implementação do modelo de domínio, baseada em classes Java com propriedades, coleções, e assim por diante, é type-safe. Se você acessar a propriedade de uma classe, a sua IDE oferecerá autocomplemento baseado nos tipos fortes do seu modelo, e o compilador checará se o seu fonte está correto. Contudo, você paga por essa segurança, com mais tempo gasto na implementação do seu modelo de domínio – e tempo é dinheiro.

Nas próximas seções, introduziremos a habilidade do Hibernate de trabalhar com modelos de domínio que não são implementados com classes Java. Basicamente estamos trocando type-safe por outros benefícios e, porque nada é de graça, muitos erros em tempo de execução sempre que cometermos um engano. No Hibernate, você pode selecionar um *modo de representação de entidade* para a sua aplicação, ou até mesmo misturar os modos de representação de entidade para um único modelo. Você pode até trocar entre os modos de representação de entidade em um único Session.

Esses são os três modos de representação de entidade inerentes ao Hibernate:

- POJO – Uma implementação do modelo de domínio baseada em POJOs, classes persistentes. Isso é o que você viu até agora, e é o modo de representação de entidade padronizada.

CAPÍTULO 3 – MODELOS DE DOMÍNIO E METADADOS | 141

- MAP – Não é necessária qualquer classe Java; as entidades são representadas na aplicação como HashMaps. Esse modo permite rápida prototipação de aplicações totalmente dinâmicas.

- DOM4J – Não é necessária qualquer classe Java; as entidades são representadas como elementos do XML, baseado na API dom4j. Esse modo é especialmente útil para a exportação e a importação de dados, ou para tornar os dados visíveis ou transformá-los através do processamento com XSLT.

Existem duas razões por que você pode querer pular a próxima seção e voltar depois: primeira, uma implementação estática do modelo de domínio com POJOs é o caso comum, e a representação dinâmica ou com XML são características que você pode não precisar no momento. Segunda, iremos apresentar alguns mapeamentos, consultas e outras operações que você pode não ter visto até hoje, nem mesmo com o modo de representação da entidade padronizada, o POJO. Contudo, se você se sente seguro com o Hibernate, continue lendo.

Vamos começar com o modo MAP e explorar como uma aplicação com o Hibernate pode ser totalmente tipada dinamicamente.

3.4.1 Como criar as aplicações dinâmicas

Um modelo de domínio dinâmico é um modelo que é dinamicamente tipado. Por exemplo, ao invés de uma classe Java para representar um item do leilão, você trabalha com vários valores em um MAP do Java. Cada atributo de um item do leilão é representado por uma chave (o nome do atributo) e seu valor.

Como mapear os nomes das entidades

Primeiro você precisa habilitar essa estratégia nomeando suas entidades de negócio. Em um arquivo de mapeamento XML do Hibernate, use o atributo entity-name:

```
<hibernate-mapping>

<class entity-name="ItemEntity" table="ITEM_ENTITY">
    <id name="id" type="long" column="ITEM_ID">
       <generator class="native"/>
    </id>

    <property name="initialPrice"
            type="big_decimal"
            column="INIT_PRICE"/>

    <property name="description"
            type="string"
            column="DESCRIPTION"/>

    <many-to-one name="seller"
            entity-name="UserEntity"
            column="USER_ID"/>
```

142 | JAVA PERSISTENCE COM HIBERNATE

```
</class>

<class entity-name="UserEntity" table="USER_ENTITY">
  <id name="id" type="long" column="USER_ID">
    <generator class="native"/>
  </id>

  <property name="username"
            type="string"
            column="USERNAME"/>

  <bag name="itemsForSale" inverse="true" cascade="all">
    <key column="USER_ID"/>
    <one-to-many entity-name="ItemEntity"/>
  </bag>

</class>

</hibernate-mapping>
```

Existem três coisas interessantes a serem observadas nesse arquivo de mapeamento.

Primeira, misturamos vários mapeamentos de classe em um só, algo que não havíamos recomendado antes. Dessa vez não estamos mapeando classes Java de fato, mas nomes lógicos das entidades. Não temos um arquivo-fonte Java e um arquivo de mapeamento XML com o mesmo nome próximo um do outro, assim você está livre para organizar seu metadado da forma que quiser.

Segunda, o atributo <class name="..."> foi substituído por <class entity-name="...">. Também adicionamos ...Entity ao final desses nomes lógicos para deixá-los mais claros e para distingui-los de outros mapeamentos não dinâmicos que você fez mais cedo com POJOs.

E por fim, todas as associações de entidade, como <many-to-one> e <one-to-many>, agora se referem também a nomes lógicos da entidade. O atributo class nos mapeamentos da associação agora é entity-name. Isso não é estritamente necessário – o Hibernate pode reconhecer que você esteja se referindo a um nome lógico da entidade mesmo se você usar o atributo class. Contudo, isso evita confusões quando mais adiante você misturar diversas representações.

Vamos ver como é trabalhar com entidades dinâmicas.

Como trabalhar com mapas dinâmicos

Para criar uma instância de suas entidades, você define todos os valores de atributos em um Map do Java:

```
Map user = new HashMap();
user.put("username", "johndoe");

Map item1 = new HashMap();
item1.put("description", "An item for auction");
item1.put("initialPrice", new BigDecimal(99));
item1.put("seller", user);
```

CAPÍTULO 3 – MODELOS DE DOMÍNIO E METADADOS   143

```
Map item2 = new HashMap();
item2.put("description", "Another item for auction");
item2.put("initialPrice", new BigDecimal(123));
item2.put("seller", user);

Collection itemsForSale = new ArrayList();
itemsForSale.add(item1);
itemsForSale.add(item2);
user.put("itemsForSale", itemsForSale);

session.save("UserEntity", user);
```

O primeiro mapa é um UserEntity, e definimos o atributo username como um par chave/valor. Os próximos dois mapas são ItemEntitys, e aqui definimos a ligação para o seller de cada item colocando o mapa user dentro dos mapas item1 e item2. Estamos efetivamente ligando mapas – é por isso que essa estratégia de representação é também chamada algumas vezes de "representação com mapas de mapas".

A coleção do lado inverso da associação um-para-muitos é inicializada com um ArrayList, porque você a mapeou com semânticas de sacola – bag (o Java não tem uma implementação de sacola, mas a interface Collection tem semântica de sacola). E por fim, o método save() do Session recebe o nome lógico da entidade e o mapa user como parâmetros.

O Hibernate sabe que o UserEntity se refere à entidade mapeada dinamicamente, e que ele deve tratar a entrada como um mapa que deve ser salvo de acordo. O Hibernate também cascateia para todos os elementos da coleção itemsForSale; é por isso que todos os mapas dos itens também se tornam persistentes. Um UserEntity e dois ItemEntitys são inseridos em suas respectivas tabelas.

FAQ   *Posso mapear um Set no modo dinâmico?* As coleções baseadas em conjuntos não funcionam com o modo de representação dinâmica de entidade. No código de exemplo anterior, imagine se o itemsForSale fosse um Set. Um Set checa seus elementos por duplicidade, então quando você chamar add(item1) e add(item2), o método equals() será chamado nesses objetos. Contudo, item1 e item2 são instâncias de Map do Java, e a implementação do equals() de um mapa é baseada no conjunto de chaves do mapa. Então, como item1 e item2 são mapas com as mesmas chaves, eles não são distinguidos quando adicionados a um Set. Use sacolas ou listas somente se você precisar de coleções em modo dinâmico de entidade.

O Hibernate trata os mapas da mesma maneira que as instâncias POJO. Por exemplo, tornar um mapa persistente aciona a designação (gerar o seu valor) do identificador; cada mapa no estado persistente tem um atributo identificador definido com o valor gerado. Além do mais, os mapas persistentes são checados automaticamente sempre que existe qualquer modificação dentro da unidade de trabalho. Para definir um novo preço de um item, por exemplo, você pode carregá-lo e deixar que depois o Hibernate faz todo o trabalho:

144 | JAVA PERSISTENCE COM HIBERNATE

```
Long storedItemId = (Long) item1.get("id");

Session session = getSessionFactory().openSession();
session.beginTransaction();

Map loadedItemMap = (Map) session.load("ItemEntity", storedItemId);

loadedItemMap.put("initialPrice", new BigDecimal(100));

session.getTransaction().commit();
session.close();
```

Todos os métodos do Session, que possuem uma classe como parâmetro, como o load(), também tem uma variação sobrecarregada que aceita os nomes de entidade. Após carregar um mapa de um item, você define um novo preço e torna a modificação persistente confirmando a transação, que, por padrão, aciona a checagem de sujeira e a descarga do Session.

Você também pode se referir aos nomes de entidade nas consultas HQL:

```
List queriedItemMaps =
    session.createQuery("from ItemEntity where initialPrice >= :p")
        .setParameter("p", new BigDecimal(100))
        .list();
```

Essa consulta retorna uma coleção de mapas ItemEntity. Eles estão em estado persistente.

Vamos dar um passo à frente e misturar um modelo POJO com mapas dinâmicos.

Existem duas razões por que você gostaria de misturar uma implementação estática do seu modelo de domínio com uma representação dinâmica em mapa.

- Você quer trabalhar com o modelo estático baseado em classes POJO por padrão, mas algumas vezes quer representar os dados facilmente com mapas de mapas. Isso pode ser particularmente útil em relatórios, ou sempre que você tiver de implementar uma interface genérica com o usuário que pode representar várias entidades dinamicamente.
- Você quer mapear uma única classe POJO do seu modelo para várias tabelas e então selecionar a tabela em tempo de execução especificando o nome lógico da entidade.

Você pode achar outros casos de uso para a mistura de modos de representação de entidade, mas eles são tão raros que vamos analisar somente os mais óbvios.

Primeiramente, portanto, você irá misturar o modelo estático POJO e irá habilitar a representação dinâmica em mapa para algumas entidades, em alguns momentos.

Como misturar os modos, dinâmico e estático, de representação de entidade

Para habilitar uma representação misturada do modelo, edite seu metadado de mapeamento XML e declare o nome da classe POJO e o nome lógico da entidade:

```
<hibernate-mapping>
```

CAPÍTULO 3 – MODELOS DE DOMÍNIO E METADADOS | 145

```xml
<class name="model.ItemPojo"
    entity-name="ItemEntity"
    table="ITEM_ENTITY">
  ...
  <many-to-one name="seller"
          entity-name="UserEntity"
          column="USER_ID"/>
</class>

<class name="model.UserPojo"
    entity-name="UserEntity"
    table="USER_ENTITY">
  ...
  <bag name="itemsForSale" inverse="true" cascade="all">
    <key column="USER_ID"/>
    <one-to-many entity-name="ItemEntity"/>
  </bag>

</class>

</hibernate-mapping>
```

Obviamente que você também precisa dessas duas classes, model.ItemPojo e model.UserPojo, que implementam as propriedades dessas entidades. Você ainda baseia as associações muitos-para-um e um-para-muitos entre as duas entidades nos nomes lógicos.

O Hibernate irá primeiramente se basear nos nomes lógicos de agora em diante. Por exemplo, o código a seguir não funciona:

```java
UserPojo user = new UserPojo();
...
ItemPojo item1 = new ItemPojo();
...
ItemPojo item2 = new ItemPojo();
...
Collection itemsForSale = new ArrayList();
...

session.save(user);
```

O exemplo anterior cria alguns objetos, define suas propriedades, e os liga, e, então, tenta salvar os objetos através do efeito cascata passando a instância user para o save(). O Hibernate inspeciona o tipo desse objeto e tenta descobrir quem é essa entidade, e pelo fato de o Hibernate se basear exclusivamente nos nomes lógicos de entidade, ele não conseguirá achar o mapeamento para model.UserPojo. Você precisará informar ao Hibernate o nome lógico quando estiver trabalhando com uma representação misturada de mapeamento:

```java
...
session.save("UserEntity", user);
```

146 | JAVA PERSISTENCE COM HIBERNATE

Uma vez que você tenha alterado essa linha, o exemplo de código anterior irá funcionar. A seguir, considere carregar um objeto, e o que é retornado pelas consultas. Por padrão, um determinado SessionFactory está no modo de representação de entidade POJO, com isso as operações a seguir retornam instâncias de model.ItemPojo:

```
Long storedItemId = item1.getId();
ItemPojo loadedItemPojo =
    (ItemPojo) session.load("ItemEntity", storedItemId);

List queriedItemPojos =
    session.createQuery("from ItemEntity where initialPrice >= :p")
        .setParameter("p", new BigDecimal(100))
        .list();
```

Você pode trocar para uma representação dinâmica em mapa ou globalmente ou temporariamente, mas trocar um modo de representação de entidade para global tem sérias conseqüências. Para mudar globalmente, adicione o seguinte a sua configuração do Hibernate; e.g., no hibernate.cfg.xml:

```
<property name="default_entity_mode">dynamic-map</property>
```

Todas as operações do Session, agora, ou esperam ou retornam mapas dinamicamente tipados! O código de exemplo anterior que guardava, carregava e consultava instâncias POJO não funciona mais; você precisa guardar e carregar mapas.

É mais provável que você queira trocar de modo de representação de entidade temporariamente, então vamos assumir que deixou o SessionFactory no modo padronizado, POJO. Para trocar para mapas dinâmicos em um determinado Session, você poderá abrir um novo e temporário Session em cima do existente. O código a seguir usa esse Session temporário para guardar um novo item de leilão para um vendedor existente:

```
Session dynamicSession = session.getSession(EntityMode.MAP);

Map seller = (Map) dynamicSession.load("UserEntity", user.getId() );

Map newItemMap = new HashMap();
newItemMap.put("description", "An item for auction");
newItemMap.put("initialPrice", new BigDecimal(99));
newItemMap.put("seller", seller);

dynamicSession.save("ItemEntity", newItemMap);

Long storedItemId = (Long) newItemMap.get("id");

Map loadedItemMap =
    (Map) dynamicSession.load("ItemEntity", storedItemId);

List queriedItemMaps =
    dynamicSession
```

CAPÍTULO 3 – MODELOS DE DOMÍNIO E METADADOS | 147

```
.createQuery("from ItemEntity where initialPrice >= :p")
.setParameter("p", new BigDecimal(100))
.list();
```

O temporário dynamicSession que é aberto com getSession() não precisa ser descarregado ou fechado; ele herda o contexto do Session original. Você o usa somente para carregar, consultar, ou salvar dados na representação escolhida, que é o EntityMode.MAP no exemplo anterior. Perceba que você não pode ligar um mapa com uma instância POJO; a referência do seller tem que ser um HashMap, não uma instância do UserPojo.

Nós mencionamos que um outro caso de bom uso para os nomes lógicos de entidade é o mapeamento de um POJO para várias tabelas, então vamos dar uma olhada nisso.

Como mapear uma classe várias vezes

Imagine que você tenha várias tabelas com algumas colunas em comum. Por exemplo, você pode ter as tabelas ITEM_AUCTION e ITEM_SALE. Normalmente você mapeia uma tabela para uma entidade de uma classe persistente, ItemAuction e ItemSale respectivamente. Com a ajuda dos nomes das entidades, você pode poupar trabalho e implementar uma única classe persistente.

Para mapear ambas as tabelas para uma única classe persistente, use nomes de entidade diferentes (e normalmente mapeamentos de propriedades diferentes):

```xml
<hibernate-mapping>

<class name="model.Item"
       entity-name="ItemAuction"
       table="ITEM_AUCTION" >

    <id name="id" column="ITEM_AUCTION_ID">...</id>
    <property name="description" column="DESCRIPTION"/>
    <property name="initialPrice" column="INIT_PRICE"/>

</class>

<class name="model.Item"
       entity-name="ItemSale"
       table="ITEM_SALE" >

    <id name="id" column="ITEM_SALE_ID">...</id>
    <property name="description" column="DESCRIPTION"/>
    <property name="salesPrice" column="SALES_PRICE"/>

</class>

</hibernate-mapping>
```

148 | Java Persistence com Hibernate

A classe persistente model.Item tem todas as propriedades que você mapeou: id, description, initialPrice, e salesPrice. Dependendo do nome da entidade que você usar em tempo de execução, algumas propriedades serão consideradas persistentes e outras transientes:

```
Item itemForAuction = new Item();
itemForAuction.setDescription("An item for auction");
itemForAuction.setInitialPrice( new BigDecimal(99) );
session.save("ItemAuction", itemForAuction);

Item itemForSale = new Item();
itemForSale.setDescription("An item for sale");
itemForSale.setSalesPrice( new BigDecimal(123) );
session.save("ItemSale", itemForSale);
```

Graças ao nome lógico da entidade, o Hibernate sabe em qual tabela deve inserir os dados. Dependendo do nome da entidade que você usar para carregar e consultar as entidades, o Hibernate selecionará a tabela apropriada.

Cenários onde essa funcionalidade é necessária são raros, e você provavelmente irá concordar conosco que o caso de uso anterior não é bom ou comum.

Na próxima seção, introduziremos o terceiro modo de representação de entidade inerente ao Hibernate, a representação de entidades de domínio na forma de documentos XML.

3.4.2 Como representar os dados em XML

XML não é nada mais do que um formato de arquivo-texto; ele não tem capacidades inerentes que o qualifiquem como um meio de armazenamento de dados ou gerenciamento de dados. O modelo de dados XML é fraco, seus sistema de tipos são complexos e pouco poderosos, sua integridade dos dados é quase que totalmente procedural, e ele introduz estruturas hierárquicas de dados que ficaram obsoletas décadas atrás. Contudo, os dados no formato XML são atrativos ao se trabalhar com Java; temos boas ferramentas. Por exemplo, podemos transformar os dados XML com XSLT, que consideramos um dos melhores casos de uso.

O Hibernate não tem uma funcionalidade inerente para guardar dados em um formato XML; ele se baseia em uma representação relacional e no SQL, e os benefícios dessa estratégia já devem ser claros. Por outro lado, o Hibernate pode carregar e apresentar os dados para o desenvolvedor da aplicação em um formato XML. Isso lhe permite usar um sofisticado conjunto de ferramentas sem qualquer passo adicional de transformação.

Vamos presumir que você trabalhe com o modo padronizado, POJO, e que quer rapidamente obter alguns dados representados em XML. Abra um Session temporário com o EntityMode.DOM4J:

```
Session dom4jSession = session.getSession(EntityMode.DOM4J);

Element userXML =
    (Element) dom4jSession.load(User.class, storedUserId);
```

O que retorna aqui é um Element dom4j, e você pode usar a API do dom4j para lê-lo e manipulá-lo. Por exemplo, você pode imprimi-lo de uma forma amigável no console com o seguinte trecho de código:

```
try {
    OutputFormat format = OutputFormat.createPrettyPrint();
    XMLWriter writer = new XMLWriter( System.out, format);
    writer.write( userXML );
} catch (IOException ex) {
    throw new RuntimeException(ex);
}
```

Se assumirmos que as classes POJO e os dados dos exemplos anteriores estão sendo reutilizados, você verá uma instância User e duas instâncias Item (para ficar mais claro, não as nomeamos mais de UserPojo e ItemPojo):

```
<User>
    <id>1</id>
    <username>johndoe</username>
    <itemsForSale>
        <Item>
            <id>2</id>
            <initialPrice>99</initialPrice>
            <description>An item for auction</description>
            <seller>1</seller>
        </Item>
        <Item>
            <id>3</id>
            <initialPrice>123</initialPrice>
            <description>Another item for auction</description>
            <seller>1</seller>
        </Item>
    </itemsForSale>
</User>
```

O Hibernate presume os nomes padrão dos elementos XML – os nomes da entidade e da propriedade. Você também pode ver que os elementos da coleção estão embutidos, e que as referências circulares são resolvidas pelos identificadores (o elemento <seller>).

Você pode mudar essa representação padronizada em XML adicionando os atributos node ao seu metadado de mapeamento do Hibernate:

```
<hibernate-mapping>

<class name="Item" table="ITEM_ENTITY" node="item">

    <id name="id" type="long" column="ITEM_ID" node="@id">
        <generator class="native"/>
    </id>
```

JAVA PERSISTENCE COM HIBERNATE

```xml
<property name="initialPrice"
    type="big_decimal"
    column="INIT_PRICE"
    node="item-details/@initial-price"/>

<property name="description"
    type="string"
    column="DESCRIPTION"
    node="item-details/@description"/>

<many-to-one name="seller"
    class="User"
    column="USER_ID"
    embed-xml="false"
    node="@seller-id"/>

</class>

<class name="User" table="USERS" node="user">

<id name="id" type="long" column="USER_ID" node="@id">
    <generator class="native"/>
</id>

<property name="username"
        type="string"
        column="USERNAME"
        node="@username"/>

<bag name="itemsForSale" inverse="true" cascade="all"
    embed-xml="true" node="items-for-sale">
    <key column="USER_ID"/>
    <one-to-many class="Item"/>
</bag>

</class>

</hibernate-mapping>
```

Cada atributo node determina uma característica da representação em XML:

- O atributo node="name" no mapeamento <class> define o nome do elemento XML para essa entidade.
- O atributo node="name" em qualquer mapeamento de propriedade especifica que o conteúdo da propriedade deve ser representado como o texto de um elemento XML do nome dado.
- O atributo node="@name" em qualquer mapeamento de propriedade especifica que o conteúdo da propriedade deve ser representado como um valor do atributo XML do nome dado.
- O atributo node="name/@attname" em qualquer mapeamento de propriedade especifica que o conteúdo da propriedade deve ser representado como um valor do atributo XML do nome dado (@attname), em um elemento-filho com o nome dado (name).

A opção embed-xml é usada para embutir ou referenciar os dados associados da entidade. O mapeamento atualizado resulta na seguinte representação XML dos mesmos dados que você viu anteriormente:

```
<user id="1" username="johndoe">
  <items-for-sale>
    <item id="2" seller-id="1">
      <item-details initial-price="99"
         description="An item for auction"/>
    </item>

    <item id="3" seller-id="1">
      <item-details initial-price="123"
         description="Another item for auction"/>
    </item>
  </items-for-sale>
</user>
```

Tenha cuidado com a opção embed-xml – você pode facilmente criar referências circulares que podem resultar em um loop infinito!

E por fim, os dados em uma representação XML são transacionais e persistentes, então você pode modificar os elementos XML consultados e deixar o Hibernate cuidar da atualização das tabelas subjacentes:

```
Element itemXML =
    (Element) dom4jSession.get(Item.class, storedItemId);

itemXML.element("item-details")
      .attribute("initial-price")
      .setValue("100");

session.flush(); // O Hibernate executa UPDATEs

Element userXML =
    (Element) dom4jSession.get(User.class, storedUserId);

Element newItem = DocumentHelper.createElement("item");
Element newItemDetails = newItem.addElement("item-details");
newItem.addAttribute("seller-id",
                     userXml.attribute("id").getValue() );
newItemDetails.addAttribute("initial-price", "123");
newItemDetails.addAttribute("description", "A third item");

dom4jSession.save(Item.class.getName(), newItem);

dom4jSession.flush(); // O Hibernate executa INSERTs
```

152 JAVA PERSISTENCE COM HIBERNATE

Não há limite do que você pode fazer com o XML que o Hibernate retorne. Você pode mostrar, exportar e transformá-lo da maneira que quiser. Veja a documentação do dom4j para mais informações.

Finalmente, note que você pode usar todos os três modos de representação de entidade inerentes simultaneamente, se quiser. Pode mapear uma implementação estática POJO do seu modelo de domínio, pode trocar para mapas dinâmicos para sua interface genérica com o usuário, e exportar dados em XML. Ou, pode escrever uma aplicação que não tenha nenhuma classe de domínio, somente mapas dinâmicos e XML. Nós temos que avisá-lo, embora, que a prototipação na indústria de software freqüentemente significa que os clientes terminam ficando com o protótipo que ninguém queria jogar fora – você compraria o protótipo de um carro? Nós recomendamos bastante que você se baseie em modelos de domínio estáticos se quiser criar um sistema manutenível.

Não consideraremos modelos dinâmicos ou representação XML novamente nesse livro. Em vez disso, vamos nos concentrar nas classes persistentes estáticas e na forma como são mapeadas.

3.5 RESUMO

Nesse capítulo, enfocamos o projeto e a implementação de um rico modelo de domínio em Java.

Agora você entende que as classes persistentes em um modelo de domínio devem ser livres de preocupações ortogonais, como transações e segurança. Até mesmo as preocupações relacionadas com a persistência não devem vazar para a implementação do modelo de domínio. Você também sabe o quão importante a persistência transparente é se você quiser executar e testar seus objetos de negócio independente e facilmente.

Você aprendeu as melhores práticas e as necessidades para o POJO e o modelo de programação de entidade JPA, e que conceitos eles têm em comum com a antiga especificação JavaBeans. Demos uma olhada de perto na implementação das classes persistentes e como os atributos e os relacionamentos são representados da melhor forma.

Para ficar preparado para a próxima parte do livro, e para aprender todas as opções de mapeamento objeto/relacional, você precisava fazer uma escolha com embasamento a fim de usar os arquivos de mapeamento XML ou as anotações do JDK 5.0, ou, possivelmente, uma combinação das duas. Você está pronto agora para escrever mapeamentos mais complexos em ambos os formatos.

Por conveniência, a Tabela 3.1 sumariza as diferenças relacionadas aos conceitos discutidos nesse capítulo entre o Hibernate e o Java Persistence.

Tabela 3.1 Planilha de comparação do Hibernate e do JPA no Capítulo 3

Hibernate Core	Java Persistence e EJB 3.0
Classes persistentes pedirão um construtor sem argumentos com visibilidade pública ou protegida se carregamento preguiçoso baseado em proxy for utilizado.	A especificação JPA manda que seja um construtor sem argumento com visibilidade pública ou protegida para todas as classes de entidade.

Capítulo 3 – Modelos de domínio e metadados   153

Tabela 3.1 Planilha de comparação do Hibernate e do JPA no Capítulo 3 (continuação)

Hibernate Core	Java Persistence e EJB 3.0
Coleções persistentes devem ser tipadas para as interfaces. O Hibernate suporta todas as interfaces do JDK.	Coleções persistentes devem ser tipadas para as interfaces. Somente um subconjunto de todas as interfaces (nada de coleções classificadas, por exemplo) é considerado totalmente portável.
Propriedades persistentes podem ser acessadas pelos campos ou pelos métodos de acesso em tempo de execução, ou uma estratégia completamente personalizada pode ser aplicada.	Propriedades persistentes de uma classe de entidade são acessadas pelos campos ou pelos métodos de acesso, mas não por ambos se portabilidade total é necessária.
O formato de metadado XML suporta todas as opções de mapeamento possíveis do Hibernate.	As anotações do JPA abordam todas as opções básicas e mais avançadas de mapeamento. O Hibernate Annotations é necessário para mapeamentos exóticos e para ajustes.]
Metadados de mapeamento XML podem ser definidos globalmente, espaços reservados do XML são usados para manter os metadados livres de dependências.	Metadado global só é totalmente portável se for declarado no arquivo de metadados padronizado orm.xml.

Na próxima parte do livro, nós lhe mostramos todas as técnicas de mapeamento básicas, e algumas avançadas, para as classes, propriedades, herança, coleções e associações. Você irá aprender como resolver a disparidade estrutural objeto/relacional.

PARTE 2

CONCEITOS E ESTRATÉGIAS DE MAPEAMENTO

Esta parte é toda sobre o mapeamento objeto/relacional de fato, de classes e propriedades para tabelas e colunas. O Capítulo 4 começa com mapeamentos usuais de classes e propriedades, e explica como você pode mapear os modelos de domínio Java de granulosidade fina. Em seguida, no Capítulo 5, você verá como mapear as hierarquias de herança de classe mais complexas e como estender funcionalidades do Hibernate com o poderoso sistema de mapeamento de tipo personalizável. Nos Capítulos 6 e 7, nós lhe mostramos como mapear as coleções Java e as associações entre classes, com vários exemplos sofisticados. E, por fim, você irá achar o Capítulo 8 mais interessante se precisar inserir o Hibernate em uma aplicação existente, ou se tiver que trabalhar com esquemas de banco de dados legado e com SQL escrito à mão. Também falamos neste capítulo sobre DDL SQL customizada para a geração de esquema.

Após ler esta parte do livro, você estará pronto para criar rapidamente até mesmo o mais complexo dos mapeamentos e com a estratégia certa. Você irá entender como o problema do mapeamento de herança pode ser resolvido, e como as coleções e associações podem ser mapeadas. Você também será capaz de ajustar e customizar o Hibernate para uma integração com qualquer esquema de banco de dados ou aplicação existente.

CAPÍTULO 4

COMO MAPEAR
CLASSES PERSISTENTES

Esse capítulo aborda

- Entenda o conceito de entidade e tipo de valor
- Como mapear classes com XML e anotações
- Mapeamentos de propriedades e componentes de granulosidade fina

JAVA PERSISTENCE COM HIBERNATE

Este capítulo apresenta as opções de mapeamento fundamentais, explicando como as classes e propriedades são mapeadas para tabelas e colunas. Nós mostramos e discutimos como você pode tratar as chaves primárias e a identidade do banco de dados, e como várias outras definições de metadados podem ser usadas para customizar como o Hibernate carrega e guarda os objetos. Todos os exemplos de mapeamento são feitos no formato XML do Hibernate nativo, e com anotações e descritores XML do JPA, lado a lado. Também damos uma olhada de perto no mapeamento de modelos de domínio de granulosidade fina e nas propriedades e nos componentes embutidos mapeados.

Porém, primeiro, vamos definir a diferença essencial entre as entidades e os tipos valor, e explicar qual deve ser a sua abordagem do mapeamento objeto/relacional do seu modelo de domínio.

4.1 ENTENDA ENTIDADES E TIPOS DE VALOR

Entidades são tipos persistentes que representam objetos de negócio de primeira classe (o termo objeto é usado aqui no seu sentido natural). Em outras palavras, algumas das classes e dos tipos que você tem que lidar em uma aplicação são mais importantes, o que naturalmente torna os outros menos importantes. Provavelmente você concorda que no CaveatEmptor, o Item é uma classe mais importante que a classe String. User provavelmente é mais importante que Address. O que torna alguma coisa importante? Vamos dar uma olhada nessa questão de uma perspectiva diferente.

4.1.1 Modelos de domínio de granulosidade fina

Um grande objetivo do Hibernate é o suporte para os modelos de domínio de granulosidade fina, que destacamos como a necessidade mais importante para um rico modelo de domínio. Isso é uma das razões de por que trabalhamos com POJOs. Em termos simplistas, granulosidade fina significa mais classes do que tabelas.

Por exemplo, um usuário pode ter tanto o endereço de cobrança quanto o endereço de casa. No banco de dados, pode haver uma única tabela USERS com as colunas BILLING_STREET, BILLING_CITY e BILLING_ZIPCODE, junto com as colunas HOME_STREET, HOME_CITY e HOME_ZIPCODE. (Você se lembra do problema dos tipos SQL que discutimos no Capítulo 1?)

No modelo de domínio, você poderia usar a mesma abordagem, representando os dois endereços como seis propriedades de seqüências de caracteres da classe User. Mas é muito melhor modelar isso usando uma classe Address, onde a classe User tem as propriedades billingAddress e homeAddress, dessa forma usando três classes para uma tabela.

Esse modelo de domínio atinge uma coesão melhorada e uma reutilização de código maior, além de ser mais entendível do que os sistemas SQL com sistemas inflexíveis de tipo.

No passado, muitas soluções ORM não forneciam um suporte relativamente bom para esse tipo de mapeamento.

O Hibernate enfatiza a utilidade das classes de granulosidade fina para implementar type safe e comportamento. Por exemplo, muitas pessoas modelam o endereço de e-mail como uma propriedade de seqüência de caracteres do User. Uma abordagem mais sofisticada é definir uma classe EmailAddress, que adiciona semânticas e comportamentos de alto nível – ela pode fornecer um método sendEmail().

Esse problema de granulosidade nos leva a uma distinção de suma importância no ORM. Em Java, todas as classes têm o mesmo grau de importância – todos os objetos têm sua própria identidade e seu ciclo de vida.

Vamos ver um exemplo.

4.1.2 Como definir conceito

Duas pessoas moram no mesmo apartamento, e ambos registram uma conta de usuário no CaveatEmptor. Naturalmente, cada conta é representada por uma instância User, então temos duas instâncias de entidade. No modelo do CaveatEmptor, a classe User tem uma associação homeAddress com a classe Address. Será que ambas as instâncias User possuem uma referência em tempo de execução para a mesma instância Address ou será que cada instância User tem sua própria instância Address? Se Address suporta referências compartilhadas em tempo de execução, ele é um tipo entidade. Se não, é bem possível que ele seja um tipo de valor, e por essa razão é dependente de uma referência única de uma instância de entidade dona, que também fornece a identidade.

Nós aconselhamos um projeto com mais classes do que tabelas: uma linha representando múltiplas instâncias. Pelo fato de a identidade do banco de dados ser implementada pelo valor da chave primária, alguns objetos persistentes não terão sua própria identidade. Na prática, o mecanismo de persistência implementa a semântica de passagem por valor para algumas classes! Um dos objetos representados na linha tem sua própria identidade, e outros dependem disso. No exemplo anterior, as colunas da tabela USERS com informações de endereço são dependentes do identificador do usuário, a chave primária da tabela. Uma instância Address é dependente de uma instância User.

O Hibernate faz a seguinte distinção essencial:

- Um objeto de tipo entidade tem sua própria identidade do banco de dados (valor da chave primária). Uma referência de objeto para uma instância de entidade é persistida como uma referência no banco de dados (um valor de chave estrangeira). Uma entidade tem seu próprio ciclo de vida; ela pode existir independentemente de qualquer outra entidade. Exemplos no CaveatEmptor são User, Item, e Category.

- Um objeto tipo de valor não tem identidade do banco de dados; ele pertence a uma instância de entidade e seu estado persistente é embutido na linha da tabela da entidade dona. Tipos de valor não têm identificadores ou propriedades identificadoras. O tempo de vida de uma instância de tipo de valor é delimitado pelo tempo de vida da instância da entidade dona. Um tipo de valor não suporta referências compartilhadas: se dois usuários moram no mesmo apartamento, cada um tem uma referência para a instância homeAddress. Os tipos de valor mais óbvios são classes como Strings e Integers, mas todas as classes do JDK são consideradas tipos de valor. Classes definidas pelo usuário também podem ser mapeadas como tipos de valor; por exemplo, o CaveatEmptor tem a Address e a MonetaryAmount.

A identificação das entidades e dos tipos de valor no seu modelo de domínio não é uma tarefa *ad hoc*, mas segue um certo procedimento.

4.1.3 Como identificar as entidades e os tipos de valor

Você pode achar útil adicionar uma informação de estereótipo no seu diagrama de classes UML para que possa ver e distinguir imediatamente as entidades e os tipos de valor. Essa prática também força você a pensar sobre essa distinção para todas as suas classes, que é um primeiro passo para um mapeamento ótimo e uma camada de persistência de boa performance. Veja a Figura 4.1 para um exemplo.

As classes User e Item são incontestavelmente entidades. Cada uma tem sua identidade, suas instâncias têm referências de muitas outras instâncias (referências compartilhadas), e elas têm ciclos de vida independentes.

Identificar o Address como um tipo de valor também é fácil: uma determinada instância Address é referenciada por somente uma instância User. Você sabe isso porque a associação foi criada como uma composição, na qual a instância User foi tornada totalmente responsável pelo ciclo de vida da instância referenciada Address. Portanto, os objetos Address não podem ser referenciados por ninguém mais e não precisam de uma identidade própria.

A classe Bid é um problema. Na modelagem de orientação para objetos, você expressa uma composição (a associação entre Item e Bid com o diamante preenchido), e um Item gerencia os ciclos de vida de todos os objetos Bid para os quais ele tem referência (é uma coleção de referências). Isso parece razoável, pois os lances seriam inúteis se um Item não existisse mais. Mas, ao mesmo tempo, existe outra associação para Bid: um Item pode ter uma referência para seu successfulBid. O lance bem sucedido também deve ser um dos lances referenciados pela coleção, mas isso não está expresso no UML. Em qualquer caso, você tem que lidar com possíveis referências compartilhadas para instâncias Bid, então a classe Bid precisa ser uma entidade. Ela tem um ciclo de vida dependente, mas ela tem que ter sua própria identidade para suportar referências compartilhadas.

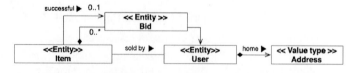

Figura 4.1 Estereótipos para as entidades e para os tipos de valor foram adicionados ao diagrama.

Você freqüentemente irá achar esse tipo de mistura de comportamento; contudo, sua primeira reação deveria ser a de fazer tudo como classe tipo de valor e promovê-la para entidade somente quando fosse absolutamente necessário. Tente simplificar suas associações: coleções, por exemplo, algumas vezes adicionam complexidade sem oferecer quaisquer vantagens. Em vez de mapear uma coleção persistente de referências Bid, você pode escrever uma consulta a fim obter todos os lances para um Item (voltaremos a esse assunto no Capítulo 7).

Como próximo passo, pegue seu diagrama do modelo de domínio e implemente POJOs para todas as entidades e tipos de valor. Mas tome tomar cuidado com três coisas:

- *Referências compartilhadas* – Escreva suas classes POJO de maneira a evitar referências compartilhadas para instâncias de tipo valor. Por exemplo, garanta que um objeto Address possa ser referenciado por somente um User. Por exemplo, torne-o imutável e reforce o relacionamento com o construtor do Address.

- *Dependências de clico de vida* – Como já foi discutido, o ciclo de vida de uma instância de tipo de valor é vinculado ao ciclo de vida da instância de entidade que é sua dona. Se um objeto User é deletado, seu(s) objeto(s) dependente(s) Address também deve(m) ser deletado(s). Não existe essa noção ou palavra-chave para isso em Java, mas seu fluxo de trabalho (workflow) da aplicação e sua interface com o usuário devem ser projetados para respeitar e esperar por dependências de ciclo de vida. O metadado de persistência inclui as regras de cascateamento para todas as dependências.

- *Identidade* – As classes de entidade precisam de uma propriedade identificadora em quase todos os casos. As classes de tipo de valor definidas pelo usuário (e classes JDK) não possuem uma propriedade identificadora, pois suas instâncias são identificadas através da entidade dona.

Voltaremos para associações de classe e regras de ciclo de vida quando discutirmos mapeamentos mais avançados, mais adiante neste livro. Lá, entretanto, é indispensável que você já tenha entendido a identidade do objeto.

4.2 Como mapear entidades com identidade

É vital entender a diferença entre identidade do objeto e igualdade do objeto antes de discutirmos termos como identidade do banco de dados e a forma como o Hibernate gerencia a identidade. A seguir, exploramos como a identidade e a igualdade do objeto se relacionam com a identidade do banco de dados (chave primária).

4.2.1 Entenda identidade e igualdade Java

Desenvolvedores Java entendem a diferença entre identidade e igualdade do objeto Java. A identidade do objeto, ==, é uma noção definida pela máquina virtual do Java. Duas referências de objeto são idênticas se elas apontam para o mesmo local da memória.

Por outro lado, a igualdade do objeto é uma noção definida pelas classes que implementam o método equals(), também referido algumas vezes como equivalência. Equivalência significa que dois objetos diferentes (não idênticos) têm o mesmo valor. Duas instâncias diferentes de String são iguais se elas representam a mesma seqüência de caracteres, mesmo que cada uma tenha sua própria localização no espaço de memória da máquina virtual. (Se você é um guru do Java, nós confessamos que String é um caso especial. Assuma que usamos uma classe diferente para mostrar o mesmo ponto de vista.)

A persistência complica essa figura. Com persistência objeto/relacional, um objeto persistente é uma representação na memória de uma determinada linha de uma tabela do banco de dados. Junto com a identidade do Java (localização na memória) e a igualdade do objeto, você consegue captar a identidade do banco de dados (que é a localização no repositório de dados persistente). Agora você tem três métodos para identificar os objetos:

- Objetos são idênticos se eles ocupam o mesmo local de memória na JVM. Isso pode ser checado usando o operador ==. Esse conceito é conhecido como identidade do objeto.

- Objetos são iguais se eles têm o mesmo valor, como definido pelo método equals(Object o). Classes que não sobrescrevem explicitamente esse método herdam a implementação definida pelo java.lang.Object, que compara pela identidade do objeto. Esse conceito é conhecido como igualdade.

- Objetos guardados em um banco de dados relacional são idênticos se eles representam a mesma linha ou, equivalentemente, se eles compartilham a mesma tabela e valor da chave primária. Esse conceito é conhecido como identidade do banco de dados.

Agora precisamos ver como a identidade do banco de dados se relaciona com a identidade do objeto no Hibernate, e como a identidade do banco de dados é expressa no metadado de mapeamento.

4.2.2 Como tratar a identidade do banco de dados

O Hibernate expõe a identidade do banco de dados para a aplicação de duas maneiras:

- O valor da propriedade identificadora de uma instância persistente.
- O valor retornado pelo Session.getIdentifier(Object entity).

Como adicionar uma propriedade identificadora às entidades

A propriedade identificadora é especial – o seu valor é a chave primária da linha do banco de dados representada pela instância persistente. Normalmente não mostramos a propriedade identificadora nos diagramas do modelo de domínio. Nos exemplos, a propriedade identificadora é sempre nomeada id. Se myCategory é uma instância de Category, chamando myCategory.getId(), ele retorna o valor da chave primária da linha representada pelo myCategory do banco de dados.

Vamos implementar uma propriedade identificadora para a classe Category:

```
public class Category {
   private Long id;
   ...
   public Long getId() {
      return this.id;
   }

   private void setId(Long id) {
      this.id = id;
   }
   ...
}
```

Você deve fazer os métodos de acesso para a propriedade identificadora com um escopo privado ou público? Bem, identificadores do banco de dados são freqüentemente usados pela aplicação como um *handle* conveniente para uma determinada instância, mesmo fora da camada de persistência. Por exemplo, é comum nas aplicações web mostrar os resultados de uma tela de busca para o usuário como uma lista dos resumos das informações. Quando o usuário selecionar um determinado elemento, a aplicação poderá precisar retornar o objeto selecionado, e é comum utilizar uma pesquisa por identificador para esse propósito – você provavelmente já utilizou identificadores dessa maneira, mesmo em aplicações que se baseiam em JDBC. Normalmente é apropriado expor totalmente a identidade do banco de dados com o modificador de acesso público.

Por outro lado, normalmente se declara o método setId() como privado e se deixa o Hibernate gerar e definir o valor do identificador. Ou, você pode mapear a propriedade com acesso direto ao campo e implementar somente o método getter. (A exceção a essa regra são classes com chaves naturais, onde o valor do identificador é designado pela aplicação antes de o objeto tornar-se persistente em vez de ser gerado pelo Hibernate. (Discutiremos chaves naturais no Capítulo 8.) O Hibernate não permite que você altere o valor do identificador de uma instância persistente após sua primeira designação. O valor da chave primária nunca muda – caso contrário o atributo não seria um bom candidato para a chave primária!

164 | JAVA PERSISTENCE COM HIBERNATE

O tipo Java da propriedade identificadora, java.lang.Long como no exemplo anterior, depende do tipo da chave primária da tabela CATEGORY e como ela é mapeada no metadado do Hibernate.

Como mapear a propriedade identificadora

Uma propriedade identificadora comum (não composta) é mapeada nos arquivos XML do Hibernate com o elemento <id>:

```
<class name="Category" table="CATEGORY">
<id name="id" column="CATEGORY_ID" type="long">
    <generator class="native"/>
</id>

...
</class>
```

A propriedade identificadora é mapeada para a coluna de chave primária CATEGORY_ID da tabela CATEGORY. O tipo do Hibernate para essa propriedade é o long, que mapeia para uma coluna do tipo BIGINT na maioria dos bancos de dados e que também foi escolhido para ser compatível com o tipo do valor da identidade produzido pelo gerador de identificador native. (Discutiremos estratégias de geração de identificador na próxima seção.)

Para uma classe de entidade JPA, usamos anotações no código-fonte Java para mapear a propriedade identificadora:

```
@Entity
@Table(name="CATEGORY")
public class Category {
   private Long id;
   ...

   @Id
   @GeneratedValue(strategy = GenerationType.AUTO)
   @Column(name = "CATEGORY_ID")
   public Long getId() {
      return this.id;
   }

   private void setId(Long id) {
      this.id = id;
   }
   ...
}
```

A anotação @Id no método getter vai marcá-lo como a propriedade identificadora, e a anotação @GeneratedValue como a opção GenerationType.AUTO se traduz como uma estratégia de geração de identificador nativa, assim como a opção native no mapeamento XML do Hibernate. Note que se você não definir uma strategy, o padrão também será

GenerationType.AUTO, então você poderia omitir esse atributo totalmente. Você também pode especificar uma coluna do banco de dados – caso contrário o Hibernate vai usar o nome da propriedade. O tipo do mapeamento é decorrente do tipo da propriedade Java, java.lang.Long.

É claro que você também pode usar acesso direto ao campo para todas as propriedades, incluindo o identificador do banco de dados:

```
@Entity
@Table(name="CATEGORY")
public class Category {

    @Id @GeneratedValue
    @Column(name = "CATEGORY_ID")
    private Long id;
    ...

    public Long getId() {
        return this.id;
    }
    ...

}
```

Anotações de mapeamento são colocadas na declaração do campo quando o acesso direto ao campo é habilitado, como definido pelo padrão.

Se o acesso, que é habilitado para uma entidade, for pelo campo ou pela propriedade, tudo dependerá da posição da anotação obrigatória @Id. No exemplo anterior, ela está presente no campo, então todos os atributos da classe são acessados pelo Hibernate através dos campos. O exemplo anterior a esse, onde a anotação foi colocada no método getId(), habilita o acesso a todos os atributos através dos métodos getter e setter.

Como uma outra opção, você pode usar os descritores XML do JPA para criar o seu mapeamento do identificador:

```
<entity class="auction.model.Category" access="FIELD">
    <table name="CATEGORY"/>
    <attributes>
        <id name="id">
            <generated-value strategy="AUTO"/>
        </id>
        ...
    </attributes>
</entity>
```

Além das operações para testar a identidade, (a == b), e a igualdade Java do objeto, (a.equals(b)), agora você pode usar também a.getId().equals(b.getId()) para testar a identidade do banco de dados. O que essas noções têm em comum? Em qual situação todas elas retornam true? O momento em que todas elas são verdadeiras é chamado de escopo da identidade do

166 | JAVA PERSISTENCE COM HIBERNATE

objeto garantida; e voltaremos a esse assunto no Capítulo 9, Seção 9.2, "Identidade e igualdade de objeto".

Usar identificadores do banco de dados no Hibernate é fácil e claro. Escolher uma boa chave primária pode ser mais difícil. Discutimos essa questão a seguir.

4.2.3 Chaves primárias do banco de dados

O Hibernate precisa saber sua estratégia preferida para a geração de chaves primárias. Porém, primeiro, vamos definir a chave primária.

Como escolher uma chave primária

A chave candidata é uma coluna ou um conjunto de colunas que podem ser usados para identificar uma linha em particular de uma tabela. Para se tornar uma chave primária, a chave candidata deverá satisfazer às seguintes propriedades:

- Seu valor (para qualquer coluna da chave candidata) nunca é nulo.
- Cada linha possui um valor único.
- O valor de uma determinada linha nunca muda.

Se uma tabela só tem um atributo identificador, ela é, por definição, a chave primária. Contudo, várias colunas ou combinações de colunas podem satisfazer essas propriedades para uma determinada tabela; você escolhe entre as chaves candidatas para decidir a melhor chave primária para a tabela. As chaves candidatas que não foram escolhidas como chave primária devem ser declaradas como chaves únicas no banco de dados.

Muitos modelos de dados SQL legados usam chaves primárias naturais. Uma chave natural é uma chave com significado de negócio; um atributo ou uma combinação de atributos que é único em virtude da sua semântica de negócio. Exemplos de chaves naturais são: O Número de Seguridade Social dos E.U.A e o número de registro para o imposto do governo australiano. Como distinguir as chaves naturais é simples: se o atributo de uma chave candidata tiver um significado fora do contexto do banco de dados, ela será uma chave natural, seja ela gerada automaticamente ou não. Pense nos usuários da aplicação: se eles se referirem ao atributo de uma chave quando estiverem falando sobre e trabalhando com a aplicação, ela será uma chave natural.

A experiência mostra que quase sempre as chaves naturais causam problemas em longo prazo. Uma boa chave primária deve ser única, constante, e necessária (nunca nula ou desconhecida). Poucos atributos de entidade satisfazem a essas necessidades, e os que satisfazem não podem ser indexados eficientemente pelos bancos de dados SQL (embora isso seja um detalhe de implementação e não deve ser a primeira motivação para ou contra uma determinada chave). Além do mais, você deve garantir que a definição de uma chave candidata nunca poderá mudar durante o tempo de vida do banco de dados antes de torná-la uma chave primária. Mudar o valor (ou até mesmo a definição) de uma chave primária, e de todas as chaves estrangeiras que se referem a ela, é uma tarefa frustrante. Além disso, as chaves candidatas naturais podem ser freqüentemente achadas somente através da combinação de várias colunas em uma chave natural composta. Essas chaves compostas, embora certamente apropriadas para algumas relações (como uma tabela de ligação em um relacionamento muitos-para-muitos), normalmente tornam a manutenibilidade, as consultas *ad hoc* e a evolução do esquema muito mais difíceis.

Por essas razões, recomendamos fortemente que você considere os identificadores sintéticos, também chamados de chaves de surrogate. As chaves de surrogate não têm nenhum significado de negócio – elas são valores únicos geradas pelo banco de dados ou pela aplicação. Os usuários da aplicação idealmente não vêem ou se referem aos valores dessas chaves; elas são parte do interior do sistema. Colocar uma coluna com chave de surrogate também é apropriado em uma situação comum: se não existem chaves candidatas, uma tabela por definição não é uma relação como definido pelo modelo relacional – ela permite linhas duplicadas – e sendo assim você tem que adicionar uma coluna com chave de surrogate. Existem inúmeras abordagens conhecidas para a geração dos valores da chave de surrogate.

Como selecionar o gerador da chave

O Hibernate tem várias estratégias de geração do identificador inerentes. Nós listamos as opções mais úteis na Tabela 4.1.

Tabela 4.1 Módulos de gerador de identificador inerentes ao Hibernate

Nome do gerador	GenerationType do JPA	Opções	Descrição
native	AUTO	–	O gerador de identidade native escolhe outros geradores de identidade como o identity, sequence, ou hilo, dependendo dos recursos do banco de dados subjacente. Use esse gerador para manter seu metadado de mapeamento portável para diferentes sistemas de gerenciamento de banco de dados.
identity	IDENTITY	–	Esse gerador suporta colunas de identidade no DB2, MySQL, MS SQL Server, Sybase, eHypersonicSQL. O identificador que retorna é do tipo long, short, ou int.

JAVA PERSISTENCE COM HIBERNATE

Tabela 4.1 Módulos de gerador de identificador inerentes ao Hibernate (continuação).

Nome do gerador	GenerationType do JPA	Opções	Descrição
sequence	SEQUENCE	sequence, parameters	Esse gerador gera uma seqüência no DB2, PostgreSQL, Oracle, SAP DB, ou Mckoi; ou um gerador (generator) no InterBase é usado. O identificador que retorna é do tipo long, short, ou int. Use a opção sequence para definir um nome de catálogo para a seqüência (hibernate_sequence é o padrão) e parameters se você precisar de definições adicionais, para criar a seqüência, que deve ser adicionada a DDL.
increment	(Não disponível)	–	Na inicialização do Hibernate, esse gerador lê o maior (numérico) valor da coluna de chave primária da tabela e incrementa o valor em um cada vez que uma nova linha é inserida. O identificador gerado é do tipo long, short, ou int. Esse gerador é especialmente eficiente se a aplicação Hibernate de um servidor tem acesso exclusivo ao banco de dados, mas não deve ser usado em qualquer outro cenário.
hilo	(Não disponível)	table, column, max_lo	Um algoritmo high/low (alto/baixo) é um modo eficiente para gerar identificadores do tipo long, dada uma table e uma column (por padrão hibernate_unique_key e next, respectivamente) como fonte de valores "high". O algoritmo high/low gera identificadores que são únicos somente para um determinado banco de dados. Valores "high" são recuperados de uma fonte global e são tornados únicos adicionando um valor local "low". Esse algoritmo evita congestionamento quando uma única fonte para valores identificadores precisa ser acessada para muitas inserções. Veja "Data Modeling 101" (Ambler, 2002) para mais informações sobre a abordagem high/low para identificadores únicos. Esse gerador precisa de tempos em tempos de uma conexão com o banco de dados separada para recuperar os valores "high", então não ele não tem suporte para conexões ao banco de dados fornecidas pelo usuário. Em outras palavras, não use ele com sessionFactory.openSession(myConnection). A opção max_lo define quantos valores "low" são adicionados até que um novo valor "high" seja recuperado. Somente definições maiores que 1 fazem sentido; o padrão é 32767 (Short.MAX_VALUE).

CAPÍTULO 4 – COMO MAPEAR CLASSES PERSISTENTES | 169

Tabela 4.1 Módulos de gerador de identificador inerentes ao Hibernate (continuação).

Nome do gerador	GenerationType do JPA	Opções	Descrição
seqhilo	(Não disponível)	sequence, parameters, max_lo	Esse gerador funciona como o gerador hilo, exceto que ele usa seqüências nomeadas do banco de dados para gerar os valores "high".
(somente do JPA)	TABLE	table, catalog, schema, pkColumn Name, valueColumn Name, pkColumn Value, allocationSize	Bem parecido com a estratégia hilo do Hibernate, TABLE se baseia em uma tabela do banco de dados que guarda o último valor inteiro gerado para chave primária, e cada gerador é mapeado para uma linha dessa tabela. Cada linha tem duas colunas: pkColumnName e valueColumnName. A pkColumnValue designa cada linha para um determinado gerador, e a coluna do valor guarda a última chave primária recuperada. O fornecedor de persistência aloca até allocationSize inteiros de cada vez.
uuid.hex	(Não disponível)	separator	Esse gerador é um 128-bit UUID (um algoritmo que gera identificadores do tipo string, que é único dentro de uma rede). O endereço IP é usado em conjunto com uma única marcação do tempo (timestamp). O UUID é codificado como uma seqüência de caracteres de dígitos hexadecimais de tamanho 32, com um separador opcional entre cada componente da representação UUID. Use essa estratégia de gerador somente se precisar de identificadores únicos de forma global, como quando tiver de fundir dois bancos de dados regularmente.
guid	(Não disponível)	–	Esse gerador fornece uma seqüência de caracteres do identificador único de forma global gerado pelo banco de dados no MySQL e SQL Server.
select	(Não disponível)	key	Esse gerador recupera uma chave primária designada por um gatilho do banco de dados, selecionando a linha por alguma chave única e recuperando o valor da chave primária. Uma coluna adicional de chave candidata única é necessária para essa estratégia, e a opção key tem que ser definida com o nome da coluna de chave única.

Alguns dos geradores de identificador inerentes podem ser configurados com opções. Em um mapeamento XML do Hibernate nativo, você define as opções como pares de chaves e valores:

```
<id column="MY_ID">
   <generator class="sequence">
      <para name="sequence">MY_SEQUENCE</para>
      <para name="parameters">
         INCREMENT BY 1 START WITH 1
      </para>
   </generator>
</id>
```

Você pode usar geradores de identificador do Hibernate com anotações, mesmo que não esteja disponível uma anotação direta:

```
@Entity
@org.hibernate.annotations.GenericGenerator(
   name = "hibernate-uuid",
   strategy = "uuid"
)
class name MyEntity {

   @Id
   @GeneratedValue(generator = "hibernate-uuid")
   @Column(name = "MY_ID")
   String id;
}
```

A extensão do Hibernate @GenericGenerator pode ser usada para dar nome a um gerador de identificador do Hibernate, nesse caso hibernate-uuid. Esse nome então é referenciado pelo atributo padronizado generator.

Essa declaração de um gerador com sua designação por nome também deve ser aplicada à geração de identificador baseada em seqüência ou tabela com anotações. Imagine que queira usar um gerador de seqüência customizado em todas as suas classes de entidade. Pelo fato de esse gerador de identificador ter que ser global, ele é declarado no orm.xml:

```
<sequence-generator name="mySequenceGenerator"
   sequence-name="MY_SEQUENCE"
   initial-value="123"
   allocation-size="20"/>
```

Isso declara que uma seqüência do banco de dados nomeada de MY_SEQUENCE com o valor inicial de 123 pode ser usada como fonte para geração de identificador do banco de dados, e que o motor de persistência deve obter 20 valores toda a vez que precisar de um identificador. (Note, porém, que o Hibernate Annotations, na época em que este livro era escrito, ignora a definição initial-value.)

Para aplicar esse gerador de identificador a uma determinada entidade, use o seu nome:

CAPÍTULO 4 – COMO MAPEAR CLASSES PERSISTENTES 171

```
@Entity
class name MyEntity {

  @Id @GeneratedValue(generator = "mySequenceGenerator")
  String id;
}
```

Se você declarasse outro gerador com o mesmo nome no nível da entidade, antes da palavra chave class, ele iria sobrescrever o gerador de identificador global. A mesma abordagem pode ser usada para declarar e aplicar um @TableGenerator.

Você não está limitado às estratégias inerentes; você pode criar o seu próprio gerador de identificador implementando a interface IdentifierGenerator do Hibernate. Como sempre, é uma boa estratégia olhar o código-fonte do Hibernate dos geradores de identificador existentes para uma inspiração.

É até mesmo possível misturar geradores de identificador para classes persistentes em um único modelo de domínio; mas, para dados que não são do legado, recomendamos usar a estratégia de geração de identificador para todas as entidades.

Para dados do legado e identificadores designados pela aplicação, a figura é mais complicada. Nesse caso, freqüentemente estamos presos a chaves naturais e, especialmente, a chaves compostas. Uma chave composta é uma chave natural composta por múltiplas colunas da tabela. Pelo fato de os identificadores compostos serem um pouco mais difíceis de se trabalhar e freqüentemente só aparecem em esquemas de legado, só iremos discuti-los no contexto do Capítulo 8, Seção 8.1, "Como integrar bancos de dados de legado".

Presumiremos de agora em diante que você adicionou as propriedades identificadoras às classes de entidade do seu modelo de domínio, e que após ter completado o mapeamento básico de cada entidade junto com sua propriedade identificadora, você tenha continuado a mapear as propriedades de tipo de valor das entidades. Contudo, algumas opções especiais podem simplificar ou melhorar seus mapeamentos de classe.

4.3 OPÇÕES DE MAPEAMENTO DE CLASSE

Se checar os elementos <hibernate-mapping> e <class> no DTD (ou na documentação de referência), você irá achar algumas opções que não discutimos até agora:

- Geração dinâmica de declarações SQL CRUD.
- Controle de mutabilidade da entidade.
- Como nomear as entidades para as consultas.
- Como mapear os nomes de pacote.
- Como pôr entre aspas as palavras-chave e os identificadores reservados do banco de dados.
- Como implementar as convenções de nomenclatura do banco de dados.

4.3.1 Geração dinâmica de SQL

Por padrão, o Hibernate cria declarações SQL para cada classe persistente na inicialização. Essas declarações são simples operações de criar, ler, atualizar, e deletar para ler uma única linha, deletar uma linha, e assim por diante.

Como pode o Hibernate criar uma declaração UPDATE na inicialização? Afinal de contas, as colunas a serem atualizadas não são conhecidas nesse momento. A resposta é que a declaração SQL gerada atualiza todas as colunas, e se o valor de uma determinada coluna não é modificado, a declaração o define para seu antigo valor.

Em algumas situações, como uma tabela do legado com centenas de colunas onde as declarações SQL serão grandes até mesmo para as operações mais simples (digamos que somente uma coluna precisa de atualização), você tem que desligar essa geração do SQL na inicialização e trocar para declarações geradas dinâmicas em tempo de execução. Um número extremamente grande de entidades também pode impactar o tempo da inicialização, pois o Hibernate tem de gerar todas as declarações SQL CRUD de antemão. O consumo de memória para esse cache de declaração de consulta também será alto se uma dúzia de declarações para milhares de entidades tenha que ir para o cache (isso não é um problema, normalmente).

Dois atributos para desabilitar a geração do SQL CRUD na inicialização estão disponíveis no elemento de mapeamento <class>:

```
<class name="Item"
    dynamic-insert="true"
    dynamic-update="true">
...
</class>
```

O atributo dynamic-insert informa ao Hibernate se é para incluir valores nulos de propriedade em um INSERT do SQL, e o atributo dynamic-update informa ao Hibernate se é para incluir propriedades não modificadas no UPDATE do SQL.

Se está usando mapeamentos com anotação JDK 5.0, você precisa de uma anotação do Hibernate nativo para habilitar a geração dinâmica de SQL:

```
@Entity
@org.hibernate.annotations.Entity(
    dynamicInsert = true, dynamicUpdate = true
)
public class Item { ...
```

A segunda anotação @Entity do pacote do Hibernate estende a anotação do JPA com opções adicionais, incluindo dynamicInsert e dynamicUpdate.

Algumas vezes você poderá evitar a geração de qualquer declaração UPDATE, se a classe persistente for mapeada como imutável.

4.3.2 Como tornar uma entidade imutável

As instâncias de uma determinada classe podem ser imutáveis. Por exemplo, no CaveatEmptor, um Bid feito para um item é imutável. Por esse motivo, nenhuma declaração de UPDATE precisa ser executada na tabela BID. O Hibernate também pode fazer algumas outras otimizações, como evitar checagem de sujeira, se você mapear uma classe imutável com o atributo mutable definido como false:

```
<hibernate-mapping default-access="field">
    <class name="Bid" mutable="false">
    ...
    </class>
</hibernate-mapping>
```

Um POJO será imutável se nenhum método setter público, para qualquer das propriedades, estiver exposto – todos os valores são definidos no construtor. Ao invés de métodos setter privados, freqüentemente é preferível acesso direto ao campo pelo Hibernate para as classes persistentes imutáveis, dessa forma não é necessário escrever métodos de acesso inúteis. Você pode mapear uma entidade imutável usando anotações:

```
@Entity
@org.hibernate.annotations.Entity(mutable = false)
@org.hibernate.annotations.AccessType("field")
public class Bid { ...
```

De novo, a anotação @Entity do Hibernate nativo estende a anotação do JPA com opções adicionais. Também já mostramos aqui a anotação de extensão do Hibernate @AccessType – essa é uma anotação que você raramente irá usar. Como foi explicado antes, a estratégia de acesso padronizada para uma determinada classe de entidade é indicada a partir da posição da propriedade obrigatória @Id. Contudo, você pode usar @AccessType para forçar uma estratégia de granulosidade mais fina; ela pode ser colocada em declarações de classe (como no exemplo anterior) ou até mesmo em determinados campos ou métodos de acesso.

Vamos dar uma olhada rápida em outro ponto: a nomeação das entidades para as consultas.

4.3.3 Como nomear entidades para consultas

Por padrão, todos os nomes das classes são automaticamente "importados" para dentro da coleção de nomes da linguagem de consulta do Hibernate, HQL. Em outras palavras, você pode usar o nome curto da classe sem a necessidade do pacote como prefixo no HQL, o que é mais conveniente. Contudo, essa importação automática poderá ser desligada se duas classes com o mesmo nome existirem para um determinado SessionFactory, talvez em pacotes diferentes do modelo de domínio.

Se tal conflito existir, e você não trocar a configuração padronizada, o Hibernate não saberá para qual classe você está se referindo no HQL. Você pode desligar a auto-importação dos

JAVA PERSISTENCE COM HIBERNATE

nomes para dentro da coleção de nomes do HQL para determinados arquivos de mapeamento, com a definição autoimport="false" no elemento-raiz <hibernate-apping>.

Os nomes das entidades podem ser importados explicitamente para dentro da coleção de nomes do HQL. Você pode até importar classes e interfaces que não estejam explicitamente mapeadas, para que um apelido possa ser usado em consultas polimórficas HQL:

```
<hibernate-mapping>
   <import class="auction.model.Auditable" rename="IAuditable"/>
</hibernate-mapping>
```

Agora você pode usar uma consulta HQL do tipo from IAuditable para recuperar todas as instâncias persistentes das classes que implementam a interface auction.model.Auditable. (Não se preocupe se você ainda não compreender a relevância dessa característica; nós voltaremos às consultas mais adiante neste livro.) Note que o elemento <import>, assim como todos os outros elementos-filho imediatos do <hibernate-mapping>, é uma declaração para toda a aplicação, então você não precisa (e não pode) duplicar isso em outros arquivos de mapeamento.

Com anotações, você pode dar um nome explícito a uma entidade, se o nome curto resultar em colisão na coleção de nomes do JPA QL ou HQL:

```
@Entity(name="AuctionItem")
public class Item { ... }
```

Agora vamos considerar outro aspecto de nomenclatura: a declaração de pacotes.

4.3.4 Como declarar um nome de pacote

Todas as classes persistentes da aplicação CaveatEmptor são declaradas no pacote Java auction.model. Contudo, não queremos repetir o nome completo do pacote sempre que essa ou aquela classe seja nomeada em uma associação, subclasse, ou mapeamento de componente. Ao invés disso, especifique o atributo package:

```
<hibernate-mapping package="auction.model">
   <class name="Item" table="ITEM">
      ...
   </class>
</hibernate-mapping>
```

Agora todos os nomes de classe não qualificados que aparecerem nesse documento de mapeamento terão como prefixo o nome do pacote declarado. Nós assumimos essa configuração em todos os exemplos de mapeamento desse livro e usamos os nomes não qualificados para as classes do modelo do CaveatEmptor.

Os nomes das classes e das tabelas devem ser escolhidos com cuidado. Contudo, um nome escolhido por você poderá ser reservado pelo sistema de banco de dados SQL, terá, então, que ser posto entre aspas.

4.3.5 Como pôr entre aspas os identificadores SQL

Por padrão, o Hibernate não põe entre aspas os nomes de tabela e coluna no SQL gerado. Isso torna o SQL um pouco mais legível, e também permite que você se aproveite do fato de que a maioria dos bancos de dados SQL não diferenciam maiúsculas e minúsculas (case insensitive) quando comparam identificadores sem aspas. De tempos em tempos, especialmente em banco de dados legado, você encontra identificadores com caracteres estranhos ou espaço em branco, ou você deseja forçar a diferenciação entre maiúsculas e minúsculas. Ou, se você se basear nos padrões do Hibernate, o nome de uma classe ou propriedade em Java pode ser automaticamente traduzido para um nome de tabela ou coluna que não seja permitido pelo sistema de gerenciamento de banco de dados. Por exemplo, a classe User está mapeada para a tabela USER, que é normalmente uma palavra-chave reservada nos bancos de dados SQL. O Hibernate não sabe as palavras-chave do SQL de nenhum produto SGBD, então o sistema de banco de dados lança uma exceção na inicialização ou em tempo de execução.

Se você puser entre aspas o nome de uma tabela ou coluna com as aspas invertidas no documento de mapeamento, o Hibernate sempre colocará entre aspas esse identificador no SQL gerado. A seguinte declaração de propriedade força o Hibernate a gerar o SQL com o nome da coluna entre aspas "DESCRIPTION". O Hibernate também sabe que o Microsoft SQL Server precisa da variação [DESCRIPTION] e que o MySQL precisa dessa `DESCRIPTION`.

```
<property   name="description"
            column="`DESCRIPTION`"/>
```

Não existe outra maneira, fora pôr entre aspas todos os nomes de tabela e coluna com as aspas invertidas, para forçar o Hibernate a usar todos os identificadores entre aspas em todo lugar. Você deve considerar renomear as tabelas ou colunas que possuam nomes de palavra-chave reservada sempre que possível. Pôr entre aspas com as aspas invertidas funciona com mapeamentos de anotação, mas isso é um detalhe de implementação do Hibernate e não faz parte da especificação JPA.

4.3.6 Como implementar convenções de nomenclatura

Freqüentemente encontramos organizações com estritas convenções para os nomes das tabelas e colunas do banco de dados. O Hibernate fornece uma característica que lhe permite forçar os padrões de nomenclatura automaticamente.

Suponha que todos os nomes de tabela no CaveatEmptor devam seguir o padrão CE_<nome tabela>. Uma solução é especificar manualmente o atributo table em todos os elementos <class> e de coleção nos seus arquivos de mapeamento. Contudo, essa é uma abordagem que consome tempo e que é facilmente esquecida. Em vez disso, você pode implementar a interface do Hibernate NamingStrategy, como na Listagem 4.1.

Listagem 4.1 Implementação da NamingStrategy

```java
public class CENamingStrategy extends ImprovedNamingStrategy {

    public String classToTableName(String className) {
        return StringHelper.unqualify(className);
    }

    public String propertyToColumnName(String propertyName) {
        return propertyName;
    }

    public String tableName(String tableName) {
        return "CE_" + tableName;
    }

    public String columnName(String columnName) {
        return columnName;
    }

    public String propertyToTableName(String className,
                                      String propertyName) {
        return "CE_"
                + classToTableName(className)
                + '_'
                + propertyToColumnName(propertyName);
    }
}
```

Estendemos a ImprovedNamingStrategy, que fornece implementações padronizadas para todos os métodos da NamingStrategy que você não queira implementar do zero (veja a API de documentação e o fonte). O método classToTableName() é chamado somente quando um mapeamento <class> não especifica um valor para table explicitamente. O método propertyToColumnName() será chamado se uma propriedade não tiver explicitamente um valor para column. Os métodos tableName() e columnName() serão chamados quando um valor explícito for declarado.

Se você habilitar essa CENamingStrategy, a declaração do mapeamento da classe

```xml
<class name="BankAccount">
```

resultará em CE_BANKACCOUNT como o nome da tabela.

Contudo, se um nome de tabela for especificado, como este

```xml
<class name="BankAccount" table="BANK_ACCOUNT">
```

então CE_BANK_ACCOUNT será o nome da tabela. Nesse caso, BANK_ACCOUNT é passado para o método tableName().

CAPÍTULO 4 – COMO MAPEAR CLASSES PERSISTENTES | 177

A melhor característica da interface NamingStrategy é o potencial para o comportamento dinâmico. Para ativar uma estratégia especifica de nomenclatura, você pode passar uma instância para o Configuration do Hibernate na inicialização:

```
Configuration cfg = new Configuration();
cfg.setNamingStrategy( new CENamingStrategy() );
SessionFactory sessionFactory sf =
            cfg.configure().buildSessionFactory();
```

Isso lhe permite ter múltiplas instâncias do SessionFactory baseadas nos mesmos documentos de mapeamento, cada uma usando uma NamingStrategy diferente. Isso é extremamente útil em instalações com múltiplos clientes, onde os nomes únicos de tabela (mas o mesmo modelo de dados) são necessários para cada cliente. Contudo, uma maneira melhor de lidar com esse tipo de necessidade é usar um esquema SQL (um tipo de coleção de nomes), como já foi discutido no Capítulo 3, Seção 3.3.4, "Como tratar metadados globais".

Você pode definir uma implementação de estratégia de nomenclatura no Java Persistence pelo arquivo persistence.xml com a opção hibernate.ejb.naming_strategy.

Agora que abordamos os conceitos e os mapeamentos mais importantes para as entidades, vamos mapear os tipos de valor.

4.4 MODELOS E MAPEAMENTOS DE GRANULOSIDADE FINA

Após gastar a primeira metade desse capítulo quase que exclusivamente em entidades e nas respectivas opções básicas de mapeamento de classe persistente, iremos agora focar nos tipos de valor em suas várias formas. Dois tipos diferentes vêm à mente imediatamente: classes de tipo de valor que vêm com o JDK, como String ou os tipos primitivos, e classes de tipo de valor definidas pelo desenvolvedor da aplicação, como a Address e MonetaryAmount.

Primeiro você irá mapear as propriedades de uma classe persistente que usa os tipos do JDK e irá aprender os elementos e atributos básicos de mapeamento. Depois irá atacar as classes customizadas de tipo de valor e mapeá-las como componentes embutidos.

4.4.1 Como mapear propriedades básicas

Se você mapear uma classe persistente, não importa se é uma entidade ou um tipo de valor, todas as propriedades persistentes precisarão ser mapeadas explicitamente no arquivo de mapeamento XML. Por outro lado, se uma classe é mapeada com anotações, todas as suas propriedades são consideradas persistentes por padrão. Você pode marcar as propriedades com a anotação @javax.persistence.Transient para que elas não sejam consideradas persistentes, ou pode usar a palavra-chave do Java transient (que normalmente só exclui campos para uma serialização Java).

Em um descritor XML do JPA, você pode excluir um determinado campo ou propriedade:

178 | JAVA PERSISTENCE COM HIBERNATE

```
<entity class="auction.model.User" access="FIELD">
   <attributes>
      ...
      <transient name="age"/>
   </attributes>
</entity>
```

Um típico mapeamento de propriedade do Hibernate define o nome da propriedade de um POJO, o nome de uma coluna do banco de dados e o nome do tipo do Hibernate, e freqüentemente é possível omitir o tipo. Então, se description é uma propriedade (Java) do tipo java.lang.String, o Hibernate usa o tipo string do Hibernate por padrão (falaremos no sistema de tipo do Hibernate no próximo capítulo).

O Hibernate usa a reflexão para determinar o tipo Java da propriedade. Dessa forma, os seguintes mapeamentos são equivalentes:

```
<property name="description" column="DESCRIPTION" type="string"/>
<property name="description" column="DESCRIPTION"/>
```

É até mesmo possível omitir o nome da coluna se ele for o mesmo nome da propriedade, sem diferenciar as maiúsculas das minúsculas. (Esse é um dos padrões sensatos que mencionamos anteriormente.)

Para alguns outros casos incomuns, que mais à frente verá, você pode precisar usar o elemento <column> no lugar do atributo column no seu mapeamento XML O elemento <column> fornece mais flexibilidade: ele tem mais atributos opcionais e pode aparecer mais de uma vez. (Uma única propriedade pode ser mapeada para mais de uma coluna, uma técnica que discutiremos no próximo capítulo.) Os dois mapeamentos de propriedade a seguir são equivalentes:

```
<property name="description" column="DESCRIPTION" type="string"/>
<property name="description" type="string">
   <column name="DESCRIPTION"/>
</property>
```

O elemento <property> (e especialmente o elemento <column>) também define certos atributos que servem principalmente para a geração automática do esquema do banco de dados. Se você não está usando a ferramenta hbm2ddl (veja o Capítulo 2, Seção 2.1.4, "Como rodar e testar a aplicação") para gerar o esquema do banco de dados, você pode tranqüilamente omiti-los. Contudo, é preferível incluir pelo menos um atributo not-null, pois assim o Hibernate poderá reportar valores nulos ilegais para uma propriedade sem precisar ir ao banco de dados:

```
<property name="initialPrice" column="INITIAL_PRICE" not-null="true"/>
```

O JPA é baseado em um modelo de configuração por exceção, para que você possa se basear nos padrões.

Se uma propriedade de uma classe persistente não está anotada, as seguintes regras se aplicam:

- Se a propriedade é de um tipo do JDK, ela é automaticamente persistente. Em outras palavras, é tratada como <property name="propertyName"/> em um arquivo de mapeamento XML do Hibernate.

- Caso contrário, se a classe da propriedade estiver anotada como @Embeddable, ela será mapeada como um componente da classe dona. Iremos discutir como embutir componentes mais adiante nesse capítulo.

- Caso contrário, se o tipo da propriedade for Serializable, seu valor será guardado em sua forma serializada. Isso normalmente não é o que você quer, e você deve sempre mapear as classes Java ao invés de guardar uma coleção de bytes no banco de dados. Imagine manter um banco de dados com essa informação binária quando a aplicação se for em alguns anos.

Se você não quer se basear nesses padrões, coloque a anotação @Basic em uma determinada propriedade. A anotação @Column é equivalente ao elemento <column> do XML. Veja um exemplo de como se declara o valor de uma propriedade quando necessário:

```
@Basic(optional = false)
@Column(nullable = false)
public BigDecimal getInitialPrice { return initialPrice; }
```

A anotação @Basic marca a propriedade como não opcional no nível do objeto Java. A segunda definição, nullable = false no mapeamento da coluna só é responsável pela geração de uma restrição NOT NULL no banco de dados. A implementação do Hibernate compatível com JPA trata ambas as opções da mesma forma em qualquer caso, então você também pode usar somente uma anotação para esse propósito.

Em um descritor XML do JPA, esse mapeamento tem o seguinte aspecto:

```
<entity class="auction.model.Item" access="PROPERTY">
    <attributes>
        ...
        <basic name="initialPrice" optional="false">
            <column nullable="false"/>
        </basic>
    </attributes>
</entity>
```

Um grande número de opções nos metadados do Hibernate está disponível para declarar restrições de um esquema, como o NOT NULL em uma coluna. Exceto por essa simples verificação se aceita nulo ou não; no entanto, essas opções só serão usadas para produzir uma DDL quando o Hibernate exportar um esquema de banco de dados a partir de metadados de mapeamento. Iremos discutir a customização de SQL, incluindo DDL, no Capítulo 8, Seção 8.3, "Como melhorar a DDL do esquema". Por outro lado, o pacote Hibernate Annotations

180 | JAVA PERSISTENCE COM HIBERNATE

inclui um framework de validação dos dados mais avançado e sofisticado, que você pode usar não somente para definir as restrições no esquema do banco de dados em DDL, mas também para a validação dos dados em tempo de execução. Discutiremos isso no Capítulo 17.

As anotações para as propriedades são sempre nos métodos de acesso?

Como customizar o acesso à propriedade

As propriedades de uma classe são acessadas pelo motor de persistência ou diretamente (através dos campos) ou indiretamente (através dos métodos getter e setter de acesso às propriedades). Nos arquivos de mapeamento XML, você controla a estratégia de acesso padronizada a uma classe com o atributo default-access="field|property|noop|custom.Class" do elemento-raiz hibernate-mapping. Uma entidade anotada herda o padrão de acordo com a posição da anotação obrigatória @Id. Por exemplo, se a anotação @Id foi declarada em um campo, e não em um método getter, todas as outras anotações de mapeamento de uma propriedade, como o nome da coluna para a propriedade description de um item, também são declaradas nos campos:

```
@Column(name = "ITEM_DESCR")
private String description;

public String getDescription() { return description; }
```

Esse é o comportamento padronizado definido pela especificação do JPA. Contudo, o Hibernate permite uma customização flexível da estratégia de acesso com a anotação @org.hibernate.annotations.AccessType(<strategy>):

- Se AccessType for definida no nível da classe/entidade, todos os atributos da classe serão acessados de acordo com a estratégia selecionada. Espera-se que as anotaçõe no nível do atributo fiquem ou em campos ou em métodos getter, dependendo da estratégia. Essa definição sobrescreve qualquer padrão definido pela posição da anotação padronizada @Id.

- Se uma entidade assume o padrão ou é definida explicitamente para acesso ao campo, a anotação AccessType("property") no campo troca esse determinado atributo para acesso através dos métodos getter/setter de acesso à propriedade em tempo de execução. A posição da anotação AccessType ainda é no campo.

- Se uma entidade assume o padrão ou é definida explicitamente para acesso à propriedade, a anotação AccessType("field") em um método getter troca esse determinado atributo para acesso através de um campo do mesmo nome do método em tempo de execução. A posição da anotação AccessType ainda é no método getter.

- Qualquer classe @Embedded herda o padrão ou a estratégia de acesso explicitamente declarada da classe de entidade-raiz dona.

- Quaisquer propriedadess @MappedSuperclass são acessadas com o padrão ou a estratégia de acesso explicitamente declarada da classe de entidade mapeada.

Você também pode controlar as estratégias de acesso no nível da propriedade nos mapeamentos XML do Hibernate com o atributo access:

```
<property    name="description"
             column="DESCR"
             access="field"/>
```

Ou, você pode definir a estratégia de acesso para todos os mapeamentos de classe dentro do elemento-raiz <hibernate-mapping> com o atributo default-access.

Outra estratégia além das de acesso ao campo e a propriedade que pode ser útil é a noop. Ela mapeia uma propriedade que não existe nas classes persistentes Java. Isso soa estranho, mas ela deixa você se referenciar a essa propriedade "virtual" nas consultas HQL (em outras palavras, usar a coluna do banco de dados nas consultas HQL somente).

Se nenhuma das estratégias de acesso inerentes forem apropriadas, você poderá definir sua própria estratégia customizada de acesso à propriedade, implementando a interface org.hibernate.property.PropertyAccessor. Defina o nome (totalmente qualificado) da classe no atributo de mapeamento access ou na anotação @AccessType. Dê uma olhada no código-fonte do Hibernate para ter alguma inspiração; é um exercício simples.

Algumas propriedades não mapeiam uma coluna sequer. Em particular, uma propriedade derivada tem o seu valor a partir de uma expressão SQL.

Como usar propriedades derivadas

O valor de uma propriedade derivada é estimado em tempo de execução, avaliando uma expressão que você definiu usando o atributo formula. Por exemplo, você pode mapear uma propriedade totalIncludingTax para uma expressão SQL:

```
<property    name="totalIncludingTax"
             formula="TOTAL + TAX_RATE * TOTAL"
             type="big_decimal"/>
```

A fórmula SQL passada é avaliada toda a vez que uma entidade é recuperada do banco de dados (em mais nenhum outro momento, então o resultado poderá estar desatualizado se outras propriedades tiverem sido modificadas). A propriedade não possui um atributo (ou subelemento) da coluna e nunca aparece em um INSERT ou UPDATE do SQL, somente nos SELECTs. As fórmulas podem se referir às colunas de uma tabela do banco de dados, elas podem chamar funções SQL, e podem até incluir subseleções do SQL. A expressão SQL é passada ao banco de dados subjacente como está; essa é uma boa chance de vincular o seu arquivo de mapeamento a um produto de banco de dados em particular, se você não tomar cuidado e acabar se baseando em operadores ou palavras-chave de um determinado fornecedor.

As fórmulas também estão disponíveis com as anotações do Hibernate:

```
@org.hibernate.annotations.Formula("TOTAL + TAX_RATE * TOTAL")
public BigDecimal getTotalIncludingTax() {
```

182 | JAVA PERSISTENCE COM HIBERNATE

```
return totalIncludingTax;
}
```

O exemplo a seguir usa uma subseleção correlacionada para calcular a quantia média de todos os lances para um item:

```
<property
   name="averageBidAmount"
   type="big_decimal"
   formula=
   "( select AVG(b.AMOUNT) from
     BID b where b.ITEM_ID = ITEM_ID )"/>
```

Perceba que nomes não qualificados de tabela se referem às colunas da tabela da classe na qual a propriedade derivada pertence.

Um outro tipo especial de propriedade se baseia em valores gerados pelo banco de dados.

Valores-padrão e de propriedade

Imagine que uma determinada propriedade de uma classe tenha seu valor gerado pelo banco de dados, normalmente quando a linha da entidade é inserida pela primeira vez. Valores gerados pelo banco de dados tipicamente são: a data e a hora da criação, um preço-padrão para um item e um gatilho (trigger) que roda para cada modificação.

Tipicamente, as aplicações com Hibernate precisam atualizar objetos que contêm quaisquer propriedades onde o banco de dados gere os valores. Marcar as propriedades como geradas, contudo, deixa a aplicação delegar sua responsabilidade para o Hibernate. Essencialmente, sempre que o Hibernate faz um INSERT ou UPDATE do SQL para uma entidade que definiu as propriedades geradas, ele faz um SELECT imediatamente após a fim de recuperar os valores gerados. Use o acionador generated em um mapeamento mapping para habilitar essa atualização automática:

```
<property   name="lastModified"
            column="LAST_MODIFIED"
            update="false"
            insert="false"
            generated="always"/>
```

Adicionalmente, as propriedades marcadas como geradas pelo banco de dados não podem ser capazes de serem inseridas ou atualizadas, que você controla com os atributos insert e update. Se ambos são definidos como falso, as colunas da propriedade nunca aparecem nas declarações de INSERT e UPDATE – o valor da propriedade é somente leitura. Além disso, normalmente não se adiciona um método setter público na classe para uma propriedade imutável (e troca para acesso ao campo).

Com anotações, declare a imutabilidade com a anotação @Generated do Hibernate:

Capítulo 4 – Como mapear classes persistentes | 183

```
@Column(updatable = false, insertable = false)
@org.hibernate.annotations.Generated(
    org.hibernate.annotations.GenerationTime.ALWAYS
)
private Date lastModified;
```

As configurações disponíveis são GenerationTime.ALWAYS e GenerationTime.INSERT, e as opções equivalentes nos mapeamentos XML são generated="always" e generated="insert".

Um caso especial de valores de propriedade gerados pelo banco de dados são os valores-padrão. Por exemplo, você pode querer implementar uma regra que, em todo leilão, os itens custem pelo menos $1. Primeiro, você iria adicionar isso ao seu catálogo do banco de dados como o valor-padrão para a coluna INITIAL_PRICE:

```
create table ITEM (
    ...
    INITIAL_PRICE number(10,2) default '1',
    ...
);
```

Se você usar a ferramenta do Hibernate de exportar esquema, hbm2ddl, você pode habilitar essa saída adicionando o atributo default ao mapeamento da propriedade:

```
<class name="Item" table="ITEM"
    dynamic-insert="true" dynamic-update="true">
    ...
    <property name="initialPrice" type="big_decimal">
        <column name="INITIAL_PRICE"
                default="'1'"
                generated="insert"/>
    </property>
    ...
</class>
```

Note que você também tem de habilitar a geração dinâmica de declarações de inserção e de atualização, para que a coluna com o valor-padrão não seja incluída em todas as declarações se o seu valor for null (caso contrário um NULL seria inserido ao invés do valor-padrão). Além do mais, uma instância de Item que foi tornada persistente, mas que ainda não foi descarregada para o banco de dados e não foi atualizada novamente, não terá o seu valor-padrão definido na propriedade do objeto. Em outras palavras, você precisa executar um flush explicitamente:

```
Item newItem = new Item(...);
session.save(newItem);

newItem.getInitialPrice(); // é null

session.flush();           // Aciona um INSERT
// O Hibernate faz um SELECT automaticamente

newItem.getInitialPrice(); // é $1
```

Pelo fato de você ter definido generated="insert", o Hibernate sabe que um imediato SELECT adicional é necessário para ler o valor da propriedade gerado pelo banco de dados.

Você pode mapear, com anotações, valores-padrão de coluna como parte da definição DDL de uma coluna:

```
@Column(name = "INITIAL_PRICE",
    columnDefinition = "number(10,2) default '1'")
@org.hibernate.annotations.Generated(
    org.hibernate.annotations.GenerationTime.INSERT
)
private BigDecimal initalPrice;
```

O atributo columnDefinition inclui todas as propriedades na DDL da coluna, com o tipo de dados e todas as restrições. Tenha em mente que um tipo de dados SQL não portável pode vincular o seu mapeamento de anotação com um sistema de gerenciamento de banco de dados em particular.

Voltaremos ao tópico de restrições e customização da DDL no Capítulo 8, Seção 8.3, "Como melhorar a DDL do esquema".

A seguir, você irá mapear classes de tipo de valor definidas pelo usuário. Você poderá facilmente vê-las em seus diagramas de classe UML se procurar por relacionamentos de composição entre duas classes. Uma delas é uma classe dependente, um componente.

4.4.2 Como mapear componentes

Até agora, as classes do modelo de objetos foram todas classe de entidade, cada uma com seu próprio ciclo de vida e identidade. A classe User, contudo, tem um tipo de associação especial com a classe Address, como mostra a Figura 4.2.

Nos termos da modelagem de objetos, essa associação é um tipo de agregação – um relacionamento "faz parte". A agregação é uma forma forte de associação; ela tem umas semânticas adicionais relacionadas ao ciclo de vida dos objetos. Nesse caso, tem-se uma forma até mais forte, a composição, na qual o ciclo de vida de quem faz parte é totalmente dependente do ciclo de vida do todo.

Os especialistas em modelagem de objetos e os projetistas UML alegam que não existe diferença entre essa composição e outros estilos mais fracos de associação quando se chega à implementação Java de fato. Mas, no contexto de ORM, existe uma grande diferença: uma classe contida é freqüentemente uma candidata de tipo de valor.

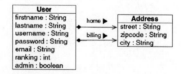

Figura 4.2 Relacionamentos entre User e Address usando composição.

Você mapeia a classe Address como de tipo valor e User como uma entidade. Será que isso afeta a implementação das classes POJO?

O Java não tem o conceito de composição – uma classe ou atributo não podem ser marcados como componente ou composição. A única diferença é o identificador do objeto: um componente não tem uma identidade individual, é por essa razão que a classe componente persistente não precisa de uma propriedade identificadora ou de um mapeamento de identificação. É um simples POJO:

```
public class Address {

    private String street;
    private String zipcode;
    private String city;

    public Address() {}
    public String getStreet() { return street; }
    public void setStreet(String street) { this.street = street; }
    public String getZipcode() { return zipcode; }
    public void setZipcode(String zipcode) {
        this.zipcode = zipcode; }

    public String getCity() { return city; }
    public void setCity(String city) { this.city = city; }
}
```

A composição entre User e Address é uma noção no nível do metadado; você só tem que informar ao Hibernate que Address é um tipo de valor no documento de mapeamento ou com anotações.

Como mapear um componente em XML

O Hibernate usa o termo componente para uma classe definida pelo usuário que é persistida na mesma tabela da entidade dona, um exemplo do que é mostrado na Listagem 4.2. (O uso da palavra componente aqui não tem nada a ver com o conceito no nível de arquitetura, como em componente de software.)

Listagem 4.2 Mapeamento da classe User com o componente Address

```
<class name="User" table="USER">

    <id name="id" column="USER_ID" type="long">
        <generator class="native"/>
    </id>

    <property name="loginName" column="LOGIN" type="string"/>

    <component name="homeAddress" class="Address">      ◀——❶
        <property   name="street" type="string"
                    column="HOME_STREET" not-null="true"/>
        <property   name="city" type="string"
                    column="HOME_CITY" not-null="true"/>
```

```xml
        <property    name="zipcode" type="string"
                     column="HOME_ZIPCODE" not-null="true"/>
    </component>

    <component name="billingAddress" class="Address">    ❷
        <property    name="street" type="string"
                     column="BILLING_STREET" not-null="true"/>
        <property    name="city" type="string"
                     column="BILLING_CITY" not-null="true"/>
        <property    name="zipcode" type="string"
                     column="BILLING_ZIPCODE" not-null="true"/>
    </component>

    ...

</class>
```

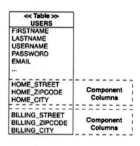

Figura 4.3 Atributos da tabela do User com o componente Address.

❶ Você declara os atributos persistentes de Address dentro do elemento <component>. A propriedade da classe User é chamada de homeAddress.

❷ Você reutiliza a mesma classe componente para mapear outra propriedade desse tipo para a mesma tabela.

A Figura 4.3 mostra como os atributos da classe Address são persistidos para a mesma tabela da entidade User.

Perceba que, nesse exemplo, você modela a associação de composição como unidirecional. Você não pode navegar do Address para o User. O Hibernate suporta ambas as composições unidirecional e bidirecional, mas a composição unidirecional é de longe a mais comum. Um exemplo de mapeamento bidirecional é mostrado na Listagem 4.3.

Listagem 4.3 Adicionando um ponteiro de retorno em uma composição

```xml
<component name="homeAddress" class="Address">
    <parent name="user"/>
    <property    name="street" type="string"
                 column="HOME_STREET" not-null="true"/>
    <property    name="city" type="string"
                 column="HOME_CITY" not-null="true"/>
    <property    name="zipcode" type="stringshort"
                 column="HOME_ZIPCODE" not-null="true"/>
</component>
```

Na Listagem 4.3, o elemento <parent> mapeia uma propriedade do tipo User para a entidade dona, que, nesse exemplo, é a propriedade chamada de user. Você pode então chamar Address.getUser() para navegar na outra direção. Esse é realmente um simples ponteiro de retorno.

Um componente do Hibernate pode ser dono de outros componentes e de até mesmo associações para outras entidades. Essa flexibilidade é a base do suporte do Hibernate para modelos de objeto de granulosidade fina. Por exemplo, você pode criar uma classe Location com informações detalhadas do endereço domiciliar do dono de um Address:

```
<component name="homeAddress" class="Address">
   <parent name="user"/>

   <component name="location" class="Location">
      <property name="streetname" column="HOME_STREETNAME"/>
      <property name="streetside" column="HOME_STREETSIDE"/>
      <property name="housenumber" column="HOME_HOUSENR"/>
      <property name="floor" column="HOME_FLOOR"/>
   </component>

   <property name="city" type="string" column="HOME_CITY"/>
   <property name="zipcode" type="string" column="HOME_ZIPCODE"/>

</component>
```

O desenho da classe Location é equivalente ao da classe Address. Agora você tem três classes: uma de entidade e duas de tipo de valor " todas mapeadas para a mesma tabela.

Agora vamos mapear os componentes com as anotações do JPA.

Como anotar classes embutidas

A especificação do Java Persistence chama os componentes de classes embutidas. Para mapear uma classe embutida com anotações, você pode declarar uma determinada propriedade na classe de entidade dona como @Embedded, nesse caso o homeAddress do User:

```
@Entity
@Table(name = "USERS")
public class User {
   ...

   @Embedded
   private Address homeAddress;

   ...
}
```

Se você não declarar a propriedade como @Embedded, e ela não for de um tipo do JDK, o Hibernate olhará dentro da classe associada pela anotação @Embeddable. Se ela estiver presente, a propriedade será automaticamente mapeada como um componente dependente.

188 | JAVA PERSISTENCE COM HIBERNATE

É assim que uma classe que pode ser embutida se parece:

```
@Embeddable
public class Address {

    @Column(name = "ADDRESS_STREET", nullable = false)
    private String street;

    @Column(name = "ADDRESS_ZIPCODE", nullable = false)
    private String zipcode;

    @Column(name = "ADDRESS_CITY", nullable = false)
    private String city;
    ...
}
```

Mais tarde você poderá customizar os mapeamentos das propriedades individualmente na classe que pode ser embutida, como, por exemplo, com a anotação @Column. A tabela USERS agora contém, entre outras coisas, as colunas ADDRESS_STREET, ADDRESS_ZIPCODE e ADDRESS_CITY. Qualquer outra tabela de entidade que contiver campos componentes (digamos, a classe Order que também tem um Address) usará as mesmas opções de colunas. Você também pode adicionar uma propriedade como ponteiro de retorno à classe que pode ser embutida Address e mapeá-la com a anotação @org.hibernate.annotations.Parent.

Algumas vezes você vai querer sobrescrever, do lado de fora, as definições que você fez dentro da classe que pode ser embutida para uma determinada entidade. Por exemplo, veja como você pode renomear as colunas:

```
@Entity
@Table(name = "USERS")
public class User {

    ...

    @Embedded
    @AttributeOverrides( {
        @AttributeOverride( name = "street",
                            column = @Column(name="HOME_STREET") ),
        @AttributeOverride( name = "zipcode",
                            column = @Column(name="HOME_ZIPCODE") ),
        @AttributeOverride( name = "city",
                            column = @Column(name="HOME_CITY") )
    })
    private Address homeAddress;

    ...
}
```

CAPÍTULO 4 – COMO MAPEAR CLASSES PERSISTENTES | 189

A nova declaração @Column na classe User sobrescreveu as definições da classe que pode ser embutida. Note que todos os atributos da anotação embutida @Column são substituídos, então não são mais nullable = false.

No descritor XML do JPA, o mapeamento de uma classe que pode ser embutida e de uma composição se parece com o seguinte:

```
<embeddable class="auction.model.Address access-type="FIELD"/>

<entity class="auction.model.User" access="FIELD">
  <attributes>
    ...
    <embedded name="homeAddress">
      <attribute-override name="street">
        <column name="HOME_STREET"/>
      </attribute-override>
      <attribute-override name="zipcode">
        <column name="HOME_ZIPCODE"/>
      </attribute-override>
      <attribute-override name="city">
        <column name="HOME_CITY"/>
      </attribute-override>
    </embedded>
  </attributes>
</entity>
```

Existem duas limitações importantes para as classes mapeadas como componentes. Primeiro, as referências compartilhadas, assim como é para todos de tipo de valor, não são possíveis. O componente homeAddress não tem a sua própria identidade do banco de dados (chave primária) e então não pode ser referido por qualquer objeto diferente da instância User que é quem o contém.

Segundo, não existe uma forma elegante de representar uma referência nula para um Address. No lugar de qualquer abordagem elegante, o Hibernate representa um componente nulo como valores nulos em todas as colunas mapeadas do componente. Isso significa que se você guardar um objeto componente com todos os valores de propriedade nulos, o Hibernate retornará um componente nulo quando o objeto da entidade dona for recuperado do banco de dados.

Você irá achar muito mais mapeamentos de componentes (até mesmo coleções deles) ao longo do livro.

4.5 RESUMO

Neste capítulo, você aprendeu a essencial distinção entre entidades e tipos de valor e como esses conceitos influenciam na implementação do seu modelo de domínio como classes Java persistentes.

As entidades são as classes de granulosidade grossa do nosso sistema. Suas instâncias têm um ciclo de vida independente e suas próprias identidades, e elas podem ser referenciadas por

JAVA PERSISTENCE COM HIBERNATE

muitas outras instâncias. Os tipos de valor, por outro lado, são dependentes de uma determinada classe de entidade. Uma instância de um tipo de valor tem o seu ciclo de vida limitado pelo da instância da entidade dona, e ela pode ser referenciada somente por uma entidade – ela não tem identidade individual.

Demos uma olhada em identidade do Java, igualdade do objeto e identidade do banco de dados, e também do que são feitas as boas chaves primárias. Você aprendeu quais geradores de valores de chave primária já vêm com o Hibernate, e como você pode usar e estender esse sistema identificador.

Você também aprendeu várias (a maioria opcional) opções de mapeamento de classe e, finalmente, como as propriedades básicas e os componentes de tipo de valor são mapeados em mapeamentos XML e com anotações.

Para sua conveniência, a Tabela 4.2 sumariza as diferenças entre o Hibernate e o Java Persistence relacionadas aos conceitos discutidos neste capítulo.

Tabela 4.2 Planilha de comparação do Hibernate e do JPA para o Capítulo 4

Hibernate Core	Java Persistence e EJB 3.0
Classes de tipo entidade e de tipo de valor são conceitos essenciais para o suporte de ricos modelos de domínio com granulosidade fina.	A especificação JPA faz a mesma distinção, mas chama os tipos valor de "classes que podem ser embutidas". Contudo, as classes que podem ser em aninhadas são consideradas características não portáveis.
O Hibernate suporta 10 estratégias de geração de identificador que já vêm com ele.	O JPA padroniza um subconjunto de 4 geradores de identificador, mas permite extensão de fornecedores.
O Hibernate pode acessar as propriedades através dos campos, métodos de acesso, ou com qualquer implementação customizada da PropertyAccessor. As estratégias podem ser misturadas para uma determinada classe.	O JPA padroniza acesso à propriedade através dos campos ou métodos de acesso, e estratégias não podem ser misturadas para uma determinada classe sem anotações de extensão do Hibernate.
O Hibernate suporta propriedades com fórmula e valores gerados pelo banco de dados.	O JPA não inclui essas características, uma extensão do Hibernate é necessária.

No próximo capítulo, iremos atacar herança e como as hierarquias de classes de entidade podem ser mapeadas com várias estratégias. Iremos falar também sobre o sistema de mapeamento de tipo do Hibernate, os conversores para tipos de valor que mostramos em alguns exemplos.

CAPÍTULO 5

HERANÇA E TIPOS CUSTOMIZADOS

Esse capítulo aborda

- Estratégias de mapeamento de herança
- Sistema de mapeamento de tipo do Hibernate
- Customização dos tipos de mapeamento

192 | JAVA PERSISTENCE COM HIBERNATE

Deliberadamente não falamos muito sobre o mapeamento de herança até agora. Mapear uma hierarquia de classes para tabelas pode ser uma questão muito complexa, e iremos apresentar várias estratégias neste capítulo. Você irá aprender qual estratégia deverá escolher para um determinado cenário.

O sistema de tipo do Hibernate, junto com todos os seus (inerentes) conversores e transformadores de propriedades Java de tipo de valor para tipos de dados SQL, é o segundo grande tópico que discutimos neste capítulo.

Vamos começar com o mapeamento da herança de entidade.

5.1 COMO MAPEAR HERANÇA DE CLASSE

Uma simples estratégia para mapear as classes para as tabelas do banco de dados pode ser "uma tabela para cada classe de entidade persistente". Essa abordagem parece bastante simples e, de fato, funciona até nos depararmos com a herança.

A herança é uma visível disparidade estrutural entre o mundo orientado para objetos e o mundo relacional, pois os sistemas orientados para objetos modelam tanto o relacionamento é *um* quanto o *tem um*. Os modelos baseados em SQL fornecem somente os relacionamentos *tem um* entre as entidades; os sistemas de gerenciamento de banco de dados SQL não suportam herança de tipo – e mesmo quando ela é disponibilizada, geralmente é proprietária e incompleta.

Existem quatro abordagens diferentes para representar uma hierarquia de herança:

- Tabela por classe concreta com polimorfismo implícito – Usa mapeamento de herança não explícito e comportamento polimórfico em tempo de execução padronizado.

- Tabela por classe concreta – Descarta completamente os relacionamentos com polimorfismo e com herança do esquema SQL.

- Tabela por hierarquia de classe – Habilita o polimorfismo através da desnormalização do esquema SQL, e utiliza uma coluna discriminadora de tipo que guarda a informação do tipo.

- Tabela por subclasse – Representa os relacionamentos é *um* (herança) como relacionamentos *tem um* (chave estrangeira).

A seção toma uma abordagem top-down, ela assume que você está começando com um modelo de domínio e que está tentando derivar em um novo esquema SQL. Contudo, as estratégias de mapeamento descritas serão da mesma forma relevantes se você estiver trabalhando com uma abordagem bottom-up, ou seja, começando com tabelas do banco de dados existentes. Nós iremos lhe mostrar alguns truques durante o caminho que o ajudará a lidar com leiautes de tabela não perfeitos.

5.1.1 Tabela por classe concreta com polimorfismo implícito

Suponha que ficássemos com a abordagem mais simples sugerida. Você pode usar exatamente uma tabela por cada classe (não abstrata). Todas as propriedades de uma classe, incluindo as propriedades herdadas, podem ser mapeadas para colunas dessa tabela, como é mostrado na Figura 5.1.

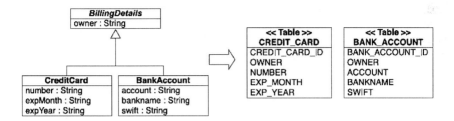

Figura 5.1 Mapeando todas as classes concretas em tabelas independentes.

Você não precisa fazer nada de especial no Hibernate para habilitar um comportamento polimórfico. O mapeamento das classes CreditCard e BankAccount é bem simples, cada um em seu elemento de entidade <class>, assim como já fizemos para classes sem superclasses (ou interfaces persistentes). O Hibernate ainda sabe sobre a superclasse (ou qualquer interface), pois ele digitaliza as classes persistentes na inicialização.

O principal problema com essa abordagem é que ela não suporta as associações polimórficas muito bem. No banco de dados, as associações são normalmente representadas como relacionamentos de chave estrangeira. Na Figura 5.1, se as subclasses são todas mapeadas para diferentes tabelas, uma associação polimórfica para a superclasse (a classe abstrata BillingDetails nesse exemplo) delas não pode ser representada como um simples relacionamento de chave estrangeira. Isso seria problemático no nosso modelo de domínio, pois BillingDetails é associada com User; ambas as tabelas das subclasses iriam precisar de uma referência de chave estrangeira para a tabela USERS. Ou, se User tivesse um relacionamento muitos-para-um com BillingDetails, a tabela USERS precisaria de uma única coluna de chave estrangeira, que teria que se referir a ambas as tabelas das subclasses concretas. Isso não é possível com as restrições de chave estrangeira regulares.

As consultas polimórficas (consultas que retornam objetos de todas as classes que combinam com a interface da classe consultada) também são problemáticas. Uma consulta ante a superclasse deve ser executada como vários SELECTs do SQL, uma para cada subclasse concreta. Para uma consulta ante a classe BillingDetails o Hibernate usa o seguinte SQL:

```
select CREDIT_CARD_ID, OWNER, NUMBER, EXP_MONTH, EXP_YEAR ...
from CREDIT_CARD

select BANK_ACCOUNT_ID, OWNER, ACCOUNT, BANKNAME, ...
from BANK_ACCOUNT
```

Perceba que uma consulta separada é necessária para cada subclasse concreta. Por outro lado, as consultas ante as classes concretas são triviais e executam bem – somente uma das declarações é necessária.

194 | JAVA PERSISTENCE COM HIBERNATE

(Note também que aqui, e em outras partes deste livro, nós mostramos o SQL que é conceitualmente idêntico ao SQL executado pelo Hibernate. O SQL pode parecer diferente só superficialmente.)

Um outro problema conceitual com essa estratégia de mapeamento é que várias colunas diferentes, de tabelas diferentes, compartilham exatamente as mesmas semânticas. Isso torna a evolução do esquema mais complexa. Por exemplo, uma mudança em uma propriedade da superclasse resulta em mudanças para múltiplas colunas. Isso também torna muito mais difícil implementar restrições de integridade do banco de dados que se aplicam a todas as subclasses.

Recomendamos essa abordagem (somente) para o nível mais alto da sua hierarquia de classe, onde o polimorfismo normalmente não é necessário e futuras mudanças da superclasse parecem improváveis.

As interfaces do Java Persistence também não suportam consultas totalmente polimórficas; somente entidades (@Entity) mapeadas podem fazer parte oficialmente de uma consulta do Java Persistence (note que as interfaces de consulta do Hibernate são polimórficas, mesmo que você mapeie com anotações).

Se você está se baseando nesse polimorfismo implícito, mapeie as classes concretas com @Entity, como sempre. Contudo, você também tem que duplicar as propriedades da superclasse para mapeá-las para todas as tabelas de classe concreta. Por padrão, as propriedades da superclasse são ignoradas e não persistentes! Você precisa anotar a superclasse para habilitar a inclusão de suas propriedades nas tabelas das subclasses concretas:

```
@MappedSuperclass
public abstract class BillingDetails {

    @Column(name = "OWNER", nullable = false)
    private String owner;

    ...
}
```

Agora mapeie as subclasses concretas:

```
@Entity
@AttributeOverride(name = "owner", column =
    @Column(name = "CC_OWNER", nullable = false)
)
public class CreditCard extends BillingDetails {

    @Id @GeneratedValue
    @Column(name = "CREDIT_CARD_ID")
    private Long id = null;
        @Column(name = "NUMBER", nullable = false)
    private String number;
    ...
}
```

Você pode sobrescrever mapeamentos de coluna da superclasse em uma subclasse com a anotação @AttributeOverride. Na tabela CREDIT_CARD, você renomeia a coluna OWNER para CC_OWNER. O identificador do banco de dados também pode ser declarado na superclasse, com um nome de coluna e uma estratégia de geração comuns para todas as subclasses.

Vamos repetir o mesmo mapeamento em um descritor XML do JPA:

```xml
<entity-mappings>

    <mapped-superclass   class="auction.model.BillingDetails"
                         access="FIELD">
        <attributes>
            ...
        </attributes>
    </mapped-superclass>

    <entity class="auction.model.CreditCard" access="FIELD">
        <attribute-override name="owner">
            <column name="CC_OWNER" nullable="false"/>
        </attribute-override>
        <attributes>
            ...
        </attributes>
    </entity>
    ...
</entity-mappings>
```

> **NOTA** Um componente é um tipo de valor; portanto, as regras normais de herança de entidade apresentadas neste capítulo não se aplicam. Contudo, você pode mapear uma subclasse como um componente por meio da inclusão de todas as propriedades da superclasse (ou interface) no seu mapeamento do componente. Com anotações, você usa a anotação @MappedSuperclass na superclasse do componente que você está mapeando e que pode ser embutido, assim como faria para uma entidade. Note que essa característica está disponível somente no Hibernate Annotations e não é padronizada ou portável.

Com a ajuda da operação UNION do SQL, você pode eliminar a maioria das questões com relação às consultas e associações polimórficas, que estão presentes nessa estratégia de mapeamento.

5.1.2 Tabela por classe concreta com uniões

Primeiro, vamos considerar um mapeamento de união de subclasses com BillingDetails como uma classe abstrata (ou interface), de acordo com a seção anterior. Nessa situação, novamente temos duas tabelas e colunas duplicadas da superclasse em ambas: CREDIT_CARD e BANK_ACCOUNT. O que existe de novo é um mapeamento especial do Hibernate que inclui a superclasse, como você pode ver na Listagem 5.1.

196 | Java Persistence com Hibernate

Listagem 5.1 Como usar a estratégia de herança <union-subclass>

```
<hibernate-mapping>
   <class
      name="BillingDetails"
      abstract="true">    ←——— ❶

      <id          ←——— ❷
         name="id"
         column="BILLING_DETAILS_ID"
         type="long">
         <generator class="native"/>
      </id>

      <property   ←——— ❸
         name="name"
         column="OWNER"
         type="string"/>

         ...

      <union-subclass  ←——— ❹
         name="CreditCard" table="CREDIT_CARD">

         <property name="number" column="NUMBER"/>
         <property name="expMonth" column="EXP_MONTH"/>
         <property name="expYear" column="EXP_YEAR"/>

      </union-subclass>

      <union-subclass
         name="BankAccount" table="BANK_ACCOUNT">
      ...
   </class>
</hibernate-mapping>
```

❶ Uma superclasse abstrata ou uma interface tem que ser declarada como abstract="true"; caso contrário, uma tabela separada para as instâncias da superclasse é necessária.

❷ O mapeamento do identificador do banco de dados é comum para todas as classes concretas na hierarquia. Ambas as tabelas CREDIT_CARD e BANK_ACCOUNT possuem uma coluna de chave primária BILLING_DETAILS_ID. A propriedade do identificador do banco de dados agora tem que ser comum para todas as subclasses; portanto você tem que movê-la para dentro da classe BillingDetails e removê-la das classes CreditCard e BankAccount.

❸ As propriedades da superclasse (ou interface) são declaradas aqui e são herdadas por todos os mapeamentos de classe concreta. Isso evita a duplicação de um mesmo mapeamento.

❹ Uma subclasse concreta é mapeada para uma tabela; a tabela herda o identificador e outros mapeamentos de propriedade da superclasse (ou interface).

CAPÍTULO 5 – HERANÇA E TIPOS CUSTOMIZADOS | 197

A primeira vantagem que você pode perceber com essa estratégia é a declaração compartilhada das propriedades da superclasse (ou interface). Não é mais necessário duplicar esses mapeamentos para todas as classes concretas – o Hibernate toma conta disso. Tenha em mente que o esquema SQL ainda não sabe da herança; efetivamente, mapeamos duas tabelas não relacionadas para uma estrutura de classe mais significativa. Exceto pelo nome da chave primária, as tabelas parecem exatamente iguais, como mostrado na Figura 5.1.

Em anotações do JPA, essa estratégia é conhecida como TABLE_PER_CLASS:

```
@Entity
@Inheritance(strategy = InheritanceType.TABLE_PER_CLASS)
public abstract class BillingDetails {

    @Id @GeneratedValue
    @Column(name = "BILLING_DETAILS_ID")
    private Long id = null;

    @Column(name = "OWNER", nullable = false)
    private String owner;

    ...
}
```

O identificador do banco de dados e seus mapeamentos devem estar presentes na superclasse, para serem compartilhados por todas as subclasses e suas tabelas. Uma anotação @Entity em cada subclasse é tudo que é necessário:

```
@Entity
@Table(name = "CREDIT_CARD")
public class CreditCard extends BillingDetails {

    @Column(name = "NUMBER", nullable = false)
    private String number;
    ...
}
```

Note que TABLE_PER_CLASS é especificado no padrão JPA como opcional, com isso nem todas as implementações JPA podem suportar isso. A implementação atual também é dependente de fornecedor – no Hibernate, é equivalente a um mapeamento <union-subclass> em arquivos XML.

O mesmo mapeamento se parece com isso no descritor XML do JPA:

```
<entity-mappings>

    <entity class="auction.model.BillingDetails" access="FIELD">
        <inheritance strategy="TABLE_PER_CLASS"/>
        ...
    </entity>

    <entity class="auction.model.CreditCard" access="FIELD"/>
```

Java Persistence com Hibernate

```
<entity class="auction.model.BankAccount" access="FIELD" />

</entity-mappings>
```

Se a sua superclasse é concreta, então uma tabela adicional é necessária para guardar as instâncias dessa classe. Temos que enfatizar novamente que ainda não existe relacionamento entre as tabelas do banco de dados, exceto pelo fato de compartilharem algumas colunas semelhantes. As vantagens dessa estratégia de mapeamento são mais claras se examinarmos consultas polimórficas. Por exemplo, uma consulta para BillingDetails executa a seguinte declaração SQL:

```
select
    BILLING_DETAILS_ID, OWNER,
    NUMBER, EXP_MONTH, EXP_YEAR,
    ACCOUNT, BANKNAME, SWIFT
    CLAZZ_
from
    ( select
        BILLING_DETAILS_ID, OWNER,
        NUMBER, EXP_MONTH, EXP_YEAR,
        null as ACCOUNT, null as BANKNAME, null as SWIFT,
        1 as CLAZZ_
    from
        CREDIT_CARD

    union

    select
        BILLING_DETAILS_ID, OWNER,
        null as NUMBER, null as EXP_MONTH, null as EXP_YEAR, ...
        ACCOUNT, BANKNAME, SWIFT,
        2 as CLAZZ_
    from
        BANK_ACCOUNT
)
```

Esse SELECT usa uma subconsulta na cláusula FROM para recuperar todas as instâncias de BillingDetails de todas as tabelas de classe concreta. As tabelas são combinadas com um operador UNION, e um literal (nesse caso, 1 e 2) é inserido dentro do resultado intermediário; o Hibernate lê isso para instanciar corretamente a classe conforme os dados de uma determinada linha. Uma união precisa que as consultas que são combinadas se baseiem nas mesmas colunas, tanto na quantidade, na ordem e nos tipos de dados; portanto, temos que preencher as colunas não existentes com NULL. Você pode se perguntar se essa consulta irá realmente executar melhor do que as duas declarações em separado. Desse jeito podemos deixar o otimizador do banco de dados achar o melhor plano de execução para combinar linhas de várias tabelas, ao invés de juntar dois conjuntos de resultado na memória como o motor de carregamento polimórfico do Hibernate faria.

Outra vantagem muito mais importante é a habilidade de tratar associações polimórficas; por exemplo, um mapeamento de associação do User para BillingDetails seria possível agora. O Hibernate pode usar uma consulta UNION para simular uma única tabela como o alvo do mapeamento da associação. Nós abordamos esse tópico com detalhes no Capítulo 7, Seção 7.3, "Associações polimórficas".

Até agora, as estratégias de mapeamento de herança que discutimos não precisam de considerações extras com relação ao esquema SQL. Não são necessárias chaves estrangeiras, e as relações estão propriamente normalizadas. Essa situação muda com a próxima estratégia.

5.1.3 Tabela por hierarquia de classe

Uma hierarquia de classe completa pode ser mapeada para uma única tabela. Essa tabela inclui colunas para todas as propriedades de todas as classes na hierarquia. A subclasse concreta representada por uma determinada linha é identificada pelo valor de uma coluna discriminadora de tipo. Essa abordagem é mostrada na Figura 5.2.

A estratégia de mapeamento é a vencedora em termos de performance e simplicidade. É o modo de melhor performance para representar o polimorfismo – tanto a consulta polimórfica quanto a não polimórfica executam bem – e ainda é fácil de implementar à mão. Relatórios *ad hoc* são possíveis sem junções ou uniões complexas. A evolução do esquema é simples.

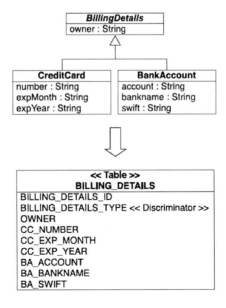

Figura 5.2 Mapeando toda uma hierarquia de classe para uma única tabela.

JAVA PERSISTENCE COM HIBERNATE

Existe um grande problema: as colunas para as propriedades declaradas pelas subclasses devem ser declaradas permitindo o valor nulo. Se, de suas subclasses, cada uma definir várias propriedades que não permitam o valor nulo, a perda de restrições NOT NULL poderá ser um sério problema do ponto de vista da integridade dos dados. Outra questão importante é a normalização. Nós criamos dependências funcionais entre colunas não chaves, violando a terceira forma normal. Como sempre, a desnormalização para performance pode ser ilusória, pois ela sacrifica a estabilidade a longo prazo, a manutenibilidade e a integridade dos dados por ganhos imediatos que também podem ser alcançados através da otimização apropriada dos planos de execução do SQL (em outras palavras, pergunte ao seu DBA).

No Hibernate, você usa o elemento <subclass> para criar o mapeamento tabela por hierarquia de classe, como na Listagem 5.2.

Listagem 5.2 Como mapear o <subclass> do Hibernate

```
<hibernate-mapping>
   <class        ◄────────❶
      name="BillingDetails"
      table="BILLING_DETAILS">

      <id
         name="id"
         column="BILLING_DETAILS_ID"
         type="long">
         <generator class="native"/>
      </id>

      <discriminator    ◄────────❷
         column="BILLING_DETAILS_TYPE"
         type="string"/>

      <property     ◄────────❸
         name="owner"
         column="OWNER"
         type="string"/>

         ...

      <subclass     ◄────────❹
         name="CreditCard"
         discriminator-value="CC">

         <property name="number" column="CC_NUMBER"/>
         <property name="expMonth" column="CC_EXP_MONTH"/>
         <property name="expYear" column="CC_EXP_YEAR"/>

      </subclass>

      <subclass
         name="BankAccount"
         discriminator-value="BA">
```

Capítulo 5 – Herança e tipos customizados | 201

```
...

    </class>
</hibernate-mapping>
```

❶ A classe-raiz BillingDetails da hierarquia de herança é mapeada para a tabela BILLING_DETAILS.

❷ Você tem que adicionar uma coluna especial à distinção entre as classes persistentes: a discriminadora. Isso não é uma propriedade da classe persistente; ela é usada internamente pelo Hibernate. O nome da coluna é BILLING_DETAILS_TYPE, e os valores são seqüências de caracteres – nesse caso, "CC" ou "BA". O Hibernate define e recupera os valores da discriminadora automaticamente.

❸ As propriedades da superclasse são mapeadas como sempre, com um simples elemento <property>.

❹ Toda subclasse tem o seu próprio elemento <subclass>. As propriedades de uma subclasse são mapeadas para as colunas da tabela BILLING_DETAILS. Lembre que restrições NOT NULL não são permitidas, pois uma instância BankAccount não terá uma propriedade expMonth, e o campo CC_EXP_MONTH deverá ser NULL para essa linha.

O elemento <subclass> pode conter em seqüência outros elementos <subclass> aninhados, até que toda a hierarquia esteja mapeada para a tabela.

O Hibernate gera o seguinte SQL quando consulta a classe BillingDetails:

```
select
    BILLING_DETAILS_ID, BILLING_DETAILS_TYPE, OWNER,
    CC_NUMBER, CC_EXP_MONTH, ..., BA_ACCOUNT, BA_BANKNAME, ...
from BILLING_DETAILS
```

Para consultar a subclasse CreditCard, o Hibernate adiciona uma restrição na coluna discriminadora:

```
select BILLING_DETAILS_ID, OWNER, CC_NUMBER, CC_EXP_MONTH, ...
from BILLING_DETAILS
where BILLING_DETAILS_TYPE='CC'
```

Essa estratégia de mapeamento também está disponível no JPA, como SINGLE_TABLE:

```
@Entity
@Inheritance(strategy = InheritanceType.SINGLE_TABLE)
@DiscriminatorColumn(
    name = "BILLING_DETAILS_TYPE",
    discriminatorType = DiscriminatorType.STRING
)
```

JAVA PERSISTENCE COM HIBERNATE

```java
public abstract class BillingDetails {

    @Id @GeneratedValue
    @Column(name = "BILLING_DETAILS_ID")
    private Long id = null;
    @Column(name = "OWNER", nullable = false)
    private String owner;
    ...
}
```

Se você não especificar uma coluna discriminadora na superclasse, seu nome assume como padrão DTYPE e seu tipo uma seqüência de caracteres. Todas as classes concretas na hierarquia de herança podem ter um valor discriminador; nesse caso, BillingDetails é abstrata, e CreditCard é uma classe concreta:

```java
@Entity
@DiscriminatorValue("CC")
public class CreditCard extends BillingDetails {

    @Column(name = "CC_NUMBER")
    private String number;
    ...
}
```

Sem um valor discriminador explícito, o Hibernate assumirá como padrão o nome totalmente qualificado da classe se você usar os arquivos XML do Hibernate e assumirá o nome da entidade se você usar anotações ou arquivos XML do JPA. Note que nenhum padrão é especificado no Java Persistence para tipos da coluna discriminadora que não sejam seqüência de caracteres; cada fornecedor de persistência pode ter diferentes padrões.

Esse é o mapeamento equivalente com o descritor XML do JPA:

```xml
<entity-mappings>
    <entity class="auction.model.BillingDetails" access="FIELD">
        <inheritance strategy="SINGLE_TABLE"/>
        <discriminator-column name="BILLING_DETAILS_TYPE"
            discriminator-type="STRING"/>
        ...
    </entity>

    <entity class="auction.model.CreditCard" access="FIELD">
        <discriminator-value>CC</discriminator-value>
        ...
    </entity>
</entity-mappings>
```

Algumas vezes, especialmente em esquemas legados, você não tem liberdade para incluir uma coluna discriminadora extra nas suas tabelas de entidade. Nesse caso, você pode aplicar uma formula para calcular um valor discriminador para cada linha:

```
<discriminator
  formula="case when CC_NUMBER is not null then 'CC' else 'BA' end"
  type="string"/>
    ...
<subclass
  name="CreditCard"
  discriminator-value="CC">
    ...
```

Esse mapeamento se baseia na expressão SQL CASE/WHEN para determinar se uma determinada linha representa um cartão de crédito ou uma conta de banco (muitos desenvolvedores nunca usaram esse tipo de expressão SQL; cheque o padrão ANSI se você não estiver familiarizado com esse procedimento). O resultado da expressão é um literal, CC ou BA, que, em seguida, é declarado no mapeamento <subclass>. Fórmulas para discriminação não são parte da especificação do JPA. Contudo, você pode aplicar uma anotação do Hibernate:

```
@Entity
@Inheritance(strategy = InheritanceType.SINGLE_TABLE)
@org.hibernate.annotations.DiscriminatorFormula(
    "case when CC_NUMBER is not null then 'CC' else 'BA' end"
)
public abstract class BillingDetails {
    ...
}
```

As desvantagens da estratégia tabela por hierarquia de classe podem ser bem sérias para o seu projeto – afinal de contas, esquemas desnormalizados podem se tornar um grande fardo a longo prazo. O seu DBA pode não gostar disso de modo algum. A próxima estratégia de mapeamento de herança não lhe expõe a esse problema.

5.1.4 Tabela por subclasse

A quarta opção é para representar relacionamentos de herança como associações relacionais de chave estrangeira. Toda classe/subclasse que declare propriedades persistentes – incluindo classes abstratas e até mesmo interfaces – tem sua própria tabela.

Diferente da estratégia de tabela por classe concreta que mapeamos primeiro, a tabela aqui contém colunas somente para cada propriedade não herdada (cada propriedade declarada pela subclasse de fato) junto com a chave primária que também é uma chave estrangeira da tabela da superclasse. Essa abordagem é mostrada na Figura 5.3.

Se uma instância da subclasse CreditCard é tornada persistente, os valores das propriedades declaradas pela superclasse BillingDetails são persistidas para uma nova linha da tabela BILLING_DETAILS. Somente os valores das propriedades declaradas pela subclasse são persistidos para uma nova linha da tabela CREDIT_CARD. As duas linhas são ligadas pelo valor de suas chaves primárias compartilhadas. Mais à frente, a instância da subclasse pode ser recuperada do banco de dados através da junção da tabela da subclasse com a tabela da superclasse.

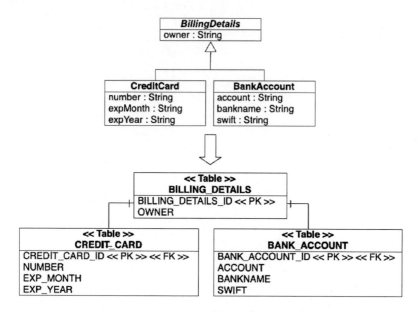

Figura 5.3 Mapeamento de todas as classes da hierarquia para suas próprias tabelas.

A principal vantagem dessa estratégia é que o esquema SQL é normalizado. A evolução do esquema e a definição da restrição de integridade são claras. Uma associação polimórfica para uma determinada subclasse pode ser representada como uma chave estrangeira referenciando a tabela daquela subclasse em particular.

No Hibernate, usamos o elemento <joined-subclass> para criar o mapeamento tabela por subclasse. Veja a Listagem 5.3.

Listagem 5.3 Como mapear o <joined-subclass> do Hibernate

```
<hibernate-mapping>
   <class                    ❶
      name="BillingDetails"
      table="BILLING_DETAILS">

      <id
         name="id"
         column="BILLING_DETAILS_ID"
         type="long">
         <generator class="native"/>
```

```xml
</id>

<property
   name="owner"
   column="OWNER"
   type="string"/>

   ...

<joined-subclass          ← ❷
   name="CreditCard"
   table="CREDIT_CARD">

   <key column="CREDIT_CARD_ID"/>   ← ❸

   <property name="number" column="NUMBER"/>
   <property name="expMonth" column="EXP_MONTH"/>
   <property name="expYear" column="EXP_YEAR"/>

</joined-subclass>

<joined-subclass
   name="BankAccount"
   table="BANK_ACCOUNT">
   ...

   </class>
</hibernate-mapping>
```

❶ A classe raiz BillingDetails é mapeada para a tabela BILLING_DETAILS. Note que nenhum discriminador é preciso com essa estratégia.

❷ O novo elemento <joined-subclass> mapeia a subclasse para uma nova tabela – nesse exemplo, CREDIT_CARD. Todas as propriedades declaradas na subclasse ajuntada são mapeadas nessa tabela.

❸ É necessária uma chave primária para a tabela CREDIT_CARD. Essa coluna também tem uma restrição de chave estrangeira para a chave primária da tabela BILLING_DETAILS. Uma pesquisa do objeto CreditCard necessita de uma junção de ambas as tabelas. Um elemento <joined-subclass> pode conter outros elementos <joined-subclass> aninhados, até que toda a hierarquia tenha sido mapeada.

O Hibernate se baseia em uma junção externa quando consulta a classe BillingDetails:

```sql
select BD.BILLING_DETAILS_ID, BD.OWNER,
       CC.NUMBER, CC.EXP_MONTH, ..., BA.ACCOUNT, BA.BANKNAME, ...
    case
       when CC.CREDIT_CARD_ID is not null then 1
       when BA.BANK_ACCOUNT_ID is not null then 2
       when BD.BILLING_DETAILS_ID is not null then 0
    end as CLAZZ_
```

```
from BILLING_DETAILS BD
   left join CREDIT_CARD CC
      on BD.BILLING_DETAILS_ID = CC.CREDIT_CARD_ID
   left join BANK_ACCOUNT BA
      on BD.BILLING_DETAILS_ID = BA.BANK_ACCOUNT_ID
```

A declaração CASE do SQL detecta a existência (ou a ausência) de linhas nas tabelas das subclasses CREDIT_CARD e BANK_ACCOUNT, para que o Hibernate possa determinar a subclasse concreta de uma determinada linha da tabela BILLING_DETAILS.

Para restringir a consulta para a subclasse, o Hibernate usa uma junção interna:

```
select BD.BILLING_DETAILS_ID, BD.OWNER, CC.NUMBER, ...
from CREDIT_CARD CC
   inner join BILLING_DETAILS BD
      on BD.BILLING_DETAILS_ID = CC.CREDIT_CARD_ID
```

Como você pode ver, essa estratégia de mapeamento é mais difícil de implementar à mão – até mesmo relatórios *ad hoc* são mais complexos. Essa é uma consideração importante se você planeja misturar código Hibernate com SQL escrito à mão.

Além do mais, mesmo que essa estratégia de mapeamento seja enganosamente simples, nossa experiência é de que a performance pode ser inaceitável para hierarquias de classe complexas. As consultas sempre necessitam de junções de muitas tabelas ou de várias leituras seqüenciais.

Vamos mapear a hierarquia com a mesma estratégia e anotações, chamada aqui de estratégia JOINED:

```
@Entity
@Inheritance(strategy = InheritanceType.JOINED)
public abstract class BillingDetails {

   @Id @GeneratedValue
   @Column(name = "BILLING_DETAILS_ID")
   private Long id = null;
   ...
}
```

Nas subclasses, você não precisa especificar a coluna de junção se a coluna de chave primária da tabela da subclasse tiver (ou supõe se que tenha) o mesmo nome da coluna de chave primária da tabela da superclasse:

```
@Entity
public class BankAccount extends BillingDetails {
   ...
}
```

Essa entidade não tem propriedade identificadora; ela herda automaticamente a propriedade e a coluna BILLING_DETAILS_ID da superclasse, e o Hibernate sabe como juntar as tabelas se você quiser recuperar instâncias de BankAccount. Claro que você pode especificar o nome da coluna explicitamente:

```
@Entity
@PrimaryKeyJoinColumn(name = "CREDIT_CARD_ID")
public class CreditCard extends BillingDetails {
    ...
}
```

E, por fim, este é o mapeamento equivalente com descritores XML do JPA:

```
<entity-mappings>

    <entity class="auction.model.BillingDetails" access="FIELD">
        <inheritance strategy="JOINED"/>
        ...
    </entity>
    <entity class="auction.model.BankAccount" access="FIELD"/>
    <entity class="auction.model.CreditCard" access="FIELD">
        <primary-key-join-column name="CREDIT_CARD_ID"/>
    </entity>

</entity-mappings>
```

Antes de lhe mostrarmos qual estratégia escolher, vamos considerar a mistura de estratégias de mapeamento de herança em uma única hierarquia de classe.

5.1.5 Como misturar estratégias de herança

Você pode mapear hierarquias de herança integralmente através dos elementos de mapeamento <union-subclass>, <subclass> e <joined-subclass> aninhados. Você não pode misturá-los – por exemplo, trocar de uma tabela por hierarquia de classe com um discriminador por uma estratégia normalizada tabela por subclasse. Uma vez que tenha tomado a decisão por uma estratégia de herança, você tem de ficar com ela.

Isso não é completamente verdade, entretanto. Com alguns truques do Hibernate, você pode trocar a estratégia de mapeamento de uma determinada subclasse. Por exemplo, você pode mapear uma hierarquia de classe para uma única tabela, mas para uma determinada subclasse, trocar para uma estratégia de mapeamento de tabela separada com uma chave estrangeira, assim como com a tabela por subclasse. Isso é possível com o elemento de mapeamento <join>:

```
<hibernate-mapping>
<class name="BillingDetails"
    table="BILLING_DETAILS">
<id>...</id>

    <discriminator
        column="BILLING_DETAILS_TYPE"
        type="string"/>
```

208 | JAVA PERSISTENCE COM HIBERNATE

```xml
...

<subclass
    name="CreditCard"
    discriminator-value="CC">

    <join table="CREDIT_CARD">
        <key column="CREDIT_CARD_ID"/>

        <property name="number" column="CC_NUMBER"/>
        <property name="expMonth" column="CC_EXP_MONTH"/>
        <property name="expYear" column="CC_EXP_YEAR"/>
        ...
    </join>

</subclass>

<subclass
    name="BankAccount"
    discriminator-value="BA">

    <property name=account" column="BA_ACCOUNT"/>
    ...
</subclass>

...

</class>
</hibernate-mapping>
```

O elemento <join> agrupa algumas propriedades e informa ao Hibernate que as pegue de uma tabela secundária. Esse elemento de mapeamento tem muitos usos, e você o verá novamente mais adiante neste livro. Nesse exemplo, ele separa as propriedades do CreditCard, tabela por hierarquia, para dentro da tabela CREDIT_CARD. A coluna CREDIT_CARD_ID dessa tabela é ao mesmo tempo a chave primária, e tem uma restrição de chave estrangeira referenciando a BILLING_DETAILS_ID da tabela da hierarquia. A subclasse BankAccount é mapeada para a tabela da hierarquia. Veja o esquema na Figura 5.4.

Em tempo de execução, o Hibernate executa uma junção externa para recuperar o BillingDetails e todas as instâncias das subclasses polimorficamente:

```sql
select
    BILLING_DETAILS_ID, BILLING_DETAILS_TYPE, OWNER,
    CC.CC_NUMBER, CC.CC_EXP_MONTH, CC.CC_EXP_YEAR,
    BA_ACCOUNT, BA_BANKNAME, BA_SWIFT
from
    BILLING_DETAILS
left outer join
    CREDIT_CARD CC
        on BILLING_DETAILS_ID = CC.CREDIT_CARD_ID
```

Capítulo 5 – Herança e tipos customizados | 209

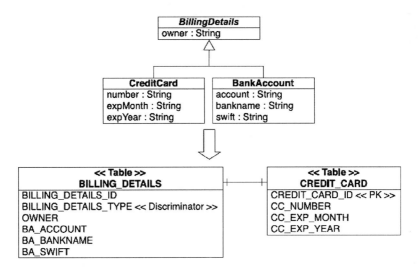

Figura 5.4 Separando a subclasse para sua própria tabela secundária.

Você também pode usar o truque <join> para outras subclasses da sua hierarquia de classe. Contudo, se você tem uma hierarquia de classe excepcionalmente ampla, a junção externa pode se tornar um problema. Alguns sistemas de banco de dados (o Oracle, por exemplo) limitam o número de tabelas em uma operação de junção externa. Para uma hierarquia ampla, você pode querer trocar para uma estratégia de recuperação diferente que execute imediatamente uma segunda seleção em vez de uma junção externa:

```
<subclass
    name="CreditCard"
    discriminator-value="CC">

    <join table="CREDIT_CARD" fetch="select">
        <key column="CREDIT_CARD_ID"/>
        ...
    </join>

</subclass>
```

O Java Persistence também suporta essa estratégia de mapeamento de herança misturada através das anotações. Mapeie a superclasse BillingDetails com InheritanceType.SINGLE_TABLE, como você fez anteriormente. Agora mapeie a subclasse que você quer separar da tabela única para uma tabela secundária.

```
@Entity
@DiscriminatorValue("CC")
@SecondaryTable(
```

JAVA PERSISTENCE COM HIBERNATE

```
    name = "CREDIT_CARD",
    pkJoinColumns = @PrimaryKeyJoinColumn(name = "CREDIT_CARD_ID")
)
public class CreditCard extends BillingDetails {

    @Column(table = "CREDIT_CARD",
            name = "CC_NUMBER",
            nullable = false)
    private String number;
    ...
}
```

Se você não especificar uma coluna de chave primária de junção para a tabela secundária, o nome da chave primária da tabela única de herança é usado – nesse caso, BILLING_DETAILS_ID. Note também que você precisa mapear todas as propriedades movidas para dentro da tabela secundária com o nome dessa tabela secundária.

Você também há de desejar mais dicas sobre como escolher uma combinação apropriada de estratégias de mapeamento para as hierarquias de classe da sua aplicação.

5.1.6 Como escolher uma estratégia

Você pode aplicar todas as estratégias de mapeamento nas classes abstratas e interfaces. As interfaces podem não ter estado, mas podem conter declarações de métodos de acesso e, por isso, elas possam ser tratadas como classes abstratas. Você pode mapear uma interface com <class>, <union-subclass>, <subclass> ou <joined-subclass>, e você pode mapear qualquer propriedade declarada ou herdada com <property>. O Hibernate não tentará instanciar uma classe abstrata, mesmo que você a consulte ou a carregue.

NOTA Note que a especificação JPA não suporta qualquer anotação de mapeamento em uma interface! Isso será resolvido em uma futura versão da especificação; quando você ler esse livro, isso provavelmente será possível com o Hibernate Annotations.

Eis aqui algumas receitas de bolo:

- Se você não precisa de associações ou consultas polimórficas, tenda na direção da tabela por classe concreta – em outras palavras, se você nunca ou raramente consulta BillingDetails e não tem uma classe que tenha uma associação para BillingDetails (nosso modelo tem). Um mapeamento explícito baseado em UNION deve ser preferido, pois consultas e associações polimórficas (otimizadas) serão possíveis mais adiante. O polimorfismo implícito na maioria das vezes é útil para consultas utilizando interfaces não relacionadas à persistência.

- Se você precisa de associações polimórficas (uma associação para a superclasse, portanto para todas as classes na hierarquia com resolução dinâmica da classe

Capítulo 5 – Herança e tipos customizados | 211

concreta em tempo de execução) ou consultas polimórficas, e as subclasses declaram relativamente poucas propriedades (particularmente se a principal diferença entre as subclasses for no seu comportamento), tenda na direção da tabela por hierarquia de classe. O seu objetivo é minimizar o número de colunas que permitem nulo e o de se convencer (e o seu DBA) que um esquema desnormalizado não irá criar problemas a longo prazo.

■ Se você precisa de associações e consultas polimórficas, e as subclasses declaram muitas propriedades (as subclasses se diferenciam principalmente pelos dados que elas têm), tenda na direção da tabela por subclasse. Ou, dependendo da largura e da profundidade da sua hierarquia de herança e do possível custo das junções versus as uniões, use tabela por classe concreta.

Por padrão, escolha tabela por hierarquia de classe somente para problemas simples. Para casos mais complexos (ou quando você é voto vencido de um modelador de dados que insiste na importância das restrições que permitem o valor nulo e da normalização), você deve considerar a estratégia tabela por subclasse. Mas nesse ponto, pergunte a si mesmo se não seria melhor remodelar a herança como delegação no seu modelo de objetos. A herança complexa é freqüentemente evitada da melhor maneira por todos os tipos de razões desassociadas à persistência ou ao ORM. O Hibernate age como um isolante entre os modelos de domínio e o relacional, mas isso não significa que você possa ignorar as preocupações de persistência quando estiver projetando as suas classes.

Quando você começar a pensar em misturar estratégias de herança, lembre-se de que o polimorfismo implícito ao Hibernate é esperto o suficiente para tratar dos casos mais exóticos. Por exemplo, considere uma interface adicional em nossa aplicação, ElectronicPaymentOption. Ela é uma interface de negócio que não tem um aspecto de persistência – exceto que, em nossa aplicação, uma classe persistente como a CreditCard irá provavelmente implementar essa interface. Não importa como você mapeie a hierarquia BillingDetails, o Hibernate pode responder a uma consulta from ElectronicPaymentOption corretamente. Isso funcionará até mesmo se outras classes, que não fazem parte da hierarquia BillingDetails, forem mapeadas persistentes e implementarem essa interface. O Hibernate sempre sabe que tabelas consultar, quais instâncias construir e como retornar um resultado polimórfico.

E, por fim, você também pode usar os elementos de mapeamento <union-subclass>, <subclass> e <joined-subclass> em um arquivo de mapeamento separado (como um elemento de nível superior em vez de <class>). Você então tem que declarar a classe que é estendida, como a <subclass name="CreditCard" extends="BillingDetails">, e o mapeamento da superclasse deve ser carregado programaticamente antes do arquivo de mapeamento da subclasse (você não tem que se preocupar com essa ordem quando listar os recursos de mapeamento no arquivo de configuração XML). Essa técnica lhe permite estender uma hierarquia de classe sem modificar o arquivo de mapeamento da superclasse.

212 | JAVA PERSISTENCE COM HIBERNATE

Agora você sabe tudo de que precisa saber sobre o mapeamento das entidades, das propriedades e das hierarquias de herança. Você já pode mapear modelos de domínio complexos. Na segunda metade deste capítulo, discutiremos outra característica importante que você deve saber de cor como um usuário do Hibernate: o sistema de mapeamento de tipo do Hibernate.

5.2 O SISTEMA DE TIPO DO HIBERNATE

No Capítulo 4, primeiro fizemos a distinção entre entidade e tipos de valor – um conceito central do ORM em Java. Nós devemos nos aprimorar nessa distinção para que você entenda completamente o sistema de tipo do Hibernate de entidades, tipos de valor e tipos de mapeamento.

5.2.1 Recapitulação de entidade e tipos de valor

As entidades são as classes de granulosidade grossa em nosso sistema. Normalmente se definem as características de um sistema nos termos das entidades envolvidas. *Um lance dado pelo usuário para um item* é uma definição típica de característica; ela menciona três entidades. Classes de tipo de valor freqüentemente nem mesmo aparecem nas necessidades de negócio – elas normalmente são as classes de granulosidade fina que representam as seqüências de caracteres, os números e as quantias monetárias. Ocasionalmente, os tipos de valor aparecem nas definições de característica: *o usuário mudar o endereço de cobrança* é um exemplo, assumindo que Address é um tipo de valor.

Mais formalmente, uma entidade é uma classe cujas instâncias têm suas próprias identidades persistentes. O tipo de valor é uma classe que não define qualquer tipo de identidade persistente. Na prática, isso significa que tipos entidade são classes com propriedades identificadoras, e classes de tipo de valor dependem de uma entidade.

Em tempo de execução, você tem uma rede de instâncias de entidade intercaladas com instâncias de tipo de valor. As instâncias de entidade podem estar em qualquer dos três estados persistentes: transiente, desligado, ou persistente. Não consideramos que esses estados de ciclo de vida se apliquem às instâncias do tipo de valor. (Voltaremos a essa discussão dos estados dos objetos no Capítulo 9.)

Então, entidades têm seus próprios ciclos de vida. Os métodos save() e delete() da interface do Hibernate Session se aplicam às instâncias das classes de entidade, nunca às instâncias de tipo de valor. O ciclo de vida da persistência de uma instância de tipo de valor é completamente amarrado ao ciclo de vida da instância de entidade dona. Por exemplo, o nome do usuário se torna persistente quando o usuário é salvo, ele nunca se torna persistente independentemente do usuário.

Capítulo 5 – Herança e tipos customizados

No Hibernate, um tipo de valor pode definir associações; é possível navegar a partir de uma instância de tipo de valor para alguma outra entidade. Contudo, nunca é possível navegar a partir dessa outra entidade de volta para a instância de tipo de valor. As associações sempre apontam para as entidades. Isso significa que uma instância de tipo de valor é pertencente a somente uma entidade quando ela é recuperada do banco de dados; ela nunca é compartilhada.

No nível do banco de dados, qualquer tabela é considerada uma entidade. Contudo, o Hibernate fornece certos conceitos para esconder, do código Java, a existência de uma entidade no nível do banco de dados. Por exemplo, um mapeamento de associação muitos-para-muitos esconde da aplicação a tabela de associação intermediária. Uma coleção de seqüências de caracteres (mais especificamente, uma coleção de instâncias de tipo de valor) se comporta como um tipo de valor do ponto de vista da aplicação; contudo, ela é mapeada para sua própria tabela. Embora essas características pareçam boas a princípio (elas simplificam o código Java), nós com o tempo ficamos desconfiados delas. Inevitavelmente, essas entidades escondidas acabam que precisam ser expostas para a aplicação à medida que as necessidades de negócio evoluem. A tabela de associação muitos-para-muitos, por exemplo, freqüentemente tem colunas adicionais acrescentadas à medida que a aplicação amadurece. Estamos quase preparados para recomendar que toda entidade no nível do banco de dados seja exposta para a aplicação como uma classe de entidade. Por exemplo, nós estaríamos inclinados a modelar a associação muitos-para-muitos como duas associações um-para-muitos para uma classe de entidade intermediária. Deixaremos a decisão final para você, no entanto, volte ao tópico de associações de entidade muitos-para-muitos em capítulos futuros.

As classes de entidade são sempre mapeadas para o banco de dados usando os elementos de mapeamento <class>, <union-subclass>, <subclass> e <joined-subclass>. Como são mapeados os tipos de valor?

Você já conheceu dois tipos diferentes de mapeamentos de tipo de valor: <property> e <component>. O tipo de valor de um componente é óbvio: é a classe que é mapeada como a que pode ser embutida. No entanto, o tipo de uma propriedade é uma noção mais genérica. Considere esse mapeamento do User do CaveatEmptor e o endereço de e-mail:

```
<property  name="email"
           column="EMAIL"
           type="string"/>
```

Vamos nos concentrar nesse atributo type="string". Você sabe que no ORM é imprescindível lidar com tipos Java e tipos de dados do SQL. Os dois diferentes sistemas de tipo devem ser ligados. Esse é o trabalho dos tipos mapeamento do Hibernate, e string é o nome de um tipo mapeamento inerente ao Hibernate.

214 | JAVA PERSISTENCE COM HIBERNATE

O tipo mapeamento string não é o único que já vem com o Hibernate. O Hibernate vem com vários tipos mapeamento que definem estratégias padronizadas de persistência para tipos primitivos do Java e certas classes do JDK.

5.2.2 Tipos de mapeamento inerentes

Os tipos mapeamento inerentes ao Hibernate normalmente compartilham o nome do tipo Java que eles mapeiam. Contudo, pode haver mais do que um tipo mapeamento do Hibernate para um determinado tipo Java.

Os tipos inerentes podem não ser usados para realizar conversões arbitrárias, como mapear um valor do banco de dados VARCHAR para um valor de propriedade do Java Integer. Você pode definir seus próprios tipos de valor (um tipo de mapeamento é um tipo de valor) personalizados para esse tipo de conversação, como será mostrado mais à frente neste capítulo.

Agora vamos discutir o básico, data e hora, objeto localizador, e vários outros tipos de mapeamento inerentes e mostrar-lhe-emos de qual tipo de dados Java e SQL eles tratam.

Tipos de mapeamento para primitivos Java

Os tipos mapeamento básicos da Tabela 5.1 mapeiam os tipos primitivos do Java (ou seus tipos de invólucros [wrapper]) para os apropriados tipos padronizados inerentes ao SQL.

Tabela 5.1 Tipos primitivos

Tipo de mapeamento	Tipo Java	Tipo inerente ao padrão SQL
integer	int or java.lang.Integer	INTEGER
long	long or java.lang.Long	BIGINT
short	short or java.lang.Short	SMALLINT
float	float or java.lang.Float	FLOAT
double	double or java.lang.Double	DOUBLE
big_decimal	java.math.BigDecimal	NUMERIC
character	java.lang.String	CHAR(1)
string	java.lang.String	VARCHAR
byte	byte or java.lang.Byte	TINYINT
boolean	boolean or java.lang.Boolean	BIT
yes_no	boolean or java.lang.Boolean	CHAR(1) ('Y' or 'N')
true_false	boolean or java.lang.Boolean	CHAR(1) ('T' or 'F')

CAPÍTULO 5 – HERANÇA E TIPOS CUSTOMIZADOS | 215

Você provavelmente notou que o seu banco de dados não suporta alguns dos tipos SQL mencionados na Tabela 5.1. Os nomes dos tipos listados são nomes do padrão ANSI de tipos de dados. A maioria dos fornecedores de banco de dados ignora essa parte do padrão SQL (pois seus sistemas de tipo do legado freqüentemente precedem o padrão). Contudo, o driver JDBC fornece uma abstração parcial dos tipos de dados SQL específicos do fornecedor, permitindo ao Hibernate trabalhar com os tipos do padrão ANSI enquanto executa a DML (Data Manipulation Language - Linguagem de Manipulação de Dados). Para a geração da DDL específica de um banco de dados, o Hibernate traduz o tipo do padrão ANSI para um tipo apropriado específico do fornecedor, usando o suporte inerente aos dialetos específicos do SQL. (Isso significa que normalmente você não precisa se preocupar com os tipos de dados SQL se estiver usando o Hibernate para o acesso aos dados e para a definição do esquema SQL.)

Além do mais, o sistema de tipo do Hibernate é esperto e pode trocar os tipos de dados SQL dependendo do tamanho definido do valor. O caso mais óbvio é o string: se você declarar um mapeamento de propriedade de seqüência de caracteres com o atributo length, o Hibernate escolherá o tipo correto de dados SQL dependendo do dialeto selecionado. Para o MySQL, por exemplo, um tamanho até 65535 resultará em uma coluna VARCHAR(length) normal quando o Hibernate exportar o esquema. Para tamanhos até 16777215, um tipo de dados MEDIUMTEXT é usado. Os mapeamentos de seqüência de caracteres maiores resultam em um LONGTEXT. Verifique o seu dialeto SQL (o código-fonte vem com o Hibernate) se você quiser saber os alcances para esse ou para outros tipos de mapeamento. Você poderá personalizar esse comportamento se criar uma subclasse do seu dialeto e sobrescrever essas definições.

A maioria dos dialetos também suporta a definição da escala e da precisão dos tipos de dados decimal do SQL. Por exemplo, a definição de um precision ou um scale no seu mapeamento de um BigDecimal cria um tipo de dados NUMERIC(precision, scale) para o MySQL.

E, por fim, os tipos de mapeamento yes_no e true_false são conversores que são mais úteis para esquemas de legado e para usuários do Oracle; os produtos SGBD do Oracle não possuem um tipo booleano ou de valor lógico (o único tipo de dados inerente realmente necessário pelo modelo de dados relacional).

Tipos de mapeamento para data e hora

A Tabela 5.2 lista os tipos do Hibernate associados com as datas, as horas e as marcações de horário. No seu modelo de domínio, você pode escolher representar os dados de data e hora usando java.util.Date, java.util.Calendar, ou as subclasses de java.util.Date definidas no pacote java.sql. Isso é uma questão de gosto, e deixamos a decisão para você - mas tenha certeza de que seja eficiente. (Na prática, vincular o seu modelo de domínio a tipos do pacote JDBC não é uma boa idéia.)

Uma advertência: Se você mapeia uma propriedade java.util.Date com timestamp (o caso mais comum), o Hibernate retorna um java.sql.Timestamp quando estiver carregando a propriedade a partir do banco de dados. O Hibernate tem que usar a subclasse do JDBC, pois ela inclui informação de um bilionésimo do segundo que possa estar presente no banco de dados. O Hibernate não pode simplesmente tirar essa informação. Você poderá ter problemas se tentar comparar suas propriedades java.util.Date com o método equals(), pois ele não é simétrico com o método equals() da subclasse java.sql.Timestamp. Primeiro, o jeito certo (em qualquer caso) para comparar dois objetos java.util.Date, que também funciona para qualquer subclasse, é aDate.getTime() > bDate.getTime() (para uma comparação maior que). Segundo, você pode escrever um tipo de mapeamento personalizado que tire a informação de um bilionésimo do segundo do banco de dados e retorna java.util.Date em todos os casos. Atualmente, (embora isso possa mudar no futuro), não existe tal tipo mapeamento que já venha com o Hibernate.

Tabela 5.2 Tipos data e hora

Tipo de mapeamento	Tipo Java	Tipo inerente ao padrão SQL
date	java.util.Date or java.sql.Date	DATE
time	java.util.Date or java.sql.Time	TIME
timestamp	java.util.Date or java.sql.Timestamp	TIMESTAMP
calendar	java.util.Calendar	TIMESTAMP
calendar_date	java.util.Calendar	DATE

Tipos de mapeamento para binário e valor grande

A Tabela 5.3 lista os tipos do Hibernate que tratam de dados binários e de valores grandes. Note que somente o binary é suportado como um tipo de uma propriedade identificadora.

Se uma propriedade na sua classe persistente Java for do tipo byte[], o Hibernate poderá mapeá-la para uma coluna VARBINARY, com o tipo mapeamento binary. (Note que o tipo real do SQL depende do dialeto; por exemplo, no PostgreSQL, o tipo SQL é BYTEA, e, no Oracle, é RAW.) Se uma propriedade na sua classe persistente Java for do tipo java.lang.String, o Hibernate poderá mapeá-la para uma coluna CLOB do SQL, com o tipo de mapeamento text.

Tabela 5.3 Tipos binários e de valores grandes

Tipo de mapeamento	Tipo Java	Tipo inerente ao padrão SQL
binary	byte[]	VARBINARY
text	java.lang.String	CLOB
clob	java.sql.Clob	CLOB
blob	java.sql.Blob	BLOB
serializable	Any Java class that implements java.io.Serializable	VARBINARY

Note que, em ambos os casos, o Hibernate inicializa imediatamente o valor da propriedade quando a instância da entidade, que contém a variável da propriedade, é carregada. Isso é inconveniente quando você tem de lidar com valores potencialmente grandes.

Uma solução é o carregamento preguiçoso através da interceptação do acesso ao campo, sob demanda. Contudo, essa abordagem requer instrumentação do bytecode das suas classes persistentes para a injeção de código extra. Iremos discutir carregamento preguiçoso através de instrumentação do bytecode e interceptação no Capítulo 13, Seção 13.1.6, "Carregamento preguiçoso com interceptação".

Uma segunda solução é um tipo diferente de propriedade na sua classe Java. O JDBC suporta objetos localizadores (LOBs) diretamente.[1] Se a sua propriedade Java for do tipo java.sql.Clob ou java.sql.Blob, você poderá mapeá-la com o tipo de mapeamento clob ou blob a fim de conseguir o carregamento preguiçoso de valores grandes sem a instrumentação do bytecode. Quando o dono da propriedade é carregado, o valor da propriedade é um objeto localizador - efetivamente, um ponteiro para o verdadeiro valor que ainda não está materializado. Uma vez que você acesse a propriedade, o valor se materializará. Esse carregamento sob demanda funcionará somente enquanto a transação do banco de dados estiver aberta, então você precisa acessar qualquer propriedade de tal tipo quando a instância da entidade dona estiver em um estado persistente e transacional, e não em um estado desligado. O seu modelo de domínio agora também está limitado ao JDBC, pois é necessária a importação do pacote java.sql. Ainda que as classes do modelo de domínio sejam executáveis em testes unitários isolados, você não pode acessar as propriedades LOB sem uma conexão com o banco de dados.

Mapear propriedades com valores potencialmente grandes é um pouco diferente se você se basear nas anotações do Java Persistence. Por padrão, uma propriedade do tipo java.lang.String é mapeada para uma coluna VARCHAR do SQL (ou equivalente, dependendo do dialeto SQL). Se você quer mapear uma propriedade de tipo java.lang.String, char[], Character[], ou até mesmo um java.sql.Clob para uma coluna CLOB, você precisa mapeá-la com a anotação @Lob:

```
@Lob
@Column(name = "ITEM_DESCRIPTION")
private String description;
```

---

[1] Jim Starkey, que é quem surgiu com a idéia dos LOBs, disse que os termos BLOB e CLOB não significam nada, mas que foram criados pelo departamento de marketing. Você pode interpretá-los da forma que quiser. Nós preferimos objetos localizadores, como uma dica de que eles trabalham como ponteiros.

218 | JAVA PERSISTENCE COM HIBERNATE

```
@Lob
@Column(name = "ITEM_IMAGE")
private byte[] image;
```

O mesmo é verdade para qualquer propriedade do tipo byte[], Byte[], ou java.sql.Blob. Note que, para todos os casos, exceto as propriedades que são do tipo java.sql.Clob ou java.sql.Blob, os valores são novamente carregados imediatamente pelo Hibernate, e não preguiçosamente sob demanda. Instrumentação do bytecode com código de interceptação é novamente uma opção para habilitar o carregamento preguiçoso de determinadas propriedades de forma transparente.

Para criar e definir o valor de um java.sql.Blob ou de um java.sql.Clob, se você tiver esses tipos de propriedade no seu modelo de domínio, use os métodos estáticos Hibernate.createBlob() e Hibernate.createClob() e forneça um arranjo de bytes, um fluxo de entrada (input stream), ou uma seqüência de caracteres.

E, finalmente, note que ambos, o Hibernate e o JPA, fornecem um sistema de restauração e recomposição dos dados de uma serialização para qualquer tipo de propriedade que é Serializable. Esse tipo mapeamento converte o valor de uma propriedade em um fluxo de bytes que então é guardado em uma coluna VARBINARY (ou equivalente). Quando o dono da propriedade é carregado, o valor da propriedade é desserializado. Naturalmente, você deve usar essa estratégia com extremo cuidado (os dados vivem mais tempo do que a aplicação), e ela é útil somente para dados temporários (preferências de um usuário, dados de login na sessão, e assim por diante).

Tipos de mapeamento para JDK

A Tabela 5.4 lista tipos do Hibernate para vários outros tipos Java do JDK que podem ser representados como um VARCHAR no banco de dados.

Você provavelmente notou que o <property> não é o único elemento de mapeamento do Hibernate que tem um atributo type.

Tabela 5.4 Outros tipos relacionados ao JDK

Tipo mapeamento	Tipo Java	Tipo inerente dão padrão SQL
class	java.lang.Class	VARCHAR
locale	java.util.Locale	VARCHAR
timezone	java.util.TimeZone	VARCHAR
currency	java.util.Currency	VARCHAR

5.2.3 Como usar os tipos de mapeamento

Todos os tipos de mapeamento básicos podem aparecer em quase todos os lugares do documento de mapeamento do Hibernate, em uma propriedade normal, em uma propriedade identificadora, e em outros elementos de mapeamento. Os elementos <id>, <property>, <version>, <discriminator>, <index> e <element>, todos definem um atributo chamado type.

Você pode ver o quão úteis são esses tipos de mapeamento inerentes a esse mapeamento para a classe BillingDetails:

```
<class name="BillingDetails" table="BILLING_DETAILS">
    <id name="id" type="long" column="BILLING_DETAILS_ID">
        <generator class="native"/>
    </id>
    <discriminator type="character" column="BILLING_DETAILS_TYPE"/>
    <property name="number" type="string"/>
    ....
</class>
```

A classe BillingDetails é mapeada como uma entidade. Suas propriedades discriminator, identifier e name são tipos de valor, e usamos os tipos de mapeamento inerentes ao Hibernate para especificar a estratégia de conversão.

Geralmente não é necessário especificar explicitamente um tipo mapeamento inerente ao documento de mapeamento XML. Por exemplo, se você tiver uma propriedade do tipo Java java.lang.String, o Hibernate descobrirá isso usando a reflexão e selecionará string por padrão. Podemos facilmente simplificar o exemplo de mapeamento anterior:

```
<class name="BillingDetails" table="BILLING_DETAILS">
    <id name="id" column="BILLING_DETAILS_ID">
        <generator class="native"/>
    </id>
    <discriminator type="character" column="BILLING_DETAILS_TYPE"/>
    <property name="number"/>
    ....
</class>
```

O Hibernate também entende type="java.lang.String"; assim ele não precisa usar a reflexão. O caso mais importante em que essa abordagem não funciona muito bem é com uma propriedade java.util.Date. Por padrão, o Hibernate interpreta um java.util.Date como um mapeamento timestamp. Você precisa explicitamente especificar type="time" ou type="date" se você não deseja persistir ambas as informações de data e hora.

Com anotações do JPA, o tipo mapeamento de uma propriedade é detectado automaticamente, assim como no Hibernate. Para uma propriedade java.util.Date ou java.util.Calendar, o padrão Java Persistence requer que você selecione a precisão com a anotação @Temporal:

220 | JAVA PERSISTENCE COM HIBERNATE

```
@Temporal(TemporalType.TIMESTAMP)
@Column(nullable = false, updatable = false)
private Date startDate;
```

Por outro lado, o Hibernate Annotations, afrouxando um pouco as regras do padrão, define como valor-padrão o TemporalType.TIMESTAMP - as opções são TemporalType.TIME e TemporalType.DATE.

Em outros casos raros, você pode querer adicionar a anotação @org.hibernate. annotations.Type a uma propriedade e declarar o nome do tipo de mapeamento do Hibernate, inerente ou personalizado, explicitamente. Isso será uma extensão muito mais comum quando você começar a escrever seus próprios tipos de mapeamento personalizados, o que fará mais adiante neste capítulo.

O descritor XML do JPA equivalente é como o seguinte:

```
<entity class="auction.model.Item" access="FIELD">
    <attributes>
        ...
        <basic name="startDate">
            <column nullable="false" updatable="false"/>
            <temporal>TIMESTAMP</temporal>
        </basic>
    </attributes>
</entity>
```

Para cada um dos tipos de mapeamento inerentes, uma constante é definida pela classe org.hibernate.Hibernate. Por exemplo, Hibernate.STRING representa o tipo de mapeamento string. Essas constantes são úteis para vinculação de parâmetro em uma consulta, como será discutido com mais detalhes nos Capítulos 14 e 15:

```
session.createQuery("from Item i where i.description like :desc")
    .setParameter("desc", d, Hibernate.STRING)
    .list();
```

Note que você também pode usar o método de vinculação de argumento setString() nesse caso. Essas constantes também são úteis para manipulação programática do metamodelo de mapeamento do Hibernate, como discutido no Capítulo 3.

O Hibernate não está limitado aos tipos de mapeamento inerentes. Consideramos o sistema extensível de mapeamento de tipo uma das características centrais e um importante aspecto que torna o Hibernate tão flexível.

5.3 COMO CRIAR TIPOS DE MAPEAMENTO CUSTOMIZADOS

Linguagens orientadas para objetos como o Java tornam fácil definir um novo tipo através da escrita de uma nova classe. Isso é uma parte fundamental da definição da orientação para objetos. Se ficássemos limitados aos tipos mapeamento, predefinidos, inerentes ao Hibernate, quando estivéssemos declarando propriedades de nossas classes persistentes, iríamos perder muito da expressividade do Java. Além do mais, a nossa implementação do modelo de domínio seria fortemente acoplada ao modelo de dados físico, pois novas conversões de tipo seriam impossíveis.

A maioria das soluções de ORM que vimos fornecem suporte para as estratégias definidas pelo usuário para realizar as conversões de tipo. Elas são freqüentemente chamadas de conversores. Por exemplo, o usuário pode criar uma nova estratégia para persistir uma propriedade do tipo JDK Integer para uma coluna VARCHAR. O Hibernate fornece uma característica similar, muito mais poderosa, chamada de tipos de mapeamento customizados.

Primeiro, você precisa entender quando é apropriado escrever o seu próprio tipo de mapeamento customizado e qual ponto de extensão do Hibernate é relevante para você. E, então, iremos escrever alguns tipos de mapeamento customizados e explorar as opções.

5.3.1 Considere os tipos de mapeamento customizados

Como um exemplo, pegue o mapeamento da classe Address de capítulos anteriores, como um componente:

```
<component name="homeAddress" class="Address">

    <property name="street" type="string" column="HOME_STREET"/>
    <property name="city" type="string" column="HOME_CITY"/>
    <property name="zipcode" type="string" column="HOME_ZIPCODE"/>

</component>
```

Esse mapeamento do tipo de valor é claro; todas as propriedades do novo tipo Java definido pelo usuário são mapeadas cada uma para uma coluna de um tipo de dados inerente ao SQL. Contudo, você pode mapeá-las alternativamente como uma simples propriedade, com um tipo de mapeamento customizado:

```
<property name="homeAddress"
    type="auction.persistence.CustomAddressType">

    <column name="HOME_STREET"/>
    <column name="HOME_CITY"/>
    <column name="HOME_ZIPCODE"/>

</property>
```

Essa é também provavelmente a primeira vez que você vê um único elemento <property> com vários elementos <column> aninhados dentro dele. Estamos transferindo a responsabilidade da tradução e da conversão que era do tipo de valor Address (ele não é nomeado em qualquer lugar) e das três colunas nomeadas para uma classe separada: auction.persistence.CustomAddressType. Essa classe agora é a responsável por carregar e salvar essa propriedade. Note que nenhum código Java muda na implementação do modelo de domínio - a propriedade homeAddress é do tipo Address.

Mas o benefício de substituir um mapeamento de componente por um tipo de mapeamento customizado é duvidoso nesse caso. Desde que você não precise de uma conversão especial quando estiver carregando e salvando esse objeto, o CustomAddressType que você teria de escrever é simplesmente um trabalho adicional. Contudo, já é possível ver que tipos de mapeamento customizados fornecem um isolamento adicional - algo que pode ser útil a longo prazo quando conversões extras forem necessárias. Claro que existem melhores casos de uso para tipos de mapeamento customizados, como você logo verá. (Muitos exemplos de tipos de mapeamento úteis do Hibernate podem ser encontrados na página da comunidade do Hibernate.)

Vamos dar uma olhada nos pontos de extensão do Hibernate para a criação dos tipos mapeamento customizados.

5.3.2 Os pontos de extensão

O Hibernate fornece várias interfaces que as aplicações podem usar quando se definem tipos de mapeamento customizados. Essas interfaces reduzem o trabalho envolvido na criação dos novos tipos de mapeamento e isolam o tipo customizado de mudanças no núcleo do Hibernate. Isso lhe permite atualizar o Hibernate e manter seus tipos de mapeamento customizados facilmente.

Os pontos de extensão são os seguintes:

- org.hibernate.usertype.UserType - O ponto de extensão básico, que é útil em várias situações. Ela fornece os métodos básicos para carregar e guardar de forma customizada as instâncias de tipo de valor.

- org.hibernate.usertype.CompositeUserType - Uma interface com mais métodos que a básica UserType, usada para expor características internas na sua classe de tipo de valor para o Hibernate, como as propriedades individuais. Com isso você pode se referir a essas propriedades em consultas do Hibernate.

- org.hibernate.usertype.UserCollectionType - Uma interface raramente necessária que é usada para implementar coleções customizadas. Um tipo de mapeamento customizado que implementa essa interface não é declarado em um mapeamento de propriedade, mas é útil para os mapeamentos customizados de coleção. Você tem de implementar esse tipo se você quer persistir uma coleção não JDK e quer preservar semânticas adicionais de forma persistente. Discutimos mapeamentos de coleção e esse ponto de extensão no próximo capítulo.

- org.hibernate.usertype.EnhancedUserType - Uma interface que estende a UserType e fornece métodos adicionais para organizar os dados (marshalling) dos tipos de valor para e a partir de representações XML, ou habilita um tipo de mapeamento customizado para ser usado em mapeamentos de identificador e de discriminador.

Capítulo 5 – Herança e tipos customizados | 223

- org.hibernate.usertype.UserVersionType - Uma interface que estende a UserType e fornece métodos adicionais que capacita o tipo de mapeamento customizado a ser usado nos mapeamentos de versão de uma entidade.

- org.hibernate.usertype.ParameterizedType - Uma interface útil que pode ser combinada com todas as outras para fornecer definições de configuração - ou seja, parâmetros definidos em metadados. Por exemplo, você pode escrever um único MoneyConverter que sabe como traduzir valores para euro ou dólares americanos, dependendo do parâmetro no mapeamento.

Agora iremos criar alguns tipos de mapeamento customizados. Você não deve considerar esse exercício desnecessário, mesmo se já estiver satisfeito com os tipos de mapeamento inerentes ao Hibernate. Por experiência, acreditamos que toda aplicação sofisticada possui vários bons casos de uso para os tipos de mapeamento customizados.

5.3.3 O caso para tipos de mapeamento customizados

A classe Bid define uma propriedade amount, e a classe Item define uma propriedade initialPrice; ambas são valores monetários. Até agora nós só usamos um simples BigDecimal para representar o valor, mapeado com big_decimal para uma única coluna NUMERIC.

Suponha que você queira suportar múltiplas moedas na aplicação de leilão e que você tenha que refatorar o modelo de domínio existente para essa mudança (motivada pelo cliente). Uma maneira de implementar essa mudança seria adicionar uma nova propriedade à classe Bid e à classe Item: amountCurrency e initialPriceCurrency. Você poderia, então, mapear essas novas propriedades para as colunas adicionais VARCHAR com o tipo de mapeamento inerente currency. Esperamos que você nunca use essa abordagem!

Ao invés disso, você deve criar uma nova classe MonetaryAmount que encapsula a moeda e a quantia. Note que ela é uma classe do seu modelo de domínio; ela não tem qualquer dependência nas interfaces do Hibernate:

```java
public class MonetaryAmount implements Serializable {

    private final BigDecimal amount;
    private final Currency currency;

    public MonetaryAmount(BigDecimal amount, Currency currency) {
        this.amount = amount;
        this.currency = currency;
    }

    public BigDecimal getAmount() { return amount; }

    public Currency getCurrency() { return currency; }
```

224 | JAVA PERSISTENCE COM HIBERNATE

```
public boolean equals(Object o) { ... }
public int hashCode() { ...}
}
```

Nós fizemos a MonetaryAmount uma classe imutável. Isso é uma boa prática no Java, pois simplifica a codificação. Note que você tem que implementar o equals() e o hashCode() para finalizar a classe (não há nada de especial a ser considerado aqui). Você usa essa nova MonetaryAmount para substituir o BigDecimal da propriedade initialPrice na classe Item. Você pode e deve usá-la para todos os outros preços BigDecimal em quaisquer classes persistentes, como o Bid.amount, e na lógica de negócio - por exemplo, no sistema de cobrança.

Vamos mapear a propriedade refatorada initialPrice da classe Item, com seu novo tipo MonetaryAmount, para o banco de dados.

5.3.4 Como criar um UserType

Imagine que você esteja trabalhando com um banco de dados legado que representa todas as quantias monetárias em dólares americanos. A aplicação não é mais restrita a uma única moeda (esse foi o ponto da refatoração), mas leva um pouco de tempo para a equipe do banco de dados realizar as mudanças. Você precisará converter a quantia em dólares americanos quando estiver persistindo objetos MonetaryAmount. Quando carregar do banco de dados, você converte de volta em moeda selecionada pelo usuário nas preferências dele ou dela.

Crie uma nova classe MonetaryAmountUserType que implemente a interface do Hibernate UserType. Este é o seu tipo de mapeamento customizado, mostrado na Listagem 5.4.

Listagem 5.4 Tipo de mapeamento customizado para quantias monetárias em dólares americanos

```
public class MonetaryAmountUserType
    implements UserType {

  public int[] sqlTypes() {         ◄────❶
    return new int[]{ Hibernate.BIG_DECIMAL.sqlType() };
  }
  public Class returnedClass() { return MonetaryAmount.class; }  ◄────❷

  public boolean isMutable() { return false; }  ◄────❸

  public Object deepCopy(Object value) { return value; }  ◄────❹

  public Serializable disassemble(Object value)  ◄────❺
    { return (Serializable) value; }

  public Object assemble(Serializable cached, Object owner)  ◄────❻
    { return cached; }

  public Object replace(Object original,  ◄────❼
                        Object target,
```

```
                        Object owner)
    { return original; }

public boolean equals(Object x, Object y) {  ◄────❽
    if (x == y) return true;
    if (x == null || y == null) return false;
    return x.equals(y);
}

public int hashCode(Object x) {
    return x.hashCode();
}

public Object nullSafeGet(ResultSet resultSet,  ◄────❾
                          String[] names,
                          Object owner)
        throws SQLException {

    BigDecimal valueInUSD = resultSet.getBigDecimal(names[0]);
    // Verificação diferida após primeira leitura
    if (resultSet.wasNull()) return null;
    Currency userCurrency = User.getPreferences().getCurrency();
    MonetaryAmount amount = new MonetaryAmount(valueInUSD, "USD");
    return amount.convertTo(userCurrency);
}

public void nullSafeSet(PreparedStatement statement,  ◄────❿
                        Object value,
                        int index)
        throws HibernateException, SQLException {

    if (value == null) {
        statement.setNull(index, Hibernate.BIG_DECIMAL.sqlType());
    } else {
        MonetaryAmount anyCurrency = (MonetaryAmount)value;
        MonetaryAmount amountInUSD =
            MonetaryAmount.convert( anyCurrency,
                                    Currency.getInstance("USD") );
        statement.setBigDecimal(index, amountInUSD.getAmount ());
    }
}
}
}
```

❶ O método sqlTypes() informa ao Hibernate quais os tipos das colunas SQL a serem usados para a geração da DDL do esquema. Perceba que esse método retorna um arranjo com os códigos dos tipos. Um UserType pode mapear uma única propriedade para múltiplas colunas, mas esse modelo de dados do legado tem somente uma coluna numérica. Usando o método Hibernate.BIG_DECIMAL.sqlType(), você deixa o Hibernate decidir o exato tipo de dados SQL para o dialeto do banco de dados dado. Alternativamente, retorne uma constante a partir do java.sql.Types.

❷ O método returnedClass() informa ao Hibernate qual classe Java de tipo valor é mapeada por esse UserType.

❸ O Hibernate pode fazer algumas pequenas otimizações de performance para tipos imutáveis como esse aqui, por exemplo, quando comparando "fotos instantâneas" (snapshots) durante a checagem de sujeira. O método isMutable() informa ao Hibernate que esse tipo é imutável.

❹ O UserType também é parcialmente responsável por criar uma "foto instantânea" de um valor em primeiro lugar. Pelo fato da MonetaryAmount ser uma classe imutável, o método deepCopy() retorna o seu argumento. No caso de um tipo mutável, ele precisaria retornar uma cópia do argumento que seria usado como o valor da "foto instantânea".

❺ O método disassemble() é chamado quando o Hibernate coloca um MonetaryAmount no cache de segundo nível. Como você irá aprender mais à frente, esse é um cache de dados que guarda a informação em uma forma serializada.

❻ O método assemble() faz o oposto do desmontador: ele pode transformar os dados do cache em uma instância de MonetaryAmount. Como você pode ver, a implementação de ambas as rotinas é fácil para os tipos imutáveis.

❼ Implemente o replace() para tratar a ligação de objetos em estado desligado. Como você verá mais adiante neste livro, o processo de ligação envolve um objeto original e um alvo, cujos estados devem ser combinados. Novamente, para tipos de valor imutáveis, retorne o primeiro argumento. Para tipos mutáveis, pelo menos retorne uma cópia profunda (deep copy) do primeiro argumento. Aos tipos mutáveis que possuam campos componente, você provavelmente irá querer aplicar uma rotina recursiva de ligação.

❽ O UserType é responsável pela checagem de sujeira dos valores das propriedades. O método equals() compara o valor da propriedade atual com uma "foto instantânea" anterior e determina se a propriedade é um lixo e deve ser sobrescrita no banco de dados. O hashCode() de duas instâncias iguais de tipo de valor tem que ser o mesmo. Geralmente delegamos esse método à classe de tipo de valor de fato - nesse caso, o método hashCode() do objeto MonetaryAmount dado.

❾ O método nullSafeGet() recupera o valor da propriedade a partir do ResultSet JDBC. Você também poderá acessar o dono do componente se precisar dele para a conversão. Todos os valores do banco de dados estão em dólares americanos, então você os converte na moeda que o usuário definiu como atual em suas preferências. (Note que depende de você implementar essa conversão e o tratamento das preferências.)

Capítulo 5 – Herança e tipos customizados | 227

⑩ O método nullSafeSet() escreve o valor da propriedade no PreparedStatement do JDBC. Esse método pega qualquer moeda definida e converte-a em uma simples quantia BigDecimal de dólares americanos antes de salvar o valor.

Agora você mapeia a propriedade initialPrice do Item da seguinte forma:

```
<property name="initialPrice"
    column="INITIAL_PRICE"
    type="persistence.MonetaryAmountUserType"/>
```

Note que você colocou o tipo customizado do usuário dentro do pacote persistence; ele é parte da camada de persistência da aplicação, e não do modelo de domínio ou da camada de negócio.

Para usar o tipo customizado nas anotações, você tem que adicionar uma extensão do Hibernate:

```
@org.hibernate.annotations.Type(
    type = " persistence.MonetaryAmountUserType"
)
@Column(name = "INITIAL_PRICE")
private MonetaryAmount initialPrice;
```

Esse é o tipo mais simples de transformação que um UserType pode realizar. Coisas muito mais sofisticadas são possíveis. Um tipo de mapeamento customizado pode realizar validação; ele pode ler e escrever dados para e a partir de um diretório LDAP; ele pode até recuperar objetos persistentes de um banco de dados diferente. A sua imaginação é o limite.

Na realidade, preferimos representar a quantia e a moeda das quantias monetárias no banco de dados, especialmente se o esquema não é legado, mas pode ser especificado (ou atualizado rapidamente). Vamos presumir que você tenha agora duas colunas disponíveis e possa guardar o MonetaryAmount sem muita conversão. Uma primeira opção pode ser novamente um simples mapeamento <component>. Contudo, vamos tentar resolver isso com um tipo de mapeamento customizado.

(No lugar de escrever um novo tipo customizado, tente adaptar o exemplo anterior para duas colunas. Você pode fazer isso sem mudar as classes Java do modelo de domínio - precisará somente atualizar o conversor para esse novo requerimento e a coluna adicional nomeada no mapeamento.)

A desvantagem de uma simples implementação UserType é que o Hibernate fica sem saber nada sobre as propriedades individuais dentro de um MonetaryAmount. Tudo o que ele sabe é a classe do tipo customizado e os nomes das colunas. O motor de consulta do Hibernate (mais à frente será discutido em mais detalhes) não sabe como consultar uma amount ou uma currency determinada.

228 | Java Persistence com Hibernate

Se você precisar de todo o poder das consultas do Hibernate, escreva um CompositeUserType Essa interface (um pouco mais complexa) expõe as propriedades da MonetaryAmount para as consultas do Hibernate. Agora iremos mapeá-la novamente, para duas colunas, com essa interface de customização mais flexível, efetivamente produzindo algo equivalente a um mapeamento de componente.

5.3.5 Como criar um CompositeUserType

Para demonstrar a flexibilidade dos tipos mapeamento customizados, você não vai mudar nada na classe MonetaryAmount (ou outra classe persistente) - você muda somente o tipo de mapeamento customizado, como mostrado na Listagem 5.5.

Listagem 5.5 Tipo de mapeamento customizado para quantias monetárias em novos esquemas de banco de dados

```
public class MonetaryAmountCompositeUserType
     implements CompositeUserType {

   // public int[] sqlTypes()...    ←————❶
   public Class returnedClass...
   public boolean isMutable...
   public Object deepCopy...
   public Serializable disassemble...
   public Object assemble...
   public Object replace...
   public boolean equals...
   public int hashCode...

   public Object nullSafeGet(ResultSet resultSet,    ←————❷
                             String[] names,
                             SessionImplementor session,
                             Object owner)
          throws SQLException {
      BigDecimal value = resultSet.getBigDecimal( names[0] );
      if (resultSet.wasNull()) return null;
      Currency currency =
         Currency.getInstance(resultSet.getString( names[1] ) );
      return new MonetaryAmount(value, currency);
   }

   public void nullSafeSet(PreparedStatement statement,    ←————❸
                           Object value,
                           int index,
                           SessionImplementor session)
          throws SQLException {

      if (value==null) {
         statement.setNull(index, Hibernate.BIG_DECIMAL.sqlType());
         statement.setNull(index+1, Hibernate.CURRENCY.sqlType());
      } else {
```

CAPÍTULO 5 – HERANÇA E TIPOS CUSTOMIZADOS — 229

```
        MonetaryAmount amount = (MonetaryAmount) value;
        String currencyCode =
                amount.getCurrency().getCurrencyCode();
        statement.setBigDecimal( index, amount.getAmount() );
        statement.setString( index+1, currencyCode );
    }
}

public String[] getPropertyNames() {    ◄——❹
    return new String[] { "amount", "currency" };
}

public Type[] getPropertyTypes() {    ◄——❺
    return new Type[] { Hibernate.BIG_DECIMAL,
                        Hibernate.CURRENCY };
}

public Object getPropertyValue(Object component, int property) {◄——❻
    MonetaryAmount monetaryAmount = (MonetaryAmount) component;
    if (property == 0)
        return monetaryAmount.getAmount();
    else
        return monetaryAmount.getCurrency();
}

public void setPropertyValue(Object component,    ◄——❼
                             int property,
                             Object value) {
    throw new UnsupportedOperationException("Immutable
        MonetaryAmount!");
    }
}
```

❶ A interface CompositeUserType requer os mesmos métodos de organização assim como os do UserType criado anteriormente. Contudo, o método sqlTypes() não é mais necessário.

❷ Carregar um arquivo agora é bem claro: você transforma os valores das duas colunas no conjunto de resultado para os valores das duas propriedades em uma nova instância MonetaryAmount.

❸ Salvar um valor envolve definir dois parâmetros na declaração preparada.

❹ Uma CompositeUserType expõe as propriedades do tipo de valor através do getPropertyNames().

❺ Cada propriedade tem o seu próprio tipo, como definido pelo getPropertyTypes(). Os tipos das colunas SQL agora são implícitos a partir desse método.

❻ O método getPropertyValue() retorna o valor de uma propriedade individual do MonetaryAmount.

❼ O método setPropertyValue() define o valor de uma propriedade individual do MonetaryAmount.

A propriedade initialPrice agora é mapeada para duas colunas, então você precisa declarar ambas no arquivo de mapeamento. A primeira coluna guarda o valor; a segunda guarda a moeda do MonetaryAmount:

```
<property name="initialPrice"
  type="persistence.MonetaryAmountCompositeUserType">
  <column name="INITIAL_PRICE"/>
  <column name="INITIAL_PRICE_CURRENCY"/>
</property>
```

Se o Item é mapeado com anotações, você tem que declarar várias colunas para essa propriedade. Você não pode usar a anotação javax.persistence.Column várias vezes, então uma nova anotação específica do Hibernate é necessária:

```
@org.hibernate.annotations.Type(
  type = "persistence.MonetaryAmountUserType"
)
@org.hibernate.annotations.Columns(columns = {
  @Column(name="INITIAL_PRICE"),
  @Column(name="INITIAL_PRICE_CURRENCY", length = 2)
})
private MonetaryAmount initialPrice;
```

Em uma consulta do Hibernate, agora você pode se referir às propriedades amount e currency do tipo customizado, mesmo que elas não apareçam em lugar algum no documento de mapeamento como propriedades individuais:

```
from Item i
where i.initialPrice.amount > 100.0
  and i.initialPrice.currency = 'AUD'
```

Você estendeu o isolamento entre o modelo de objetos Java e o esquema de banco de dados SQL com o novo tipo customizado composto. Ambas as representações agora estão mais robustas para as mudanças. Note que o número de colunas não é relevante para sua escolha de UserType versus CompositeUserType - somente o seu desejo de expor as propriedades de tipo de valor para as consultas do Hibernate.

Parametrização é uma característica útil para todos os tipos de mapeamento customizados.

5.3.6 Como parametrizar os tipos customizados

Vamos assumir que você esteja diante do problema inicial novamente: a conversão de dinheiro em uma moeda diferente quando tiver que guardá-lo no banco de dados. Freqüentemente, os problemas são mais sutis do que uma conversão genérica; por exemplo, você pode guardar dólares americanos em algumas tabelas e euros em outras. Você ainda quer

Capítulo 5 – Herança e tipos customizados | 231

escrever um único tipo mapeamento customizado para isso, que pode fazer conversões arbitrárias. Isso será possível se você adicionar a interface ParameterizedType às suas classes UserType ou CompositeUserType:

```java
public class MonetaryAmountConversionType
    implements UserType, ParameterizedType {

    // Parâmetro de configuração
    private Currency convertTo;

    public void setParameterValues(Properties parameters) {
        this.convertTo = Currency.getInstance(
                    parameters.getProperty("convertTo") );
                }

    // ... Métodos de organização

    public Object nullSafeGet(ResultSet resultSet,
                            String[] names,
                            SessionImplementor session,
                            Object owner)
            throws SQLException {

        BigDecimal value = resultSet.getBigDecimal( names[0] );
        if (resultSet.wasNull()) return null;
        // Quando carregando, pega a moeda do banco de dados
        Currency currency = Currency.getInstance(
                        resultSet.getString( names[1] )
                        );
        return new MonetaryAmount(value, currency);
    }

    public void nullSafeSet(PreparedStatement statement,
                        Object value,
                        int index,
                        SessionImplementor session)
            throws SQLException {

        if (value==null) {
            statement.setNull(index, Types.NUMERIC);
        } else {
            MonetaryAmount amount = (MonetaryAmount) value;
            // Quando guardando, converte a quantia para a
            // moeda que este conversor foi parametrizado com
            MonetaryAmount dbAmount =
                MonetaryAmount.convert(amount, convertTo);
            statement.setBigDecimal( index, dbAmount.getAmount() );
            statement.setString( index+1,
                            dbAmount.getCurrencyCode() );
        }
    }
}
```

232 | JAVA PERSISTENCE COM HIBERNATE

Deixamos de fora os usuais métodos obrigatórios de organização nesse exemplo. O método adicional importante é o setParameterValues() da interface ParameterizedType. O Hibernate chama esse método na inicialização para inicializar essa classe com um parâmetro convertTo. Os métodos nullSafeSet() usam essa definição para converter na moeda-alvo quando estiverem salvando um MonetaryAmount. O método nullSafeGet() pega a moeda que está presente no banco de dados e a deixa para que o cliente lide com ela de um MonetaryAmount carregado (essa implementação assimétrica não é a melhor idéia, naturalmente).

Você agora terá de definir os parâmetros de configuração no seu arquivo de mapeamento quando aplicar o tipo de mapeamento customizado. Uma solução simples é o mapeamento aninhado <type> em uma propriedade:

```
<property name="initialPrice">
   <column name="INITIAL_PRICE"/>
   <column name="INITIAL_PRICE_CUR"/>
   <type name="persistence.MonetaryAmountConversionType">
      <param name="convertTo">USD</param>
   </type>
</property>
```

Contudo, isso é inconveniente e requer duplicação se você tem muitas quantias monetárias no seu modelo de domínio. Uma estratégia melhor usa uma definição separada do tipo, incluindo todos os parâmetros, de baixo de um único nome que você pode então reutilizar por todos os seus mapeamentos. Você faz isso com um <typedef> separado, um elemento (você também pode usá-lo sem parâmetros):

```
<typedef class="persistence.MonetaryAmountConversionType"
         name="monetary_amount_usd">
   <param name="convertTo">USD</param>
</typedef>

<typedef class="persistence.MonetaryAmountConversionType"
         name="monetary_amount_eur">
   <param name="convertTo">EUR</param>
</typedef>
```

O que mostramos aqui é a vinculação de um tipo mapeamento customizado com alguns argumentos para os nomes monetary_amount_usd e monetary_amount_eur. Essa definição pode ser colocada em qualquer lugar dos seus arquivos de mapeamento; é um elemento-filho do <hibernate-mapping> (como mencionado anteriormente nesse livro, aplicações grandes possuem freqüentemente um ou vários arquivos MyCustomTypes.hbm.xml sem nenhum mapeamento de classe). Com as extensões do Hibernate, você pode definir tipos customizados nomeados e com parâmetros usando anotações:

Capítulo 5 – Herança e tipos customizados 233

```
@org.hibernate.annotations.TypeDefs({
  @org.hibernate.annotations.TypeDef(
    name="monetary_amount_usd",
    typeClass = persistence.MonetaryAmountConversionType.class,
    parameters = { @Parameter(name="convertTo", value="USD") }
  ),
  @org.hibernate.annotations.TypeDef(
    name="monetary_amount_eur",
    typeClass = persistence.MonetaryAmountConversionType.class,
    parameters = { @Parameter(name="convertTo", value="EUR") }
  )
})
```

Esse metadado de anotação também é global, então ele pode ser colocado fora de qualquer declaração de classe Java (logo após as declarações de import) ou em um arquivo separado, package-info.java, como discutido no Capítulo 2, Seção 2.2.1, "Como usar o Hibernate Annotations". Uma boa localização nesse sistema é no arquivo package-info.java no pacote persistence.

Em mapeamentos com anotação e com arquivos de mapeamento XML, agora você se referirá ao nome definido do tipo em vez do nome totalmente qualificado da classe do seu tipo customizado:

```
<property name="initialPrice"
        type="monetary_amount_usd">
  <column name="INITIAL_PRICE"/>
  <column name="INITIAL_PRICE_CUR"/>
</property>

@org.hibernate.annotations.Type(type = "monetary_amount_eur")
@org.hibernate.annotations.Columns({
  @Column(name = "BID_AMOUNT"),
  @Column(name = "BID_AMOUNT_CUR")
})
private MonetaryAmount bidAmount;
```

Vamos dar uma olhada em uma diferente, e extremamente importante, aplicação dos tipos de mapeamento customizados. O padrão de projeto "type-safe enumeration" pode ser encontrado em quase todas as aplicações.

5.3.7 Como mapear as enumerações

Um tipo de enumeração é um idioma Java comum onde a classe tem um número constante (pequeno) de instâncias imutáveis. No CaveatEmptor, isso pode ser aplicado aos cartões de crédito: por exemplo, para expressar os possíveis tipos que um usuário pode usar e que a aplicação oferece (Mastercard, Visa, e assim por diante). Ou, você pode enumerar as possíveis avaliações que um usuário pode enviar em um Comment, sobre um determinado leilão.

JAVA PERSISTENCE COM HIBERNATE

Em JDKs antigas, você tinha que implementar tais classes (vamos chamá-las de CreditCardType e Rating) você mesmo, seguindo o padrão "type-safe enumeration". Esse ainda é o jeito correto de proceder se você não quiser usar JDK 5.0; o padrão e os tipos de mapeamento customizados compatíveis podem ser achados na página da comunidade do Hibernate.

Como usar as enumerações no JDK 5.0

Se você usar JDK 5.0, poderá usar o suporte inerente à linguagem para as enumerações type-safe. Por exemplo, uma classe Rating se parece com a seguinte:

```
package auction.model;

public enum Rating {
    EXCELLENT, OK, BAD
}
```

A classe Comment tem uma propriedade desse tipo:

```
public class Comment {
    ...
    private Rating rating;
    private Item auction;
    ...
}
```

É assim que você usa a enumeração no código da aplicação:

```
Comment goodComment =
    new Comment(Rating.EXCELLENT, thisAuction);
```

Agora você tem que persistir essa instância Comment e seu Rating. Uma abordagem é usar o nome de fato da enumeração e salvá-la em uma coluna VARCHAR na tabela COMMENTS. Essa coluna RATING irá conter EXCELLENT, OK, ou BAD, dependendo do Rating dado.

Vamos escrever um UserType do Hibernate que pode carregar e guardar enumerações fundamentadas em VARCHAR, como o Rating.

Como escrever um tratador personalizado de enumeração

Ao invés da mais básica interface UserType, agora queremos lhe mostrar a interface EnhancedUserType. Essa interface lhe permite trabalhar com a entidade Comment em um modo de representação XML, e não somente como um POJO (veja a discussão de representação dos dados no Capítulo 3, Seção 3.4, "Representação alternativa de entidade"). Além do mais, a implementação que você irá escrever pode suportar qualquer enumeração fundamentada em VARCHAR, não somente o Rating, graças a interface ParameterizedType adicional.

Veja o código na Listagem 5.6.

CAPÍTULO 5 – HERANÇA E TIPOS CUSTOMIZADOS | 235

Listagem 5.6 Tipo de mapeamento customizado para enumerações fundamentadas em seqüência de caracteres

```java
public class StringEnumUserType
    implements EnhancedUserType, ParameterizedType {
  private Class<Enum> enumClass;
  public void setParameterValues(Properties parameters) {    ⟵❶
    String enumClassName =
      parameters.getProperty("enumClassname");
    try {
      enumClass = ReflectHelper.classForName(enumClassName);
    } catch (ClassNotFoundException cnfe) {
      throw new
        HibernateException("Enum class not found", cnfe);
    }
  }

  public Class returnedClass() {    ⟵❷
    return enumClass;
  }
  public int[] sqlTypes() {    ⟵❸
    return new int[] { Hibernate.STRING.sqlType() };
  }

  public boolean isMutable...    ⟵❹
  public Object deepCopy...
  public Serializable disassemble...
  public Object replace...
  public Object assemble...
  public boolean equals...
  public int hashCode...

  public Object fromXMLString(String xmlValue) {    ⟵❺
    return Enum.valueOf(enumClass, xmlValue);
  }

  public String objectToSQLString(Object value) {
    return '\'' + ( (Enum) value ).name() + '\'';
  }

  public String toXMLString(Object value) {
    return ( (Enum) value ).name();
  }
  public Object nullSafeGet(ResultSet rs,    ⟵❻
                            String[] names,
                            Object owner)
      throws SQLException {
    String name = rs.getString( names[0] );
    return rs.wasNull() ? null : Enum.valueOf(enumClass, name);    ⟵❼
  }

  public void nullSafeSet(PreparedStatement st,
```

JAVA PERSISTENCE COM HIBERNATE

```
                Object value,
                int index)
        throws SQLException {
    if (value == null) {
        st.setNull(index, Hibernate.STRING.sqlType());
    } else {
        st.setString( index, ( (Enum) value ).name() );
    }
    }
}
```

❶ O parâmetro de configuração para esse tipo mapeamento customizado é o nome da classe usada para a enumeração, como a Rating.

❷ Também é a classe que é retornada a partir desse método.

❸ Uma única coluna VARCHAR é necessária na tabela do banco de dados. Você o mantém portável deixando o Hibernate decidir o tipo de dados SQL.

❹ Esses são os métodos usuais de organização para um tipo imutável.

❺ Esses três métodos fazem parte da EnhancedUserType e são usados para a organização dos dados em XML.

❻ Estamos carregando uma enumeração, você pega seu nome a partir do banco de dados e cria uma instância.

❼ Quando estiver salvando uma enumeração, guardará o seu nome.

A seguir, você irá mapear a propriedade rating com esse novo tipo customizado.

Como mapear enumerações com XML e com anotações

No mapeamento XML, primeiro crie uma definição de tipo customizado:

```
<typedef class="persistence.StringEnumUserType"
    name="rating">
  <param name="enumClassname">auction.model.Rating</param>
</typedef>
```

Agora você pode usar o tipo nomeado de rating no mapeamento da classe Comment:

```
<property  name="rating"
           column="RATING"
           type="rating"
           not-null="true"
           update="false"
           access="field"/>
```

CAPÍTULO 5 – HERANÇA E TIPOS CUSTOMIZADOS | 237

Pelo fato das avaliações serem imutáveis, você pode mapeá-la como update="false" e habilitar o acesso direto ao campo (nenhum método setter para propriedades imutáveis). Se outras classes além da Comment tiverem uma propriedade Rating, use o tipo de mapeamento customizado novamente.

A definição e a declaração desse tipo mapeamento customizado com anotações são bem parecidas com as que você fez na seção anterior.

Por outro lado, você pode se basear no fornecedor Java Persistence para persistir as enumerações. Se você tem uma propriedade em uma das suas classes de entidade anotada do tipo java.lang.Enum (como a rating em um Comment), e ela não for marcada como @Transient ou transient (a palavra-chave Java), a implementação Hibernate do JPA deverá persistir essa propriedade por natureza sem reclamar; ela tem um tipo inerente que trata disso. Esse tipo de mapeamento inerente tem que padronizar a representação de uma enumeração no banco de dados. As duas escolhas comuns são a representação em seqüência de caracteres, como a que você implementou para o Hibernate nativo com um tipo customizado, ou a representação ordinal. Uma representação ordinal salva a posição da opção selecionada na enumeração: por exemplo, 1 para EXCELLENT, 2 para OK, e 3 para BAD. A coluna do banco de dados também assume como padrão uma coluna numérica. Você muda esse mapeamento padronizado de enumeração com a anotação Enumerated na sua propriedade:

```
public class Comment {
    ...

    @Enumerated(EnumType.STRING)
    @Column(name = "RATING", nullable = false, updatable = false)
    private Rating rating;
    ...
}
```

Agora você trocou para uma representação baseada em seqüência de caracteres, efetivamente a mesma representação que o seu tipo customizado pode ler e escrever. Você também pode usar um descritor XML do JPA:

```
<entity class="auction.model.Item" access="PROPERTY">
    <attributes>
        ...
        <basic name="rating">
            <column name="RATING" nullable="false" updatable="false"/>
            <enumerated>STRING</enumerated>
        </basic>
    </attributes>
</entity>
```

Você pode (com toda a razão) perguntar por que tem de escrever o seu próprio tipo de mapeamento customizado para enumerações quando obviamente o Hibernate, como um fornecedor Java Persistence, pode persistir e carregar enumerações por natureza. O segredo é que o Hibernate Annotations inclui vários tipos mapeamento customizados que implementam

JAVA PERSISTENCE COM HIBERNATE

o comportamento definido pelo Java Persistence. Você poderia usar esses tipos customizados em mapeamentos XML; contudo, eles não são amigáveis (eles precisam de muitos parâmetros) e não foram escritos para esse propósito. Você pode checar o fonte (como o org.hibernate.type.EnumType no Hibernate Annotations) para aprender seus parâmetros e decidir se quer usá-los diretamente no XML.

Como consultar com tipos de mapeamento customizados

Um problema com o qual você pode se deparar mais adiante é o uso tipos enumerados em consultas no Hibernate. Por exemplo, considere a seguinte consulta em HQL que recupera todos os comentários que foram avaliados como "bad":

```
Query q =
    session.createQuery(
        "from Comment c where c.rating = auction.model.Rating.BAD"
    );
```

Embora essa consulta funcione, se você persistir a sua enumeração como uma seqüência de caracteres (o analisador gramatical da consulta usa o valor da enumeração como uma constante), ela não funcionará caso você tenha selecionado a representação ordinal. Você tem que usar um parâmetro de vinculação e definir o valor da avaliação para a comparação programaticamente:

```
Query q =
    session.createQuery("from Comment c where c.rating = :rating");

Properties params = new Properties();
params.put( "enumClassname",
            "auction.model.Rating");

q.setParameter("rating", Rating.BAD,
               Hibernate.custom(StringEnumUserType.class, params)
               );
```

A última linha nesse exemplo usa o método estático de ajuda Hibernate.custom() para converter o tipo mapeamento customizado em um Type do Hibernate; essa é uma simples maneira de informar o Hibernate sobre o seu mapeamento da enumeração e de como ele lidará com o valor Rating.BAD. Note que você também tem de informar o Hibernate sobre quaisquer propriedades de inicialização de que o tipo parametrizado possa precisar.

Infelizmente, não existe nenhuma API no Java Persistence para parâmetros de consulta arbitrários e customizados, então você tem que retroceder para a API Session do Hibernate e criar um objeto Query do Hibernate.

Recomendamos que você fique intimamente familiarizado com o sistema de tipo do Hibernate e que considere a criação de tipos de mapeamento customizados uma habilidade essencial - ele será útil em qualquer aplicação que você desenvolver com o Hibernate ou com o JPA.

5.4 Resumo

Nesse capítulo, você aprendeu como as hierarquias de herança de entidades podem ser mapeadas para o banco de dados com as quatro estratégias básicas de mapeamento de herança: tabela por classe concreta com polimorfismo implícito, tabela por classe concreta com uniões, tabela por hierarquia de classe, e a estratégia normalizada tabela por subclasse. Você viu como essas estratégias podem ser misturadas para uma determinada hierarquia e quando cada estratégia é mais apropriada.

Também discutimos sobre a distinção da entidade e do tipo de valor do Hibernate, e como o sistema de mapeamento de tipo do Hibernate funciona. Você usou vários tipos inerentes e escreveu seus próprios tipos customizados utilizando os pontos de extensão do Hibernate como o UserType e o ParameterizedType.

A Tabela 5.5 mostra um resumo que você pode usar para comparar características do Hibernate nativo e do Java Persistence.

Tabela 5.5 Planilha de comparação do Hibernate e do JPA para o Capítulo 5

Hibernate Core	Java Persistence e EJB 3.0
Suporta quatro estratégias de mapeamento de herança. A mistura de estratégias de herança é possível.	Quatro estratégias de mapeamento de herança são padronizadas; a mistura de estratégias em uma hierarquia não é considerada portável. Somente tabela por hierarquia e tabela por subclasse são necessárias para os fornecedores compatíveis com o JPA.
Um supertipo persistente pode ser uma classe abstrata ou uma interface (com métodos de acesso às propriedades somente).	Um supertipo persistente pode ser uma classe abstrata; interfaces mapeadas não são consideradas portáveis.
Fornece tipos de mapeamento e conversores, inerentes, flexíveis, para propriedades de tipo de valor.	Existe detecção automática de tipos de mapeamento, com sobrescrita padronizada para tipos de mapeamento temporal e enum. Anotação de extensão do Hibernate é usada para qualquer declaração de tipo de mapeamento customizado.
Poderoso sistema de tipo extensível.	O padrão requer tipos inerentes a enumerações, LOBs, e muitos outros tipos de valor para o qual você tem de escrever ou aplicar um tipo de mapeamento customizado em Hibernate nativo.

O próximo capítulo introduz mapeamentos de coleção e discute como você pode tratar coleções de objetos de tipo de valor (por exemplo, uma coleção de Strings) e coleções que contêm referências para ins

CAPÍTULO 6

COMO MAPEAR COLEÇÕES
E ASSOCIAÇÕES DE ENTIDADE

Esse capítulo aborda

- Estratégias básicas de mapeamento de coleção
- Como mapear coleções de tipos de valor
- Como mapear um relacionamento de entidade pai/filho

Dois importantes (e algumas vezes difíceis de entender) tópicos não apareceram nos capítulos anteriores: o mapeamento de coleções e o mapeamento de associações entre classes de entidade.

A maioria dos desenvolvedores novos no Hibernate está lidando com as coleções e as associações de entidade pela primeira vez quando tentam mapear um típico *relacionamento pai/filho*. Mas ao invés de começarmos indo direto ao ponto, iniciaremos este capítulo com conceitos básicos de mapeamento de coleção e simples exemplos. Afinal de contas, você será preparado para a primeira coleção em uma associação de entidade – se bem que voltaremos a mapeamentos de associação de entidade mais complicados no próximo capítulo. Para ter uma visão completa, recomendamos que você leia os dois capítulos.

6.1 Conjuntos, sacolas, listas e mapas de tipos de valor

Um objeto de *tipo de valor* não tem identidade do banco de dados; ele pertence a uma instância de entidade, e seu estado persistente é embutido na linha da tabela da entidade dona – no mínimo, se uma entidade tiver uma referência para uma única instância de tipo de valor. Se uma classe de entidade tem uma coleção de tipos de valor (ou uma coleção de referências para instâncias de tipo de valor), você precisa de uma tabela adicional, a assim chamada tabela de coleção.

Antes de você mapear coleções de tipos de valor para tabelas de coleção, lembre que as classes de tipo de valor não possuem identificadores ou propriedades identificadoras. O tempo de vida de uma instância de tipo de valor é delimitado pelo ciclo de vida da instância de entidade dona. Um tipo de valor não suporta referências compartilhadas.

O Java tem uma rica API de coleção, então você pode escolher a interface e a implementação de coleção que melhor se encaixe no seu projeto de modelo de domínio. Vamos dar uma passada nos mapeamentos de coleção mais comuns.

Suponha que os vendedores no CaveatEmptor sejam capazes de anexar imagens aos Items. Uma imagem é acessível somente via o item que a contém; ela não precisa suportar associações de qualquer outra entidade no seu sistema. A aplicação gerencia a coleção de imagens através da classe Item, adicionando e removendo elementos. Um objeto de imagem não tem vida fora da coleção; ele é dependente de uma entidade Item.

Nesse caso, não é desarrazoado modelar a classe imagem como um tipo de valor.

A seguir, você precisa decidir qual coleção usar.

6.1.1 Como selecionar uma interface de coleção

O idioma para uma propriedade de coleção no modelo de domínio Java é sempre o mesmo:

```
private <<Interface>> images = new <<Implementação>>();

...
// Métodos getter e setter
```

242 | JAVA PERSISTENCE COM HIBERNATE

Use uma interface para declarar o tipo da propriedade, não a implementação. Pegue uma implementação que corresponda e inicialize a coleção de imediato; fazendo isso você evita coleções não inicializadas (não recomendamos inicializar as coleções sem que seja na declaração, em construtores ou métodos setter).

Se você trabalha com JDK 5.0, provavelmente irá codificar com versões genéricas das coleções do JDK. Note que isso não é uma necessidade; você também pode especificar o conteúdo da coleção explicitamente no metadado de mapeamento. Eis um típico Set genérico com um parâmetro de tipo:

```
private Set<String> images = new HashSet<String>();

...
// Métodos getter e setter
```

Por natureza, o Hibernate suporta as interfaces de coleção JDK mais importantes. Em outras palavras, ele sabe como preservar a semântica das coleções, mapas e arranjos JDK de um modo persistente. Cada interface tem uma implementação correspondente suportada pelo Hibernate, e é importante que você use a combinação certa. O Hibernate somente *envolve* o objeto coleção que você já inicializou na declaração do campo (ou às vezes o substitui, se ele não for o correto).

Sem estender o Hibernate, você pode escolher dentre as seguintes coleções:

- Uma java.util.Set é mapeada com o elemento <set>. Inicialize a coleção com a java.util.HashSet. A ordem dos seus elementos não é preservada, e a duplicação de elementos não é permitida. Essa é a coleção persistente mais comum em uma aplicação típica com Hibernate.

- Uma java.util.SortedSet pode ser mapeada com <set>, e o atributo sort pode ser definido para um comparador ou uma ordenação natural para classificação em memória. Inicialize a coleção com uma instância de java.util.TreeSet.

- Uma java.util.List pode ser mapeada com <list>, ela preserva a posição de cada elemento com uma coluna adicional de índice na tabela de coleção. Inicialize com uma java.util.ArrayList.

- Uma java.util.Collection pode ser mapeada com <bag> ou <idbag>. O Java não tem uma interface ou uma implementação Bag; contudo, a java.util.Collection permite semânticas de sacola (possíveis duplicações, a ordem dos elementos não é preservada). O Hibernate suporta sacolas persistentes (ele usa listas internamente, mas ignora o índice dos elementos). Use uma java.util.ArrayList para inicializar uma coleção de sacola.

- Uma java.util.Map pode ser mapeada com <map>, ela preserva pares de chave e valor. Use uma java.util.HashMap para inicializar uma propriedade.

CAPÍTULO 6 – COMO MAPEAR COLEÇÕES E ASSOCIAÇÕES DE ENTIDADE | 243

■ Uma java.util.SortedMap pode ser mapeada com o elemento <map>, e o atributo sort pode ser definido para um comparador ou uma ordenação natural para classificação em memória. Inicialize a coleção com uma instância de java.util.TreeMap.

■ Os arranjos são suportados pelo Hibernate com <primitive-array> (para tipos de valor do Java primitivo) e <array> (para todo o resto). Contudo, eles raramente são usados nos modelos de domínio, pois o Hibernate não pode envolver propriedades de arranjo. Você perde carregamento preguiçoso sem instrumentação de bytecode, e checagem de sujeira otimizada, características essenciais de comodidade e performance para coleções persistentes.

O padrão JPA não menciona todas essas opções. Os tipos de propriedade de coleção padrão são Set, List, Collection e Map. Os arranjos não são considerados.

Além disso, a especificação JPA somente especifica que as propriedades de coleção guardam referências para objetos de entidade. As coleções de tipos de valor, como simples instâncias String, não são padronizadas. Contudo, o documento da especificação já menciona que versões futuras do JPA irão suportar as classes que podem ser embutidas como elementos da coleção (em outras palavras, tipos de valor). Você irá precisar de suporte específico de fornecedor se quiser mapear as coleções de tipos de valor com anotações. O Hibernate Annotations inclui esse suporte, e esperamos que muitos outros fornecedores de JPA.

Se quiser mapear interfaces e implementações de coleção não suportadas diretamente pelo Hibernate, você precisa informar o Hibernate sobre as semânticas das suas coleções customizadas. O ponto de extensão no Hibernate é chamado de PersistentCollection; normalmente você estende uma das classes existentes: PersistentSet, PersistentBag ou PersistentList. As coleções persistentes customizadas não são muito fáceis de escrever e não recomendamos que faça isso se não for um usuário experiente do Hibernate. Um exemplo pode ser encontrado no código-fonte do conjunto de teste do Hibernate, que vem como parte do pacote baixado do Hibernate.

Agora veremos vários cenários, sempre implementando a coleção das imagens de um item. Primeiro você a mapeia em XML e, em seguida, com o suporte do Hibernate para anotações de coleção. Por agora, assuma que a imagem fique guardada em algum lugar no sistema de arquivos e que você só mantém o nome do arquivo no banco de dados. Como as imagens são guardadas e carregadas com essa abordagem não é discutido; nós nos concentramos no mapeamento.

6.1.2 Como mapear um conjunto

A implementação mais simples é um Set com os nomes dos arquivos das imagens em String. Primeiro, adicione uma propriedade de coleção na classe Item:

244 | JAVA PERSISTENCE COM HIBERNATE

```
private Set images = new HashSet();
...
public Set getImages() {
   return this.images;
}
public void setImages(Set images) {
   this.images = images;
}
```

Agora, crie o seguinte mapeamento no metadado XML do Item:

```
<set name="images" table="ITEM_IMAGE">

   <key column="ITEM_ID"/>

   <element type="string" column="FILENAME" not-null="true"/>
</set>
```

Os nomes dos arquivos das imagens são guardados em uma tabela chamada ITEM_IMAGE, a tabela de coleção. Do ponto de vista do banco de dados, essa tabela é uma entidade separada, uma tabela separada, mas o Hibernate esconde isso de você. O elemento <key> declara a coluna de chave estrangeira na tabela de coleção que referencia a chave primária ITEM_ID da entidade dona. A tag <element> declara essa coleção como uma coleção de instâncias de tipo de valor – nesse caso, de seqüências de caracteres.

Um conjunto não pode conter elementos duplicados, com isso a chave primária da tabela de coleção ITEM_IMAGE é um composto de ambas as colunas na declaração <set>: ITEM_ID e FILENAME. Você pode ver o esquema na Figura 6.1.

ITEM	
ITEM_ID	NAME
1	Foo
2	Bar
3	Baz

ITEM_IMAGE	
ITEM_ID	FILENAME
1	fooimage1.jpg
1	fooimage2.jpg
2	barimage1.jpg

Figura 6.1 Estrutura da tabela e exemplo de dados
para uma coleção de seqüências de caracteres.

Acho improvável que você permita que o usuário anexe a mesma imagem mais de uma vez, mas vamos supor que você queira isso. Que tipo de mapeamento seria apropriado para esse caso?

6.1.3 Como mapear uma sacola identificadora

Uma coleção não ordenada que permita elementos duplicados é chamada de *sacola*. Curiosamente, o framework Java Collections não inclui uma implementação de sacola. Contudo, a interface java.util.Collection possui semânticas de sacola, então você só precisa de uma implementação que combine. Você tem duas opções:

Capítulo 6 – Como mapear coleções e associações de entidade | 245

- Escreva a propriedade de coleção com a interface java.util.Collection, e, na declaração, inicialize-a com um ArrayList do JDK. Mapeie a coleção no Hibernate com um elemento padronizado <bag> ou <idbag>. O Hibernate tem um PersistentBag inerente que pode lidar com listas; contudo, de forma consistente com o contrato de uma sacola, ele ignora a posição dos elementos no ArrayList, Em outras palavras, você consegue uma Collection persistente.

- Escreva a propriedade de coleção com a interface java.util.List, e, na declaração, inicialize-a com um ArrayList do JDK. Mapeie-a como na opção anterior, mas exponha uma diferente interface de coleção na classe do modelo de domínio. Essa abordagem funciona, mas não é recomendada, pois os clientes usando essa propriedade de coleção podem achar que a ordem dos elementos é sempre preservada, o que não será o caso se ela for mapeada com <bag> ou <idbag>.

Recomendamos a primeira opção. Mude o tipo das images na classe Item de Set para Collection, e inicialize-a com um ArrayList:

```
private Collection images = new ArrayList();
...
public Collection getImages() {
    return this.images;
}
public void setImages(Collection images) {
    this.images = images;
}
```

Note que o método setter aceita uma Collection, que pode ser qualquer coisa na hierarquia de interface de coleção do JDK. Contudo, o Hibernate é esperto o suficiente para substituir isso quando estiver persistindo a coleção. (Ele também se baseia em um ArrayList internamente, assim como você fez na declaração do campo.)

Você também tem que modificar a tabela de coleção para permitir FILENAMEs duplicados; a tabela precisa de uma chave primária diferente. Um mapeamento <idbag> adiciona uma coluna com chave de surrogate à tabela de coleção, muito parecido com os identificadores sintéticos que você usou para as classes de entidade:

```
<idbag name="images" table="ITEM_IMAGE">

    <collection-id type="long" column="ITEM_IMAGE_ID">
        <generator class="sequence"/>
    </collection-id>

    <key column="ITEM_ID"/>

    <element type="string" column="FILENAME" not-null="true"/>
</idbag>
```

ITEM	
ITEM_ID	NAME
1	Foo
2	Bar
3	Baz

ITEM_IMAGE		
ITEM_IMAGE_ID	ITEM_ID	FILENAME
1	1	fooimage1.jpg
2	1	fooimage1.jpg
3	3	barimage1.jpg

Figura 6.2 Uma chave primária de surrogate permite elementos da sacola duplicados.

Nesse caso, a chave primária é a gerada ITEM_IMAGE_ID, como você pode ver na Figura 6.2. Note que o gerador native para as chaves primárias não é suportado para os mapeamentos <idbag>; você tem que dar o nome de uma estratégia concreta. Isso normalmente não é problema, pois as aplicações do mundo real freqüentemente usam um gerador de identificador customizado de qualquer modo. Você também pode isolar a sua estratégia de geração de identificador com espaços reservados; veja o Capítulo 3, Seção 3.3.4.3, "Como usar espaços reservados (placeholders)".

Note também que a coluna ITEM_IMAGE_ID não é exposta para a aplicação de maneira alguma. O Hibernate a gerencia internamente.

Um cenário mais provável é aquele em que você deseja preservar a ordem nas quais as imagens são anexadas ao Item. Existem inúmeras maneiras (boas maneiras) de se fazer isso; uma delas é usar realmente uma lista, em vez de uma sacola.

6.1.4 Como mapear uma lista

Primeiro, vamos atualizar a classe Item:

```
private List images = new ArrayList();
...
public List getImages() {
   return this.images;
}

public void setImages(List images) {
   this.images = images;
}
```

O mapeamento <list> necessita da adição de uma *coluna de índice* à tabela de coleção. A coluna de índice define a posição do elemento na coleção. Dessa forma, o Hibernate é capaz de preservar a ordenação dos elementos da coleção. Mapeie a coleção como um <list>:

```
<list name="images" table="ITEM_IMAGE">

   <key column="ITEM_ID"/>

   <list-index column="POSITION"/>
```

Capítulo 6 – Como Mapear Coleções e Associações de Entidade

```
    <element type="string" column="FILENAME" not-null="true"/>
</list>
```

(Também existe um elemento index no DTD do XML, para compatibilidade com o Hibernate 2.x. O novo list-index é recomendado; é menos confuso e faz a mesma coisa.)

A chave primária da tabela de coleção é um composto das colunas ITEM_ID e POSITION. Perceba que elementos duplicados (FILENAME) são permitidos agora, o que é consistente com as semânticas de uma lista, veja a Figura 6.3.

ITEM

ITEM_ID	NAME
1	Foo
2	Bar
3	Baz

ITEM_IMAGE

ITEM_ID	POSITION	FILENAME
1	0	fooimage1.jpg
1	1	fooimage2.jpg
1	2	foomage3.jpg

Figura 6.3 A tabela de coleção preserva a posição de cada elemento.

O índice da lista persistente começa com zero. Você poderia mudar isso, por exemplo, com <list-index base="1".../> no seu mapeamento. Note que o Hibernate adicionará elementos nulos a sua lista Java se os números do índice não forem contínuos no banco de dados.

Alternativamente, você poderia mapear um arranjo Java em vez de uma lista. O Hibernate suporta isso; um mapeamento de arranjo é virtualmente idêntico ao exemplo anterior, exceto pelo nome diferente do elemento e do atributo (<array> e <array-index>). Contudo, por razões explicadas anteriormente, aplicações com Hibernate raramente usam arranjos.

Agora, suponha que as imagens para um item tenham nomes fornecidos pelo usuário junto com o nome do arquivo. Uma maneira de modelar isso em Java é com um mapa, com nomes como chaves e nomes dos arquivos como valores do mapa.

6.1.5 Como mapear um mapa

Novamente, faça uma pequena mudança na classe Java:

```
private Map images = new HashMap();
...
public Map getImages() {
    return this.images;
}

public void setImages(Map images) {
    this.images = images;
}
```

Mapear um <map> é igual a mapear uma lista.

248 | JAVA PERSISTENCE COM HIBERNATE

ITEM

ITEM_ID	NAME
1	Foo
2	Bar
3	Baz

ITEM_IMAGE

ITEM_ID	IMAGENAME	FILENAME
1	Image One	fooimage1.jpg
1	Image Two	fooimage2.jpg
1	Image Three	foomage3.jpg

Figura 6.4 Tabelas para um mapa,
usando seqüências de caracteres como índices e elementos.

```
<map name="images" table="ITEM_IMAGE">

    <key column="ITEM_ID"/>

    <map-key column="IMAGENAME" type="string"/>

    <element type="string" column="FILENAME" not-null="true"/>
</map>
```

A chave primária da tabela de coleção é um composto das colunas ITEM_ID e IMAGENAME. A coluna IMAGENAME guarda as chaves do mapa. Novamente, elementos duplicados são permitidos; consulte a Figura 6.4 para uma visão gráfica das tabelas.

Esse mapa não é ordenado. E se você quiser classificar o seu mapa pelo nome da imagem?

6.1.6 Coleções classificadas e ordenadas

Em um surpreendente abuso da língua portuguesa, as palavras classificar e ordenar significam coisas diferentes quando se trata das coleções persistentes do Hibernate. Uma *coleção classificada* é classificada em memória usando um comparador do Java. Uma *coleção ordenada* é ordenada no nível do banco de dados usando uma consulta SQL com uma cláusula order by.

Vamos fazer do mapa das imagens um mapa classificado. Primeiro, você precisa mudar a inicialização da propriedade Java para java.util.TreeMap e trocar para a interface java.util.SortedMap:

```
private SortedMap images = new TreeMap();
...
public SortedMap getImages() {
    return this.images;
}

public void setImages(SortedMap images) {
    this.images = images;
}
```

O Hibernate trata essa coleção adequadamente, se mapeá-la como classificada:

```
<map name="images"
     table="ITEM_IMAGE"
     sort="natural">

  <key column="ITEM_ID"/>

  <map-key column="IMAGENAME" type="string"/>

  <element type="string" column="FILENAME" not-null="true"/>
</map>
```

Especificando sort="natural", você informa ao Hibernate que use uma SortedMap e classifique os nomes das imagens de acordo com o método compareTo() do java.lang.String. Se você precisa de algum outro algoritmo de classificação (por exemplo, ordem alfabética reversa), você pode especificar o nome de uma classe que implementa java.util.Comparator no atributo sort. Por exemplo:

```
<map name="images"
     table="ITEM_IMAGE"
     sort="auction.util.comparator.ReverseStringComparator">

  <key column="ITEM_ID"/>

  <map-key column="IMAGENAME" type="string"/>

  <element type="string" column="FILENAME" not-null="true"/>
</map>
```

Uma java.util.SortedSet (com uma implementação java.util.TreeSet) é mapeada assim:

```
<set name="images"
     table="ITEM_IMAGE"
     sort="natural">

  <key column="ITEM_ID"/>

  <element type="string" column="FILENAME" not-null="true"/>
</set>
```

As sacolas não podem ser classificadas (não existe uma TreeBag, infelizmente), nem as listas; a ordem dos elementos da lista é definida pelo índice da lista.

Alternativamente, em vez de mudar para as interfaces Sorted* (e as implementações Tree*), você pode querer trabalhar com um mapa encadeado e classificar os elementos no lado do banco de dados, e não na memória. Mantenha a declaração Map/HashMap na classe Java e crie o seguinte mapeamento:

```
<map name="images"
   table="ITEM_IMAGE"
   order-by="IMAGENAME asc">
```

JAVA PERSISTENCE COM HIBERNATE

```
<key column="ITEM_ID"/>

<map-key column="IMAGENAME" type="string"/>

<element type="string" column="FILENAME" not-null="true"/>
</map>
```

A expressão no atributo order-by é um fragmento de uma cláusula SQL order by. Nesse caso, o Hibernate ordena os elementos da coleção pela coluna IMAGENAME em ordem ascendente durante o carregamento da coleção. Você pode até incluir uma chamada a uma função SQL no atributo order-by:

```
<map name="images"
      table="ITEM_IMAGE"
      order-by="lower(FILENAME) asc">

<key column="ITEM_ID"/>

<map-key column="IMAGENAME" type="string"/>

<element type="string" column="FILENAME" not-null="true"/>
</map>
```

Você pode ordenar por qualquer coluna da tabela de coleção. Internamente, o Hibernate usa uma LinkedHashMap, uma variação de um mapa que preserva a ordem de inserção dos elementos-chave. Em outras palavras, a ordem que o Hibernate usa para adicionar os elementos à coleção, durante o carregamento da coleção, é a ordem de iteração que você vê na sua aplicação. O mesmo pode ser feito com um conjunto: o Hibernate usa internamente uma LinkedHashSet. Na sua classe Java, a propriedade é uma Set/HashSet normal, mas o envolvimento interno do Hibernate com uma LinkedHashSet é novamente habilitado com o atributo order-by:

```
<set name="images"
     table="ITEM_IMAGE"
     order-by="FILENAME asc">

<key column="ITEM_ID"/>

<element type="string" column="FILENAME" not-null="true"/>
</set>
```

Você também pode deixar o Hibernate ordenar os elementos de uma sacola para você durante o carregamento da coleção. A sua propriedade de coleção Java é ou Collection/ArrayList ou List/ArrayList. Internamente, o Hibernate usa um ArrayList para implementar uma sacola que preserva a ordem da iteração de inserção:

```
<idbag name="images"
       table="ITEM_IMAGE"
       order-by="ITEM_IMAGE_ID desc">
```

```xml
<collection-id type="long" column="ITEM_IMAGE_ID">
  <generator class="sequence"/>
</collection-id>

<key column="ITEM_ID"/>

<element type="string" column="FILENAME" not-null="true"/>
</idbag>
```

As coleções encadeadas que o Hibernate usa internamente para conjuntos e mapas estão disponíveis somente no JDK 1.4 ou mais recentes; JDKs mais antigas não vêm com LinkedHashMap e LinkedHashSet. As sacolas ordenadas estão disponíveis em todas as versões da JDK; internamente, um ArrayList é usado.

Em um sistema real, é provável que você precise manter mais do que o nome e o nome do arquivo da imagem. Você possivelmente precisará criar uma classe Image para essa informação extra. Esse é o perfeito caso de uso para uma coleção de componentes.

6.2 Coleções de componentes

Você poderia mapear a Image como uma classe de entidade e criar um relacionamento um-para-muitos de Item para Image. Contudo, isso não é necessário, pois a Image pode ser modelada como um tipo de valor: instâncias dessa classe têm um ciclo de vida dependente, não precisam de uma identidade própria, e não precisam suportar referências compartilhadas.

Como um tipo de valor, a classe Image define as propriedades name, filename, sizeX e sizeY. Ela tem uma única associação com sua dona, a classe de entidade Item, como é mostrado na Figura 6.5.

Como você pode ver pelo estilo da associação de composição (o diamante preenchido), Image é um componente de Item, e Item é a entidade responsável pelo ciclo de vida das instâncias Image. A multiplicidade da associação também declara essa associação como multivalorada – ou seja, muitas (ou zero) instâncias Image para a mesma instância Item.

Vamos dar uma passada na implementação disso em Java e pelo mapeamento em XML.

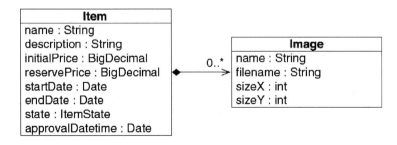

Figura 6.5 Coleção de componentes Image em Item.

6.2.1 Como escrever classe componente

Primeiro, implemente a classe Image como um POJO comum. Como já foi comentado no Capítulo 4, as classes componentes não possuem uma propriedade identificadora. Você deve implementar o equals() (e o hashCode()) e comparar as propriedades name, filename, sizeX e sizeY. O Hibernate se baseia nessa rotina de igualdade para checar as instâncias por alguma modificação. Uma implementação customizada do equals() e do hashCode() não é necessária para todas as classes componentes (nós íamos mencionar isso antes). Contudo, recomendamos a implementação para qualquer classe componente, pois a implementação é clara, e "é melhor prevenir do que remediar" é um bom provérbio.

A classe Item pode ter um Set de imagens, sem a permissão de duplicações. Vamos mapear isso para o banco de dados.

6.2.2 Como mapear coleção

A coleções de componentes são mapeadas semelhantemente às coleções de tipo de valor do JDK. A única diferença é o uso da tag <composite-element> no lugar de uma tag <element>. Um conjunto ordenado de imagens (internamente, uma LinkedHashSet) pode ser mapeado assim:

```
<set name="images"
    table="ITEM_IMAGE"
    order-by="IMAGENAME asc">

    <key column="ITEM_ID"/>

    <composite-element class="Image">
        <property name="name" column="IMAGENAME" not-null="true"/>
        <property name="filename" column="FILENAME" not-null="true"/>
        <property name="sizeX" column="SIZEX" not-null="true"/>
        <property name="sizeY" column="SIZEY" not-null="true"/>
    </composite-element>
</set>
```

As tabelas com dados de exemplo são mostradas na Figura 6.6.

Isso é um conjunto, então a chave primária da tabela de coleção é um composto da coluna-chave e de todas as colunas de elemento: ITEM_ID, IMAGENAME, FILENAME, SIZEX e SIZEY. Pelo fato de todas essas colunas aparecerem na chave primária, você precisou declará-las com not-null="true" (ou garanta que elas são NOT NULL em qualquer esquema existente). Nenhuma coluna em uma chave primária composta pode aceitar valor nulo – você não pode identificar o que você não sabe. Isso é provavelmente uma desvantagem desse mapeamento em particular. Antes que você melhore isso (como já deve supor, com uma sacola identificadora), vamos habilitar a navegação bidirecional.

CAPÍTULO 6 – COMO MAPEAR COLEÇÕES E ASSOCIAÇÕES DE ENTIDADE | 253

ITEM

ITEM_ID	ITEM_NAME
1	Foo
2	Bar
3	Baz

ITEM_IMAGE

ITEM_ID	IMAGENAME	FILENAME	SIZEX	SIZEY
1	Foo	Foo.jpg	123	123
1	Bar	Bar.jpg	420	80
2	Baz	Baz.jpg	50	60

*Figura 6.6 Exemplo de tabelas com dados
para um mapeamento de coleção de componentes.*

6.2.3 Como habilitar navegação bidirecional

A associação de Item para Image é unidirecional. Você pode navegar para as imagens acessando a coleção através de uma instância de Item e iterando sobre a coleção: anItem.getImages().iterator(). Esse é o único jeito para pegar esses objetos de imagem; nenhuma outra entidade guarda referências para elas (tipo de valor novamente).

Por outro lado, navegar a partir de uma imagem de volta para um item não faz muito sentido. Contudo, pode ser conveniente acessar um ponteiro de retorno como anImage.getItem() em alguns casos. O Hibernate pode criar essa propriedade se você adicionar o elemento <parent> ao mapeamento:

```
<set name="images"
    table="ITEM_IMAGE"
    order-by="IMAGE_NAME asc">

    <key column="ITEM_ID"/>

    <composite-element class="Image">
        <parent name="item"/>
        <property name="name" column="IMAGENAME" not-null="true"/>
        <property name="filename" column="FILENAME" not-null="true"/>
        <property name="sizeX" column="SIZEX" not-null="true"/>
        <property name="sizeY" column="SIZEY" not-null="true"/>
    </composite-element>
</set>
```

Uma autêntica navegação bidirecional é impossível, contudo. Você não pode recuperar uma Image independentemente e, então, navegar de volta para seu pai Item. Isso é uma questão importante: você pode carregar as instâncias Image consultando por elas. Mas esses objetos Image não terão uma referência para seus donos (a propriedade é null) quando você consultar em HQL ou com uma Criteria. Eles são recuperados como valores escalares.

254 JAVA PERSISTENCE COM HIBERNATE

E, por fim, declarar todas as propriedades como not-null é algo que talvez você não queira. Você precisará de uma chave primária diferente para a tabela de coleção IMAGE, se alguma das colunas de propriedade permitir o valor nulo.

6.2.4 Como evitar colunas not-null

De forma análoga à adicional propriedade identificadora de surrogate que um <idbag> oferece, uma coluna de chave de surrogate viria a calhar agora. Como um efeito colateral, um <idset> também permitiria duplicatas – um claro conflito com a noção de conjunto. Por essa e outras razões (incluindo o fato de que ninguém nunca perguntou por essa característica), o Hibernate não oferece um <idset> ou qualquer coleção com identificador de surrogate que não seja um <idbag>. Por isso, você precisa mudar a propriedade Java para uma Collection com semânticas de sacola:

```
private Collection images = new ArrayList();
...
public Collection getImages() {
   return this.images;
}

public void setImages(Collection images) {
   this.images = images;
}
```

Agora essa coleção também permite elementos duplicados de Image – é de responsabilidade da sua interface com o usuário, ou de qualquer outro código da aplicação, evitar esses elementos duplicados se você precisar de semânticas de conjunto. O mapeamento adiciona a coluna com identificador de surrogate à tabela de coleção:

```
<idbag name="images"
       table="ITEM_IMAGE"
       order-by="IMAGE_NAME asc">

   <collection-id type="long" column="ITEM_IMAGE_ID">
      <generator class="sequence"/>
   </collection-id>
   <key column="ITEM_ID"/>

   <composite-element class="Image">
      <property name="name" column="IMAGENAME"/>
      <property name="filename" column="FILENAME" not-null="true"/>
      <property name="sizeX" column="SIZEX"/>
      <property name="sizeY" column="SIZEY"/>
   </composite-element>
</idbag>
```

A chave primária da tabela de coleção agora é a coluna ITEM_IMAGE_ID, e não é importante que você implemente o equals() e o hashCode() na classe Image (pelo menos, o

Hibernate não necessita disso). Você também não precisa declarar as propriedades com not-null="true". Elas podem permitir o valor nulo, como pode ser visto na Figura 6.7.

ITEM_IMAGE

ITEM_IMAGE_ID	ITEM_ID	IMAGENAME	FILENAME	SIZEX	SIZEY
1	1	Foo	Foo.jpg	123	123
2	1	Bar	Bar.jpg	420	80
3	2	Baz	Baz.jpg	NULL	NULL

Figura 6.7 Coleção de componentes Image usando uma sacola com chave de surrogate.

Devemos ressaltar que não existe uma grande diferença entre esse mapeamento de sacola e um relacionamento de entidade pai/filho padronizado como o que você irá mapear ainda nesse capítulo. As tabelas são idênticas. A escolha é principalmente uma questão de gosto. Um relacionamento pai/filho suporta referências compartilhadas para a entidade filha e navegação bidirecional autêntica. O preço que você paga por isso é uma maior complexidade nos ciclos de vida dos objetos. As instâncias de tipo de valor podem ser criadas e associadas com o Item persistente através da adição de um novo elemento à coleção. Elas podem ser desassociadas e permanentemente deletadas através da remoção de um elemento da coleção. Se Image fosse ser uma classe de entidade que suportasse referências compartilhadas, você iria precisar de mais código na sua aplicação para as mesmas operações, como você verá mais à frente.

Outro jeito de mudar para uma chave primária diferente é um mapa. Você pode remover a propriedade name da classe Image e usar o nome da imagem como a chave do mapa:

```
<map name="images"
     table="ITEM_IMAGE"
     order-by="IMAGENAME asc">

<key column="ITEM_ID"/>

<map-key type="string" column="IMAGENAME"/>

<composite-element class="Image">
    <property name="filename" column="FILENAME" not-null="true"/>
    <property name="sizeX" column="SIZEX"/>
    <property name="sizeY" column="SIZEY"/>
</composite-element>
</map>
```

A chave primária da tabela de coleção agora é um composto das colunas ITEM_ID e IMAGENAME.

Uma classe de elemento composto como a Image não é limitada à simples propriedades de tipo básico como filename. Ela pode conter outros componentes, mapeados com <nested-composite-element>, e até mesmo associações <many-to-one> para entidades. Ela não pode

JAVA PERSISTENCE COM HIBERNATE

ser dona de coleções, contudo. Um elemento composto com uma associação muitos-para-um é útil, e voltaremos a esse tipo de mapeamento no próximo capítulo.

Isso conclui nossa discussão de mapeamentos básicos de coleção em XML. Como mencionamos no início dessa seção, mapear coleção de tipos de valor com anotações é diferente se comparado com mapeamentos XML; quando escrevemos este livro, esse mapeamento com anotações não era parte do padrão Java Persistence, mas já estava disponível no Hibernate.

6.3 COMO MAPEAR COLEÇÕES COM ANOTAÇÕES

O pacote Hibernate Annotations suporta anotações não padronizadas para o mapeamento de coleções que contém elementos de tipo de valor, cuja anotação principal é a org.hibernate.annotations.CollectionOfElements. Vamos dar uma passada por alguns dos cenários mais comuns novamente.

6.3.1 Mapeamento básico de coleção

O código a seguir mapeia uma simples coleção de elementos String:

```
@org.hibernate.annotations.CollectionOfElements(
    targetElement = java.lang.String.class
)
@JoinTable(
    name = "ITEM_IMAGE",
    joinColumns = @JoinColumn(name = "ITEM_ID")
)
@Column(name = "FILENAME", nullable = false)
private Set<String> images = new HashSet<String>();
```

A tabela de coleção ITEM_IMAGE tem duas colunas; juntas, elas formam a chave primária composta. O Hibernate pode detectar automaticamente o tipo do elemento se você usar coleções genéricas. Se não codificar com coleções genéricas, você precisa identificar o tipo do elemento com o atributo targetElement – no exemplo anterior é então opcional.

Para mapear uma List persistente, adicione @org.hibernate.annotations.IndexColumn como uma base opcional para o índice (o padrão é zero):

```
@org.hibernate.annotations.CollectionOfElements
@JoinTable(
    name = "ITEM_IMAGE",
    joinColumns = @JoinColumn(name = "ITEM_ID")
)
@org.hibernate.annotations.IndexColumn(
    name="POSITION", base = 1
```

```
)
@Column(name = "FILENAME")
private List<String> images = new ArrayList<String>();
```

Se você esquecesse a coluna de índice, essa lista seria tratada como uma coleção de sacola, equivalente a um <bag> em XML.

Para coleções de tipos de valor, você normalmente usaria <idbag> para conseguir uma chave primária de surrogate na tabela de coleção. Uma <bag> de elementos de tipo de valor não funciona na verdade; duplicidades seriam permitidas no nível do Java, mas não no banco de dados. Por outro lado, sacolas puras são ótimas para associações de entidade um-para-muitos, como verá no Capítulo 7.

Para mapear um mapa persistente, use @org.hibernate.annotations.MapKey:

```
@org.hibernate.annotations.CollectionOfElements
@JoinTable(
    name = "ITEM_IMAGE",
    joinColumns = @JoinColumn(name = "ITEM_ID")
)
@org.hibernate.annotations.MapKey(
    columns = @Column(name="IMAGENAME")
)
@Column(name = "FILENAME")
private Map<String, String> images = new HashMap<String, String>();
```

Se você esquecer a chave do mapa, as chaves desse mapa serão automaticamente mapeadas para a coluna MAPKEY.

Se as chaves do mapa não são simplesmente seqüências de caracteres, mas sim de uma classe que pode ser embutida, você pode especificar múltiplas colunas como chave do mapa que guardam as propriedades individuais do componente que pode ser embutido. Note que a anotação @org.hibernate.annotations.MapKey é uma reposição mais poderosa da anotação @javax.persistence.MapKey, que por sua vez não é muito útil (veja o Capítulo 7, Seção 7.2.4, "Como mapear mapas").

6.3.2 Coleções classificadas e ordenadas

Uma coleção também pode ser classificada ou ordenada com as anotações do Hibernate:

```
@org.hibernate.annotations.CollectionOfElements
@JoinTable(
    name = "ITEM_IMAGE",
    joinColumns = @JoinColumn(name = "ITEM_ID")
)
@Column(name = "FILENAME", nullable = false)
@org.hibernate.annotations.Sort(
    type = org.hibernate.annotations.SortType.NATURAL
)
private SortedSet<String> images = new TreeSet<String>();
```

JAVA PERSISTENCE COM HIBERNATE

(Note que sem a @JoinColumn e/ou a @Column, o Hibernate aplica as convenções usuais de nome e os padrões ao esquema.) A anotação @Sort suporta vários atributos SortType, com as mesmas semânticas das opções de mapeamento em XML. O mapeamento mostrado usa uma java.util.SortedSet (com uma implementação java.util.TreeSet) e a ordem natural da classificação. Se você habilitar SortType.COMPARATOR, você também precisará definir o atributo comparator para uma classe que implemente a sua rotina de comparação. Os mapas também podem ser classificados; contudo, como nos mapeamentos XML, não existe uma sacola do Java classificada ou uma lista classificada (que tenha uma ordem persistente dos elementos, por definição).

Os mapas, os conjuntos e até mesmo as sacolas podem ser ordenados no carregamento, pelo banco de dados, através de um fragmento SQL na cláusula ORDER BY:

```
@org.hibernate.annotations.CollectionOfElements
@JoinTable(
    name = "ITEM_IMAGE",
    joinColumns = @JoinColumn(name = "ITEM_ID")
)
@Column(name = "FILENAME", nullable = false)
@org.hibernate.annotations.OrderBy(
    clause = "FILENAME asc"
)
private Set<String> images = new HashSet<String>();
```

O atributo clause da anotação específica do Hibernate @OrderBy é um fragmento SQL que é passado diretamente para o banco de dados; ele pode até conter chamadas à funções ou qualquer outra palavra-chave do SQL nativo. Veja a nossa explicação anterior para mais detalhes sobre a implementação interna de classificação e ordenação; as anotações são equivalentes aos mapeamentos XML.

6.3.3 Como mapear uma coleção de objetos embutidos

E por fim, você pode mapear uma coleção de componentes, de elementos de tipo de valor definido pelo usuário. Vamos presumir que você queira mapear a mesma classe componente Image vista anteriormente nesse capítulo, com os nomes, tamanhos, e assim por diante.

Você precisa adicionar a anotação de componente @Embeddable a essa classe para habilitar a característica de torná-la possível de embutir:

```
@Embeddable
public class Image {

    @org.hibernate.annotations.Parent
    Item item;

    @Column(length = 255, nullable = false)
    private String name;
```

CAPÍTULO 6 – COMO MAPEAR COLEÇÕES E ASSOCIAÇÕES DE ENTIDADE | 259

```java
@Column(length = 255, nullable = false)
private String filename;

@Column(nullable = false)
private int sizeX;

@Column(nullable = false)
private int sizeY;

... // Construtor, métodos de acesso, equals()/hashCode()
}
```

Note que novamente você mapeia um ponteiro de retorno com uma anotação do Hibernate; anImage.getItem() pode ser útil. Você poderá deixar de fora essa propriedade se não precisar dessa referência. Pelo fato de a tabela de coleção precisar de todas as colunas do componente como a chave primária composta, é importante que você mapeie essas colunas como NOT NULL. Agora você pode embutir esse componente em um mapeamento de coleção e até mesmo sobrescrever definições de coluna (no exemplo seguinte você sobrescreve o nome de uma única coluna da tabela de coleção do componente; todas as outras são nomeadas com a estratégia padronizada):

```java
@org.hibernate.annotations.CollectionOfElements
@JoinTable(
    name = "ITEM_IMAGE",
    joinColumns = @JoinColumn(name = "ITEM_ID")
)
@AttributeOverride(
    name = "element.name",
    column = @Column(name = "IMAGENAME",
                     length = 255,
                     nullable = false)
)
private Set<Image> images = new HashSet<Image>();
```

Para evitar que as colunas do componente sejam não-nulas você precisa de uma chave primária de surrogate na tabela de coleção, assim como o <idbag> fornece em mapeamentos XML. Com anotações, use a extensão do Hibernate @CollectionId:

```java
@org.hibernate.annotations.CollectionOfElements
@JoinTable(
    name = "ITEM_IMAGE",
    joinColumns = @JoinColumn(name = "ITEM_ID")
)
@CollectionId(
    columns = @Column(name = "ITEM_IMAGE_ID"),
    type = @org.hibernate.annotations.Type(type = "long"),
    generator = "sequence"
)
private Collection<Image> images = new ArrayList<Image>();
```

Agora você mapeou todas as básicas e algumas complexas coleções com metadado de mapeamento XML, e anotações. Mudando de foco, agora vamos considerar as coleções com elementos que não sejam de tipos de valor, mas sim referenciem outras instâncias de entidade. Muitos usuários do Hibernate tentam mapear um típico relacionamento de entidade pai/filho, que envolve uma coleção de referências de entidade.

6.4 Como mapear um relacionamento pai/filho

Pela nossa experiência com a comunidade de usuários do Hibernate, sabemos que a primeira coisa que muitos desenvolvedores tentam fazer quando começam a usar o Hibernate é um mapeamento de relacionamento pai/filho. Essa é geralmente a primeira vez que você se depara com coleções. Também é a primeira vez que você pensa sobre a diferença entre entidades e tipos de valor, ou se perde na complexidade do ORM.

Gerenciar as associações entre classes e os relacionamentos entre tabelas é o coração do ORM. A maioria das dificuldades envolvidas na implementação de uma solução de ORM está relacionada ao gerenciamento da associação.

Você mapeou relacionamentos entre classes de tipo de valor na seção anterior e também previamente no livro, com multiplicidade variada das extremidades do relacionamento. Você mapeia uma multiplicidade *um* com uma simples <property> ou como um <component>. A multiplicidade de associação *muitos* precisa de uma coleção de tipos de valor, com mapeamentos <element> ou <composite-element>.

Agora você quer mapear relacionamentos mono ou multivalorados entre classes de entidade. Claramente, os aspectos de entidade como *referências compartilhadas* e *ciclo de vida independente* complicam esse mapeamento de relacionamento. Iremos abordar essas questões passo a passo; e, caso você não esteja familiarizado com o termo *multiplicidade*, também iremos discutir isso.

O relacionamento que mostraremos nas seções seguintes é sempre o mesmo, entre as classes de entidade Item e Bid, como pode ser visto na Figura 6.8.

Memorize esse diagrama de classes. Mas primeiro, há uma coisa que precisamos explicar de antemão.

Se usou EJB CMP 2.0, você está familiarizado com o conceito de uma associação gerenciada (ou relacionamento gerenciado). As associações CMP são chamadas de relacionamentos gerenciados pelo contêiner (container managed relationships – CMRs) por uma razão. As associações em CMP são por natureza bidirecionais. Uma mudança feita em um lado de uma associação é instantaneamente refletida no outro lado. Por exemplo, se você chamar aBid.setItem(anItem), o contêiner chamará automaticamente anItem.getBids().add(aBid).

Figura 6.8 Relacionamento entre Item e Bid.

CAPÍTULO 6 – COMO MAPEAR COLEÇÕES E ASSOCIAÇÕES DE ENTIDADE | 261

Os motores de persistência orientados para POJO como o Hibernate não implementam associações gerenciadas, e os padrões POJO, como o EJB 3.0 e o Java Persistence, não necessitam de associações gerenciadas. Ao contrário do EJB 2.0 CMR, todas as associações do Hibernate e do JPA são por natureza *unidirecionais*. Até onde envolve o Hibernate, a associação de Bid para Item é uma *associação diferente* da associação de Item para Bid! Isso é uma coisa boa – caso contrário as suas classes de entidade não seriam utilizáveis fora do contêiner de tempo de execução (CMR foi uma grande razão de por que as entidades do EJB 2.1 foram consideradas problemáticas).

Pelo fato de as associações serem tão importantes, você necessita de uma linguagem precisa para classificá-las.

6.4.1 Multiplicidade

Na descrição e na classificação das associações, iremos quase sempre usar o termo *multiplicidade*. Em nosso exemplo, a multiplicidade é somente dois fragmentos de informação:

- Pode haver mais de um Bid para um determinado Item?
- Pode haver mais de um Item para um determinado Bid?

Após dar uma olhada no modelo de domínio (veja a Figura 6.8), você pode concluir que a associação de Bid para Item é uma associação *muitos-para-um*. Relembrando que as associações são direcionais, você pode classificar a associação inversa de Item para Bid como uma associação *um-para-muitos*.

Só existem mais duas possibilidades: *muitos-para-muitos* e *um-para-um*. Voltaremos a elas no próximo capítulo.

No contexto de persistência de objetos, não estamos interessados se *muitos* significa dois, ou no máximo cinco, ou um valor ilimitado. Estamos somente um pouco interessados na opcionalidade da maioria das associações; nós especialmente não nos importamos se uma instância associada é necessária ou se a outra extremidade em uma associação pode ser NULL (que significa uma associação para-zero e zero-para-muitos). Contudo, esses são aspectos importantes no seu esquema de dados relacional que influenciam a sua escolha das regras de integridade e as restrições que você define na DDL SQL (veja o Capítulo 8, Seção 8.3, "Como melhorar a DDL do esquema").

6.4.2 A associação mais simples possível

A associação de Bid para Item (e vice-versa) é um exemplo do tipo mais simples possível de associação de entidade. Você tem duas propriedades em duas classes. Uma é uma coleção de referências, e a outra uma única referência.

Primeiro, eis a implementação da classe Java de Bid:

```
public class Bid {
   ...
   private Item item;

   public void setItem(Item item) {
      this.item = item;
   }

   public Item getItem() {
      return item;
   }

   ...
}
```

A seguir, esse é o mapeamento do Hibernate para essa associação:

```
<class
   name="Bid"
   table="BID">
   ...
   <many-to-one
      name="item"
      column="ITEM_ID"
      class="Item"
      not-null="true"/>
</class>
```

Esse mapeamento é chamado de *associação unidirecional muitos-para-um*. (Na verdade, pelo fato de ser unidirecional, você não sabe o que está do outro lado, e você também poderia chamar esse mapeamento de uma associação de mapeamento unidirecional para-um.) A coluna ITEM_ID na tabela BID é uma chave estrangeira para a chave primária da tabela ITEM.

Você nomeia a classe Item, que é o alvo da associação, explicitamente. Isso normalmente é opcional, pois o Hibernate pode determinar o tipo do alvo com reflexão na propriedade Java.

Você adicionou o atributo not-null, pois você não pode ter um lance sem um item – uma restrição é gerada na DDL SQL para refletir isso. A coluna de chave estrangeira ITEM_ID em BID nunca pode ser NULL, a associação não é para-zero-ou-um. A estrutura das tabelas para esse mapeamento de associação é mostrada na Figura 6.9.

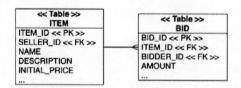

Figura 6.9 Relacionamentos e chaves das tabelas para um mapeamento um-para-muitos.

Em JPA, você mapeia essa associação com a anotação @ManyToOne, ou no campo ou no método getter, dependendo da estratégia de acesso para a entidade (determinada pela posição da anotação @Id):

```
public class Bid {
    ...
    @ManyToOne( targetEntity = auction.model.Item.class )
    @JoinColumn(name = "ITEM_ID", nullable = false)
    private Item item;

    ...
}
```

Existem dois elementos opcionais nesse mapeamento. Primeiro, você não precisa incluir o targetEntity da associação; é implícito a partir do tipo do campo. Um atributo targetEntity explícito é útil em modelos de domínio mais complexos – por exemplo, quando você mapeia um @ManyToOne em um método getter que retorna uma *classe delegada*, que imita uma determinada interface da entidade-alvo.

O segundo elemento opcional é o @JoinColumn. Se você não declarar o nome da coluna de chave estrangeira, o Hibernate automaticamente usará uma combinação do nome da entidade-alvo e o nome da propriedade identificadora do banco de dados da entidade-alvo. Em outras palavras, se você não adicionar uma anotação @JoinColumn, o nome padronizado para a coluna de chave estrangeira é item mais id, separado com um traço inferior (underscore). Contudo, pelo fato de você querer fazer a coluna de chave estrangeira NOT NULL, você precisa da anotação de qualquer maneira para definir o valor nullable = false. Se você gerar o esquema com o Hibernate Tools, o atributo optional="false" no @ManyToOne também irá resultar em um restrição NOT NULL na coluna gerada.

Essa foi fácil. É criticamente importante entender que você pode escrever uma aplicação completa sem usar qualquer coisa a mais. (Bem, talvez um mapeamento de chave primária um-para-um compartilhado de tempos em tempos, como será mostrado no próximo capítulo.) Você não precisa mapear o outro lado dessa associação de classe, e você já mapeou tudo que está presente no esquema SQL (a coluna de chave estrangeira). Se você precisar da instância Item da qual um determinado Bid foi feito, chame aBid.getItem(), utilizando a associação de entidade que você criou. Por outro lado, se precisar de todos lances que foram feitos para um item, você poderá escrever uma consulta (em qualquer linguagem que o Hibernate suportar).

Uma das razões pelas quais você usa uma ferramenta de mapeamento objeto/relacional completa como o Hibernate é porque você não quer escrever essa consulta.

6.4.3 Como tornar a associação bidirecional

Você quer ser capaz de recuperar facilmente todos os lances para um determinado item sem uma consulta explícita, apenas navegando e iterando pela rede de objetos persistentes. O modo mais conveniente para fazer isso é com uma propriedade de coleção em Item: anItem.getBids().iterator(). (Note que existem boas razões para mapear uma coleção de referências de entidade, mas não muitas. Tente sempre pensar nesses tipos de mapeamentos de coleção como uma característica, e não uma necessidade. Se ficar muito difícil, não o faça.)

Agora você mapeia uma coleção de referências de entidade fazendo o relacionamento entre Item e Bid bidirecional.

Primeiro adicione a propriedade e o código de scaffolding na classe Item:

```java
public class Item {
    ...

    private Set bids = new HashSet();

    public void setBids(Set bids) {
        this.bids = bids;
    }

    public Set getBids() {
        return bids;
    }

    public void addBid(Bid bid) {
        bid.setItem(this);
        bids.add(bid);
    }

    ...

}
```

Você pode pensar no código do addBid() (um método de conveniência) como se estivesse implementando uma associação gerenciada no modelo de objetos! (Nós já falamos sobre esses métodos no Capítulo 3, Seção 3.2, "Como implementar o modelo de domínio". Talvez você queira revisar os códigos de exemplo de lá.)

Um mapeamento básico para essa associação um-para-muitos se parece com isso:

```xml
<class
    name="Item"
    table="ITEM">
    ...

    <set name="bids">
        <key column="ITEM_ID"/>
```

```
    <one-to-many class="Bid"/>
</set>

</class>
```

Se você comparar isso com os mapeamentos de coleção vistos mais cedo neste capítulo, perceberá que mapeou o conteúdo da coleção com um elemento diferente, <one-to-many>. Isso indica que a coleção contém não instâncias de tipo de valor, mas sim referências para instâncias de entidade. O Hibernate agora sabe como tratar referências compartilhadas e o ciclo de vida dos objetos associados (ele desabilita todo o ciclo de vida dependente implícito das instâncias de tipo de valor). O Hibernate também sabe que a tabela usada para as coleções é a mesma tabela para qual a classe de entidade-alvo é mapeada – o mapeamento <set> não precisa do atributo table.

O mapeamento de coluna definido pelo elemento <key> é a coluna de chave estrangeira ITEM_ID da tabela BID, a mesma coluna que você já mapeou do outro lado do relacionamento.

Note que o esquema da tabela não mudou; é o mesmo de como era antes de você mapear o lado muitos da associação. Existe, contudo, uma diferença: o atributo not null="true" está faltando. O problema é que agora você tem duas associações unidirecionais diferentes mapeadas para a mesma coluna de chave estrangeira. Que lado controla essa coluna?

Em tempo de execução, existem duas representações diferentes em memória do mesmo valor de chave estrangeira: a propriedade item de Bid e um elemento da coleção bids contida em um Item. Suponha que a aplicação modifique a associação, por exemplo, adicionando um lance a um item neste fragmento do método addBid():

```
bid.setItem(item);
bids.add(bid);
```

Esse código está legal, mas, nessa situação, o Hibernate detecta duas mudanças nas instâncias persistentes em memória. Do ponto de vista do banco de dados, somente um valor precisa ser atualizado para refletir essas mudanças: a coluna ITEM_ID da tabela BID.

O Hibernate não detecta transparentemente o fato de que as duas mudanças se referem à mesma coluna do banco de dados, pois até esse ponto você não fez nada para indicar que isso é uma associação bidirecional. Em outras palavras, você mapeou a mesma coluna duas vezes (não importa que tenha feito isso em dois arquivos de mapeamento), e o Hibernate precisa sempre saber disso pois ele não pode detectar essa duplicidade automaticamente (não existe uma forma padronizada razoável para tratar dessa questão).

266 | JAVA PERSISTENCE COM HIBERNATE

Você precisa de mais uma coisa no mapeamento da associação para torná-lo um autêntico mapeamento de associação bidirecional. O atributo inverse informa ao Hibernate que a coleção é uma imagem espelhada da associação <many-to-one> do outro lado:

```
<class
    name="Item"
    table="ITEM">
    ...

    <set name="bids"
        inverse="true">

        <key column="ITEM_ID"/>
        <one-to-many class="Bid"/>

    </set>

</class>
```

Sem o atributo inverse, o Hibernate tenta executar duas declarações SQL diferentes, ambas atualizando a mesma coluna de chave estrangeira, quando você manipula a ligação entre duas instâncias. Especificando inverse="true", você explicitamente informa ao Hibernate qual a extremidade da ligação ele não deve sincronizar com o banco de dados. Nesse exemplo, você informa ao Hibernate que ele deve propagar as mudanças feitas na extremidade Bid da associação para o banco de dados; ignorando as mudanças feitas somente na coleção bids.

Se você só chamar anItem.getBids().add(bid), nenhuma mudança se tornará persistente! Você só conseguirá o que quer se o outro lado, aBid.setItem(anItem), for definido corretamente. Isso é consistente com o comportamento em Java sem o Hibernate: se uma associação for bidirecional, será necessário criar a ligação com ponteiros nos dois lados, e não somente em um. Essa é a primeira razão por que recomendamos métodos convenientes como o addBid() – eles cuidam das referências bidirecionais em um sistema sem relacionamentos gerenciados pelo contêiner.

Note que um lado inverse de um mapeamento de associação é sempre ignorado para a geração da DDL SQL pelas ferramentas de exportação de esquema do Hibernate. Nesse caso, a coluna de chave estrangeira ITEM_ID da tabela BID ganha uma restrição NOT NULL, pois você a declarou como tal no mapeamento não inverso <many-to-one>.

(Será que você pode trocar o lado inverso? O elemento <many-to-one> não tem um atributo inverse, mas você pode mapeá-lo com update="false" e insert="false" para efetivamente ignorá-lo para quaisquer declarações INSERT ou UPDATE. O lado da coleção é então não inverso e é considerado para inserção ou atualização da coluna de chave estrangeira. Iremos fazer isso no próximo capítulo.)

CAPÍTULO 6 – COMO MAPEAR COLEÇÕES E ASSOCIAÇÕES DE ENTIDADE | 267

Vamos mapear essa coleção do lado inverso novamente, com anotações do JPA:

```
public class Item {
  ...

  @OneToMany(mappedBy = "item")
  private Set<Bid> bids = new HashSet<Bid>();

  ...
}
```

O atributo mappedBy é equivalente ao atributo inverse em mapeamentos XML; contudo, ele tem de nomear a propriedade inversa da entidade-alvo. Note que você não especificou novamente a coluna de chave estrangeira (ela é mapeada pelo outro lado), então isso aqui não é tão verboso quanto o XML.

Agora você tem uma associação *bidirecional* muitos-para-um funcionando (que também poderia ser chamada de uma associação bidirecional um-para-muitos). Uma última opção está faltando se você quiser torná-la um autêntico relacionamento pai/filho.

6.4.4 Como cascatear estado do objeto

A noção de um pai e um filho implica que um toma conta do outro. Na prática, isso significa que você precisa de menos linhas de código para gerenciar um relacionamento entre um pai e um filho, pois algumas coisas podem ser tratadas automaticamente. Vamos explorar as opções.

O seguinte código cria uma nova instância de Item (que consideramos o pai) e uma nova instância de Bid (o filho):

```
Item newItem = new Item();
Bid newBid = new Bid();

newItem.addBid(newBid); // Defini ambos os lados da associação

session.save(newItem);
session.save(newBid);
```

A segunda chamada para session.save() parece ser redundante, se estamos falando sobre um legítimo relacionamento pai/filho. Guarde esse pensamento, e pense sobre as entidades e os tipos de valor novamente: se ambas as classes são entidades, suas instâncias têm um ciclo de vida completamente independente. Novos objetos são transientes e é necessário que se tornem persistentes se você quiser guardá-los no banco de dados. O relacionamento deles não influencia o ciclo de vida deles, se são entidades. Se Bid fosse um tipo de valor, o estado de uma instância Bid seria o mesmo estado de sua entidade dona. Nesse caso, contudo, Bid é uma entidade separada com seu próprio estado completamente independente. Você tem três escolhas:

JAVA PERSISTENCE COM HIBERNATE

- Cuide você mesmo das instâncias independentes, e execute uma chamada save() e delete() adicional nos objetos Bid quando for preciso – além do código Java necessário para gerenciar o relacionamento (adicionando e removendo referências das coleções, e assim por diante).

- Torne a classe Bid um tipo de valor (um componente). Você pode mapear a coleção com um <composite-element> e conseguir o ciclo de vida implícito. Contudo, você perde outros aspectos de entidade, como possíveis referências compartilhadas para uma instância.

- Você precisa de referências compartilhadas para os objetos Bid? Atualmente, uma determinada instância de Bid não é referenciada por mais de um Item. Contudo, imagine que uma entidade User também tenha uma coleção bids, dos lances feitos por ele. Para suportar as referências compartilhadas, você tem de mapear Bid como uma entidade. Uma outra razão pela qual você precisa de referências compartilhadas é a associação successfulBid da entidade Item no modelo completo do CaveatEmptor. Nesse caso, o Hibernate oferece *persistência transitiva*, uma característica que você pode habilitar para economizar linhas de código e para deixar que o Hibernate gerencie automaticamente o ciclo de vida de instâncias de entidade associadas.

Você não quer executar mais operações de persistência do que as absolutamente necessárias, e você não quer mudar o seu modelo de domínio – você precisa de referências compartilhadas para as instâncias Bid. A terceira opção é o que você vai usar para simplificar esse exemplo pai/filho.

Persistência transitiva

Quando você instancia um novo Bid e o adiciona a um Item, o lance deve se tornar persistente automaticamente. Você gostaria de evitar ter que tornar o Bid persistente de forma explícita com uma operação save() extra.

Para habilitar esse estado transitivo através da associação, adicione uma opção cascade ao mapeamento XML:

```xml
<class
    name="Item"
    table="ITEM">
    ...

    <set name="bids"
        inverse="true"
        cascade="save-update">

        <key column="ITEM_ID"/>
        <one-to-many class="Bid"/>

    </set>

</class>
```

CAPÍTULO 6 – COMO MAPEAR COLEÇÕES E ASSOCIAÇÕES DE ENTIDADE | 269

O atributo cascade="save-update" habilita a persistência transitiva para as instâncias Bid, se uma instância Bid é referenciada por um Item persistente, na coleção.

O atributo cascade é direcional: ele se aplica somente a uma extremidade da associação. Você também poderia adicionar cascade="save-update" para a associação <many-to-one> no mapeamento de Bid, mas pelo fato de os lances serem criados depois dos itens, fazer isso não teria sentido.

O JPA também suporta estado da instância de entidade em cascata nas associações:

```
public class Item {
    ...

    @OneToMany(cascade = { CascadeType.PERSIST, CascadeType.MERGE },
               mappedBy = "item")
    private Set<Bid> bids = new HashSet<Bid>();

    ...
}
```

As opções de cascata são *por operação* que você gostaria que fosse transitiva. Para o Hibernate nativo, você cascateia as operações save e update para as entidades associadas com cascade="save-update". O gerenciamento de estado do objeto do Hibernate sempre coloca essas duas coisas juntas, como você irá aprender em futuros capítulos. No JPA, as operações (quase) equivalentes são persist e merge.

Agora você pode simplificar o código que liga e salva um Item e um Bid, em Hibernate nativo:

```
Item newItem = new Item();
Bid newBid = new Bid();

newItem.addBid(newBid); // Defini ambos os lados da associação

session.save(newItem);
```

Agora todas as entidades na coleção bids são persistentes também, assim como elas seriam se você chamasse save() em cada Bid manualmente. Com a API JPA do EntityManager, o equivalente a um Session, o código é o seguinte:

```
Item newItem = new Item();
Bid newBid = new Bid();

newItem.addBid(newBid); // Defini ambos os lados da associação

entityManager.persist(newItem);
```

Não se preocupe com as operações update e merge por agora; voltaremos a elas mais adiante neste livro.

270 | JAVA PERSISTENCE COM HIBERNATE

FAQ *Qual é o efeito do cascade no inverse?* Muitos usuários novos do Hibernate fazem essa pergunta. A resposta é simples: o atributo cascade não tem nada a ver com o atributo inverse. Eles freqüentemente aparecem no mesmo mapeamento de coleção. Se você mapear uma coleção de entidades como inverse="true", você estará controlando a geração de SQL para um mapeamento de associação bidirecional. É uma dica que informa ao Hibernate que você mapeou a mesma coluna de chave estrangeira duas vezes. Pelo outro lado, a cascata é usada como uma característica de conveniência. Se você decidir cascatear operações de um lado de um relacionamento de entidade para entidades associadas, economizará as linhas de código necessárias para gerenciar manualmente o estado do outro lado. Nós dizemos que o estado do objeto se torna *transitivo*. Você pode cascatear estado não somente em coleções de entidades, mas em todos os mapeamentos de associação de entidade. cascade e inverse têm em comum o fato de que não aparecem em coleções de tipos de valor ou em qualquer outro mapeamento de tipo de valor. As regras para esses casos são implicadas pela natureza dos tipos de valor.

Você já terminou? Bem, acho que não totalmente.

Deleção em cascata

Com o mapeamento anterior, a associação entre Bid e Item ficou razoavelmente rígida. Até agora, só havíamos considerado tornar as coisas persistente como um estado transitivo. E a deleção?

Parece razoável que a deleção de um item implique a deleção de todos os lances para o item. Aliás, isso é o que a composição (o diamante preenchido) no diagrama UML significa. Com as atuais operações de cascata, você tem de escrever o seguinte código para fazer com que isso aconteça:

```
Item anItem = // Carrega um item

// Deleta todos os lances referenciados
for ( Iterator<Bid> it = anItem.getBids().iterator();
    it.hasNext(); ) {

    Bid bid = it.next();

    it.remove();            // Remove referência da coleção
    session.delete(bid);    // Deleta-o do banco de dados
}

session.delete(anItem);    // E por fim, deleta o item
```

Primeiro você remove as referências aos lances através da iteração na coleção. Você deleta cada instância Bid no banco de dados. Finalmente, o Item é deletado. Iterar e remover as referências na coleção parece desnecessário; afinal de contas, você irá deletar o Item no final de qualquer maneira. Se você pode garantir que nenhum outro objeto (ou linha em qualquer outra tabela) possua uma referência para esses lances, você pode tornar a deleção transitiva.

Capítulo 6 – Como mapear coleções e associações de entidade | 271

O Hibernate (e o JPA) oferece uma opção de cascata para esse propósito. Você pode habilitar a cascata para a operação delete:

```
<set name="bids"
  inverse="true"
  cascade="save-update, delete">
...
```

A operação que você cascateia no JPA é chamada de remove:

```
public class Item {
  ...

  @OneToMany(cascade = { CascadeType.PERSIST,
                         CascadeType.MERGE,
                         CascadeType.REMOVE },
             mappedBy = "item")
  private Set<Bid> bids = new HashSet<Bid>();

  ...
}
```

O mesmo código para deletar um item e todos os seus lances é reduzido para o seguinte, no Hibernate ou com JPA:

```
Item anItem = // Carrega um item
session.delete(anItem);
entityManager.remove(anItem);
```

A operação delete agora é cascateada para todas as entidades referenciadas na coleção. Você não precisa mais se preocupar com a remoção a partir da coleção, e em deletar essas entidades manualmente uma por uma.

Vamos considerar uma complicação que possa aparecer. Você pode ter referências compartilhadas para os objetos Bid. Como sugerido antes, um User pode ter uma coleção de referências para os lances (instâncias Bid) que ele fez. Você não pode deletar um item e todos os seus lances sem remover essas referências primeiro. Você pode receber uma exceção se tentar confirmar essa transação, pois uma restrição de chave estrangeira pode ser violada.

Você tem que *caçar os ponteiros*. Esse processo pode ficar complicado, como você pode ver no código seguinte, que remove todas as referências de todos os usuários que têm referências antes de deletar os lances e finalmente o item:

```
Item anItem = // Carrega um item

// Deleta todos os lances referenciados
for ( Iterator<Bid> it = anItem.getBids().iterator();
    it.hasNext(); ) {
```

Java Persistence com Hibernate

```java
Bid bid = it.next();

// Remove referências de usuários que fizeram esse lance
Query q = session.createQuery(
    "from User u where :bid in elements(u.bids)"
);
q.setParameter("bid", bid);
Collection usersWithThisBid = q.list();

for (Iterator itUsers = usersWithThisBid.iterator();
    itUsers.hasNext();) {
    User user = (User) itUsers.next();
    user.getBids().remove(bid);
    }
}

session.delete(anItem);
// E por fim, deleta o item e os lances associados
```

Obviamente que a consulta adicional (na realidade, muitas consultas) não é o que você quer. Contudo, em um modelo de rede de objetos, você não tem qualquer escolha além de executar um código como esse se quiser definir corretamente ponteiros e referências – não existe coletor de lixo persistente ou outro mecanismo automático. Nenhuma opção de cascata do Hibernate irá ajudá-lo; você tem de caçar todas as referências para uma entidade antes que você finalmente a delete.

(Isso não é totalmente verdade: pois a coluna de chave estrangeira BIDDER_ID que representa a associação do User para Bid está na tabela BID, essas referências serão automaticamente removidas no nível do banco de dados se uma linha na tabela BID for deletada. Isso não afeta quaisquer objetos que já estejam presentes na memória na unidade de trabalho atual, e isso também não funcionará se BIDDER_ID for mapeada para uma tabela diferente (intermediária). Para ter certeza de que todas as referências e as colunas de chave estrangeira tenham um valor nulo, você precisa caçar ponteiros em Java.)

Por outro lado, se não tem referências compartilhadas para uma entidade, você deveria repensar o seu mapeamento e mapear bids como uma coleção de componentes (com a classe Bid como um <composite-element>). Com um mapeamento <idbag>, até as tabelas parecem as mesmas:

```xml
<class
    name="Item"
    table="ITEM">
    ...

    <idbag name="bids" table="BID">

        <collection-id type="long" column="BID_ID">
            <generator class="sequence"/>
        </collection-id>
```

Capítulo 6 – Como mapear coleções e associações de entidade | 273

```xml
        <key column="ITEM_ID" not-null="true"/>

        <composite-element class="Bid">
            <parent name="item"/>
            <property .../>
            ...
        </composite-element>

    </idbag>

</class>
```

O mapeamento separado para Bid não é mais necessário.

Se você realmente quer fazer disso uma associação de entidade um-para-muitos, o Hibernate oferece outra opção de conveniência pela qual você pode se interessar.

Como habilitar a deleção de órfãos

A opção de cascata que explicamos agora é um tanto difícil de entender. Se você acompanhou a discussão na seção anterior, deve estar preparado.

Imagine que queira deletar um Bid do banco de dados. Note que você não está deletando o pai (o Item) nesse caso. O objetivo é remover uma linha na tabela BID. Veja esse código:

```
anItem.getBids().remove(aBid);
```

Se a coleção tem a classe Bid mapeada como uma coleção de componentes, como na seção anterior, esse código dispara várias operações:

- A instância aBid é removida da coleção Item.bids.
- Pelo fato de Bid ser mapeada como um tipo de valor, e nenhum outro objeto possuir uma referência para a instância aBid, a linha representando esse lance será deletada da tabela BID pelo Hibernate.

Em outras palavras, o Hibernate presume que a instância aBid seja órfã se ela foi removida da coleção da entidade dona. Nenhum outro objeto persistente em memória está mantendo uma referência a ela. Nenhum valor de chave estrangeira que referencia essa linha pode estar presente no banco de dados. Obviamente que você projetou o seu modelo e mapeamento de objetos dessa maneira, fazendo da classe Bid um componente que possa ser embutido.

Contudo, e se Bid é mapeada como uma entidade e a coleção é um <one-to-many>? O código muda para

```
anItem.getBids().remove(aBid);
session.delete(aBid);
```

A instância aBid tem o seu próprio ciclo de vida, então ela pode existir fora da coleção. Deletando-a manualmente, você garante que ninguém mais irá manter uma referencia a ela,

JAVA PERSISTENCE COM HIBERNATE

e a linha pode ser removida com segurança. Você pode ter removido todas as outras referências manualmente. Ou, se você não fez isso, as restrições do banco de dados previnem qualquer inconsistência, e você recebe uma exceção de chave estrangeira.

O Hibernate oferece uma maneira de afirmar essa garantia para coleções de referências de entidade. Você pode informar ao Hibernate, "Se eu remover um elemento dessa coleção, ele será uma referência de entidade, e será a única referência para essa instância de entidade. Você pode deletá-lo com segurança". O código que funcionou para deleção com uma coleção de componentes funciona com coleções de referências de entidade.

Essa opção é chamada de *deleção de órfão em cascata*. Você pode habilitá-la em um mapeamento de coleção em XML da seguinte forma:

```
<set name="bids"
    inverse="true"
    cascade="save-update, delete, delete-orphan">
...
```

Com anotações, essa característica está disponível somente como uma extensão do Hibernate:

```
public class Item {
    ...

    @OneToMany(cascade = { CascadeType.PERSIST,
                           CascadeType.MERGE,
                           CascadeType.REMOVE },
             mappedBy = "item")
    @org.hibernate.annotations.Cascade(
        value = org.hibernate.annotations.CascadeType.DELETE_ORPHAN
    )
    private Set<Bid> bids = new HashSet<Bid>();

    ...

}
```

Note também que esse truque funciona somente para coleções de referências de entidade em uma associação um-para-muitos; conceitualmente, nenhum outro mapeamento de associação de entidade suporta isso. Você deve se perguntar nesse ponto, com tantas opções de cascata definidas na sua coleção, se uma simples coleção de componentes talvez não seja mais fácil de tratar. Afinal de contas, você habilitou um ciclo de vida dependente para objetos referenciados nessa coleção, então você também pode trocar para o implícito e totalmente dependente ciclo de vida dos componentes.

E por fim, vamos dar uma olhada no mapeamento em um descritor XML do JPA:

```
<entity-mappings>

    <entity class="auction.model.Item" access="FIELD">
        ...
        <one-to-many name="bids" mapped-by="item">
```

CAPÍTULO 6 – COMO MAPEAR COLEÇÕES E ASSOCIAÇÕES DE ENTIDADE   275

```
      <cascade>
        <cascade-persist/>
        <cascade-merge/>
        <cascade-remove/>
      </cascade>
    </one-to-many>
  </entity>

  <entity class="auction.model.Bid" access="FIELD">
    ...
    <many-to-one name="item">
      <join-column name="ITEM_ID"/>
    </many-to-one>
  </entity>

</entity-mappings>
```

Note que a extensão do Hibernate para deleção de órfão em cascata não está disponível nesse caso.

6.5 RESUMO

Você provavelmente está atônito com todos esses novos conceitos que introduzimos neste capítulo. Talvez você precise relê-los algumas vezes, e encorajamos que você tente o código (e fique vendo o log SQL). Muitas das estratégias e técnicas que mostramos neste capítulo são conceitos-chave do mapeamento objeto/relacional. Se você dominar os mapeamentos de coleção, e uma vez que você mapeou a sua primeira associação de entidade pai/filho, já terá deixado o pior para trás. Você já será capaz de construir aplicações inteiras!

A Tabela 6.1 resume as diferenças entre o Hibernate e o Java Persistence relacionadas aos conceitos discutidos neste capítulo.

Tabela 6.1 Planilha de comparação do Hibernate e do JPA para o Capítulo 6

Hibernate Core	Java Persistence e EJB 3.0
O Hibernate fornece suporte de mapeamento para conjuntos, listas, mapas, sacolas, sacolas identificadoras e arranjos. Todas as interfaces de coleção do JDK são suportadas, e pontos de extensão para coleções persistentes customizadas estão disponíveis.	Padronizados conjuntos, listas, mapas, e sacolas persistentes são suportados.
Coleções de tipos de valor e de componentes são suportadas.	É necessário o Hibernate Annotations para as coleções de tipos valor e de objetos que possam ser embutidas.
Relacionamentos de entidade pai/filho são suportados, com estado transitivo cascateando nas associações por operação.	Você pode mapear associações de entidade e habilitar estado transitivo cascateando nas associações por operação.

276 | JAVA PERSISTENCE COM HIBERNATE

Tabela 6.1 Planilha de comparação do Hibernate e do JPA para o Capítulo 6 (continuação)

Hibernate Core	Java Persistence e EJB 3.0
Deleção automática de instâncias de entidades órfãs é inerente.	É necessário o Hibernate Annotations para deleção automática de instâncias de entidades órfãs.

Nós abordamos somente um pequeno subconjunto das opções de associação de entidade neste capítulo. As opções restantes que exploramos em detalhe no próximo capítulo ou são raras ou variações das técnicas que acabamos de descrever.

CAPÍTULO 7

MAPEAMENTOS AVANÇADOS DE ASSOCIAÇÃO DE ENTIDADE

Esse capítulo aborda

- Como mapear associações de entidade um-para-um e muitos-para-um
- Como mapear associações de entidade um-para-muitos e muitos-para-muitos
- Associações de entidade polimórficas

278 | JAVA PERSISTENCE COM HIBERNATE

Quando usamos a palavra *associações*, sempre nos referimos a relacionamentos entre entidades. No capítulo anterior, demonstramos uma associação unidirecional muitos-para-um, depois a tornamos bidirecional, e, por fim, a transformamos em um relacionamento pai/filho (um-para-muitos e muitos-para-um com opções de cascata).

Uma razão por que discutimos os mapeamentos de entidade mais avançados em um capítulo separado é porque vários deles são considerados raros, ou pelo menos opcionais.

É totalmente possível usar somente mapeamentos de componente e associações de entidade muitos-para-um (ocasionalmente um-para-um). Você pode escrever uma aplicação sofisticada sem sequer mapear uma coleção! Claro que, acesso fácil e eficiente a dados persistentes, através de uma iteração em uma coleção, por exemplo, é uma das razões por que usar o mapeamento objeto/relacional completo e não um simples serviço de consulta JDBC. Contudo, algumas características exóticas de mapeamento devem ser usadas com cuidado e até mesmo *evitadas* na maior parte do tempo.

Vamos mostrar neste capítulo técnicas de mapeamento recomendadas e opcionais, à medida que lhe mostramos como mapear associações de entidade com todos os tipos de multiplicidade, com e sem coleções.

7.1 ASSOCIAÇÕES DE ENTIDADE MONOVALORADAS

Vamos começar com associações de entidade um-para-um.

Discutimos no Capítulo 4 que os relacionamentos entre User e Address (o usuário tem um billingAddress, homeAddress e shippingAddress) são mais bem representados com um mapeamento <component>. Esse é normalmente o jeito mais simples para se representar relacionamento um-para-um, pois o ciclo de vida é quase sempre dependente nesse caso, é ou uma agregação ou uma composição em UML.

Mas e se você quiser uma tabela dedicada para Address, e você mapear ambas as classes, User e Address, como entidades? Um benefício desse modelo é a possibilidade de referências compartilhadas – uma outra classe de entidade (vamos dizer Shipment) também pode ter uma referência para uma determinada instância Address. Se um User tem uma referência para essa instância, como o seu shippingAddress, a instância Address tem que suportar referências compartilhadas e precisa de sua própria identidade.

Nesse caso, as classes User e Address possuem uma autêntica *associação um-para-um*. Dê uma olhada no diagrama de classes revisado da Figura 7.1.

A primeira mudança é um mapeamento da classe Address como uma entidade independente:

```
<class name="Address" table="ADDRESS">
    <id name="id" column="ADDRESS_ID">
        <generator .../>
    </id>
    <property name="street" column="STREET"/>
```

```xml
<property name="city" column="CITY"/>
<property name="zipcode" column="ZIPCODE"/>
</class>
```

Presumimos que você não terá qualquer dificuldade em criar o mesmo mapeamento com anotações ou em trocar a classe Java para uma entidade, com uma propriedade identificadora – essa é a única mudança que você tem de fazer.

Agora vamos criar os mapeamentos de associação de outras entidades para essa classe. Existem várias opções, sendo a primeira uma associação de *chave primária um-para-um*.

Figura 7.1 Address como uma entidade com duas associações referenciando a mesma instância.

7.1.1 Associações de chave primária compartilhada

As linhas em duas tabelas relacionadas por uma associação de chave primária compartilham os mesmos valores de chave primária. A principal dificuldade com essa abordagem é garantir que as instâncias associadas recebam o mesmo valor de chave primária quando os objetos são salvos. Antes de tentarmos resolver esse problema, vamos ver como você mapeia a associação de chave primária.

Como mapear uma associação de chave primária com XML

O elemento do mapeamento XML que mapeia uma associação de entidade para uma entidade de chave primária compartilhada é <one-to-one>. Primeiro você precisa de uma nova propriedade na classe User:

```java
public class User {
    ...
    private Address shippingAddress;
    // Getters e setters
}
```

A seguir, mapeie a associação no arquivo User.hbm.xml:

```xml
<one-to-one name="shippingAddress"
            class="Address"
            cascade="save-update"/>
```

Você adiciona uma opção de cascata que é natural para esse modelo: se uma instância User se torna persistente, você freqüentemente também quer que seu shippingAddress se torne persistente. Portanto, o código seguinte é tudo o que se precisa para salvar ambos os objetos:

JAVA PERSISTENCE COM HIBERNATE

```
User newUser = new User();
Address shippingAddress = new Address();

newUser.setShippingAddress(shippingAddress);

session.save(newUser);
```

O Hibernate insere uma linha na tabela USERS e uma linha na tabela ADDRESS. Mas espere, isso não funciona! Como pode o Hibernate saber que o registro na tabela ADDRESS precisa ter o mesmo valor de chave primária da linha da tabela USERS? No início dessa seção, propositalmente não lhe mostramos qualquer gerador de chave primária no mapeamento de Address.

Você precisa habilitar um gerador de identificador especial.

O gerador de identificador foreign

Se uma instância de Address é salva, ela precisa pegar o valor da chave primária de um objeto User. Você não pode habilitar um gerador de identificador comum, digamos uma seqüência do banco de dados. O gerador de identificador especial foreign para a classe Address tem que saber onde pegar o exato valor de chave primária.

O primeiro passo para criar esse identificador de ligação entre Address e User é uma associação bidirecional. Adicione uma nova propriedade user à entidade Address:

```
public class Address {
    ...
    private User user;
    // Getters e setters
}
```

Mapeie a nova propriedade user de uma entidade Address no arquivo Address.hbm.xml:

```
<one-to-one name="user"
        class="User"
        constrained="true"/>
```

Esse mapeamento não somente cria a associação bidirecional, mas também, com constrained="true", adiciona uma restrição de chave primária ligando a chave primária da tabela ADDRESS para a chave primária da tabela USERS. Em outras palavras, o banco de dados garante que uma chave primária de uma linha da tabela ADDRESS referencie uma chave primária válida da tabela USERS. (Como um efeito colateral, o Hibernate agora também pode habilitar o carregamento preguiçoso dos usuários quando um endereço de entrega é carregado. A restrição de chave primária significa que um usuário tem que existir para um determinado endereço de entrega, então um proxy pode ser habilitado sem chegar ao banco de dados. Sem essa restrição, o Hibernate tem que chegar ao banco de dados para descobrir se existe um usuário para o endereço; o proxy então seria redundante. Voltaremos a isso em capítulos posteriores.)

Agora você pode usar o gerador de identificador especial foreign para objetos Address:

CAPÍTULO 7 – MAPEAMENTOS AVANÇADOS DE ASSOCIAÇÃO DE ENTIDADE | 281

```
<class name="Address" table="ADDRESS" >

   <id name="id" column="ADDRESS_ID" >
      <generator class="foreign">
         <param name="property" >user</param>
      </generator>
   </id>
   ...
   <one-to-one name="user"
            class="User"
            constrained="true"/>
</class>
```

O mapeamento a princípio parece estranho. Leia-o da seguinte forma: quando um Address é salvo, o valor da chave primária é pego a partir da propriedade user. A propriedade user é uma referência a um objeto User; portanto, o valor da chave primária que é inserido é o mesmo valor da chave primária daquela instância. Veja a estrutura das tabelas na Figura 7.2.

Figura 7.2 As tabelas USERS e ADDRESS têm as mesmas chaves primárias.

O código para salvar ambos os objetos agora tem que considerar o relacionamento bidirecional, e então finalmente ele funciona:

```
User newUser = new User();
Address shippingAddress = new Address();

newUser.setShippingAddress(shippingAddress);
shippingAddress.setUser(newUser);         // Bidirecional

session.save(newUser);
```

Vamos fazer o mesmo com as anotações.

Chave primária compartilhada com anotações

O JPA suporta associações de entidade um-para-um com a anotação @OneToOne. Para mapear a associação de shippingAddress na classe User como uma associação de chave primária compartilhada, você também precisa da anotação @PrimaryKeyJoinColumn:

```
@OneToOne
@PrimaryKeyJoinColumn
private Address shippingAddress;
```

JAVA PERSISTENCE COM HIBERNATE

Isso é tudo que é necessário para criar uma associação unidirecional um-para-um em uma chave primária compartilhada. Note que você irá precisar da anotação @PrimaryKeyJoinColumns (é no plural mesmo) se você mapear com chaves primárias compostas. Em um descritor XML do JPA, um mapeamento um-para-um se parece com isso:

```
<entity-mappings>

    <entity class="auction.model.User" access="FIELD">
        ...
        <one-to-one name="shippingAddress">
            <primary-key-join-column/>
        </one-to-one>
    </entity>

</entity-mappings>
```

A especificação JPA não inclui um método padronizado para lidar com o problema de geração de chave primária compartilhada, o que significa que você é o responsável por definir corretamente o valor do identificador de uma instância Address antes que a salve (de acordo com o valor da instância User ligada). O Hibernate tem uma anotação de extensão para geradores de identificador customizados que você pode usar com a entidade Address (assim como em XML):

```
@Entity
@Table(name = "ADDRESS")
public class Address {

    @Id @GeneratedValue(generator = "myForeignGenerator")
    @org.hibernate.annotations.GenericGenerator(
        name = "myForeignGenerator",
        strategy = "foreign",
        parameters = @Parameter(name = "property", value = "user")
    )
    @Column(name = "ADDRESS_ID")
    private Long id;
    ...
    private User user;
}
```

As associações de chave primária compartilhada um-para-um não são incomuns, mas são relativamente raras. Em muitos esquemas, a associação *para-um* é representada com um campo de chave estrangeira e uma restrição de unicidade.

7.1.2 Associações de chave estrangeira um-para-um

Ao invés de compartilhar uma chave primária, duas linhas podem ter um relacionamento de chave estrangeira. Uma tabela tem uma coluna de chave estrangeira que referencia a chave primária da tabela associada. (A fonte e o alvo dessa restrição de chave estrangeira podem ser até a mesma tabela: isso é chamado de *auto-relacionamento*.)

Capítulo 7 – Mapeamentos avançados de associação de entidade

Vamos mudar o mapeamento de um User para um Address. Em vez da chave primária compartilhada, agora você adiciona uma coluna SHIPPING_ADDRESS_ID à tabela USERS:

```
<class name="User" table="USERS">

    <many-to-one name="shippingAddress"
            class="Address"
            column="SHIPPING_ADDRESS_ID"
            cascade="save-update"
            unique="true"/>

</class>
```

O elemento de mapeamento em XML para essa associação é <many-to-one> – e não <one-to-one>, como você poderia estar esperando. A razão é simples: você não está nem aí para o que existe no lado-alvo da associação, então você pode tratá-la como uma associação *para-um* sem a parte *muitos*. Tudo o que você quer é expressar "Essa entidade tem uma propriedade que é uma referência para uma instância da outra entidade" e usar um campo de chave estrangeira para representar esse relacionamento. O esquema do banco de dados para esse mapeamento é mostrado na Figura 7.3.

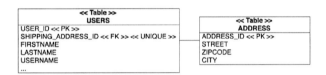

Figura 7.3 Uma associação de chave estrangeira um-para-um entre USERS e ADDRESS.

Uma restrição adicional reforça esse relacionamento como um autêntico *um*-para-um. Tornando a coluna SHIPPING_ADDRESS_ID única (unique), você declara que um determinado endereço pode ser referenciado por no máximo um usuário, como endereço de entrega. Isso não é tão forte quanto a garantia de uma associação de chave primária compartilhada, que permite que um determinado endereço seja referenciado por no máximo um usuário e ponto final. Com várias colunas de chave estrangeira (digamos que você também tenha um único HOME_ADDRESS_ID e BILLING_ADDRESS_ID), você pode referenciar a mesma linha-alvo de endereço várias vezes. Mas em qualquer dos casos, dois usuários não podem compartilhar o mesmo endereço para o mesmo propósito.

Vamos fazer a associação de User para Address bidirecional.

Referência inversa de propriedade

A última associação de chave estrangeira foi mapeada de User para Address com <many-to-one> e uma restrição unique para garantir a multiplicidade desejada. Que elemento de

JAVA PERSISTENCE COM HIBERNATE

mapeamento você pode adicionar ao lado Address para tornar essa associação bidirecional, para que o acesso a partir de Address para User seja possível no modelo de domínio Java?

Em XML, você cria um mapeamento <one-to-one> com um atributo de referência de propriedade:

```
<one-to-one name="user"
        class="User"
        property-ref="shippingAddress"/>
```

Você informa ao Hibernate que a propriedade user da classe Address é a inversa de uma propriedade do outro lado da associação. Agora você pode chamar anAddress.getUser() para acessar o usuário do endereço de entrega que você passou. Não há coluna adicional ou restrição de chave estrangeira; o Hibernate gerencia esse ponteiro para você.

Será que você deve fazer essa associação bidirecional? Como sempre, a decisão fica a seu critério e depende se você precisa navegar pelos seus objetos naquela direção no código da sua aplicação. Nesse caso, concluiríamos que a associação bidirecional não faz muito sentido. Se você chamar anAddress.getUser(), você está dizendo "me dê o usuário que tem esse endereço como o seu endereço de entrega", o que não é uma requisição muito razoável. Recomendamos que uma associação um-para-um baseada em chave estrangeira, com uma restrição de unicidade na coluna de chave estrangeira – é quase sempre mais bem representada sem um mapeamento do outro lado.

Vamos repetir o mesmo mapeamento com anotações.

Como mapear uma chave estrangeira com anotações

As anotações de mapeamento do JPA também suportam um relacionamento um-para-um entre entidades baseado em uma coluna de chave estrangeira. A principal diferença se comparado com os mapeamentos anteriores deste capítulo é o uso de @JoinColumn no lugar de @PrimaryKeyJoinColumn.

Primeiro eis o mapeamento para-um de User para Address com a restrição de unicidade na coluna de chave estrangeira SHIPPING_ADDRESS_ID. Contudo, em vez de uma anotação @ManyToOne, isso requer uma anotação @OneToOne:

```
public class User {
    ...

    @OneToOne
    @JoinColumn(name="SHIPPING_ADDRESS_ID")
    private Address shippingAddress;

    ...
}
```

Agora o Hibernate irá reforçar a multiplicidade com a restrição de unicidade. Se você quiser fazer essa associação bidirecional, precisará de outro mapeamento @OneToOne na classe Address:

```
public class Address {
    ...
    @OneToOne(mappedBy = "shippingAddress")
    private User user;
    ...
}
```

O efeito do atributo mappedBy é o mesmo do property-ref no mapeamento XML: uma simples declaração inversa de uma associação, nomeando uma propriedade do lado da entidade-alvo.

O mapeamento equivalente no descritor XML do JPA é o seguinte:

```
<entity-mappings>

    <entity class="auction.model.User" access="FIELD">
        ...
        <one-to-one name="shippingAddress">
            <join-column name="SHIPPING_ADDRESS_ID"/>
        </one-to-one>
    </entity>

    <entity class="auction.model.Address" access="FIELD">
        ...
        <one-to-one name="user" mapped-by="shippingAddress"/>
    </entity>

</entity-mappings>
```

Agora você completou dois mapeamentos básicos de associação de extremidade única: o primeiro com uma chave primária compartilhada, o segundo com uma referência de chave estrangeira. A última opção que queremos discutir é um pouco mais exótica: mapear uma associação um-para-um com a ajuda de uma tabela adicional.

7.1.3 Como mapear com uma tabela de junção

Vamos dar um tempo do complexo modelo do CaveatEmptor e considerar um cenário diferente. Imagine que você tenha de modelar um esquema de dados que represente uma planta de alocação de um escritório em uma empresa. Entre as entidades comuns, estão as pessoas trabalhando nas mesas. Parece razoável que uma mesa esteja vaga e que não tenha uma pessoa atribuída a ela. Por outro lado, um empregado pode trabalhar em casa, produzindo o mesmo resultado. Você está lidando com uma associação opcional um-para-um entre Person e Desk.

Se aplicar as técnicas de mapeamento que discutimos nas seções anteriores, você pode chegar à seguinte conclusão: Person e Desk são mapeadas para duas tabelas, com uma delas (digamos a tabela PERSON) tendo uma coluna de chave estrangeira que referencia a outra tabela (como a ASSIGNED_DESK_ID) com uma restrição de unicidade adicional (então duas pessoas não podem ser atribuídas à mesma mesa). O relacionamento é opcional se a coluna de chave estrangeira aceita o valor nulo.

Pensando bem, você percebe que a atribuição entre pessoas e mesas pede por outra tabela que represente a atribuição (ASSIGNMENT). No desenho atual, essa tabela só tem duas colunas: PERSON_ID e DESK_ID. A multiplicidade dessas colunas de chave estrangeira é reforçada com a restrição unique em ambas – uma determinada pessoa e mesa só podem ser atribuídas uma vez, e somente uma atribuição dessas pode existir.

Também parece provável que um dia você precise estender esse esquema e adicionar colunas à tabela ASSIGNMENT, como a data de quando a pessoa foi atribuída a uma mesa. Enquanto esse não for o caso, contudo, você poderá usar o mapeamento objeto/relacional para esconder a tabela intermediária e criar uma associação de entidade Java um-para-um entre somente duas classes. (Essa situação muda completamente a partir do momento que colunas adicionais são introduzidas à tabela ASSIGNMENT.)

Onde tal relacionamento opcional um-para-um existe no CaveatEmptor?

O caso de uso do CaveatEmptor

Vamos considerar novamente a entidade Shipment no CaveatEmptor e discutir seu propósito. Vendedores e compradores interagem no CaveatEmptor iniciando e dando lances em leilões. A entrega dos produtos parece estar fora do escopo da aplicação; o vendedor e o comprador chegam a um acordo sobre o método de entrega e de pagamento após o término do leilão. Eles podem fazer isso desconectados, fora do CaveatEmptor. Por outro lado, você poderia oferecer um *serviço caução* extra no CaveatEmptor. Os vendedores iriam usar esse serviço para criar uma entrega possível de ser rastreada uma vez que o leilão fosse concluído. O comprador pagaria o preço do item do leilão para um depositário (você), e você informaria ao vendedor que o dinheiro já estava disponível. Uma vez que a entrega chegasse e que o comprador a aceitasse, você transferiria o dinheiro para o vendedor.

Se você já participou alguma vez de um leilão em tempo real de valor significativo, você provavelmente usou tal serviço caução. Mas você quer mais serviço no CaveatEmptor. Você não somente irá fornecer serviços fiduciários para leilões concluídos, mas também permitirá que os usuários criem uma entrega possível de ser rastreada e confiável para qualquer negócio que façam fora de um leilão, fora do CaveatEmptor.

Esse cenário pede por uma entidade Shipment com uma associação opcional um-para-um para um Item. Olhe o diagrama de classes para esse modelo de domínio na Figura 7.4.

CAPÍTULO 7 – MAPEAMENTOS AVANÇADOS DE ASSOCIAÇÃO DE ENTIDADE | 287

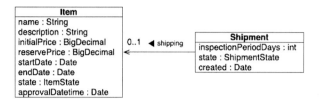

Figura 7.4 Uma entrega tem uma ligação opcional com um único item de leilão.

Ao esquema do banco de dados, você adiciona uma tabela intermediária de ligação chamada ITEM_SHIPMENT. Uma linha nessa tabela representa um Shipment feito no contexto de um leilão. As tabelas são mostradas na Figura 7.5.

Você pode mapear duas classes para três tabelas: primeiro em XML e depois com anotações.

Como mapear uma tabela de junção em XML

A propriedade que representa a associação de Shipment para Item é chamada de auction:

```
public class Shipment {
    ...
    private Item auction;
    ...
    // Métodos getter/setter
}
```

Pelo fato de ter que mapear essa associação com uma coluna de chave estrangeira, você precisa do elemento de mapeamento <many-to-one> em XML. Contudo, a coluna de chave estrangeira não está na tabela SHIPMENT, ela está na tabela de junção ITEM_SHIPMENT. Com a ajuda do elemento de mapeamento <join>, você a moveu para lá.

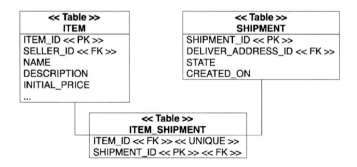

Figura 7.5 Um relacionamento opcional um-para-muitos mapeado para uma tabela de junção.

288 | Java Persistence com Hibernate

```
<class name="Shipment" table="SHIPMENT">

  <id name="id" column="SHIPMENT_ID">...</id>

  ...

  <join table="ITEM_SHIPMENT" optional="true">
    <key column="SHIPMENT_ID"/>
    <many-to-one name="auction"
                 column="ITEM_ID"
                 not-null="true"
                 unique="true"/>
  </join>

</class>
```

A tabela de junção tem duas colunas de chave estrangeira: SHIPMENT_ID, referenciando a chave primária da tabela SHIPMENT; e ITEM_ID, referenciando a tabela ITEM. A coluna ITEM_ID é única; um determinado item pode ser atribuído para exatamente uma entrega. Pelo fato de a chave primária da tabela de junção ser SHIPMENT_ID, que também torna essa coluna única, você tem uma multiplicidade um-para-um garantida entre Shipment e Item.

Definindo optional="true" no mapeamento <join>, você informa ao Hibernate que ele só deverá inserir uma linha na tabela de junção se as propriedades agrupadas por esse mapeamento forem não nulas. Mas se uma linha precisa ser inserida (porque você chamou aShipment.setAuction(anItem)), a restrição NOT NULL na coluna ITEM_ID se aplica.

Você poderia mapear essa associação de maneira bidirecional, com a mesma técnica no outro lado. Contudo, as associações opcionais um-para-um são unidirecionais na maioria das vezes.

O JPA também suporta a associação com tabelas de junção como *tabelas secundárias* para uma entidade.

Como mapear tabelas de junção secundárias com anotações

Você pode mapear uma associação opcional um-para-um para uma tabela de junção intermediária com anotações:

```
public class Shipment {

  @OneToOne
  @JoinTable(
    name="ITEM_SHIPMENT",
    joinColumns = @JoinColumn(name = "SHIPMENT_ID"),
    inverseJoinColumns = @JoinColumn(name = "ITEM_ID")
  )
  private Item auction;
  ...
  // Métodos getter/setter
}
```

CAPÍTULO 7 – MAPEAMENTOS AVANÇADOS DE ASSOCIAÇÃO DE ENTIDADE | 289

Você não tem que especificar a coluna SHIPMENT_ID, pois ela é automaticamente considerada para ser a coluna de junção; ela é a coluna de chave primária da tabela SHIPMENT.

Alternativamente, você pode mapear propriedades de uma entidade JPA para mais de uma tabela, como demonstrado em "Como mover propriedades para dentro de uma tabela secundária" no Capítulo 8, Seção 8.1.3. Primeiro você precisa declarar a tabela secundária para a entidade:

```
@Entity
@Table(name = "SHIPMENT")
@SecondaryTable(name = "ITEM_SHIPMENT")
public class Shipment {

    @Id @GeneratedValue
    @Column(name = "SHIPMENT_ID")
    private Long id;
    ...

}
```

Note que a anotação @SecondaryTable também suporta atributos para declarar o nome da coluna de chave estrangeira – o equivalente do <key column="..."/> que você viu mais cedo em XML e o joinColumn(s) em um @JoinTable. Se você não especificá-lo, o nome da coluna de chave primária da entidade é usado – nesse caso, novamente SHIPMENT_ID.

O mapeamento da propriedade auction é uma anotação @ManyToOne; e, como antes, a coluna de chave estrangeira referenciando a tabela ITEM é movida para a tabela secundária intermediária:

```
...
public class Shipment {
    ...
    @ManyToOne
    @JoinColumn(table = "ITEM_SHIPMENT", name = "ITEM_ID")
    private Item auction;
}
```

A tabela para a @JoinColumn alvo é nomeada explicitamente. Por que você usaria essa abordagem em vez da estratégia (mais simples) @JoinTable? Declarar uma tabela secundária para entidade será útil se não somente uma propriedade (o muitos-para-um nesse caso), mas várias propriedades devam ser movidas para dentro da tabela secundária. Não temos um grande exemplo com Shipment e Item, mas se a sua tabela ITEM_SHIPMENT tiver colunas adicionais, mapear essas colunas para as propriedades da entidade Shipment pode ser útil.

Isso completa nossa discussão sobre mapeamentos de associação um-para-um. Para resumir, use uma associação de chave primária compartilhada se uma das duas entidades for mais importante e puder agir como a origem da chave primária. Use uma associação de chave estrangeira em todos os outros casos, e uma tabela de junção intermediária escondida quando a sua associação um-para-um é opcional.

290 | JAVA PERSISTENCE COM HIBERNATE

Agora nos concentraremos em associações de entidade multivaloradas, incluindo mais opções para mapeamentos um-para-muitos e, finalmente, muitos-para-muitos.

7.2 ASSOCIAÇÕES DE ENTIDADE MULTIVALORADAS

Uma associação de entidade multivalorada é por definição uma coleção de referências de entidade. Você mapeou uma dessas no capítulo anterior, Seção 6.4, "Como mapear um relacionamento pai/filho". Uma instância de entidade-pai tem uma coleção de referências para muitos objetos-filho – portanto, *um-para-muitos*.

As associações um-para-muitos são o tipo mais importante de associações de entidade que envolve uma coleção. Desencorajamos totalmente o uso de estilos de associação mais exóticos quando um simples muitos-para-um/um-para-muitos bidirecional consegue fazer o trabalho. A associação muitos-para-muitos pode ser sempre representada como duas associações muitos-para-um para uma classe interveniente. Esse modelo é freqüentemente mais fácil de ser extensível, então tendemos a não usar associações muitos-para-muitos em aplicações. Lembre também que você não tem de mapear *qualquer* coleção de entidades, se não quiser; você sempre poderá escrever uma consulta explícita ao invés de acesso direto através de iteração.

Se você decidir mapear as coleções de referências de entidade, existem algumas opções e situações mais complexas que discutiremos agora, incluindo um relacionamento muitos-para-muitos.

7.2.1 Associações um-para-muitos

O relacionamento pai/filho, que você mapeou antes, era uma associação bidirecional, com um mapeamento <one-to-many> e um <many-to-one>. A extremidade *muitos* dessa associação foi implementada em Java com um Set; você tinha uma coleção bids na classe Item.

Vamos considerar esse mapeamento e focar em alguns casos especiais.

Considere as sacolas

É *possível* usar um mapeamento <bag> em vez de um conjunto para uma associação bidirecional um-para-muitos. Por que você faria isso?

As sacolas têm as características de performance mais eficientes de todas as coleções que você possa usar para uma associação de entidade bidirecional um-para-muitos (em outras palavras, se o lado da coleção é inverse="true"). Por padrão, no Hibernate, as coleções são carregadas somente quando acessadas pela primeira vez na aplicação. Pelo fato de a sacola não precisar manter o índice de seus elementos (como uma lista) ou checar por elementos duplicados (como um conjunto), você pode adicionar novos elementos à sacola sem disparar o carregamento. Essa é uma característica importante se você for mapear uma coleção de referências de entidade possivelmente grande. Por outro lado, você não pode fazer recupe-

CAPÍTULO 7 – MAPEAMENTOS AVANÇADOS DE ASSOCIAÇÃO DE ENTIDADE | 291

ração ansiosa em duas coleções de tipo sacola simultaneamente (por exemplo, se bids e images de um Item fossem sacolas um-para-muitos). Voltaremos a estratégias de recuperação no Capítulo 13, Seção 13.1, "Como definir o plano global de recuperação". Em geral diríamos que uma sacola é a melhor coleção inversa para uma associação um-para-muitos.

Para mapear uma associação bidirecional um-para-muitos como uma sacola, você tem que substituir o tipo da coleção bids na classe persistente Item para Collection e a implementação para ArrayList. O mapeamento para a associação entre Item e Bid é deixado essencialmente inalterado:

```
<class name="Bid"
      table="BID">
    ...
    <many-to-one name="item"
                 column="ITEM_ID"
                 class="Item"
                 not-null="true"/>
</class>
<class name="Item"
      table="ITEM">
    ...
    <bag name="bids"
         inverse="true">
        <key column="ITEM_ID"/>
        <one-to-many class="Bid"/>
    </bag>

</class>
```

Você troca o elemento <set> por <bag>, sem fazer qualquer outra mudança. Até as tabelas são as mesmas: A tabela BID tem a coluna de chave estrangeira ITEM_ID. No JPA, todas as propriedades da Collection e da List são consideradas ter semânticas de sacola, então o trecho a seguir é equivalente ao mapeamento XML:

```
public class Item {
    ...
    @OneToMany(mappedBy = "item")
    private Collection<Bid> bids = new ArrayList<Bid>();
    ...
}
```

Uma sacola também permite elementos duplicados, que o conjunto que você mapeou mais cedo não permitia. Acontece que isso não é relevante nesse caso, pois *duplicado* significa que você adicionou uma determinada referência à mesma instância Bid várias vezes. Você não faria isso no código da sua aplicação. Mas mesmo que você adicione a mesma referência várias vezes a essa coleção, o Hibernate a ignora – ela é mapeada como inversa.

Listas unidirecionais e bidirecionais

Se você precisa de uma autêntica lista para guardar a posição dos elementos na coleção, você tem que guardar essa posição em uma coluna adicional. Para o mapeamento um-para-muitos, isso também significa que você deve mudar a propriedade bids na classe Item para List e inicializar a variável com um ArrayList (ou mantenha a interface Collection da seção anterior, se você não quiser expor esse comportamento para um cliente da classe).

A coluna adicional que guarda a posição de uma referência para uma instância Bid é a BID_POSITION, no mapeamento do Item:

```
<class name="Item"
       table="ITEM">
   ...
   <list name="bids">
      <key column="ITEM_ID"/>
      <list-index column="BID_POSITION"/>
      <one-to-many class="Bid"/>
   </list>
</class>
```

Até agora isso parece bem claro; você mudou o mapeamento da coleção para <list> e adicionou a coluna índice da lista (<list-index>) BID_POSITION à tabela de coleção (que nesse caso é a tabela BID). Verifique isso com a tabela apresentada na Figura 7.6.

Esse mapeamento não está realmente completo. Considere a coluna de chave estrangeira ITEM_ID: ela é NOT NULL (um lance tem que referenciar um item). O primeiro problema é que você não especifica essa restrição no mapeamento. E também, pelo fato de ser esse mapeamento unidirecional (a coleção é não inversa), você tem de assumir que não existe um lado oposto mapeado para a mesma coluna de chave estrangeira (onde essa restrição poderia ser declarada). Você precisa adicionar um atributo not-null="true" ao elemento <key> do mapeamento da coleção:

BID

BID_ID	ITEM_ID	BID_POSITION	AMOUNT	CREATED_ON
1	1	0	99.00	19.04.08 23:11
2	1	1	123.00	19.04.08 23:12
3	2	0	433.00	20.04.08 09:30

*Figura 7.6 Guardando a posição
de cada lance na coleção em forma de lista.*

CAPÍTULO 7 – MAPEAMENTOS AVANÇADOS DE ASSOCIAÇÃO DE ENTIDADE | 293

```
<class name="Item"
    table="ITEM">
    ...
    <list name="bids">
      <key column="ITEM_ID" not-null="true"/>
      <list-index column="BID_POSITION"/>
      <one-to-many class="Bid"/>
    </list>

</class>
```

Note que o atributo tem de estar no mapeamento <key>, não em um possível elemento <column> aninhado. Sempre que tiver uma coleção não inversa de referências de entidade (na maioria das vezes um-para-muitos com uma lista, mapa, ou arranjo) e a coluna de junção de chave estrangeira na tabela-alvo não aceitar valores nulos, você precisará informar o Hibernate sobre isso. O Hibernate precisa da dica para ordenar declarações INSERT e UPDATE corretamente, a fim de evitar uma violação de restrição.

Vamos fazer isso bidirecional com uma propriedade item de Bid. Se seguir os exemplos dos capítulos anteriores, talvez você queira adicionar um <many-to-one> à coluna de chave estrangeira ITEM_ID para tornar essa associação bidirecional e habilitar inverse="true" na coleção. Lembre que o Hibernate ignora o estado de uma coleção inversa! Dessa vez, no entanto, a coleção contém informação necessária para atualizar o banco de dados corretamente: a posição de seus elementos. Se somente o estado de cada instância Bid for considerado para a sincronização, e a coleção, inversa e ignorada, o Hibernate não terá valor para a coluna BID_POSITION.

Se você mapear uma associação de entidade bidirecional um-para-muitos com uma coleção indexada (isso também é verdade para mapas e arranjos), você terá de trocar os lados inversos. Você não pode fazer uma coluna indexada inverse="true". A coleção se torna responsável pela sincronização do estado, e o lado *um*, Bid, tem de ser feito inverso. Contudo, não existe inverse="true" para um mapeamento muitos-para-um, assim você tem que simular esse atributo em um <many-to-one>:

```
<class name="Bid"
    table="BID">
    ...
    <many-to-one   name="item"
                   column="ITEM_ID"
                   class="Item"
                   not-null="true"
                   insert="false"
                   update="false"/>
</class>
```

Definir insert e update para false provoca o efeito desejado. Como discutimos antes, esses dois atributos usados juntos tornam uma propriedade efetivamente *somente leitura*. Esse lado da associação é então ignorado para qualquer operação de escrita, e o estado da coleção (incluindo o índice dos elementos) é o estado relevante quando o estado em memória é sincronizado com o banco de dados. Você trocou os lados inverso/não inverso da associação, uma necessidade se você trocar de um conjunto ou sacola para uma lista (ou qualquer outra coleção indexada).

O equivalente em JPA, uma coleção indexada em um mapeamento bidirecional um-para-muitos, é como o seguinte:

```
public class Item {
    ...
    @OneToMany
    @JoinColumn(name = "ITEM_ID", nullable = false)
    @org.hibernate.annotations.IndexColumn(name = "BID_POSITION")
    private List<Bid> bids = new ArrayList<Bid>();
    ...
}
```

Esse mapeamento é não inverso, pois nenhum atributo mappedBy está presente. Pelo fato de o JPA não suportar listas indexadas persistentes (somente *ordenadas* com um @OrderBy em tempo de carregamento), você precisa adicionar uma anotação de extensão do Hibernate para o suporte ao índice. Eis o outro lado da associação em Bid:

```
public class Bid {
    ...
    @ManyToOne
    @JoinColumn(name = "ITEM_ID", nullable = false,
                updatable = false, insertable = false)
    private Item item;
    ...
}
```

Agora discutimos mais um cenário com um relacionamento um-para-muitos: uma associação mapeada para uma tabela de junção intermediária.

Associação opcional um-para-muitos com uma tabela de junção

Uma adição útil à classe Item é a propriedade buyer. Com isso você pode chamar anItem.getBuyer() para acessar o User que fez o lance vencedor. (Claro que anItem.getSuccessfulBid().getBidder() pode fornecer o mesmo acesso por um caminho diferente.) Se for feita bidirecional, essa associação também ajudará a desenhar a tela que mostra todos os leilões que um determinado usuário ganhou: você pode chamar aUser.getBoughtItems() em vez de escrever uma consulta.

CAPÍTULO 7 – MAPEAMENTOS AVANÇADOS DE ASSOCIAÇÃO DE ENTIDADE | 295

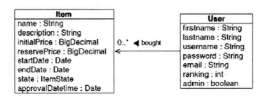

Figura 7.7 Itens podem ser comprados pelos usuários.

Do ponto de vista da classe User, a associação é um-para-muitos. As classes e seu relacionamento são mostrados na Figura 7.7.

Por que essa associação é diferente da associação entre Item e Bid? A multiplicidade 0..* em UML indica que a referência é *opcional*. Isso não influencia muito no modelo de domínio Java, mas tem conseqüências para as tabelas subjacentes. Você espera uma coluna de chave estrangeira BUYER_ID na tabela ITEM. A coluna tem que permitir valores nulos – um determinado Item pode não ter sido comprado (enquanto o leilão ainda está em andamento).

Você pode aceitar que a coluna de chave estrangeira pode ser NULL e aplicar restrições adicionais ("permitindo que seja NULL somente se o tempo de término do leilão ainda não foi alcançado ou se nenhum lance foi feito"). Sempre tentamos evitar colunas que permitem valores nulos em um esquema de banco de dados relacional. Informação que não é conhecida degrada a qualidade dos dados que você guarda. Tuplas representam proposições que são *verdadeiras*; você não pode afirmar algo que você não sabe. E, na prática, muitos desenvolvedores e DBAs não criam a restrição certa e se baseiam no código da aplicação (freqüentemente com erros) para fornecer a integridade dos dados.

Uma associação opcional de entidade, seja ela um-para-um ou um-para-muitos, é mais bem representada em um banco de dados SQL com uma tabela de junção. Veja a Figura 7.8 para um esquema de exemplo.

Você adicionou uma tabela de junção mais cedo nesse capítulo a uma associação um-para-um. Para garantir a multiplicidade de um-para-um, você aplicou restrições de *unicidade* a ambas as colunas de chave estrangeira da tabela de junção. No caso atual, você tem uma multiplicidade um-para-muitos, então somente a coluna ITEM_ID da tabela ITEM_BUYER é única. Um determinado item pode ser comprado somente uma vez.

Vamos mapear isso em XML. Primeiro eis a coleção boughtItems da classe User.

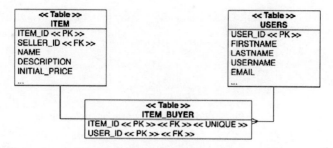

Figura 7.8 Um relacionamento opcional com uma tabela de junção evita colunas de chave estrangeira que permitem valores nulos.

```
<set name="boughtItems" table="ITEM_BUYER">
   <key column="USER_ID"/>
   <many-to-many class="Item"
               column="ITEM_ID"
               unique="true"/>
</set>
```

Você usa um Set como o tipo da coleção. A tabela de coleção é a tabela de junção, ITEM_BUYER; sua chave primária é um composto das colunas USER_ID e ITEM_ID. O novo elemento de mapeamento que você não havia visto antes é o <many-to-many>; ele é necessário, pois o <one-to-many> normal não sabe nada sobre tabelas de junção. Forçando uma restrição unique na coluna de chave estrangeira que referencia a tabela de entidade-alvo, você efetivamente força uma multiplicidade um-para-muitos.

Você pode mapear essa associação como bidirecional com a propriedade buyer de Item. Sem a tabela de junção, você adicionaria um <many-to-one> com uma coluna de chave estrangeira BUYER_ID à tabela ITEM. Com a tabela de junção, você tem que mover essa coluna de chave estrangeira para dentro da tabela de junção. Isso é possível com um mapeamento <join>:

```
<join table="ITEM_BUYER"
      optional="true"
      inverse="true">
   <key column="ITEM_ID" unique="true" not-null="true"/>
   <many-to-one name="buyer" column="USER_ID"/>
</join>
```

Dois importantes detalhes: primeiro, a associação é opcional, e você informa ao Hibernate que não insira uma linha dentro da tabela de junção se as propriedades agrupadas (somente uma nesse caso, buyer) são null. Segundo, isso é uma associação de entidade bidirecional. Como sempre, um lado tem que ser a extremidade inversa. Você escolheu o <join> para ser a inversa; o Hibernate agora usa o estado da coleção para sincronizar o banco de dados e ignora o estado da propriedade Item.buyer. Enquanto a sua coleção não é uma variação indexada (uma lista, mapa, ou arranjo), você pode reverter isso declarando a coleção inverse="true". O código Java para criar uma ligação entre um item comprado e um usuário é o mesmo em ambos os casos:

```
aUser.getBoughtItems().add(anItem);
anItem.setBuyer(aUser);
```

Você pode mapear tabelas secundárias em JPA para criar uma associação um-para-muitos com uma tabela de junção. Primeiro, mapeie um @ManyToOne para uma tabela de junção:

```
@Entity
public class Item {
    @ManyToOne
    @JoinTable(
        name = "ITEM_BUYER",
        joinColumns = {@JoinColumn(name = "ITEM_ID")},
        inverseJoinColumns = {@JoinColumn(name = "USER_ID")}
    )
    private User buyer;
    ...
}
```

Até o momento em que estamos escrevendo, esse mapeamento tem a limitação de que você não pode defini-lo para optional="true"; portanto, a coluna USER_ID permite valores nulos. Se você tentar adicionar um atributo nullable="false" à @JoinColumn, o Hibernate Annotations pensará que você quer que toda a propriedade buyer nunca seja null. Além do mais, a chave primária da tabela de junção agora é somente a coluna ITEM_ID. Isso está bom, pois você não quer itens duplicados nessa tabela – eles podem ser comprados somente uma vez.

Para fazer esse mapeamento como bidirecional, adicione uma coleção à classe User e a torne inversa com mappedBy:

```
@OneToMany(mappedBy = "buyer")
private Set<Item> boughtItems = new HashSet<Item>();
```

Mostramos um elemento de mapeamento XML <many-to-many> na seção anterior para uma associação um-para-muitos em uma tabela de junção. A anotação @JoinTable é o equivalente em anotações. Vamos mapear uma autêntica associação muitos-para-muitos.

7.2.2 Associações muitos-para-muitos

A associação entre Category e Item é uma associação muitos-para-muitos, como você pode ver na Figura 7.9.

Em um sistema real, você pode não ter uma associação muitos-para-muitos. Nossa experiência é que quase sempre existe outra informação que deve ser anexada a cada ligação entre instâncias associadas (como a data e a hora de quando um item foi adicionado a uma categoria) e que a melhor maneira para representar essa informação é via uma *classe de associação* intermediária. No Hibernate, você pode mapear a classe de associação como uma entidade e mapear duas associações um-para-muitos para cada um dos lados. Talvez mais convenientemente, você também possa mapear uma classe de elemento composto, uma técnica que mostraremos mais adiante.

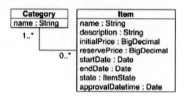

Figura 7.9 Uma associação valorada muitos-para-muitos entre Category e Item.

É o propósito de essa seção implementar uma autêntica associação de entidade muitos-para-muitos. Vamos começar com um exemplo unidirecional.

Uma simples associação unidirecional muitos-para-muitos

Se você precisa somente de navegação unidirecional, o mapeamento é claro. As associações unidirecionais muitos-para-muitos são essencialmente não tão difíceis quanto as coleções de instâncias de tipo de valor que discutimos mais cedo. Por exemplo, se a Category tem um conjunto de Items, você pode criar esse mapeamento:

```xml
<set name="items"
     table="CATEGORY_ITEM"
     cascade="save-update">
    <key column="CATEGORY_ID"/>
    <many-to-many class="Item" column="ITEM_ID"/>
</set>
```

A tabela de junção (ou *tabela de ligação*, como alguns desenvolvedores a chamam) tem duas colunas: as chaves estrangeiras das tabelas CATEGORY e ITEM. A chave primária é um composto de ambas as colunas. A estrutura completa da tabela está na Figura 7.10.

Nas anotações do JPA, associações muitos-para-muitos são mapeadas com o atributo @ManyToMany:

```java
@ManyToMany
@JoinTable(
    name = "CATEGORY_ITEM",
    joinColumns = {@JoinColumn(name = "CATEGORY_ID")},
    inverseJoinColumns = {@JoinColumn(name = "ITEM_ID")}
)
private Set<Item> items = new HashSet<Item>();
```

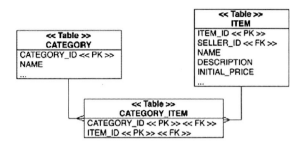

Figura 7.10 Associação de entidade muitos-para-muitos mapeada para uma tabela de associação.

No XML do Hibernate você também pode trocar para um <idbag> com uma coluna de chave primária separada na tabela de junção:

```xml
<idbag name="items"
    table="CATEGORY_ITEM"
    cascade="save-update">
  <collection-id type="long" column="CATEGORY_ITEM_ID">
    <generator class="sequence"/>
  </collection-id>
  <key column="CATEGORY_ID"/>
  <many-to-many class="Item" column="ITEM_ID"/>
</idbag>
```

Como de costume, com um mapeamento <idbag>, a chave primária é uma coluna de chave de surrogate, CATEGORY_ITEM_ID. As ligações duplicadas são então permitidas; o mesmo Item pode ser adicionado duas vezes a uma Category. (Isso não parece ser uma característica útil.) Com anotações, você pode trocar para uma sacola identificadora com a anotação @CollectionId do Hibernate:

```java
@ManyToMany
@CollectionId(
   columns = @Column(name = "CATEGORY_ITEM_ID"),
   type = @org.hibernate.annotations.Type(type = "long"),
   generator = "sequence"
)
@JoinTable(
   name = "CATEGORY_ITEM",
   joinColumns = {@JoinColumn(name = "CATEGORY_ID")},
   inverseJoinColumns = {@JoinColumn(name = "ITEM_ID")}
)
private Collection<Item> items = new ArrayList<Item>();
```

Um descritor XML do JPA para um mapeamento comum muitos-para-muitos com um conjunto (você não pode usar uma extensão do Hibernate para as sacolas identificadoras) se parece com isso:

JAVA PERSISTENCE COM HIBERNATE

```xml
<entity class="auction.model.Category" access="FIELD">
    ...
    <many-to-many name="items">
        <join-table name="CATEGORY_ITEM">
            <join-column name="CATEGORY_ID"/>
            <inverse-join-column name="ITEM_ID"/>
        </join-table>
    </many-to-many>
</entity>
```

Você pode até trocar para uma coleção indexada (um mapa ou uma lista) em uma associação muitos-para-muitos. O próximo exemplo mapeia uma lista em XML do Hibernate:

```xml
<list name="items"
      table="CATEGORY_ITEM"
      cascade="save-update">
    <key column="CATEGORY_ID"/>
    <list-index column="DISPLAY_POSITION"/>
    <many-to-many class="Item" column="ITEM_ID"/>
</list>
```

A chave primária da tabela de ligação é um composto das colunas CATEGORY_ID e DISPLAY_POSITION; esse mapeamento garante que a posição de cada Item em uma Category seja persistente. Ou, com anotações:

```java
@ManyToMany
@JoinTable(
    name = "CATEGORY_ITEM",
    joinColumns = {@JoinColumn(name = "CATEGORY_ID")},
    inverseJoinColumns = {@JoinColumn(name = "ITEM_ID")}
)
@org.hibernate.annotations.IndexColumn(name = "DISPLAY_POSITION")
private List<Item> items = new ArrayList<Item>();
```

Como discutido antes, o JPA somente suporta coleções ordenadas (com uma anotação opcional @OrderBy ou ordenada pela chave primária), então você tem que usar novamente uma extensão do Hibernate para o suporte de coleção indexada. Se você não adicionar uma @IndexColumn, a List será guardada com semânticas de sacola (não garante a ordem persistente dos elementos).

Criar uma ligação entre uma Category e um Item é fácil:

```java
aCategory.getItems().add(anItem);
```

As associações bidirecionais muitos-para-muitos são um pouco mais difíceis.

Uma associação bidirecional muitos-para-muitos

Você sabe que um lado em uma associação bidirecional tem que ser mapeado como inverso, pois você nomeou a(s) coluna(s) de chave estrangeira duas vezes. O mesmo princípio

CAPÍTULO 7 – MAPEAMENTOS AVANÇADOS DE ASSOCIAÇÃO DE ENTIDADE | 301

se aplica às associações bidirecionais muitos-para-muitos: cada linha da tabela de ligação é representada por dois elementos de coleção, um elemento em cada extremidade da associação. Uma associação entre um Item e uma Category é representada em memória pela instância Item na coleção items de Category, mas também pela instância Category na coleção categories de Item.

Antes de discutirmos o mapeamento desse caso bidirecional, você tem de estar ciente que o código para criar a associação dos objetos também muda:

```
aCategory.getItems().add(anItem);
anItem.getCategories().add(aCategory);
```

Como sempre, uma associação bidirecional (não importa de qual multiplicidade) necessita que você defina ambas as extremidades da associação.

Quando mapeia uma associação bidirecional muitos-para-muitos, você deve declarar uma extremidade da associação usando inverse="true" para determinar o estado de qual lado que é usado para atualizar a tabela de junção. Você pode escolher qual lado deve ser inverso.

Relembre esse mapeamento da coleção items da seção anterior:

```
<class name="Category" table="CATEGORY">
    ...
    <set name="items"
        table="CATEGORY_ITEM"
        cascade="save-update">
        <key column="CATEGORY_ID"/>
        <many-to-many class="Item" column="ITEM_ID"/>
    </set>
```

Você pode reusar esse mapeamento para a extremidade Category da associação bidirecional e mapear o outro lado como o seguinte:

```
<class name="Item" table="ITEM">
    ...
    <set name="categories"
        table="CATEGORY_ITEM"
        inverse="true"
        cascade="save-update">
        <key column="ITEM_ID"/>
        <many-to-many class="Category" column="CATEGORY_ID"/>
    </set>
</class>
```

Note o inverse="true". Novamente, essa definição informa ao Hibernate que ignore as mudanças feitas na coleção categories, e que a outra extremidade da associação, a coleção items, é a representação que deve ser sincronizada com o banco de dados se você ligar instâncias no código Java.

Você habilitou cascade="save-update" para ambas as extremidades da coleção. Isso não é desarrazoado, supomos. Por outro lado, as opções de cascata all, delete e delete-orphans não são significativas para as associações muitos-para-muitos. (Esse é um bom ponto para testar se você entende entidades e tipos de valor – tente propor respostas razoáveis para por que essas opções de cascata não fazem muito sentido para uma associação muitos-para-muitos.)

Em JPA e com anotações, fazer uma associação muitos-para-muitos como bidirecional é fácil. Primeiro, o lado não inverso:

```
@ManyToMany
@JoinTable(
    name = "CATEGORY_ITEM",
    joinColumns = {@JoinColumn(name = "CATEGORY_ID")},
    inverseJoinColumns = {@JoinColumn(name = "ITEM_ID")}
)
private Set<Item> items = new HashSet<Item>();
```

Agora o lado oposto inverso:

```
@ManyToMany(mappedBy = "items")
private Set<Category> categories = new HashSet<Category>();
```

Como você pode ver, você não tem que repetir a declaração da tabela de junção no lado inverso.

Que tipos de coleções podem ser usadas para as associações bidirecionais muitos-para-muitos? Será que você precisa do mesmo tipo de coleção em cada extremidade? É razoável mapear, por exemplo, um elemento <list> para o lado não inverso da associação e um elemento <bag> no lado inverso.

Para a extremidade inversa, é aceitável um <set>, assim como é o seguinte mapeamento de sacola:

```
<class name="Item" table="ITEM">
    ...
    <bag name="categories"
      table="CATEGORY_ITEM"
      inverse="true"
      cascade="save-update">
      <key column="ITEM_ID"/>
      <many-to-many class="Category" column="CATEGORY_ID"/>
    </bag>
</class>
```

Em JPA, uma sacola é uma coleção sem um índice persistente:

```
@ManyToMany(mappedBy = "items")
private Collection<Category> categories = new ArrayList<Category>();
```

Nenhum outro mapeamento pode ser usado para a extremidade inversa de uma associação muitos-para-muitos. As coleções indexadas (listas e mapas) não funcionam, pois o Hibernate não irá inicializar ou manter a coluna de índice se a coleção for inversa. Em outras palavras, uma associação muitos-para-muitos não pode ser mapeada com coleções indexadas em ambos os lados.

Já franzimos a testa para o uso de associações muitos-para-muitos, pois as colunas adicionais na tabela de junção são quase sempre inevitáveis.

7.2.3 Como adicionar colunas em tabelas de junção

Nesta seção, discutimos uma dúvida colocada freqüentemente pelos usuários do Hibernate: O que faço se a minha tabela de junção tem colunas adicionais, e não somente duas colunas de chave estrangeira?

Imagine que você tenha de gravar alguma informação cada vez que adicione um Item a uma Category. Por exemplo, você pode precisar guardar a data e o nome do usuário que adicionou o item a essa categoria. Isso requer colunas adicionais na tabela de junção, como você pode ver na Figura 7.11.

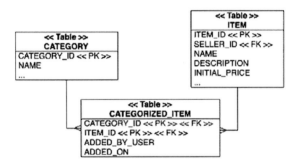

Figura 7.11 Colunas adicionais na tabela de junção em uma associação muitos-para-muitos.

Você pode usar duas estratégias comuns para mapear tal estrutura para as classes Java. A primeira estratégia requer uma classe de entidade intermediária para a tabela de junção e é mapeada com associações um-para-muitos. A segunda estratégia utiliza uma coleção de componentes, com uma classe de tipo de valor para a tabela de junção.

Como mapear a tabela de junção para uma entidade intermediária

A primeira opção que discutimos, agora resolve o relacionamento muitos-para-muitos entre Category e Item com uma classe de entidade intermediária, CategorizedItem. A Listagem 7.1 mostra essa classe de entidade, que representa a tabela de junção em Java, com anotações JPA:

304 | Java Persistence com Hibernate

Listagem 7.1 Uma classe de entidade que representa uma tabela de ligação com colunas adicionais

```java
@Entity
@Table(name = "CATEGORIZED_ITEM")
public class CategorizedItem {
   @Embeddable
   public static class Id implements Serializable {
      @Column(name = "CATEGORY_ID")
      private Long categoryId;
      @Column(name = "ITEM_ID")
      private Long itemId;

      public Id() {}

      public Id(Long categoryId, Long itemId) {
         this.categoryId = categoryId;
         this.itemId = itemId;
      }
      public boolean equals(Object o) {
         if (o != null && o instanceof Id) {
            Id that = (Id)o;
            return this.categoryId.equals(that.categoryId) &&
               this.itemId.equals(that.itemId);
         } else {
            return false;
         }
      }
      public int hashCode() {
         return categoryId.hashCode() + itemId.hashCode();
      }
   }
   @EmbeddedId
   private Id id = new Id();

   @Column(name = "ADDED_BY_USER")
   private String username;

   @Column(name = "ADDED_ON")
   private Date dateAdded = new Date();

   @ManyToOne
   @JoinColumn(name="ITEM_ID",
               insertable = false,
               updatable = false)
   private Item item;
   @ManyToOne
   @JoinColumn(name="CATEGORY_ID",
               insertable = false,
               updatable = false)
   private Category category;
```

Capítulo 7 – Mapeamentos avançados de associação de entidade

```java
public CategorizedItem() {}

public CategorizedItem(String username,
                       Category category,
                       Item item) {
    // Defina os campos
    this.username = username;

    this.category = category;
    this.item = item;

    // Defina os valores identificadores
    this.id.categoryId = category.getId();
    this.id.itemId = item.getId();

    // Garanta a integridade referencial
    category.getCategorizedItems().add(this);
    item.getCategorizedItems().add(this);
}

// Métodos getter e setter
...
}
```

Uma classe de entidade precisa de uma propriedade identificadora. A chave primária da tabela de junção é CATEGORY_ID e ITEM_ID, um composto. Portanto, a classe de entidade também tem uma chave composta, que você encapsula em uma classe estática aninhada para conveniência. Você também pode observar que construir um CategorizedItem envolve definir os valores do identificador – valores de chave composta são atribuídos pela aplicação. Preste uma atenção extra ao construtor e como ele define os valores do campo e garante integridade referencial gerenciando coleções em cada um dos lados da associação.

Vamos mapear, em XML, essa classe para a tabela de junção:

```xml
<class name="CategorizedItem"
       table="CATEGORY_ITEM"
       mutable="false">

    <composite-id name="id" class="CategorizedItem$Id">
        <key-property name="categoryId"
                      access="field"
                      column="CATEGORY_ID"/>
        <key-property name="itemId"
                      access="field"
                      column="ITEM_ID"/>
    </composite-id>

    <property name="dateAdded"
              column="ADDED_ON"
              type="timestamp"
```

JAVA PERSISTENCE COM HIBERNATE

```
                    not-null="true"/>

    <property name="username"
                column="ADDED_BY_USER"
                type="string"
                not-null="true"/>

    <many-to-one name="category"
                    column="CATEGORY_ID"
                    not-null="true"
                    insert="false"
                    update="false"/>

    <many-to-one name="item"
                column="ITEM_ID"
                not-null="true"
                insert="false"
                update="false"/>
</class>
```

A classe de entidade é mapeada como imutável – você nunca irá atualizar quaisquer propriedades após a criação. O Hibernate acessa os campos <composite-id> diretamente – você não precisa de getters e setters nessa classe aninhada. Os dois mapeamentos <many-to-one> são efetivamente somente de leitura; insert e update são definidos para false. Isso é necessário pois as colunas são mapeadas duas vezes, uma na chave composta (que é responsável pela inserção dos valores) e novamente para as associações muitos-para-um.

As entidades Category e Item podem ter, nesse caso elas têm, uma associação um-para-muitos para a entidade CategorizedItem, uma coleção. Por exemplo, em Category:

```
<set name="categorizedItems"
    inverse="true">
    <key column="CATEGORY_ID"/>
    <one-to-many class="CategorizedItem"/>
</set>
```

E aqui está a anotação equivalente:

```
@OneToMany(mappedBy = "category")
private Set<CategorizedItem> categorizedItems =
                        new HashSet<CategorizedItem>();
```

Não existe nada de especial a ser considerado aqui; é uma associação bidirecional um-para-muitos comum com uma coleção inversa. Adicione a mesma coleção e mapeamento a Item para completar a associação. Este código cria e guarda uma ligação entre uma categoria e um item:

```
CategorizedItem newLink =
    new CategorizedItem(aUser.getUsername(), aCategory, anItem);
session.save(newLink);
```

CAPÍTULO 7 – MAPEAMENTOS AVANÇADOS DE ASSOCIAÇÃO DE ENTIDADE | 307

A integridade referencial dos objetos Java é garantida pelo construtor da CategorizedItem, que gerencia a coleção em aCategory e em anItem. Remova e delete a ligação entre uma categoria e um item:

```
aCategory.getCategorizedItems().remove( theLink );
anItem.getCategorizedItems().remove( theLink );

session.delete(theLink);
```

A vantagem principal dessa estratégia é a possibilidade de navegação bidirecional: você pode pegar todos os itens em uma categoria chamando aCategory.getCategorizedItems() e também a navegação a partir da direção contrária com anItem.getCategorizedItems(). Uma desvantagem é o código mais complexo necessário para gerenciar as instâncias de entidade CategorizedItem a fim de criar e remover associações – elas têm que ser salvas e deletadas independentemente, e você precisa de alguma infra-estrutura na classe CategorizedItem, como o identificador composto. Contudo, você pode habilitar persistência transitiva com opções de cascata nas coleções a partir de Category e Item para CategorizedItem, como é explicado no Capítulo 12, Seção 12.1, "Persistência transitiva".

A segunda estratégia para lidar com colunas adicionais na tabela de junção não precisa de uma classe de entidade intermediária; é mais simples.

Como mapear a tabela de junção para uma coleção de componentes

Primeiro, simplifique a classe CategorizedItem, e torne-a um tipo de valor, sem um identificador ou qualquer construtor complexo:

```
public class CategorizedItem {
    private String username;
    private Date dateAdded = new Date();
    private Item item;
    private Category category;

    public CategorizedItem(String username,
                           Category category,
                           Item item) {
        this.username = username;
        this.category = category;
        this.item = item;
    }
    ...
    // Métodos getter e setter
    // Não se esqueça dos métodos equals/hashCode
}
```

Assim como é para todos os tipos de valor, essa classe tem que ser propriedade de uma entidade. A dona é a Category, e ela tem uma coleção desses componentes:

JAVA PERSISTENCE COM HIBERNATE

```
<class name="Category" table="CATEGORY">
  ...
  <set name="categorizedItems" table="CATEGORY_ITEM">
    <key column="CATEGORY_ID"/>
    <composite-element class="CategorizedItem">
      <parent name="category"/>
      <many-to-one name="item"
                   column="ITEM_ID"
                   not-null="true"
                   class="Item"/>

      <property name="username" column="ADDED_BY_USER"/>
      <property name="dateAdded" column="ADDED_ON"/>
    </composite-element>
  </set>

</class>
```

Esse é o mapeamento completo para uma associação muitos-para-muitos com colunas extras na tabela de junção. O elemento <many-to-one> representa a associação para Item; os mapeamentos <property> abordam as colunas extras da tabela de junção. Existe somente uma alteração nas tabelas do banco de dados: a tabela CATEGORY_ITEM agora tem uma chave primária que é um composto de todas as colunas, e não somente CATEGORY_ID e ITEM_ID, como na seção anterior. Portanto, todas as propriedades nunca podem ser nullable – caso contrário você não pode identificar uma linha na tabela de junção. Exceto por essa alteração, as tabelas ainda se parecem com as que foram mostradas na Figura 7.11.

Você pode aprimorar esse mapeamento com uma referência à classe User ao invés de simplesmente ter o nome do usuário. Isso requer uma coluna adicional USER_ID na tabela de junção, com uma chave estrangeira para USERS. Isso é um mapeamento de *associação ternária*:

```
<set name="categorizedItems" table="CATEGORY_ITEM">
  <key column="CATEGORY_ID"/>
  <composite-element class="CategorizedItem">
    <parent name="category"/>

    <many-to-one name="item"
                 column="ITEM_ID"
                 not-null="true"
                 class="Item"/>

    <many-to-one name="user"
                 column="USER_ID"
                 not-null="true"
                 class="User"/>

    <property name="dateAdded" column="ADDED_ON"/>

  </composite-element>
</set>
```

CAPÍTULO 7 – MAPEAMENTOS AVANÇADOS DE ASSOCIAÇÃO DE ENTIDADE | 309

Isso é uma coisa bastante exótica!

A vantagem de uma coleção de componentes é claramente o ciclo de vida implícito dos objetos de ligação. Para criar uma associação entre uma Category e um Item, adicione uma nova instância de CategorizedItem à coleção. Para quebrar a ligação, remova o elemento da coleção. Nenhuma outra definição de cascata é necessária, e o código Java é simplificado:

```
CategorizedItem aLink =
    new CategorizedItem(aUser.getUserName(), aCategory, anItem);

aCategory.getCategorizedItems().add( aLink );

aCategory.getCategorizedItems().remove( aLink );
```

O lado negativo dessa abordagem é que não existe uma forma de habilitar a navegação bidirecional: um componente (como o CategorizedItem) não pode, por definição, ter referências compartilhadas. Você não pode navegar de Item para CategorizedItem. Contudo, você pode escrever uma consulta para recuperar os objetos de que precise.

Vamos fazer o mesmo mapeamento com anotações. Primeiro, faça a classe componente @Embeddable, e adicione os mapeamentos de coluna e associação do componente:

```
@Embeddable
public class CategorizedItem {

    @org.hibernate.annotations.Parent // Optional back-pointer
    private Category category;

    @ManyToOne
    @JoinColumn(name = "ITEM_ID",
            nullable = false,
            updatable = false)
    private Item item;

    @ManyToOne
    @JoinColumn(name = "USER_ID",
            nullable = false,
            updatable = false)
    private User user;

    @Temporal(TemporalType.TIMESTAMP)
    @Column(name = "ADDED_ON", nullable = false, updatable = false)
    private Date dateAdded;
    ...
    // Construtor
    // Métodos getter e setter
    // Não se esqueça dos métodos equals/hashCode
}
```

Agora mapeie isso como uma coleção de componentes na classe Category:

JAVA PERSISTENCE COM HIBERNATE

```
@org.hibernate.annotations.CollectionOfElements
@JoinTable(
    name = "CATEGORY_ITEM",
    joinColumns = @JoinColumn(name = "CATEGORY_ID")
)
private Set<CategorizedItem> categorizedItems =
                            new HashSet<CategorizedItem>();
```

Pronto: você mapeou uma associação ternária com anotações. O que parecia incrivelmente complexo no início foi reduzido a poucas linhas de metadado de anotação, a maioria delas opcional.

O último mapeamento de coleção que iremos explorar são Maps de referências de entidade.

7.2.4 Como mapear mapas

Você mapeou um Map Java no último capítulo – as chaves e os valores do Map eram tipos de valor, simples seqüências de caracteres. Você pode criar mapas mais complexos; não somente as chaves podem ser referências para as entidades, como também os valores. O resultado pode então ser uma associação ternária.

Valores como referências para entidades

Primeiro, vamos assumir que somente o valor de cada entrada do mapa é uma referência para outra entidade. A chave é um tipo de valor, um long. Imagine que a entidade Item tem um mapa de instâncias Bid e que cada entrada do mapa é um par de identificador do Bid e referência para uma instância Bid. Se você iterar através de anItem.getBidsByIdentifier(), você itera através de entradas do mapa que se parecem com (1, <referência para Bid com PK 1>), (2, <referência para Bid com PK 2>), e assim por diante.

As tabelas subjacentes para esse mapeamento não têm nada de especial; você novamente tem uma tabela ITEM e uma BID, com uma coluna de chave estrangeira ITEM_ID na tabela BID. A sua motivação aqui é uma representação um pouco diferente dos dados na aplicação, com um Map.

Na classe Item, inclua um Map:

```
@MapKey(name="id")
@OneToMany(mappedBy="item")
private Map<Long,Bid> bidsByIdentifier = new HashMap<Long,Bid>();
```

Novo aqui é o elemento @MapKey do JPA – ele mapeia uma propriedade da entidade-alvo como a chave do mapa. O padrão se você omitir o atributo name é a propriedade identificadora da entidade-alvo (então o nome aqui é redundante). Pelo fato de as chaves de um mapa formarem um conjunto, é esperado que os valores sejam únicos para um determinado mapa – esse é o caso das chaves primárias de Bid mas provavelmente não é o caso para qualquer outra propriedade de Bid.

CAPÍTULO 7 – MAPEAMENTOS AVANÇADOS DE ASSOCIAÇÃO DE ENTIDADE | 311

No XML do Hibernate, esse mapeamento é como o seguinte:

```
<map name="bidsByIdentifier" inverse="true">
  <key column="ITEM_ID"/>
  <map-key type="long" formula="BID_ID"/>
  <one-to-many class="Bid"/>
</map>
```

A chave formula para um mapa faz dessa uma coluna somente leitura, então ela nunca é atualizada quando você modifica o mapa. Uma situação mais comum é um mapa no meio de uma associação ternária.

Associações ternárias

Você pode estar um pouco entediado por agora, mas prometemos que esta é a última vez que mostraremos uma outra forma de mapear a associação entre Category e Item. Vamos resumir o que você já sabe sobre essa associação muitos-para-muitos:

- Ela pode ser mapeada com duas coleções, uma em cada um dos lados, e uma tabela de junção que tenha somente duas colunas de chave estrangeira. Isso é um mapeamento comum de associação muitos-para-muitos.

- Ela pode ser mapeada com uma classe de entidade intermediária que representa a tabela de junção, e qualquer coluna adicional que estiver na tabela. Uma associação um-para-muitos é mapeada em cada um dos lados (Category e Item), e um muitos-para-um bidirecional equivalente é mapeado na classe de entidade intermediária.

- Ela pode ser mapeada unidirecional, com uma tabela de junção representada como um componente de tipo de valor. A entidade Category tem uma coleção de componentes. Cada componente tem uma referência para sua Category dona e uma associação de entidade muitos-para-um para um Item. (Você também pode trocar as palavras Category e Item nessa explicação.)

Você transformou anteriormente o último cenário em uma associação ternária adicionando outra associação de entidade muitos-para-um a um User. Vamos fazer o mesmo com um Map.

Uma Category tem um Map de instâncias Item – a chave de cada entrada do mapa é uma referência para um Item. O valor de cada entrada do mapa é o User que adicionou o Item à Category. Essa estratégia é apropriada se não existem colunas adicionais na tabela de junção; veja o esquema na Figura 7.12.

A vantagem dessa estratégia é que você não precisa de qualquer classe intermediária, nada de entidade ou tipo de valor, para representar a coluna ADDED_BY_USER_ID da tabela de junção na sua aplicação Java.

Primeiro eis a propriedade Map em Category com uma anotação de extensão do Hibernate.

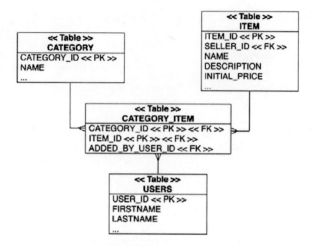

Figura 7.12 Uma associação ternária com uma tabela de junção entre três entidades.

```
@ManyToMany
@org.hibernate.annotations.MapKeyManyToMany(
   joinColumns = @JoinColumn(name = "ITEM_ID")
)
@JoinTable(
   name = "CATEGORY_ITEM",
   joinColumns = @JoinColumn(name = "CATEGORY_ID"),
   inverseJoinColumns = @JoinColumn(name = "USER_ID")
)
private Map<Item,User> itemsAndUser = new HashMap<Item,User>();
```

O mapeamento XML do Hibernate inclui um novo elemento, <map-key-many-to-many>:

```
<map name="itemsAndUser" table="CATEGORY_ITEM" >
   <key column="CATEGORY_ID"/>
   <map-key-many-to-many column="ITEM_ID" class="Item"/>
   <many-to-many column="ADDED_BY_USER_ID" class="User"/>
</map>
```

Para criar uma ligação entre todas as três entidades, se todas as suas instâncias já estão em estado persistente, adicione uma nova entrada ao mapa:

```
aCategory.getItemsAndUser().add( anItem, aUser );
```

Para remover a ligação, remova a entrada do mapa. Como um exercício, você pode tentar tornar esse mapeamento bidirecional, com uma coleção categories em Item. Lembre que esse tem de ser um mapeamento de coleção inversa, portanto ele não suporta coleções indexadas.

Agora que você já sabe todas as técnicas de mapeamento de associação para entidades normais, nós ainda temos que considerar a herança e as associações para os vários níveis de uma hierarquia de herança. O que realmente queremos é um comportamento *polimórfico*. Vamos ver como o Hibernate lida com as associações de entidade polimórficas.

7.3 ASSOCIAÇÕES POLIMÓRFICAS

Polimorfismo é uma característica que dá a forma de linguagens orientadas para objetos como o Java. O suporte para associações e consultas polimórficas é absolutamente uma característica básica de uma solução ORM como o Hibernate. De maneira surpreendente, nós conseguimos chegar tão longe sem precisar falar muito sobre polimorfismo. De maneira até mais surpreendente, não há muito o que dizer nesse tópico – polimorfismo é tão fácil de usar no Hibernate que não precisamos fazer muito esforço para explicá-lo..

Para ter uma visão geral, primeiro consideramos uma associação muitos-para-um para uma classe que pode ter subclasses. Nesse caso, o Hibernate garante que você pode criar ligações para qualquer instância de subclasse assim como você faria para instâncias da superclasse.

7.3.1 Associações polimórficas muitos-para-um

Uma *associação polimórfica* é uma associação que pode referenciar instâncias de uma subclasse da classe que foi especificada explicitamente no metadado de mapeamento. Para esse exemplo, considere a propriedade defaultBillingDetails de User. Ela referencia um determinado objeto BillingDetails, que em tempo de execução pode ser qualquer instância concreta dessa classe. As classes são mostradas na Figura 7.13.

Você mapeia essa associação para a classe abstrata BillingDetails da seguinte forma no arquivo User.hbm.xml.

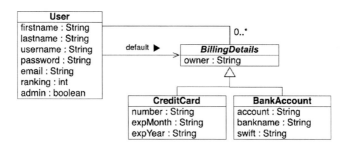

Figura 7.13 Um usuário tem ou um cartão de crédito ou uma conta de banco como o padrão.

314 | JAVA PERSISTENCE COM HIBERNATE

```
<many-to-one name="defaultBillingDetails"
              class="BillingDetails"
              column="DEFAULT_BILLING_DETAILS_ID"/>
```

Mas como BillingDetails é abstrata, a associação deve fazer referência a uma instância de uma das subclasses dela – CreditCard ou BankAccount – em tempo de execução.

Você não tem que fazer nada de especial para habilitar as associações polimórficas no Hibernate; especifique o nome de qualquer classe persistente mapeada em seu mapeamento da associação (ou deixe o Hibernate descobrir isso usando reflexão), e então, se essa classe declarar qualquer um dos elementos <union-subclass>, <subclass>, ou <joined-subclass>, a associação será naturalmente polimórfica.

O próximo código demonstra a criação de uma associação para uma instância da subclasse CreditCard:

```
CreditCard cc = new CreditCard();
cc.setNumber(ccNumber);
cc.setType(ccType);
cc.setExpiryDate(ccExpiryDate);

User user = (User) session.get(User.class, userId);
user.addBillingDetails(cc); // Adicione-a à associação muitos-para-um

user.setDefaultBillingDetails(cc);

// Completa unidade de trabalho
```

Agora, quando você percorre a associação em uma segunda unidade de trabalho, o Hibernate recupera automaticamente a instância CreditCard:

```
User user = (User) secondSession.get(User.class, userId);

// Invoque o método pay() na instância de fato da subclasse
user.getDefaultBillingDetails().pay(amount);
```

Só tem uma coisa para se preocupar: Se BillingDetails fosse mapeada com lazy="true" (que é o padrão), o Hibernate iria agir como um proxy da associação-alvo defaultBillingDetails. Nesse caso, você não poderia executar uma conversão de tipo para a classe concreta CreditCard em tempo de execução, e até mesmo o operador instanceof iria se comportar estranhamente:

```
User user = (User) session.get(User.class, userid);
BillingDetails bd = user.getDefaultBillingDetails();
System.out.println( bd instanceof CreditCard ); // Imprimi "false"
CreditCard cc = (CreditCard) bd; // ClassCastException!
```

Nesse código, a conversão de tipo falha, pois bd é uma instância proxy. Quando um método é invocado no proxy, a chamada é delegada para uma instância de CreditCard que é recuperada preguiçosamente (é uma instância de uma subclasse gerada em tempo de execução, então o instanceof também falha). Até que essa inicialização ocorra, o Hibernate não sabe qual é o subtipo da instância dada – isso iria exigir uma ida ao banco de dados, que é o que você tenta evitar com carregamento preguiçoso em primeiro lugar. Para executar uma conversão de tipo com o proxy mais bem resolvido (proxy-safe), use load():

```
User user = (User) session.get(User.class, userId);
BillingDetails bd = user.getDefaultBillingDetails();

// Limita o proxy à subclasse, não vai ao banco de dados
CreditCard cc =
    (CreditCard) session.load( CreditCard.class, bd.getId() );
expiryDate = cc.getExpiryDate();
```

Após a chamada para load(), bd e cc se referem a duas instâncias proxy diferentes, onde ambas delegam para a mesma instância CreditCard subjacente. Contudo, o segundo proxy tem uma interface diferente, e você pode chamar métodos (como getExpiryDate()) que se aplicam a somente essa interface.

Note que você pode evitar essas questões evitando a recuperação preguiçosa, como no código seguinte, que usa uma consulta de recuperação ansiosa:

```
User user = (User)session.createCriteria(User.class)
    .add(Restrictions.eq("id", uid) )
    .setFetchMode("defaultBillingDetails", FetchMode.JOIN)
    .uniqueResult();

// Os detalhes de cobrança padrão do usuário foram recuperados
// ansiosamente
CreditCard cc = (CreditCard) user.getDefaultBillingDetails();
expiryDate = cc.getExpiryDate();
```

O código autenticamente orientado para objetos não deveria usar instanceof ou inúmeras conversões de tipo. Se você começar a se deparar com problemas usando proxies, deverá examinar o seu desenho, perguntando se existe uma abordagem mais polimórfica. O Hibernate também oferece instrumentação de bytecode como uma alternativa para o carregamento preguiçoso através de proxies; voltaremos às estratégias de recuperação no Capítulo 13, Seção 13.1, "Como definir o plano global de recuperação".

As associações um-para-um são tratadas da mesma forma. E as associações multivaloradas – por exemplo, a coleção de billingDetails para cada User?

7.3.2 Coleções polimórficas

Um User pode ter referências para muitos BillingDetails, e não somente um único como padrão (um dos muitos *é* o padrão). Você mapeia isso com uma associação bidirecional um-para-muitos.

Em BillingDetails, você tem o seguinte:

```
<many-to-one name="user"
            class="User"
            column="USER_ID"/>
```

316 | JAVA PERSISTENCE COM HIBERNATE

No mapeamento do User você tem:

```
<set name="billingDetails"
    inverse="true">
    <key column="USER_ID"/>
    <one-to-many class="BillingDetails"/>
</set>
```

Adicionar um CreditCard é fácil:

```
CreditCard cc = new CreditCard();
cc.setNumber(ccNumber);
cc.setType(ccType);
cc.setExpMonth(...);
cc.setExpYear(...);

User user = (User) session.get(User.class, userId);
// Chame o método de conveniência que define ambos os lados da associação
user.addBillingDetails(cc);
// Completa unidade de trabalho
```

Como de costume, addBillingDetails() chama getBillingDetails().add(cc) e cc.setUser(this) para garantir a integridade do relacionamento através da definição dos dois ponteiros.

Você pode iterar na coleção e tratar as instâncias de CreditCard e BankAccount polimorficamente (você provavelmente não quer cobrar os usuários várias vezes no sistema final, de qualquer forma):

```
User user = (User) session.get(User.class, userId);
for( BillingDetails bd : user.getBillingDetails() ) {
    // Invoque CreditCard.pay() ou BankAccount.pay()
    bd.pay(paymentAmount);
}
```

Nos exemplos até agora, assumimos que BillingDetails é uma classe mapeada explicitamente e que a estratégia de mapeamento de herança é *tabela por hierarquia de classe*, ou é normalizada com *tabela por subclasse*.

Contudo, se a hierarquia for mapeada com *tabela por classe concreta* (polimorfismo implícito) ou explicitamente com *tabela por classe concreta com união*, esse cenário vai requerer uma solução mais sofisticada.

7.3.3 Associações polimórficas para uniões

O Hibernate suporta as associações polimórficas muitos-para-um e um-para-muitos, mostradas nas seções anteriores, mesmo sendo uma hierarquia de classe mapeada com a estratégia *tabela por classe concreta*. Você pode ficar imaginando como isso funciona, pois você pode não ter uma tabela para a superclasse com essa estratégia; se for esse o caso, você não pode referenciar ou adicionar uma coluna de chave estrangeira a BILLING_DETAILS.

CAPÍTULO 7 – MAPEAMENTOS AVANÇADOS DE ASSOCIAÇÃO DE ENTIDADE | 317

Reveja a nossa discussão de *tabela por classe concreta com união* no Capítulo 5, Seção 5.1.2, "Tabela por classe concreta com uniões". Preste uma atenção extra na consulta polimórfica que o Hibernate executa quando está recuperando as instâncias de BillingDetails. Agora, considere a seguinte coleção de BillingDetails mapeada para User:

```
<set name="billingDetails"
     inverse="true">
    <key column="USER_ID"/>
    <one-to-many class="BillingDetails"/>
</set>
```

Se você quer habilitar a característica de união polimórfica, uma necessidade para essa associação polimórfica é que ela seja inversa; deve haver um mapeamento no lado oposto. No mapeamento de BillingDetails, com <union-subclass>, você tem que incluir uma associação <many-to-one>:

```
<class name="BillingDetails" abstract="true">
    <id name="id" column="BILLING_DETAILS_ID" .../>
    <property .../>
    <many-to-one name="user"
                 column="USER_ID"
                 class="User"/>

    <union-subclass name="CreditCard" table="CREDIT_CARD">
        <property .../>
    </union-subclass>
    <union-subclass name="BankAccount" table="BANK_ACCOUNT">
        <property .../>
    </union-subclass>

</class>
```

Você tem uma tabela para cada classe concreta da hierarquia. Cada tabela tem uma coluna de chave estrangeira, USER_ID, referenciando a tabela USERS. O esquema é mostrado na Figura 7.14.

Agora, considere o seguinte código de acesso aos dados:

```
aUser.getBillingDetails().iterator().next();
```

Figura 7.14 Duas classes concretas mapeadas para duas tabelas separadas.

318 | JAVA PERSISTENCE COM HIBERNATE

O Hibernate executa uma consulta UNION para recuperar todas as instâncias que são referenciadas nessa coleção:

```
select
    BD.*
from
    ( select
        BILLING_DETAILS_ID, USER_ID, OWNER,
        NUMBER, EXP_MONTH, EXP_YEAR,
        null as ACCOUNT, null as BANKNAME, null as SWIFT,
        1 as CLAZZ
    from
        CREDIT_CARD

    union

    select
        BILLING_DETAILS_ID, USER_ID, OWNER,
        null as NUMBER, null as EXP_MONTH, null as EXP_YEAR
        ACCOUNT, BANKNAME, SWIFT,
        2 as CLAZZ
    from
        BANK_ACCOUNT
    ) BD
where
    BD.USER_ID = ?
```

A subseleção da cláusula FROM é uma união de todas as tabelas das classes concretas, e ela inclui os valores de chave estrangeira de USER_ID para todas as instâncias. A seleção externa agora inclui uma restrição na cláusula WHERE para todas as linhas referenciando um determinado usuário.

Essa mágica funciona muito bem para a recuperação de dados. Se você manipular a coleção e a associação, o lado não inverso será usado para atualizar a(s) coluna(s) USER_ID na tabela concreta. Em outras palavras, a modificação da coleção inversa não surte efeito: o valor da propriedade user de uma instância CreditCard ou BankAccount é pego.

Agora considere a associação muitos-para-um defaultBillingDetails novamente, mapeada com a coluna DEFAULT_BILLING_DETAILS_ID na tabela USERS. O Hibernate executa uma consulta UNION que parece similar à consulta anterior para recuperar essa instância, se você acessar a propriedade. Contudo, ao invés de uma restrição na cláusula WHERE para um determinado usuário, a restrição é feita em um determinado BILLING_DETAILS_ID.

Importante: O Hibernate não pode e não irá criar uma restrição de chave estrangeira para DEFAULT_BILLING_DETAILS_ID com essa estratégia. A tabela-alvo dessa referência pode ser qualquer uma das tabelas concretas, que não pode ser restringida facilmente. Você deve considerar escrever uma regra de integridade customizada para essa coluna com um gatilho do banco de dados.

7.3.4 Tabela polimórfica por classe concreta

No Capítulo 5, Seção 5.1.1, "Tabela por classe concreta com polimorfismo implícito", definimos a estratégia de mapeamento *tabela por classe concreta* e observamos que essa estratégia de mapeamento torna difícil a representação de uma associação polimórfica, pois você não pode mapear um relacionamento de chave estrangeira para uma tabela da superclasse abstrata. Não há uma tabela para a superclasse com essa estratégia; você tem tabelas somente para as classes concretas. Você também não pode criar um UNION, pois o Hibernate não sabe o que unifica as classes concretas; a superclasse (ou interface) não é mapeada em lugar algum.

O Hibernate não suporta uma coleção billingDetails um-para-muitos polimórfica em User, se essa estratégia de mapeamento de herança é aplicada na hierarquia BillingDetails. Se você precisa de associações polimórficas muitos-para-um com essa estratégia, você terá que recorrer a uma solução não convencional. A técnica que lhe mostraremos nessa seção deve ser sua última escolha. Tente trocar para um mapeamento <union-subclass> primeiro.

Suponha que você queira representar uma associação polimórfica muitos-para-um de User para BillingDetails, onde a hierarquia de classe de BillingDetails é mapeada, no Hibernate, com uma estratégia *tabela por classe concreta* e com comportamento polimórfico implícito. Você tem uma tabela CREDIT_CARD e uma tabela BANK_ACCOUNT, mas nenhuma tabela BILLING_DETAILS. O Hibernate precisa de dois pedaços de informação na tabela USERS para identificar de modo único a instância CreditCard ou BankAccount associada como a padrão:

- O nome da tabela onde a instância associada reside
- O identificador da instância associada

A tabela USERS necessita de uma coluna DEFAULT_BILLING_DETAILS_TYPE além da DEFAULT_BILLING_DETAILS_ID. Essa coluna extra funciona como um discriminador adicional e necessita de um mapeamento <any> do Hibernate no arquivo User.hbm.xml:

```
<any name="defaultBillingDetails"
    id-type="long"
    meta-type="string">
    <meta-value value="CREDIT_CARD" class="CreditCard"/>
    <meta-value value="BANK_ACCOUNT" class="BankAccount"/>
    <column name="DEFAULT_BILLING_DETAILS_TYPE"/>
    <column name="DEFAULT_BILLING_DETAILS_ID"/>
</any>
```

O atributo meta-type especifica o tipo do Hibernate da coluna DEFAULT_BILLING_DETAILS_TYPE; o atributo id-type especifica o tipo da coluna

DEFAULT_BILLING_DETAILS_ID (é necessário que CreditCard e BankAccount tenham o mesmo tipo do identificador).

Os elementos <meta-value> informam ao Hibernate como interpretar o valor da coluna DEFAULT_BILLING_DETAILS_TYPE. Você não precisa usar o nome completo da tabela aqui – você pode usar qualquer valor que queira como um discriminador de tipo. Por exemplo, você pode codificar a informação em dois caracteres:

```
<any name="defaultBillingDetails"
    id-type="long"
    meta-type="string">
    <meta-value value="CC" class="CreditCard"/>
    <meta-value value="CA" class="BankAccount"/>
    <column name="DEFAULT_BILLING_DETAILS_TYPE"/>
    <column name="DEFAULT_BILLING_DETAILS_ID"/>
</any>
```

Um exemplo dessa estrutura de tabela é mostrado na Figura 7.15.

Eis o primeiro grande problema com esse tipo de associação: você não pode adicionar uma restrição de chave estrangeira à coluna DEFAULT_BILLING_DETAILS_ID, pois alguns valores se referem à tabela BANK_ACCOUNT e outros à tabela CREDIT_CARD. Dessa forma, você precisa encontrar algum outro jeito para assegurar a integridade (um gatilho, por exemplo). Essa é a mesma questão que você enfrentaria com uma estratégia <union-subclass>.

Além do mais, é difícil escrever junções SQL de tabelas para essa associação. Em particular, os recursos de consulta do Hibernate não suportam esse tipo de mapeamento de associação, e essa associação também nem deve ser recuperada usando uma junção externa. Nós desencorajamos o uso de associações <any> para todos exceto os casos mais especiais. Também note que essa técnica de mapeamento não está disponível nas anotações ou em Java Persistence (esse mapeamento é tão raro que ninguém pediu que as anotações suportassem isso até hoje).

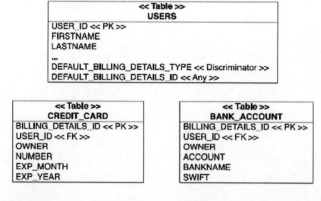

Figura 7.15 Usando uma coluna discriminadora com uma associação **any**.

Como você pode ver, desde que não planeje criar uma associação para uma hierarquia de classe mapeada com polimorfismo implícito, as associações são bem claras; você normalmente não precisa ficar quebrando muito a cabeça com isso. Você pode estar surpreso por que não mostramos qualquer exemplo com JPA ou com anotação na seção anterior – o comportamento em tempo de execução é o mesmo, e você não precisa de qualquer mapeamento extra para conseguir isso.

7.4 RESUMO

Nesse capítulo, você aprendeu como mapear associações de entidade mais complexas. Muitas das técnicas que mostramos são raramente necessárias e podem ser desnecessárias se você puder simplificar os relacionamentos entre suas classes, Em particular, as associações de entidade muitos-para-muitos são freqüentemente mais bem representadas como duas associações um-para-muitos para uma classe de entidade intermediária, ou com uma coleção de componentes.

A Tabela 7.1 mostra um resumo que você pode usar para comparar características do Hibernate nativo e Java Persistence.

Tabela 7.1 Planilha de comparação do Hibernate e do JPA para o Capítulo 7

Hibernate Core	Java Persistence e EJB 3.0
O Hibernate suporta geração de chave para mapeamentos de associação de chave primária compartilhada um-para-um.	Mapeamento um-para-um padronizado é suportado. Geração automática de chave primária compartilhada é possível através de uma extensão do Hibernate.
O Hibernate suporta todos os mapeamentos de associação de entidade através de tabelas de junção.	Mapeamentos de associação padronizados estão disponíveis através de tabelas secundárias.
O Hibernate suporta mapeamento de listas com índices persistentes.	Índices persistentes necessitam de uma anotação de extensão do Hibernate.
O Hibernate suporta comportamento totalmente polimórfico. Ele fornece suporte extra para mapeamentos de associação *any* para uma hierarquia de herança mapeada com polimorfismo implícito.	Comportamento totalmente polimórfico está disponível, mas não existe suporte de anotação para mapeamentos *any*.

No próximo capítulo, iremos nos concentrar na integração de banco de dados legado e como é possível customizar o SQL que o Hibernate gera automaticamente para você. Este capítulo é interessante não somente se você trabalha com esquemas legados, mas também se quer melhorar o seu novo esquema com DDL customizada.

CAPÍTULO 8

BANCO DE DADOS LEGADO E SQL CUSTOMIZADO

Esse capítulo aborda

- Integração de banco de dados legado e mapeamentos complicados
- Customização de declarações SQL
- Como melhorar o esquema SQL com DDL customizada

CAPÍTULO 8 – BANCO DE DADOS LEGADO E SQL CUSTOMIZADO | 323

Muitos exemplos apresentados neste capítulo são sobre mapeamentos "difíceis". A primeira vez que você provavelmente terá problemas para criar um mapeamento é com um esquema de banco de dados legado que não pode ser modificado. Discutimos questões típicas que você encontra em tal cenário e como pode mexer no seu metadado de mapeamento em vez de modificar a sua aplicação ou esquema do banco de dados.

Também mostramos como sobrescrever o SQL que o Hibernate gera automaticamente. Isso inclui consultas SQL, operações DML (criar, atualizar, deletar), e também a característica do Hibernate de geração automática de DDL. Você verá como mapear procedimentos armazenados e funções SQL definidas pelo usuário e como aplicar as regras corretas de integridade em seu esquema de banco de dados. Esta seção será especialmente útil se o seu DBA precisar de total controle (ou se você é um DBA e quer otimizar o Hibernate no nível do SQL).

Como pode ver, os tópicos neste capítulo são diversos; você não precisa ler todos de uma vez. Pode considerar grande parte deste capítulo como material de referência e voltar aqui quando se deparar com uma determinada questão.

8.1 COMO INTEGRAR BANCO DE DADOS LEGADO

Nesta seção, esperamos abordar todas as coisas que você pode encontrar quando tiver de lidar com um banco de dados legado existente ou (e isso freqüentemente é um sinônimo) um estranho ou incompleto esquema. Se o seu processo de desenvolvimento é top-down, no entanto, você pode querer pular esta seção. Além do mais, recomendamos que primeiro você leia todos os capítulos sobre classe, coleção e mapeamentos de associação antes que tente uma engenharia reversa em um complexo esquema legado.

Temos que avisá-lo: quando a sua aplicação herda um esquema de banco de dados legado existente, você geralmente deve fazer o mínimo de alterações possíveis no esquema existente. Cada mudança que você faz no esquema pode impactar outras aplicações existentes que acessam o banco de dados. Uma possível migração extensa de dados existentes também é algo que deve ser avaliado. Em geral, não é possível construir uma nova aplicação sem fazer mudanças no modelo de dados existente – uma nova aplicação geralmente quer dizer necessidades de negócio adicionais que naturalmente requerem uma evolução do esquema do banco de dados.

Iremos então considerar dois tipos de problemas: problemas que se relacionam às necessidades de negócio que estão sendo alteradas (o que geralmente não pode ser resolvido sem mudanças no esquema) e problemas que se relacionam somente à maneira como você deseja representar o mesmo problema de negócio na sua nova aplicação (esses geralmente podem, mas nem sempre, ser resolvidos sem mudanças no esquema do banco de dados). Deve estar claro que o primeiro tipo de problema é geralmente visível olhando somente o modelo de dados lógico. O segundo mais freqüente se relaciona à implementação do modelo de dados lógico como um esquema de banco de dados físico.

324 | JAVA PERSISTENCE COM HIBERNATE

Se você aceitar essa observação, verá que os tipos de problema que precisam de mudanças no esquema são aqueles que necessitam de adição de novas entidades, refatoração de entidades existentes, adição de novos atributos em entidades existentes e modificação nas associações entre entidades. Os problemas que podem ser resolvidos sem mudanças no esquema geralmente envolvem definições inconvenientes de tabela ou coluna para uma determinada entidade. Nessa seção, iremos nos concentrar nesses tipos de problemas.

Presumimos que você tentou fazer uma engenharia reversa no seu esquema existente com o conjunto de ferramentas do Hibernate, como descrito no Capítulo 2, Seção 2.3, "Engenharia reversa em um banco de dados legado". Os conceitos e soluções discutidos nas seções seguintes presumem que você tenha um mapeamento objeto/relacional básico no lugar e que você precise fazer mudanças adicionais para deixá-lo funcionando. Alternativamente, você pode tentar escrever o mapeamento totalmente à mão sem as ferramentas de engenharia reversa.

Vamos começar com o problema mais óbvio: as chaves primárias do legado.

8.1.1 Como tratar chaves primárias

Já mencionamos que achamos que chaves primárias naturais podem ser uma má idéia. Chaves naturais freqüentemente tornam difícil refatorar o modelo de dados quando as necessidades de negócio mudam. Elas até podem, em casos extremos, impactar a performance. Infelizmente, muitos esquemas legados usam pesadamente chaves compostas (naturais) e, por que desencorajamos o uso de chaves compostas, pode ser difícil mudar o esquema legado para usar chaves naturais não compostas ou de surrogate.

Então, o Hibernate suporta o uso de chaves naturais. Se a chave natural é uma chave composta, o suporte é via o mapeamento <composite-id>. Vamos mapear ambas: uma chave primária natural composta e uma não composta.

Como mapear chave natural

Se você encontrou uma tabela USERS em um esquema legado, é provável que USERNAME seja a chave primária atual. Nesse caso, você não tem um identificador de surrogate que é automaticamente gerado. No lugar, você habilita a estratégia de geração de identificador assigned para indicar ao Hibernate que o identificador é uma chave natural designada pela aplicação antes que o objeto seja salvo:

```
<class name="User" table="USERS" >
  <id name="username" column="USERNAME" length="16">
    <generator class="assigned"/>
  </id>
  ...
</class>
```

CAPÍTULO 8 – BANCO DE DADOS LEGADO E SQL CUSTOMIZADO | 325

O código para salvar um novo User é o seguinte:

```
User user = new User();
user.setUsername("johndoe"); // Designe um valor de chave primária
user.setFirstname("John");
user.setLastname("Doe");
session.saveOrUpdate(user);  // Irá resultar em um INSERT
// System.out.println( session.getIdentifier(user) );
session.flush();
```

Como o Hibernate sabe que saveOrUpdate() requer um INSERT e não um UPDATE? Ele não sabe, então um truque é necessário: o Hibernate consulta a tabela USERS pelo nome dado, e se ele for achado, o Hibernate atualizará a linha. Se ele não for achado, a inserção de uma nova linha será necessária e feita. Isso certamente não é a melhor solução, pois ela aciona uma ida adicional ao banco de dados.

Várias estratégias evitam o SELECT:

■ Adicione um mapeamento <version> ou um <timestamp>, e uma propriedade, na sua entidade. O Hibernate gerencia ambos os valores internamente para o controle de concorrência otimista (discutido mais à frente neste livro). Como um efeito colateral, uma marcação de data e hora vazia ou uma versão 0 ou NULL indica que uma instância é nova e tem que ser inserida, e não atualizada.

■ Implemente um Interceptor do Hibernate e torne-o parte da Session. Essa interface de extensão lhe permite implementar o método isTransient() com qualquer procedimento customizado de que você possa precisar para distinguir objetos velhos e novos.

Por outro lado, se você está contente em usar save() e update() explicitamente no lugar de saveOrUpdate(), o Hibernate não tem que distinguir entre instâncias transientes e desligadas – você faz isso selecionando o método correto a ser chamado. (A propósito, essa questão é, na prática, a única razão para não usar saveOrUpdate() todo o tempo.)

Mapear chaves primárias naturais com anotações JPA é bem claro:

```
@Id
private String username;
```

Se nenhum gerador de identificador é declarado, o Hibernate assume que tem de aplicar a estratégia comum, selecione-para-determinar-o-estado-a-não-ser-que-esteja-versionada e espere que a aplicação cuide da designação do valor da chave primária. Você pode novamente evitar o SELECT estendendo sua aplicação com um interceptador ou adicionando uma propriedade de controle de versão (número da versão ou marcação de data e hora).

Chaves naturais compostas se baseiam nas mesmas idéias.

Como mapear chave natural composta

Suponha que a chave primária da tabela USERS consista na coluna USERNAME e na coluna DEPARTMENT_NR. Você pode adicionar uma propriedade chamada departmentNr à classe User e criar o seguinte mapeamento:

```
<class name="User" table="USERS">
    <composite-id>
        <key-property name="username"
                      column="USERNAME"/>
        <key-property name="departmentNr"
                      column="DEPARTMENT_NR"/>
    </composite-id>
    ...
</class>
```

O código para salvar um novo User se parece com isso:

```
User user = new User();

// Designe um valor de chave primária
user.setUsername("johndoe");
user.setDepartmentNr(42);

// Defina os valores de propriedade
user.setFirstname("John");
user.setLastname("Doe");
session.saveOrUpdate(user);
session.flush();
```

Novamente, tenha em mente que o Hibernate executa um SELECT para determinar o que o saveOrUpdate() deve fazer – a não ser que você habilite um controle de versão ou um Interceptor customizado. Mas que objeto você pode/deve usar como o identificador quando você chamar load() ou get()? Bem, é possível usar uma instância da classe User, por exemplo:

```
User user = new User();
// Designe um valor de chave primária
user.setUsername("johndoe");
user.setDepartmentNr(42);

// Carregue o estado persistente para dentro de user
session.load(User.class, user);
```

Nesse trecho de código, User age como sua própria classe identificadora. É mais elegante definir uma classe identificadora composta separada que declara somente as propriedades-chave. Chame essa classe de UserId:

```
public class UserId implements Serializable {
    private String username;
```

CAPÍTULO 8 – BANCO DE DADOS LEGADO E SQL CUSTOMIZADO

```
private Integer departmentNr;

public UserId(String username, Integer departmentNr) {
   this.username = username;
   this.departmentNr = departmentNr;
}

// Getters...
public int hashCode() {
   int result;
   result = username.hashCode();
   result = 29 * result + departmentNr.hashCode();
   return result;
}

public boolean equals(Object other) {
   if (other==null) return false;
   if ( !(other instanceof UserId) ) return false;
   UserId that = (UserId) other;
   return this.username.equals(that.username) &&
       this.departmentNr.equals(that.departmentNr);
}
}
```

É importante que você implemente equals() e hashCode() corretamente, pois o Hibernate se baseia nesses métodos para pesquisas no cache. Também se espera que as classes identificadoras implementem Serializable.

Agora você remove as propriedades username e departmentNr de User e adiciona a propriedade userId. Crie o seguinte mapeamento:

```
<class name="User" table="USERS">

   <composite-id name="userId" class="UserId">
      <key-property name="username"
                   column="USERNAME"/>
      <key-property name="departmentNr"
                   column="DEPARTMENT_NR"/>
   </composite-id>
   ...
</class>
```

Salve uma nova instância de User com este código:

```
UserId id = new UserId("johndoe", 42);
User user = new User();

// Designe um valor de chave primária
user.setUserId(id);

// Defina os valores de propriedade
```

328 | Java Persistence com Hibernate

```
user.setFirstname("John");
user.setLastname("Doe");

session.saveOrUpdate(user);
session.flush();
```

Novamente, um SELECT é necessário para saveOrUpdate() funcionar. O seguinte código mostra como carregar uma instância:

```
UserId id = new UserId("johndoe", 42);
User user = (User) session.load(User.class, id);
```

Agora, suponha que a coluna DEPARTMENT_NR seja uma chave estrangeira referenciando a tabela DEPARTMENT, e que você deseja representar essa associação no modelo de domínio Java como uma associação muitos-para-um.

Chaves estrangeiras em chaves primárias compostas

Recomendamos que você mapeie uma coluna de chave estrangeira que também é parte de uma chave primária composta com um elemento <many-to-one> comum, e desabilite quaisquer inserções ou atualizações do Hibernate nessa coluna com insert="false" update="false", como o seguinte:

```
<class name="User" table="USER">
    <composite-id name="userId" class="UserId">
        <key-property name="username"
                      column="USERNAME"/>

        <key-property name="departmentId"
                      column="DEPARTMENT_ID"/>
    </composite-id>

    <many-to-one name="department"
                 class="Department"
                 column="DEPARTMENT_ID"
                 insert="false" update="false"/>
    ...
</class>
```

O Hibernate agora ignora a propriedade department quando estiver atualizando ou inserindo um User, mas você pode, claro, lê-la com johndoe.getDepartment(). O relacionamento entre User e Department agora é gerenciado pela propriedade departmentId da classe de chave composta UserId:

```
UserId id = new UserId("johndoe", department.getId() );
User user = new User();

// Designe um valor de chave primária
user.setUserId(id);
```

Capítulo 8 – Banco de dados legado e SQL customizado

```
// Defina os valores de propriedade
user.setFirstname("John");
user.setLastname("Doe");
user.setDepartment(department);

session.saveOrUpdate(user);
session.flush();
```

Somente o valor identificador do departamento tem algum efeito no estado persistente; a chamada setDepartment(department) é feita para a consistência: Caso contrário, você teria que atualizar o objeto a partir do banco de dados para pegar a definição do departamento após o descarregamento. (Na prática, você pode mover todos esses detalhes para dentro do construtor da sua classe identificadora composta.)

Uma abordagem alternativa é um <key-many-to-one>:

```
<class name="User" table="USER">

    <composite-id name="userId" class="UserId">
        <key-property name="username"
                    column="USERNAME"/>

        <key-many-to-one name="department"
                    class="Department"
                    column="DEPARTMENT_ID"/>
    </composite-id>

    ...
</class>
```

No entanto, geralmente é inconveniente ter uma associação em uma classe identificadora composta, então essa abordagem não é recomendada exceto em circunstâncias especiais. A idéia <key-many-to-one> também tem limitações em consultas: você não pode restringir um resultado de consulta em HQL ou Criteria através de uma junção <key-many-to-one> (embora exista a possibilidade de que essas características sejam implementadas em uma versão mais nova do Hibernate).

Chaves estrangeiras para chaves primárias compostas

Pelo fato de USERS ter uma chave primária composta, qualquer chave estrangeira de referência também é composta. Por exemplo, a associação de Item para User (o comprador) agora é mapeada com uma chave estrangeira composta.

O Hibernate pode esconder esse detalhe do código Java com o seguinte mapeamento de associação de Item para User:

```
<many-to-one name="seller" class="User">
    <column name="USERNAME"/>
    <column name="DEPARTMENT_ID"/>
</many-to-one>
```

JAVA PERSISTENCE COM HIBERNATE

Qualquer coleção que é propriedade da classe User também tem uma chave estrangeira composta – por exemplo, a associação inversa, items, vendida pelo usuário:

```
<set name="itemsForAuction" inverse="true">
   <key>
      <column name="USERNAME"/>
      <column name="DEPARTMENT_ID"/>
   </key>
   <one-to-many class="Item"/>
</set>
```

Note que a ordem na qual as colunas são listadas é importante e deve combinar com a ordem na qual elas aparecem no elemento <composite-id> do mapeamento da chave primária de User.

Isso completa nossa discussão da técnica básica de mapeamento de chave composta no Hibernate. Mapear chaves compostas com anotações é quase a mesma coisa mas, como sempre, as pequenas diferenças são importantes.

Chaves compostas com anotações

A especificação JPA aborda estratégias para o tratamento de chaves compostas. Você tem três opções:

- Encapsule as propriedades identificadoras em uma classe separada e marque-a como @Embeddable, como um componente comum. Inclua uma propriedade desse tipo componente na sua classe de entidade, e mapeie-a com @Id para uma estratégia "designado pela aplicação".

- Encapsule as propriedades identificadoras em uma classe separada sem qualquer anotação nela. Inclua uma propriedade desse tipo na sua classe de entidade e mapeie-a com @EmbeddedId.

- Encapsule as propriedades identificadoras em uma classe separada. Agora – e isso é diferente do que você normalmente faz no Hibernate nativo – duplique todas as propriedades identificadoras na classe de entidade. Então, anote a classe de entidade com @IdClass e especifique o nome da sua classe identificadora encapsulada.

A primeira opção é bem clara. Você precisa tornar a classe UserId da seção anterior possível de ser embutida:

```
@Embeddable
public class UserId implements Serializable {
   private String username;
   private String departmentNr;

   ...
}
```

Capítulo 8 – Banco de dados legado e SQL customizado

331

Assim como para todos os mapeamentos de componente, você pode definir atributos extras de mapeamento nos campos (ou métodos getter) dessa classe. Para mapear a chave composta de User, defina a estratégia de geração para "designado pela aplicação" omitindo a anotação @GeneratedValue:

```
@Id
@AttributeOverrides({
    @AttributeOverride(name = "username",
                        column = @Column(name="USERNAME") ),
    @AttributeOverride(name = "departmentNr",
                        column = @Column(name="DEP_NR") )
})
private UserId userId;
```

Assim como fez com mapeamentos de componente comuns anteriormente neste livro, você pode sobrescrever determinados mapeamentos de atributo da classe componente, se quiser.

A segunda estratégia de mapeamento de chave composta não necessita que você marque a classe de chave primária UserId. Então, nem @Embeddable e nem outra anotação são necessárias nessa classe. Na entidade dona, você mapeia a propriedade identificadora composta com @EmbeddedId, novamente, com sobrescrições opcionais:

```
@EmbeddedId
@AttributeOverrides({
    @AttributeOverride(name = "username",
                        column = @Column(name="USERNAME") ),
    @AttributeOverride(name = "departmentNr",
                        column = @Column(name="DEP_NR") )
})
private UserId userId;
```

Em um descritor XML do JPA, esse mapeamento se parece com o seguinte:

```
<embeddable class="auction.model.UserId" access ="PROPERTY">
    <attributes>
        <basic name="username">
            <column name="UNAME"/>
        </basic>
        <basic name="departmentNr">
            <column name="DEPARTMENT_NR"/>
        </basic>
    </attributes>
</embeddable>

<entity class="auction.model.User" access="FIELD">
    <attributes>
        <embedded-id name="userId">
            <attribute-override name="username">
                <column name="USERNAME"/>
            </attribute-override>
```

JAVA PERSISTENCE COM HIBERNATE

```xml
        <attribute-override name="departmentNr">
            <column name="DEP_NR"/>
        </attribute-override>
    </embedded-id>
    ...
    </attributes>
</entity>
```

A terceira estratégia de mapeamento de chave composta é um pouco mais difícil de entender, especialmente para usuários experientes do Hibernate. Primeiro, você encapsula todos os atributos identificadores em uma classe separada – assim como na estratégia anterior, nenhuma anotação extra é necessária nessa classe. Agora você duplica todas as propriedades identificadoras na classe de entidade:

```java
@Entity
@Table(name = "USERS")
@IdClass(UserId.class)
public class User {

    @Id
    private String username;

    @Id
    private String departmentNr;

    // Métodos de acesso, etc.
    ...
}
```

O Hibernate inspeciona a @IdClass e seleciona todas as propriedades duplicadas (comparando o nome e o tipo) como propriedades identificadoras e como parte da chave primária. Todas as propriedades da chave primária são anotadas com @Id e, dependendo da posição desses elementos (campo ou método getter), a entidade usa como padrão o acesso ao campo ou à propriedade.

Note que essa última estratégia também está disponível em mapeamentos XML do Hibernate; no entanto, é um tanto obscura:

```xml
<composite-id class="UserId" mapped="true">
    <key-property name="username"
                  column="USERNAME"/>

    <key-property name="departmentNr"
                  column="DEP_NR"/>
</composite-id>
```

Você omite o nome da propriedade identificadora da entidade (pois não existe um), então o Hibernate trata o identificador internamente. Com mapped="true", você habilita a última estratégia de mapeamento JPA, então agora se espera que todas as propriedades-chave estejam em ambas as classes, User e UserId.

Essa estratégia de mapeamento de identificador composto vai se parecer com o seguinte se você usar descritores XML do JPA:

```
<entity class="auction.model.User" access="FIELD">
    <id-class class="auction.model.UserId"/>
    <attributes>
        <id name="username"/>
        <id name="departmentNr"/>
    </attributes>
</entity>
```

Pelo fato de não termos encontrado um caso convincente para essa última estratégia definida no Java Persistence, temos que assumir que ela foi adicionada à especificação para suportar algum comportamento legado (*entity beans* EJB 2.x).

Chaves estrangeiras compostas também são possíveis com anotações. Vamos primeiro mapear a associação de Item para User:

```
@ManyToOne
@JoinColumns({
    @JoinColumn(name="USERNAME", referencedColumnName = "USERNAME"),
    @JoinColumn(name="DEP_NR", referencedColumnName = "DEP_NR")
})
private User seller;
```

A diferença principal entre um @ManyToOne comum e esse mapeamento é o número de colunas envolvidas – novamente, a ordem é importante e deve ser a mesma ordem das colunas de chave primária. No entanto, se você declarar a referencedColumnName para cada coluna, a ordem não é importante, e ambas as tabelas, fonte e alvo, da restrição de chave estrangeira podem ter nomes diferentes de coluna.

O mapeamento inverso de User para Item com uma coleção é ainda mais claro:

```
@OneToMany(mappedBy = "seller")
private Set<Item> itemsForAuction = new HashSet<Item>();
```

Esse lado inverso precisa do atributo mappedBy, como de costume para associações bidirecionais. Como esse é o lado inverso, ele não precisa de qualquer declaração de coluna.

Em esquema legado, uma chave estrangeira freqüentemente não referencia uma chave primária.

Chave estrangeira referenciando chaves não primárias

Geralmente, uma restrição de chave estrangeira referencia uma chave primária. Uma restrição de chave estrangeira é uma regra de integridade que garante que a tabela referenciada tenha uma linha com um valor-chave que combine com o valor-chave na tabela de referência e linha dada. Note que uma restrição de chave estrangeira pode ser uma referência a sua própria relação; em outras palavras, uma coluna com uma restrição de chave estrangeira pode

334 | JAVA PERSISTENCE COM HIBERNATE

referenciar a coluna de chave primária da mesma tabela. (A PARENT_CATEGORY_ID na tabela CATEGORY do CaveatEmptor é um exemplo.)

Esquema legado algumas vezes tem restrições de chave estrangeira que não seguem a simples regra "FK referencia PK". Algumas vezes uma chave estrangeira referencia uma chave não primária: uma simples coluna única, uma chave não primária natural. Vamos presumir que, no CaveatEmptor, você precise tratar uma coluna de chave natural legada chamada CUSTOMER_NR na tabela USERS:

```
<class name="User" table="USERS">

    <id name="id" column="USER_ID">...</id>
    <property name="customerNr"
            column="CUSTOMER_NR"
            not-null="true"
            unique="true"/>
</class>
```

A única coisa que provavelmente é nova para você nesse mapeamento é o atributo unique. Essa é uma das opções de customização SQL no Hibernate; ela não é usada em tempo de execução (o Hibernate não faz nenhuma validação de unicidade), mas sim para exportar o esquema do banco de dados com hbm2ddl. Se você tem um esquema existente com uma chave natural, você assume que ela é única. Pela integridade, você pode e deve repetir tais restrições importantes no seu metadado de mapeamento – talvez você vá usá-lo algum dia para exportar um esquema fresquinho.

Igual ao mapeamento XML, você pode declarar uma coluna como única em anotações JPA:

```
@Column(name = "CUSTOMER_NR", nullable = false, unique=true)
private int customerNr;
```

A próxima questão que você pode descobrir no esquema legado é que a tabela ITEM tem uma coluna de chave estrangeira, SELLER_NR. Em um mundo ideal, você esperaria que essa chave estrangeira referenciasse a chave primária, USER_ID, da tabela USERS. No entanto, em um esquema legado, ela pode referenciar a chave única natural, CUSTOMER_NR. Você precisa mapeá-la com uma referência de propriedade:

```
<class name="Item" table="ITEM">

    <id name="id" column="ITEM_ID">...</id>
    <many-to-one name="seller" column="SELLER_NR"
            property-ref="customerNr"/>
</class>
```

Você irá encontrar o atributo property-ref em mapeamentos do Hibernate mais exóticos. Ele é usado para informar ao Hibernate que "esse é um espelho da propriedade nomeada". No exemplo anterior, agora o Hibernate sabe o alvo da referência da chave estrangeira. Mais uma coisa para se notar é que property-ref requer que a propriedade-alvo seja única, então unique="true", como mostrado mais cedo, é preciso para esse mapeamento.

Se tentar mapear essa associação com anotações JPA, você pode procurar por uma equivalente ao atributo property-ref. Você mapeia a associação com uma referência explícita à coluna de chave natural, CUSTOMER_NR:

```
@ManyToOne
@JoinColumn(name="SELLER_NR", referencedColumnName = "CUSTOMER_NR")
private User seller;
```

O Hibernate agora sabe que a coluna-alvo referenciada é uma chave natural e gerencia o relacionamento de chave estrangeira de acordo.

Para completar esse exemplo, você faz desse mapeamento de associação entre duas classes bidirecional, com um mapeamento de uma coleção itemsForAuction na classe User. Primeiro, eis ele aqui em XML:

```
<class name="User" table="USERS">

    <id name="id" column="USER_ID">...</id>
    <property name="customerNr" column="CUSTOMER_NR" unique="true"/>

    <set name="itemsForAuction" inverse="true">
        <key column="SELLER_NR" property-ref="customerNr"/>
        <one-to-many class="Item"/>
    </set>

</class>
```

Novamente a coluna de chave estrangeira em ITEM é mapeada com uma referência de propriedade para customerNr. Em anotações, isso é muito mais fácil de mapear como um lado inverso:

```
@OneToMany(mappedBy = "seller")
private Set<Item> itemsForAuction = new HashSet<Item>();
```

Chave estrangeira composta referenciando chaves não primárias

Alguns esquemas legados são ainda mais complicados que o discutido antes: uma chave estrangeira pode ser uma chave composta e, pelo projeto, referenciar uma chave natural composta não primária!

Vamos assumir que USERS tem uma chave composta natural que inclui as colunas FIRSTNAME, LASTNAME e BIRTHDAY. Uma chave estrangeira pode referenciar essa chave natural, como mostra a Figura 8.1.

Para mapear isso, você precisa agrupar várias propriedades debaixo do mesmo nome – caso contrário você não pode nomear o composto em um property-ref. Aplique o elemento <properties> para agrupar os mapeamentos:

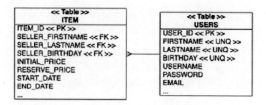

Figura 8.1 Uma chave estrangeira composta referencia uma chave única composta.

```
<class name="User" table="USERS">

   <id name="id" column="USER_ID">...</id>

   <properties name="nameAndBirthday" unique="true" update="false">
      <property name="firstname" column="FIRSTNAME"/>
      <property name="lastname" column="LASTNAME"/>
      <property name="birthday" column="BIRTHDAY" type="date"/>
   </properties>

   <set name="itemsForAuction" inverse="true">
      <key property-ref="nameAndBirthday">
         <column name="SELLER_FIRSTNAME"/>
         <column name="SELLER_LASTNAME"/>
         <column name="SELLER_BIRTHDAY"/>
      </key>
      <one-to-many class="Item"/>
   </set>

</class>
```

Como você pode ver, o elemento <properties> é útil não somente para dar o nome às várias propriedades, mas também para definir uma restrição unique multicoluna ou para tornar várias propriedades imutáveis. Para os mapeamentos de associação, a ordem das colunas é novamente importante:

```
<class name="Item" table="ITEM">

   <id name="id" column="ITEM_ID">...</id>

   <many-to-one name="seller" property-ref="nameAndBirthday">
      <column name="SELLER_FIRSTNAME"/>
      <column name="SELLER_LASTNAME"/>
      <column name="SELLER_BIRTHDAY"/>
   </many-to-one>

</class>
```

CAPÍTULO 8 – BANCO DE DADOS LEGADO E SQL CUSTOMIZADO | 337

Felizmente, freqüentemente é fácil arrumar tal esquema refatorando as chaves estrangeiras para referenciarem as chaves primárias – se você pode fazer mudanças no banco de dados que não perturbem outras aplicações que compartilhem dos dados.

Isso completa nossa exploração dos problemas relacionados com chave natural, composta, e estrangeira que você pode ter de lidar quando tentar mapear um esquema legado. Vamos seguir em frente para outras estratégias especiais interessantes de mapeamento.

Algumas vezes você não pode fazer quaisquer mudanças em um banco de dados legado – nem mesmo criar tabelas e visões. O Hibernate pode mapear classes, propriedades, e até mesmo partes de associações para uma simples declaração ou expressão SQL. Chamamos esses tipos de mapeamentos de mapeamentos de fórmula.

8.1.2 Condições de junção arbitrárias com fórmulas

Mapear um artefato Java para uma expressão SQL é útil para mais do que integrar um esquema legado. Você já criou dois mapeamentos de fórmula: o primeiro, usando propriedades derivadas, no Capítulo 4, Seção 4.4.1, "Como usar propriedades derivadas", foi um simples mapeamento de propriedade derivada somente de leitura. A segunda fórmula determinava o discriminador em um mapeamento de herança; veja o Capítulo 5, Seção 5.1.3, "Tabela por hierarquia de classe".

Agora você irá aplicar fórmulas para propósitos mais exóticos. Tenha em mente que alguns dos mapeamentos que verá agora são complexos, e você pode estar mais bem preparado para entendê-los após ler todos os capítulos na Parte 2 deste livro.

Entenda o caso de uso

Agora você mapeia uma condição de junção literal entre duas entidades. Isso soa mais complexo do que é na prática. Olhe para as duas classes mostradas na Figura 8.2.

Um determinado Item pode ter vários Bids – isso é uma associação um-para-muitos. Mas essa não é a única associação entre as duas classes; a outra, uma um-para-um unidirecional,

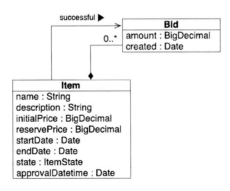

Figura 8.2 Uma associação-única que referencia uma instância em uma associação-muitos.

é necessária para selecionar uma determinada instância Bid como o lance vencedor. Você mapeia a primeira associação porque gostaria de ser capaz de pegar todos os lances de um item leiloado chamando anItem.getBids(). A segunda associação lhe permite chamar anItem.getSuccessfulBid(). Logicamente, um dos elementos na coleção é também o objeto do lance bem-sucedido referenciado por getSuccessfulBid().

A primeira associação é claramente uma associação bidirecional um-para-muitos/muitos-para-um, com uma chave estrangeira ITEM_ID na tabela BID. (Se você não mapeou isso antes, veja o Capítulo 6, Seção 6.4, "Como mapear um relacionamento pai/filho".)

A associação um-para-um é mais difícil; você pode mapeá-la de várias maneiras. A mais natural é uma chave estrangeira restringida de modo único, uma coluna SUCCESSFUL_BID_ID, por exemplo, na tabela ITEM referenciando uma linha na tabela BID – a linha vencedora.

Esquema legado freqüentemente precisa de um mapeamento que não seja um simples relacionamento de chave estrangeira.

Como mapear uma condição de junção fórmula

Imagine que cada linha na tabela BID tem uma coluna indicadora para marcar o lance vencedor, como mostra a Figura 8.3. Uma linha de BID tem o indicador definido para true, e todas as outras linhas para esse item de leilão são naturalmente false. As chances são boas de você não encontrar uma restrição ou uma regra de integridade para esse relacionamento em um esquema legado, mas ignoramos isso por agora e nos focamos no mapeamento para as classes Java.

Para tornar esse mapeamento ainda mais interessante, assuma que o esquema legado não usou o tipo de dados SQL BOOLEAN, mas sim um campo CHAR(1) e os valores T (para verdadeiro) e F (para falso) para simular o comutador booleano. O seu objetivo é mapear essa coluna indicadora para uma propriedade successfulBid da classe Item. Para mapear isso como uma referência de objeto, você precisa de uma condição de junção literal, pois não existe uma chave estrangeira que o Hibernate possa usar para uma junção. Em outras palavras, para cada linha de ITEM, você precisa juntar uma linha da tabela BID que tem o indicador SUCCESSFUL definido para T. Se não existir tal linha, a chamada anItem.getSuccessfulBid() retornará null.

Vamos primeiro mapear a classe Bid e uma propriedade booleana successful para a coluna do banco de dados SUCCESSFUL:

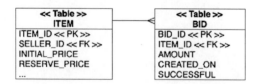

Figura 8.3 O lance vencedor é marcado com a coluna indicadora SUCCESSFUL.

CAPÍTULO 8 – BANCO DE DADOS LEGADO E SQL CUSTOMIZADO | 339

```
<class name="Bid" table="BID">

    <id name="id" column="BID_ID"...
    <property name="amount"
                    ...
    <properties name="successfulReference">

        <property name="successful"
                    column="SUCCESSFUL"
                    type="true_false"/>
                    ...

        <many-to-one name="item"
                    class="Item"
                    column="ITEM_ID"/>
                    ...
    </properties>

    <many-to-one name="bidder"
                    class="User"
                    column="BIDDER_ID"/>
                    ...
</class>
```

O atributo type="true_false" cria um mapeamento entre uma propriedade primitiva Java boolean (ou seu tipo invólucro) e uma simples coluna CHAR(1) com valores literais T/F – é um tipo de mapeamento inerente ao Hibernate. Você novamente agrupa várias propriedades com <properties> debaixo de um nome a que você possa se referir em outros mapeamentos. O que é novo aqui é que você pode agrupar um <many-to-one>, e não somente propriedades básicas.

O verdadeiro truque está acontecendo do outro lado, para o mapeamento da propriedade successfulBid da classe Item:

```
<class name="Item" table="ITEM">

    <id name="id" column="ITEM_ID"...

    <property name="initialPrice"
        ...
    <one-to-one name="successfulBid"
                property-ref="successfulReference">
        <formula>'T'</formula>
        <formula>ITEM_ID</formula>
    </one-to-one>

    <set name="bids" inverse="true">
        <key column="ITEM_ID"/>
        <one-to-many class="Bid"/>
    </set>

</class>
```

340 | JAVA PERSISTENCE COM HIBERNATE

Ignore o mapeamento de associação <set> nesse exemplo; essa é a associação comum um-para-muitos entre Item e Bid, bidirecional, na coluna de chave estrangeira ITEM_ID em BID.

> **NOTA** *Não é o <one-to-one> usado para associações de chave primária?* Geralmente, um mapeamento <one-to-one> é um relacionamento de chave primária entre duas entidades, quando as linhas em ambas as tabelas de entidade compartilharem o mesmo valor de chave primária. No entanto, usando uma formula com um property-ref, você pode aplicá-lo a um relacionamento de chave estrangeira. No exemplo mostrado nesta seção, você poderia substituir o elemento <one-to-one> por <many-to-one>, e ainda assim continuaria funcionando.

A parte interessante é o mapeamento <one-to-one> e como ele se baseia em um property-ref e valores formula literais como uma condição de junção quando você trabalha com a associação.

Como trabalhar com a associação

A consulta SQL completa para recuperação de um item de leilão e seu lance vencedor se parece isso:

```
select
    i.ITEM_ID,
    i.INITIAL_PRICE,
    ...
    b.BID_ID,
    b.AMOUNT,
    b.SUCCESSFUL,
    b.BIDDER_ID,
    ...
from
    ITEM i
left outer join
    BID b
        on 'T' = b.SUCCESSFUL
        and i.ITEM_ID = b.ITEM_ID
where
    i.ITEM_ID = ?
```

Quando você carrega um Item, o Hibernate junta agora uma linha da tabela BID aplicando uma condição de junção que envolve as colunas da propriedade successfulReference. Pelo fato de ser uma propriedade agrupada, você pode declarar expressões individuais para cada uma das colunas envolvidas, na ordem correta. A primeira, 'T', é um literal, como você pode ver pelas aspas simples. Agora o Hibernate inclui 'T' = SUCCESSFUL na condição de junção quando ele tenta descobrir se existe uma linha bem-sucedida na tabela BID. A segunda expressão não é um literal, mas sim um nome de coluna (sem aspas simples). Então, outra condição de junção é anexada: i.ITEM_ID = b.ITEM_ID. Você pode expandir isso e adicionar mais condições de junção se você precisar de restrições adicionais.

Note que uma junção externa é gerada, pois o item em questão pode não ter um lance bem-sucedido, então NULL retorna para cada coluna b.*. Agora você pode chamar anItem.getSuccessfulBid() para pegar uma referência ao lance bem-sucedido (ou null se nenhum existir).

E por fim, com ou sem restrições do banco de dados, você não pode simplesmente implementar um método item.setSuccessfulBid() que somente define o valor em um campo privado na instância Item. Você tem que implementar um pequeno procedimento nesse método setter que cuide desse relacionamento especial e da propriedade indicadora nos lances:

```java
public class Item {
    ...

    private Bid successfulBid;
    private Set<Bid> bids = new HashSet<Bid>();

    public Bid getSuccessfulBid() {
        return successfulBid;
    }

    public void setSuccessfulBid(Bid successfulBid) {
        if (successfulBid != null) {

            for (Bid bid : bids)
                bid.setSuccessful(false);

            successfulBid.setSuccessful(true);
            this.successfulBid = successfulBid;
        }
    }
}
```

Quando setSuccessfulBid() é chamado, você pode definir todos os lances para não bem-sucedidos. Fazer isso pode acionar o carregamento da coleção – um preço que você tem de pagar com essa estratégia. Então, o novo lance bem-sucedido é marcado e definido como uma variável de instância. Definir o indicador atualiza a coluna SUCCESSFUL na tabela BID quando você salva os objetos. Para completar isso (e para consertar o esquema legado), as suas restrições no nível do banco de dados precisam fazer o mesmo que esse método. (Voltaremos às restrições mais adiante neste capítulo.)

Uma das coisas para se lembrar sobre esse mapeamento de condição de junção literal é que ele pode ser aplicado a muitas outras situações, e não somente a relacionamentos bem-sucedidos ou padronizados. Sempre que você precisar de alguma condição de junção arbitrária anexa às suas consultas, uma fórmula é a escolha correta. Por exemplo, você poderia usar isso em um mapeamento <many-to-many> para criar uma condição de junção literal da tabela de associação para a(s) tabela(s) de entidade.

Infelizmente, na época em que estávamos escrevendo este livro, o Hibernate Annotations não suportava as condições de junção arbitrárias expressas com fórmulas. O agrupamento de propriedades debaixo de um nome de referência também não era possível. Esperamos que essas características lembrem bastante o mapeamento XML, uma vez que estiverem disponíveis.

Outra questão que você pode encontrar em um esquema legado é que ele não se integra muito bem com a sua granulosidade da classe. Nossa recomendação usual de se ter mais classes do que tabelas pode não funcionar, e você pode ter de fazer o oposto e juntar tabelas arbitrárias em uma classe.

8.1.3 Como juntar tabelas arbitrárias

Nós já mostramos o elemento de mapeamento <join> em um mapeamento de herança no Capítulo 5; veja a Seção 5.1.5, "Como misturar estratégias de herança". Ele nos ajudou a isolar propriedades de uma determinada subclasse para dentro de uma tabela separada, fora da tabela primária da hierarquia de herança. Essa funcionalidade genérica tem mais usos – no entanto, temos de avisá-lo que o <join> pode ser uma má idéia. Qualquer sistema projetado corretamente deve ter mais classes do que tabelas. Dividir uma única classe em tabelas separadas é algo que você só deve fazer quando precisar consolidar várias tabelas em um esquema legado para dentro de uma única classe.

Como mover propriedades para dentro de uma tabela secundária

Suponha que, no CaveatEmptor, você não esteja mantendo uma informação do endereço do usuário com as informações principais do usuário na tabela USERS, mapeada como um componente, mas sim em uma tabela separada. Isso é mostrado na Figura 8.4. Note que cada BILLING_ADDRESS tem uma chave estrangeira USER_ID que, por sua vez, também é a chave primária da tabela BILLING_ADDRESS.

Para mapear isso em XML, você precisa agrupar as propriedades do endereço (Address) em um elemento <join>:

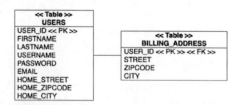

Figura 8.4 Isolando os dados do endereço de cobrança para dentro de uma tabela secundária.

Capítulo 8 – Banco de dados legado e SQL customizado | 343

```
<class name="User" table="USERS">
  <id>...

  <join table="BILLING_ADDRESS" optional="true">
    <key column="USER_ID"/>
    <component name="billingAddress" class="Address">
      <property name="street"
                type="string"
                column="STREET"
                length="255"/>
      <property name="zipcode"
                type="string"
                column="ZIPCODE"
                length="16"/>
      <property name="city"
                type="string"
                column="CITY"
                length="255"/>
    </component>
  </join>

</class>
```

Você não tem que juntar um componente; você pode também juntar propriedades individuais ou até mesmo um <many-to-one> (fizemos isso no capítulo anterior para associações de entidade opcionais). Definindo optional="true", você indica que a propriedade componente também pode ser null para um User sem billingAddress, e que nenhuma linha deve então ser inserida dentro da tabela secundária. O Hibernate também executa uma junção externa ao invés de uma junção interna para recuperar a linha da tabela secundária. Se você declarou fetch="select" no mapeamento <join>, uma seleção secundária seria usada para esse propósito.

A noção de uma tabela secundária é também incluída na especificação Java Persistence. Primeiro, você tem que declarar uma tabela secundária (ou várias) para uma determinada entidade:

```
@Entity
@Table(name = "USERS")
@SecondaryTable(
    name = "BILLING_ADDRESS",
    pkJoinColumns = {
        @PrimaryKeyJoinColumn(name="USER_ID")
    }
)
public class User {
    ...
}
```

344 | JAVA PERSISTENCE COM HIBERNATE

Cada tabela secundária precisa de um nome e de uma condição de junção. Nesse exemplo, uma coluna de chave estrangeira referencia a coluna de chave primária da tabela USERS, assim como era antes no mapeamento XML. (Essa é a condição de junção padronizada, então você pode somente declarar o nome da tabela secundária, e nada mais.) Você provavelmente pode ver que a sintaxe das anotações está começando a se tornar uma questão e o código está mais difícil de ler. A boa noticia é que você não precisa usar tabelas secundárias freqüentemente.

A propriedade componente de fato, billingAddress, é mapeada como uma classe @Embedded comum, assim como um componente comum. No entanto, você precisa sobrescrever cada coluna da propriedade componente e designá-la para a tabela secundária, na classe User:

```
@Embedded
@AttributeOverrides({
    @AttributeOverride(
        name = "street",
        column = @Column(name="STREET",
                         table = "BILLING_ADDRESS")
    ),
    @AttributeOverride(
        name = "zipcode",
        column = @Column(name="ZIPCODE",
                         table = "BILLING_ADDRESS")
    ),
    @AttributeOverride(
        name = "city",
        column = @Column(name="CITY",
                         table = "BILLING_ADDRESS")
    )
})
private Address billingAddress;
```

Isso não é mais legível facilmente, mas é o preço que você paga para a flexibilidade do mapeamento com metadado declarativo em anotações. Ou, você pode usar um descritor XML do JPA:

```
<entity class="auction.model.User" access="FIELD">
    <table name="USERS"/>
    <secondary-table name="BILLING_ADDRESS">
        <primary-key-join-column
            referenced-column-name="USER_ID"/>
    </secondary-table>
    <attributes>
        ...
        <embedded name="billingAddress">
            <attribute-override name="street">
                <column name="STREET" table="BILLING_ADDRESS"/>
            </attribute-override>
            <attribute-override name="zipcode">
```

```
        <column name="ZIPCODE" table="BILLING_ADDRESS"/>
      </attribute-override>
      <attribute-override name="city">
        <column name="CITY" table="BILLING_ADDRESS"/>
      </attribute-override>
    </embedded>
  </attributes>
</entity>
```

Outro, ainda mais exótico caso de uso para o elemento <join> é a junção inversa de propriedades ou componentes.

Junção inversa de propriedades

Vamos assumir que no CaveatEmptor você tenha uma tabela legada chamada DAILY_BILLING. Essa tabela contém todos os pagamentos em aberto, executados em um lote noturno, para quaisquer leilões. A tabela tem uma coluna de chave estrangeira para ITEM, como você pode ver na Figura 8.5.

Cada pagamento inclui uma coluna TOTAL com a quantia em dinheiro que será cobrada. No CaveatEmptor, seria conveniente que você acessasse o preço de um determinado leilão chamando anItem.getBillingTotal().

Você pode mapear a coluna da tabela DAILY_BILLING para dentro da classe Item. No entanto, você nunca vai inserir ou a atualizar esse lado; é somente leitura. Por essa razão, você a mapeia inversa – um simples espelho do (suposto, que você não a mapeie aqui) outro lado que cuida de manter o valor da coluna:

```
<class name="Item" table="ITEM">
  <id>...

  <join table="DAILY_BILLING" optional="true" inverse="true">
    <key column="ITEM_ID"/>
    <property name="billingTotal"
              type="big_decimal"
              column="TOTAL"/>
  </join>

</class>
```

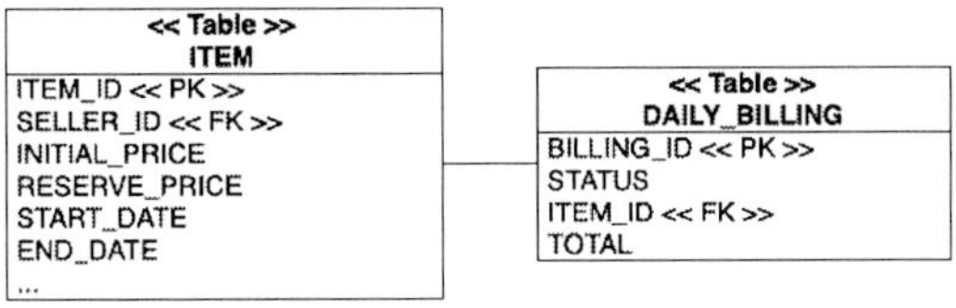

<< Table >> ITEM
ITEM_ID << PK >>
SELLER_ID << FK >>
INITIAL_PRICE
RESERVE_PRICE
START_DATE
END_DATE
...

<< Table >> DAILY_BILLING
BILLING_ID << PK >>
STATUS
ITEM_ID << FK >>
TOTAL

Figura 8.5 O resumo de cobrança diário referencia um item e contém a soma total.

346 | JAVA PERSISTENCE COM HIBERNATE

Note que uma solução alternativa para esse problema é uma propriedade derivada usando uma expressão fórmula e uma subseleção correlacionada:

```
<property name="billingTotal"
        type="big_decimal"
        formula=" ( select db.TOTAL from DAILY_BILLING db
                where db.ITEM_ID = ITEM_ID )"/>
```

A principal diferença é o SELECT SQL usado para carregar um ITEM: A primeira solução tende para uma junção externa, com uma segundo SELECT opcional se você habilitar <join fetch="select">. A propriedade derivada resulta em uma subseleção embutida na cláusula SELECT da consulta original. Na época em que escrevíamos este texto, os mapeamentos de junção inversa não eram suportados com anotações, mas você pode usar uma anotação do Hibernate para fórmulas.

Como você pode provavelmente supor a partir dos exemplos, os mapeamentos <join> vêm a calhar em muitas situações. Eles ainda são mais poderosos se combinados com fórmulas, mas esperamos que você não tenha que usar essa combinação com freqüência.

Um outro problema que freqüentemente surge no contexto de trabalhar com dados legados são os gatilhos do banco de dados.

8.1.4 Como trabalhar com gatilhos

Existem algumas razões para usar gatilhos até mesmo em um banco de dados novinho, então dados legados não constituem o único cenário no qual eles causam problemas. Gatilhos e gerenciamento de estado do objeto com um programa ORM são quase sempre um problema, pois os gatilhos podem rodar em momentos inconvenientes ou podem modificar um dado que não esteja sincronizado com o estado em memória.

Gatilhos que rodam no INSERT

Suponha que a tabela ITEM tenha uma coluna CREATED, mapeada para uma propriedade created de tipo Date, que é inicializada por um gatilho que executa automaticamente na inserção. O seguinte mapeamento é apropriado:

```
<property   name="created"
            type="timestamp"
            column="CREATED"
            insert="false"
            update="false"/>
```

Percebe que você mapeia essa propriedade insert="false" update="false" para indicar que ela não deve ser incluída em INSERTs ou UPDATEs SQL pelo Hibernate.

Após salvar um novo Item, o Hibernate não está ciente do valor designado a essa coluna pelo gatilho, pois isso ocorreu após o INSERT da linha do item. Se você precisa do valor gerado na aplicação, deve informar explicitamente ao Hibernate que recarregue o objeto com um SELECT SQL. Por exemplo:

```
Item item = new Item();
...
Session session = getSessionFactory().openSession();
Transaction tx = session.beginTransaction();

session.save(item);
session.flush(); // Força o INSERT ocorrer
session.refresh(item); // Recarrega o objeto com um SELECT

System.out.println( item.getCreated() );

tx.commit();
session.close();
```

A maioria dos problemas envolvendo gatilhos pode ser resolvida dessa maneira, usando um flush() explícito para forçar a execução imediata do gatilho, talvez seguido de uma chamada refresh() para recuperar o resultado do gatilho.

Antes de você adicionar chamadas refresh() a sua aplicação, temos que lhe dizer que o objetivo principal da seção anterior era lhe mostrar quando usar refresh(). Muitos iniciantes no Hibernate não entendem o seu propósito real e freqüentemente o usam incorretamente. Uma definição mais formal do refresh() é "atualize uma instância em memória em estado persistente com os valores correntes presentes no banco de dados".

Para o exemplo mostrado, um gatilho do banco de dados preenchendo um valor de coluna após uma inserção, uma técnica muito mais simples pode ser usada:

```
<property   name="created"
            type="timestamp"
            column="CREATED"
            generated="insert"
            insert="false"
            update="false"/>
```

Com anotações, use uma extensão do Hibernate:

```
@Temporal(TemporalType.TIMESTAMP)
@org.hibernate.annotations.Generated(
    org.hibernate.annotations.GenerationTime.INSERT
)
@Column(name = "CREATED", insertable = false, updatable = false)
private Date created;
```

Nós já discutimos o atributo generated em detalhes no Capítulo 4, Seção 4.4.1.3, "Valores de propriedade gerados e padrão". Com generated="insert", o Hibernate executa automaticamente um SELECT após a inserção, para recuperar o estado atualizado.

JAVA PERSISTENCE COM HIBERNATE

Existe mais um outro problema para se estar ciente quando o seu banco de dados executar gatilhos: reassociação de um grafo de objetos desligado e gatilhos que rodam a cada UPDATE.

Gatilhos que rodam no UPDATE

Antes de discutirmos o problema de gatilhos ON UPDATE em combinação com religação de objetos, temos que mostrar uma definição adicional ao atributo generated:

```
<version name="version"
        column="OBJ_VERSION"
        generated="always"/>
...
<timestamp name="lastModified"
        column="LAST_MODIFIED"
        generated="always"/>
...
<property name="lastModified"
        type="timestamp"
        column="LAST_MODIFIED"
        generated="always"
        insert="false"
        update="false"/>
```

Com anotações, os mapeamentos equivalentes são como o seguinte:

```
@Version
@org.hibernate.annotations.Generated(
    org.hibernate.annotations.GenerationTime.ALWAYS
)
@Column(name = "OBJ_VERSION")
private int version;

@Version
@org.hibernate.annotations.Generated(
    org.hibernate.annotations.GenerationTime.ALWAYS
)
@Column(name = "LAST_MODIFIED")
private Date lastModified;

@Temporal(TemporalType.TIMESTAMP)
@org.hibernate.annotations.Generated(
    org.hibernate.annotations.GenerationTime.ALWAYS
)
@Column(name = "LAST_MODIFIED", insertable = false, updatable = false)
private Date lastModified;
```

Com always, você habilita a atualização automática do Hibernate não somente para a inserção, mas também para a atualização de uma linha. Em outras palavras, sempre que uma versão, marcação de data e hora, ou qualquer valor de propriedade são gerados por um gatilho

CAPÍTULO 8 – BANCO DE DADOS LEGADO E SQL CUSTOMIZADO | 349

que roda em declarações UPDATE do SQL, você precisa habilitar essa opção. De novo, consulte nossa discussão lá atrás de propriedades geradas na Seção 4.4.1.

Vamos dar uma olhada na segunda questão com a qual você pode se deparar se tiver gatilhos rodando em atualizações. Pelo fato de nenhuma "foto" estar disponível quando um objeto desligado é religado a uma nova Session (com update() ou saveOrUpdate()), o Hibernate pode executar desnecessárias declarações UPDATE do SQL para garantir que o estado do banco de dados esteja sincronizado com o estado do contexto de persistência. Isso pode causar que um gatilho UPDATE dispare inconvenientemente. Você evita esse comportamento habilitando select-before-update no mapeamento da classe que é persistida para a tabela com o gatilho. Se a tabela ITEM tem um gatilho de atualização, adicione o seguinte atributo ao seu mapeamento:

```
<class name="Item"
    table="ITEM"
    select-before-update="true">
    ...
</class>
```

Essa definição força o Hibernate a recuperar uma "foto" do estado atual do banco de dados usando um SELECT do SQL, possibilitando que o UPDATE subseqüente seja evitado se o estado de Item em memória for o mesmo. Você troca o inconveniente UPDATE por um SELECT adicional.

Uma anotação do Hibernate habilita o mesmo comportamento:

```
@Entity
@org.hibernate.annotations.Entity(selectBeforeUpdate = true)
public class Item { ... }
```

Antes de tentar mapear um esquema legado, note que o SELECT antes de uma atualização somente recupera o estado da instância da entidade em questão. Nem coleções ou instâncias associadas são recuperadas ansiosamente, e nenhuma otimização de pré-recuperação está ativa. Se começar a habilitar selectBeforeUpdate para muitas entidades em seu sistema, você provavelmente irá descobrir que as questões de performance introduzidas pelas seleções não otimizadas são problemáticas. Uma melhor estratégia usa fundição ao invés de religação. O Hibernate pode então aplicar algumas otimizações (junções externas) quando estiver recuperando "fotos" do banco de dados. Iremos falar sobre as diferenças entre religação e fundição mais adiante no livro com mais detalhes.

Vamos resumir nossa discussão de modelos de dados legados: o Hibernate oferece várias estratégias para lidar facilmente com chaves compostas (naturais) e colunas inconvenientes. Antes que você tente mapear um esquema legado, nossa recomendação é que você examine com cuidado se uma mudança no esquema é possível. Em nossa experiência, muitos desenvolvedores descartam imediatamente mudanças no esquema do banco de dados alegando que é complexo demais e que consome muito tempo e procuram por uma solução

350 | JAVA PERSISTENCE COM HIBERNATE

do Hibernate. Isso algumas vezes não é justificável, e você deveria considerar a evolução do esquema como uma parte natural do ciclo de vida do seu esquema. Se as tabelas mudam, então uma exportação dos dados, alguma transformação, e uma importação podem resolver o problema. Um dia de trabalho pode salvar muitos dias em longo prazo.

Esquema legado freqüentemente também requer customizações do SQL gerado pelo Hibernate, seja para manipulação dos dados (DML) ou definição do esquema (DDL).

8.2 COMO CUSTOMIZAR O SQL

O SQL surgiu nos anos 70, mas não era padronizado (ANSI) até 1986. Embora cada atualização do padrão SQL tenha recebido novas (e muitas controversas) características, cada produto SGBD que suporta o SQL o faz da sua maneira singular. O fardo da portabilidade está novamente nos desenvolvedores de aplicação de banco de dados. É aí onde o Hibernate ajuda: seus mecanismos inerentes de consulta, HQL e a API Criteria, produzem SQL que dependem do dialeto do banco de dados configurado. Todos os outros SQLs gerados automaticamente (por exemplo, quando uma coleção tem que ser recuperada sob demanda) também são produzidos com a ajuda dos dialetos. Com uma simples troca de dialeto, você pode rodar sua aplicação em um SGBD diferente.

Para suportar essa portabilidade, o Hibernate tem que tratar de três tipos de operações:

- Toda operação de recuperação de dados resulta em declarações SELECT sendo executadas. Muitas variações são possíveis; por exemplo, produtos de banco de dados podem usar sintaxes diferentes para a operação de junção ou em como um resultado pode ser limitado a um determinado número de linhas.

- Toda modificação de dado requer a execução de declarações de Linguagem de Manipulação de Dados (DML), como UPDATE, INSERT e DELETE. A DML freqüentemente não é tão complexa quanto a recuperação de dados, mas mesmo assim tem variações específicas de produto.

- Um esquema de banco de dados deve ser criado ou alterado antes que a DML e a recuperação de dados possam ser executadas. Você usa Linguagem de Definição de Dados (DDL) para trabalhar no catálogo do banco de dados; ela inclui declarações como CREATE, ALTER, e DROP. A DDL é quase que completamente específica de fornecedor, mas a maioria dos produtos tem pelo menos uma estrutura de sintaxe similar.

Um outro termo que usamos com freqüência é CRUD, para criar, ler, atualizar e deletar. O Hibernate gera todo esse SQL para você, para todas as operações CRUD e de definição do esquema. A tradução é baseada em uma implementação org.hibernate.dialect.Dialect – o Hibernate vem empacotado com dialetos para todos os populares sistemas de gerenciamento de banco de dados SQL. Nós o encorajamos a olhar o código-fonte do dialeto que está usando; não é difícil de ler. Quando estiver mais experiente no Hibernate, você poderá até estender um dialeto ou escrever o seu próprio. Por exemplo, para registrar uma função SQL customizada

Capítulo 8 – Banco de dados legado e SQL customizado | 351

para uso em seleções HQL, você estenderia um dialeto existente com uma nova subclasse e adicionaria o código de registro – de novo, dê uma olhada no código-fonte existente para descobrir mais sobre a flexibilidade do sistema de dialeto.

Por outro lado, em certas ocasiões, você precisa de mais controle do que as APIs do Hibernate (ou HQL) fornecem, quando precisa trabalhar em um nível mais baixo de abstração. Com o Hibernate, você pode sobrescrever ou substituir completamente todas as declarações CRUD SQL que serão executadas. Poderá customizar e estender todas as declarações DDL SQL que definem o seu esquema, se você se basear na ferramenta de exportação automática de esquema do Hibernate (você não precisa).

Além do mais, o Hibernate lhe permite pegar um simples objeto JDBC Connection a qualquer momento através de session.connection(). Você deve usar essa característica como um último refúgio, quando nada mais funcionar ou se qualquer outra coisa for mais difícil do que o puro JDBC. Com as novas versões do Hibernate, isso felizmente é bem raro, pois mais e mais características para típicas operações JDBC sem estado (atualizações e deleções em massa, por exemplo) são inerentes, e muitos pontos de extensão para SQL customizado já existem.

Esse SQL customizado, ambas DML e DDL, é o tópico desta seção. Começamos com DML customizada para operações de criar, ler, atualizar e deletar. Mais à frente, integraremos procedimentos armazenados do banco de dados para fazer o mesmo trabalho. E por fim, iremos olhar a customização da DDL para a geração automática de um esquema de banco de dados e em como você pode criar um esquema que represente um bom ponto de partida para o trabalho de otimização de um DBA.

Note que na época em que escrevemos este livro, essa customização detalhada de SQL gerado automaticamente não estava disponível nas anotações; por isso, usamos exclusivamente metadados XML nos exemplos seguintes. Esperemos que uma futura versão do Hibernate Annotations vá incluir melhor suporte para a customização de SQL.

8.2.1 Como escrever declarações CRUD customizadas

O primeiro SQL customizado que você escreverá será usado para carregar entidades e coleções. (A maioria dos exemplos de código a seguir mostra quase que o mesmo SQL que o Hibernate executa por padrão, sem muita customização – isso o ajudará a entender a técnica de mapeamento mais rápidamente.)

Como carregar entidades e coleções com SQL customizado

Para cada classe de entidade que requer uma operação SQL customizada para carregar uma instância, você define uma referência <loader> para uma consulta nomeada:

```
<class name="User" table="USERS">
    <id name="id" column="USER_ID"...
```

JAVA PERSISTENCE COM HIBERNATE

```
<loader query-ref="loadUser"/>
...

</class>
```

A consulta loadUser agora pode ser definida em qualquer lugar no seu metadado de mapeamento, separada e encapsulada de seu uso. Esse é um exemplo de uma simples consulta que recupera os dados para uma instância de entidade User:

```
<sql-query name="loadUser">
   <return alias="u" class="User"/>
   select
       us.USER_ID as {u.id},
       us.FIRSTNAME as {u.firstname},
       us.LASTNAME as {u.lastname},
       us.USERNAME as {u.username},
       us."PASSWORD" as {u.password},
       us.EMAIL as {u.email},
       us.RANKING as {u.ranking},
       us.IS_ADMIN as {u.admin},
       us.CREATED as {u.created},
       us.HOME_STREET as {u.homeAddress.street},
       us.HOME_ZIPCODE as {u.homeAddress.zipcode},
       us.HOME_CITY as {u.homeAddress.city},
       us.DEFAULT_BILLING_DETAILS_ID as {u.defaultBillingDetails}
   from
       USERS us
   where
       us.USER_ID = ?
</sql-query>
```

Como você pode ver, o mapeamento dos nomes das colunas para as propriedades da entidade usa uma simples apelidação. Em uma consulta carregadora nomeada para uma entidade, você tem que fazer o SELECT das seguintes colunas e propriedades:

- As colunas de chave primária e a propriedade ou propriedades (se uma chave primária composta for usada) da chave primária.

- Todas as propriedades escalares, que devem ser inicializadas a partir de suas respectivas colunas.

- Todas as propriedades compostas que devem ser inicializadas. Você pode endereçar os elementos escalares individuais com a seguinte sintaxe de apelidação: {entityalias.componentProperty.scalarProperty}.

- Todas as colunas de chave estrangeira, que devem ser recuperadas e mapeadas para a respectiva propriedade many-to-one. Veja o exemplo DEFAULT_BILLING_DETAILS_ID no trecho de código anterior.

CAPÍTULO 8 – BANCO DE DADOS LEGADO E SQL CUSTOMIZADO | 353

- Todas as propriedades escalares, propriedades compostas, e referências de entidade muitos-para-um que estão dentro de um elemento <join>. Você usará uma junção interna para a tabela secundária se todas as propriedades juntadas nunca forem NULL; caso contrário, uma junção externa será apropriada. (Note que isso não é mostrado no exemplo.)

- Se você habilitar carregamento preguiçoso para propriedades escalares, através de instrumentação de bytecode, não precisará carregar as propriedades preguiçosas. Veja o Capítulo 13, Seção 13.1.6, "Carregamento preguiçoso com interceptação".

Os apelidos {propertyName} como os mostrados no exemplo anterior não são absolutamente necessários. Se o nome de uma coluna no resultado é o mesmo nome de uma coluna mapeada, o Hibernate pode automaticamente ligá-las umas às outras.

Você pode até chamar pelo nome uma consulta mapeada na sua aplicação com session.getNamedQuery("loadUser"). Muito mais coisas são possíveis com consultas SQL customizadas, mas iremos enfocar, nessa seção, a customização SQL básica para CRUD. Voltaremos a outras APIs relevantes no Capítulo 15, Seção 15.2, "Como usar consultas em SQL nativo".

Vamos presumir que você também queira customizar o SQL usado para carregar uma coleção – por exemplo, os itens (items) vendidos por um usuário (User). Primeiro, declare uma referência de carregador no mapeamento da coleção:

```
<set name="items" inverse="true">
    <key column="SELLER_ID" not-null="true"/>
    <one-to-many class="Item"/>
    <loader query-ref="loadItemsForUser"/>
</set>
```

A consulta nomeada loadItemsForUser tem quase a mesma aparência da do carregador da entidade:

```
<sql-query name="loadItemsForUser">
    <load-collection alias="i" role="User.items"/>
    select
        {i.*}
    from
        ITEM i
    where
        i.SELLER_ID = :id
</sql-query>
```

Existem duas grandes diferenças: uma é o mapeamento <load-collection> de um apelido para um papel da coleção; isso deve ser auto-explicativo. O que é novo nessa consulta é um mapeamento automático do apelido ITEM i da tabela SQL para as propriedades de todos os itens, com {i.*}. Você criou uma conexão entre os dois através do uso do mesmo apelido: o símbolo i. Além disso, agora você está usando um parâmetro nomeado, :id, em vez de um

354 | JAVA PERSISTENCE COM HIBERNATE

simples parâmetro posicional com uma marcação de interrogação. Você pode usar a sintaxe que preferir.

Algumas vezes, carregar uma instância de entidade e uma coleção é mais bem feito em uma única consulta, com uma junção externa (a entidade pode ter uma coleção vazia, então você não poderá usar uma junção interna). Se você quer aplicar essa recuperação ansiosa, não declare uma referência de carregador para a coleção. O carregador da entidade toma conta da recuperação da coleção:

```
<sql-query name="loadUser">
    <return alias="u" class="User"/>
    <return-join alias="i" property="u.items"/>
    select
        {u.*}, {i.*}
    from
        USERS u
    left outer join ITEM i
        on u.USER_ID = i.SELLER_ID
    where
        u.USER_ID = ?
</sql-query>
```

Note como você usa o elemento <return-join> para vincular um apelido a uma propriedade coleção da entidade, efetivamente ligando ambos os apelidos. Veja que essa técnica também funcionará se você quiser recuperação ansiosa de entidades associadas um-para-um e muitos-para-um na consulta original. Nesse caso, você pode querer uma junção interna se a entidade associada for obrigatória (a chave estrangeira não pode ser NULL) ou uma junção externa se o alvo for opcional. Você pode recuperar muitas associações de extremidade única ansiosamente em uma consulta; contudo, se você juntar (junção externa) mais de uma coleção, você criará um produto cartesiano, multiplicando efetivamente todas as linhas da coleção. Isso pode gerar enormes resultados o que pode ser mais lento do que duas consultas. Você irá encontrar essa limitação novamente quando discutirmos estratégias de recuperação no Capítulo 13.

Como mencionado anteriormente, você verá mais opções de SQL para carregamento de objeto mais adiante neste livro. Agora discutimos customização de operações de inserção, atualização e deleção, para completar os conceitos básicos de CRUD.

Inserção, atualização e deleção customizadas

O Hibernate produz todo o SQL CRUD trivial na inicialização. Ele faz o cache das declarações SQL internamente para uso futuro, dessa forma evitando qualquer custo em tempo de execução de geração de SQL para as operações mais comuns. Você viu como pode sobrescrever o R (read - leitura) de CRUD, então vamos fazer o mesmo para CUD (create, update, delete – criar, atualizar, deletar).

Para cada entidade ou coleção, você pode definir declarações CUD SQL customizadas dentro do elemento <sql-insert>, <sql-delete> e <sql-update>, respectivamente:

```
<class name="User" table="USERS">

  <id name="id" column="USER_ID" ...
  ...

  <join table="BILLING_ADDRESS" optional="true">
    <key column="USER_ID"/>
    <component name="billingAddress" class="Address">
      <property ...
    </component>

    <sql-insert>
      insert into BILLING_ADDRESS
                          (STREET, ZIPCODE, CITY, USER_ID)
      values (?, ?, ?, ?)
    </sql-insert>

    <sql-update>...</sql-update>

    <sql-delete>...</sql-delete>

  </join>

  <sql-insert>
    insert into USERS (FIRSTNAME, LASTNAME, USERNAME,
                  "PASSWORD", EMAIL, RANKING, IS_ADMIN,
                  CREATED, DEFAULT_BILLING_DETAILS_ID,
                  HOME_STREET, HOME_ZIPCODE, HOME_CITY,
                  USER_ID)
    values (?, ?, ?, ?, ?, ?, ?, ?, ?, ?, ?, ?, ?)
  </sql-insert>

  <sql-update>...</sql-update>

  <sql-delete>...</sql-delete>

</class>
```

Esse exemplo de mapeamento pode parecer complicado, mas ele é bem simples. Você tem duas tabelas em um único mapeamento: a tabela primária para a entidade, USERS, e a tabela secundária BILLING_ADDRESS do seu mapeamento legado feito anteriormente neste capítulo. Sempre que tiver tabelas secundárias para uma entidade, você terá de incluí-las em qualquer SQL customizado – por isso os elementos <sql-insert>, <sql-delete> e <sql-update> em ambas as seções <class> e <join> do mapeamento.

A próxima questão é a vinculação de argumentos para as declarações. Para a customização CUD SQL, somente parâmetros posicionais eram suportados na época em que escrevíamos este livro. Mas qual é a ordem certa para os parâmetros? Existe uma ordem interna na qual o Hibernate vincula os argumentos para parâmetros SQL. O modo mais fácil de descobrir a ordem correta da declaração e do parâmetro SQL é deixar o Hibernate gerar uma para você. Remova

356 | JAVA PERSISTENCE COM HIBERNATE

o seu SQL customizado do arquivo de mapeamento, habilite o log para DEBUG para o pacote org.hibernate.persister.entity, e assista (ou procure) ao log de inicialização do Hibernate por linhas similares a estas:

```
AbstractEntityPersister - Insert 0: insert into USERS (FIRSTNAME,
    LASTNAME, USERNAME, "PASSWORD", EMAIL, RANKING, IS_ADMIN,
    CREATED, DEFAULT_BILLING_DETAILS_ID, HOME_STREET, HOME_ZIPCODE,
    HOME_CITY, USER_ID) values (?, ?, ?, ?, ?, ?, ?, ?, ?, ?, ?, ?, ?)
AbstractEntityPersister - Update 0: update USERS set
    FIRSTNAME=?, LASTNAME=?, "PASSWORD"=?, EMAIL=?, RANKING=?,
    IS_ADMIN=?, DEFAULT_BILLING_DETAILS_ID=?, HOME_STREET=?,
    HOME_ZIPCODE=?, HOME_CITY=? where USER_ID=?
...
```

Agora você pode copiar as declarações que você quer customizar para dentro do seu arquivo de mapeamento e fazer as alterações necessárias. Para mais informação sobre log no Hibernate, consulte "Como habilitar o log e as estatísticas" no Capítulo 2, na Seção 2.1.3.

Agora você mapeou operações CRUD para declarações SQL customizadas. Por outro lado, SQL dinâmico não é a única maneira de você recuperar e manipular dados. Procedimentos predefinidos e compilados, armazenados no banco de dados, também podem ser mapeados para operações CRUD de entidades e coleções.

8.2.2 Como integrar procedimentos e funções armazenados

Os procedimentos armazenados são comuns no desenvolvimento de aplicação de banco de dados. Mover o código para mais perto dos dados e executá-lo de dentro do banco de dados tem vantagens singulares.

Primeiro, você não tem que duplicar funcionalidade e lógica em cada programa que acesse o dado. Um ponto de vista diferente é que muito da lógica de negócio não deve estar duplicada, para que ela possa ser aplicada toda hora. Isso inclui os procedimentos que garantem a integridade do dado: por exemplo, as restrições que são bastante complexas para serem implementadas declarativamente. Você geralmente também irá achar gatilhos em um banco de dados que tem regras de integridade procedurais.

Os procedimentos armazenados têm vantagens para todo processamento em grandes quantidades de dados, como para geração de relatório e análise de estatística. Você deve sempre tentar evitar mover grandes conjuntos de dados na sua rede e entre seu banco de dados e servidores de aplicação, então um procedimento armazenado é uma escolha natural para operações de dados em massa. Ou, você pode implementar uma operação complexa de recuperação de dados que colete os dados com várias consultas antes que ela passe o resultado final para a aplicação do cliente.

Por outro lado, você freqüentemente verá sistemas (legado) que implementam até mesmo as operações CRUD mais básicas com um procedimento armazenado. Como uma variação disso, sistemas que não permitem qualquer DML SQL direta, mas somente chamadas a procedimentos armazenados, também tiveram (e algumas vezes ainda têm) o seu lugar.

Capítulo 8 – Banco de dados legado e SQL customizado

Você pode começar integrando procedimentos armazenados existentes para operações CRUD ou para dados em massa, ou você pode começar escrevendo o seu próprio procedimento armazenado.

Como escrever um procedimento

As linguagens de programação para procedimentos armazenados são geralmente proprietárias. Oracle PL/SQL, um dialeto procedural de SQL, é muito popular (e disponível com variações em outros produtos de banco de dados). Alguns bancos de dados até mesmo suportam procedimentos armazenados escritos em Java. Os procedimentos armazenados Java padronizados foram parte do esforço SQLJ, que, infelizmente, não teve sucesso.

Você vai usar os sistemas de procedimento armazenado mais comuns nesta seção: bancos de dados Oracle e PL/SQL. Acontece que procedimentos armazenados em Oracle, assim como muitas outras coisas, sempre são diferentes do que você espera; iremos lhe informar sempre que alguma coisa requerer uma atenção extra.

Um procedimento armazenado em PL/SQL tem que ser criado no catálogo do banco de dados como código-fonte e, então, compilado. Vamos primeiro escrever um procedimento armazenado que pode carregar todas as entidades User que combinem com um determinado critério:

```
<database-object>
  <create>
    create or replace procedure SELECT_USERS_BY_RANK
    (
        OUT_RESULT out SYS_REFCURSOR,
        IN_RANK in int
    ) as
    begin
        open OUT_RESULT for
        select
          us.USER_ID as USER_ID,
          us.FIRSTNAME as FIRSTNAME,
          us.LASTNAME as LASTNAME,
          us.USERNAME as USERNAME,
          us."PASSWORD" as PASSWD,
          us.EMAIL as EMAIL,
          us.RANKING as RANKING,
          us.IS_ADMIN as IS_ADMIN,
          us.CREATED as CREATED,
          us.HOME_STREET as HOME_STREET,
          us.HOME_ZIPCODE as HOME_ZIPCODE,
          us.HOME_CITY as HOME_CITY,
          ba.STREET as BILLING_STREET,
          ba.ZIPCODE as BILLING_ZIPCODE,
          ba.CITY as BILLING_CITY,
          us.DEFAULT_BILLING_DETAILS_ID
           as DEFAULT_BILLING_DETAILS_ID
        from
          USERS us
```

JAVA PERSISTENCE COM HIBERNATE

```
    left outer join
      BILLING_ADDRESS ba
        on us.USER_ID = ba.USER_ID
      where
        us.RANKING >= IN_RANK;
    end;
  </create>
  <drop>
    drop procedure SELECT_USERS_BY_RANK
  </drop>
</database-object>
```

Você embutiu a DDL para o procedimento armazenado em um elemento <database-object> para criação e remoção. Dessa maneira, o Hibernate automaticamente cria e remove o procedimento quando o esquema do banco de dados é criado e atualizado com a ferramenta hbm2ddl. Você também poderia executar a DDL à mão no seu catálogo do banco de dados. Deixá-lo nos seus arquivos de mapeamento (em qualquer lugar que pareça apropriado, como no arquivo MyStoredProcedures.hbm.xml) é uma boa escolha se você está trabalhando em um sistema não legado com nenhum procedimento armazenado existente. Voltaremos em outras opções ao mapeamento <database-object> mais à frente neste capítulo.

Como antes, o código do procedimento armazenado no exemplo é claro: uma consulta de junção nas tabelas básicas (as tabelas primária e secundária para a classe User) e uma restrição por RANKING, um argumento de entrada para o procedimento.

Você deve observar algumas regras para os procedimentos armazenados mapeados no Hibernate. Os procedimentos armazenados suportam parâmetros de entrada e saída (IN e OUT). Se você usar procedimentos armazenados com os drivers JDBC do próprio Oracle, o Hibernate precisará que o primeiro parâmetro do procedimento armazenado seja um OUT; e para procedimentos armazenados que supostamente sejam usados para consultas, o resultado da consulta supostamente retornará nesse parâmetro. No Oracle 9 ou mais recente, o tipo do parâmetro OUT tem que ser um SYS_REFCURSOR. Em versões mais antigas do Oracle, você deve definir o seu próprio tipo de cursor de referência primeiro, chamado REF CURSOR – exemplos podem ser encontrados na documentação do produto Oracle. Todos os outros grandes sistemas de gerenciamento de banco de dados (e drivers para o SGBD Oracle que não sejam do Oracle) são compatíveis com JDBC, e você pode retornar um resultado diretamente no procedimento armazenado sem usar um parâmetro OUT. Por exemplo, um procedimento similar em Microsoft SQL Server iria se parecer com o seguinte:

```
create procedure SELECT_USERS_BY_RANK
  @IN_RANK int
  as
    select
      us.USER_ID as USER_ID,
      us.FIRSTNAME as FIRSTNAME,
      us.LASTNAME as LASTNAME,
```

Capítulo 8 – Banco de dados legado e SQL customizado

```
...
from
    USERS us
where us.RANKING >= @IN_RANK
```

Vamos mapear esse procedimento armazenado para uma consulta nomeada no Hibernate.

Como consultar com um procedimento

Um procedimento armazenado para consulta é mapeado como uma simples consulta nomeada, com algumas mínimas diferenças:

```
<sql-query name="loadUsersByRank" callable="true">
    <return alias="u" class="User">
        <return-property name="id" column="USER_ID"/>
        <return-property name="firstname" column="FIRSTNAME"/>
        <return-property name="lastname" column="LASTNAME"/>
        <return-property name="username" column="USERNAME"/>
        <return-property name="password" column="PASSWD"/>
        <return-property name="email" column="EMAIL"/>
        <return-property name="ranking" column="RANKING"/>
        <return-property name="admin" column="IS_ADMIN"/>
        <return-property name="created" column="CREATED"/>
        <return-property name="homeAddress">
            <return-column name="HOME_STREET"/>
            <return-column name="HOME_ZIPCODE"/>
            <return-column name="HOME_CITY"/>
        </return-property>
        <return-property name="billingAddress">
            <return-column name="BILLING_STREET"/>
            <return-column name="BILLING_ZIPCODE"/>
            <return-column name="BILLING_CITY"/>
        </return-property>
        <return-property name="defaultBillingDetails"
                    column="DEFAULT_BILLING_DETAILS_ID"/>
    </return>
    { call SELECT_USERS_BY_RANK(?, :rank) }
</sql-query>
```

A primeira diferença, se comparada a um mapeamento comum de consulta SQL, é o atributo callable="true". Isso habilita o suporte para declarações callable (declarações que permitem a chamada de procedimentos armazenados) no Hibernate e o tratamento correto da saída do procedimento armazenado. O mapeamento seguinte vincula os nomes das colunas retornados no resultado do procedimento às propriedades de um objeto User. Um caso especial precisa de uma consideração extra: se as propriedades multicolunas, incluindo componentes (homeAddress), estiverem presentes na classe, você precisará mapear suas colunas na ordem certa. Por exemplo, a propriedade homeAddress é mapeada como um <component> com três propriedades, cada uma para sua própria coluna. Por isso, o mapeamento do procedimento armazenado inclui três colunas vinculadas à propriedade homeAddress.

O call do procedimento armazenado prepara um OUT (o ponto de interrogação) e um parâmetro nomeado de entrada. Se você não estiver usando os drivers JDBC do Oracle (outros drivers ou SGBD diferente), não precisará reservar o primeiro parâmetro OUT; o resultado poderá retornar diretamente a partir do procedimento armazenado.

Dê uma olhada no mapeamento de classe comum da classe User. Perceba que os nomes das colunas retornados pelo procedimento nesse exemplo são os mesmos dos nomes das colunas que você já mapeou. Você pode omitir a vinculação de cada propriedade e deixar o Hibernate tomar conta do mapeamento automaticamente:

```
<sql-query name="loadUsersByRank" callable="true">
    <return class="User"/>
    { call SELECT_USERS_BY_RANK(?, :rank) }
</sql-query>
```

A responsabilidade de retornar as colunas corretas, para todas as propriedades e associações de chave estrangeira da classe com os mesmos nomes conforme nos mapeamentos regulares, agora é movida para dentro do código do procedimento armazenado. Pelo fato de você já ter apelidos no procedimento armazenado (select... us.FIRSTNAME as FIRSTNAME...), isso fica bem claro. Ou, se somente algumas das colunas retornadas no resultado do procedimento têm nomes diferentes dos que você já mapeou como suas propriedades, você só precisa declarar isso:

```
<sql-query name="loadUsersByRank" callable="true">
    <return class="User">
        <return-property name="firstname" column="FNAME"/>
        <return-property name="lastname" column="LNAME"/>
    </return>
    { call SELECT_USERS_BY_RANK(?, :rank) }
</sql-query>
```

E por fim, vamos dar uma olhada na chamada (call) do procedimento armazenado. A sintaxe que você está usando aqui, { call PROCEDURE() }, é definida no padrão e portável SQL. Uma sintaxe não portável que funciona para o Oracle é begin PROCEDURE(); end;. É recomendado que você sempre use a sintaxe portável. O procedimento tem dois parâmetros. Como explicado, o primeiro é reservado como um parâmetro de saída, então você usa um símbolo de parâmetro posicional (?). O Hibernate tomará conta desse parâmetro se você configurou um dialeto para um driver JDBC do Oracle. O segundo é um parâmetro de entrada que você tem que fornecer quando executar a chamada. Você pode ou usar somente parâmetros posicionais ou misturar parâmetros nomeados e posicionais. Nós preferimos os parâmetros nomeados por causa da legibilidade.

Consultar com esse procedimento armazenado na aplicação se parece com qualquer outra execução de consulta nomeada:

```
Query q = session.getNamedQuery("loadUsersByRank");
q.setParameter("rank", 12);
List result = q.list();
```

Na época em que redigíamos estas linhas, os procedimentos armazenados mapeados podiam ser habilitados como consultas nomeadas, assim como você fez nesta seção, ou como carregadores para uma entidade, similar ao exemplo loadUser que você mapeou anteriormente.

Os procedimentos armazenados podem não somente consultar e carregar dados, mas também podem manipular dados. O primeiro caso de uso para isso são as operações de dados em massa, executadas na camada (física) do banco de dados. Você não deve mapear isso no Hibernate, mas sim executá-las com puro JDBC: session.connection().prepareCallableStatement(); e assim por diante. As operações de manipulação de dados que você pode mapear no Hibernate são as de criação, deleção e atualização de um objeto de entidade.

Como mapear CUD para um procedimento

Anteriormente, você mapeou elementos <sql-insert>, <sql-delete> e <sql-update> para declarações SQL customizadas em uma classe. Se quiser usar procedimentos armazenados para essas operações, mude o mapeamento para declarações callable:

```
<class name="User">
    ...

    <sql-update callable="true" check="none">
        { call UPDATE_USER(?, ?, ?, ?, ?, ?, ?, ?, ?, ?, ?, ?, ?) }
    </sql-update>

</class>
```

Com a atual versão do Hibernate, você tem o mesmo problema que antes: a vinculação de valores para os parâmetros posicionais. Primeiro, o procedimento armazenado precisa ter o mesmo número de parâmetros de entrada que o esperado pelo Hibernate (habilite o log do SQL, como mostrado anteriormente, para pegar uma declaração gerada de onde você pode copiar e colar). Novamente os parâmetros devem estar na mesma ordem que a esperada pelo Hibernate.

Considere o atributo check="none". Para correto (e, se você habilitá-lo) bloqueio otimista, o Hibernate precisa saber se essa operação de atualização customizada foi bem-sucedida. Geralmente, para SQL gerado dinamicamente, o Hibernate olha para o número de linhas atualizadas retornado a partir de uma operação. Se a operação não atualizou ou não pode atualizar quaisquer linhas, uma falha de bloqueio otimista ocorre. Se escrever a sua própria operação SQL customizada, você pode customizar esse comportamento também.

362 | JAVA PERSISTENCE COM HIBERNATE

Com check="none", o Hibernate espera que o seu procedimento customizado lide internamente com atualizações falhas (por exemplo, através de uma checagem da versão da linha que precisa ser atualizada) e também espera que o seu procedimento jogue uma exceção se algo sair errado. No Oracle, tal procedimento é como o seguinte:

```
<database-object>
    <create>
        create or replace procedure UPDATE_USER
            (IN_FIRSTNAME in varchar,
            IN_LASTNAME in varchar,
            IN_PASSWORD in varchar,
            ...
            )
        as
            rowcount INTEGER;
        begin

            update USERS set
                FIRSTNAME = IN_FIRSTNAME,
                LASTNAME = IN_LASTNAME,
                "PASSWORD" = IN_PASSWORD,
            where
                OBJ_VERSION = ...;

            rowcount := SQL%ROWCOUNT;
            if rowcount != 1 then
                RAISE_APPLICATION_ERROR( -20001, 'Version check failed');
            end if;

        end;
    </create>
    <drop>
        drop procedure UPDATE_USER
    </drop>
</database-object>
```

O erro SQL é pego pelo Hibernate e é convertido em uma exceção de bloqueio otimista que você pode então tratar no código da aplicação. Outras opções para o atributo check são os seguintes:

- Se você habilitar check="count", o Hibernate checará o número de linhas modifica-das usando a pura API JDBC. Esse é o padrão e é usado quando você escreve SQL dinâmico sem procedimentos armazenados.

- Se você habilitar check="param", o Hibernate reservará um parâmetro OUT para pegar o valor de retorno da chamada do procedimento armazenado. Você precisa adicionar uma interrogação adicional a sua chamada e, no seu procedimento armazenado, retornar a contagem de linhas da sua operação DML nesse (primeiro) parâmetro OUT. O Hibernate então valida pra você o número de linhas modificadas.

Capítulo 8 – Banco de dados legado e SQL customizado | 363

Os mapeamentos para inserções e deleções são similares; todos devem declarar como a checagem de bloqueio otimista é executada. Você pode copiar um modelo a partir do log de inicialização do Hibernate para pegar a ordem correta e o número de parâmetros.

E, por fim, você também pode mapear funções armazenadas no Hibernate. Elas têm pequenas diferenças de semânticas e casos de uso.

Como mapear funções armazenadas

Uma função armazenada somente tem parâmetros de entrada – nada de parâmetros de saída. Contudo, ela pode retornar um valor. Por exemplo, uma função armazenada pode retornar a classificação de um usuário:

```
<database-object>
   <create>
      create or replace function GET_USER_RANK
         (IN_USER_ID int)
      return int is
         RANK int;
      begin
         select
            RANKING
         into
            RANK
         from
            USERS
         where
            USER_ID = IN_USER_ID;
         return RANK;
      end;
   </create>
   <drop>
      drop function GET_USER_RANK
   </drop>
</database-object>
```

Essa função retorna um número escalar. O caso de uso primário para funções armazenadas que retornam escalares está embutindo uma chamada em consultas SQL ou HQL regulares. Por exemplo, você pode recuperar todos os usuários que têm uma classificação maior que a de um usuário dado:

```
String q = "from User u where u.ranking > get_user_rank(:userId)";
List result = session.createQuery(q)
                  .setParameter("userId", 123)
                  .list();
```

Essa consulta está em HQL; graças à funcionalidade passagem-direta (pass-through) para chamadas de função na cláusula WHERE (porém em mais nenhuma outra cláusula), você pode

364 | JAVA PERSISTENCE COM HIBERNATE

chamar qualquer função armazenada no seu banco de dados diretamente. O tipo do retorno da função deve combinar com a operação: nesse caso, a comparação maior-que com a propriedade ranking, que também é numérica.

Se a sua função retornar um cursor para um conjunto de resultados, assim como em seções anteriores, você poderá até mapeá-la como uma consulta nomeada e deixar o Hibernate organizar os dados do conjunto de resultados em um grafo de objetos.

E por fim, lembre-se de que procedimentos e funções armazenados, especialmente em banco de dados legado, às vezes não podem ser mapeados no Hibernate; em tais casos você tem que se voltar para o puro JDBC. Às vezes você pode envolver um procedimento armazenado legado com outro procedimento armazenado que tenha a interface de parâmetro esperada pelo Hibernate. Existem muitas variedades e casos especiais para serem abordados em uma ferramenta de mapeamento genérica. Contudo, versões futuras do Hibernate irão melhorar as capacidades de mapeamento – esperamos que melhores tratamentos de parâmetros (chega de contagem de interrogações) e suporte para argumentos de entrada e saída arbitrários estejam disponíveis em um futuro próximo.

Você agora completou a customização de DML e consultas SQL de tempo de execução. Vamos mudar de perspectiva e customizar o SQL usado para a criação e modificação do esquema do banco de dados, a DDL.

8.3 COMO MELHORAR A DDL DO ESQUEMA

Customizar a DDL na sua aplicação com Hibernate é algo que você geralmente só irá considerar quando gerar o esquema do banco de dados com o conjunto de ferramentas do Hibernate. Se um esquema já existir, tal customização não irá afetar o comportamento de tempo de execução do Hibernate.

Você pode exportar DDL para um arquivo texto ou executá-la diretamente no seu banco de dados sempre que rodar seus testes de integração. Como a DDL é na maioria das vezes específica de fornecedor, cada opção que você colocar no seu metadado de mapeamento tem o potencial de vincular o metadado para um determinado produto de banco de dados – tenha isso em mente quando estiver aplicando as características seguintes.

Nós separamos a customização DDL em duas categorias:

- Nomeação de objetos do banco de dados gerados automaticamente, como as tabelas, colunas e restrições explicitamente no metadado de mapeamento, ao invés de se basear na nomenclatura automática derivada a partir do nome da classe e da propriedade Java pelo Hibernate. Nós já discutimos o mecanismo inerente e as opções para pôr entre aspas e estender nomes no Capítulo 4, Seção 4.3.5, "Como pôr entre aspas os identificadores SQL". A seguir, veremos outras opções que você pode habilitar para embelezar seus scripts DDL gerados.

Capítulo 8 – Banco de dados legado e SQL customizado | 365

- Tratamento de objetos do banco de dados adicionais, como índices, restrições, e procedimentos armazenados no seu metadado de mapeamento. Antes, neste capítulo, você adicionou declarações arbitrárias CREATE e DROP a arquivos de mapeamento XML com o elemento <database-object>. Você também pode habilitar a criação de índices e restrições com elementos de mapeamento adicionais dentro dos mapeamentos regulares de classe e propriedade.

8.3.1 Nomes e tipos de dados SQL customizados

Na Listagem 8.1, você adiciona atributos e elementos ao mapeamento da classe Item.

Listagem 8.1 Elementos adicionais ao mapeamento de Item para o hbm2ddl

```
<class name="Item" table="ITEMS">

    <id name="id" type="string">
        <column name="ITEM_ID" sql-type="char(32)"/>    ←——❶
        <generator class="uuid"/>
    </id>

    <property name="initialPrice" type="big_decimal">
        <column name="INIT_PRICE"    ←——❷
                not-null="true"
                precision="10"
                scale="2"/>
    </property>

    <property name="description" type="string"
            column="ITM_DESCRIPTION" length="4000"/>    ←——❸

    <set name="categories" table="CATEGORY_ITEM" cascade="none">
        <key>
            <column name="ITEM_ID" sql-type="char(32)"/>    ←——❹
        </key>
        <many-to-many class="Category">
            <column name="CATEGORY_ID" sql-type="char(32)"/>
        </many-to-many>
    </set>

    ...

</class>
```

❶ O exportador hbm2ddl gera uma coluna de tipo VARCHAR se uma propriedade (até mesmo a propriedade identificadora) é do tipo de mapeamento string. Você sabe que o gerador de identificador uuid sempre gera seqüências de caracteres de 32 caracteres; então você troca para um tipo SQL CHAR e define o seu tamanho fixado em 32 caracteres. O elemento <column> é necessário para essa declaração, pois nenhum atributo suporta o tipo de dados SQL no elemento <id>.

366 | JAVA PERSISTENCE COM HIBERNATE

❷ Para tipos decimais, você pode declarar a precisão e a escala. Esse exemplo cria a coluna como INIT_PRICE number(10,2) em um dialeto Oracle; contudo, para bancos de dados que não suportam tipos com precisão decimal, um simples INIT_PRICE numeric (isso está em HQL) é produzido.

❸ Para o campo descrição, você adiciona atributos DDL ao elemento <property> em vez de a um elemento <column> aninhado. A coluna DESCRIPTION é gerada como VARCHAR(4000) – uma limitação de um campo variável de caracteres em um banco de dados Oracle (no Oracle, seria VARCHAR2(4000) na DDL, mas o dialeto toma conta disso).

❹ Um elemento <column> também pode ser usado para declarar os campos de chave estrangeira em um mapeamento de associação. Caso contrário, as colunas da sua tabela de associação CATEGORY_ITEM seriam VARCHAR(32) ao invés do tipo mais apropriado CHAR(32).

A mesma customização é possível em anotações, veja a Listagem 8.2.

Listagem 8.2 Anotações adicionais para customização da exportação da DDL

```
@Entity
@Table(name = "ITEMS")
public class Item {

    @Id
    @Column(name = "ITEM_ID", columnDefinition = "char(32)")
    @GeneratedValue(generator = "hibernate-uuid.hex")
    @org.hibernate.annotations.GenericGenerator(
        name = "hibernate-uuid.hex",
        strategy = "uuid.hex"
    )
    Private String id;

    @Column(name = "INIT_PRICE", nullable = false,
            precision = 10, scale = 2)
    BigDecimal initialPrice;

    @Column(name = "ITM_DESCRIPTION", length = 4000)
    Private String description;

    @ManyToMany
    @JoinTable(
        name = "CATEGORY_ITEM",
        joinColumns =
            { @JoinColumn(name = "ITEM_ID",
                          columnDefinition = "char(32)")
            },
        inverseJoinColumns =
```

CAPÍTULO 8 – BANCO DE DADOS LEGADO E SQL CUSTOMIZADO | 367

```
{ @JoinColumn(name = "CATEGORY_ID",
                columnDefinition = "char(32)")
  }
)
Private Set<Category> categories = new HashSet<Category>();

...
}
```

Você tem que usar uma extensão do Hibernate para nomear o gerador de identificador não padronizado. Todas as outras customizações da DDL SQL gerada são feitas com anotações da especificação JPA. Um atributo merece atenção especial: o columnDefinition não é o mesmo que o sql-type em um arquivo de mapeamento do Hibernate. Ele é mais flexível: o fornecedor de persistência JPA anexa toda a seqüência de caracteres após o nome da coluna na declaração CREATE TABLE, como em ITEM_ID char(32).

A customização de nomes e tipos de dados é absolutamente o mínimo que você deve considerar. Recomendamos que você sempre melhore a qualidade do seu esquema de banco de dados (e essencialmente, a qualidade do dado que é guardado) com as regras de integridade apropriadas.

8.3.2 Como garantir a consistência dos dados

As regras de integridade constituem uma importante parte do seu esquema do banco de dados. A mais importante responsabilidade do seu banco de dados é proteger sua informação e garantir que ela nunca esteja em um estado inconsistente. Isso é chamado de consistência, e é parte do padrão ACID (Atomicidade, Consistência, Isolamento, e Durabilidade) comumente aplicado a sistemas de gerenciamento de banco de dados transacionais.

As regras são parte da sua lógica de negócio, então você geralmente tem uma mistura de regras relacionadas a negócio implementadas no seu código da aplicação e no seu banco de dados. A sua aplicação é escrita de forma a evitar qualquer violação das regras do banco de dados. Contudo, é trabalho do sistema de gerenciamento de banco de dados nunca permitir que qualquer informação falsa (no sentido da lógica de negócio) seja guardada permanentemente – por exemplo, se uma das aplicações acessando o banco de dados tiver erros. Os sistemas que garantem integridade somente no código da aplicação tendem para o corrompimento dos dados e freqüentemente degradam a qualidade do banco de dados ao longo do tempo. Tenha em mente que o propósito principal da maioria das aplicações de negócio é produzir dados de negócio valiosos a longo prazo.

Em contraste à garantia da consistência dos dados em código procedural (ou orientado para objetos) da aplicação, os sistemas de gerenciamento de banco de dados permitem que você implemente regras de integridade declarativamente como parte do seu esquema de dados. As vantagens das regras declarativas incluem menos erros possíveis em código e uma chance para o sistema de gerenciamento de banco de dados de otimizar o acesso aos dados.

368 | JAVA PERSISTENCE COM HIBERNATE

Identificamos quatro níveis de regras:

- *Restrição de domínio* – Um domínio é (vagamente falando, e no mundo de banco de dados) um tipo de dados em um banco de dados. Por isso, uma restrição de domínio define o âmbito de possíveis valores que um determinado tipo de dados pode tratar. Por exemplo, um tipo de dados int é usável para valores inteiros. Um tipo de dados char pode guardar grupos de caracteres: por exemplo, todos os caracteres definidos no ASCII. Pelo fato de, na maioria das vezes, usarmos os tipos de dados inerentes ao sistema de gerenciamento de banco de dados, baseamo-nos nas restrições de domínio definidas pelo fornecedor. Se você criar tipos de dados definidos pelo usuário (UDT), terá que definir suas restrições. Se elas são suportadas pelo seu banco de dados SQL, você pode usar o suporte (limitado) para domínios customizados a fim de acrescentar restrições adicionais a determinados tipos de dados.

- *Restrição de coluna* – Restringir uma coluna para guardar valores de um determinado domínio é equivalente a adicionar uma restrição de coluna. Por exemplo, você declara na DDL que a coluna INITIAL_PRICE guarda valores do domínio MONEY, que internamente usa o tipo de dados number(10,2). Você usa o tipo de dados diretamente na maior parte do tempo, sem definir um domínio primeiro. Uma especial restrição de coluna em um banco de dados SQL é NOT NULL.

- *Restrição de tabela* – Uma regra de integridade que se aplica a uma ou muitas linhas é uma restrição de tabela. Uma típica restrição de tabela declarativa é UNIQUE (todas as linhas são checadas por valores duplicados). Ema regra de exemplo que afeta somente uma linha é "a data fim de um leilão deve ser maior que a data de início".

- *Restrição de banco de dados* – Se uma regra se aplica a mais de uma tabela, ela tem escopo de banco de dados. Você já deve estar familiarizado com a restrição de banco de dados mais comum: a chave estrangeira. Essa regra garante a integridade de referências entre as linhas, geralmente em tabelas separadas, mas nem sempre (restrições de chave estrangeira que referenciam a sua própria relação não são incomuns).

A maioria (se não todos) dos sistemas de gerenciamento de banco de dados SQL suportam os níveis de restrições mencionados e as opções mais importantes em cada um. Além de simples palavras-chave, como NOT NULL e UNIQUE, você também pode declarar regras mais complexas com a restrição CHECK que se aplica a uma expressão SQL arbitrária. No entanto, as restrições de integridade são um dos pontos fracos no padrão SQL, e as soluções dos fornecedores podem diferir significativamente.

Além disso, as restrições não declarativas e procedurais são possíveis com gatilhos do banco de dados que interceptem operações de modificação de dados. Um gatilho pode então implementar o procedimento de restrição diretamente ou chamar um procedimento armazenado existente.

Como a DDL para procedimentos armazenados, você pode adicionar declarações de gatilho ao seu metadado de mapeamento do Hibernate com o elemento <database-object> para inclusão na DDL gerada.

E por fim, restrições de integridade podem ser checadas imediatamente quando uma declaração de modificação de dados é executada, ou a checagem pode ser adiada até o término de uma transação. A resposta de uma violação em bancos de dados SQL é geralmente a rejeição, sem qualquer possibilidade de customização.

Temos agora uma visão mais próxima da implementação de restrições de integridade.

8.3.3 Como adicionar restrições de domínios e coluna

O padrão SQL inclui domínios, que, infelizmente, não somente são um tanto limitados, mas também freqüentemente não são suportados pelo SGBD. Se o seu sistema suportar domínios SQL, você poderá usá-los para adicionar restrições a tipos de dados:

```
create domain EMAILADDRESS as varchar
    constraint DOMAIN_EMAILADDRESS
    check ( IS_EMAILADDRESS(value) );
```

Você agora pode usar esse identificador de domínio como um tipo de coluna quando estiver criando uma tabela:

```
create table USERS (
    ...
    USER_EMAIL EMAILADDRESS(255) not null,
    ...
);
```

A (relativamente pequena) vantagem de domínios em SQL é a abstração de restrições comuns em um único local. As restrições de domínio são sempre checadas imediatamente quando os dados são inseridos e modificados. Para completar o exemplo anterior, você também tem que escrever a função armazenada IS_EMAILADDRESS (na internet você pode achar muitas expressões regulares que fazem isso). Adicionar o novo domínio a um mapeamento do Hibernate é tão simples quanto um sql-type:

```
<property name="email" type="string">
    <column name="USER_EMAIL"
            length="255"
            not-null="true"
            sql-type="EMAILADDRESS"/>
</property>
```

Com anotações, declare o seu próprio columnDefinition:

```
@Column(name = "USER_EMAIL", length = 255,
        columnDefinition = "EMAILADDRESS(255) not null")
String email;
```

370 | JAVA PERSISTENCE COM HIBERNATE

Se você quiser criar e remover a declaração do domínio automaticamente junto com o resto do seu esquema, coloque-a dentro de um mapeamento <database-object>.

O SQL suporta as restrições de coluna adicionais. Por exemplo, as regras de negócio permitem somente caracteres alfanuméricos nos nomes de login de usuário:

```
create table USERS (
  ...
  USERNAME varchar(16) not null
    check(regexp_like(USERNAME,'^[[:alpha:]]+$')),
  ...
);
```

O uso dessa expressão no seu SGBD não será possível se ele não suportar expressões regulares. As restrições de checagem para somente uma coluna são declaradas no mapeamento do Hibernate, no elemento de mapeamento <column>:

```
<property name="username" type="string">
  <column name="USERNAME"
          length="16"
          not-null="true"
          check="regexp_like(USERNAME,'^[[:alpha:]]+$')"/>
</property>
```

As restrições de checagem nas anotações estão disponíveis somente como uma extensão do Hibernate:

```
@Column(name = "USERNAME", length = 16,
        nullable = false, unique = true)
@org.hibernate.annotations.Check(
    constraints = "regexp_like(USERNAME,'^[[:alpha:]]+$')"
)
private String username;
```

Note que você tem uma escolha: criar e usar um domínio ou adicionar uma restrição a uma única coluna têm o mesmo efeito. A longo prazo, domínios geralmente são mais fáceis de se manter e mais propensos a evitar duplicidades.

Vamos dar uma olhada no próximo nível de regras: as restrições de tabela para uma e muitas linhas.

8.3.4 Restrições no nível de tabela

Imagine que você queira garantir que um leilão do CaveatEmptor não possa terminar antes de ter começado. Você escreve o código da aplicação para prevenir os usuários de definirem as propriedades startDate e endDate em um Item para valores errados. Você pode fazer isso na interface com o usuário ou nos métodos setter das propriedades. No esquema do banco de dados, você adiciona uma restrição de tabela a uma linha:

Capítulo 8 – Banco de dados legado e SQL customizado | 371

```
create table ITEM (
    ...
    START_DATE timestamp not null,
    END_DATE timestamp not null,
    ...
    check (START_DATE < END_DATE)
);
```

As restrições de tabela são anexadas na DDL CREATE TABLE e podem conter expressões SQL arbitrárias. Você inclui a expressão de restrição no seu arquivo de mapeamento do Hibernate no elemento de mapeamento <class>:

```
<class name="Item"
        table="ITEM"
        check="START_DATE &lt; END_DATE">
```

Note que o caractere < deve ser usado como o código de escape < no XML. Com anotações, você precisa adicionar uma anotação de extensão do Hibernate para declarar restrições de checagem:

```
@Entity
@org.hibernate.annotations.Check(
    constraints = "START_DATE < END_DATE"
)
public class Item { ... }
```

As restrições de tabela para muitas linhas podem ser implementadas com expressões mais complexas. Você pode precisar de uma subseleção na expressão para fazer isso, que pode não ser suportada no seu SGBD – cheque a documentação do seu produto primeiro. Contudo, existem restrições de tabela para muitas linhas que você pode adicionar diretamente como atributos aos mapeamentos do Hibernate. Por exemplo, você identifica o nome de login de um usuário (User) como único no sistema:

```
<property name="username" type="string">
    <column name="USERNAME"
            length="16"
            not-null="true"
            check="regexp_like(USERNAME,'^[[:alpha:]]+$')"
            unique="true"/>
</property>
```

A declaração de restrição de unicidade também é possível em metadado de anotação:

```
@Column(name = "USERNAME", length = 16, nullable = false,
        unique = true)
@org.hibernate.annotations.Check(
    constraints = "regexp_like(USERNAME,'^[[:alpha:]]+$')"
)
private String username;
```

JAVA PERSISTENCE COM HIBERNATE

E, claro, você pode fazer isso em descritores XML do JPA (contudo, não existe restrição de checagem):

```
<entity class="auction.model.User" access="FIELD">
    <attributes>
        ...
        <basic name="username">
            <column name="USERNAME"
                    length="16"
                    nullable="false"
                    unique="true"/>
        </basic>
    </attributes>
</entity>
```

A DDL exportada inclui a restrição unique:

```
create table USERS (
    ...
    USERNAME varchar(16) not null unique
        check(regexp_like(USERNAME,'^[[:alpha:]]+$')),
    ...
);
```

Uma restrição de unicidade também pode abranger várias colunas. Por exemplo, o CaveatEmptor suporta uma árvore de objetos Category aninhados. Uma das regras de negócio diz que uma determinada categoria não pode ter o mesmo nome que o de qualquer um de seus irmãos. Por isso, você precisa de uma restrição multicoluna e para muitas linhas que garanta essa unicidade:

```
<class name="Category" table="CATEGORY">
    ...
    <property name="name">
        <column name="CAT_NAME"
            unique-key="unique_siblings"/>
    </property>
    <many-to-one name="parent" class="Category">
        <column name="PARENT_CATEGORY_ID"
            unique-key="unique_siblings"/>
    </many-to-one>
    ...
</class>
```

Você especifica um identificador para a restrição com o atributo unique-key de forma que possa se referir a ele várias vezes em um mapeamento de classe e que possa agrupar colunas para a mesma restrição. Contudo, o identificador não é usado na DDL para nomear a restrição:

```
create table CATEGORY (
    ...
    CAT_NAME varchar(255) not null,
    PARENT_CATEGORY_ID integer,
```

```
...
    unique (CAT_NAME, PARENT_CATEGORY_ID)
);
```

Se você quer criar uma restrição de unicidade com anotações que abrange várias colunas, você precisa declará-la na entidade, e não em uma coluna:

```
@Entity
@Table(name = "CATEGORY",
    uniqueConstraints = {
        @UniqueConstraint(columnNames =
            {"CAT_NAME", "PARENT_CATEGORY_ID"} )
    )
public class Category { ... }
```

Com descritores XML do JPA, as restrições multicoluna são como o seguinte:

```
<entity class="Category" access="FIELD">
    <table name="CATEGORY">
        <unique-constraint>
            <column-name>CAT_NAME</column-name>
            <column-name>PARENT_CATEGORY_ID</column-name>
        </unique-constraint>
    </table>
...
```

As restrições completamente customizadas, incluindo um identificador para o catálogo do banco de dados, podem ser adicionadas a sua DDL com o elemento <database-object>:

```
<database-object>
    <create>
        alter table CATEGORY add constraint UNIQUE_SIBLINGS
            unique (CAT_NAME, PARENT_CATEGORY_ID);
    </create>
    <drop>
        drop constraint UNIQUE_SIBLINGS
    </drop>
</database-object>
```

Essa funcionalidade não está disponível em anotações. Note que você pode adicionar um arquivo de metadado XML do Hibernate com todos os seus objetos DDL do banco de dados customizados a sua aplicação baseada em anotação.

E por fim, a última categoria de restrições inclui regras para todo o banco de dados que abrange várias tabelas.

8.3.5 Restrições de banco de dados

Você pode criar uma regra que abranja várias tabelas com uma junção em uma subseleção em qualquer expressão check. Ao invés de se referir somente à tabela na qual a restrição é declarada, você pode consultar (geralmente para a existência ou não existência de um determinado pedaço de informação) uma tabela diferente.

Uma outra técnica para criar uma restrição para todo o banco de dados usa gatilhos customizados que rodam na inserção ou na atualização de linhas em determinadas tabelas. Essa é uma abordagem procedural que tem as desvantagens já mencionadas, mas ela é por natureza flexível.

De longe as regras mais comuns que abrangem várias tabelas são as regras de integridade referencial. Elas são amplamente conhecidas como chaves estrangeiras, que são uma combinação de duas coisas: um valor de chave copiado a partir de uma linha relacionada e uma restrição que garante que o valor referenciado existe. O Hibernate cria restrições de chave estrangeira automaticamente para todas as colunas de chave estrangeira em mapeamentos de associação. Se você checar a DDL produzida pelo Hibernate, perceberá que essas restrições também têm identificadores de banco de dados gerados automaticamente – nomes que não são fáceis de ler e que tornam a depuração mais difícil:

```
alter table ITEM add constraint FK1FF7F1F09FA3CB90
    foreign key (SELLER_ID) references USERS;
```

Essa DDL declara a restrição de chave estrangeira para a coluna SELLER_ID da tabela ITEM. Ela referencia a coluna de chave primária da tabela USERS. Você pode customizar o nome da restrição no mapeamento <many-to-one> da classe Item com o atributo foreign-key:

```
<many-to-one name="seller"
        class="User"
        column="SELLER_ID"
        foreign-key="FK_SELLER_ID"/>
```

Com anotações, use uma extensão do Hibernate:

```
@ManyToOne
@JoinColumn(name = "SELLER_ID")
@org.hibernate.annotations.ForeignKey(name = "FK_SELLER_ID")
private User seller;
```

E uma sintaxe especial é necessária para chaves estrangeiras criadas para uma associação muitos-para-muitos:

```
@ManyToMany
@JoinTable(...)
@org.hibernate.annotations.ForeignKey(
    name = "FK_CATEGORY_ID",
    inverseName = "FK_ITEM_ID"
)
private Set<Category> categories...
```

Se você quer gerar automaticamente uma DDL que não seja distinguível de um DBA que iria escrever, customize todas as suas restrições de chave estrangeira em todos os seus

CAPÍTULO 8 – BANCO DE DADOS LEGADO E SQL CUSTOMIZADO | 375

metadados de mapeamento. Isso não somente é uma boa prática, mas também ajuda de forma significativa quando você tem de ler mensagens de exceção. Note que o exportador hbm2ddl somente considera os nomes das restrições para chaves estrangeiras que foram definidas no lado não inverso de um mapeamento de associação bidirecional.

As restrições de chave estrangeira também têm características em SQL que o seu esquema legado pode já utilizar. Em vez de rejeitar imediatamente uma modificação de dados que violaria uma restrição de chave estrangeira, um banco de dados SQL pode cascatear (CASCADE) a mudança para as linhas referenciadas. Por exemplo, se uma linha que é considerada um pai é deletada, todas as linhas-filho com uma restrição de chave estrangeira na chave primária da linha-pai podem ser deletadas também. Se você tem ou quer usar essas opções de cascata no nível do banco de dados, habilite-as no seu mapeamento de chave estrangeira:

```
<class name="Item" table="ITEM">
    ...
    <set name="bids" cascade="save-update, delete">
        <key column="ITEM_ID" on-delete="cascade"/>
        <one-to-many class="Bid"/>
    </set>
</class>
```

O Hibernate agora cria e se baseia em uma opção ON CASCADE DELETE no nível do banco de dados da restrição de chave estrangeira, ao invés de executar várias declarações DELETE individuais quando uma instância Item é deletada e todos os lances têm de ser removidos. Tenha consciência de que essa característica ignora a estratégia de bloqueio otimista usual do Hibernate para dados versionados!

E por fim, desassociado das regras de integridade traduzidas a partir da lógica de negócio, otimização de performance do banco de dados também é parte do seu esforço típico de customização da DDL.

8.3.6 Como criar índices

Os índices são uma característica-chave para quando se está otimizando a performance de uma aplicação de banco de dados. O otimizador de consulta em um sistema de gerenciamento de banco de dados pode usar índices para evitar varreduras excessivas das tabelas de dados. Pelo fato de eles só serem relevantes na implementação física de um banco de dados, os índices não são parte do padrão SQL, e a DDL e as opções de indexação disponíveis são específicas de um determinado produto. Contudo, a DDL mais comum para índices típicos pode ser embutida em um mapeamento do Hibernate (ou seja, sem o elemento genérico <database-object>).

Muitas consultas no CaveatEmptor irão provavelmente envolver a propriedade endDate de um item (Item) de leilão. Você pode agilizar essas consultas criando um índice para a coluna dessa propriedade:

```
<property name="endDate"
        column="END_DATE"
```

JAVA PERSISTENCE COM HIBERNATE

```
type="timestamp"
index="IDX_END_DATE"/>
```

A DDL produzida automaticamente agora inclui uma declaração adicional:

```
create index IDX_END_DATE on ITEM (END_DATE);
```

A mesma funcionalidade está disponível com anotações, como uma extensão do Hibernate:

```
@Column(name = "END_DATE", nullable = false, updatable = false)
@org.hibernate.annotations.Index(name = "IDX_END_DATE")
private Date endDate;
```

Você pode criar um índice multicoluna definindo o mesmo identificador em vários mapeamentos de propriedade (ou coluna). Qualquer outra opção para o índice, como a UNIQUE INDEX (que cria uma restrição adicional no nível da tabela para muitas linhas), o método de indexação (os comuns são btree, hash e binary) e qualquer cláusula de armazenamento (por exemplo, para criar o índice em um espaço de tabela – tablespace – separado) podem ser definidos somente em DDL inteiramente customizada com <database-object>.

Um índice multicoluna com anotações é definido no nível da entidade, com uma anotação customizada do Hibernate que aplica atributos adicionais ao mapeamento da tabela:

```
@Entity
@Table(name="ITEMS")
@org.hibernate.annotations.Table(
    appliesTo = "ITEMS", indexes =
        @org.hibernate.annotations.Index(
            name = "IDX_INITIAL_PRICE",
            columnNames = { "INITIAL_PRICE", "INITIAL_PRICE_CURRENCY" }
    )
public class Item { ... }
```

Note que @org.hibernate.annotations.Table não é uma substituição para @javax.perisistence.Table, então se você precisar sobrescrever o nome padronizado da tabela, você ainda precisa da @Table regular.

Recomendamos que você pegue o excelente livro *SQL Tuning* por Dan Tow (Tow, 2003) se quer aprender técnicas eficientes de otimização de banco de dados e especialmente como os índices podem levá-lo para mais perto do plano de execução de uma melhor performance para suas consultas.

Um mapeamento que mostramos algumas vezes neste capítulo é o <database-object>. Ele tem algumas outras opções que ainda não discutimos.

8.3.7 Como adicionar DDL auxiliar

O Hibernate cria uma DDL básica para suas tabelas e restrições automaticamente; ele até mesmo cria seqüências se você tem um determinado gerador de identificador. Contudo, existem certas DDL que o Hibernate não pode criar automaticamente. Isso inclui todos os tipos de opções de performance altamente específicas de fornecedor e qualquer outra DDL relevante somente para o armazenamento físico de dados (espaços de tabela, por exemplo).

Uma razão de esse tipo de DDL não ter elementos de mapeamento ou anotações é que existem muitas variações e possibilidades – ninguém pode ou quer manter mais de 25 dialetos de banco de dados com todas as possíveis combinações de DDL. Uma segunda, e muito mais importante, razão é que você deve sempre pedir ao seu DBA para finalizar o seu esquema de banco de dados. Por exemplo, você sabia que índices em colunas de chave estrangeira podem prejudicar a performance em algumas situações e por isso não são geradas automaticamente pelo Hibernate? Recomendamos que os DBAs sejam envolvidos no início e que verifiquem a DDL gerada automaticamente a partir do Hibernate.

Um processo comum, se você estiver começando uma nova aplicação e um novo banco de dados, é gerar a DDL com o Hibernate automaticamente durante o desenvolvimento; preocupações de performance do banco de dados não devem e geralmente não exercem um papel importante nesse estágio. Ao mesmo tempo (ou depois, durante os testes), um DBA profissional verifica e otimiza a DDL SQL e cria o esquema do banco de dados final. Você pode exportar a DDL para um arquivo-texto e entregá-la para o seu DBA.

Ou – e essa é a opção que você já viu algumas vezes – você pode adicionar declarações DDL customizadas ao seu metadado de mapeamento:

```
<database-object>
   <create>
      [CREATE statement]
   </create>
   <drop>
      [DROP statement]
   </drop>

   <dialect-scope name="org.hibernate.dialect.Oracle9Dialect"/>
   <dialect-scope name="org.hibernate.dialect.OracleDialect"/>

</database-object>
```

Os elementos <dialect-scope> restringem as declarações customizadas CREATE ou DROP a um determinado conjunto de dialetos configurados para o banco de dados, que é útil se você está implantando em vários sistemas e precisa de diferentes customizações.

Se você precisa de mais controle programático sobre a DDL gerada, implemente a interface AuxiliaryDatabaseObject. O Hibernate já vem empacotado com uma implementação de conveniência que você pode estender; você pode então sobrescrever os métodos seletivamente:

```
package auction.persistence;

import org.hibernate.mapping.*;
```

JAVA PERSISTENCE COM HIBERNATE

```java
import org.hibernate.dialect.Dialect;
import org.hibernate.engine.Mapping;

public class CustomDDLExtension
   extends AbstractAuxiliaryDatabaseObject {

   public CustomDDLExtension() {
      addDialectScope("org.hibernate.dialect.Oracle9Dialect");
   }

   public String sqlCreateString(Dialect dialect,
                                 Mapping mapping,
                                 String defaultCatalog,
                                 String defaultSchema) {
      return "[CREATE statement]";
   }

   public String sqlDropString(Dialect dialect,
                               String defaultCatalog,
                               String defaultSchema) {
      return "[DROP statement]";
   }
}
```

Você pode adicionar escopos de dialeto programaticamente e até mesmo acessar algumas informações de mapeamento nos métodos sqlCreateString() e sqlDropString(). Isso lhe dá muita flexibilidade com relação a como criar e escrever as suas declarações DDL. Você tem que habilitar essa classe customizada no seu metadado de mapeamento:

```xml
<database-object>
   <definition class="auction.persistence.CustomDDLExtension"/>
   <dialect-scope name="org.hibernate.dialect.OracleDialect"/>
</database-object>
```

Escopos de dialeto adicionais são cumulativos; os exemplos anteriores, todos se aplicam a dois dialetos.

8.4 RESUMO

Neste capítulo, olhamos questões com as quais você pode se deparar quando você tiver de lidar com um esquema de banco de dados legado. Chaves naturais, chaves compostas e chaves estrangeiras são freqüentemente inconvenientes e precisam ser mapeadas com cuidado extra. O Hibernate também oferece fórmulas, pequenas expressões SQL no seu arquivo de mapeamento, que podem ajudá-lo a lidar com um esquema legado que você não possa mudar.

Geralmente, você também se baseia em SQL gerado automaticamente do Hibernate para todas as operações de criar, ler, atualizar e deletar na sua aplicação. Neste capítulo, você

CAPÍTULO 8 – BANCO DE DADOS LEGADO E SQL CUSTOMIZADO | 379

aprendeu a customizar esse SQL com as suas próprias declarações e a integrar o Hibernate com procedimentos e funções armazenados.

Na última seção, exploramos a geração de esquemas de banco de dados e como você pode customizar e estender os seus mapeamentos para incluir todos os tipos de restrições, índices e DDL arbitrária que o seu DBA possa recomendar.

A Tabela 8.1 mostra um resumo que você pode usar para comparar características do Hibernate nativo e Java Persistence.

Tabela 8.1 Planilha de comparação do Hibernate e do JPA para o Capítulo 8

Hibernate Core	Java Persistence e EJB 3.0
O Hibernate suporta qualquer tipo de chave primária composta e natural, incluindo chaves estrangeiras para chaves naturais, chaves primárias compostas, e chaves estrangeiras em chaves estrangeiras compostas.	Suporte padronizado é fornecido para chaves compostas e naturais, equivalente ao Hibernate.
O Hibernate suporta condições de junção arbitrárias para a associação com mapeamentos de fórmula e referências de propriedade.	Nenhum suporte padronizado ou de anotação era fornecido para referências de propriedade agrupada na época em que escrevíamos este livro.
O Hibernate suporta junções básicas de tabelas secundárias para uma determinada classe de entidade.	Suporte padronizado é fornecido para tabelas secundárias e junções básicas.
O Hibernate suporta integração de gatilho e definições de propriedade gerada.	O Hibernate Annotations suporta propriedades geradas e integração de gatilho.
O Hibernate deixa você customizar todas as declarações DML SQL com opções no metadado de mapeamento XML	Na época em que escrevíamos este livro, nenhum suporte era fornecido para customização da DML SQL com anotações.
O Hibernate deixa você customizar a DDL SQL para geração automática do esquema. Declarações DDL SQL arbitrárias podem ser incluídas no metadado de mapeamento XML.	O JPA padroniza declarações básicas de DDL, mas nem todas as características do metadado de mapeamento XML são suportadas com anotações.

Você agora sabe tudo (bem, tanto quanto podemos mostrar em um único livro) que tem para saber sobre mapear classes para esquemas. Na próxima parte do livro, iremos discutir como usar as APIs do gerenciador de persistência para carregar e guardar objetos, como transações e conversações são implementadas, e como escrever consultas.

PARTE 3

PROCESSAMENTO CONVERSACIONAL DE OBJETOS

Nesta parte do livro, explicamos como trabalhar com objetos persistentes. O Capítulo 9 mostra como você pode carregar e guardar objetos com as interfaces de programação do Hibernate e Java Persistence. Transações e controle de concorrência são um outro tópico importante, discutido em detalhes no Capítulo 10. Nós então implementamos conversações no Capítulo 11 e lhe mostramos como esse conceito pode melhorar o projeto do seu sistema. Os Capítulos 12 e 13 ressaltam a eficiência e como as características do Hibernate podem tornar a sua vida mais fácil quando você tiver que carregar e modificar grandes e complexos conjuntos de dados. Consultas, linguagens de consultas, e APIs são examinadas detalhadamente nos Capítulos 14 e 15. No Capítulo 16, colocamos tudo junto através do projeto e teste de uma aplicação em camadas com persistência ORM.

Após ler esta parte, você saberá como trabalhar com as interfaces de programação do Hibernate e do Java Persistence e como carregar, modificar e guardar objetos eficientemente. Você entenderá como as transações funcionam e por que o processamento conversacional pode abrir novos caminhos para o projeto de uma aplicação. Você estará pronto para otimizar qualquer cenário de modificação de objeto, escrever consultas complexas, e aplicar a melhor estratégia de recuperação e cacheamento para melhorar a performance e a escalabilidade.

CAPÍTULO 9

COMO TRABALHAR COM OBJETOS

Esse capítulo aborda

- Ciclo de vida e estados de objetos
- Como trabalhar com a API do Hibernate
- Como trabalhar com a API do Java Persistence

384 | JAVA PERSISTENCE COM HIBERNATE

Agora você tem um entendimento de como o Hibernate e ORM resolvem os aspectos estáticos do paradigma objeto/relacional. Com o que você sabe até agora é possível resolver o problema estrutural do paradigma, mas uma *eficiente* solução para o problema requer algo a mais. Você deve investigar estratégias para acesso aos dados em tempo de execução, pois elas são cruciais para a performance de suas aplicações. Você basicamente aprendeu como controlar o estado dos objetos.

Este e os capítulos seguintes abordam o aspecto *comportamental* do paradigma objeto/relacional. Consideramos esses problemas tão importantes quanto os problemas estruturais discutidos em capítulos anteriores. Em nossa experiência, muitos desenvolvedores só estão realmente cientes do paradigma estrutural e raramente prestam atenção para os aspectos de comportamento mais dinâmicos do paradigma.

Neste capítulo, discutimos o ciclo de vida dos objetos – como um objeto se torna persistente, e como ele deixa de ser considerado persistente – e as chamadas de método e outras ações que acionam essas transições. O gerenciador de persistência do Hibernate, a Session, é responsável por gerenciar o estado do objeto, então discutimos como usar essa importante API. A principal interface do Java Persistence no EJB 3.0 é chamada de EntityManager, e graças a sua grande semelhança com as APIs do Hibernate, ela será fácil de aprender juntamente. Claro, que você pode passar bem rápido por esse material se não estiver trabalhando com Java Persistence ou EJB 3.0 – nós o encorajamos a ler sobre ambas as opções e então decidir o que é melhor para a sua aplicação.

Vamos começar com objetos persistentes, seus ciclo de vida e os eventos que acionam uma mudança do estado persistente. Embora um tanto do material possa ser formal, um sólido entendimento do *ciclo de vida da persistência* é essencial.

9.1 CICLO DE VIDA DA PERSISTÊNCIA

Pelo fato de o Hibernate ser um mecanismo transparente de persistência – as classes não têm ciência de sua própria capacidade de persistência – é possível escrever uma lógica de aplicação que não tem ciência se os objetos que ela opera representam estados persistentes ou estados temporários que existem somente em memória. A aplicação não precisa necessariamente se preocupar com a persistência de um objeto quando invoca seus métodos. Você pode, por exemplo, invocar o método de negócio calculateTotalPrice() em uma instância da classe Item sem ter que considerar de modo algum a persistência; e.g., em um teste unitário.

Qualquer aplicação com estado persistente deve interagir com o serviço de persistência sempre que ela precisar propagar o estado guardado em memória para o banco de dados (ou vice-versa). Em outras palavras, você tem que chamar as interfaces do Hibernate (ou Java Persistence) para guardar e carregar os objetos.

Quando você estiver interagindo com o mecanismo de persistência dessa maneira, será necessário que a aplicação se preocupe com o estado e o ciclo de vida de um objeto em relação à persistência. Referimo-nos a isso como o *ciclo de vida da persistência*: os estados que um objeto atravessa durante sua vida. Também usamos o termo *unidade de trabalho*: um conjunto de operações que você considera um (geralmente atômico) grupo. Outra peça do quebra-cabeça é o *contexto de persistência* fornecido pelo serviço de persistência. Pense no contexto de persistência como um cache que se lembra de todas as modificações e mudanças de estado que você fez nos objetos em uma determinada unidade de trabalho (isso está um tanto simplificado, mas é um bom ponto de partida).

Agora iremos analisar minuciosamente todos esses termos: estados de objeto e entidade, contextos de persistência, e escopo gerenciado. Você provavelmente está mais acostumado a pensar nas *declarações* que tem de gerenciar para ter as coisas dentro e fora do banco de dados (via JDBC e SQL). Contudo, um dos fatores-chave do seu sucesso com o Hibernate (e Java Persistence) é o seu entendimento de gerenciamento de estado, então fique com a gente através dessa seção.

9.1.1 Estados de objeto

Soluções de ORM diferentes usam diferentes terminologias e definem diferentes estados e transições de estado para o ciclo de vida da persistência. Além disso, os estados de objeto usados internamente podem ser diferentes dos expostos para a aplicação de cliente. O Hibernate define somente quatro estados, escondendo a complexidade de sua implementação interna do código do cliente.

Os estados de objeto definidos pelo Hibernate e suas transições em um diagrama de estado são mostrados na Figura 9.1. Você também pode ver as chamadas de método a API do gerenciador de persistência que acionam as transições. Essa API no Hibernate é a Session. Discutimos esse diagrama neste capítulo; recorra a ele sempre que você precisar de uma visão geral.

Nós também incluímos os estados de instâncias de entidade Java Persistence na Figura 9.1. Como você pode ver, eles são quase equivalentes aos do Hibernate, e a maioria dos métodos da Session tem uma contraparte na API EntityManager (mostrado em itálico). Dizemos que o Hibernate é um *superconjunto* da funcionalidade fornecida pelo *subconjunto* padronizado no Java Persistence.

Alguns métodos estão disponíveis em ambas as APIs; por exemplo, a Session tem uma operação persist() com as mesma semânticas que a sua contraparte da EntityManager. Outras, como load() e getReference(), também compartilham semânticas, com um nome de método diferente.

Durante a sua vida, um objeto pode transitar de um objeto transiente para um objeto persistente para um objeto desligado. Vamos explorar os estados e as transições com mais detalhes.

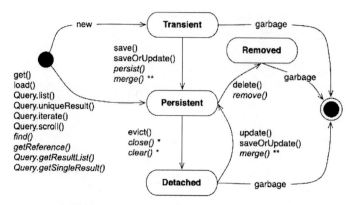

* Hibernate & JPA afetam todas as instâncias no contexto de persistência
** A fundição retorna uma instância persistente, original não muda o estado

Figura 9.1 Estados de objeto e suas transições como sendo acionadas por operações do gerenciador de persistência.

Objetos transientes

Os objetos instanciados através do operador new não são imediatamente persistentes. O estado deles é *transiente*, o que significa que eles não estão associados com qualquer linha de tabela do banco de dados e, assim, o estado deles é perdido tão logo não sejam mais referenciados por qualquer outro objeto. Esses objetos têm um tempo de vida que efetivamente termina naquele momento, e eles se tornam inacessíveis e disponíveis para a coleta de lixo (garbage collection). O Java Persistence não inclui um termo para esse estado; os objetos de entidade que você acabou de instanciar são *novos*. Continuaremos a nos referir a eles como *transientes* para enfatizar o potencial dessas instâncias de se tornarem gerenciadas por um serviço de persistência.

O Hibernate e o Java Persistence consideram todas as instâncias transientes como sendo não transacionais; qualquer modificação de uma instância transiente não é sabida por um contexto de persistência. Isso significa que o Hibernate não fornece qualquer funcionalidade de reversão para objetos transientes.

Os objetos referenciados somente por outras instâncias transientes são, por padrão, transientes também. Para uma instância transitar do estado transiente para o persistente, para se tornar gerenciada, é necessária uma chamada ao gerenciador de persistência ou a criação de uma referência a partir de uma instância já persistente.

Objetos persistentes

Uma instância *persistente* é uma instância de entidade com uma *identidade do banco de dados*, como definido no Capítulo 4, Seção 4.2, "Como mapear entidades com identidade".

Isso significa que uma instância persistente e gerenciada tem um valor de chave primária definido como seu identificador do banco de dados. (Existem algumas variações para *quando* esse identificador é designado para uma instância persistente.)

As instâncias persistentes podem ser objetos instanciados pela aplicação e, então, viram persistentes através da chamada de um dos métodos no gerenciador de persistência. Elas até mesmo podem ser objetos que se tornaram persistentes quando uma referência foi criada a partir de um outro objeto persistente que já seja gerenciado. Alternativamente, uma instância persistente pode ser uma instância recuperada do banco de dados por meio da execução de uma consulta, pesquisando por identificador, ou da navegação em um grafo de objetos começando por uma outra instância persistente.

As instâncias persistentes são sempre associadas com um *contexto de persistência*. O Hibernate faz o cache delas e pode detectar se foram modificadas pela aplicação.

Existe muito mais coisa para ser dita sobre esse estado e como uma instância é gerenciada em um contexto de persistência. Voltaremos a isso mais à frente neste capítulo.

Objetos removidos

Você pode deletar uma instância de entidade de várias maneiras: por exemplo, você pode removê-la com uma operação explícita do gerenciador de persistência. Ela também pode ficar disponível para deleção se você remover todas as referências para ela, uma característica somente disponível no Hibernate ou no Java Persistence com uma definição de extensão do Hibernate (deleção de órfão para entidades).

Um objeto está no estado *removido* se ele foi programado para deleção no final de uma unidade de trabalho, mas ele ainda é gerenciado pelo contexto de persistência até que a unidade de trabalho termine. Em outras palavras, um objeto removido não deve ser reusado, pois ele será deletado do banco de dados tão logo a unidade de trabalho termine. Você também deve descartar quaisquer referências que tenha para ele na aplicação (claro, após ter terminado de trabalhar com ele – por exemplo, após você ter desenhado a tela de confirmação de remoção que os seus usuários vêem).

Objetos desligados

Para entender objetos *desligados*, você precisa considerar uma típica transição de uma instância: primeiro ela é transiente, pois ela acabou de ser criada na aplicação. Agora você a torna persistente chamando uma operação no gerenciador de persistência. Tudo isso acontece em uma única unidade de trabalho, e o contexto de persistência para essa unidade de trabalho está sincronizado com o banco de dados no mesmo ponto (quando um INSERT SQL ocorre).

A unidade de trabalho agora está completa, e o contexto de persistência está fechado. Mas a aplicação ainda tem um *handle*: uma referência para a instância que foi salva. Enquanto o contexto de persistência está ativo, o estado dessa instância é *persistente*. Ao final da unidade

388 | JAVA PERSISTENCE COM HIBERNATE

de trabalho, o contexto de persistência fecha. E agora, qual é o estado do objeto de que você está guardando uma referência, e o que você pode fazer com ele?

Referimo-nos a esses objetos como *desligados*, indicando que o estado deles não é mais garantido de se estar sincronizado com o estado do banco de dados; eles não estão mais ligados a um contexto de persistência. Eles ainda contêm dado persistente (que pode em breve estar ultrapassado). Você pode continuar a trabalhar com um objeto desligado e modificá-lo. Contudo, em um determinado momento, você provavelmente vai querer tornar essas mudanças persistentes – em outras palavras, trazer a instância desligada de volta ao estado persistente.

O Hibernate oferece duas operações, *religação* e *fundição*, para lidar com essa situação. O Java Persistence somente padroniza a fundição. Essas características têm um grande impacto na forma como as aplicações de n camadas (físicas) podem ser projetadas. A habilidade de retornar objetos a partir de um contexto de persistência para a camada de apresentação e em seguida reusá-los em um novo contexto de persistência é um argumento de venda essencial do Hibernate e do Java Persistence. Ela lhe permite criar *longas* unidades de trabalho que transpõem o tempo de reflexão (think-time) do usuário. Chamamos esse tipo de unidade de trabalho prolongada de *conversação*. Voltaremos a objetos desligados e conversações logo.

Você agora deve ter um entendimento básico de estados de objeto e como transições ocorrem. Nosso próximo tópico é o contexto de persistência e o gerenciamento de objetos que ele fornece.

9.1.2 Contexto de persistência

Você pode considerar o contexto de persistência como sendo um cache de instâncias de entidade gerenciadas. O contexto de persistência não é algo que você vê na sua aplicação; ele não é uma API que você possa chamar. Em uma aplicação Hibernate, dizemos que uma Session tem um contexto de persistência interno. Em uma aplicação Java Persistence, uma EntityManager tem um contexto de persistência. Todas as entidades em estado persistente e gerenciadas em uma unidade de trabalho são colocadas no cache desse contexto. Nós daremos uma olhada nas APIs Session e EntityManager mais adiante neste capítulo. Agora você precisa saber o que esse contexto (interno) está lhe dando.

O contexto de persistência é útil por várias razões:

- O Hibernate pode fazer checagem automática de sujeira e escrita transacional assíncrona.
- O Hibernate pode usar o contexto de persistência como um cache de primeiro nível.
- O Hibernate pode garantir um escopo de identidade Java do objeto.
- O Hibernate pode estender o contexto de persistência para transpor toda uma conversação.

Todos esses pontos também são válidos para fornecedores de Java Persistence. Vamos dar uma olhada em cada característica.

Checagem automática de sujeira

As instâncias persistentes são gerenciadas em um contexto de persistência – seus estados são sincronizados com o banco de dados ao final da unidade de trabalho. Quando uma unidade de trabalho termina, o estado guardado em memória é propagado para o banco de dados através da execução de declarações SQL INSERT, UPDATE e DELETE (DML). Esse procedimento também pode ocorrer em outros momentos. Por exemplo, o Hibernate pode se sincronizar com o banco de dados antes da execução de uma consulta. Isso garante que as consultas fiquem cientes de mudanças feitas anteriormente durante a unidade de trabalho.

O Hibernate não atualiza a linha do banco de dados de cada um dos objetos persistentes em memória ao final da unidade de trabalho. O software ORM deve ter uma estratégia para detectar quais objetos persistentes foram modificados pela aplicação. Chamamos isso de *checagem automática de sujeira*. Um objeto com modificações que não tenham sido ainda propagadas para o banco de dados é considerado *sujo*. Novamente, esse estado não é visível para a aplicação. Com *escrita assíncrona transparente no nível de transação*, o Hibernate propaga as mudanças de estado para o banco de dados o mais tarde possível, mas ele esconde esse detalhe da aplicação. Executando DML o mais tarde possível (tendendo para o fim da transação do banco de dados), o Hibernate tenta manter os tempos de bloqueio no banco de dados os mais curtos possíveis. (Geralmente DML cria bloqueios no banco de dados que são mantidos até que a transação termine).

O Hibernate é capaz de detectar que *propriedades* foram modificadas para que seja possível incluir somente as colunas que precisam ser atualizadas na declaração SQL UPDATE. Isso pode trazer alguns ganhos de performance. Contudo, esse ganho geralmente não é uma diferença significativa e, em teoria, poderia prejudicar a performance em alguns ambientes. Por padrão, o Hibernate inclui todas as colunas de uma tabela mapeada na declaração SQL UPDATE (por isso, o Hibernate pode gerar esse SQL básico na inicialização, e não em tempo de execução). Se você quer atualizar somente colunas modificadas, você pode habilitar geração dinâmica de SQL definindo dynamic-update="true" em um mapeamento de classe. O mesmo mecanismo é implementado para inserção de novos registros, e você pode habilitar geração em tempo de execução de declarações INSERT com dynamic-insert="true". Recomendamos que você considere essa definição quando tiver um número extraordinariamente grande de colunas em uma tabela (digamos, mais de 50); em algum momento, o tráfego de rede elevado para campos não modificados será considerável.

Em casos raros, você também pode querer prover o seu próprio algoritmo de checagem de sujeira para o Hibernate. Por padrão, o Hibernate compara uma foto antiga de um objeto com a foto de tempo de sincronização, e ele detecta quaisquer modificações que necessitem de uma atualização do estado do banco de dados. Você pode implementar a sua própria rotina provendo um método customizado findDirty() com um org.hibernate.Interceptor para uma Session. Iremos mostrar uma implementação de um interceptador mais adiante neste livro.

JAVA PERSISTENCE COM HIBERNATE

Também iremos voltar ao processo de sincronização (conhecido como *descarregamento*) e quando ele ocorre mais à frente neste capítulo.

Cache do contexto de persistência

Um contexto de persistência é um cache de instâncias de entidade persistentes. Isso significa que ele se lembra de todas as instâncias de entidade persistentes que você tratou em uma determinada unidade de trabalho. A checagem automática de sujeira é um dos benefícios desse cacheamento. Outro benefício é *repeatable read* (*leitura que pode ser repetida*) para entidades e a vantagem de performance de um cache no escopo da unidade de trabalho.

Por exemplo, se é dito para o Hibernate que carregue um objeto pela chave primária (uma pesquisa por identificador), ele pode primeiro checar o contexto de persistência para a unidade de trabalho atual. Se a entidade é achada lá, nenhuma ida ao banco de dados ocorre – isso é uma *repeatable read* para uma aplicação. O mesmo é verdade se uma consulta é executada através de uma das interfaces do Hibernate (ou Java Persistence). O Hibernate lê o conjunto de resultados da consulta e organiza os objetos de entidade que, então, retornam para a aplicação. Durante esse processo, o Hibernate interage com o contexto de persistência corrente. Ele tenta resolver cada instância de entidade nesse cache (por identificador); somente se a instância não puder ser achada no contexto de persistência corrente, o Hibernate lerá o resto dos dados do conjunto de resultados.

O cache do contexto de persistência oferece benefícios de performance significativos e melhora as garantias do isolamento em uma unidade de trabalho (você consegue *repeatable read* de instâncias de entidade de graça). Pelo fato de esse cache somente ter o escopo de uma unidade de trabalho, ele não tem desvantagens de fato, como gerenciamento de bloqueio para acesso concorrente – uma unidade de trabalho é processada em uma única *thread* por vez.

O cache do contexto de persistência algumas vezes ajuda a evitar tráfego de banco de dados desnecessário; mas, mais importante, ele assegura que:

- A camada de persistência não fique vulnerável a estouros de pilha (stack overflows) no caso de referências circulares em um grafo de objetos.

- Lá nunca possam existir representações conflitantes da mesma linha de tabela no final da unidade de trabalho. No contexto de persistência, no máximo um único objeto representa qualquer linha do banco de dados. Todas as mudanças feitas nesse objeto podem ser seguramente escritas para o banco de dados.

- Da mesma forma, as mudanças feitas em um determinado contexto de persistência sempre sejam imediatamente visíveis a qualquer outro código executado dentro desse contexto de persistência e sua unidade de trabalho (a *repeatable read* para entidades garante).

Você não tem de fazer algo de especial para habilitar o cache do contexto de persistência. Ele está sempre ativado e, pelas razões mostradas, não pode ser desligado.

Mais adiante, neste capítulo, iremos mostrar como os objetos são adicionados a esse cache (basicamente, sempre que eles se tornam persistentes) e como você pode gerenciar esse cache (desligando os objetos manualmente do contexto de persistência, ou limpando o contexto de persistência).

Os últimos dois itens da nossa lista de benefícios de um contexto de persistência, o escopo garantido de identidade e a possibilidade de estender o contexto de persistência para transpor uma conversação, são conceitos intimamente relacionados. Para entendê-los, você precisa dar um passo atrás e considerar os objetos em estado desligado a partir de uma perspectiva diferente.

9.2 Identidade e igualdade de objeto

Uma aplicação básica Hibernate cliente/servidor pode ser projetada com unidades de trabalho do lado do servidor que transpõem uma única requisição do cliente. Quando uma requisição do usuário da aplicação requer acesso a dados, uma nova unidade de trabalho é iniciada. A unidade de trabalho termina quando o processamento é concluído e a resposta para o usuário está pronta. Essa é a assim chamada estratégia *sessão-por-requisição* (*session-per-request*) (você poderá substituir a palavra *sessão* por *contexto de persistência* sempre que ler algo como isso, mas não soa tão bem quanto a palavra *sessão*).

Já mencionamos que o Hibernate pode suportar uma implementação de uma unidade de trabalho possivelmente prolongada, chamada de conversação. Introduziremos o conceito de conversações nas próximas seções assim como os fundamentos de identidade de objeto e quando os objetos são considerados iguais – o que pode impactar a forma como você pensa sobre e projeta as conversações.

Por que esse conceito de uma conversação é útil?

9.2.1 Introdução às conversações

Por exemplo, em aplicações web, você geralmente não mantém uma transação do banco de dados através de uma interação do usuário. Usuários levam muito tempo para pensar sobre modificações, mas, por razões de escalabilidade, você deve manter as transações do banco de dados curtas e liberar os recursos do banco de dados assim que possível. Você provavelmente irá se deparar com essa questão sempre que precisar guiar o usuário através de várias telas para completar uma unidade de trabalho (da perspectiva do usuário) – por exemplo, para preencher um formulário na internet. Nesse cenário comum, é extremamente útil ter o suporte do serviço de persistência, para que você possa implementar tal conversação com um mínimo de codificação e de melhor escalabilidade.

Duas estratégias estão disponíveis para implementar uma conversação em uma aplicação Hibernate ou Java Persistence: com objetos desligados ou estendendo um contexto de persistência. Ambas têm coisas boas e ruins.

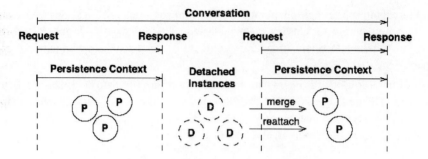

Figura 9.2 Implementação de conversação com estado desligado de objeto.

O estado *desligado* de objeto e as já mencionadas características de religação ou fundição são maneiras de implementar uma conversação. Os objetos são mantidos em estado desligado durante o tempo de reflexão do usuário, e qualquer modificação desses objetos torna-se persistente manualmente através da religação ou fundição. Essa estratégia é também chamada de *sessão-por-requisição-com-objetos-desligados* (*session-per-request-with-detached-objects*). Você pode ver uma ilustração gráfica desse padrão de conversação na Figura 9.2.

Um contexto de persistência somente transpõe o processamento de uma determinada requisição, e a aplicação religa e funde (e algumas vezes desliga) manualmente as instâncias de entidade durante a conversação.

A abordagem alternativa não precisa de religação ou fundição manual: com o padrão *sessão-por-conversação* (*session-per-conversation*), você estende um contexto de persistência para transpor toda a unidade de trabalho (veja a Figura 9.3).

Primeiro vamos dar uma olhada mais de perto nos objetos desligados e no problema de *identidade* com o qual você irá se deparar quando implementar uma conversação com essa estratégia.

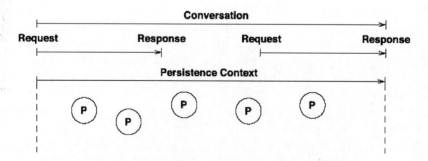

Figura 9.3 Implementação de conversação com um contexto de persistência estendido.

9.2.2 Escopo de identidade do objeto

Como desenvolvedores de aplicação, identificamos um objeto usando identidade Java de objeto (a==b). Se um objeto muda de estado, será que fica garantida a mesma identidade Java no novo estado? Em uma aplicação em camadas, esse pode não ser o caso.

Para podermos explorar isso, é extremamente importante entender o relacionamento entre identidade Java, a==b, e identidade do banco de dados, x.getId().equals(y.getId()). Algumas vezes elas são equivalentes; outras não são. Referimo-nos às condições em que a identidade Java é equivalente à identidade do banco de dados como o *escopo de identidade do objeto*.

Para esse escopo, existem três escolhas simples:

- Uma camada de persistência primitiva *sem escopo de identidade* não traz garantias de que uma linha seja acessada duas vezes e a instância do objeto Java que retornará para a aplicação seja a mesma. Isso se tornará problemático se a aplicação modificar duas instâncias diferentes que representam a mesma linha em uma única unidade de trabalho. (Como devemos decidir que estado deve ser propagado para o banco de dados?)

- Uma camada de persistência usando *identidade no escopo do contexto de persistência* garante que, no escopo de um único contexto de persistência, somente um instância de objeto represente uma determinada linha do banco de dados. Isso evita o problema anterior e também permite algum cacheamento no nível do contexto.

- *Identidade no escopo do processo* vai um passo além e garante que somente uma instância de objeto represente a linha em todo o processo (JVM).

Para uma típica aplicação web ou corporativa, a identidade no escopo do contexto de persistência é preferida. A identidade no escopo do processo realmente oferece algumas vantagens em potencial nos termos de utilização de cache e o modelo de programação para o reuso de instâncias através de múltiplas unidades de trabalho. Contudo, em uma aplicação predominantemente *multithread* (de múltiplas linhas de execução), o custo de sempre sincronizar acesso compartilhado a objetos persistentes no mapa de identidade global é um preço muito alto a se pagar. É mais simples, e mais escalável, colocar cada *thread* para trabalhar com um conjunto distinto de instâncias persistentes em cada contexto de persistência.

Diríamos que o Hibernate implementa identidade no escopo do contexto de persistência. Logo, por natureza, o Hibernate se adapta melhor para acesso a dados altamente concorrentes em aplicações multiusuários. Contudo, nós já mencionamos algumas questões que você enfrentará quando os objetos não estiverem associados com um contexto de persistência. Vamos discutir isso com um exemplo.

O escopo de identidade do Hibernate é o escopo de um contexto de persistência. Vamos ver como isso funciona no código com APIs do Hibernate – o código do Java Persistence é o equivalente com EntityManager em vez de Session. Mesmo que não tenhamos lhe mostrado

394 | JAVA PERSISTENCE COM HIBERNATE

muito sobre essas interfaces, os seguintes exemplos são simples, e você não deve ter problemas para entender os métodos que chamamos na Session.

Se você requisitar dois objetos usando o mesmo valor de identificador do banco de dados na mesma Session, o resultado serão duas referências para a mesma instância em memória. A Listagem 9.1 demonstra isso com várias operações get() em duas Sessions.

Listagem 9.1 O escopo garantido de identidade do objeto no Hibernate

```
Session session1 = sessionFactory.openSession();
Transaction tx1 = session1.beginTransaction();

// Carrega Item com valor identificador "1234"
Object a = session1.get(Item.class, new Long(1234) );
Object b = session1.get(Item.class, new Long(1234) );

( a==b ) // Verdade, a e b persistentes são idênticos

tx1.commit();
session1.close();

// As referências a e b estão agora apontando para um objeto em estado
// desligado

Session session2 = sessionFactory.openSession();
Transaction tx2 = session2.beginTransaction();

Object c = session2.get(Item.class, new Long(1234) );

( a==c ) // Falso, a desligado e c persistente não são idênticos

tx2.commit();
session2.close();
```

As referências a objeto a e b não somente têm a mesma identidade do banco de dados, como também têm a mesma identidade Java, pois elas são obtidas na mesma Session. Elas referenciam a mesma instância persistente conhecida pelo contexto de persistência para essa unidade de trabalho. Uma vez que você esteja fora desse limite, o Hibernate não garante a identidade Java, então a e c não são idênticos. Claro, um teste pela identidade do banco de dados, a.getId().equals(c.getId()), ainda retornará verdadeiro (true).

Se trabalhar com objetos em estado desligado, você estará lidando com objetos que estão vivendo fora de um escopo garantido de identidade do objeto.

9.2.3 Identidade de objetos desligados

Se uma referência de objeto sai do escopo de identidade garantida, nós chamamos isso de uma *referência para um objeto desligado*. Na Listagem 9.1, todas as três referências de objeto,

CAPÍTULO 9 – COMO TRABALHAR COM OBJETOS | 395

a, b, e c são iguais se somente considerarmos a identidade do banco de dados – o valor de chave primária deles. Contudo, eles não são instâncias idênticas de objeto em memória. Isso pode acarretar problemas se você tratá-los como iguais em estado desligado. Por exemplo, considere a seguinte extensão do código, após a session2 ter terminado:

```
...
session2.close();

Set allObjects = new HashSet();
allObjects.add(a);
allObjects.add(b);
allObjects.add(c);
```

Todas as três referências foram adicionadas ao Set. Todas são referências a objetos desligados. Agora, se você checar o tamanho da coleção, o número de elementos, que resultado você espera?

Primeiro você tem que entender o contrato de um Set Java: nenhum elemento duplicado é permitido em tal coleção. As duplicações são detectadas pelo Set; sempre que você adiciona um objeto, o seu método equals() é chamado automaticamente. O objeto adicionado é checado contra todos os outros elementos já na coleção. Se equals() retornar true para qualquer objeto já na coleção, a adição não ocorrerá.

Se você conhece a implementação do equals() para os objetos, pode descobrir o número de elementos que possa esperar no Set. Por padrão, todas as classes Java herdam o método equals() de java.lang.Object. Essa implementação usa uma comparação duplo-igual (==); ela checa se duas referências se referenciam para a mesma instância em memória no heap Java.

Você pode achar que o número de elementos na coleção são *dois*. Afinal de contas, a e b são referências à mesma instância em memória; elas foram carregadas no mesmo contexto de persistência. A referência c é obtida em uma segunda Session; ela se referencia a uma instância diferente no heap. Você tem três referências a duas instâncias. Contudo, você só sabe disso porque você viu o código que carregou os objetos. Em uma aplicação real, você pode não saber que a e b são carregadas na mesma Session e c em outra.

Além do mais, você obviamente espera que a coleção tenha exatamente um elemento, pois a, b, e c representam a mesma linha do banco de dados.

Sempre que trabalhar com objetos em estado desligado, e especialmente se você testá-los por igualdade (geralmente em coleções baseadas em hash), você precisa fornecer a sua própria implementação dos métodos equals() e hashCode() para suas classes persistentes.

JAVA PERSISTENCE COM HIBERNATE

Entenda o equals() e o hashCode()

Antes de lhe mostrar como implementar a sua própria rotina de igualdade, temos que chamar a sua atenção para dois pontos importantes. Primeiro, em nossa experiência, muitos desenvolvedores Java nunca sobrescreveram os métodos equals() e hashCode() antes de usar o Hibernate (ou Java Persistence). Tradicionalmente, os desenvolvedores Java parecem desconhecer dos detalhes intricados de tal implementação. Os tópicos mais longos de discussões no fórum público do Hibernate são sobre esse problema de igualdade, e a "culpa" é freqüentemente colocada no Hibernate. Você deve ficar ciente da seguinte questão fundamental: toda linguagem de programação orientada para objetos com coleções baseadas em hash necessita de uma rotina customizada de igualdade se o contrato padronizado não oferece as semânticas desejadas. O estado desligado de objeto em uma aplicação Hibernate lhe expõe esse problema, talvez pela primeira vez.

Por outro lado, você pode não ter que sobrescrever o equals() e o hashCode(). A garantia do escopo de identidade fornecida pelo Hibernate será suficiente se você nunca comparar instâncias desligadas – ou seja, se você nunca colocar instâncias desligadas dentro do mesmo Set. Você pode decidir projetar uma aplicação que não use objetos desligados. Você pode aplicar uma estratégia de contexto de persistência estendido para sua implementação de conversação e eliminar o estado desligado da sua aplicação completamente. Essa estratégia também estende o escopo de identidade garantida do objeto para transpor toda a conversação. (Note que você ainda precisa da disciplina de não comparar instâncias desligadas obtidas em duas conversações!)

Vamos assumir que você queira usar objetos desligados e que tenha de testá-los pela igualdade com a sua própria rotina. Você pode implementar o equals() e o hashCode() de várias maneiras. Tenha em mente que quando você sobrescreve o equals(), você sempre precisa também sobrescrever o hashCode() para que os dois métodos sejam *consistentes*. Se dois objetos são iguais, eles devem ter o mesmo código hash (hashcode).

Uma abordagem inteligente é implementar o equals() para comparar somente o valor da propriedade identificadora do banco de dados (freqüentemente uma chave primária de surrogate):

```
public class User {
    ...

    public boolean equals(Object other) {
        if (this==other) return true;
        if (id==null) return false;
        if ( !(other instanceof User) ) return false;
        final User that = (User) other;
        return this.id.equals( that.getId() );
    }

    public int hashCode() {
        return id==null ?
```

```
System.identityHashCode(this) :
id.hashCode();
    }
}
```

Perceba que esse método equals() se volta para identidade Java de instâncias transientes (se id==null) que não têm ainda um valor de identificador do banco de dados designado. Isso é razoável, pois elas não têm como ser iguais em uma instância desligada, que tem um valor de identificador.

Infelizmente, essa solução apresenta um enorme problema: valores de identificador não são designados pelo Hibernate até que um objeto se torne persistente. Se um objeto transiente é adicionado a um Set antes de ser salvo, o seu valor hash pode mudar enquanto ele é contido pelo Set, contrário ao contrato de um java.util.Set. Em particular, esse problema faz salvamento em cascata (discutido mais à frente neste livro) inútil para conjuntos. Nós, certamente, não aconselhamos essa solução (*igualdade pelo identificador do banco de dados*).

Uma melhor maneira é incluir todas as propriedades persistentes da classe persistente, *aparte* de qualquer propriedade identificadora do banco de dados, na comparação do equals(). É assim que a maioria das pessoas entende o significado do equals(); chamamos isso de igualdade *por valor*.

Quando dizemos *todas as propriedades*, não queremos dizer que é para incluir as coleções. O estado da coleção é associado com uma tabela diferente, com isso não parece certo incluí-la. Mais importante, você não quer forçar que todo o grafo de objetos seja recuperado só para executar o equals(). No caso de User, isso significa que você não deve incluir a coleção boughtItems na comparação. Essa é a implementação que pode escrever:

```
public class User {
    ...

    public boolean equals(Object other) {
        if (this==other) return true;
        if ( !(other instanceof User) ) return false;
        final User that = (User) other;
        if ( !this.getUsername().equals( that.getUsername() ) )
            return false;
        if ( !this.getPassword().equals( that.getPassword() ) )
            return false;
        return true;
    }

    public int hashCode() {
        int result = 14;
        result = 29 * result + getUsername().hashCode();
        result = 29 * result + getPassword().hashCode();
        return result;
    }
}
```

JAVA PERSISTENCE COM HIBERNATE

No entanto, existem novamente dois problemas com essa abordagem. Primeiro, instâncias de diferentes Sessions não serão mais iguais se uma for modificada (por exemplo, se o usuário mudar a senha). Segundo, instâncias com diferentes identidades do banco de dados (instâncias que representem linhas diferentes da tabela do banco de dados) podem ser consideradas iguais a não ser que alguma combinação de propriedades tenha a garantia de ser única (as colunas do banco de dados têm uma restrição de unicidade). No caso de usuário, existe uma propriedade que é única: username.

Isso nos leva à implementação preferida de uma checagem de igualdade. Você precisa de uma *chave de negócio*.

Como implementar a igualdade com uma chave de negócio

Para se chegar a solução que recomendamos, você precisa entender a noção de uma *chave de negócio*. Uma chave de negócio é uma propriedade, ou alguma combinação de propriedades, que é única para cada instância com a mesma identidade do banco de dados. Essencialmente, você usaria a chave natural se você já não estivesse usando uma chave primária de surrogate. Diferente de uma chave primária natural, não é absolutamente necessário que a chave de negócio nunca mude – desde que ela mude raramente, isso é o bastante.

Nós argumentamos que essencialmente toda classe de entidade deve ter *alguma* chave de negócio, mesmo se ela incluir todas as propriedades da classe (isso seria apropriado para algumas classes imutáveis). A chave de negócio é o que o usuário pensa como identificando unicamente um determinado registro, visto que a chave de surrogate é o que a aplicação e o banco de dados usam.

Igualdade pela chave de negócio significa que o método equals() compara somente as propriedades que formam a chave de negócio. Essa é uma solução perfeita que evita todos os problemas descritos anteriormente. O único lado ruim é que ela requer mais tempo de reflexão para identificar a chave de negócio correta em primeiro lugar. Esse esforço é necessário de qualquer maneira; é importante identificar quaisquer chaves únicas se o seu banco de dados precisar assegurar a integridade dos dados via checagem de restrição.

Para a classe User, username é uma grande candidata à chave de negócio. Ela nunca é nula, é única com uma restrição do banco de dados, e muda raramente, se mudar:

```
public class User {
   ...

   public boolean equals(Object other) {
      if (this==other) return true;
      if ( !(other instanceof User) ) return false;
      final User that = (User) other;
      return this.username.equals( that.getUsername() );
   }

   public int hashCode() {
```

Capítulo 9 – Como trabalhar com objetos

```
    return username.hashCode();
}

}
```

Para algumas outras classes, a chave de negócio pode ser mais complexa, consistindo em uma combinação de propriedades. Aqui vão algumas dicas que devem ajudá-lo a identificar uma chave de negócio nas suas classes:

- Considere quais atributos os usuários da sua aplicação vão se referir quando tiverem que identificar um objeto (no mundo real). Como os usuários distinguem um objeto de outro quando eles são mostrados na tela? Essa é provavelmente a chave de negócio que você está procurando.

- Todo atributo imutável é provavelmente um bom candidato para a chave de negócio. Os atributos mutáveis poderão ser bons candidatos, se forem atualizados raramente ou se você puder controlar a situação quando forem atualizados.

- Todo atributo que tenha uma restrição UNIQUE do banco de dados é um bom candidato para a chave de negócio. Lembre-se de que a precisão da chave de negócio tem que ser boa o bastante para evitar sobreposições.

- Qualquer atributo data ou baseado em tempo, como o momento da criação do registro, é geralmente um bom componente de uma chave de negócio. Contudo, a precisão do System.currentTimeMillis() depende da máquina virtual e do sistema operacional. Nossa margem de segurança recomendada são 50 milissegundos, que poderá não ser precisa o bastante se a propriedade baseada em tempo for o único atributo de uma chave de negócio.

- Você pode usar identificadores do banco de dados como parte da chave de negócio. Isso parece contradizer nossas declarações anteriores, mas não estamos falando sobre o identificador do banco de dados da classe dada. Você pode ser capaz de usar o identificador do banco de dados de um objeto associado. Por exemplo, uma chave de negócio candidata à classe Bid é o identificador do item (Item) para o qual o lance foi feito junto com a quantia do lance. Você pode até ter uma restrição de unicidade que representa essa chave de negócio composta no esquema do banco de dados. Você pode usar o valor do identificador da classe associada Item, pois ele nunca muda durante o ciclo de vida de um lance (Bid) – definir um Item já persistente é necessário pelo construtor de Bid.

Se você seguir o nosso conselho, não deverá ter muitas dificuldades para achar uma boa chave de negócio para todas as suas classes de negócio. Se você tiver um caso difícil, tente resolvê-lo sem considerar o Hibernate – afinal de contas, é puramente um problema de orientação para objetos. Perceba que quase *nunca* é correto sobrescrever o equals() em uma subclasse e incluir outra propriedade na comparação. É um pouco complicado satisfazer aos requerimentos que sejam igualmente, ambos, simétrico e transitivo nesse caso; e, mais

400 | JAVA PERSISTENCE COM HIBERNATE

importante, a chave de negócio pode não corresponder a qualquer chave natural candidata bem definida no banco de dados (propriedades da subclasse podem ser mapeadas para uma tabela diferente).

Você pode ter percebido também que os métodos equals() e hashCode() sempre acessam as propriedades do "outro" objeto via os métodos getter. Isso é extremamente importante, pois a instância de objeto passada como other pode ser um objeto proxy, e não a instância de fato que detém o estado persistente. Para inicializar esse proxy para pegar o valor da propriedade, você precisa acessá-lo com um método getter. Esse é um ponto em que o Hibernate não é *completamente* transparente. Contudo, de qualquer maneira é uma boa prática usar os métodos getter em vez de acesso direto à variável de instância.

Vamos agora trocar de perspectiva e considerar uma estratégia de implementação para conversações que não precise de objetos desligados e não o exponha a qualquer dos problemas de igualdade de objeto desligado. Se as questões do escopo de identidade, às quais você possivelmente será exposto quando trabalhar com objetos desligados, parecem um fardo muito grande, a segunda estratégia de implementação de conversação pode ser o que você estava procurando. O Hibernate e o Java Persistence suportam a implementação de conversações com um contexto de persistência *estendido*: a estratégia *sessão-por-conversação*.

9.2.4 Como estender um contexto de persistência

Uma determinada conversação reusa o mesmo contexto de persistência para todas as interações. Todo o processamento de requisição durante uma conversação é gerenciado pelo mesmo contexto de persistência. O contexto de persistência não é fechado depois que uma requisição do usuário foi processada. Ele é desconectado do banco de dados e é mantido nesse estado durante o tempo de reflexão do usuário. Quando o usuário continua com a conversação, o contexto de persistência é reconectado ao banco de dados, e a próxima requisição pode ser processada. Ao final da conversação, o contexto de persistência é sincronizado com o banco de dados e, então, fechado. A próxima conversação começa com um contexto de persistência fresquinho e não reusa quaisquer instâncias de entidade da conversação anterior; o padrão é repetido.

Note que isso elimina o estado *desligado* de objeto! Todas as instâncias ou são transientes (não sabida para um contexto de persistência) ou são persistentes (ligadas a um determinado contexto de persistência). Isso também elimina a necessidade de religação ou fundição manual do estado de objeto entre contextos, que é uma das vantagens dessa estratégia. (Você ainda pode ter objetos desligados *entre* conversações, mas consideramos isso um caso especial que você deve tentar evitar.)

Em termos do Hibernate, essa estratégia usa uma única Session para a duração da conversação. O Java Persistence tem suporte inerente para contextos de persistência esten-

CAPÍTULO 9 – COMO TRABALHAR COM OBJETOS | 401

didos e pode até mesmo guardar automaticamente o contexto desconectado pra você (em um *stateful* EJB *session bean*) entre requisições.

Voltaremos a conversações mais à frente e mostrar-lhe-emos todos os detalhes sobre as duas estratégias de implementação. Você não tem de escolher uma nesse exato momento, mas você deve ficar ciente das conseqüências que essas estratégias geram em estado de objeto e identidade de objeto, e você deve entender as transições necessárias em cada caso.

Agora exploramos as APIs do gerenciador de persistência e como você faz a teoria por trás dos estados de objeto funcionar na prática.

9.3 Interfaces do Hibernate

Qualquer ferramenta de persistência transparente inclui uma API de *gerenciador de persistência*. Esse gerenciador de persistência geralmente fornece serviços para as seguintes coisas:

- Operações CRUD (criar, recuperar, atualizar, deletar) básicas
- Execução de consulta
- Controle de transições
- Gerenciamento do contexto de persistência

O gerenciador de persistência pode ser exposto por várias interfaces diferentes. No caso do Hibernate, elas são Session, Query, Criteria e Transaction. Por debaixo dos panos, as implementações dessas interfaces estão fortemente acopladas.

No Java Persistence, a principal interface que você interage é a EntityManager; ela tem o mesmo papel da Session do Hibernate. Outras interfaces do Java Persistence são Query e EntityTransaction (você já até pode imaginar quais são as suas contrapartes no Hibernate nativo).

Agora vamos lhe mostrar como é possível carregar e guardar objetos com o Hibernate e o Java Persistence. Algumas vezes ambos têm exatamente as mesmas semânticas e API, e até mesmo os nomes de método são os mesmos. Por isso é muito mais importante manter os seus olhos abertos para as pequenas diferenças. Para tornar essa parte do livro mais fácil de entender, decidimos usar uma estratégia diferente da usual, com isso primeiro vamos explicar o Hibernate e, depois, o Java Persistence.

Vamos começar com o Hibernate, presumindo que você escreveu uma aplicação que se baseia na API nativa.

402 | Java Persistence com Hibernate

9.3.1 Como guardar e carregar objetos

Em uma aplicação Hibernate, você guarda e carrega objetos essencialmente mudando seus estados. Você faz isso em unidades de trabalho. Uma única unidade de trabalho é um conjunto de operações consideradas um grupo atômico. Se você está achando agora que isso está fortemente relacionado a transações, você está certo. Mas, isso não é necessariamente a mesma coisa. Temos que abordar isso passo a passo; por agora, considere uma unidade de trabalho como sendo uma determinada seqüência de mudanças de estado para seus objetos que você iria agrupar tudo junto.

Primeiro você tem que iniciar uma unidade de trabalho.

Como iniciar uma unidade de trabalho

No início de uma unidade de trabalho, uma aplicação obtém uma instância de Session a partir da SessionFactory da aplicação:

```
Session session = sessionFactory.openSession();
Transaction tx = session.beginTransaction();
```

Nesse ponto, um novo contexto de persistência é também inicializado para você, e ele irá gerenciar todos os objetos com os quais você trabalhar nessa Session. A aplicação pode ter múltiplas SessionFactorys se ela acessar vários bancos de dados. Como a SessionFactory é criada e como você tem acesso a ela no código da sua aplicação dependem do seu ambiente de implantação e da configuração – você deve ter pronta a simples classe de ajuda de inicialização HibernateUtil se seguiu sua montagem em "Como tratar a SessionFactory" no Capítulo 2, Seção 2.1.3.

Você nunca deve criar uma nova SessionFactory só para servir uma determinada requisição. A criação de uma SessionFactory é extremamente custosa. Por outro lado, a criação da Session é extremamente *barata*. A Session nem sequer obtém uma Connection JDBC até que uma conexão seja necessária.

A segunda linha no código anterior inicia uma transação (Transaction) em uma outra interface do Hibernate. Todas as operações que você executa dentro de uma unidade de trabalho ocorrem dentro de uma transação, seja ela de leitura ou escrita de dados. Contudo, a API do Hibernate é opcional, e você pode iniciar uma transação da maneira que preferir – iremos explorar essas opções no próximo capítulo. Se você usar a API Transaction do Hibernate, o seu código funcionará em todos os ambientes, portanto você fará isso em todos os exemplos nas seções seguintes.

Após abrir uma nova Session e contexto de persistência, você a usa para carregar e salvar objetos.

Como tornar persistente um objeto

A primeira coisa que você quer fazer com uma Session é tornar persistente um novo objeto transiente com o método save() (Listagem 9.2).

Listagem 9.2 Tornando persistente uma instância transiente

```
Item item = new Item();   ← ❶
item.setName("Playstation3 incl. all accessories");
item.setEndDate( ... );

Session session = sessionFactory.openSession();   ← ❷
Transaction tx = session.beginTransaction();

Serializable itemId = session.save(item);   ← ❸

tx.commit();   ← ❹
session.close();   ← ❺
```

Um novo objeto transiente item é instanciado como de costume ❶. Claro, você também pode instanciá-lo após abrir uma Session; eles ainda não estão relacionados. Uma nova Session é aberta usando a SessionFactory ❷. Você inicia uma nova transação.

Uma chamada ao save() ❸ torna persistente a instância transiente de Item. Ele está agora associado com a Session e seu contexto de persistência corrente.

As mudanças feitas em objetos persistentes têm que ser sincronizadas com o banco de dados em um dado momento. Isso acontece quando você confirma (commit()) a transação (Transaction) do Hibernate ❹. Dizemos que uma *descarga* acontece (você também pode chamar o flush() manualmente; falaremos mais sobre isso mais à frente). Para sincronizar o contexto de persistência, o Hibernate obtém uma conexão JDBC e provê uma única declaração INSERT SQL. Note que isso nem sempre é verdade para a inserção: o Hibernate garante que o objeto item tem designado um identificador do banco de dados após ter sido salvo, então um INSERT anterior pode ser necessário, dependendo do gerador de identificador que tenha sido habilitado no seu mapeamento. A operação save() também retorna o identificador do banco de dados da instância persistente.

A Session pode finalmente ser fechada ❺, e o contexto de persistência termina. A referência item é agora uma referência para um objeto em estado desligado.

Você pode ver a mesma unidade de trabalho e como o objeto muda de estado na Figura 9.4.

É melhor (mas não é preciso) inicializar totalmente a instância Item antes de gerenciá-la com uma Session. A declaração INSERT SQL contém os valores que eram mantidos pelo objeto no momento em que o save() foi chamado. Você pode modificar o objeto após a chamada do save(), e as suas mudanças serão propagadas para o banco de dados como um UPDATE SQL (adicional).

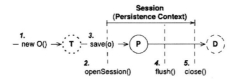

Figura 9.4 Tornando persistente um objeto em uma unidade de trabalho.

Tudo entre session.beginTransaction() e tx.commit() ocorre em uma transação. Por agora, tenha em mente que todas as operações do banco de dados no escopo da transação ou são completamente bem-sucedidas ou são completamente falhas. Se uma das declarações UPDATE ou INSERT feitas durante o descarregamento no tx.commit() falha, todas as mudanças feitas com objetos persistentes nessa transação são revertidas em nível do banco de dados. Isso é razoável, pois uma falha de uma transação normalmente não é recuperável, e você tem que descartar a Session falha imediatamente. Discutiremos tratamento de exceção no próximo capítulo.

Como recuperar um objeto persistente

A Session também é usada para consultar o banco de dados e recuperar os objetos persistentes existentes. O Hibernate é especialmente poderoso nessa área, assim como você verá mais adiante. Dois métodos especiais são fornecidos para o tipo mais simples de consulta: recuperação por identificador. Os métodos get() e load() são demonstrados na Listagem 9.3.

Listagem 9.3 Recuperação de um Item por identificador

```
Session session = sessionFactory.openSession();
Transaction tx = session.beginTransaction();

Item item = (Item) session.load(Item.class, new Long(1234));
// Item item = (Item) session.get(Item.class, new Long(1234));

tx.commit();
session.close();
```

Você pode ver a mesma unidade de trabalho na Figura 9.5.

O objeto recuperado item está em estado persistente e tão logo o contexto de persistência seja fechado, ele entra em estado desligado.

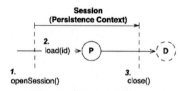

Figura 9.5 Recuperando um objeto persistente por identificador.

A única diferença entre get() e load() é a forma como eles indicam que a instância não pode ser encontrada. Se nenhuma linha com o valor de identificador dado existir no banco de dados, o get() retornará null. O método load() joga uma ObjectNotFoundException. É de sua escolha qual tratamento de erro lhe é mais adequado.

Mais importante, o método load() pode retornar um *proxy*, um espaço reservado, sem ir ao banco de dados. Uma conseqüência disso é que você pode receber uma ObjectNotFoundException mais à frente, tão logo você tente acessar o espaço reservado retornado e force a sua inicialização (isso também é chamado de *carregamento preguiçoso*, discutiremos a otimização de carregamento em capítulos mais adiante). O método load() sempre tenta retornar um *proxy*, e somente retornará uma instância de objeto inicializada se ela já for gerenciada pelo contexto de persistência corrente. Em exemplo mostrado anteriormente, nenhuma ida ao banco de dados ocorre de modo algum! O método get() por outro lado nunca retorna um *proxy*, ele sempre vai ao banco de dados.

Você pode perguntar por que essa opção é útil – afinal de contas, você recupera um objeto para acessá-la. É comum se obter uma instância persistente para designá-la como uma referência a outra instância. Por exemplo, imagine que você precisa do item somente para um único propósito: definir uma associação com um comentário (Comment): aComment.setForAuction(item). Se isso é tudo o que você planeja fazer com o item, um *proxy* vai servir; não há necessidade alguma de ir ao banco de dados. Em outras palavras, quando o Comment é salvo, você precisa do valor de chave estrangeira de um item inserido dentro da tabela COMMENT. O *proxy* de um Item fornece justamente isso: um valor identificador envolvido em um espaço reservado que se parece com o verdadeiro.

Como modificar um objeto persistente

Qualquer objeto persistente retornado pelo get(), load(), ou qualquer entidade consultada, já é associado com a Session e contexto de persistência corrente. Ele pode ser modificado, e seu estado é sincronizado com o banco de dados (veja a Listagem 9.4).

A Figura 9.6 mostra essa unidade de trabalho e as transições do objeto.

Listagem 9.4 Modificando uma instância persistente

```
Session session = sessionFactory.openSession();
Transaction tx = session.beginTransaction();

Item item = (Item) session.get(Item.class, new Long(1234));

item.setDescription("This Playstation is as good as new!");

tx.commit();
session.close();
```

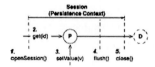

Figura 9.6 Modificando uma instância persistente.

Primeiro, você recupera o objeto a partir do banco de dados com o identificador dado. Você modifica o objeto, e essas modificações são propagadas para o banco de dados durante a descarga quando o tx.commit() é chamado. Esse mecanismo é chamado de *checagem automática de sujeira* – isso significa que o Hibernate rastreia e salva as mudanças que você faz em um objeto em estado persistente. Tão logo você feche a Session a instância é considerada desligada.

Como tornar transiente um objeto persistente

Você pode facilmente tornar transiente um objeto persistente, removendo seu estado persistente do banco de dados, com o método delete() (veja a Listagem 9.5).

Listagem 9.5 Tornando transiente um objeto persistente usando o delete()

```
Session session = sessionFactory.openSession();
Transaction tx = session.beginTransaction();

Item item = (Item) session.load(Item.class, new Long(1234));

session.delete(item);

tx.commit();
session.close();
```

Veja a Figura 9.7.

O objeto item está em estado *removido* após a chamada delete(); você não deve continuar trabalhando com ele, e, na maioria dos casos, deve garantir que qualquer referência a ele na sua aplicação seja removida. O DELETE SQL é executado somente quando o contexto de persistência da Session é sincronizado com o banco de dados no final da unidade de trabalho. Após a Session ser fechada, o objeto item será considerado uma instância transiente normal. A instância transiente será destruída pelo coletor de lixo se não for mais referenciada por nenhum outro objeto. Ambas, a instância de objeto em memória e a linha persistente do banco de dados terão sido removidas.

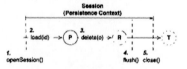

Figura 9.7 Tornando transiente um objeto persistente.

FAQ *Eu tenho que carregar um objeto para deletá-lo?* Sim, um objeto tem que ser carregado para dentro do contexto de persistência; uma instância tem que estar em estado persistente para ser removida (note que um proxy já é bom o suficiente). A razão é simples: você pode ter os interceptadores do Hibernate habilitados, e o objeto deve ser passado através desses interceptadores para completar o seu ciclo de vida. Se você deletar linhas diretamente no banco de dados, o interceptador não irá rodar. Dito isso, o Hibernate (e o Java Persistence) oferece operações em massa que se traduzem em declarações DELETE SQL diretas; discutiremos essas operações no Capítulo 12, Seção 12.2, "Operações em massa e em lote".

O Hibernate também poderá reverter o identificador de qualquer entidade que foi deletada, se você habilitar a opção de configuração hibernate.use_identifier_rollback. No exemplo anterior, o Hibernate definiria a propriedade identificadora do banco de dados do item deletado para null após a deleção e o descarregamento, se a opção estivesse habilitada. Ela é então uma instância transiente limpa que você pode reusar em uma futura unidade de trabalho.

Como replicar objetos

As operações na Session que lhe mostramos até agora são todas comuns; você precisa delas em toda aplicação Hibernate. Mas o Hibernate pode ajudá-lo com alguns casos de uso especiais – por exemplo, quando você precisa recuperar objetos de um banco de dados e guardá-los em outro. Isso é chamado de *replicação* de objetos.

A replicação pega objetos desligados carregados em uma Session e torna-os persistentes em outra Session. Essas Sessions são geralmente abertas a partir de duas SessionFactorys diferentes que foram configuradas com um mapeamento para a mesma classe persistente. Eis um exemplo:

```
Session session = sessionFactory1.openSession();
Transaction tx = session.beginTransaction();
Item item = (Item) session.get(Item.class, new Long(1234));
tx.commit();
session.close();

Session session2 = sessionFactory2.openSession();
Transaction tx2 = session2.beginTransaction();
session2.replicate(item, ReplicationMode.LATEST_VERSION);
tx2.commit();
session2.close();
```

408 | JAVA PERSISTENCE COM HIBERNATE

O ReplicationMode controla os detalhes do procedimento de replicação:

- ReplicationMode.IGNORE – Ignora o objeto quando existe uma linha de banco de dados com o mesmo identificador no banco de dados que é o alvo.

- ReplicationMode.OVERWRITE – Sobrescreve qualquer linha de banco de dados existente com o mesmo identificador no banco de dados que é o alvo.

- ReplicationMode.EXCEPTION – Joga uma exceção se existe uma linha de banco de dados com o mesmo identificador no banco de dados que é o alvo.

- ReplicationMode.LATEST_VERSION – Sobrescreve a linha no banco de dados que é o alvo se a sua versão é mais recente do que a versão do objeto, ou ignora o objeto caso contrário. Requer o controle de concorrência otimista do Hibernate habilitado.

Você pode precisar de replicação quando harmonizar dados entrados em diferentes bancos de dados, quando estiver aprimorando a informação de configuração do sistema durante as atualizações do produto (o que freqüentemente envolve uma migração para uma nova instância de banco de dados), ou quando você precisar reverter as mudanças feitas durante transações não ACID.

Você agora sabe o ciclo de vida da persistência e as operações básicas do gerenciador de persistência. Usando essas coisas junto com os mapeamentos de classe persistente que discutimos em capítulos anteriores, você agora pode criar a sua própria aplicação Hibernate. Mapeie algumas classes de entidade e componentes, e então guarde e carregue objetos em uma aplicação independente. Você não precisa de um contêiner web ou de um servidor de aplicações: Escreva um método main(), e chame a Session como discutimos na seção anterior.

Nas próximas seções, abordamos o estado *desligado* de objeto e os métodos para religar e fundir objetos desligados entre contextos de persistência. Esse é o conhecimento básico de que você precisa para implementar longas unidades de trabalho – conversações. Presumimos que você esteja familiarizado com o escopo de identidade do objeto como explicado anteriormente neste capítulo.

9.3.2 Como trabalhar com objetos desligados

Modificar o item após a Session ter sido fechada não tem efeito em sua representação persistente no banco de dados. Tão logo o contexto de persistência é fechado, item se torna uma instância *desligada*.

Se você quiser salvar modificações que você fez em um objeto desligado, você tem que ou *religá-lo* ou *fundi-lo*.

Como religar uma instância desligada modificada

Uma instância desligada pode ser religada para uma nova Session (e gerenciada por esse novo contexto de persistência) através da chamada do update() no objeto desligado. Em nossa experiência, talvez seja mais fácil para você entender o seguinte código se você renomear em sua mente o método update()para reattach() – contudo, existe uma boa razão do porquê ele é chamado de atualização.

O método update() força uma atualização para o estado persistente do objeto no banco de dados, sempre agendando um UPDATE SQL. Veja a Listagem 9.6 para um exemplo de tratamento de objeto desligado.

Listagem 9.6 Atualizando uma instância desligada

```
item.setDescription(...); // Carregada na Session anterior

Session sessionTwo = sessionFactory.openSession();
Transaction tx = sessionTwo.beginTransaction();

sessionTwo.update(item);

item.setEndDate(...);

tx.commit();
sessionTwo.close();
```

Não importa se o objeto item é modificado antes ou depois que ele é passado para o update(). O importante aqui é que a chamada para o update() está religando a instância desligada para a nova Session (e contexto de persistência). O Hibernate sempre trata o objeto como sujo e agenda um UPDATE SQL, que será executado durante a descarga. Você pode ver a mesma unidade de trabalho na Figura 9.8.

Você pode ter ficado surpreso e provavelmente esperou que o Hibernate pudesse saber que você modificou a descrição do item desligado (ou que o Hibernate devesse saber que você *não* modificou coisa alguma). Contudo, a nova Session e seu contexto de persistência fresquinho não têm essa informação. E nem o objeto desligado contém alguma lista interna de todas as modificações que você fez. O Hibernate tem de assumir que um UPDATE no banco de dados é necessário. Uma maneira de evitar essa declaração UPDATE é configurar o mapeamento de classe de Item com o atributo select-before-update="true". O Hibernate então determina se o objeto é sujo executando uma declaração SELECT e comparando o estado corrente do objeto com o estado corrente dele no banco de dados.

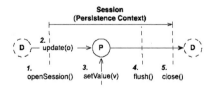

Figura 9.8 Religando um objeto desligado.

JAVA PERSISTENCE COM HIBERNATE

Se você tem certeza de que não modificou a instância desligada, você pode preferir outro método de religação que nem sempre agende uma atualização do banco de dados.

Como religar uma instância desligada não modificada

Uma chamada para lock() associa o objeto com a Session e seu contexto de persistência sem forçar uma atualização, como mostra a Listagem 9.7.

Listagem 9.7 Religando uma instância desligada com lock()

```
Session sessionTwo = sessionFactory.openSession();
Transaction tx = sessionTwo.beginTransaction();

sessionTwo.lock(item, LockMode.NONE);

item.setDescription(...);
item.setEndDate(...);

tx.commit();
sessionTwo.close();
```

Nesse caso, importa *sim* se modificações foram feitas antes ou depois do objeto ter sido religado. As mudanças feitas antes da chamada para lock() não são propagadas para o banco de dados, você usa isso somente se tem certeza de que a instância desligada não foi modificada. Esse método somente garante que o estado do objeto mude de desligado para persistente e que o Hibernate vá gerenciar o objeto persistente novamente. Claro, quaisquer modificações que fizer no objeto uma vez que ele esteja em estado persistente gerenciado vai requerer uma atualização do banco de dados.

Discutiremos os modos de bloqueio no próximo capítulo. Especificando LockMode.NONE aqui, você informa ao Hibernate que não execute uma checagem de versão ou obtenha quaisquer bloqueios no nível do banco de dados quando estiver re-associando o objeto com a Session. Se você tivesse especificado LockMode.READ, ou LockMode.UPGRADE, o Hibernate iria executar uma declaração SELECT para poder realizar uma checagem de versão (e para bloquear a(s) linha(s) no banco de dados para a atualização).

Como tornar transiente um objeto desligado

E por fim, você pode tornar transiente um objeto desligado, deletando seu estado persistente do banco de dados, como na Listagem 9.8.

Listagem 9.8 Tornando transiente um objeto desligado usando delete()

```
Session session = sessionFactory.openSession();
Transaction tx = session.beginTransaction();

session.delete(item);

tx.commit();
session.close();
```

Isso significa que você não tem que religar (com update() ou lock()) uma instância desligada para deletá-la do banco de dados. Nesse caso, a chamada para delete() faz duas coisas: religa o objeto à Session e então agenda o objeto para deleção, executada no tx.commit(). O estado do objeto após a chamada delete() é *removido*.

A religação de objetos desligados é somente uma das maneiras possíveis para transportar dados entre várias Sessions. Você pode usar uma outra opção para sincronizar modificações em uma instância desligada com o banco de dados, através da *fundição* de seu estado.

Como fundir o estado de um objeto desligado

A fundição de um objeto desligado é uma abordagem alternativa. Ela pode ser complementar ou pode substituir a religação. A fundição foi introduzida pela primeira vez no Hibernate para lidar com um determinado caso no qual a religação não era mais suficiente (o antigo nome para o método merge() no Hibernate 2.x era saveOrUpdateCopy()). Veja o seguinte código, que tentar religar um objeto desligado:

```
item.getId(); // A identidade do banco de dados é "1234"
item.setDescription(...);

Session session = sessionFactory.openSession();
Transaction tx = session.beginTransaction();

Item item2 = (Item) session.get(Item.class, new Long(1234));

session.update(item); // Joga exceção!

tx.commit();
session.close();
```

É dado um objeto item desligado com a identidade do banco de dados 1234. Após modificá-lo, você tenta religá-lo para uma nova Session. Contudo, antes da religação, outra instância que representa a mesma linha do banco de dados já foi carregada para dentro do contexto de persistência dessa Session. Obviamente que a religação através do update() confronta com essa instância já persistente, e uma NonUniqueObjectException é jogada. A mensagem de erro da exceção é *Uma instância persistente com o mesmo identificador do banco de dados já está associada com a Session!* o Hibernate não pode decidir que objeto representa o estado corrente.

Você pode resolver essa situação religando o item primeiro; então, pelo fato de o objeto estar em estado persistente, a recuperação de item2 é desnecessária. Isso é claro em um simples pedaço de código como o do exemplo, mas pode ser impossível de refatorar em uma aplicação mais sofisticada. Afinal de contas, um cliente mandou o objeto desligado para a camada de persistência ser gerenciado, e o cliente pode não (e não deveria) estar ciente das instâncias gerenciadas que já estejam no contexto de persistência.

Você pode deixar o Hibernate fundir item e item2 automaticamente:

```
item.getId() // A identidade do banco de dados é "1234"
item.setDescription(...);

Session session= sessionFactory.openSession();
Transaction tx = session.beginTransaction();

Item item2 = (Item) session.get(Item.class, new Long(1234));    ❷

Item item3 = (Item) session.merge(item);    ❸

(item == item2) // Falso
(item == item3) // Falso
(item2 == item3) // Verdade

return item3;

tx.commit();
session.close();
```

Veja essa unidade de trabalho na Figura 9.9.

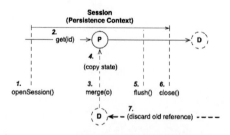

Figura 9.9 Fundindo uma instância desligada para dentro de uma instância persistente.

A chamada merge(item) ❸ resulta em várias ações. Primeiro, o Hibernate checa se uma instância persistente no contexto de persistência tem o mesmo identificador do banco de dados que a instância desligada que você está fundindo. Nesse caso, isso é verdade: item e item2, que foi carregada com get() ❷, têm o mesmo valor de chave primária.

Se existe uma instância persistente igual no contexto de persistência, o Hibernate *copia* o estado da instância desligada para dentro da instância persistente ❹. Em outras palavras, a nova descrição que foi definida na instância item desligada também é definida na instância item2 persistente.

Se não existe uma instância persistente igual no contexto de persistência, o Hibernate a carrega do banco de dados (efetivamente executando a mesma recuperação por identificador assim como você fez com get()) e então funde o estado desligado com o estado do objeto recuperado. Isso é mostrado na Figura 9.10.

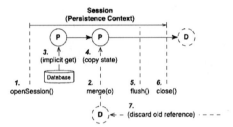

Figura 9.10 Fundindo uma instância desligada para dentro de uma instância persistente carregada implicitamente.

Se não existe uma instância persistente igual no contexto de persistência, e uma pesquisa no banco de dados não produz nenhum resultado, uma nova instância persistente é criada, e o estado da instância fundida é copiado para dentro da nova instância. Esse novo objeto é então agendado para inserção no banco de dados e retorna pela operação merge().

Uma inserção também ocorre se a instância que você passou para o merge() era uma instância transiente, e não um objeto desligado.

As seguintes questões provavelmente estão em sua mente:

- O que exatamente é copiado de item para item2? A fundição inclui todas as propriedades de tipo de valor e todas as adições e remoções de elementos a qualquer coleção.

- Em qual estado item está? Qualquer objeto desligado que você funde com uma instância persistente permanece desligado. Ele não muda de estado; ele não é afetado pela operação de fundir. Então, item e as outras duas referências não são as mesmas no escopo de identidade do Hibernate. (As duas primeiras checagem de identidade no último exemplo.) Contudo, item2 e item3 *são* referências idênticas à mesma instância persistente em memória.

414 | JAVA PERSISTENCE COM HIBERNATE

- Por que item3 retorna da operação merge()? A operação merge() sempre retorna um *handle* para a instância persistente na qual ele fundiu o estado dentro. Isso é conveniente para o cliente que chamou o merge(), pois ele agora pode ou continuar trabalhando com o objeto item desligado e fundi-lo novamente quando necessário, ou descartar essa referência e continuar trabalhando com item3. A diferença é significativa: se, antes da Session completar, modificações subseqüentes são feitas em item2 ou item3 após a fundição, o cliente está completamente alheio a essas modificações. O cliente tem um identificador somente para o objeto item desligado, que agora está ficando ultrapassado. Contudo, se o cliente decidir jogar fora o item após a fundição e continuar com o item3 retornado, ele terá um novo identificador com o estado em dia. Ambos, item e item2, devem ser considerados obsoletos após a fundição.

Fundição de estado é um pouco mais complexo que religação. Nós o consideramos uma operação essencial que você provavelmente terá de usar em algum ponto se você projetar a lógica da sua aplicação em torno de objetos desligados. Você pode usar essa estratégia como uma alternativa para religação e fundir todas a vezes ao invés de religar. Você também pode usá-lo para tornar persistente qualquer instância transiente. Como você verá mais à frente neste capítulo, esse é o modelo padronizado do Java Persistence; religação não é suportada.

Ainda não demos muita atenção até agora ao contexto de persistência e à maneira ele gerencia objetos persistentes.

9.3.3 Como gerenciar o contexto de persistência

O contexto de persistência faz muitas coisas pra você: checagem automática de sujeira, escopo garantido de identidade do objeto, e assim por diante. É igualmente importante que você saiba alguns dos detalhes de seu gerenciamento, e que você algumas vezes influencie o que acontece por detrás dos panos.

Como controlar o cache do contexto de persistência

O contexto de persistência é um cache de objetos persistentes. Todo objeto em estado persistente é conhecido pelo contexto de persistência, e um duplicado, uma *foto* de cada instância persistente, é mantido no cache. Essa foto é usada internamente para checagem de sujeira, para detectar quaisquer modificações que você fez nos seus objetos persistentes.

Muitos usuários do Hibernate que ignoram esse simples fato se deparam com uma OutOfMemoryException. Esse é tipicamente o caso de quando você carrega milhares de objetos em uma Session, mas nunca pretende modificá-los. O Hibernate mesmo assim tem que criar uma foto de cada objeto no cache do contexto de persistência e manter uma referência para o objeto gerenciado, que pode levar à exaustão da memória. (Obviamente que, você deve executar uma *operação de dados em massa* se você modificar milhares de objetos – voltaremos a esse tipo de unidade de trabalho no Capítulo 12, Seção 12.2, "Operações em massa e em lote".)

O cache do contexto de persistência nunca diminui automaticamente. Para reduzir ou ganhar novamente a memória consumida pelo contexto de persistência em uma determinada unidade de trabalho, você tem que fazer o seguinte:

- Manter o tamanho do seu contexto de persistência para o mínimo necessário. Frequëntemente, muitas instâncias persistentes na sua Session estão lá por acidente – por exemplo, por que você precisava de somente algumas, mas consultou por muitas. Torne persistente um objeto somente se você certamente precisar dele nesse estado; grafos extremamente grandes podem ter um sério impacto de performance e requerem memória significativa para fotos de estado. Cheque se suas consultas retornam somente os objetos de que você precisa. Assim como você verá mais à frente no livro, você também poderá executar uma consulta ao Hibernate que retorne objetos em estado de somente leitura, sem criar uma foto para o contexto de persistência.

- Você pode chamar session.evict(object) para desligar uma instância persistente manualmente do cache do contexto de persistência. Você pode chamar session.clear() para desligar *todas* as instâncias persistentes do contexto de persistência. Os objetos desligados não são checados por estado sujo; eles não são gerenciados.

- Com session.setReadOnly(object, true), você pode desabilitar checagem de sujeira para uma determinada instância. O contexto de persistência não irá mais manter a foto se a instância for somente leitura. Com session.setReadOnly(object, false), você pode reabilitar a checagem de sujeira para uma instância e forçar a recriação de uma foto. Note que essas operações não mudam o estado do objeto.

Ao final de uma unidade de trabalho, todas as modificações que você fez têm de ser sincronizadas com o banco de dados através de declarações DML SQL. Esse processo é chamado de *descarregamento* do contexto de persistência.

Como descarregar o contexto de persistência

A Session do Hibernate implementa *escrita assíncrona*. As mudanças em objetos persistentes feitas no escopo de um contexto de persistência não são propagadas imediatamente para o banco de dados. Isso permite ao Hibernate juntar muitas mudanças em um número mínimo de requisições ao banco de dados, ajudando a minimizar o impacto de latência de rede. Outro excelente efeito colateral de executar DML o mais tarde possível, tendendo para o final da transação, são as durações de bloqueio mais curtas dentro do banco de dados.

416 | JAVA PERSISTENCE COM HIBERNATE

Por exemplo, se uma única propriedade de um objeto é alterada duas vezes no mesmo contexto de persistência, o Hibernate precisa executar somente um UPDATE SQL. Outro exemplo da utilidade de escrita assíncrona é que o Hibernate é capaz de tirar vantagem da API em lote JDBC quando ele executa múltiplas declarações UPDATE, INSERT, ou DELETE.

A sincronização de um contexto de persistência com o banco de dados é chamada de *descarregamento*. A descarga do Hibernate ocorre nos seguintes momentos:

- Quando uma transação (Transaction) na API do Hibernate é confirmada
- Antes de uma consulta ser executada
- Quando a aplicação chama session.flush() explicitamente

Descarregar o estado da Session para o banco de dados no final de uma unidade de trabalho é requerido de modo a tornar as mudanças duráveis, e é o caso comum. Note que descarregamento automático, quando uma transação é confirmada, é uma característica da API do Hibernate! Confirmar uma transação com a API JDBC não aciona uma descarga. O Hibernate não descarrega antes de toda consulta. Se mudanças mantidas em memória que iriam afetar os resultados da consulta, o Hibernate sincroniza primeiro por padrão.

Você pode controlar esse comportamento definindo explicitamente o FlushMode do Hibernate via uma chamada para session.setFlushMode(). O modo de descarga padronizado é FlushMode.AUTO e ele habilita o comportamento descrito anteriormente. Se você escolher FlushMode.COMMIT, o contexto de persistência não será descarregado antes da execução de consulta (ele é descarregado somente quando você chama Transaction.commit() ou Session.flush() manualmente). Essa definição pode deixá-lo exposto a dados ultrapassados: As modificações que você faz em objetos gerenciados somente em memória podem conflitar com os resultados da consulta. Selecionando FlushMode.MANUAL, você pode especificar que somente chamadas explícitas para flush() resultem em sincronização de estado gerenciado com o banco de dados.

Controlar o FlushMode de um contexto de persistência será necessário mais à frente neste livro, quando estendermos o contexto para transpor uma conversação.

Descarregamento repetido do contexto de persistência é freqüentemente uma fonte para questões de performance, pois todos objetos sujos no contexto de persistência têm que ser detectados em tempo de descarga. Uma causa comum é um determinado padrão de unidade de trabalho que repete uma seqüência consulta-modifica-consulta-modifica muitas vezes. Toda modificação leva a uma descarga e a uma checagem de sujeira de todos os objetos persistentes, antes de cada consulta. Um FlushMode.COMMIT pode ser apropriado nessa situação.

Lembre-se sempre de que a performance do processo de descarga depende em parte do tamanho do contexto de persistência – o número de objetos persistentes que ele gerencie. Por isso, o conselho que demos de como gerenciar o contexto de persistência, na seção anterior também se aplica aqui.

Agora você viu as mais importantes estratégias e algumas opcionais para interagir com objetos em uma aplicação Hibernate e que métodos e operações estão disponíveis em uma Session do Hibernate. Se você planeja trabalhar somente com as APIs do Hibernate, você pode pular a próxima seção e ir diretamente para o próximo capítulo e ler sobre transações. Se você quer trabalhar nos seus objetos com componentes Java Persistence e/ou EJB 3.0, continue lendo.

9.4 API do Java Persistence

Nós agora guardamos e carregamos objetos com a API do Java Persistence. Essa é a API que você usa ou em uma aplicação Java SE ou com componentes EJB 3.0, como uma alternativa independente de fornecedor para as interfaces nativas do Hibernate.

Você leu a primeira seção desse capítulo e sabe os estados de objeto definidos pelo JPA e como eles estão relacionados aos do Hibernate. Pelo fato dos dois serem similares, a primeira parte deste capítulo se aplica a qualquer API que você escolha. Segue-se que a maneira que você interage com seus objetos e como você manipula o banco de dados, também são similares. Então, também assumimos que você aprendeu as interfaces do Hibernate na seção anterior (você também perde todas as ilustrações se você pular a seção anterior; não iremos repeti-las aqui). Isso é importante por outra razão: o JPA fornece um *subconjunto* de funcionalidades do *superconjunto* das APIs nativas do Hibernate. Em outras palavras, existem boas razões para se voltar às interfaces do Hibernate nativo se você precisar. Você pode esperar que a maior parte da funcionalidade que vai precisar em uma aplicação seja abordada pelo padrão, e que isso seja raramente necessário.

Como no Hibernate, você guarda e carrega objetos com o JPA manipulando o estado corrente de um objeto. E, assim como no Hibernate, você faz isso em uma unidade de trabalho, um conjunto de operações consideradas como sendo atômicas. (Nós ainda não falamos o bastante para explicar tudo sobre as transações, mas logo iremos).

Para começar uma unidade de trabalho em uma aplicação Java Persistence, você precisa pegar uma EntityManager (a equivalente a Session do Hibernate). Contudo, enquanto você abre uma Session de uma SessionFactory em uma aplicação Hibernate, uma aplicação Java Persistence pode ser escrita com unidades de trabalho *gerenciadas* e *não gerenciadas*. Vamos manter simples assim, e assumir que primeiro você queira escrever uma aplicação JPA que não se beneficie de componentes EJB 3.0 em um ambiente gerenciado.

9.4.1 Como guardar e carregar objetos

O termo *não gerenciada* se refere à possibilidade de criar uma camada de persistência com Java Persistence que rode e trabalhe sem qualquer ambiente de tempo de execução especial. Você pode usar o JPA sem um servidor de aplicações, fora de qualquer contêiner de tempo de execução, em uma aplicação pura Java SE. Isso pode ser uma aplicação servlet (o contêiner web não fornece qualquer coisa de que você precisaria para persistência) ou um simples

JAVA PERSISTENCE COM HIBERNATE

método main(). Outro caso comum é a persistência local para aplicações desktop, ou a persistência para sistemas de duas camadas (físicas), onde uma aplicação desktop acessa uma camada (física) de banco de dados remoto (embora não exista uma boa razão do porquê você não possa usar um servidor de aplicações modular leve com suporte a EJB 3.0 em tal cenário).

Como iniciar uma unidade de trabalho em Java SE

Em qualquer caso, pelo fato de você não ter um contêiner que lhe possa fornecer uma EntityManager , você precisa criar uma manualmente. A equivalente da SessionFactory do Hibernate é a EntityManagerFactory do JPA:

```
EntityManagerFactory emf =
    Persistence.createEntityManagerFactory("caveatemptorDatabase");
EntityManager em = emf.createEntityManager();
EntityTransaction tx = em.getTransaction();
tx.begin();
```

A primeira linha de código é parte da sua configuração do sistema. Você deve criar uma EntityManagerFactory para cada unidade de persistência que você implanta em uma aplicação Java Persistence. Nós já abordamos isso no Capítulo 2, Seção 2.2.2, "Como usar o Hibernate EntityManager", então não vamos repeti-lo aqui. As próximas três linhas são equivalentes a como você começaria uma unidade de trabalho em uma aplicação Hibernate independente: primeiro, uma EntityManager é criada, e então uma transação é iniciada. Para se familiarizar com o jargão do EJB 3.0, você pode chamar essa EntityManager de *gerenciada pela aplicação*. A transação que você iniciou aqui também tem uma descrição especial: é uma transação de *recurso-local*. Você está controlando os recursos envolvidos (o banco de dados nesse caso) diretamente no código da sua aplicação; nenhum contêiner de tempo de execução cuida disso pra você.

A EntityManager tem um contexto de persistência fresquinho designado quando ela é criada.

Nesse contexto, você guarda e carrega objetos.

Como tornar persistente uma instância de entidade

Uma classe de entidade é como uma de suas classes persistentes do Hibernate. Claro, você geralmente iria preferir anotações para mapear suas classes de entidade, como uma substituição para os arquivos de mapeamento XML do Hibernate. Afinal de contas, a (principal) razão por que você está usando Java Persistence é o benefício de interfaces e mapeamentos padronizados.

Vamos criar uma nova instância de uma entidade e trazê-la de um estado transiente para persistente:

```
Item item = new Item();
item.setName("Playstation3 incl. all accessories");
item.setEndDate( ... );
```

CAPÍTULO 9 – COMO TRABALHAR COM OBJETOS | 419

```
EntityManager em = emf.createEntityManager();
EntityTransaction tx = em.getTransaction();
tx.begin();

em.persist(item);

tx.commit();
em.close();
```

Esse código deve parecer familiar se você seguiu as seções anteriores deste capítulo. A instância de entidade transiente item se torna persistente tão logo você chame persist() nela; ela é agora gerenciada no contexto de persistência. Note que persist() não retorna o valor de identificador do banco de dados da instância de entidade (essa pequena diferença, se comparada ao método save() do Hibernate, será importante novamente quando você implementar conversações em "Como atrasar a inserção até o tempo de descarga" no Capítulo 11, Seção 11.2.3).

> **FAQ** *Eu devo usar persist() na Session?*   A interface Session do Hibernate também apresenta um método persist(). Ele tem as mesma semânticas que a operação persist() do JPA. Contudo, existe uma importante diferença entre as duas operações com relação ao descarregamento. Durante a sincronização, uma Session do Hibernate não cascateia uma operação persist() para entidades e coleções associadas, mesmo se você mapeou uma associação com essa opção. Ela só é cascateada para entidades alcançáveis quando você chama o persist()! Somente o save() e o update() serão cascateados em tempo de descarga se você usar a API da Session. Em uma aplicação JPA, no entanto, é o contrário: Somente o persist() é cascateado em tempo de descarga.

As instâncias de entidade gerenciadas são monitoradas. Toda modificação que você faz em uma instância em estado persistente é em algum ponto sincronizada com o banco de dados (a não ser que você aborte a unidade de trabalho). Pelo fato de a EntityTransaction ser gerenciada pela aplicação, você pode precisar fazer o commit() manualmente. A mesma regra se aplica à controlada pela aplicação EntityManager: Você precisa liberar todos os recursos através do fechamento dela.

Como recuperar uma instância de entidade

A EntityManager também é usada para consultar o banco de dados e recuperar as instâncias de entidade persistentes. O Java Persistence suporta características sofisticadas de consulta (que iremos abordar mais à frente no livro). A mais básica é sempre a *recuperação por identificador*:

```
EntityManager em = emf.createEntityManager();
EntityTransaction tx = em.getTransaction();
tx.begin();

Item item = em.find(Item.class, new Long(1234));
```

JAVA PERSISTENCE COM HIBERNATE

```
tx.commit();
em.close();
```

Você não precisa converter o valor retornado pela operação find(); é um método genérico e seu tipo de retorno é definido como um efeito colateral do primeiro parâmetro. Esse é um pequeno, mas conveniente benefício da API Java Persistence – métodos nativos do Hibernate têm de trabalhar com JDKs antigas que não suportem genéricos.

A instância de entidade recuperada está em estado persistente e agora pode ser modificada dentro da unidade de trabalho ou ser desligada para uso fora do contexto de persistência. Se uma instância persistente com o identificador dado não pode ser achada, o find() retorna null. A operação find() sempre vai ao banco de dados (ou a um cache transparente específico de fornecedor), então a instância de entidade é sempre inicializada durante o carregamento. Você pode esperar ter todos os seus valores disponíveis mais à frente em estado desligado.

Se você não quer ir ao banco de dados, pois não tem certeza se precisará de uma instância completamente inicializada, pode informar a EntityManager que tente a recuperação de um espaço reservado:

```
EntityManager em = emf.createEntityManager();
EntityTransaction tx = em.getTransaction();
tx.begin();

Item item = em.getReference(Item.class, new Long(1234));

tx.commit();
em.close();
```

Essa operação ou retorna o item completamente inicializado (por exemplo, se a instância já estava disponível no contexto de persistência corrente) ou um *proxy* (um espaço reservado vazio).

Tão logo você tente acessar qualquer propriedade do item que não seja a propriedade identificadora do banco de dados, um SELECT adicional é executado para inicializar completamente o espaço reservado. Isso também significa que você deve esperar uma EntityNotFoundException a esse ponto (ou até mesmo mais cedo, quando getReference() é executado). Uma conclusão lógica é que se você decidir desligar a referência item, nenhuma garantia é dada que ela será inicializada completamente (a não ser, claro, que você acesse uma de suas propriedades não identificadoras antes do desligamento).

Como modificar uma instância de entidade persistente

Uma instância de entidade em estado persistente é gerenciada pelo contexto de persistência corrente. Você pode modificá-la e esperar que o contexto de persistência descarregue a DML SQL necessária em tempo de sincronização. Esta é a mesma característica de checagem automática de sujeira fornecida pela Session do Hibernate:

```
EntityManager em = emf.createEntityManager();
EntityTransaction tx = em.getTransaction();
tx.begin();

Item item = em.find(Item.class, new Long(1234));
item.setDescription(...);

tx.commit();
em.close();
```

Uma instância de entidade persistente é recuperada pelo seu valor identificador. Então, você modifica uma de suas propriedades mapeadas (uma propriedade sem a palavra chave do Java transient ou que não foi anotada com @Transient). Nesse código de exemplo, a próxima sincronização com o banco de dados ocorre quando a transação de recurso local é confirmada. O motor do Java Persistence executa a DML necessária, nesse caso um UPDATE.

Como tornar transiente uma instância de entidade persistente

Se você quer remover o estado de uma instância de entidade do banco de dados, tem de torná-la transiente. Use o método remove() da sua EntityManager:

```
EntityManager em = emf.createEntityManager();
EntityTransaction tx = em.getTransaction();
tx.begin();

Item item = em.find(Item.class, new Long(1234));

em.remove(item);

tx.commit();
em.close();
```

As semânticas do método remove() do Java Persistence são as mesmas do método delete() na Session do Hibernate. O objeto que era persistente agora está em estado *removido*, e você deve descartar quaisquer referências que se liguem a ele na sua aplicação. Um DELETE SQL é executado durante a próxima sincronização do contexto de persistência. O coletor de lixo da JVM detecta que o item não é mais referenciado por alguém e finalmente deleta o último rastro do objeto. Contudo, note que você não pode chamar o remove() em uma instância de entidade em estado desligado, ou uma exceção será jogada. Você tem que fundir a instância desligada primeiro e, então, remover o objeto fundido (ou, alternativamente, pegar uma referência com o mesmo identificador, e removê-la).

Como descarregar o contexto de persistência

Todas as modificações feitas em instâncias de entidade persistentes são sincronizadas com o banco de dados em algum ponto, um processo chamado de *descarregamento*. Esse

422 | JAVA PERSISTENCE COM HIBERNATE

comportamento de escrita assíncrona é o mesmo que o do Hibernate e garante a melhor escalabilidade executando a DML SQL o mais tarde possível.

O contexto de persistência de uma EntityManager é descarregado sempre que o commit() é chamado em uma EntityTransaction. Todos os exemplos anteriores de código nessa seção do capítulo estiveram usando essa estratégia. Contudo, é permitido que as implementações JPA sincronizem o contexto de persistência em outros momentos, se elas quiserem.

O Hibernate, como uma implementação JPA, sincroniza nos seguintes momentos:

- Quando uma EntityTransaction é confirmada
- Antes de uma consulta ser executada
- Quando a aplicação chama em.flush() explicitamente

Essas são as mesmas regras que explicamos para o Hibernate nativo na seção anterior. E como no Hibernate nativo, você pode controlar esse comportamento com uma interface JPA, a FlushModeType:

```
EntityManager em = emf.createEntityManager();
em.setFlushMode(FlushModeType.COMMIT);
EntityTransaction tx = em.getTransaction();
tx.begin();

Item item = em.find(Item.class, new Long(1234));
item.setDescription(...);

List result = em.createQuery(...).getResultList();

tx.commit();
em.close();
```

Mudar o FlushModeType para COMMIT em uma EntityManager desabilita a sincronização automática antes de consultas; ela ocorre somente quando a transação é confirmada ou quando você descarrega manualmente. O FlushModeType padronizado é AUTO.

Assim como com o Hibernate nativo, controlar o comportamento da sincronização de um contexto de persistência será uma funcionalidade importante para a implementação de conversações, que iremos atacar mais adiante.

Agora você sabe as operações básicas do Java Persistence, e pode ir em frente e guardar e carregar algumas instâncias de entidade na sua própria aplicação. Monte o seu sistema como descrito no Capítulo 2, Seção 2.2, "Como começar um projeto com Java Persistence", e mapeie algumas classes para o seu esquema do banco de dados com anotações. Escreva um método main() que usa uma EntityManager e uma EntityTransaction; achamos que você logo verá o quão fácil é usar o Java Persistence mesmo sem componentes gerenciados EJB 3.0 ou um servidor de aplicações.

Vamos discutir como você trabalha com instâncias de entidade desligadas.

9.4.2 Como trabalhar com instâncias de entidade desligadas

Presumimos que você já saiba como um objeto desligado é definido (se você não sabe, leia a primeira seção deste capítulo). Você não tem que necessariamente saber como trabalharia com objetos desligados no Hibernate, mas iremos nos referir às seções anteriores se uma estratégia com Java Persistence for a mesma que o Hibernate nativo execute.

Primeiro, vamos ver novamente como as instâncias de entidade se tornam desligadas em uma aplicação Java Persistence.

Escopo do contexto de persistência do JPA

Você usou o Java Persistence em um ambiente Java SE; com contextos de persistência e transações gerenciadas pela aplicação. Toda instância de entidade persistente e gerenciada se torna desligada quando o contexto de persistência é fechado. Mas espere – nós não lhe informamos quando o contexto de persistência é fechado.

Se está familiarizado com o Hibernate nativo, você já sabe a resposta: O contexto de persistência termina quando a Session é fechada. A EntityManager é a equivalente em JPA; e, por padrão, se você criar a EntityManager você mesmo, o contexto de persistência terá o seu escopo baseado no ciclo de vida dessa instância EntityManager.

Veja o seguinte código:

```
EntityManager em = emf.createEntityManager();
EntityTransaction tx = em.getTransaction();

tx.begin();
Item item = em.find(Item.class, new Long(1234));
tx.commit();

item.setDescription(...);

tx.begin();
User user = em.find(User.class, new Long(3456));
user.setPassword("secret");
tx.commit();

em.close();
```

Na primeira transação, você recuperou um objeto Item. A transação então se completa, mas o item ainda está em estado persistente. Por isso, na segunda transação, você não somente carrega um objeto User, como também atualiza o modificado item persistente quando a segunda transação é confirmada (em adição a uma atualização para a instância suja user).

Exatamente como no código do Hibernate nativo com uma Session, o contexto de persistência começa com createEntityManager() e termina com close().

Fechar o contexto de persistência não é a única maneira de desligar uma instância de entidade.

Como desligar manualmente instâncias de entidade

Uma instância de entidade é desligada quando ela deixa o contexto de persistência. Um método na EntityManager lhe permite limpar o contexto de persistência e desligar todas instâncias persistentes:

```
EntityManager em = emf.createEntityManager();
EntityTransaction tx = em.getTransaction();

tx.begin();
Item item = em.find(Item.class, new Long(1234));

em.clear();

item.setDescription(...); // Detached entity instance!

tx.commit();
em.close();
```

Após o item ser recuperado, você limpa o contexto de persistência da EntityManager. Todas as instâncias de entidade que foram gerenciadas pelo contexto de persistência estão agora desligadas. A modificação da instância desligada não é sincronizada com o banco de dados durante a confirmação.

> **FAQ** *Onde está a evicção de instâncias individuais?* A API Session do Hibernate apresenta o método evict(object). O Java Persistence não tem essa capacidade. A razão provavelmente é somente conhecida por alguns membros do grupo de especialistas – não conseguimos explicar isso. (Note que isso é uma boa maneira de dizer que os especialistas não conseguiam concordar sobre as semânticas da operação.) Você só pode limpar o contexto de persistência completamente e desligar todos os objetos persistentes. Você tem que se voltar para a API Session como descrita no Capítulo 2, Seção 2.2.4, "Como trocar para interfaces do Hibernate", se você quiser evencer as instâncias individuais do contexto de persistência.

Obviamente que você também quer salvar, em algum ponto, quaisquer modificações que fez em uma instância de entidade desligada.

Como fundir instâncias de entidade desligadas

Enquanto o Hibernate oferece duas estratégias, religação e fundição, para sincronizar quaisquer mudanças de objetos desligados com o banco de dados, o Java Persistence somente oferece a segunda. Vamos assumir que você recuperou uma instância de entidade item em um contexto de persistência anterior, e agora você quer modificá-la e salvar essas modificações.

```
EntityManager em = emf.createEntityManager();
EntityTransaction tx = em.getTransaction();
tx.begin();
Item item = em.find(Item.class, new Long(1234));
```

Capítulo 9 – Como trabalhar com objetos | 425

```
tx.commit();
em.close();

item.setDescription(...); // Detached entity instance!

EntityManager em2 = emf.createEntityManager();
EntityTransaction tx2 = em2.getTransaction();
tx2.begin();

Item mergedItem = (Item) em2.merge(item);

tx2.commit();
em2.close();
```

A instância de entidade item é recuperada em um primeiro contexto de persistência e é fundida, após uma modificação em estado desligado, em um novo contexto de persistência. A operação merge() faz várias coisas:

Primeiro, o motor do Java Persistence checa se uma instância persistente no contexto de persistência tem o mesmo identificador do banco de dados que a instância desligada que você está fundindo. Pois, em nossos exemplos de código, não existe uma instância persistente igual no segundo contexto de persistência, então uma é recuperada a partir do banco de dados através de pesquisa por identificador. Então, a instância de entidade desligada é copiada para dentro da instância persistente. Em outras palavras, a nova descrição que foi definida na instância item desligada também é definida na instância mergedItem persistente, que retorna da operação merge().

Se não existe uma instância persistente igual no contexto de persistência, e uma pesquisa por identificador no banco de dados é negativa, a instância fundida é copiada para dentro da instância persistente fresquinha, que é então inserida no banco de dados quando o segundo contexto de persistência é sincronizado com o banco de dados.

A fundição de estado é uma alternativa para religação (como é fornecido pelo Hibernate nativo). Refira-se a nossa discussão anterior de fundição com Hibernate na Seção 9.3.2, "Como fundir o estado de um objeto desligado"; ambas APIs oferecem as mesmas semânticas, e os apontamentos lá se aplicam a JPA "mutatis mutandis" (com as alterações necessárias tendo sido feitas).

Você agora está pronto para expandir a sua aplicação Java SE e testá-la com o contexto de persistência e os objetos desligados em Java Persistence. Ao invés de somente guardar e carregar instâncias de entidade em uma única unidade de trabalho, tente usar várias e tente fundir modificações de objetos desligados. Não se esqueça de olhar o seu log SQL para ver o que está acontecendo por detrás dos panos.

Uma vez que dominou as operações básicas do Java Persistence com Java SE, você provavelmente vai querer fazer o mesmo em um ambiente gerenciado. Os benefícios que você obtém do JPA em um contêiner EJB 3.0 completo são substanciais. Não mais você tem que gerenciar a EntityManager e a EntityTransaction você mesmo. Você pode se focar no que é suposto que você faça: carregar e guardar objetos.

426 | JAVA PERSISTENCE COM HIBERNATE

9.5 COMO USAR O JAVA PERSISTENCE EM COMPONENTES EJB

Um ambiente de tempo de execução gerenciado implica algum tipo de contêiner. Os seus componentes da aplicação vivem dentro desse contêiner. A maioria dos contêineres hoje em dia são implementados usando uma técnica de interceptação, chamadas a métodos em objetos são interceptadas e qualquer código que precise ser executado antes (ou depois) do método é aplicado. Isso é perfeito para quaisquer *preocupações ortogonais*: Abrir e fechar uma EntityManager, porque você precisa dela *dentro* do método que é chamado, é certamente uma. A sua lógica de negócio não precisa estar preocupada com esse aspecto. A demarcação de transação é outra preocupação que um contêiner pode tomar conta por você. (Você provavelmente vai achar outros aspectos em qualquer aplicação.)

Diferente dos servidores de aplicações antigos da era do EJB 2.x, contêineres que suportam EJB 3.0 e outros serviços Java EE 5.0 são fáceis de instalar e usar – refira-se a nossa discussão no Capítulo 2, Seção 2.2.3, "Introdução aos componentes EJB", para preparar o seu sistema para a seção seguinte. Além do mais, o modelo de programação do EJB 3.0 é baseado em classes de puro Java. Você não deve ficar surpreso se nos vir escrevendo muitos EJBs neste livro; na maior parte do tempo, a única diferença de um puro JavaBean é uma simples anotação, uma declaração de que você deseja usar um serviço fornecido pelo ambiente em que o componente irá rodar. Se você não pode modificar o código-fonte e adicionar uma anotação, poderá transformar uma classe em um EJB com um descritor de implantação XML. Por isso, (quase) toda classe pode ser um componente gerenciado em EJB 3.0, o que torna muito fácil para você se beneficiar dos serviços Java EE 5.0.

As classes de entidade que você criou até agora não são o suficiente para escrever uma aplicação. Você também quer *stateless* ou *stateful session beans*, componentes que você pode usar para encapsular a sua lógica da aplicação. Dentro desses componentes, você precisa dos serviços do contêiner: por exemplo, você geralmente quer que o contêiner *injete* uma EntityManager, para que possa carregar e guardar instâncias de entidade.

9.5.1 Como injetar uma EntityManager

Lembra como você criou uma instância de uma EntityManager no Java SE? Você tem que abri-la a partir de uma EntityManagerFactory e fechá-la manualmente. Você também tem que começar e terminar uma transação de recurso local com a interface EntityTransaction.

Em um servidor EJB 3.0, uma EntityManager gerenciada pelo contêiner está disponível através de *injeção de dependência*. Considere o seguinte *session bean* EJB que implementa uma determinada ação na aplicação CaveatEmptor:

```
@Stateless
public class ManageAuctionBean implements ManageAuction {

    // Utilize injeção pelo campo:
```

CAPÍTULO 9 – COMO TRABALHAR COM OBJETOS | 427

```
@PersistenceContext
private EntityManager em;

// ou injeção pelo método setter:
//
// @PersistenceContext
// public void setEntityManager(EntityManager em) {
//     this.em = em;
// }

@TransactionAttribute(TransactionAttributeType.REQUIRED)
public Item findAuctionByName(String name) {
    return (Item) em.createQuery()...
    ...
    }
}
```

É uma ação sem estado, e implementa a interface ManageAuction. Esses detalhes de EJBs *stateless* não são a nossa preocupação nesse momento, o que é interessante é que você pode acessar a EntityManager no método findAuctionByName() da ação. O contêiner automaticamente *injeta* uma instância de uma EntityManager dentro do campo em do *bean*, antes que o método de ação execute. A visibilidade do campo não é importante para o contêiner, mas você precisa aplicar a anotação @PersistenceContext a fim de indicar que você quer o serviço do contêiner. Você também poderia ter criado um método setter público para esse campo e ter aplicado a anotação a esse método. Essa é a abordagem recomendada se você também planeja definir a EntityManager manualmente – por exemplo, durante o teste de integração ou funcional.

A EntityManager injetada é mantida pelo contêiner. Você não tem que descarregá-la ou fechá-la, e nem tem que iniciar e terminar uma transação – no exemplo anterior você pode informar ao contêiner que o método findAuctionByName() do *session bean requer* uma transação. (Esse é o padrão para todos os métodos do *session bean* EJB.) Uma transação deve estar ativa quando o método for chamado por um cliente (ou uma nova transação é iniciada automaticamente). Quando o método retorna, a transação continua ou é confirmada, dependendo de se ela foi iniciada para esse método.

O contexto de persistência da EntityManager injetada gerenciada pelo contêiner é vinculado ao escopo da transação. Por isso, ela é descarregada automaticamente e fecha quando a transação termina. Isso é uma importante diferença, se você compará-la com exemplos anteriores que mostravam o JPA em Java SE! O contexto de persistência lá não tinha o seu escopo definido pela transação, mas sim pela instância EntityManager que você fechava explicitamente. O contexto de persistência no escopo da transação é o padrão natural para um *stateless bean*, assim como você verá quando encontrar implementação de conversação e transações nos capítulos seguintes.

428 | JAVA PERSISTENCE COM HIBERNATE

Um bom truque que evidentemente funciona somente com JBoss EJB 3.0 é a injeção automática de um objeto Session, em vez de uma EntityManager:

```
@Stateless
public class ManageAuctionBean implements ManageAuction {

    @PersistenceContext
    private Session session;
    ...

}
```

Isso é útil principalmente se você tem um componente gerenciado que iria se basear na API do Hibernate.

Eis uma variação que funciona com dois bancos de dados – ou seja, duas unidades de persistência:

```
@Stateless
public class ManageAuctionBean implements ManageAuction {

    @PersistenceContext(unitName = "auctionDB")
    private EntityManager auctionEM;

    @PersistenceContext(unitName = "auditDB")
    private EntityManager auditEM;

    @TransactionAttribute(TransactionAttributeType.REQUIRED)
    public void createAuction(String name, BigDecimal price) {
        Item newItem = new Item(name, price);
        auctionEM.persist(newItem);
        auditEM.persist( new CreateAuctionEvent(newItem) );
        ...
    }
}
```

O unitName se referencia à unidade de persistência configurada e implantada. Se você trabalha com um banco de dados (uma EntityManagerFactory ou uma SessionFactory), não precisa declarar o nome da unidade de persistência para injeção. Note que as instâncias EntityManager de duas unidades de persistência diferentes não estão compartilhando o mesmo contexto de persistência. Naturalmente, ambos são caches independentes de objetos de entidade gerenciados, mas isso não significa que eles não possam participar da mesma transação do sistema.

Se você escreve EJBs com Java Persistence, a escolha é clara: você quer a EntityManager com o correto contexto de persistência injetada, pelo contêiner, dentro de seus componentes gerenciados. Uma alternativa que você raramente irá usar é a *pesquisa* de uma EntityManager gerenciada pelo contêiner.

9.5.2 Como pesquisar uma EntityManager

Em vez de deixar o contêiner injetar uma EntityManager no seu campo ou método setter, você pode pesquisá-la da JNDI quando precisar dela:

```
@Stateless
@PersistenceContext(name = "em/auction", unitName = "auctionDB")
public class ManageAuctionBean implements ManageAuction {

    @Resource
    SessionContext ctx;

    @TransactionAttribute(TransactionAttributeType.REQUIRED)
    public Item findAuctionByName(String name) {
        EntityManager em = (EntityManager) ctx.lookup("em/auction");

        return (Item) em.createQuery()...
    }

}
```

Várias coisas estão acontecendo nesse trecho de código: primeiro, você declara que quer o ambiente de componente do *bean* populado com uma EntityManager e que o nome da referência vinculada é supostamente em/auction. O nome completo na JNDI é java:comp/env/em/auction – a parte java:comp/env/ é a assim chamada *contexto de nomenclatura do bean* (*bean-naming context*). Tudo nesse subcontexto da JNDI é dependente de *bean*. Em outras palavras, o contêiner EJB lê essa anotação e sabe que ele tem de vincular uma EntityManager a esse *bean* somente, em tempo de execução quando o *bean* executa, sob a coleção de nomes na JNDI que é reservada para esse *bean*.

Você pesquisa a EntityManager na sua implementação do *bean* com a ajuda do SessionContext. O benefício desse contexto é que ele coloca automaticamente no nome que você está pesquisando por o prefixo java:comp/env/; por isso, ele tenta achar a referência no contexto de nomenclatura do *bean*, e não na coleção de nomes global da JNDI. A anotação @Resource instrui o contêiner EJB para injetar o SessionContext para você.

Um contexto de persistência é criado pelo contêiner quando o primeiro método na EntityManager é chamado, e ela é descarregada e fechada quando a transação termina – quando o método retorna.

Injeção e pesquisa também estão disponíveis se você precisar de uma EntityManagerFactory.

9.5.3 Como acessar uma EntityManagerFactory

Um contêiner EJB também lhe permite acessar uma EntityManagerFactory a uma unidade de persistência diretamente. Sem um ambiente gerenciado, você tem de criar a EntityManagerFactory com a ajuda da classe Persistence de carga de entrada (bootstrap). Em

430 | JAVA PERSISTENCE COM HIBERNATE

um contêiner, você pode novamente utilizar a injeção de dependência automática para pegar uma EntityManagerFactory:

```
@Stateless
public class ManageAuctionBean implements ManageAuction {

    @PersistenceUnit(unitName = "auctionDB")
    EntityManagerFactory auctionDB;

    @TransactionAttribute(TransactionAttributeType.REQUIRED)
    public Item findAuctionByName(String name) {
        EntityManager em = auctionDB.createEntityManager();
        ...
        Item item = (Item) em.createQuery()...
        ...
        em.flush();
        em.close();
        return item;
    }
}
```

O atributo unitName é opcional e será somente necessário se você tiver mais de uma unidade de persistência configurada (vários bancos de dados). A EntityManager que você criou a partir da fábrica injetada é novamente gerenciada pela aplicação – o contêiner não irá descarregar esse contexto de persistência, nem fechá-lo. É raro que você misture fábricas gerenciadas pelo contêiner com instâncias EntityManager gerenciadas pela aplicação, mas fazer isso é útil se você precisa de mais controle sobre o ciclo de vida de uma EntityManager em um componente EJB.

Você pode criar uma EntityManager *fora* de quaisquer limites de uma transação JTA; por exemplo, em um método EJB que não requeira um contexto de transação. É então de sua responsabilidade notificar a EntityManager de que uma transação JTA está ativa, quando necessária, com o método joinTransaction(). Note que essa operação não vincula o contexto de persistência à transação JTA nem o coloca no escopo da mesma; é somente uma dica que troca a EntityManager para comportamento transacional internamente.

As declarações anteriores não estão completas: se você fechar (close()) a EntityManager, ela não fecha imediatamente o seu contexto de persistência, se esse contexto de persistência foi associado com uma transação. O contexto de persistência é fechado quando a transação completa. Contudo, qualquer chamada da fechada EntityManager joga uma exceção (exceto para o método getTransaction() em Java SE e para o método isOpen()). Você pode trocar esse comportamento pela definição de configuração hibernate.ejb.discard_ pc_on_close. Você não tem que se preocupar com isso se você nunca chamar a EntityManager fora dos limites de uma transação.

Outra razão para acessar a sua EntityManagerFactory pode ser porque você quer acessar uma determinada extensão de fornecedor nessa interface, assim como discutimos no Capítulo 2, Seção 2.2.4, "Como trocar para interfaces do Hibernate".

Você também pode pesquisar uma EntityManagerFactory se você primeiro vinculá-la ao contexto de nomenclatura do EJB:

```
@Stateless
@PersistenceUnit(name= "emf/auction", unitName = "auctionDB")
public class ManageAuctionBean implements ManageAuction {

    @Resource
    SessionContext ctx;

    @TransactionAttribute(TransactionAttributeType.REQUIRED)
    public Item findAuctionByName(String name) {
        EntityManagerFactory auctionDB =
            (EntityManagerFactory) ctx.lookup("emf/auction");

        EntityManager em = auctionDB.createEntityManager();
        ...
        Item item = (Item) em.createQuery()...
        ...

        em.flush();
        em.close();
        return item;
    }
}
```

Novamente, não existe uma vantagem em particular se você comparar a técnica de pesquisa com a de injeção automática.

9.6 RESUMO

Nós abordamos muita coisa neste capítulo. Você agora sabe que as interfaces básicas do Java Persistence não são muito diferentes das fornecidas pelo Hibernate. Carregar e guardar objetos são processos quase iguais para os dois. O escopo do contexto de persistência é um pouco diferente; no Hibernate, ele é por padrão o mesmo que o escopo da Session. No Java Persistence, o escopo do contexto de persistência varia, dependendo de se você cria uma EntityManager você mesmo, ou se você deixa o contêiner gerenciá-la e vinculá-la ao escopo da transação corrente em um componente EJB.

A Tabela 9.1 mostra um resumo que você pode usar para comparar características do Hibernate nativo e o Java Persistence.

Nós já falamos sobre conversações em uma aplicação e como você pode projetá-las com objetos desligados ou com um contexto de persistência estendido. Embora não tenhamos tido

432 | JAVA PERSISTENCE COM HIBERNATE

tempo para discutir cada detalhe, você provavelmente já pode ver que trabalhar com objetos desligados requer disciplina (fora do escopo garantido de identidade do objeto) e religação ou fundição manual. Na prática, e por nossa experiência ao longo desses anos, recomendamos que você considere os objetos desligados uma opção secundária e que primeiro olhe para uma implementação de conversações com um contexto de persistência estendido.

Tabela 9.1 Planilha de comparação do Hibernate e do JPA para o Capítulo 9

Hibernate Core	Java Persistence e EJB 3.0
O Hibernate define e se baseia em quatro estados de objeto: transiente, persistente, removido e desligado.	Estados de objeto equivalentes são padronizados e definidos no EJB 3.0.
Objetos desligados podem ser religados a um novo contexto de persistência ou fundidos para dentro de instâncias persistentes.	Somente fundição é suportada com as interfaces de gerenciamento do Java Persistence.
Em tempo de descarga, as operações save() e update() podem ser cascateadas para todas as instâncias associadas e alcançáveis. A operação persist() só pode ser cascateada para instâncias alcançáveis em tempo de chamada.	Em tempo de descarga, a operação persist() pode ser cascateada para todas as instâncias associadas e alcançáveis. Se você se voltar para a API Session, save() e update() só são cascateadas para instâncias alcançáveis em tempo de chamada.
Um get() vai ao banco de dados; um load() pode retornar um proxy.	Um find() vai ao banco de dados; um getReference() pode retornar um proxy.
Injeção de dependência de uma Session em um EJB funciona somente no JBoss Application Server.	Injeção de dependência de uma EntityManager funciona em todos os componentes EJB 3.0.

Infelizmente, não temos ainda todos os fragmentos para escrever uma aplicação com conversações realmente sofisticada. Você pode sentir falta principalmentede mais informação sobre transações. O próximo capítulo aborda conceitos e interfaces de transação,

CAPÍTULO 10

TRANSAÇÕES
E CONCORRÊNCIA

Esse capítulo aborda

- Transações de banco de dados
- Transações com Hibernate e Java Persistence
- Acesso não transacional a dados

434 | JAVA PERSISTENCE COM HIBERNATE

Neste capítulo, finalmente falamos sobre *transações* e como você cria e controla unidades de trabalho em uma aplicação. Nós lhe mostraremos como as transações trabalham no mais baixo nível (o banco de dados) e como você trabalha com as transações em uma aplicação baseada no Hibernate nativo, no Java Persistence, e com ou sem Enterprise JavaBeans.

As transações permitem que você defina os limites de uma unidade de trabalho: um grupo atômico de operações. Elas também o ajudam a isolar uma unidade de trabalho de outra unidade de trabalho em uma aplicação multiusuário. Falamos sobre concorrência e como você pode controlar acesso concorrente aos dados em sua aplicação com estratégias pessimista e otimista.

E por fim, olhamos o acesso não transacional a dados e quando você deve trabalhar com o seu banco de dados em modo de autoconfirmação (autocommit).

10.1 NOÇÕES BÁSICAS DE TRANSAÇÃO

Vamos começar com algumas informações de base. A funcionalidade de uma aplicação requer que várias coisas sejam feitas ao mesmo tempo. Por exemplo, quando um leilão termina, três diferentes tarefas têm que ser executadas pela aplicação CaveatEmptor:

1. Marcar o lance vencedor (a maior quantia).
2. Cobrar do vendedor o custo do leilão.
3. Notificar o vendedor e o licitante bem-sucedido.

O que acontecerá se você não pode cobrar os custos do leilão por causa de uma falha no sistema externo de cartão de crédito? As necessidades de negócio podem determinar que ou todos os leilões listados devem suceder ou que nenhum deve suceder. Se for esse o caso, você chamará esses passos em grupo de *transação* ou *unidade de trabalho*. Se só um passo falhar, toda a unidade de trabalho deverá falhar. Isso é conhecido como *atomicidade*, a noção de que todas as operações são executadas como uma unidade atômica.

Além do mais, transações permitem que múltiplos usuários trabalhem concorrentemente com o mesmo dado sem comprometer a integridade e a exatidão do dado; uma determinada transação não deve ser visível para outras transações rodando concorrentemente. Várias estratégias são importantes para entender completamente esse comportamento de *isolamento*, e vamos explorá-las neste capítulo.

As transações têm outros atributos importantes, como *consistência* e *durabilidade*. Consistência significa que uma transação trabalha em um conjunto consistente de dados: um conjunto de dados que é escondido de outras transações rodando concorrentemente e que é deixado em um estado limpo e consistente depois que as transações terminam. As suas regras de integridade do banco de dados garantem a consistência. Você também quer *exatidão* de uma transação. Por exemplo, as regras de negócio ditam que o vendedor é cobrado uma vez, não duas. Isso é uma suposição razoável, mas você pode não ser capaz de expressar isso com restrições de banco de dados. Por isso, a exatidão de uma transação é de responsabilidade da aplicação, enquanto que a consistência é de responsabilidade do banco de dados. Durabilidade significa que logo que uma transação termina, todas as mudanças feitas durante essa transação se tornam persistentes e não serão perdidas mesmo se o sistema falhar subseqüentemente.

Juntos, esses atributos de transação são conhecidos como o padrão *ACID*.

Transações de banco de dados têm que ser curtas. Uma única transação geralmente envolve somente um único lote de operações de banco de dados. Na prática, você também precisa de um conceito que lhe permita ter *conversações* prolongadas, em que um grupo atômico de operações de banco de dados ocorra em não um, mas em vários lotes. Conversações permitem ao usuário da sua aplicação ter tempo de reflexão, enquanto o comportamento atômico, isolado, e consistente ainda é garantido.

Agora que nós definimos os nossos termos, podemos falar sobre *demarcação* de transação e como você pode definir os limites de uma unidade de trabalho.

10.1.1 Transações de banco de dados e de sistema

Bancos de dados implementam a noção de uma unidade de trabalho como uma *transação de banco de dados*. Uma transação de banco de dados agrupa operações de acesso a dados – ou seja, operações SQL. Todas as operações SQL executam dentro de uma transação; não existe uma maneira de mandar uma declaração SQL para um banco de dados fora de uma transação de banco de dados. É garantido que uma transação termine de uma dessas duas maneiras: ou ela é completamente *confirmada* ou completamente *revertida*. Por isso, dizemos que as transações de banco de dados são *atômicas*. Na Figura 10.1, você pode ver isso graficamente.

Para executar todas as suas operações de banco de dados dentro de uma transação, você tem que marcar os limites dessa unidade de trabalho. Você deve iniciar a transação e, em determinado momento, confirmar as mudanças. Se um erro ocorrer (seja durante a execução das operações ou quando a transação estiver sendo confirmada), você tem de reverter a transação para deixar os dados em um estado consistente. Isso é conhecido como *demarcação de transação* e, dependendo da técnica que você usar, envolve mais ou menos intervenção manual.

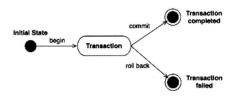

Figura 10.1 Ciclo de vida de uma unidade de trabalho atômica – uma transação.

436 | JAVA PERSISTENCE COM HIBERNATE

Em geral, os limites que começam e terminam uma transação podem ser definidos ou programaticamente na aplicação ou declarativamente.

Demarcação de transação programática

Em um ambiente não gerenciado, a API JDBC é usada para marcar os limites de uma transação. Você começa uma transação chamando setAutoCommit(false) em uma Connection JDBC e a conclui chamando commit(). Você pode, a qualquer momento, forçar uma reversão imediata chamando rollback().

Em um sistema que manipula dados em vários bancos de dados, uma determinada unidade de trabalho envolve acesso a mais de um recurso. Nesse caso, você não consegue alcançar atomicidade somente com JDBC. Você precisa de um *gerenciador de transação* que possa tratar vários recursos em uma *transação de sistema*. Tais sistemas de processamento de transação expõem a *Java Transaction API* (JTA) para interação com o desenvolvedor. A principal API dentro da JTA é a interface UserTransaction com métodos para começar (begin()) e confirmar (commit()) uma transação de sistema.

Além disso, gerenciamento de transação programática em uma aplicação Hibernate é exposta para o desenvolvedor de aplicações via a interface do Hibernate Transaction. Você não é forçado a usar essa API – o Hibernate também permite que você comece e termine transações JDBC diretamente, mas esse uso é desencorajado, pois ele vincula o seu código a JDBC direto. Em um ambiente Java EE (ou se você o instalou junto com a sua aplicação Java SE), um gerenciador de transação compatível com JTA está disponível, então você deve chamar a interface JTA UserTransaction para começar e terminar uma transação programaticamente. Contudo, a interface do Hibernate Transaction, como pode ser suposto, também funciona em cima da JTA. Iremos agora lhe mostrar todas essas opções e discutir preocupações de portabilidade mais detalhadamente.

A demarcação de transação programática com Java Persistence também tem que trabalhar dentro e fora de um servidor de aplicações Java EE. Fora de um servidor de aplicações, com puro Java SE, você está lidando com transações de recurso-local; é pra isso que serve a interface EntityTransaction – você já a viu em capítulos anteriores. Dentro de um servidor de aplicações, você chama a interface JTA UserTransaction para começar e terminar uma transação.

Vamos resumir essas interfaces e quando elas são usadas:

- **java.sql.Connection** – Demarcação de transação em JDBC puro com setAutoCommit(false), commit() e rollback(). Ela pode, porém não deve ser usada em uma aplicação Hibernate, pois ela vincula a sua aplicação a um ambiente JDBC puro.

CAPÍTULO 10 – TRANSAÇÕES E CONCORRÊNCIA | 437

- org.hibernate.Transaction – Demarcação de transação unificada em aplicações Hibernate. Ela funciona em um ambiente não gerenciado de JDBC puro e também em um servidor de aplicações com JTA como o serviço subjacente de transação de sistema. O principal benefício, de qualquer forma, é a forte integração com o gerenciamento do contexto de persistência – por exemplo, uma Session é descarregada automaticamente quando você confirma uma transação. Um contexto de persistência também pode ter o escopo dessa transação (útil para conversações; veja o próximo capítulo). Use essa API em Java SE se você não pode ter um serviço de transação compatível com JTA.

- javax.transaction.UserTransaction – Interface padronizada para controle de transação programática em Java; parte da JTA. Essa deverá ser a sua primeira escolha sempre que você tiver um serviço de transação compatível com JTA e quiser controlar as transações programaticamente.

- javax.persistence.EntityTransaction – Interface padronizada para controle de transação programática em aplicações Java SE que usam Java Persistence.

A demarcação de transação declarativa, por outro lado, não requer código extra: e, por definição, ela resolve o problema de portabilidade.

Demarcação de transação declarativa

Na sua aplicação, você declara (por exemplo, com anotações em métodos) quando deseja trabalhar dentro de uma transação. É então de responsabilidade do disponibilizador de aplicação e do ambiente de tempo de execução tratar essa preocupação. O contêiner padronizado que fornece os serviços de transação declarativa em Java é um contêiner EJB, e o serviço também é chamado de *transações gerenciadas por contêiner* (CMT – do inglês *container-managed transactions*). Iremos novamente escrever *session beans* EJB para mostrar como o Hibernate e o Java Persistence podem se beneficiar desse serviço.

Antes de você se decidir por uma determinada API, ou por demarcação de transação declarativa, vamos explorar essas opções passo a passo. Primeiro, presumimos que você vá usar Hibernate nativo em uma aplicação puro Java SE (uma aplicação web cliente/servidor, uma aplicação desktop, ou qualquer sistema de duas camadas (físicas)). Afinal de contas, você vai refatorar o código para rodar em um ambiente gerenciado Java EE (e ver como evitar esse refatoramento em primeiro lugar). Também discutimos Java Persistence ao longo do caminho.

10.1.2 Transações em uma aplicação Hibernate

Imagine que você esteja escrevendo uma aplicação Hibernate que tenha de rodar em puro Java; nenhum contêiner e nenhum recurso gerenciado pelo banco de dados estão disponíveis.

438 | JAVA PERSISTENCE COM HIBERNATE

Transações programáticas em Java SE

Você configura o Hibernate para criar um pool de conexões JDBC, assim como você fez em "O pool de conexões do banco de dados" no Capítulo 2, Seção 2.1.3. Além do pool de conexões, nenhuma outra definição de configuração é necessária se você está escrevendo uma aplicação Hibernate Java SE com a API Transaction:

- A opção hibernate.transaction.factory_class assume como padrão a org.hibernate.transaction.JDBCTransactionFactory, que é a fábrica correta para a API Transaction em Java SE e para JDBC direto.

- Você pode estender e customizar a interface Transaction com a sua própria implementação de uma TransactionFactory. Isso é raramente necessário, mas existem alguns casos de uso interessantes. Por exemplo, se você tem de escrever um log de auditoria sempre que uma transação é iniciada, você pode adicionar esse log a uma implementação Transaction customizada.

O Hibernate obtém uma conexão JDBC para cada Session que você for trabalhar com:

```
Session session = null;
Transaction tx = null;

try {
   session = sessionFactory.openSession();
   tx = session.beginTransaction();

   concludeAuction(session);

   tx.commit();
} catch (RuntimeException ex) {
   tx.rollback();
} finally {
   session.close();
}
```

Uma Session do Hibernate é preguiçosa. Isso é uma coisa boa – quer dizer que ela não consome quaisquer recursos a não ser que eles sejam absolutamente necessários. Uma Connection JDBC do pool de conexões é obtida somente quando a transação do banco de dados começa. A chamada para beginTransaction() se traduz em um setAutoCommit(false) na recente Connection JDBC. A Session está agora vinculada a essa conexão com o banco de dados, e todas as declarações SQL (nesse caso, todo o SQL necessário para concluir o leilão) são enviadas nessa conexão. Todas as declarações de banco de dados executam dentro da mesma transação de banco de dados. (Assumimos que o método concludeAuction() chama a Session dada para acessar o banco de dados.)

Nós já falamos sobre o comportamento de *escrita assíncrona*, então você sabe que a massa de declarações SQL é executada o mais tarde possível, quando o contexto de persistência da Session é descarregado. Isso acontece quando você chama o commit() na Transaction, por

CAPÍTULO 10 – TRANSAÇÕES E CONCORRÊNCIA | 439

padrão. Após você confirmar a transação (ou revertê-la), a conexão com o banco de dados é liberada e desvinculada da Session. Começar uma nova transação com a mesma Session obtém outra conexão do pool.

Fechar a Session libera todos os outros recursos (por exemplo, o contexto de persistência); todas as instâncias persistentes gerenciadas agora são consideradas desligadas.

> **FAQ** *É mais rápido reverter transações somente leitura?* Se o código em uma transação lê dados, mas não os modifica, será que você deve reverter a transação ao invés de confirmá-la? Será que isso seria mais rápido? Aparentemente, alguns desenvolvedores acharam esse procedimento mais rápido em algumas circunstâncias especiais, e essa crença se espalhou pela comunidade. Nós testamos isso com os sistemas de banco de dados mais populares e não achamos nenhuma diferença. Também não existe qualquer razão por que um sistema de banco de dados devesse ter uma implementação subótima – porque ele não deveria usar o algoritmo mais rápido de limpeza de transação internamente. Sempre confirme a sua transação e reverta se a confirmação falhar. Tendo dito isso, o padrão SQL inclui uma declaração SET TRANSACTION READ ONLY. O Hibernate não suporta uma API que habilita essa definição, embora você possa implementar a sua própria Transaction e TransactionFactory customizada para adicionar essa operação. Recomendamos que você primeiro investigue se seu banco de dados suporta isso e quais serão os possíveis benefícios de performance, se houver algum.

Precisamos discutir tratamento de exceção nesse ponto.

Como tratar exceções

Se o concludeAuction() como mostrado no exemplo anterior (ou o descarregamento do contexto de persistência durante a confirmação) joga uma exceção, você deve forçar a transação a se reverter chamando tx.rollback(). Isso reverte a transação imediatamente, então nenhuma operação SQL que você mandou para o banco de dados tem qualquer efeito permanente.

Isso parece claro, embora você já possa provavelmente perceber que pegar RuntimeException sempre que quiser acessar o banco de dados não vai resultar em código bom.

NOTA *Histórico de exceções* – Exceções e como elas devem ser tratadas sempre terminam em quentes debates entre os desenvolvedores Java. Não é surpresa que o Hibernate também tenha algum histórico digno de atenção. Até o Hibernate 3.x, todas as exceções jogadas pelo Hibernate eram exceções *checadas*, então toda API do Hibernate forçava o desenvolvedor a pegar e tratar exceções. Essa estratégia foi influenciada pelo JDBC, que também joga somente exceções checadas. Contudo, logo se tornou claro que isso não fazia sentido, pois todas as exceções jogadas pelo Hibernate são fatais. Em muitos casos, o melhor que um desenvolvedor pode fazer nessa situação é dar uma arrumada, mostrar uma

440 | JAVA PERSISTENCE COM HIBERNATE

> mensagem de erro, e sair da aplicação. Então, começando com o Hibernate 3.x, todas as exceções jogadas pelo Hibernate são subtipos da RuntimeException não checada, que é normalmente tratada em um único lugar em uma aplicação. Isso também torna qualquer API envolvente ou modelo do Hibernate obsoleto.

Primeiro, embora admitamos que você não vá escrever o seu código da aplicação com dezenas (ou centenas) de blocos try/catch, o exemplo que mostramos não está completo. Esse é um exemplo do idioma padronizado para uma unidade de trabalho do Hibernate com uma transação de banco de dados que contém um genuíno tratamento de exceção:

```
Session session = null;
Transaction tx = null;

try {
   session = sessionFactory.openSession();
   tx = session.beginTransaction();

   tx.setTimeout(5);

   concludeAuction(session);

   tx.commit();
} catch (RuntimeException ex) {
   try {
      tx.rollback();
   } catch (RuntimeException rbEx) {
      log.error("Couldn't roll back transaction", rbEx);
   }
   throw ex;
} finally {
   session.close();
}
```

Qualquer operação do Hibernate, incluindo descarga do contexto de persistência, pode jogar uma RuntimeException. Até mesmo reverter uma transação pode jogar uma exceção! Você precisa pegar essa exceção e gerar um log dela; caso contrário, a exceção original que levou à reversão será engolida.

Uma chamada opcional de método no exemplo é setTimeout(), que recebe o número de segundos em que uma transação possa rodar. Contudo, transações genuinamente monitoradas não estão disponíveis em um ambiente Java SE. O melhor que o Hibernate pode fazer se você rodar esse código fora de um servidor de aplicações (ou seja, sem um gerenciador de transação) é definir o número de segundos que o driver vai esperar para que uma declaração preparada (PreparedStatement) execute (o Hibernate usa exclusivamente declarações preparadas). Se o limite for excedido, uma SQLException será jogada.

Você não quer usar esse exemplo como um modelo na sua própria aplicação, pois você deve esconder o tratamento de exceção com código de infra-estrutura genérico. Você pode, por exemplo, escrever um único tratador de exceção para RuntimeException que sabe quando e como reverter uma transação. O mesmo pode ser dito sobre abrir e fechar uma Session. Discutiremos isso com exemplos mais realistas no próximo capítulo e, novamente, no Capítulo 16, Seção 16.1.3, "O padrão Open Session in View".

O Hibernate joga exceções de tipo, todas são subtipos de RuntimeException que o ajudam a identificar erros:

- A exceção do Hibernate mais comum é a HibernateException que é um erro genérico. Você tem que ou checar a mensagem da exceção ou descobrir mais sobre a causa chamando getCause() na exceção.

- Uma JDBCException é qualquer exceção jogada pela camada JDBC interna do Hibernate. Esse tipo de exceção é sempre causado por uma determinada declaração SQL, e você pode pegar a declaração ofensiva com getSQL(). A exceção interna jogada pela conexão JDBC (o driver JDBC, na verdade) está disponível com getSQLException() ou getCause(), e o código de erro específico de fornecedor e banco de dados está disponível com getErrorCode().

- O Hibernate inclui subtipos da JDBCException e um conversor interno que tenta traduzir o código de erro específico de fornecedor jogado pelo driver do banco de dados em algo mais significativo. O conversor inerente pode produzir JDBCConnectionException, SQLGrammarException, LockAquisitionException, DataException e ConstraintViolationException para os dialetos de banco de dados mais importantes suportados pelo Hibernate. Você pode manipular ou aprimorar o dialeto para o seu banco de dados, ou inserir uma SQLExceptionConverterFactory para customizar essa conversão.

- Outras RuntimeExceptions jogadas pelo Hibernate também devem abortar uma transação. Você deve sempre ter certeza de que pega a RuntimeException, não importando o que planeje fazer com qualquer estratégia de tratamento de exceção de granulosidade fina.

Você agora sabe que exceções deve pegar e quando deve esperá-las. Contudo, você ainda deve ter uma pergunta em sua mente: O que deve fazer *após* ter pegado uma exceção?

Todas as exceções jogadas pelo Hibernate são fatais. Isso significa que você tem que reverter a transação do banco de dados e fechar a Session corrente. Não lhe é permitido continuar trabalhando com uma Session que jogou uma exceção.

442 | JAVA PERSISTENCE COM HIBERNATE

Geralmente, você também tem que sair da aplicação após você fechar a Session depois de uma exceção, embora existam algumas exceções (por exemplo, StaleObjectStateException) que naturalmente levam a uma nova tentativa (possivelmente depois de interagir com o usuário da aplicação novamente) em uma nova Session. Pelo fato de estarem intimamente relacionadas a conversações e controle de concorrência, iremos abordá-las mais à frente.

> **FAQ** *Posso usar as exceções para validação?* Alguns desenvolvedores ficam excitados ao perceberem quantos tipos de exceção de granulosidade fina o Hibernate pode jogar. Isso pode levá-lo a tomar um caminho errado. Por exemplo, você pode ficar tentado a pegar a ConstraintViolationException para propósitos de validação. Se uma determinada operação joga essa exceção, porque não mostrar uma mensagem de falha (customizada dependendo do código e texto de erro) para os usuários da aplicação e deixar que eles corrijam o erro? Essa estratégia tem duas desvantagens significantes. Primeiro, jogar valores não checados contra o banco de dados para ver o que vai colar não é a estratégia correta para uma aplicação escalável. Você precisa implementar pelo menos alguma validação de integridade dos dados na camada da aplicação. Segundo, todas as exceções são fatais para a sua unidade de trabalho corrente. Contudo, não é assim que os usuários da aplicação vão interpretar um erro de validação – eles esperam ainda estar dentro de uma unidade de trabalho. Codificar para contornar essa disparidade é estranho e difícil. Nossa recomendação é que você use os tipos de exceção de granulosidade fina para mostrar mensagens de erro (fatais) mais agradáveis. Fazer isso o ajudará durante o desenvolvimento (exceções fatais não devem ocorrer em produção, idealmente) e também ajudará qualquer engenheiro de suporte a cliente que tenha de decidir rapidamente se isso é um erro da aplicação (restrição violada, SQL errado executado) ou se o sistema de banco de dados está sobrecarregado (bloqueios não puderam ser adquiridos).

A demarcação de transação programática em Java SE com a interface Transaction do Hibernate mantém o seu código portável. Ele também pode rodar dentro de um ambiente gerenciado, quando um gerenciador de transação trata os recursos do banco de dados.

Transações programáticas com JTA

Um ambiente de tempo de execução gerenciado compatível com Java EE pode gerenciar recursos para você. Na maioria dos casos, os recursos gerenciados são conexões com banco de dados, mas qualquer recurso com um adaptador pode integrar com um sistema Java EE (sistemas legados ou de mensagem, por exemplo). A demarcação de transação programática nesses recursos, se eles são transacionais, é unificada e exposta para o desenvolvedor com JTA; javax.transaction.UserTransaction é a principal interface para começar e terminar transações.

O ambiente de tempo de execução gerenciado comum é um servidor de aplicações Java EE. Claro, servidores de aplicações fornecem muito mais recursos, não somente gerenciamento de recursos. Muitos serviços Java EE são modulares – instalar um servidor de aplicações não

CAPÍTULO 10 – TRANSAÇÕES E CONCORRÊNCIA | 443

é a única maneira de consegui-los. Você pode obter um fornecedor de JTA *independente* se tudo de que você precisa sejam recursos gerenciados. Dentre os fornecedores de JTA independente de código aberto estão *JBoss Transactions* (http://www.jboss.com/products/transactions), *ObjectWeb JOTM* (http://jotm.objectweb.org), e outros. Você pode instalar tal serviço JTA junto com a sua aplicação Hibernate (no Tomcat, por exemplo). Ele irá gerenciar um pool de conexões com o banco de dados pra você, fornecer interfaces JTA para demarcação de transação, e fornecer conexões gerenciadas com o banco de dados através de um registro JNDI.

A seguir, os benefícios de recursos gerenciados com JTA e as razões para usar esse serviço Java EE:

- Um serviço de gerenciamento de transação pode unificar todos os recursos, não importa de que tipo, e expor controle de transação para você com uma única API padronizada. Isso significa que você pode *substituir* a API Transaction do Hibernate e usar JTA diretamente em qualquer lugar. É então de responsabilidade do disponibilizador da aplicação instalar a aplicação em (ou com) um ambiente de tempo de execução compatível com JTA. Essa estratégia move as preocupações de portabilidade para onde elas pertencem; a aplicação se baseia em interfaces padronizadas Java EE, e o ambiente de tempo de execução tem que fornecer uma implementação.

- Um gerenciador de transação Java EE pode contar com múltiplos recursos em uma única transação. Se trabalha com vários bancos de dados (ou mais de um recurso), você provavelmente quer um protocolo *two-phase commit* (*confirmação em duas fases*) para garantir a atomicidade de uma transação ao longo de limites de recurso. Nesse cenário, o Hibernate é configurado com várias SessionFactorys, uma para cada banco de dados, e suas Sessions obtêm conexões gerenciadas com o banco de dados onde todas participam da mesma transação de sistema.

- A qualidade das implementações JTA é geralmente maior se comparada a de simples pools de conexões JDBC. Servidores de aplicações e fornecedores de JTA independente, que são módulos de servidores de aplicações, geralmente realizaram mais testes em sistemas mais avançados com um volume de transação maior.

- Fornecedores de JTA não adicionam processamentos desnecessários em tempo de execução (uma concepção errônea comum). O caso simples (um único banco de dados JDBC) é tratado tão eficientemente quanto com transações puras JDBC. O pool de conexões gerenciado por trás de um serviço JTA é provavelmente um software muito melhor do que uma biblioteca de pool de conexões randômica que você usaria com JDBC puro.

Vamos presumir que você não esteja convencido pelo JTA e queira continuar usando a API do Hibernate Transaction para manter o seu código possível de ser rodado em Java SE e com serviços gerenciados Java EE, sem qualquer alteração de código. Para implantar os

444 | JAVA PERSISTENCE COM HIBERNATE

exemplos de código anteriores, nos quais a API do Hibernate Transaction é unanimamente chamada, em um servidor de aplicações Java EE, você precisa trocar a configuração do Hibernate para JTA:

- A opção hibernate.transaction.factory_class deve ser definida para org.hibernate.transaction.JTATransactionFactory.

- O Hibernate precisa saber a implementação JTA na qual você está implantando, por duas razões: primeira, diferentes implementações podem expor a UserTransaction JTA, que o Hibernate tem de chamar internamente agora, sob diferentes nomes. Segunda, o Hibernate tem que se integrar com o processo de sincronização do gerenciador de transação JTA para tratar dos seus caches. Você tem que definir a opção hibernate.transaction.manager_lookup_class para configurar ambos: por exemplo, para org.hibernate.transaction.JBossTransactionManagerLookup. Classes de pesquisa para as implementações JTA e servidores de aplicações mais comuns estão empacotados com o Hibernate (e podem ser customizadas se necessário). Cheque a Javadoc do pacote.

- O Hibernate não é mais responsável por gerenciar um pool de conexões JDBC; ele obtém conexões gerenciadas com o banco de dados a partir do contêiner de tempo de execução. Essas conexões são expostas pelo fornecedor JTA através do JNDI, um registro global. Você deve configurar o Hibernate com o nome correto para os seus recursos do banco de dados armazenados no JNDI, assim como você fez no Capítulo 2, Seção 2.4.1, "Como integrar com JTA".

Agora o mesmo pedaço de código que você escreveu anteriormente para Java SE diretamente com JDBC irá funcionar em um ambiente JTA com datasources gerenciados:

```
Session session = null;
Transaction tx = null;

try {
   session = sessionFactory.openSession();
   tx = session.beginTransaction();

   tx.setTimeout(5);

   concludeAuction(session);

   tx.commit();
} catch (RuntimeException ex) {
   try {
      tx.rollback();
   } catch (RuntimeException rbEx) {
      log.error("Couldn't roll back transaction", rbEx);
   }
   throw ex;
```

CAPÍTULO 10 – TRANSAÇÕES E CONCORRÊNCIA | 445

```
} finally {
    session.close();
}
```

Contudo, o tratamento da conexão com o banco de dados é um pouco diferente. O Hibernate obtém uma conexão gerenciada com o banco de dados para cada Session que você esteja usando e, novamente, tenta ser tão preguiçoso quanto possível. Sem o JTA, o Hibernate iria se segurar em uma determinada conexão com o banco de dados do começo até o fim da transação. Com uma configuração JTA, o Hibernate é ainda mais agressivo: uma conexão é obtida e usada por somente uma única declaração SQL e, então, retorna imediatamente para o pool de conexões gerenciado. O servidor de aplicações garante que ele irá distribuir a mesma conexão durante a mesma transação, quando ela for novamente necessária para outra declaração SQL. Esse modo agressivo de liberação de conexão é o comportamento interno do Hibernate, e isso não faz a menor diferença para a sua aplicação e para a forma como você escreve o código. (Por isso, o exemplo de código é linha por linha o mesmo que o último.)

Um sistema JTA suporta tempos-limite globais de transação; ele pode monitorar transações. Então, agora o setTimeout() controla a definição de tempo-limite global de transação – é o mesmo que chamar UserTransaction.setTransactionTimeout().

A API do Hibernate Transaction garante portabilidade com uma simples mudança da configuração do Hibernate. Se quer mover essa responsabilidade para o disponibilizador da aplicação, você deve escrever o seu código voltado para uma interface JTA padronizada, ao invés. Para tornar o exemplo seguinte um pouco mais interessante, você irá trabalhar também com dois bancos de dados (duas SessionFactorys) dentro da mesma transação de sistema:

```
UserTransaction utx = (UserTransaction) new InitialContext()
                        .lookup("java:comp/UserTransaction");

Session session1 = null;
Session session2 = null;

try {
    utx.begin();

    session1 = auctionDatabase.openSession();
    session2 = billingDatabase.openSession();

    concludeAuction(session1);
    billAuction(session2);

    session1.flush();
    session2.flush();

    utx.commit();
} catch (RuntimeException ex) {
    try {
```

446 | JAVA PERSISTENCE COM HIBERNATE

```
    utx.rollback();
  } catch (RuntimeException rbEx) {
    log.error("Couldn't roll back transaction", rbEx);
  }
  throw ex;
} finally {
  session1.close();
  session2.close();
}
```

(Note que esse trecho de código pode jogar algumas outras exceções checadas, como uma NamingException a partir da pesquisa JNDI. Você precisa tratar essas exceções em conformidade.)

Primeiro, um *handle* para poder acessar uma UserTransaction JTA deve ser obtido do registro JNDI. Então, você começa e termina uma transação, e as conexões com o banco de dados (fornecidas pelo contêiner) usadas por todas as Sessions do Hibernate são relacionadas nessa transação automaticamente. Mesmo se você não estiver usando a API Transaction, você deverá ainda configurar hibernate.transaction.factory_class e hibernate.transaction.manager_lookup_class para JTA e seu ambiente, para que o Hibernate possa interagir com o sistema de transação internamente.

Com definições padronizadas, também é de sua responsabilidade descarregar (flush()) cada Session manualmente para sincronizá-la com o banco de dados (para executar toda a DML SQL). A API do Hibernate Transaction fazia isso automaticamente. Você também tem que fechar todas as Sessions manualmente. Por outro lado, você pode habilitar as opções de configuração hibernate.transaction.flush_before_completion e/ou a hibernate.transaction.auto_close_session e deixar o Hibernate tomar conta disso pra você novamente – descarregar e fechar tornam-se então parte do procedimento interno de sincronização do gerenciador de transação e ocorrem antes (e depois, respectivamente) da transação JTA terminar. Com essas duas definições habilitadas o código pode ser simplificado para o seguinte:

```
UserTransaction utx = (UserTransaction) new InitialContext()
                    .lookup("java:comp/UserTransaction");

Session session1 = null;
Session session2 = null;

try {
  utx.begin();

  session1 = auctionDatabase.openSession();
  session2 = billingDatabase.openSession();

  concludeAuction(session1);
  billAuction(session2);

  utx.commit();
} catch (RuntimeException ex) {
```

```
try {
  utx.rollback();
} catch (RuntimeException rbEx) {
  log.error("Couldn't roll back transaction", rbEx);
}
throw ex;
}
```

O contexto de persistência de session1 e session2 é agora descarregado automaticamente durante a confirmação da UserTransaction, e ambas são fechadas depois que a transação termine.

Nosso conselho é usar JTA diretamente sempre que possível. Você deve sempre tentar mover a responsabilidade de portabilidade para fora da aplicação e, se puder, requisite a implantação em um ambiente que forneça JTA.

A demarcação de transação programática requer o código da aplicação escrito voltado para uma interface de demarcação de transação. Uma abordagem bem melhor que evita qualquer código não portável espalhado por toda a sua aplicação é a demarcação de transação *declarativa*.

Transações gerenciadas por contêiner

A demarcação de transação declarativa implica que um contêiner tome conta dessa preocupação para você. Você *declara* se e como quer que o seu código participe de uma transação. A responsabilidade de fornecer um contêiner que suporte demarcação de transação declarativa está novamente onde ele pertence, com o disponibilizador da aplicação.

CMT é uma característica padronizada do Java EE e, em particular, EJB. O código que lhe mostraremos a seguir é baseado em *session beans* EJB 3.0 (somente Java EE); você define os limites da transação com anotações. Note que o código de acesso aos dados de fato não muda se você tiver que usar os antigos *session beans* EJB 2.1; contudo, você tem que escrever um descritor de implantação EJB em XML para criar sua montagem da transação – isso é opcional em EJB 3.0.

(Uma implementação JTA independente não fornece transações gerenciadas por contêiner e declarativas. Contudo, o JBoss Application Server está disponível como um servidor modular com o mínimo necessário, e ele pode prover somente o JTA e um contêiner EJB 3.0, se necessário.)

Suponha que um *session bean* EJB 3.0 implemente uma ação que termina um leilão. O código que você escreveu anteriormente com demarcação de transação JTA programática é movido para dentro de um *stateless session bean*:

```
@Stateless
public class ManageAuctionBean implements ManageAuction {

    @TransactionAttribute(TransactionAttributeType.REQUIRED)
```

JAVA PERSISTENCE COM HIBERNATE

```
public void endAuction(Item item) {
    Session session1 = auctionDatabase.openSession();
    Session session2 = billingDatabase.openSession();

    concludeAuction(session1, item);
    billAuction(session2, item);
}
    ...
}
```

O contêiner percebe a sua declaração TransactionAttribute e aplica-a ao método endAuction(). Se nenhuma transação de sistema estiver rodando quando o método for chamado, uma nova transação será criada (ela é obrigatória (REQUIRED)). Uma vez que o método retorne, e se a transação foi iniciada quando o método foi chamado (e não por qualquer outro), a transação confirma. A transação de sistema é automaticamente revertida se o código dentro do método joga uma RuntimeException.

Mostramos novamente duas SessionFactorys para dois bancos de dados, com o objetivo do exemplo. Elas poderiam ter sido designadas com uma pesquisa JNDI (o Hibernate pode vinculá-las lá, na inicialização) ou a partir de uma versão aprimorada da HibernateUtil. Ambas obtêm conexões com o banco de dados relacionadas com a mesma transação gerenciada por contêiner. E, se o sistema de transação do contêiner e os recursos suportarem isso, você terá novamente um protocolo *two-phase commit* que garantirá a atomicidade da transação através de bancos de dados.

Você tem que definir algumas opções de configuração para habilitar CMT com Hibernate:

- A opção hibernate.transaction.factory_class deve ser definida para org.hibernate.transaction.CMTTransactionFactory.
- Você precisa definir hibernate.transaction.manager_lookup_class para a classe de pesquisa correta do seu servidor de aplicações.

Note também que todos os *session beans* EJB assumem como padrão a CMT, então se você quiser desabilitar a CMT e chamar a UserTransaction JTA diretamente em qualquer método do *session bean*, anote a classe EJB com @TransactionManagement (TransactionManagementType.BEAN). Você estará então trabalhando com *transações gerenciadas por bean* (BMT do inglês *bean-managed transactions*). Mesmo que isso possa funcionar na maioria dos servidores de aplicações, misturar CMT e BMT em um único *bean* não é permitido pela especificação Java EE.

O código CMT já parece bem melhor do que o de demarcação de transação programática. Se você configura o Hibernate para usar CMT, ele sabe que deve descarregar e fechar uma Session que participa de uma transação de sistema automaticamente. Além do mais, logo você irá melhorar esse código e até mesmo remover as duas linhas que abrem uma Session do Hibernate.

Vamos ver o tratamento de transações em uma aplicação Java Persistence.

10.1.3 Transações com Java Persistence

Com Java Persistence, você também tem a escolha de projeto a fazer entre demarcação de transação programática no código da aplicação ou demarcação de transação declarativa tratada automaticamente pelo contêiner de tempo de execução. Vamos investigar a primeira opção com Java SE puro e, então, repetir os exemplos com JTA e componentes EJB.

A descrição de transação de *recurso-local* se aplica a todas as transações que sejam controladas pela aplicação (programática) e que não estejam participando de uma transação de sistema global. Elas se traduzem diretamente no sistema de transação nativo do recurso com o qual você está lidando. Como você está trabalhando com bancos de dados JDBC, isso significa que uma transação de *recurso-local* se traduz em uma transação de banco de dados JDBC.

Transações de recurso-local em JPA são controladas com a API EntityTransaction. Essa interface existe não por razões de portabilidade, mas para habilitar determinadas características do Java Persistence – por exemplo, descarregamento do contexto de persistência subjacente quando você confirma uma transação.

Você viu o idioma padronizado do Java Persistence em Java SE muitas vezes. Ei-lo aqui novamente com tratamento de exceção:

```
EntityManager em = null;
EntityTransaction tx = null;

try {
   em = emf.createEntityManager();
   tx = em.getTransaction();
   tx.begin();

   concludeAuction(em);
   tx.commit();
} catch (RuntimeException ex) {
   try {
      tx.rollback();
   } catch (RuntimeException rbEx) {
      log.error("Couldn't roll back transaction", rbEx);
   }
   throw ex;
} finally {
   em.close();
}
```

Esse padrão é próximo ao seu equivalente do Hibernate, com as mesmas implicações. Você tem que manualmente começar e terminar uma transação de banco de dados, e você deve garantir que a EntityManager gerenciada pela aplicação seja fechada em um bloco finally. (Embora nós freqüentemente mostremos exemplos de código que não tratem exceções ou que estejam envolvidos em um bloco try/catch, isso não é opcional.)

450 | JAVA PERSISTENCE COM HIBERNATE

As exceções jogadas pelo JPA são subtipos da RuntimeException. Qualquer exceção invalida o contexto de persistência corrente, e você não tem permissão para continuar trabalhando com a EntityManager uma vez que uma exceção foi jogada. Então, todas as estratégias que discutimos para tratamento de exceção no Hibernate também se aplicam ao tratamento de exceção no Java Persistence. Em adição, as seguintes regras se aplicam:

- Qualquer exceção jogada por qualquer método da interface EntityManager aciona uma reversão automática da transação corrente.

- Qualquer exceção jogada por qualquer método da interface javax.persistence.Query aciona uma reversão automática da transação corrente, exceto pelas NoResultException e NonUniqueResultException. Então, o exemplo de código anterior que pega todas as exceções também executa uma reversão para essas exceções.

Note que o JPA não oferece tipos de exceção SQL de granulosidade fina. A exceção mais comum é a javax.persistence.PersistenceException. Todas as outras exceções jogadas são subtipos da PersistenceException, e você deve considerar todas elas fatais exceto pelas NoResultException e NonUniqueResultException. Contudo, você pode chamar getCause() em qualquer exceção jogada pelo JPA e achar uma exceção do Hibernate nativo envolvida, incluindo os tipos de exceção SQL de granulosidade fina.

Se você usar o Java Persistence dentro de um servidor de aplicações ou em um ambiente que pelo menos forneça JTA (veja nossas discussões anteriores para o Hibernate), você chamará as interfaces JTA para a demarcação de transação programática. A interface EntityTransaction está disponível somente para transações de recurso-local.

Transações JTA com Java Persistence

Se o seu código Java Persistence for implantado em um ambiente onde o JTA esteja disponível, e você quiser as transações de sistema JTA, será necessário chamar a interface JTA UserTransaction para controlar os limites da transação programaticamente:

```
UserTransaction utx = (UserTransaction) new InitialContext()
                    .lookup("java:comp/UserTransaction");
EntityManager em = null;

try {
  utx.begin();

  em = emf.createEntityManager();

  concludeAuction(em);

  utx.commit();
} catch (RuntimeException ex) {
    try {
```

```
    utx.rollback();
  } catch (RuntimeException rbEx) {
    log.error("Couldn't roll back transaction", rbEx);
  }
  throw ex;
} finally {
  em.close();
}
```

O contexto de persistência da EntityManager tem o seu escopo definido pela transação JTA. Todas as declarações SQL descarregadas por essa EntityManager são executadas dentro da transação JTA em uma conexão com o banco de dados que está relacionada com a transação. O contexto de persistência é descarregado e fechado automaticamente quando a transação JTA é confirmada. Você poderia usar várias EntityManagers para acessar vários bancos de dados na mesma transação de sistema, assim como você iria usar várias Sessions em uma aplicação com Hibernate nativo.

Note que o escopo do contexto de persistência mudou! Ele agora tem o seu escopo definido pela transação JTA, e qualquer objeto que estava em estado persistente durante a transação é considerado desligado uma vez que a transação é confirmada.

As regras para tratamento de exceção são equivalentes às das transações de recurso-local. Se você usar o JTA em EJBs, não se esqueça de definir @TransactionManagement (TransactionManagementType.BEAN) na classe para habilitar a BMT.

Você não usará freqüentemente Java Persistence com JTA e nem terá também um contêiner EJB disponível. Se você não implantar uma implementação de JTA independente, um servidor de aplicações Java EE 5.0 irá fornecer ambos. Em vez de demarcação de transação programática, você provavelmente irá utilizar as características declarativas dos EJBs.

Java Persistence e CMT

Vamos refatorar o *session bean* EJB ManageAuction dos exemplos anteriores do Hibernate para as interfaces Java Persistence. Você também irá deixar o contêiner injetar uma EntityManager:

```
@Stateless
public class ManageAuctionBean implements ManageAuction {

    @PersistenceContext(unitName = "auctionDB")
    private EntityManager auctionEM;

    @PersistenceContext(unitName = "billingDB")
    private EntityManager billingEM;

    @TransactionAttribute(TransactionAttributeType.REQUIRED)
    public void endAuction(Item item)
                    throws AuctionNotValidException {

        concludeAuction(auctionEM, item);
```

452 | JAVA PERSISTENCE COM HIBERNATE

```
    billAuction(billingEM, item);
  }
  ...
}
```

Novamente, o que acontece dentro dos métodos concludeAuction() e billAuction() não é relevante para esse exemplo; assuma que eles precisam das EntityManagers para acessar o banco de dados. A TransactionAttribute para o método endAuction() obriga a que todos os acessos ao banco de dados ocorram dentro de uma transação. Se nenhuma transação de sistema está ativa quando endAuction() é chamado, uma nova transação é iniciada para esse método. Se o método retornar, e se a transação foi iniciada por esse método, ela é confirmada. Cada EntityManager tem um contexto de persistência que se estende ao longo do escopo da transação e é descarregado automaticamente quando a transação é confirmada. O contexto de persistência tem o mesmo escopo do método endAuction(), se nenhuma transação está ativa quando o método é chamado.

Ambas as unidades de persistência são configuradas para serem implantadas em JTA, então duas conexões gerenciadas com o banco de dados, uma para cada banco de dados, são relacionadas dentro da mesma transação, e a atomicidade é garantida pelo gerenciador de transação do servidor de aplicações.

Você declara que o método endAuction() pode jogar uma AuctionNotValidException. Essa é uma exceção customizada que você escreveu; antes de terminar o leilão, você checa se tudo está correto (se o tempo de término do leilão foi alcançado, se existe um lance, e assim por diante). Essa é uma exceção checada que é um subtipo de java.lang.Exception. Um contêiner EJB trata disso como uma *exceção de aplicação* e não acionará qualquer ação se o método EJB jogar essa exceção. Contudo, o contêiner reconhece *exceções de sistema*, que por padrão são todas RuntimeExceptions não checadas que podem ser jogadas por um método EJB. Uma exceção de sistema jogada por um método EJB força uma reversão automática da transação de sistema.

Em outras palavras, você não precisa pegar e rejogar qualquer exceção de sistema a partir das suas operações Java Persistence – deixe o contêiner tratar delas. Você tem duas escolhas a respeito de como poderá reverter uma transação se uma exceção de aplicação for jogada: primeiro, você pode pegá-la e, em seguida, chamar a UserTransaction JTA manualmente, e defini-la para reverter. Ou você pode adicionar uma anotação @ApplicationException(rollback = true) à classe da AuctionNotValidException – o contêiner irá então reconhecer que você deseja uma reversão automática sempre que um método EJB jogue essa exceção de aplicação.

Você agora está pronto para usar o Java Persistence e o Hibernate dentro e fora de um servidor de aplicações, com ou sem JTA, e em combinação com EJBs e transações gerenciadas por contêiner. Discutimos (quase) todos os aspectos de atomicidade de transação. Natural-

CAPÍTULO 10 – TRANSAÇÕES E CONCORRÊNCIA | 453

mente, é provável que você ainda tenha algumas perguntas sobre o *isolamento* entre transações rodando concorrentemente.

10.2 COMO CONTROLAR ACESSO CONCORRENTE

Os bancos de dados (e outros sistemas transacionais) tentam garantir o *isolamento da transação*, ou seja, do ponto de vista de cada transação concorrente, parece que não existe qualquer outra transação em progresso. Tradicionalmente, isso tem sido implementado com *bloqueio*. Uma transação pode colocar um bloqueio em um determinado item de dados no banco de dados, temporariamente evitando acesso a esse item por outras transações. Alguns bancos de dados modernos, como o Oracle e PostgreSQL, implementam o isolamento de transação com *controle de concorrência multiversão* (MVCC do inglês *multiversion concurrency control*) geralmente considerado mais escalável. Vamos discutir isolamento assumindo um modelo de bloqueio; a maioria das nossas observações são aplicáveis a concorrência multiversão, contudo. A maneira como os bancos de dados implementam o controle de concorrência é da maior importância na sua aplicação Hibernate ou Java Persistence. As aplicações *herdam* as garantias de isolamento fornecidas pelo sistema de gerenciamento de banco de dados. Por exemplo, o Hibernate nunca bloqueia qualquer coisa na memória. Se você considerar os muitos anos de experiência que os fornecedores de banco de dados têm com a implementação de controle de concorrência, verá a vantagem dessa abordagem. Por outro lado, algumas características no Hibernate e no Java Persistence (seja porque você as usa ou por projeto) podem melhorar a garantia de isolamento além da que é fornecida pelo banco de dados.

Discutimos o controle de concorrência em vários passos. Exploramos o nível mais baixo e investigamos as garantias de isolamento de transação fornecidas pelo banco de dados. E, então, nos voltamos para as características do Hibernate e Java Persistence para controle de concorrência pessimista e otimista no nível da aplicação, e que outras garantias de isolamento o Hibernate pode fornecer.

10.2.1 Entenda concorrência no nível do banco de dados

O seu trabalho como um desenvolvedor de aplicações Hibernate é entender as capacidades do seu banco de dados e como mudar o comportamento de isolamento do banco de dados se for preciso em um determinado cenário (e pelas necessidades da sua integridade dos dados). Vamos dar um passo atrás. Se estamos falando de isolamento, pode-se presumir que duas coisas ou estão isoladas ou não estão isoladas; não existe uma área cinza no mundo real. Quando falamos sobre transações de banco de dados, isolamento completo vem com um preço alto. Vários níveis de isolamento estão disponíveis, os quais, naturalmente, enfraquecem o isolamento total, mas melhoram a performance e a escalabilidade do sistema.

Questões de isolamento de transação

Primeiro, vamos dar uma olhada em vários fenômenos que podem ocorrer quando você enfraquece o isolamento total da transação. O padrão ANSI SQL define os níveis padronizados de isolamento de transação nos termos de quais desses fenômenos são permissíveis em um sistema de gerenciamento de banco de dados:

Um *lost update* (*perda de atualização*) ocorre se duas transações atualizam uma linha e então a segunda transação aborta, causando a perda de ambas as mudanças. Isso ocorre em sistemas que não implementam bloqueio. As transações concorrentes não estão isoladas. Isso é mostrado na Figura 10.2.

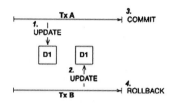

Figura 10.2 **Lost update**: *duas transações atualizam o mesmo dado sem bloqueio.*

Um *dirty read* (*leitura suja*) ocorre se uma transação lê mudanças feitas por outra transação que não foi confirmada ainda. Isso é perigoso, pois as mudanças feitas pela outra transação podem ser revertidas mais à frente, e um dado inválido pode ser escrito pela primeira transação, veja a Figura 10.3.

Um *unrepeatable* ou *nonrepeatable read* (*leitura que não pode ser repetida*) ocorre se uma transação lê uma linha duas vezes e lê diferentes estados de cada vez. Por exemplo, uma outra transação pode ter escrito em uma linha e ter confirmado entre duas leituras, como mostrado na Figura 10.4.

Um caso especial de *unrepeatable read* é o *segundo problema de lost update*. Imagine que duas transações concorrentes lêem uma linha: uma escreve nela e confirma, e, então, a segunda escreve nela e confirma. As mudanças feitas pela primeira são perdidas. Essa questão é especialmente relevante se você pensar nas conversações de aplicação que precisam de várias transações de banco de dados para completarem. Exploraremos esse caso adiante com mais detalhes.

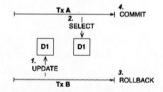

Figura 10.3 **Dirty read**: *a transação A lê dados não confirmados.*

CAPÍTULO 10 – TRANSAÇÕES E CONCORRÊNCIA | 455

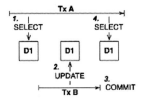

Figura 10.4 **Unrepeatable read**: *a transação A executa duas leituras que não podem ser repetidas.*

Um *phantom read* (*leitura fantasma*) é dito ocorrer quando uma transação executa uma consulta duas vezes, e o segundo conjunto de resultados inclui linhas que não estavam visíveis no primeiro conjunto de resultados, ou linhas que foram deletadas. (Ela não precisa necessariamente ser *exatamente* a mesma consulta.) Essa situação é causada por outra transação inserindo e deletando linhas entre a execução das duas consultas, como mostrado na Figura 10.5.

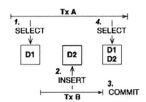

Figura 10.5 **Phantom read**: *a transação A lê novos dados na segunda seleção.*

Agora que você entende todas as coisas ruins que ocorrem, podemos definir os *níveis de isolamento de transação* e ver que problemas previnem.

Níveis de isolamento de transação ANSI

Os níveis de isolamento padronizados são definidos pelo padrão ANSI SQL, mas eles não são peculiares de bancos de dados SQL. O JTA define exatamente os mesmos níveis de isolamento, e você usará esses níveis para declarar o seu isolamento de transação desejado mais à frente. Com níveis maiores de isolamento vêm custos maiores e sérias degradações de performance e escalabilidade:

- Um sistema que permite *dirty read*, mas que não permite *lost update* é dito operar em isolamento de *read uncommitted* (*ler não confirmados*). Uma transação não pode escrever em uma linha se outra transação não confirmada já escreveu nela. Qualquer transação pode ler qualquer linha, no entanto. Esse nível de isolamento pode ser implementado no sistema de gerenciamento de banco de dados com bloqueios exclusivos de escrita.

456 | JAVA PERSISTENCE COM HIBERNATE

- Um sistema que permite *unrepeatable read*, mas que não permite *dirty read* é dito implementar isolamento de transação *read committed* (*ler confirmados*). Isso pode ser alcançado usando bloqueios compartilhados de leitura e bloqueios exclusivos de escrita. Transações de leitura não bloqueiam outras transações de acessar uma linha. Contudo, uma transação de escrita não confirmada bloqueia todas as outras transações de acessarem a linha.

- Um sistema operando em modo de isolamento *repeatable read* não permite nem *unrepeatable read* e nem *dirty read*. *Phantom read* pode ocorrer. Transações de leitura bloqueiam transações de escrita (mas não outras transações de leitura), e transações de escrita bloqueiam todas as outras transações.

- *Serializable* (*Serializável*) fornece o isolamento de transação mais estrito. Esse nível de isolamento emula execução serial de transação, como se as transações fossem executadas um após a outra, serialmente, ao contrário de concorrentemente. A capacidade de serialização não pode ser implementada usando somente bloqueios no nível de linha. Deve, ao invés disso, haver outro mecanismo que previna que uma nova linha inserida se torne visível para uma transação que já executou uma consulta que iria retornar a linha.

Como exatamente o sistema de bloqueio é implementado em um SGBD varia de forma significativa; cada fornecedor tem uma estratégia diferente. Você deve estudar a documentação do seu SGBD para descobrir mais sobre o sistema de bloqueio, como os bloqueios são escalados (em nível de linha, para páginas, para tabelas completas, por exemplo), e que impacto cada nível de isolamento tem na performance e escalabilidade do seu sistema.

É bom saber como todos esses termos técnicos são definidos, mas como é que isso vai ajudá-lo a escolher um nível de isolamento para a sua aplicação?

Como escolher um nível de isolamento

Desenvolvedores (incluindo nós mesmos) freqüentemente não têm certeza de que nível de isolamento de transação usar em uma aplicação de produção. Muito isolamento prejudica a escalabilidade de uma aplicação altamente concorrente. Isolamento insuficiente pode causar, em uma aplicação, erros sutis, irreproduzíveis, que você nunca irá descobrir até que o sistema esteja funcionando debaixo de muita carga.

Note que nos referimos ao *bloqueio otimista* (com versionamento) na explicação seguinte, um conceito explicado mais adiante neste capítulo. Você pode querer pular essa seção e voltar quando for o momento de tomar a decisão a respeito de um nível de isolamento na sua aplicação. Escolher o nível de isolamento correto é, afinal de contas, altamente dependente do seu cenário particular. Leia a discussão seguinte como recomendações, e não como se estivessem cravadas na pedra e não pudessem ser mudadas.

O Hibernate tenta com muito esforço ser tão transparente quanto possível com relação às semânticas transacionais do banco de dados. Todavia, cacheamento e bloqueio otimista

Capítulo 10 – Transações e concorrência | 457

afetam essas semânticas. Qual é um nível de isolamento de banco de dados sensato para escolher em uma aplicação Hibernate?

Primeiro, elimine o nível de isolamento *read uncommitted*. É extremamente perigoso usar mudanças não confirmadas de uma transação em uma transação diferente. A reversão ou falha de uma transação irá afetar outras transações concorrentes. A reversão da primeira transação poderia derrubar outras transações com isso, ou quem sabe até mesmo levá-las a deixar o banco de dados em estado incorreto. É até mesmo possível que mudanças feitas por uma transação que acaba sendo revertida possam ser confirmadas de qualquer maneira, pois elas poderiam ter sido lidas e então propagadas por outra transação bem-sucedida!

Segundo, a maioria das aplicações não precisa de isolamento *serializable* (*phantom read* geralmente não é problemático), e esse nível de isolamento tende a escalar de maneira pobre. Poucas aplicações existentes usam isolamento *serializable* em produção. Ao invés disso elas se baseiam em bloqueios pessimistas (veja as próximas seções) que efetivamente forçam uma execução serializada de operações em certas situações.

Isso lhe deixa uma escolha entre *read committed* e *repeatable read*. Vamos primeiro considerar *repeatable read*. Esse nível de isolamento elimina a possibilidade de que uma transação sobrescreva as mudanças feitas por uma outra transação concorrente (o segundo problema de *lost update*) se todo o acesso aos dados for executado em uma única transação atômica do banco de dados. Um bloqueio de leitura mantido por uma transação previne qualquer bloqueio de escrita que uma transação concorrente possa obter. Isso é uma questão importante, mas habilitar *repeatable read* não é a única maneira de resolver a situação.

Vamos presumir que você esteja usando dados versionados, algo que o Hibernate pode fazer pra você automaticamente. A combinação (obrigatória) do cache do contexto de persistência e versionamento já lhe dá a maioria das boas características do isolamento *repeatable read*. Em particular, o versionamento previne o segundo problema de *lost update*, e o cache do contexto de persistência também assegura que o estado das instâncias persistentes carregadas por uma transação fique isolado das mudanças feitas por outras transações. Então, o isolamento *read-committed* para todas as transações de banco de dados é aceitável se forem usados dados versionados.

Repeatable read fornece mais reprodutividade para conjuntos de resultados de uma consulta (somente para a duração da transação de banco de dados); mas como *phantom read* ainda é possível de acontecer, isso não parece ter muito valor. Você pode obter uma garantia de *repeatable-read* explicitamente no Hibernate para uma determinada transação e um pedaço de dado (com um bloqueio pessimista).

Definir o nível de isolamento da transação lhe permite escolher uma boa estratégia de bloqueio padronizado para todas as suas transações de banco de dados. Como você define o nível de isolamento?

458 | JAVA PERSISTENCE COM HIBERNATE

Como definir o nível de isolamento

Toda conexão JDBC para um banco de dados está no nível de isolamento padronizado do SGBD – geralmente *read committed* ou *repeatable read*. Você pode mudar esse padrão na configuração do SGBD. Você também pode definir o isolamento da transação para conexões JDBC no lado da aplicação, com uma opção de configuração do Hibernate:

```
hibernate.connection.isolation=4
```

O Hibernate define esse nível de isolamento em toda conexão JDBC obtida a partir de um pool de conexões antes de iniciar uma transação. Os valores sensatos para essa opção são os seguintes (você também pode achá-las como constantes em java.sql.Connection):

- 1 – Isolamento *read uncommitted*
- 2 – Isolamento *read committed*
- 4 – Isolamento *repeatable read*
- 8 – Isolamento *serializable*

Note que o Hibernate nunca muda o nível de isolamento de conexões obtidas a partir de uma conexão com o banco de dados fornecida pelo servidor de aplicações em um ambiente gerenciado! Você pode mudar o isolamento padronizado usando a configuração do seu servidor de aplicações. (O que também será verdade se você usar uma implementação de JTA independente.)

Como você pode ver, definir o nível de isolamento é uma opção global que afeta todas as conexões e transações. De tempos em tempos, é útil especificar um bloqueio mais restrito para uma determinada transação. O Hibernate e o Java Persistence se baseiam em controle de concorrência otimista, e ambos lhe permitem obter garantias de bloqueio adicionais com checagem de versão e bloqueio pessimista.

10.2.2 Controle de concorrência otimista

Uma abordagem otimista sempre assume que tudo ficará OK e que modificações de dados conflitantes serão raras. O controle de concorrência otimista somente provoca um erro no final de uma unidade de trabalho, quando o dado é escrito. As aplicações de multiusuário geralmente assumem, como padrão, o controle de concorrência otimista e as conexões de banco de dados com um nível de isolamento *read-committed*. Garantias adicionais de isolamento são obtidas somente quando apropriadas; por exemplo, quando um *repeatable read* é requerido. Essa abordagem garante a melhor performance e escalabilidade.

Entenda a estratégia otimista

Para entender controle de concorrência otimista, imagine que duas transações leiam um determinado objeto do banco de dados, e que ambas o modifiquem. Graças ao nível de isolamento *read-committed* da conexão de banco de dados, nenhuma transação irá sofrer qualquer *dirty read*. Contudo, as leituras ainda não podem ser repetidas, e as atualizações também podem ser perdidas. Isso é um problema que você vai enfrentar quando pensar nas conversações, que são transações atômicas do ponto de vista dos seus usuários. Veja a Figura 10.6.

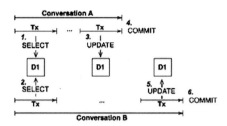

Figura 10.6 A conversação B sobrescreve mudanças feitas pela conversação A.

Vamos assumir que dois usuários selecionem o mesmo pedaço de dados ao mesmo tempo. O usuário na conversação A submete as mudanças primeiro, e a conversação termina com uma confirmação bem-sucedida da segunda transação. Algum tempo depois (talvez somente um segundo), o usuário na conversação B submete as mudanças. Essa segunda transação também confirma com sucesso. As mudanças feitas na conversação A foram perdidas, e (potencialmente pior) modificações de dados na conversação B podem ter sido baseadas em informação antiga.

Você tem três escolhas de como lidar com o *lost update* nessas segundas transações nas conversações:

- *A última confirmação ganha* (*last commit wins*) – Ambas as transações confirmam com sucesso, e a segunda confirmação sobrescreve as mudanças da primeira. Nenhuma mensagem de erro é mostrada.

- *A primeira confirmação ganha* (*first commit wins*) – A transação da conversação A é confirmada, e o usuário confirmando a transação na conversação B recebe uma mensagem de erro. O usuário deve reiniciar a conversação recuperando dados frescos e indo novamente através de todos os passos da conversação com dados que não são antigos.

- *Funda atualizações conflitantes* (*merge conflicting updates*) – A primeira modificação é confirmada, e a transação na conversação B aborta com uma mensagem de erro quando ela é confirmada. O usuário da conversação falha, B pode, no entanto, aplicar as modificações seletivamente, ao invés de ter que passar novamente por todo o trabalho na conversação.

Se você não habilitar controle de concorrência otimista, e por padrão ele não é habilitado, a sua aplicação roda com a estratégia *a última confirmação ganha*. Na prática, essa questão de *lost update* é frustrante para os usuários da aplicação, pois eles podem ver todo o seu trabalho perdido sem uma mensagem de erro.

460 | JAVA PERSISTENCE COM HIBERNATE

Obviamente, *a primeira confirmação ganha* é muito mais atraente. Se o usuário da aplicação da conversação B confirma, ele recebe uma mensagem de erro assim, *Alguém já confirmou modificações para os dados que você está prestes a confirmar. Você esteve trabalhando com dados antigos. Por favor, reinicie a conversação com dados frescos.* É de sua responsabilidade projetar e escrever a aplicação para produzir essa mensagem de erro e para direcionar o usuário para o início da conversação. O Hibernate e o Java Persistence o ajudam com bloqueio otimista automático, para que você receba uma exceção sempre que uma transação tente confirmar um objeto que tem um estado atualizado conflitante no banco de dados.

Funda atualizações conflitantes, é uma variação de *a primeira confirmação ganha*. No lugar de mostrar uma mensagem de erro que força o usuário a voltar todo o caminho, você oferece um diálogo que permite ao usuário fundir mudanças conflitantes manualmente. Essa é a melhor estratégia, pois nenhum trabalho é perdido, e os usuários da aplicação ficam menos frustrados por falhas de concorrência otimista. Contudo, fornecer um diálogo para fundir mudanças consome muito mais tempo para você como desenvolvedor do que mostrar uma mensagem de erro e forçar o usuário a repetir todo o trabalho. Você terá sempre que fazer uma escolha se quiser usar essa estratégia.

O controle de concorrência otimista pode ser implementado de várias maneiras. O Hibernate trabalha com versionamento automático.

Como habilitar o versionamento no Hibernate

O Hibernate fornece versionamento automático. Cada instância de entidade tem uma versão, que pode ser um número ou uma marcação de horário. O Hibernate incrementa uma versão do objeto quando ele é modificado, compara versões automaticamente, e joga uma exceção se um conflito é detectado. Conseqüentemente, você adiciona essa propriedade de versão a todas as suas classes de entidade persistentes a fim de habilitar o bloqueio otimista:

```
public class Item {
    ...
    private int version;
    ...
}
```

Você também pode adicionar um método getter; contudo, números de versão não devem ser modificados pela aplicação. O mapeamento de propriedade <version> em XML deve ser colocado imediatamente depois do mapeamento de propriedade identificadora:

```
<class name="Item" table="ITEM">
    <id .../>

    <version name="version" access="field" column="OBJ_VERSION"/>

    ...
</class>
```

O número de versão nada mais é que um contador – ele não tem qualquer valor semântico útil. A coluna adicional na tabela de entidade é usada pela sua aplicação Hibernate. Tenha em mente que todas as outras aplicações que acessam o mesmo banco de dados podem (e provavelmente devem) também implementar o versionamento otimista e utilizar a mesma coluna de versão. Algumas vezes uma marcação de horário é preferida (ou existe):

```
public class Item {
    ...
    private Date lastUpdated;
    ...
}

<class name="Item" table="ITEM">

    <id .../>

    <timestamp name="lastUpdated"
               access="field"
               column="LAST_UPDATED"/>
...
</class>
```

Em teoria, uma marcação de horário é um pouco menos segura, pois duas transações concorrentes podem ambas carregar e atualizar o mesmo item no mesmo milissegundo; na prática, isso não vai acontecer, pois uma JVM geralmente não tem uma precisão de milissegundo (você deve checar a documentação da sua JVM e sistema operacional para saber da precisão garantida).

Além do mais, recuperar o horário corrente da JVM não é necessariamente seguro em um ambiente "clusterizado", onde podemos não estar com o horário sincronizado. Você pode trocar para recuperação do horário corrente a partir da máquina do banco de dados com o atributo source="db" no mapeamento <timestamp>. Nem todos os dialetos SQL do Hibernate suportam isso (cheque o fonte do seu dialeto configurado), e sempre existe o processamento extra de ir até o banco de dados para cada incremento.

Recomendamos que novos projetos se baseiem em versionamento com números de versão, e não marcações de horário.

Bloqueio otimista com versionamento é habilitado tão logo você adicione uma propriedade <version> ou <timestamp> a um mapeamento de classe persistente. Não tem nenhum outro acionador.

Como o Hibernate usa a versão para detectar um conflito?

Gerenciamento automático de versões

Toda operação DML que envolve os agora versionados objetos Item inclui uma checagem de versão. Por exemplo, presuma que, em uma unidade de trabalho, você carregue um Item do banco de dados com versão 1. Você então modifica uma de suas propriedades de tipo de

462 | JAVA PERSISTENCE COM HIBERNATE

valor, como o preço do item. Quando o contexto de persistência for descarregado, o Hibernate detectará essa modificação e incrementará a versão do Item para 2. Ele então executará o UPDATE SQL para tornar essa modificação permanente no banco de dados:

```
update ITEM set INITIAL_PRICE='12.99', OBJ_VERSION=2
  where ITEM_ID=123 and OBJ_VERSION=1
```

Se outra unidade de trabalho concorrente atualizou e confirmou a mesma linha, a coluna OBJ_VERSION não vai mais conter o valor 1, e a linha não será atualizada. O Hibernate checa a contagem de linhas para essa declaração conforme ela retorna pelo driver JDBC – que nesse caso é o número de linhas atualizadas, zero – e joga uma StaleObjectStateException. O estado que estava presente quando você carregou o Item não está mais presente no banco de dados em tempo de descarga; por isso, você está trabalhando com dados antigos e tem que notificar o usuário da aplicação. Você pode pegar essa exceção e mostrar uma mensagem de erro ou um diálogo que ajude o usuário a reiniciar uma conversação com a aplicação.

Que modificações acionam o incremento de uma versão da entidade? O Hibernate incrementa o número (ou a marcação de horário) de versão sempre que uma instância de entidade está suja. Isso inclui todas as propriedades de tipo de valor sujas da entidade, não importando se são monovaloradas, componentes, ou coleções. Pense sobre o relacionamento entre User e BillingDetails, uma associação de entidade um-para-muitos: se um CreditCard é modificado, a versão do User relacionado não é incrementada. Se você adicionar ou remover um CreditCard (ou BankAccount) da coleção de detalhes de cobrança, a versão do User será incrementada.

Se você quiser desabilitar o incremento automático para uma determinada coleção ou propriedade de tipo de valor, mapeie-a com o atributo optimistic-lock="false". O atributo inverse não faz diferença aqui. Até mesmo a versão de um dono de uma coleção inversa é atualizada se um elemento é adicionado ou removido da coleção inversa.

Como você pode ver, o Hibernate torna incrivelmente fácil gerenciar versões para o controle de concorrência otimista. Se você está trabalhando com um esquema de banco de dados legado ou com classes Java existentes, pode ser impossível introduzir uma propriedade e coluna de versão ou de marcação de horário. O Hibernate tem uma estratégia alternativa para você.

Como versionar sem números ou marcações de horário de versão

Se você não tem colunas de versão ou de marcação de horário, o Hibernate ainda pode realizar versionamento automático, mas somente para objetos que foram recuperados e modificados no mesmo contexto de persistência (ou seja, a mesma Session). Se você precisa de bloqueio otimista para conversações implementadas com objetos desligados, você *deve* usar um número ou marcação de horário de versão que seja transportado com o objeto desligado.

Essa implementação alternativa de versionamento checa o estado corrente do banco de dados contra os valores não modificados de propriedades persistentes de quando o objeto foi recuperado (ou da última vez que o contexto de persistência foi descarregado). Você pode habilitar essa funcionalidade definindo o atributo optimistic-lock no mapeamento da classe:

```
<class name="Item" table="ITEM" optimistic-lock="all">
    <id .../>
    ...
</class>
```

O seguinte SQL é agora executado para descarregar uma modificação de uma instância Item:

```
update ITEM set ITEM_PRICE='12.99'
where ITEM_ID=123
    and ITEM_PRICE='9.99'
    and ITEM_DESCRIPTION="An Item"
    and ...
    and SELLER_ID=45
```

O Hibernate lista todas as colunas e seus últimos valores conhecidos não antigos na cláusula WHERE da declaração SQL. Se alguma transação concorrente tiver modificado qualquer um desses valores, ou até mesmo deletado uma linha, essa declaração novamente retornará com zero linhas atualizadas. O Hibernate então jogará uma StaleObjectStateException.

Alternativamente, o Hibernate incluirá somente as propriedades modificadas na restrição (somente ITEM_PRICE, nesse exemplo) se você definir optimistic-lock="dirty". Isso significa que duas unidades de trabalho podem modificar o mesmo objeto concorrentemente, e um conflito será detectado somente se ambas modificarem a mesma propriedade de tipo de valor (ou um valor de chave estrangeira). Na maioria dos casos, essa não é uma boa estratégia para entidades de negócio. Imagine que duas pessoas modifiquem um item de leilão concorrentemente: uma muda o preço; a outra, a descrição. Mesmo que essas modificações não conflitem no nível mais baixo (a linha do banco de dados), elas podem conflitar a partir de uma perspectiva da lógica de negócio. Está OK alterar o preço de um item se a descrição mudou completamente? Você também precisa habilitar dynamic-update="true" no mapeamento de classe da entidade se quiser usar essa estratégia, o Hibernate não pode gerar o SQL para essas declarações dinâmicas de UPDATE na inicialização.

Nós não recomendamos versionamento sem uma coluna de versão ou de marcação de horário em uma nova aplicação; ele é um pouco mais lento, é um pouco mais complexo, e não funciona se você estiver usando objetos desligados.

O controle de concorrência otimista em uma aplicação Java Persistence é quase a mesma coisa que no Hibernate.

Como versionar com o Java Persistence

A especificação do Java Persistence assume que acesso concorrente a dados seja tratado otimistamente, com versionamento. Para habilitar o versionamento automático para uma determinada entidade, você precisa adicionar um campo ou propriedade de versão:

```
@Entity
public class Item {
   ...
   @Version
   @Column(name = "OBJ_VERSION")
   private int version;
   ...
}
```

Novamente, você pode expor um método getter, mas não pode permitir a modificação de um valor de versão pela aplicação. No Hibernate, uma propriedade de versão de uma entidade pode ser qualquer tipo numérico, incluindo os primitivos, ou um tipo Date ou Calendar. A especificação JPA somente considera o int, o Integer, o short, o Short, o long, o Long e o java.sql.Timestamp como tipos portáveis da versão.

Pelo fato do padrão JPA não cobrir versionamento otimista sem um atributo de versão, uma extensão do Hibernate é necessária para habilitar versionamento comparando o velho e o novo estado:

```
@Entity
@org.hibernate.annotations.Entity(
   optimisticLock = org.hibernate.annotations.OptimisticLockType.ALL
)
public class Item {
   ...
}
```

Você também pode trocar para OptimisticLockType.DIRTY se deseja somente comparar propriedades modificadas durante a checagem de versão. Você então também precisa definir o atributo dynamicUpdate para true.

O Java Persistence não padroniza quais modificações na instância de entidade devem acionar um incremento da versão. Se você usar o Hibernate como fornecedor de JPA, os padrões serão os mesmos – toda modificação de propriedade de tipo de valor, incluindo adições e remoções de elementos de coleção, aciona um incremento de versão. Na época em que redigíamos estas linhas, nenhuma anotação do Hibernate para desabilitar incrementos de versão em determinadas propriedades e coleções estava disponível, mas uma requisição de característica para @OptimisticLock(excluded=true) existia. A sua versão do Hibernate Annotations provavelmente inclui essa opção.

O Hibernate EntityManager, assim como qualquer outro fornecedor de JPA, joga uma javax.persistence.OptimisticLockException quando uma versão conflitante é detectada.

Essa é a equivalente à StaleObjectStateException nativa no Hibernate e deve ser tratada pelo mesmo critério.

Nós agora abordamos os níveis de isolamento básicos de uma conexão de banco de dados, com a conclusão de que você deve quase sempre se basear nas garantias *read-committed* do seu banco de dados. Versionamento automático no Hibernate e no Java Persistence previne *lost update* quando duas transações concorrentes tentam confirmar modificações no mesmo pedaço de dado. Para lidar com *nonrepeatable read*, você precisa de garantias adicionais de isolamento.

10.2.3 Como obter garantias adicionais de isolamento

Existem várias maneiras de prevenir *nonrepeatable read* e de aprimorar um nível de isolamento maior.

Bloqueio pessimista explícito

Já discutimos a troca de todas as conexões de banco de dados por um nível de isolamento maior que o *read committed*, mas nossa conclusão foi de que isso gera um padrão ruim quando a escalabilidade da aplicação é uma preocupação. Você precisa de melhores garantias de isolamento somente para uma determinada unidade de trabalho. Lembre-se também de que o cache do contexto de persistência fornece *repeatable read* para instâncias de entidade em estado persistente. Contudo, isso nem sempre é o suficiente.

Por exemplo, você pode precisar de *repeatable read* para consultas escalares:

```
Session session = sessionFactory.openSession();
Transaction tx = session.beginTransaction();

Item i = (Item) session.get(Item.class, 123);

String description = (String)
    session.createQuery("select i.description from Item i" +
                        " where i.id = :itemid")
            .setParameter("itemid", i.getId() )
            .uniqueResult();
tx.commit();
session.close();
```

Essa unidade de trabalho executa duas leituras. A primeira recupera uma instância de entidade por identificador. A segunda leitura é uma consulta escalar, carregando a descrição da já carregada instância Item novamente. Existe uma pequena janela nessa unidade de trabalho na qual uma transação rodando concorrentemente pode confirmar uma descrição atualizada do item entre as duas leituras. A segunda leitura então retorna esse dado confirmado, e a variável description tem um valor diferente do da propriedade i.getDescription().

466 | Java Persistence com Hibernate

Esse exemplo está simplificado, mas é o suficiente para ilustrar como uma unidade de trabalho que mistura leituras de entidade e escalares é vulnerável a *nonrepeatable read*, se o nível de isolamento da transação de banco de dados é *read committed*.

Em vez de trocar todas as transações de banco de dados por um nível de isolamento maior e não escalável, você obtém garantias mais fortes de isolamento quando necessário com o método lock() na Session do Hibernate:

```
Session session = sessionFactory.openSession();
Transaction tx = session.beginTransaction();

Item i = (Item) session.get(Item.class, 123);

session.lock(i, LockMode.UPGRADE);

String description = (String)
    session.createQuery("select i.description from Item i" +
                        " where i.id = :itemid")
            .setParameter("itemid", i.getId() )
            .uniqueResult();
tx.commit();
session.close();
```

Usar LockMode.UPGRADE resulta em um bloqueio pessimista mantido no banco de dados para a(s) linha(s) que representa(m) a instância Item. Agora nenhuma transação concorrente pode obter um bloqueio no mesmo dado – ou seja, nenhuma transação concorrente pode modificar o dado entre suas duas leituras. Isso pode ser resumido como o seguinte:

```
Session session = sessionFactory.openSession();
Transaction tx = session.beginTransaction();

Item i = (Item) session.get(Item.class, 123, LockMode.UPGRADE);
...
```

Um LockMode.UPGRADE resulta um SQL SELECT ... FOR UPDATE ou similar, dependendo do dialeto do banco de dados. Uma variação, LockMode.UPGRADE_NOWAIT, adiciona uma cláusula que permite uma falha imediata da consulta. Sem essa cláusula, o banco de dados geralmente espera quando o bloqueio não pode ser obtido (talvez porque uma transação concorrente já detenha um bloqueio). A duração da espera é dependente de banco de dados, assim como é a cláusula SQL de fato.

> **FAQ** *Posso usar longos bloqueios pessimistas?* A duração de um bloqueio pessimista no Hibernate é de uma única transação de banco de dados. Isso significa que você não pode usar um bloqueio exclusivo para bloquear acesso concorrente por mais de uma transação de banco de dados. Consideramos isso uma coisa boa, pois a única solução seria um bloqueio extremamente custoso mantido em memória (ou um assim chamado *bloqueio de tabela* (*lock table*) no banco de dados) pela duração de, por exemplo, toda uma

conversação. Esses tipos de bloqueios são algumas vezes chamados de bloqueios *desconectados* (*offline*). Isso é quase sempre um gargalo de performance; todo acesso a dados envolve checagens adicionais de bloqueio a um gerenciador de bloqueio sincronizado. O bloqueio otimista, contudo, é a perfeita estratégia de controle de concorrência e atua bem em conversações prolongadas. Dependendo das suas opções de resolução de conflito (ou seja, se você teve bastante tempo para implementar *fundição de mudanças*), os seus usuários da aplicação ficarão tão felizes com isso quanto com acesso concorrente bloqueado. Eles podem também apreciar não serem mantidos fora de determinadas telas enquanto outros olham os mesmos dados.

O Java Persistence define LockModeType.READ para o mesmo propósito, e a EntityManager também tem um método lock(). A especificação não requer que esse modo de bloqueio seja suportado em entidades não versionadas; contudo, o Hibernate o suporta em todas as entidades, pois ele assume como padrão um bloqueio pessimista no banco de dados.

Os modos de bloqueio do Hibernate

O Hibernate suporta os seguintes modos de bloqueio (LockMode) adicionais:

- LockMode.NONE – Não vá até o banco de dados a não ser que o objeto não esteja no cache.

- LockMode.READ – Ignore quaisquer caches, e execute uma checagem de versão para verificar se o objeto em memória é de mesma versão do objeto que existe atualmente no banco de dados.

- LockMode.UPGRADE – Ignore quaisquer caches, faça uma checagem de versão (se for aplicável), e obtenha um bloqueio pessimista aprimorado no nível do banco de dados, se isso for suportado. Equivalente ao LockModeType.READ no Java Persistence. Esse modo transparentemente se voltará para LockMode.READ se o dialeto SQL do banco de dados não suportar a opção SELECT ... FOR UPDATE.

- LockMode.UPGRADE_NOWAIT – Igual ao UPDGRADE, mas usa um SELECT ... FOR UPDATE NOWAIT, se suportado. Isso desabilita a espera por liberação de bloqueio concorrente, dessa forma jogando uma exceção de bloqueio imediatamente se o bloqueio não puder ser obtido. Esse modo transparentemente se voltará para LockMode.UPDGRADE se o dialeto SQL do banco de dados não suportar a opção NOWAIT.

- LockMode.FORCE – Força um incremento da versão do objeto no banco de dados, para indicar que ele foi modificado pela transação corrente. Equivalente ao LockModeType.WRITE no Java Persistence.

- LockMode.WRITE – Obtido automaticamente assim que o Hibernate tenha escrito em uma linha na transação corrente. (Esse é um modo interno; você não pode especificá-lo na sua aplicação.)

468 | JAVA PERSISTENCE COM HIBERNATE

Por padrão, load() e get() usam LockMode.NONE. Um LockMode.READ é mais útil com session.lock() e um objeto desligado. Eis aqui um exemplo:

```
Item item = ... ;
Bid bid = new Bid();
item.addBid(bid);
...
Transaction tx = session.beginTransaction();
session.lock(item, LockMode.READ);
tx.commit();
```

Esse código executa uma checagem de versão na instância Item desligada a fim de verificar se a linha do banco de dados não foi atualizada por outra transação desde que foi recuperada, antes de salvar o novo Bid por cascata (presumindo que a associação de Item para Bid tenha cascata habilitada).

(Note que EntityManager.lock() não religa a instância de entidade dada – ele somente funciona em instâncias que já estejam em estado persistente gerenciado.)

O LockMode.FORCE do Hibernate e o LockModeType.WRITE no Java Persistence possuem um propósito diferente. Você os usará para forçar uma atualização de versão se por padrão nenhuma versão tiver sido incrementada.

Como forçar um incremento de versão

Se bloqueio otimista está habilitado através de versionamento, o Hibernate incrementa a versão de uma instância de entidade modificada automaticamente. Contudo, algumas vezes você quer incrementar a versão de uma instância de entidade manualmente, pois o Hibernate não considera as suas mudanças como sendo uma modificação que devesse acionar um incremento de versão.

Imagine que você modifica o nome do dono de um cartão de crédito (CreditCard):

```
Session session = getSessionFactory().openSession();
Transaction tx = session.beginTransaction();

User u = (User) session.get(User.class, 123);

u.getDefaultBillingDetails().setOwner("John Doe");

tx.commit();
session.close();
```

Quando essa Session é descarregada, a versão da instância de BillingDetail (vamos assumir que seja um cartão de crédito) que foi modificada é incrementada automaticamente pelo Hibernate. Isso pode não ser o que você quer – você pode querer incrementar a versão do dono, também (a instância User).

Chame lock() com LockMode.FORCE para incrementar a versão de uma instância de entidade:

Session session = getSessionFactory().openSession();
Transaction tx = session.beginTransaction();

User u = (User) session.get(User.class, 123);

session.lock(u, LockMode.FORCE);

u.getDefaultBillingDetails().setOwner("John Doe");

tx.commit();
session.close();
```

Qualquer unidade de trabalho concorrente que opere com a mesma linha de User agora sabe que esse dado foi modificado, mesmo se somente um dos valores que você considerava parte de todo o agregado foi modificado. Essa técnica é útil em muitas situações em que você modifica um objeto e quer que a versão de um objeto raiz de um agregado seja incrementado. Outro exemplo é uma modificação de uma quantia de lance para um item de leilão (se essas quantias não são imutáveis): com um incremento de versão explícito, você indica que o item foi modificado, mesmo se nenhuma de suas coleções ou propriedades de tipo de valor tenha mudado. A chamada equivalente com Java Persistence é em.lock(o, LockModeType.WRITE).

Agora você tem todos os pedaços para escrever unidades de trabalho mais sofisticadas e para criar conversações. Contudo, precisamos mencionar um último aspecto de transações, pois isso se torna essencial em conversações mais complexas com JPA. Você deve entender como a autoconfirmação funciona e o que o acesso não transacional a dados significa na prática.

## 10.3 ACESSO NÃO TRANSACIONAL A DADOS

Muitos SGBDs habilitam o assim chamado *modo autoconfirmação* em toda nova conexão de banco de dados por padrão. O modo autoconfirmação é útil para execução *ad hoc* de SQL.

Imagine que você se conecte ao seu banco de dados com uma console SQL e que rode algumas consultas, e talvez até atualize e delete linhas. Esse acesso a dados interativo é *ad hoc*; na maioria das vezes você não tem um plano ou uma seqüência de declarações que considere uma unidade de trabalho. O modo padronizado autoconfirmação na conexão de banco de dados é perfeito para esse tipo de acesso a dados – afinal de contas, você não quer digitar begin a transaction e end a transaction para cada declaração SQL que você escreve e executa. Em modo autoconfirmação, uma (pequena) transação de banco de dados inicia e termina cada declaração SQL que você manda para o banco de dados. Você está trabalhando efetivamente *de forma não transacional*, pois não existem garantias de atomicidade ou isolamento para a sua sessão com o console SQL (a única garantia é que uma única declaração SQL seja atômica).
```

470 | JAVA PERSISTENCE COM HIBERNATE

Uma aplicação, por definição, sempre executa uma seqüência planejada de declarações. Parece razoável que você então sempre crie limites de transação para agrupar as suas declarações em unidades atômicas. Então, o modo autoconfirmação não terá lugar na aplicação.

10.3.1 Como desmitificar os mitos da autoconfirmação

Muitos desenvolvedores ainda gostam de trabalhar com um modo autoconfirmação, freqüentemente por razões que são vagas e não bem definidas. Vamos primeiro desmitificar algumas dessas razões antes de lhe mostrar como acessar os dados de forma não transacional se você quiser (ou tiver que) acessar dessa maneira:

- Muitos desenvolvedores de aplicações pensam que eles podem falar com o banco de dados fora de uma transação. Isso obviamente não é possível; nenhuma declaração SQL pode ser enviada a um banco de dados fora de uma transação de banco de dados. O termo acesso *não transacional* a dados significa que não existem limites explícitos de transação, nada de transação de sistema, e que o comportamento de acesso a dados é o do modo autoconfirmação. Isso não significa que não estejam envolvidas transações físicas de banco de dados.

- Se o seu objetivo é melhorar a performance da sua aplicação através do uso do modo autoconfirmação, você deve pensar novamente nas implicações de várias transações pequenas. Um processamento extra significativo está envolvido em iniciar e terminar uma transação de banco de dados para cada declaração SQL, e isso pode baixar a performance da sua aplicação.

- Se o seu objetivo é melhorar a escalabilidade da sua aplicação com o modo autoconfirmação, pense novamente: uma transação de banco de dados longa, ao invés de várias transações pequenas para cada declaração SQL, pode manter os bloqueios de banco de dados por um período maior e provavelmente não vai escalar tão bem. Contudo, graças ao contexto de persistência do Hibernate e à escrita assíncrona de DML, todos os bloqueios de escrita no banco de dados já são mantidos por um curto período. Dependendo do nível de isolamento que você habilite, o custo de bloqueios de leitura é provavelmente desprezível. Ou, você pode usar um SGBD com concorrência multiversão que não requer bloqueios de leitura (Oracle, PostgreSQL, Informix, Firebird), pois leitores nunca são bloqueados por padrão.

- Como está trabalhando de forma não transacional, não somente você desiste de qualquer atomicidade transacional de um grupo de declarações SQL, mas também tem garantias mais fracas de isolamento se o dado é modificado concorrentemente. *Repeatable read* baseado em bloqueios de leitura são impossíveis com o modo autoconfirmação. (O cache do contexto de persistência ajuda aqui, naturalmente.)

CAPÍTULO 10 – TRANSAÇÕES E CONCORRÊNCIA | 471

Muitas questões mais devem ser consideradas quando você introduz acesso não transacional a dados na sua aplicação. Nós já apontamos que introduzir um novo tipo de transação, em outras palavras *transações somente leitura*, podem de forma significativa complicar qualquer modificação futura da sua aplicação. O que também será verdade se você introduzir operações não transacionais.

Você teria então três tipos diferentes de acesso a dados na sua aplicação: transações normais, transações somente leitura e, também agora, não transacional, sem quaisquer garantias. Imagine que você tenha de introduzir uma operação que escreva dados dentro de uma unidade de trabalho que supostamente seja para somente ler dados. Imagine que você tenha de reorganizar operações não transacionais para serem transacionais.

Nossa recomendação é não usar o modo de autoconfirmação em uma aplicação, e aplicar transações somente leitura apenas quando existir um evidente ganho de performance ou quando futuras mudanças de código forem altamente improváveis. Sempre prefira transações normais ACID para agrupar as suas operações de acesso a dados, independente de se você lê ou escreve dados.

Dito isso, o Hibernate e o Java Persistence permitem acesso não transacional aos dados. Aliás, a especificação do EJB 3.0 determina que você acesse os dados de forma não transacional se você quiser implementar conversações atômicas prolongadas. Iremos abordar esse assunto no próximo capítulo. Agora queremos ir um pouco mais a fundo nas conseqüências do modo de autoconfirmação em uma aplicação puro Hibernate. (Note que, apesar de nossos comentários negativos, existem alguns bons casos de uso para o modo de autoconfirmação. Segundo nossa experiência, a autoconfirmação é freqüentemente habilitada pelas razões erradas e queríamos colocar os pingos nos is primeiro.)

10.3.2 Como trabalhar de forma não transacional com o Hibernate

Olhe o seguinte código, que acessa o banco de dados sem limites de transação:

```
Session session = sessionFactory.openSession();

session.get(Item.class, 1231);

session.close();
```

Por padrão, em um ambiente Java SE com uma configuração JDBC, isso é o que acontece se você executa esse trecho de código:

1. Uma nova Session é aberta. Ela não obtém uma conexão com o banco de dados nesse ponto.

2. A chamada para o get() aciona um SELECT SQL. A Session agora obtém uma Connection JDBC a partir do pool de conexões. O Hibernate, por padrão, desliga

JAVA PERSISTENCE COM HIBERNATE

imediatamente o modo autoconfirmação nessa conexão com setAutoCommit(false). Isso efetivamente inicia uma transação JDBC!

3. O SELECT é executado dentro dessa transação JDBC. A Session é fechada, e a conexão é devolvida para o pool e liberada pelo Hibernate – o Hibernate chama o close() no objeto Connection JDBC. O que acontece com a transação não confirmada?

A resposta a essa pergunta é: "Depende"! A especificação JDBC não diz coisa alguma sobre transações pendentes quando o close() é chamado em uma conexão. O que acontece depende de como os fornecedores implementam a especificação. Com drivers JDBC do Oracle, por exemplo, a chamada ao close() confirma a transação! A maioria dos outros fornecedores de JDBC toma o caminho lógico e reverte qualquer transação pendente quando o objeto Connection JDBC é fechado e o recurso é devolvido para o pool.

Obviamente, isso não será um problema para o SELECT que você executou, mas olhe essa variação:

```
Session session = getSessionFactory().openSession();

Long generatedId = session.save(item);

session.close();
```

Esse código resulta em uma declaração INSERT, executado dentro de uma transação que nunca é confirmada nem revertida. No Oracle, esse pedaço de código insere os dados permanentemente; em outros bancos de dados, isso pode não acontecer. (Essa situação é um pouco mais complicada: o INSERT será executado somente se o gerador de identificador exigir. Por exemplo, um valor de identificador pode ser obtido a partir de um sequence sem um INSERT. A entidade persistente é então colocada na fila até a inserção na hora da descarga – que nunca acontece nesse código. Uma estratégia identity requer um INSERT imediato para o valor ser gerado.)

Nós nem sequer tocamos no modo autoconfirmação ainda, por enquanto só destacamos um problema que pode aparecer se você tentar trabalhar sem definir limites explícitos de transação. Vamos considerar que você ainda pense que trabalhar sem demarcação de transação seja uma boa idéia e que queira o comportamento normal de autoconfirmação. Primeiro, você tem de informar ao Hibernate, em sua configuração, que permita conexões JDBC autoconfirmadas:

```
<property name="connection.autocommit">true</property>
```

Com essa definição, o Hibernate não desliga mais a autoconfirmação quando uma conexão JDBC é obtida a partir do pool de conexões – ele *habilita* a autoconfirmação se a conexão já não está nesse modo. Os exemplos de código anteriores agora funcionam como esperado, e o driver JDBC coloca uma pequena transação em volta de toda declaração SQL que é enviada para o banco de dados – com as implicações listadas anteriormente.

Em quais cenários você habilitaria o modo autoconfirmação no Hibernate, para que possa usar uma Session sem iniciar e terminar uma transação manualmente? Os sistemas que se beneficiam do modo autoconfirmação são sistemas que exigem carregamento (preguiçoso) de dados sob demanda, em uma determinada Session e contexto de persistência, mas que nos quais é difícil colocar limites de transação em volta de todo o código que possa acionar recuperação de dados sob demanda. Esse geralmente não é o caso em aplicações web que seguem os padrões de projetos que discutiremos no Capítulo 16. Por outro lado, aplicações desktop que acessam a camada (física) do banco de dados através do Hibernate freqüentemente exigem carregamento sob demanda sem limites explícitos de transação. Por exemplo, se você der um duplo-clique em um nó de uma visão de árvore do Java Swing, todos os filhos desse nó têm de ser carregados do banco de dados. Você teria que colocar uma transação em volta desse evento manualmente; o modo de autoconfirmação é uma solução mais conveniente. (Note que não estamos propondo abrir e fechar Sessions sob demanda!)

10.3.3 Transações opcionais com JTA

A discussão anterior se focou no modo de autoconfirmação e no acesso não transacional aos dados em uma aplicação que utilize conexões JDBC não gerenciadas, nas quais o Hibernate gerencie o pool de conexões. Agora imagine que queira usar o Hibernate em um ambiente Java EE, com JTA e, provavelmente, CMT também. A opção de configuração connection.autocommit não tem efeito nesse ambiente. Se a autoconfirmação é usada depende do seu montador da transação.

Imagine que você tenha um *session bean* EJB que marque um determinado método como não transacional:

```
@Stateless
public class ItemFinder {

    @TransactionAttribute(TransactionAttributeType.NOT_SUPPORTED)
    public Item findItemById(Long id) {
        Session s = getSessionFactory().openSession();
        Item item = (Item) s.get(Item.class, id);
        s.close();
        return item;
    }
}
```

O método findItemById() produz um SELECT SQL imediato que retorna a instância Item. Como o método está marcado para não suportar um contexto de transação, nenhuma transação é iniciada para essa operação, e qualquer contexto de transação existente é suspenso pela

474 | JAVA PERSISTENCE COM HIBERNATE

duração desse método. O SELECT é efetivamente executado em modo autoconfirmação. (Internamente, uma conexão JDBC autoconfirmada é designada para servir essa Session.)

E por fim, você precisa saber que o FlushMode padronizado de uma Session muda quando nenhuma transação está em progresso. O comportamento-padrão, FlushMode.AUTO, resulta em uma sincronização antes de toda consulta HQL, SQL, ou Criteria. Isso é ruim, claro, pois operações DML UPDATE, INSERT e DELETE executam em adição a um SELECT para a consulta. Como você está trabalhando com o modo de autoconfirmação, essas modificações são permanentes. O Hibernate previne isso desabilitando o descarregamento automático quando você usa uma Session fora dos limites de transação. Você então tem de esperar que as consultas possam retornar um dado antigo ou um dado que seja conflitante com o estado do dado na sua Session corrente – efetivamente a mesma questão com a qual você tem que lidar quando FlushMode.MANUAL é selecionado.

Voltaremos ao acesso não transacional a dados no próximo capítulo, em nossa discussão de conversações. Você deve considerar o comportamento de autoconfirmação uma característica que possivelmente usaria em conversações com Java Persistence ou EJBs, e quando colocar os limites programáticos de transação em volta de todos os eventos de acesso aos dados for algo difícil (em uma aplicação desktop, por exemplo). Na maioria dos outros casos, a autoconfirmação resulta em sistemas difíceis de manter, sem qualquer benefício de performance ou escalabilidade. (Em nossa opinião, os forne-cedores de SGBD Relacional não deveriam habilitar a autoconfirmação por padrão. As ferramentas e consoles de consulta SQL deveriam habilitar o modo autoconfirmação em uma conexão, quando fosse necessário.)

10.4 RESUMO

Neste capítulo, você aprendeu transações, concorrência, isolamento e bloqueio. Você agora sabe que o Hibernate se baseia no mecanismo de controle de concorrência do banco de dados, mas fornece melhores garantias de isolamento em uma transação, graças ao versionamento automático e ao cache do contexto de persistência. Você aprendeu como definir os limites de transação programaticamente com a API do Hibernate, a UserTransaction do JTA, e a interface EntityTransaction do JPA. Nós também olhamos a montagem de transação com componentes EJB 3.0 e como você pode trabalhar de forma não transacional com o modo de autoconfirmação.

A Tabela 10.1 mostra um resumo que você pode usar para comparar características do Hibernate nativo e o Java Persistence.

CAPÍTULO 10 – TRANSAÇÕES E CONCORRÊNCIA | 475

Tabela 10.1 Planilha de comparação do Hibernate e do JPA para o Capítulo 10

Hibernate Core	Java Persistence e EJB 3.0
A API Transaction pode ser configurada para JDBC e JTA.	A API EntityTransaction é somente útil com transações de recurso-local.
O Hibernate pode ser configurado para integração com o JTA e com transações gerenciadas por contêiner em EJBs.	Com o Java Persistence, nenhuma configuração extra ocorre entre o Java SE e o Java EE exceto a mudança do nome da conexão com o banco de dados.
O Hibernate assume como padrão o controle de concorrência otimista para melhor escalabilidade, com versionamento automático.	O Java Persistence padroniza o controle de concorrência otimista com versionamento automático.

Agora terminamos nossa discussão e exploração dos fundamentos envolvidos em guardar e carregar objetos em modo transacional. A seguir, juntaremos todos os pedaços através da criação de conversações mais realistas entre o usuário e a aplicação.

CAPÍTULO 11

COMO IMPLEMENTAR CONVERSAÇÕES

Esse capítulo aborda

- Implementação de conversações com Hibernate
- Implementação de conversações com Java Persistence
- Conversações com componentes EJB 3.0

CAPÍTULO 11 – COMO IMPLEMENTAR CONVERSAÇÕES | 477

Você tentou os exemplos em capítulos anteriores e guardou e carregou objetos dentro de transações. Muito provavelmente percebeu que exemplos de código com cinco linhas são excelentes para ajudá-lo a entender uma determinada questão, a aprender uma API e como os objetos mudam seus estados. Se você der o próximo passo e tentar aplicar o que aprendeu na sua própria aplicação, provavelmente logo irá perceber que está sentindo falta de dois conceitos importantes.

O primeiro conceito que iremos lhe mostrar neste capítulo – *propagação do contexto de persistência* – é útil quando você tem que chamar várias classes para completar uma determinada ação na sua aplicação e todas elas precisam de acesso ao banco de dados. Até agora, só tínhamos um único método que abria e fechava um contexto de persistência (uma Session ou uma EntityManager) internamente. Ao invés de passar o contexto de persistência entre classes e métodos manualmente, nós iremos lhe mostrar os mecanismos no Hibernate e no Java Persistence que podem tomar conta da propagação automaticamente. O Hibernate pode ajudá-lo a criar unidades de trabalho mais complexas.

O próximo problema de projeto com que irá se deparar é o de fluxo da aplicação quando o seu usuário da aplicação tiver de ser guiado através de várias telas para completar uma unidade de trabalho. Você deve criar um código que controle a navegação de tela a tela – contudo, isso está fora do escopo de persistência, e nós não temos muito a dizer sobre isso neste capítulo. O que é, de certa forma, responsabilidade do mecanismo de persistência são a atomicidade e o isolamento de acesso aos dados para uma unidade de trabalho que transpõe um possível tempo de reflexão do usuário. Nós chamamos uma unidade de trabalho que se completa em vários ciclos de requisição e resposta cliente/servidor de *conversação*. O Hibernate e o Java Persistence oferecem várias estratégias para a implementação de conversações e, neste capítulo, lhe mostramos como os pedaços se encaixam através de exemplos realistas.

Começamos com Hibernate e, então, na segunda metade do capítulo, discutimos as conversações JPA. Primeiro vamos criar exemplos mais complexos de acesso a dados, para ver como várias classes podem reusar o mesmo contexto de persistência através da propagação automática.

11.1 COMO PROPAGAR A SESSION DO HIBERNATE

Lembra o caso de uso que introduzimos no capítulo anterior: um evento que aciona o término de um leilão tem que ser processado (Capítulo 10, Seção 10.1, "Noções básicas de transação"). Para os exemplos seguintes, não importa quem acionou esse evento; provavelmente um temporizador automático que termina os leilões quando a data e hora de término deles são alcançadas. Também pode ser um operador humano que acione o evento.

478 | JAVA PERSISTENCE COM HIBERNATE

Para processar o evento, você precisa executar uma seqüência de operações: checar o lance ganhador do leilão, mudar o custo do leilão, notificar o vendedor e o ganhador, e assim por diante. Você pode escrever uma única classe que tenha um enorme procedimento. Uma boa forma de realizar isso é mover a responsabilidade de cada um desses passos para dentro dos componentes reusáveis menores e separá-los por preocupação (por assunto). Teremos muito mais a dizer sobre isso no Capítulo 16. Por agora, assuma que você seguiu o nosso conselho e que várias classes precisam ser chamadas dentro da mesma unidade de trabalho para processar o fechamento de um leilão.

11.1.1 O caso de uso para propagação de Session

Olhe o exemplo de código na Listagem 11.1, que controla o processamento do evento.

Listagem 11.1 Código controlador que fecha e termina um leilão

```
public class ManageAuction {

    ItemDAO itemDAO = new ItemDAO();
    PaymentDAO paymentDAO = new PaymentDAO();

    public void endAuction(Item item) {

        // Religa o item
        itemDAO.makePersistent(item);

        // Define o lance vencedor
        Bid winningBid = itemDAO.getMaxBid( item.getId() );
        item.setSuccessfulBid(winningBid);
        item.setBuyer( winningBid.getBidder() );

        // Cobra o vendedor
        Payment payment = new Payment(item);
        paymentDAO.makePersistent(payment);

        // Notifica o vendedor e o vencedor
        ...
    }
    ...
}
```

A classe ManageAuction é chamada de *controladora* (*controller*). A sua responsabilidade é coordenar todos os passos necessários para processar um determinado evento. O método endAuction() é chamado pelo temporizador (ou pela interface do usuário) quando o evento é acionado. O controlador não contém todo o código necessário para completar e fechar o leilão; ele delega tanto quanto for possível para outras classes. Primeiro, ele precisa de dois objetos *stateless* de serviço chamados de *objetos de acesso a dados* (DAOs – *data access objects*) para completar o seu trabalho – eles são instanciados diretamente para cada instância do controlador. O método endAuction() usa os DAOs quando ele precisa acessar o banco de dados. Por exemplo, o ItemDAO é usado para religar o item desligado e para consultar o banco de dados pelo maior lance. O PaymentDAO é usado para tornar persistente um novo pagamento transiente. Você nem sequer precisa ver como o vendedor e o ganhador do leilão são notificados – você tem código suficiente para demonstrar que a propagação de contexto é necessária.

O código na Listagem 11.1 não funciona. Primeiro, não existe qualquer demarcação de transação. Todo o código no endAuction() é para ser considerado uma unidade de trabalho atômica: ou todo ele falha ou completa com sucesso. Então, você precisa colocar uma transação em volta de todas essas operações. Você irá fazer isso depois com diferentes APIs.

Um problema mais difícil é o contexto de persistência. Imagine que ItemDAO e PaymentDAO usam um diferente contexto de persistência em cada método (eles são *stateless*). Em outras palavras, itemDAO.getMaxBid() e paymentDAO.makePersistent() ambos abrem, descarregam e fecham seus próprios contextos de persistência (uma Session ou uma EntityManager). Isso é um antipadrão que deve ser evitado sempre! No mundo Hibernate, isso é conhecido como *sessão-por-operação*, e é a primeira coisa que um bom desenvolvedor Hibernate deve cuidar quando examinar um projeto de aplicação por gargalos de performance. Um único contexto de persistência não deve ser usado para processar uma determinada operação, mas sim para todo o evento (que, naturalmente, pode requerer várias operações). O escopo do contexto de persistência é freqüentemente o mesmo escopo da transação do banco de dados. Isso também é conhecido como *sessão-por-requisição*; veja a Figura 11.1.

Vamos adicionar demarcação de transação para a controladora ManageAuction e propagar o contexto de persistência entre classes de acesso a dados.

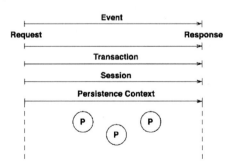

Figura 11.1 Um determinado evento é servido com um único contexto de persistência.

480 | Java Persistence com Hibernate

11.1.2 Propagação através de *thread-local*

O Hibernate oferece propagação automática do contexto de persistência para aplicações Java independentes com Java SE puro e para qualquer aplicação que use JTA com ou sem EJBs. Nós o encorajamos fortemente a considerar essa característica na sua própria aplicação, pois todas as alternativas são menos sofisticadas.

No Hibernate, você pode acessar a Session corrente para acessar o banco de dados. Por exemplo, considere a implementação ItemDAO com Hibernate:

```
public class ItemDAO {

    public Bid getMaxBid(Long itemId) {
        Session s = getSessionFactory().getCurrentSession();
        return (Bid) s.createQuery("...").uniqueResult();
    }
    ...
}
```

O método getSessionFactory() retorna a SessionFactory global. Como ele faz isso é depende totalmente de você: em como você configura e implanta a sua aplicação – ela poderia vir a partir de uma variável estática (HibernateUtil), poderia ser pesquisada do registro JNDI, ou ser injetada manualmente quando ItemDAO fosse instanciado. Esse tipo de gerenciamento de dependência é trivial; a SessionFactory é um objeto *thread-safe*.

O método getCurrentSession() na SessionFactory é o que queremos discutir. (A implementação PaymentDAO também usa a Session corrente em todos os métodos.) O que é a Session corrente, ao que *corrente* se refere? Vamos adicionar demarcação de transação ao controlador que chama ItemDAO e PaymentDAO, veja a Listagem 11.2.

Listagem 11.2 Adicionando demarcação de transação ao controlador

```
public class ManageAuction {

    ItemDAO itemDAO = new ItemDAO();
    PaymentDAO paymentDAO = new PaymentDAO();

    public void endAuction(Item item) {
        try {
            // Inicia a unidade de trabalho
            sf.getCurrentSession().beginTransaction();

            // Religa o item
            itemDAO.makePersistent(item);

            // Define o lance vencedor
            Bid winningBid = itemDAO.getMaxBid( item.getId() );
```

CAPÍTULO 11 – COMO IMPLEMENTAR CONVERSAÇÕES | 481

```
        item.setWinningBid(winningBid);
        item.setBuyer( winningBid.getBidder() );

        // Cobra o vendedor
        Payment payment = new Payment(item);
        paymentDAO.makePersistent(payment);

        // Notifica o vendedor e o vencedor
        ...

        // Termina a unidade de trabalho
        sf.getCurrentSession().getTransaction().commit();

    } catch (RuntimeException ex) {
        try {
            sf.getCurrentSession().getTransaction().rollback();
        } catch (RuntimeException rbEx) {
            log.error("Couldn't roll back transaction," rbEx);
        }
            throw ex;
    }
}
    ...
}
```

A unidade de trabalho se inicia quando o método endAuction() é chamado. Se sessionFactory.getCurrentSession() é chamado pela primeira vez na *thread* Java corrente, uma nova Session é aberta e retorna – você recebe um contexto de persistência fresquinho. Você imediatamente começa uma transação de banco de dados nessa nova Session, com a interface do Hibernate Transaction (que se traduz para transações JDBC em uma aplicação Java SE).

Todo o código de acesso aos dados que chama getCurrentSession() na SessionFactory global compartilhada tem acesso a mesma Session corrente – se ele é chamado na mesma *thread*. A unidade de trabalho se completa quando a transação (Transaction) é confirmada (ou revertida). O Hibernate também descarrega e fecha a Session corrente e seu contexto de persistência se você confirmar ou reverter a transação. A implicação aqui é que uma chamada para getCurrentSession() após confirmar ou reverter produz uma nova Session e um contexto de persistência fresquinho.

Você efetivamente aplica o mesmo escopo à transação de banco de dados e ao contexto de persistência. Geralmente, você melhorará esse código movendo a transação e o tratamento de exceção para fora da implementação do método. Uma solução clara é um *interceptador de transação*; você escreverá um no Capítulo 16.

Internamente, o Hibernate vincula a Session corrente à thread Java corrente que está rodando. (Na comunidade do Hibernate, isso também é conhecido como o padrão *ThreadLocal Session*.) Você tem que habilitar essa vinculação na sua configuração do Hibernate definindo a propriedade hibernate.current_session_context_class para thread.

482 | JAVA PERSISTENCE COM HIBERNATE

Se você implantar a sua aplicação com JTA, poderá habilitar uma estratégia um pouco diferente que define o escopo do *e* vincula o contexto de persistência diretamente para a transação de sistema.

11.1.3 Propagação com JTA

Em seções anteriores, sempre recomendamos o serviço JTA para tratar de transações, e agora repetimos essa recomendação. O JTA oferece, dentre muitas outras coisas, uma interface padronizada de demarcação de transação que evita a poluição do código com interfaces do Hibernate. A Listagem 11.3 mostra a controladora ManageAuction refatorada com JTA.

Listagem 11.3 Demarcação de transação com JTA no controlador

```
public class ManageAuction {

    UserTransaction utx = null;
    ItemDAO itemDAO = new ItemDAO();
    PaymentDAO paymentDAO = new PaymentDAO();

    public ManageAuction() throws NamingException {
        utx = (UserTransaction) new InitialContext()
            .lookup("UserTransaction");
    }

    public void endAuction(Item item) throws Exception {
        try {
            // Inicia a unidade de trabalho
            utx.begin();

            // Religa o item
            itemDAO.makePersistent(item);

            // Define o lance vencedor
            Bid winningBid = itemDAO.getMaxBid( item.getId() );
            item.setWinningBid(winningBid);
            item.setBuyer( winningBid.getBidder() );

            // Cobra o vendedor
            Payment payment = new Payment(item);
            paymentDAO.makePersistent(payment);

            // Notifica o vendedor e o vencedor
            ...

            // Termina a unidade de trabalho
            utx.commit();

        } catch (Exception ex) {
            try {
```

Capítulo 11 – Como implementar conversações | 483

```
        utx.rollback();
    } catch (Exception rbEx) {
        log.error("Couldn't roll back transaction", rbEx);
    }
        throw ex;
    }
}
...
}
```

Esse código é livre de quaisquer importações do Hibernate. E, mais importante, as classes ItemDAO e PaymentDAO, que internamente usam getCurrentSession(), não são modificadas. Um novo contexto de persistência se inicia quando getCurrentSession() é chamado pela primeira vez em uma das classes DAO. A Session corrente é vinculada automaticamente à transação de sistema JTA corrente. Quando a transação se completa, ou por confirmação ou por reversão, o contexto de persistência é descarregado e a Session corrente internamente vinculada é fechada.

O tratamento de exceção nesse código é um pouco diferente se comparado com o do exemplo anterior sem JTA, pois a API UserTransaction pode jogar exceções checadas (e a pesquisa JNDI no construtor também pode falhar).

Você não terá de habilitar esse contexto de persistência vinculado ao JTA se configurar a sua aplicação Hibernate para JTA; o getCurrentSession() sempre retorna uma Session vinculada à e com o escopo definido ao da transação de sistema JTA corrente.

(Note que você não pode usar a interface Transaction do Hibernate junto com a característica getCurrentSession() e JTA. Você precisa de uma Session para chamar beginTransaction(), mas uma Session deve estar vinculada à transação JTA corrente – um problema do ovo e da galinha. Isso novamente enfatiza que você deve usar JTA sempre que for possível e a Transaction do Hibernate somente se você não puder usar JTA.)

11.1.4 Propagação com EJBs

Se você escrever o seu controlador como um EJB e aplicar transações gerenciadas por contêiner, o código (na Listagem 11.4) será até mesmo mais claro.

Listagem 11.4 Demarcação de transação com CMT no controlador

```
@Stateless
public class ManageAuctionBean implements ManageAuction {

    ItemDAO itemDAO = new ItemDAO();
    PaymentDAO paymentDAO = new PaymentDAO();

    @TransactionAttribute(TransactionAttributeType.REQUIRED)
```

484 | JAVA PERSISTENCE COM HIBERNATE

```
public void endAuction(Item item) {

    // Reattach item
    itemDAO.makePersistent(item);

    // Set winning bid
    Bid winningBid = itemDAO.getMaxBid( item.getId() );
    item.setWinningBid(winningBid);
    item.setBuyer( winningBid.getBidder() );

    // Charge seller
    Payment payment = new Payment(item);
    paymentDAO.makePersistent(payment);

    // Notify seller and winner
    ...
    }
    ...
}
```

A Session corrente está vinculada à transação que é iniciada para o método endAuction(), e é descarregada e fechada quando esse método retorna. Todo o código que roda dentro desse método chama sessionFactory.getCurrentSession()e pega o mesmo contexto de persistência.

Se comparar esse exemplo com o primeiro exemplo não funcional, Listagem 11.1, você verá que só teve de adicionar algumas anotações para fazê-lo funcionar. A @TransactionAttribute é até mesmo opcional – o padrão assumido é REQUIRED. É por isso que o EJB 3.0 oferece um *modelo de programação simplificado*. Note que você não usou uma interface JPA até agora, as classes de acesso aos dados ainda se baseiam na Session corrente do Hibernate. Você pode facilmente refatorar isso mais à frente – as preocupações estão bem separadinhas.

Agora você sabe como o contexto de persistência tem o seu escopo definido aos das transações para servir a um determinado evento e como você pode criar operações de acesso aos dados mais complexas que requerem propagação e compartilhamento de um contexto de persistência entre vários objetos. Internamente o Hibernate usa a *thread* corrente ou a transação de sistema JTA corrente para vincular a Session e contexto de persistência corrente. O escopo da Session e contexto de persistência é igual ao escopo da transação (Transaction) do Hibernate ou da transação de sistema JTA.

Agora enfocamos o segundo conceito de projeto que pode de forma significativa melhorar a forma como você projeta e cria aplicações de banco de dados. Iremos implementar conversações prolongadas, uma seqüência de interações com o usuário da aplicação que transpõe o tempo de reflexão do usuário.

11.2 Conversações com o Hibernate

Você foi introduzido no conceito de conversações várias vezes ao longo dos capítulos anteriores. Na primeira vez, dissemos que as conversações eram unidades de trabalho que transpõem o tempo de reflexão do usuário. Exploramos então os blocos básicos de construção que você tem de juntar para criar aplicações conversacionais: objetos desligados, religação, fundição, e a estratégia alternativa com um contexto de persistência estendido.

Agora é hora de ver todas essas opções em ação. Construímos no exemplo anterior, o fechamento e a finalização de um leilão, e o transformamos em uma conversação.

11.2.1 Como fornecer garantias conversacionais

Você já implementou uma conversação – ela só não foi longa. Você implementou a conversação mais curta possível " uma conversação que transpunha uma única requisição do usuário: o usuário (vamos assumir que estamos falando de um operador humano) clica no botão Finalizar Leilão na interface administrativa do CaveatEmptor. Esse evento requisitado é então processado, e uma resposta mostrando que a ação foi bem-sucedida é apresentada ao operador.

Na prática, conversações curtas são comuns. Quase todas as aplicações têm conversações mais complexas – seqüências mais sofisticadas de ações que devem ser agrupadas como uma unidade. Por exemplo, o operador humano que clica o botão Finalizar Leilão faz isso porque está convencidos que essa ação deva ser completada. Ele toma essa decisão olhando os dados apresentados na tela – como foi que a informação chegou lá? Uma requisição anterior foi enviada para a aplicação e acionou o carregamento de um leilão para ser mostrado. Do ponto de vista do usuário da aplicação, esse carregamento de dados é parte da mesma unidade de trabalho. Parece razoável que a aplicação também deva saber que ambos os eventos – o carregamento de um leilão para ser mostrado e a finalização de um leilão – estejam supostamente na mesma unidade de trabalho. Estamos expandindo o nosso conceito de unidade de trabalho e adotando o ponto de vista do usuário da aplicação. Você agrupa ambos os eventos dentro da mesma conversação.

Os usuários da aplicação esperam ter algumas garantias enquanto andam por essa conversação com a aplicação:

- O leilão que o usuário está prestes a fechar e terminar não é modificado enquanto o usuário olha o leilão. A finalização do leilão requer que o dado no qual essa decisão está baseada esteja inalterado quando a finalização ocorrer. Caso contrário, o operador estará trabalhando com dado antigo e provavelmente irá tomar uma decisão errada.

- A conversação é atômica: a qualquer momento o usuário pode abortar a conversação, e todas as mudanças que ele fez serão revertidas. Isso não é uma questão importante no seu cenário atual, pois somente o último evento faria qualquer mudança permanente; a primeira requisição somente carrega os dados para mostrar. Contudo, conversações mais complexas são possíveis e comuns.

Você, como o desenvolvedor da aplicação, deseja implementar essas garantias com o menor esforço possível.

Nós agora lhe mostramos como implementar longas conversações com o Hibernate, com e sem EJBs. A primeira decisão que você terá que tomar, em qualquer ambiente, é entre uma estratégia que use *objetos desligados* e uma estratégia que *estenda o contexto de persistência*.

11.2.2 Conversações com objetos desligados

Vamos criar a conversação com interfaces do Hibernate nativo e com uma estratégia de objeto desligado. A conversação tem dois passos: o primeiro carrega um objeto, e o segundo torna as mudanças no objeto carregado persistentes. Os dois passos são mostrados na Figura 11.2.

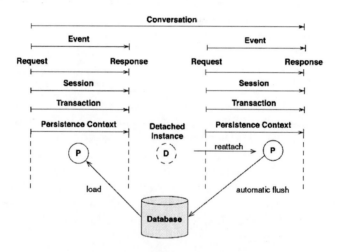

Figura 11.2 Uma conversação de dois passos implementada com objetos desligados.

O primeiro passo requer uma Session do Hibernate para recuperar uma instância por seu identificador (assuma que isso é um parâmetro dado). Você irá escrever outra controladora ManageAuction que pode tratar desse evento:

```java
public class ManageAuction {

    public Item getAuction(Long itemId) {
        Session s = sf.getCurrentSession();
        s.beginTransaction();

        Item item = (Item) s.get(Item.class, itemId);

        s.getTransaction().commit();
        return item;
    }
    ...
}
```

Simplificamos um pouco o código para evitar misturar o exemplo – você sabe que o tratamento de exceção na verdade não é opcional. Note que essa é uma versão muito mais simples do que a mostrada anteriormente; nós queremos lhe mostrar o mínimo de código necessário para entender conversações. Você também pode escrever esse controlador com DAOs, se você quiser.

Uma nova Session, contexto de persistência, e uma transação de banco de dados começam quando o método getAuction() é chamado. Um objeto é carregado a partir do banco de dados, a transação se confirma, e o contexto de persistência é fechado. O objeto item está agora em um estado desligado e retorna para o cliente que chamou esse método. O cliente trabalha com o objeto desligado, mostra-o, e possivelmente até permite que o usuário o modifique.

O segundo passo na conversação é a finalização do leilão. Esse é o propósito de outro método na controladora ManageAuction. Se comparado a exemplos anteriores, você novamente simplifica o método endAuction() para evitar qualquer complicação desnecessária:

```java
public class ManageAuction {

    public Item getAuction(Long itemId) ...
    ...

    public void endAuction(Item item) {
        Session s = sf.getCurrentSession();

        s.beginTransaction();

        // Religa o item
        s.update(item);

        // Define o lance vencedor
        // Cobra o vendedor
```

JAVA PERSISTENCE COM HIBERNATE

```
// Notifica o vendedor e o vencedor
...

s.getTransaction().commit();
   }
}
```

O cliente chama o método endAuction() e passa de volta a instância item desligada – essa é a mesma instância retornada no primeiro passo. A operação update() na Session religa o objeto desligado ao contexto de persistência e agenda um UPDATE SQL. O Hibernate deve assumir que o cliente modificou o objeto enquanto ele estava desligado. (Caso contrário, se você não tem certeza de que ele não foi modificado, um lock() seria o suficiente.) O contexto de persistência é descarregado automaticamente quando a segunda transação na conversação se confirma, e quaisquer modificações nele uma vez desligado e agora objeto persistente são sincronizadas com o banco de dados.

O método saveOrUpdate() é na prática mais útil que o update(), save() ou lock(), Em conversações complexas, você não sabe se o item está em estado desligado ou se ele é novo e transiente e deve ser salvo. A detecção de estado automática fornecida pelo saveOrUpdate() se torna até mais útil quando você não trabalha somente com instâncias únicas, mas também quer religar ou persistir uma rede de objetos conectados e aplicar opções de cascata. Releia também a definição da operação merge() e de quando usar fundição ao invés de religação: "Como fundir o estado de um objeto desligado" no Capítulo 9, Seção 9.3.2.

Até agora, você resolveu somente um dos problemas de implementação de conversação: pouco código foi necessário para implementar a conversação. Contudo, o usuário da aplicação ainda espera que a unidade de trabalho não somente seja isolada de modificações concorrentes, mas que também seja atômica.

Você isola conversações concorrentes com bloqueio otimista. Como uma regra, você não deve aplicar uma estratégia de controle de concorrência pessimista que transponha uma conversação prolongada – isso implica bloqueio custoso e não escalável. Em outras palavras, você não impede que dois operadores vejam o mesmo item do leilão. Espera que isso aconteça raramente: você é otimista. Mas se acontecer, você tem de ter uma estratégia de resolução de conflito pronta. Você precisa habilitar o versionamento automático do Hibernate para a classe persistente Item, assim como você fez em "Como habilitar o versionamento no Hibernate" no Capítulo 10, Seção 10.2.2. Portanto, todo UPDATE ou DELETE SQL a qualquer momento durante a conversação irá incluir uma checagem de versão contra o estado presente no banco de dados. Você receberá uma StaleObjectStateException se essa checagem falhar e, então, terá de executar uma ação apropriada. Nesse caso, você apresenta uma mensagem de erro para o usuário ("Desculpe, alguém modificou o mesmo leilão!") e força uma reinicialização da conversação a partir do passo um.

Como você pode fazer a conversação atômica? A conversação transpõe vários contextos de persistência e várias transações de banco de dados. Mas esse não é o escopo de uma unidade de trabalho do ponto de vista do usuário da aplicação; ele considera a conversação como sendo um grupo atômico de operações que ou todas falham ou todas têm sucesso. Na conversação atual isso não é um problema, pois você modifica e persiste dados somente no último (segundo) passo. Qualquer conversação que somente lê dados e atrasa toda a religação de objetos modificados para o último passo é automaticamente atômica e pode ser abortada a qualquer momento. Se uma conversação religa e confirma modificações para o banco de dados em um passo intermediário, ela não é mais atômica.

Uma solução é não descarregar o contexto de persistência na confirmação – ou seja, definir um FlushMode.MANUAL em uma Session que supostamente não seja de persistir modifica-ções (claro, não para o último passo da conversação). Uma outra opção é usar ações de *compensação* que *desfazem* qualquer passo que fez mudanças permanentes, e chamar as ações de compensação apropriadas quando o usuário abortar a conversação. Nós não temos muito o que dizer sobre como escrever ações de compensação; elas dependem da conversação que você esteja implementando.

A seguir, você implementa a mesma conversação com uma estratégia diferente, eliminado o estado de objeto desligado. Você estende o contexto de persistência para transpor toda a conversação.

11.2.3 Como estender uma Session para uma conversação

A Session do Hibernate tem um contexto de persistência interno. Você pode implementar uma conversação que não envolva objetos desligados *estendendo* o contexto de persistência para transpor toda a conversação. Isso é conhecido como a estratégia *sessão-por-conversação*, como mostrado na Figura 11.3.

Uma nova Session e um contexto de persistência são abertos no começo de uma conversação. O primeiro passo, carregamento do objeto Item, é implementado em uma primeira transação de banco de dados. A Session é automaticamente desconectada da Connection JDBC subjacente tão logo você confirme a transação de banco de dados. Você pode agora se manter com essa Session desconectada e seu contexto interno de persistência durante o tempo de reflexão do usuário. Tão logo o usuário continue na conversação e execute o próximo passo, você reconecta a Session a uma Connection JDBC novinha através da inicialização de uma segunda transação de banco de dados. Qualquer objeto que foi carregado nessa conversação está em estado persistente: ele nunca é desligado. Por isso, todas as modificações que você fez a qualquer objeto persistente são descarregadas para o banco de dados tão logo você chame flush() na Session. Você tem que desabilitar o descarregamento automático da Session definindo um modo de descarregamento manual (FlushMode.MANUAL) – você deve fazer isso quando a conversação começa e a Session é aberta.

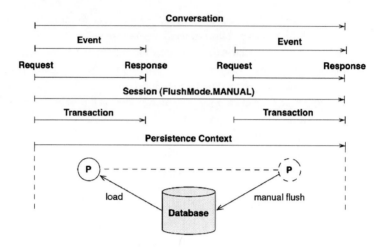

Figura 11.3 Um contexto de persistência desconectado estendido para transpor uma conversação.

Modificações feitas em conversações concorrentes são isoladas, graças ao bloqueio otimista e à checagem de versão automática do Hibernate durante o descarregamento. A atomicidade da conversação estará garantida se você não descarregar a Session até o ultimo passo, o fim da conversação – se você fechar a Session não descarregada, você efetivamente abortará a conversação.

Precisamos elaborar uma exceção para esse comportamento: o momento de inserção de novas instâncias de entidade. Note que isso não é um problema nesse exemplo, mas é algo com que você terá de lidar nas conversações mais complexas.

Como atrasar a inserção até o momento de descarga

Para entender o problema, pense no modo como os objetos são salvos e como seus valores identificadores são designados. Como você não salva quaisquer novos objetos na conversação Finalizar Leilão, você não viu essa questão. Mas qualquer conversação na qual você salve objetos em um passo intermediário não pode ser atômica.

O método save() na Session requer que o novo identificador de banco de dados da instância salva precise retornar. Então, o valor identificador tem que ser gerado quando o método save() é chamado. Isso não é problema para a maioria das estratégias de gerador de identificador; por exemplo, o Hibernate pode chamar uma sequence, fazer o incremento (increment) em memória, ou pedir para o gerador hilo por um novo valor. O Hibernate não tem que executar um INSERT SQL para retornar o valor identificador no save() e designá-lo para a instância agora persistente.

Capítulo 11 – Como implementar conversações | 491

As exceções são as estratégias de geração de identificador que são acionadas depois que o INSERT ocorre. Uma delas é a identity, a outra é a select; ambas requerem que uma linha seja inserida primeiro. Se você mapear uma classe persistente com esses geradores de identificador, um INSERT imediato é executado quando você chama save()! Como você está confirmando transações de banco de dados durante a conversação, essa inserção pode ter efeitos permanentes.

Veja o seguinte código de conversação levemente diferente que demonstra esse efeito:

```
Session session = getSessionFactory().openSession();
session.setFlushMode(FlushMode.MANUAL);

// Primeiro passo na conversação
session.beginTransaction();
Item item = (Item) session.get(Item.class, new Long(123) );
session.getTransaction().commit();

// Segundo passo na conversação
session.beginTransaction();
Item newItem = new Item();
Long newId = (Long) session.save(newItem); // Triggers INSERT!
session.getTransaction().commit();

// Reverte a conversação!
session.close();
```

Você pode esperar que toda a conversação, os dois passos, possa ser revertida por meio do fechamento do contexto de persistência não descarregado. Supõe-se que a inserção do novo item (newItem) seja atrasada até que você chame o flush() na Session, o que nunca acontece nesse código. Esse é o caso somente se você não escolher identity ou select como o seu gerador de identificador. Com esses geradores, um INSERT deve ser executado no segundo passo da conversação, e o INSERT é confirmado para o banco de dados.

Uma solução usa ações de compensação que você executa para desfazer quaisquer possíveis inserções feitas durante uma conversação abortada, em adição a fechar o contexto de persistência não descarregado. Você teria de manualmente deletar a linha que foi inserida. Outra solução é um gerador diferente de identificador, como o sequence, que suporta a geração de novos valores identificadores sem uma inserção.

A operação persist() o expõe ao mesmo problema. Contudo, ela também fornece uma solução alternativa (e melhor). Ela pode atrasar inserções, mesmo com geração de identificador pós-inserção, se você chamá-la fora de uma transação:

492 | JAVA PERSISTENCE COM HIBERNATE

```
Session session = getSessionFactory().openSession();
session.setFlushMode(FlushMode.MANUAL);

// Primeiro passo na conversação
session.beginTransaction();
Item item = (Item) session.get(Item.class, new Long(1));
session.getTransaction().commit();

// Segundo passo na conversação
Item newItem = new Item();
session.persist(newItem);

// Reverte a conversação!
session.close();
```

O método persist() pode atrasar inserções porque ele não tem que retornar um valor identificador. Note que a entidade newItem está em estado persistente depois que você chamou o persist(), mas ela não tem valor de identificador designado se você mapeou a classe persistente com uma estratégia de gerador identity ou select. O valor identificador é designado à instância quando o INSERT ocorrer, no momento da descarga. Nenhuma declaração SQL é executada quando você chama o persist() fora de uma transação. O objeto newItem só foi enfileirado para inserção.

Tenha em mente que o problema que discutimos depende da estratégia de gerador de identificador selecionada – você pode não se deparar com ele, ou pode ser capaz de evitá-lo. O comportamento não transacional do persist() será novamente importante mais adiante neste capítulo, quando você escrever as conversações com JPA e não com as interfaces do Hibernate.

Vamos primeiro completar a implementação de uma conversação com uma Session estendida. Com uma estratégia sessão-por-conversação, você não precisa mais desligar e religar (ou fundir) objetos manualmente no seu código. Você deve implementar código de infra-estrutura que pode reusar a mesma Session para toda uma conversação.

Como gerenciar a Session corrente

O suporte da Session corrente que discutimos mais cedo é um mecanismo comutável. Você já viu duas estratégias internas possíveis: ama foi vinculada a *thread*, e a outra vinculou a Session corrente à transação JTA. Ambas, contudo, fechavam a Session no final da transação. Você precisa de um diferente escopo da Session para o padrão sessão-por-conversação, porém você ainda quer ser capaz de acessar a Session corrente no seu código da aplicação.

Uma terceira opção inerente faz exatamente o que você quer para a estratégia sessão-por-conversação. Você tem que habilitá-la definindo a opção de configuração hibernate.current_session_context_class para managed. As outras opções inerentes que discutimos são thread e jta, a última sendo habilitada implicitamente se você configurar o Hibernate para implantação JTA. Note que todas essas opções inerentes são implementações da interface org.hibernate.context.CurrentSessionContext; você poderia escrever a sua

CAPÍTULO 11 – COMO IMPLEMENTAR CONVERSAÇÕES | 493

própria implementação e nomear a classe na configuração. Isso geralmente não é necessário, pois as opções inerentes abordam a maioria dos casos.

A implementação inerente do Hibernate que você acabou de habilitar é chamada *gerenciada*, pois ela delega a responsabilidade de gerenciar o escopo, o início e o fim da Session corrente para você. Você gerencia o escopo da Session com três métodos estáticos:

```
public class ManagedSessionContext implements CurrentSessionContext {
    public static Session bind(Session session) { ... }
    public static Session unbind(SessionFactory factory) { ... }
    public static boolean hasBind(SessionFactory factory) { ... }
}
```

Já é possível supor com que a implementação de uma estratégia sessão-por-conversação tem a ver:

- Quando uma conversação inicia, uma nova Session deve ser aberta e vinculada a ManagedSessionContext.bind() para servir a primeira requisição na conversação. Você também tem que definir FlushMode.MANUAL nessa nova Session, pois não quer que qualquer sincronização de contexto de persistência ocorra pelas suas costas.

- Todo o código de acesso aos dados que agora chama sessionFactory.get CurrentSession() recebe a Session que você vinculou.

- Quando uma requisição na conversação se completa, você precisa chamar ManagedSessionContext.unbind() e guardar a agora desconectada Session em algum lugar até que a próxima requisição na conversação seja feita. Ou, se essa foi a última requisição na conversação, é necessário descarregar e fechar a Session.

Todos esses passos podem ser implementados em um *interceptador*.

Como criar um interceptador de conversação

Você precisa de um interceptador acionado automaticamente para cada evento de requisição em uma conversação. Se você usar EJBs, como logo o fará, terá muito desse código de infra-estrutura de graça. Se você escrever uma aplicação não Java EE, terá de escrever o seu próprio interceptador. Existem várias maneiras de fazer isso; nós lhe mostramos um interceptador abstrato que somente demonstra o conceito. Você pode achar implementações de interceptadores funcionando e testadas para aplicações web no arquivo para baixar do CaveatEmptor no pacote org.hibernate.ce.auction.web.filter.

Vamos presumir que o interceptador rode sempre que um evento em uma conversação tenha de ser processado. Também presumimos que cada evento deva passar por um controlador como porta principal e seu método de ação execute() – o cenário mais fácil. Você pode agora colocar um interceptador em volta desse método; ou seja, você escreve um interceptador que é chamado antes e depois desse método executar. Isso é apresentado na Figura 11.4; leia os itens numerados da esquerda para a direita.

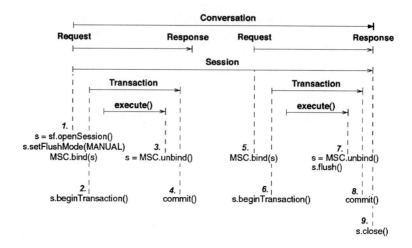

Figura 11.4 Interceptação de eventos para gerenciar o ciclo de vida de uma Session.

Quando a primeira requisição em uma conversação chega ao servidor, o interceptador roda e abre uma nova Session ❶; descarga automática dessa Session é imediatamente desabilitada. Essa Session é então vinculada à ManagedSessionContext do Hibernate. Uma transação é iniciada ❷ antes de o interceptador deixar o controlador tratar o evento. Todo o código que roda dentro desse controlador (ou qualquer DAO chamado pelo controlador) pode agora chamar sessionFactory.getCurrentSession() e trabalhar com a Session. Quando o controlador terminar o seu trabalho, o interceptador roda novamente e desvincula a Session corrente ❸. Após a transação ser confirmada ❹, a Session será desconectada automaticamente e poderá ser guardada durante o tempo de reflexão do usuário.

Agora o servidor espera pela segunda requisição na conversação.

Tão logo a segunda requisição chega ao servidor, o interceptador roda, detecta que existe uma Session desconectada guardada, e a vincula à ManagedSessionContext ❺. O controlador trata o evento depois que uma transação foi iniciada pelo interceptador ❻. Quando o controlador termina o seu trabalho, o interceptador roda novamente e desvincula a Session corrente do Hibernate. Contudo, em vez de desconectá-la e guardá-la, o interceptador agora detecta que esse é o fim da conversação e que a Session precisa ser descarregada ❼, antes de a transação ser confirmada ❽. E, por fim, a conversação está completa e o interceptador fecha a Session ❾.

Isso parece mais complexo do que é no código. A Listagem 11.5 é uma pseudo-implementação de tal interceptador:

Listagem 11.5 Um interceptador implementa a estratégia sessão-por-conversação

```java
public class ConversationInterceptor {

    public Object invoke(Method method) {

        // Que Session usar?
        Session currentSession = null;

        if (disconnectedSession == null) {
            // Início de uma nova conversação
            currentSession = sessionFactory.openSession();
            currentSession.setFlushMode(FlushMode.MANUAL);
        } else {
            // No meio de uma conversação
            currentSession = disconnectedSession;
        }
        // Vincula antes de processar o evento
        ManagedSessionContext.bind(currentSession);

        // Inicia uma transação do banco de dados, reconecta a Session
        currentSession.beginTransaction();

        // Processa o evento invocando o execute() envolvido
        Object returnValue = method.invoke();

        // Desvincula após processar o evento
        currentSession =
            ManagedSessionContext.unbind(sessionFactory);

        // Decide se esse foi o último evento na conversação
        if ( returnValue.containsEndOfConversationToken() ) {

            // O evento foi o último: descarregue, confirme, feche
            currentSession.flush();
            currentSession.getTransaction().commit();
            currentSession.close();

            disconnectedSession = null; // Limpe
        } else {

            // O evento não foi o último, continue a conversação
            currentSession.getTransaction().commit(); // Disconnects
            disconnectedSession = currentSession;
        }

        returnValue;
    }
}
```

496 | JAVA PERSISTENCE COM HIBERNATE

O interceptador invoke(Method) fica em volta da operação execute() do controlador. Esse código interceptador roda toda vez que uma requisição do usuário da aplicação tem que ser processada. Quando ele retorna, você checa se o valor de retorno contém um sinal especial ou um marcador. Esse sinal indica que esse foi o último evento que tem que ser processado em uma determinada conversação. Você agora descarrega a Session, confirma todas as mudanças, e fecha a Session. Se esse não foi o último evento da conversação, você confirma a transação do banco de dados, guarda a Session desconectada, e continua a esperar pelo próximo evento da conversação.

Esse interceptador é transparente para qualquer código de cliente que chame o execute(). Ele também é transparente para qualquer código que rode dentro do execute(). Qualquer operação de acesso a dados usa a Session corrente; as preocupações são separadas corretamente. Nós nem mesmo temos que lhe mostrar o código de acesso aos dados, pois ele é livre de qualquer demarcação de transação de banco de dados ou de tratamento de Session. Só carrega e guarda objetos com getCurrentSession().

As seguintes questões estão provavelmente em sua mente:

- *Onde a* disconnectedSession *é guardada enquanto a aplicação espera o usuário mandar a próxima requisição da conversação?* Ela pode ser guardada na HttpSession ou até mesmo em um EJB *stateful*. Se você não usa EJBs, essa responsabilidade é delegada para o seu código da aplicação. Se você usa EJB 3.0 e JPA, você pode vincular o escopo do contexto de persistência, o equivalente de uma Session, a um EJB *stateful*– uma outra vantagem do modelo de programação simplificado.

- *De onde vem o sinal especial que marca o fim da conversação?* No nosso exemplo abstrato, esse sinal está presente no valor de retorno do método execute(). Existem várias maneiras de implementar tal indicador especial para o interceptador, desde que você consiga um caminho para transportá-lo para lá. Colocá-lo no resultado do evento que está sendo processado é uma solução pragmática.

Isso completa a nossa discussão de propagação do contexto de persistência e de implementação de conversação com o Hibernate. Encurtamos e simplificamos um bom número de exemplos nas seções passadas para tornar mais fácil o entendimento dos conceitos. Se você quiser ir em frente e implementar unidades de trabalho mais sofisticadas com o Hibernate, sugerimos que você também primeiro leia o Capítulo 16.

Por outro lado, se você não estiver usando as APIs do Hibernate e quiser trabalhar com o Java Persistence e os componentes EJB 3.0, continue lendo.

11.3 Conversações com JPA

Agora vamos olhar a propagação do contexto de persistência e a implementação de conversação com JPA e EJB 3.0. Assim como com o Hibernate nativo, você deverá considerar três pontos quando quiser implementar conversações com Java Persistence:

- Você quer propagar o contexto de persistência para que um contexto de persistência seja usado por todos os acessos a dados de uma determinada requisição. No Hibernate, essa funcionalidade é inerente à característica getCurrentSession(). O JPA não terá essa característica se ele tiver sido implantado de forma independente em Java SE. Por outro lado, graças ao modelo de programação do EJB 3.0, e ao escopo e clico de vida bem definidos das transações e componentes gerenciados, o JPA em combinação com EJBs é muito mais poderoso que o Hibernate nativo.

- Se decidir usar uma abordagem de objetos desligados como a sua estratégia de implementação de conversação, você precisará tornar persistentes as mudanças nos objetos desligados. O Hibernate oferece religação e fundição; o JPA somente suporta fundição. Nós discutimos em detalhes as diferenças no capítulo anterior, mas queremos revê-las rapidamente com exemplos de conversação mais realistas.

- Se decidir usar a abordagem sessão-por-conversação como a sua estratégia de implementação de conversação, você precisará estender o contexto de persistência para transpor toda uma conversação. Olhamos os escopos do contexto de persistência JPA e exploramos como você pode implementar contextos de persistência estendidos com JPA em Java SE e com componentes EJB.

Note que novamente temos de lidar com JPA em dois ambientes diferentes: um em puro Java SE e outro com EJBs em um ambiente Java EE. Você pode ficar mais interessado em um ou no outro quando ler esta seção. Nós anteriormente abordamos o assunto de conversações com Hibernate falando primeiro sobre propagação de contexto e depois discutindo sobre longas conversações. Com JPA e EJB 3.0, iremos explorar ambos os casos ao mesmo tempo, mas em seções separadas para Java SE e Java EE.

Primeiro implementamos conversações com JPA em uma aplicação Java SE sem quaisquer componentes gerenciados ou contêiner. Freqüentemente vamos nos referir às diferenças entre as conversações no Hibernate nativo, para ter certeza de que você entendeu as seções anteriores deste capítulo. Vamos discutir as três questões que já identificamos mais cedo: propagação do contexto de persistência, fundição de instâncias desligadas e contextos de persistência estendidos.

11.3.1 Propagação do contexto de persistência em Java SE

Considere novamente o controlador da Listagem 11.1. Esse código se baseia em DAOs que executam as operações de persistência. Eis aqui novamente a implementação de tal objeto de acesso aos dados com as APIs do Hibernate:

```
public class ItemDAO {

    public Bid getMaxBid(Long itemId) {
        Session s = getSessionFactory().getCurrentSession();
        return (Bid) s.createQuery("...").uniqueResult();
    }
    ...

}
```

Se você tentar refatorar isso com JPA, a sua única escolha parece ser essa:

```
public class ItemDAO {

    public Bid getMaxBid(Long itemId) {
        Bid maxBid;
        EntityManager em = null;
        EntityTransaction tx = null;
        try {
            em = getEntityManagerFactory().createEntityManager();
            tx = em.getTransaction();
            tx.begin();

            maxBid = (Bid) em.createQuery("...")
                            .getSingleResult();
            tx.commit();
        } finally {
            em.close();
        }
        return maxBid;
    }
    ...
}
```

Nenhuma propagação de contexto de persistência é definida no JPA, se a aplicação trata a EntityManager por si só em Java SE. Não existe um equivalente ao método getCurrentSession() da SessionFactory do Hibernate.

A única maneira de se conseguir uma EntityManager em Java SE é através de instanciação com o método createEntityManager() da fábrica. Em outras palavras, todos os seus métodos de acesso aos dados usam as suas próprias instâncias EntityManager – esse é o antipadrão *sessão-por-operação* que definimos anteriormente! Pior, não existe uma localização sensata para a demarcação de transação que transponha várias operações de acesso aos dados.

CAPÍTULO 11 – COMO IMPLEMENTAR CONVERSAÇÕES | 499

Existem três soluções possíveis para essa questão:

- Você pode instanciar uma EntityManager em todo o DAO quando o DAO é criado. Isso não lhe garante o escopo *contexto de persistência-por-requisição*, mas é um pouco melhor do que um contexto de persistência por operação. Contudo, a demarcação de transação ainda é um problema com essa estratégia; todas as operações DAO em todos os DAOs ainda não podem ser agrupadas como uma atômica e isolada unidade de trabalho.

- Você pode instanciar uma única EntityManager no seu controlador e passá-la para dentro de todos os DAOs quando você criar os DAOs (injeção por construtor). Isso resolverá o problema. O código que trata uma EntityManager pode ser unido ao código de demarcação de transação em um único lugar, o controlador.

- Você pode instanciar uma única EntityManager em um interceptador e vinculá-la a uma variável ThreadLocal em uma classe de ajuda. O DAO recupera a EntityManager corrente a partir de uma ThreadLocal. Essa estratégia simula a funcionalidade do Hibernate getCurrentSession(). O interceptador também pode incluir a demarcação de transação, e você pode colocar o interceptador em volta dos métodos do seu controlador. Em vez de escrever essa infra-estrutura você mesmo, considere EJBs primeiro.

Deixamos ao seu critério qual estratégia prefere para a propagação do contexto de persistência em Java SE. Nossa recomendação é considerar os componentes Java EE, EJBs, e a poderosa propagação de contexto que fica então disponível para você. Você pode facilmente implantar um contêiner EJB leve com a sua aplicação, como fez no Capítulo 2, Seção 2.2.3, "Introdução aos componentes EJB".

Vamos para o segundo item da lista: a modificação de instâncias desligadas em conversações longas.

11.3.2 Como fundir objetos desligados em conversações

Nós já elaboramos o conceito de objeto desligado e como você pode religar instâncias modificadas em um novo contexto de persistência ou, alternativamente, fundi-las dentro do novo contexto de persistência. Como o JPA oferece operações de persistência somente para fundição, reveja os exemplos e notas sobre fundição com código do Hibernate nativo (em "Como fundir o estado de um objeto desligado" no Capítulo 9, Seção 9.3.2) e a discussão sobre objetos desligados no JPA, Capítulo 9, Seção 9.4.2, "Como trabalhar com instâncias de entidade desligadas".

Aqui queremos nos concentrar em uma questão que levantamos mais cedo e olhá-la a partir de uma perspectiva um pouco diferente. A questão é: "Por que uma instância persistente retorna a partir da operação merge()?".

A conversação longa que você implementou anteriormente com Hibernate tem dois passos, dois eventos. No primeiro evento, um item de leilão é recuperado para ser mostrado.

500 | JAVA PERSISTENCE COM HIBERNATE

O segundo evento, o (provavelmente modificado) item é religado em um novo contexto de persistência e o leilão é fechado.

A Listagem 11.6 mostra o mesmo controlador, que pode servir a ambos os eventos, com JPA e fundição:

Listagem 11.6 Um controlador que usa JPA para fundir um objeto desligado

```
public class ManageAuction {

    public Item getAuction(Long itemId) {
        EntityManager em = emf.createEntityManager();
        EntityTransaction tx = em.getTransaction();

        tx.begin();

        Item item = em.find(Item.class, itemId);

        tx.commit();
        em.close();

        return item;
    }

    public Item endAuction(Item item) {
        EntityManager em = emf.createEntityManager();
        EntityTransaction tx = em.getTransaction();

        tx.begin();

        // Funde o item
        Item mergedItem = em.merge(item);

        // Define o lance vencedor
        // Cobra o vendedor
        // Notifica o vendedor e o vencedor
        // ... esse código usa mergedItem!

        tx.commit();
        em.close();

        return mergedItem;
    }
}
```

Não deve existir aqui código que o deixe surpreso – você já viu todas essas operações muitas vezes. Considere o cliente que chama esse controlador, que geralmente é algum tipo de código de apresentação. Primeiro, o método getAuction() é chamado para recuperar uma instância Item para ser mostrada. Algum tempo depois, o segundo evento é acionado, e o método endAuction() é chamado. A instância Item desligada é passada para esse método;

contudo, o método também retorna uma instância Item. A instância Item retornada, mergedItem, é uma instância diferente! O cliente agora tem dois objetos Item: o velho e o novo.

Assim como apontamos em "Como fundir o estado de um objeto desligado" na Seção 9.3.2, a referência à instância velha deve ser considerada obsoleta pelo cliente: não representa o último estado. Somente a mergedItem é uma referência ao estado atual. Com fundição ao invés de religação, torna-se responsabilidade do cliente descartar referências obsoletas a objetos velhos. Isso geralmente não será problema, se você considerar o seguinte código de cliente:

```
ManageAuction controller = new ManageAuction();

// Primeiro evento
Item item = controller.getAuction( 12341 );

// O item é mostrado na tela e modificado...
item.setDescription("[SOLD] An item for sale");

// Segundo evento
item = controller.endAuction(item);
```

A última linha de código define o resultado fundido como o valor da variável item, então você efetivamente atualiza essa variável com uma nova referência. Tenha em mente que essa linha atualiza somente essa variável. Qualquer outro código na camada de apresentação que ainda tenha uma referência à instância velha também deve atualizar as variáveis – tome cuidado. Isso efetivamente significa que o seu código de apresentação tem de estar ciente das diferenças entre as estratégias de religação e de fundição.

Nós observamos que aplicações que foram construídas com uma estratégia de *contexto de persistência estendido* são freqüentemente mais fáceis de entender do que aplicações que se baseiam pesadamente em objetos desligados.

11.3.3 Como estender o contexto de persistência em Java SE

Já discutimos o escopo de um contexto de persistência com JPA em Java SE no Capítulo 10, Seção 10.1.3, "Transações com Java Persistence". Agora vamos elaborar esses fundamentos e nos concentrar em exemplos que mostrem um contexto de persistência estendido com uma implementação de conversação.

O escopo padronizado do contexto de persistência

Em JPA sem EJBs, o contexto de persistência é vinculado ao ciclo de vida e escopo de uma instância EntityManager. Para reusar o mesmo contexto de persistência para todos os eventos em uma conversação, você somente tem de reusar a mesma EntityManager para processar todos os eventos.

Uma abordagem não sofisticada delega essa responsabilidade ao cliente do controlador da conversação:

502 | JAVA PERSISTENCE COM HIBERNATE

```java
public static class ManageAuctionExtended {

    EntityManager em;
    public ManageAuctionExtended(EntityManager em) {
        this.em = em;
    }
    public Item getAuction(Long itemId) {
        EntityTransaction tx = em.getTransaction();
        tx.begin();
        Item item = em.find(Item.class, itemId);
        tx.commit();

        return item;
    }
    public Item endAuction(Item item) {
        EntityTransaction tx = em.getTransaction();

        tx.begin();

        // Funde o item
        Item mergedItem = em.merge(item);

        // Define o lance vencedor
        // Cobra o vendedor
        // Notifica o vendedor e o vencedor
        // ... esse código usa mergedItem!

        tx.commit();
        return mergedItem;
    }
}
```

Esse controlador espera que o contexto de persistência para toda a conversação seja definido em seu construtor. O cliente agora cria e fecha a EntityManager:

```java
// Inicia o contexto de persistência e conversação
EntityManager em = emf.createEntityManager();

ManageAuctionExtended controller = new ManageAuctionExtended(em);

// Primeiro evento
Item item = controller.getAuction( 12341 );

// O item é mostrado na tela e modificado...
item.setDescription("[SOLD] An item for sale");

// Segundo evento
controller.endAuction(item);

// Termina o contexto de persistência e conversação
em.close();
```

Naturalmente, um interceptador que envolve os métodos getAuction() e endAuction() e fornece a correta instância EntityManager pode ser mais conveniente. Ele também evita a preocupação vazando para a camada de apresentação. Você consegue esse interceptador de graça se você escreveu o seu controlador como um *stateful session bean* EJB.

Quando você tentar aplicar essa estratégia a um contexto de persistência estendido que transponha toda a conversação, provavelmente irá se deparar com uma questão que quebre a atomicidade da conversação – descarregamento automático.

Como prevenir o descarregamento automático

Considere a seguinte conversação, que adiciona um evento como um passo intermediário:

```
// Inicia o contexto de persistência e conversação
EntityManager em = emf.createEntityManager();

ManageAuctionExtended controller = new ManageAuctionExtended(em);

// Primeiro evento
Item item = controller.getAuction( 12341 );

// O item é mostrado na tela e modificado...
item.setDescription("[SOLD] An item for sale");

// Segundo evento
if ( !controller.sellerHasEnoughMoney(seller) )
    throw new RuntimeException("Seller can't afford it!");

// Terceiro evento
controller.endAuction(item);

// Termina o contexto de persistência e conversação
em.close();
```

Olhando a partir desse novo código do cliente da conversação, quando você acha que a descrição atualizada do item é salva no banco de dados? Depende do descarregamento do contexto de persistência. Você sabe que o FlushMode padronizado em JPA é AUTO, que habilita sincronização antes de uma consulta ser executada, e quando uma transação é confirmada. A atomicidade da conversação depende da implementação do método sellerHasEnoughMoney() e se ele executa uma consulta ou confirma uma transação.

Vamos assumir que você envolve as operações que executam dentro desse método com um bloco comum de transação:

```
public class ManageAuctionExtended {
    ...
    public boolean sellerHasEnoughMoney(User seller) {
        EntityTransaction tx = em.getTransaction();
        tx.begin();
```

504 | JAVA PERSISTENCE COM HIBERNATE

```
    boolean sellerCanAffordIt = (Boolean)
    em.createQuery("select...").getSingleResult();
    tx.commit();

    return sellerCanAffordIt;
    }
    ...
}
```

O trecho de código até mesmo inclui duas chamadas que acionam o descarregamento do contexto de persistência da EntityManager. Primeira, FlushMode.AUTO significa que a execução da consulta aciona uma descarga. Segunda, a confirmação da transação aciona outra descarga. Isso obviamente não é o que você quer – você quer tornar toda a conversação atômica e prevenir qualquer descarregamento antes de o último evento ser completado.

O Hibernate oferece org.hibernate.FlushMode.MANUAL, que desacopla a demarcação de transação da sincronização. Infelizmente, devido a desentendimentos entre os membros do grupo de especialistas da JSR-220, o javax.persistence.FlushMode somente oferece AUTO e COMMIT. Antes de lhe mostrarmos a solução "oficial", eis aqui como você consegue FlushMode.MANUAL se voltando para a API do Hibernate:

```
// Prepara os parâmetros da EntityManager específicos do Hibernate
Map params = new HashMap();
params.put("org.hibernate.flushMode," "MANUAL");

// Inicia o contexto de persistência com parâmetros customizados
EntityManager em = emf.createEntityManager(params);

// Alternativa: Volte atrás e desabilite o descarregamento automático
((org.hibernate.Session)em.getDelegate())
    .setFlushMode(org.hibernate.FlushMode.MANUAL);

// Inicia a conversação
ManageAuction controller = new ManageAuction(em);

// Primeiro evento
Item item = controller.getAuction( 1234l );

// O item é mostrado na tela e modificado...
item.setDescription("[SOLD] An item for sale");

// Segundo evento
if ( !controller.sellerHasEnoughMoney(seller) )
    throw new RuntimeException("Seller can't afford it!");

// Terceiro evento
controller.endAuction(item);

// Termina o contexto de persistência e conversação
em.close();
```

Não se esqueça de que o em.flush() deve ser chamado manualmente, na última transação do terceiro evento – caso contrário nenhuma modificação se tornará persistente:

```
public static class ManageAuctionExtended {
    ...
    public Item endAuction(Item item) {
        EntityTransaction tx = em.getTransaction();

        tx.begin();

        // Funde o item
        ...
        // Define o lance vencedor
        ...

        em.flush(); // Confirma a conversação

        tx.commit();
        return mergedItem;
    }
}
```

A solução arquitetural oficial se baseia em comportamento não transacional. Em vez de uma simples definição de FlushMode, você precisa codificar as suas operações de acesso aos dados sem limitações de transação. Uma das razões dadas pelos membros do grupo de especialistas sobre a inexistente opção do FlushMode é que "uma confirmação de transação deve tornar permanentes todas as modificações". Então, você só pode desabilitar o descarregamento para o segundo passo da conversação removendo a demarcação de transação:

```
public class ManageAuction {
    ...

    public boolean sellerHasEnoughMoney(User seller) {
        boolean sellerCanAffordIt = (Boolean)
            em.createQuery("select ...").getSingleResult();
        return sellerCanAffordIt;
    }

    ...
}
```

Esse código não aciona uma descarga do contexto de persistência, pois a EntityManager é usada fora de quaisquer limitações de transação. A EntityManager que executa essa consulta está agora trabalhando em modo autoconfirmação, com todas as conseqüências importantes que abordamos antes na Seção 10.3, "Acesso não transacional a dados". Até pior, você perde a capacidade de ter *repeatable read*: se a mesma consulta é executada duas vezes, cada uma das duas consultas executa em sua própria conexão com o banco de dados em modo de autoconfirmação. Elas podem retornar diferentes resultados, então os níveis de isolamento de transação de banco de dados *repeatable read* e *serializable* não surtem efeito. Em outras palavras, com a solução oficial, você não consegue isolamento de transação de banco de dados *repeatable-read* e ao mesmo tempo desabilitar descarregamento automático. O cache do contexto de persistência pode fornecer *repeatable-read* somente para consultas de entidade, e não para consultas escalares.

Recomendamos muito que você considere a definição FlushMode.MANUAL do Hibernate se você implementar conversações com JPA. Também esperamos que esse problema seja consertado em uma futura versão da especificação; (quase) todos os fornecedores de JPA já incluíram uma definição de modo de descarga proprietária com o mesmo efeito da definição org.hibernate.FlushMode.MANUAL.

Você agora sabe como escrever conversações JPA com instâncias de entidade desligadas e contextos de persistência estendidos. Nós preparamos tudo nas seções anteriores para o próximo passo: a implementação de conversações com JPA e EJBs. Se agora você tem a impressão que o JPA é mais complicado de usar do que o Hibernate, poderá ficar surpreso do quão fácil é implementar as conversações, uma vez que introduza EJBs.

11.4 Conversações com EJB 3.0

Temos de percorrer nossa lista novamente: propagação do contexto de persistência, tratamento de objetos desligados, e contextos de persistência estendidos que transpõem toda a conversação. Dessa vez, você vai adicionar EJBs à mistura.

Não temos muito mais a dizer sobre instâncias de entidade desligadas e como você pode fundir modificações entre contextos de persistência em uma conversação – o conceito e a API a usar são exatamente os mesmos em Java SE e com EJBs.

Por outro lado, a propagação do contexto de persistência e o gerenciamento do contexto de persistência estendido com JPA se tornam muito mais fáceis quando você introduz EJBs e, então, se baseia nas padronizadas regras de propagação de contexto e na integração do JPA com o modelo de programação EJB 3.0.

Vamos primeiro enfocar a propagação do contexto de persistência em invocações EJB.

11.4.1 Como propagar contexto com EJBs

JPA e EJB 3.0 definem como o contexto de persistência é tratado em uma aplicação e as regras que se aplicam se várias classes (ou componentes EJB) usarem uma EntityManager. O caso mais comum em uma aplicação com EJBs é uma EntityManager injetada e gerenciada pelo contêiner. Você torna a classe ItemDAO em um componente gerenciado EJB *stateless* com uma anotação e reescreve o código para usar a EntityManager:

```
@Stateless
public class ItemDAOBean implements ItemDAO {

    @PersistenceContext
```

```
private EntityManager em;
@TransactionAttribute(TransactionAttributeType.REQUIRED)
public Bid getMaxBid(Long itemId) {
    return (Bid) em.createQuery("...").getSingleResult();
}
...
}
```

O contêiner EJB injeta uma EntityManager quando um cliente desse *bean* chama getMaxBid().
O contexto de persistência para essa EntityManager é o contexto de persistência corrente (mais
sobre isso breve). Se nenhuma transação está em progresso quando getMaxBid() é chamado, uma
nova transação é iniciada e confirmada quando o getMaxBid() retorna.

NOTA Muitos desenvolvedores não usavam *session beans* EJB para classes DAO com EJB 2.1. No
EJB 3.0, todos os componentes são objetos de puro Java e não existe razão por que não
usar os serviços do contêiner com algumas anotações simples (ou um descritor de
implantação XML, se você não gosta de anotações).

Como ligar componentes EJB

Agora que ItemDAO é um componente EJB (não se esqueça de também refatorar a PaymentDAO
se você segue os exemplos de implementações de conversação com o Hibernate apresentados em
páginas anteriores), você pode ligá-lo ao também refatorado componente ManageAuction através
de injeção de dependência e envolver toda a operação em uma única transação:

```
@Stateless
public class ManageAuctionBean implements ManageAuction {

    @EJB
    ItemDAO itemDAO;

    @EJB
    PaymentDAO paymentDAO;
    @TransactionAttribute(TransactionAttributeType.REQUIRED)
    public Item endAuction(Item item) {

        // Funde o item
        itemDAO.makePersistent(item);

        // Define o lance vencedor
        Bid winningBid = itemDAO.getMaxBid( item.getId() );
        item.setWinningBid(winningBid);
        item.setBuyer( winningBid.getBidder() );

        // Cobra o vendedor
        Payment payment = new Payment(item);
        paymentDAO.makePersistent(payment);
```

JAVA PERSISTENCE COM HIBERNATE

```
    // Notifica o vendedor e o vencedor
    ...
    return item;
  }
  ...
}
```

O contêiner EJB injeta os componentes desejados baseado na sua declaração dos campos com @EJB – os nomes das interfaces ItemDAO e PaymentDAO são informações suficientes para o contêiner descobrir o componentes necessários.

Vamos nos concentrar nas regras de propagação da transação e do contexto de persistência que se aplicam a essa montagem de componente.

Regras de propagação

Primeiro, uma transação de sistema é necessária e é iniciada se um cliente chama ManageAuction.endAuction(). A transação é então confirmada pelo contêiner quando esse método retorna. Esse é o escopo da transação de sistema. Quaisquer outros métodos de componente *stateless* que sejam chamados e que ou requeiram ou suportem transações (como os métodos DAO) herdam o mesmo contexto de transação. Se você usa uma EntityManager em quaisquer desses componentes *stateless*, o contexto de persistência no qual está trabalhando é automaticamente o mesmo, com o escopo definido com o da transação de sistema. Note que esse não será o caso se você usar JPA em uma aplicação Java SE: a instância EntityManager define o escopo do contexto de persistência (já fizemos isso anteriormente).

Quando ItemDAO e PaymentDAO, ambos componentes *stateless*, são invocados dentro da transação de sistema, ambos herdam o contexto de persistência com o escopo definido com o da transação. O contêiner injeta uma instância EntityManager dentro de itemDAO e paymentDAO com o contexto de persistência corrente por trás das cenas.

(Internamente, se um cliente obtiver uma controladora ManageAuction, o contêiner pegará uma instância ociosa ManageAuctionBean do seu pool de *stateless beans*, injetará uma *stateless* ItemDAOBean ociosa e uma *stateless* PaymentDAOBean ociosa, definirá o contexto de persistência em todos os componentes que precisarem dele, e retornará o *handle* do *bean* ManageAuction ao cliente para invocação. Isto, claro, está de certa forma simplificado.)

Essas são as regras formalizadas para a definição de escopo e propagação do contexto de persistência:

- Se uma EntityManager fornecida pelo contêiner (através de injeção ou obtida através de pesquisa) é invocada pela primeira vez, um contexto de persistência começa. Por padrão, ele tem o escopo da transação e fecha quando a transação de sistema é confirmada ou revertida. Ele é automaticamente descarregado quando a transação é confirmada.

- Se uma EntityManager fornecida pelo contêiner (através de injeção ou obtida através de pesquisa) é invocada pela primeira vez, um contexto de persistência começa. Se nenhuma transação de sistema está ativa nesse momento, o contexto de persistência é curto e serve a somente uma única chamada ao método. Qualquer SQL acionado por qualquer chamada a método desse tipo executa em uma conexão com o banco de dados no modo de autoconfirmação. Todas as instâncias de entidade (possivelmente) recuperadas nessa chamada a EntityManager são desligadas imediatamente.

- Se um componente *stateless* (como o ItemDAO) é invocado, e o chamador tem uma transação ativa e a transação é propagada para dentro do componente chamado (pois os métodos de ItemDAO requerem ou suportam transações), qualquer contexto de persistência vinculado à transação JTA é propagado com a transação.

- Se um componente *stateless* (como o ItemDAO) é invocado, e o chamador não tem uma transação ativa (por exemplo, ManageAuction.endAuction() não inicia uma transação), ou a transação não é propagada para dentro do componente chamado (pois os métodos de ItemDAO não requerem ou suportam uma transação), um novo contexto de persistência é criado quando a EntityManager é chamada dentro do componente *stateless*. Em outras palavras, nenhuma propagação de um contexto de persistência ocorre se nenhuma transação é propagada.

Essas regras parecem complexas se você ler somente a definição formal; contudo, na prática, elas se traduzem em um comportamento natural. O contexto de persistência é automaticamente vinculado à (e tem o seu escopo definido ao da) transação de sistema JTA, se existir uma – você só tem que aprender as regras para propagação de transação para saber como o contexto de persistência é propagado. Se não existe transação de sistema JTA, o contexto de persistência serve a uma única chamada a EntityManager.

Você usou TransactionAttributeType.REQUIRED em quase todos os exemplos até agora. Esse é o atributo mais comum aplicado a montagens de transação; afinal de contas, EJB é um modelo de programação para processamento transacional. Só uma vez nós mostramos TransactionAttributeType.NOT_SUPPORTED, quando discutimos acesso não transacional aos dados com uma Session do Hibernate, no Capítulo 10, Seção 10.3.3, "Transações opcionais com JTA".

Lembre-se também de que você precisa de acesso não transacional a dados em JPA, para desabilitar descarga automática do contexto de persistência em uma conversação longa – o problema da falta do FlushMode.MANUAL novamente.

Agora damos uma olhada mais de perto nos tipos de atributo de transação, em como você pode implementar uma conversação com EJBs e na descarga manual de um contexto de persistência estendido.

11.4.2 Contextos de persistência estendidos com EJBs

Na seção anterior, você trabalhou somente com contextos de persistência que tinham seus escopos definidos com o da transação de sistema JTA. O contêiner injetou uma EntityManager automaticamente, e transparentemente tratou do descarregamento e fechamento do contexto de persistência.

Se você quer implementar uma conversação com EJBs e um contexto de persistência *estendido*, você tem duas escolhas:

- Você pode escrever um *stateful session bean* como um controlador da conversação. O contexto de persistência pode ter o seu escopo definido automaticamente com o ciclo de vida do *stateful bean*, que é uma abordagem conveniente. O contexto de persistência é fechado automaticamente quando o EJB *stateful* é removido.

- Você pode criar uma EntityManager você mesmo com a EntityManagerFactory. O contexto de persistência dessa EntityManager é gerenciado pela aplicação – você deve descarregá-lo e fechá-lo manualmente. Você também tem que usar a operação joinTransaction() para notificar a EntityManager se você chamá-la dentro dos limites de transação JTA. Você quase sempre irá preferir a primeira estratégia com *stateful session bean*s.

Você implementa a mesma conversação que a de antes em Java SE: três passos que devem ser completados como uma unidade de trabalho atômica: recuperação de um item de leilão para mostrar e modificar, uma checagem de liquidez da conta do vendedor e, finalmente, o fechamento do leilão.

Você novamente tem de decidir como quer desabilitar o descarregamento automático do contexto de persistência estendido durante a conversação, para preservar a atomicidade. Você pode escolher entre a extensão de fornecedor do Hibernate com FlushMode.MANUAL e a abordagem oficial com operações não transacionais.

Como desabilitar o descarregamento com uma extensão do Hibernate

Vamos primeiro escrever um EJB *stateful*, o controlador da conversação, com a extensão do Hibernate que é mais fácil:

```
@Stateful
@TransactionAttribute(TransactionAttributeType.REQUIRED)
public class ManageAuctionBean implements ManageAuction {

    @PersistenceContext(
    type = PersistenceContextType.EXTENDED,
    properties = @PersistenceProperty(
                name="org.hibernate.flushMode",
                value="MANUAL")
    )
```

```
EntityManager em;

public Item getAuction(Long itemId) {
   return em.find(Item.class, itemId);
}

public boolean sellerHasEnoughMoney(User seller) {
   boolean sellerCanAffordIt = (Boolean)
      em.createQuery("select...").getSingleResult();
   return sellerCanAffordIt;
}

@Remove
public void endAuction(Item item, User buyer) {
   // Define o lance vencedor
   // Cobra o vendedor
   // Notifica o vendedor e o vencedor
   item.setBuyer(...);

   em.flush();
}
}
```

Esse *bean* implementa os três métodos da interface ManageAuction (não temos que lhe mostrar essa interface). Primeiro, ele é um EJB *stateful*; o contêiner cria e reserva uma instância para um determinado cliente. Quando um cliente obtém um *handle* para esse EJB pela primeira vez, uma nova instância é criada e um novo contexto de persistência estendido é injetado pelo contêiner. O contexto de persistência está agora vinculado ao ciclo de vida da instância EJB e é fechado somente quando o método marcado como @Remove retorna. Percebe como você pode ler os métodos do EJB como uma história da sua conversação, um passo após o outro. Você pode anotar vários métodos com @Remove; por exemplo, você pode adicionar um método cancel() para desfazer todos os passos da conversação. Esse é um forte e conveniente modelo de programação para conversações, tudo inerente ao EJB 3.0, portanto gratuitamente.

Depois é o problema do descarregamento automático. Todos os métodos do ManageAuctionBean necessitam de uma transação; você declara isso no nível da classe. O método sellerHasEnoughMoney(), passo dois da conversação, descarrega o contexto de persistência antes de executar a consulta e novamente quando a transação desse método retorna. Para prevenir isso, você declara que o contexto de persistência injetado deve estar em modo de descarga manual (FlushMode.MANUAL), uma extensão do Hibernate. Agora é de sua responsabilidade descarregar o contexto de persistência sempre que você quiser escrever a DML SQL enfileirada no banco de dados – você faz isso somente uma vez no final da conversação.

A sua montagem da transação agora está desacoplada do comportamento de descarga do motor de persistência.

Como desabilitar o descarregamento desabilitando as transações

A solução oficial, de acordo com a especificação do EJB 3.0, mistura essas duas preocupações. Você previne o descarregamento automático tornando todos os passos da conversação (exceto o último) não transacionais:

```
@Stateful
@TransactionAttribute(TransactionAttributeType.NOT_SUPPORTED)
public class ManageAuctionBean implements ManageAuction {

    @PersistenceContext(type = PersistenceContextType.EXTENDED)
    EntityManager em;

    public Item getAuction(Long itemId) {
        return em.find(Item.class, itemId);
    }

    public boolean sellerHasEnoughMoney(User seller) {
        boolean sellerCanAffordIt = (Boolean)
            em.createQuery("select...").getSingleResult();
        return sellerCanAffordIt;
    }

    @Remove
    @TransactionAttribute(TransactionAttributeType.REQUIRED)
    public void endAuction(Item item, User buyer) {
        // Define o lance vencedor
        // Cobra o vendedor
        // Notifica o vendedor e o vencedor
        item.setBuyer(...);
    }
}
```

Nessa implementação, você trocou para um padrão diferente o tipo de atributo de transação para todos os métodos, TransactionAttributeType.NOT_SUPPORTED, e requer uma transação somente para o método endAuction(). Essa última transação também descarrega o contexto de persistência em tempo de confirmação.

Todos os métodos que agora chamam a EntityManager sem transações estão efetivamente rodando no modo de autoconfirmação, que discutimos no capítulo anterior.

Montagens complexas de transação

Agora você já usou algumas (poucas) anotações TransactionAttributeType diferentes; veja a lista completa de opções disponíveis na Tabela 11.1.

O tipo de atributo de transação mais comumente usado é REQUIRED, que é o padrão para todos os métodos de EJB *stateless* e *stateful*. Para desabilitar o descarregamento automático do contexto de persistência estendido para um método em um *stateful session bean*, troque o tipo para NOT_SUPPORTED ou até mesmo para NEVER.

CAPÍTULO 11 – COMO IMPLEMENTAR CONVERSAÇÕES | 513

Tabela 11.1 Tipos de atributo de transação declarativa do EJB 3.0

Nome do atributo	Descrição
REQUIRED	Um método deve ser invocado com um contexto de transação. Se o cliente não tem um contexto de transação, o contêiner inicia uma transação e emprega todos os recursos (datasources, e assim por diante) usados com essa transação. Se esse método chamar outros componentes transacionais, a transação é propagada. O contêiner confirma a transação quando o método retorna, antes do resultado ser mandado para o cliente.
NOT_SUPPORTED	Se um método é invocado dentro do contexto de transação propagado a partir do cliente, a transação do chamador é suspensa e reativada quando o método retorna. Se o chamador não tem contexto de transação, nenhuma transação é iniciada para o método. Todos os recursos usados não são empregados com uma transação (ocorre autoconfirmação).
SUPPORTS	Se um método é invocado dentro do contexto de transação propagado a partir do cliente, ele se junta a esse contexto de transação com o mesmo resultado que o REQUIRED. Se o chamador não tem contexto de transação, nenhuma transação é iniciada, com o mesmo resultado que o NOT_SUPPORTED. Esse tipo de atributo de transação deve ser usado somente para métodos que podem tratar ambos os casos corretamente.
REQUIRES_NEW	Um método sempre é executado dentro de um novo contexto de transação, com as mesmas conseqüências e comportamento como com REQUIRED. Qualquer transação propagada do cliente é suspensa e retoma quando o método retorna e a nova transação é completada.
MANDATORY	Um método deve ser chamado com um contexto de transação ativo. Ele então se junta a esse contexto de transação e o propaga adiante, se necessário. Se nenhum contexto de transação está presente em tempo de chamada, uma exceção é jogada.
NEVER	Esse é o oposto do MANDATORY. Uma exceção é jogada se um método é chamado com um contexto de transação ativo.

Você tem que estar ciente das regras de propagação de contexto de persistência e de transação quando projetar as suas conversações com EJBs *stateful*, ou se você quiser misturar componentes *stateless* e *stateful*:

- Se um *stateful session bean* que tenha um contexto de persistência estendido chamar (efetivamente instancia) um outro *stateful session bean* que também tenha um contexto de persistência estendido, o segundo *stateful session bean* herdará o contexto de persistência do chamador. O ciclo de vida do contexto de persistência é vinculado ao primeiro *stateful session bean*; ele será fechado quando ambos os *session bean*s tiverem sido removidos. Esse comportamento será recursivo se mais *stateful session bean*s estiverem envolvidos. Esse comportamento também é independente de quaisquer regras de transação e propagação de transação.

514 | JAVA PERSISTENCE COM HIBERNATE

- Se uma EntityManager for usada em um método de um *stateful session bean* que tenha um contexto de persistência estendido vinculado, e esse método requerer/suportar a transação JTA do cliente, então uma exceção será levantada se o chamador do método também propagar um contexto de persistência *diferente* com a sua transação. (Isso é uma questão rara de projeto.)

Uma pegadinha está escondida nessas regras: imagine que o controlador *stateful* ManageAuction não chame a EntityManager diretamente, mas que delegue para outros componentes (objetos de acesso a dados, por exemplo). Ele ainda tem e é responsável pelo contexto de persistência estendido, embora a EntityManager nunca seja usada diretamente. Esse contexto de persistência tem de ser propagado para todos os outros componentes chamados: por exemplo, para dentro de ItemDAO e PaymentDAO.

Se você implementar os seus DAOs como *stateless session beans*, como fez antes, eles não vão herdar o contexto de persistência estendido se forem chamados a partir de um método não transacional em um controlador *stateful*. Esse é o controlador *stateful* novamente, chamando um DAO:

```
@Stateful
@TransactionAttribute(TransactionAttributeType.NOT_SUPPORTED)
public class ManageAuctionBean implements ManageAuction {

    @PersistenceContext(type = PersistenceContextType.EXTENDED)
    EntityManager em;

    @EJB
    PaymentDAO paymentDAO;

    public boolean sellerHasEnoughMoney(User seller) {
        return paymentDAO.checkLiquidity(seller);
    }

    ...
}
```

O método sellerHashEnoughMoney() não inicia uma transação, para evitar que na confirmação ocorra um descarregamento automático do contexto de persistência no meio da conversação. O problema é a chamada ao DAO, que é um EJB *stateless*. Para conseguir que o contexto de persistência seja propagado para dentro da chamada ao EJB *stateless*, você precisa propagar um contexto de transação. Se paymentDAO.checkLiquidity() usa uma EntityManager, ela recebe um novo contexto de persistência!

O segundo problema está no *stateless session bean* PaymentDAO:

```
@Stateless
public class PaymentDAO {

    @PersistenceContext
    EntityManager em;
```

CAPÍTULO 11 – COMO IMPLEMENTAR CONVERSAÇÕES | 515

```
public boolean checkLiquidity(User u) {
  boolean hasMoney = (Boolean)
    em.createQuery("select...").getSingleResult();
  return hasMoney;
}
...
}
```

Como nenhum contexto de persistência é propagado para dentro do método checkLiquidity() quando ele é chamado, um novo contexto de persistência é criado para servir a essa única operação. Esse é o antipadrão sessão-por-operação! Pior, você agora tem dois (ou mais) contextos de persistência em uma requisição e na conversação, e você irá se deparar com problemas de distorção de dados (nenhuma garantia de escopo de identidade).

Se você implementar os seus DAOs como *stateful session beans*, eles herdam o contexto de persistência do controlador *stateful session bean* chamador. Nesse caso, o contexto de persistência é propagado através de instanciação, e não através de propagação de transação.

Escreva seus DAOs como EJBs *stateful* se você escrever o seu controlador como um *stateful session bean*. Essa questão é um outro efeito colateral desagradável do modo ausente de descarga manual (FlushMode.MANUAL) que pode seriamente impactar a maneira como você projeta e divide as aplicações em camadas. Recomendamos que você se baseie na extensão do Hibernate até que a especificação do EJB 3.0 (ou 3.1?) seja consertada. Com FlushMode.MANUAL, o seu controlador não tem que usar TransactionAttributeType.NOT_SUPPORTED, e o contexto de persistência é sempre propagado junto com a sua transação (e você pode misturar chamadas a EJB *stateless* e *stateful* facilmente).

Voltaremos a essa questão no Capítulo 16, quando escrevermos código de aplicação e DAOs mais complexos.

11.5 RESUMO

Neste capítulo, você implementou conversações com Hibernate, JPA e componentes EJB 3.0. Você aprendeu como propagar a Session corrente do Hibernate e o contexto de persistência para criar aplicações em camadas mais complexas sem preocupações de vazamento. Você também viu que a propagação do contexto de persistência é uma característica profundamente integrada ao EJB 3.0 e que um contexto de persistência pode ser facilmente vinculado ao escopo de transação JTA (ou CMT). Você viu como o FlushMode.MANUAL, uma característica do Hibernate, pode desabilitar o descarregamento de seu contexto de persistência independentemente da sua montagem de transação.

A Tabela 11.2 mostra um resumo que você pode usar para comparar características do Hibernate nativo e o Java Persistence.

516 | Java Persistence com Hibernate

Tabela 11.2 Planilha de comparação do Hibernate e do JPA para o Capítulo 11

Hibernate Core	Java Persistence e EJB 3.0
Propagação do contexto de persistência está disponível com vinculação a *thread* ou a transação JTA em Java SE e Java EE. Contextos de persistência ou têm o escopo definido com o da transação, ou são gerenciados pela aplicação.	O Java Persistence padroniza um modelo de propagação de contexto de persistência para Java EE somente, profundamente integrado a componentes EJB 3.0. A definição do escopo do contexto de persistência, para transações ou para *stateful session beans*, é bem definida.
O Hibernate suporta uma implementação de conversação com objetos desligados, esses objetos podem ser religados ou fundidos durante uma conversação.	O Java Persistence padroniza fundição de objetos desligados, mas não tem suporte para religação.
O Hibernate suporta desativação de descarregamento automático de contextos de persistência para conversações longas com a opção FlushMode. MANUAL.	Desativação de descarregamento automático de um contexto de persistência estendido requer processamento não transacional de evento (com sérias restrições ao projeto e à divisão em camadas da aplicação) ou uma alternativa do Hibernate com a extensão FlushMode.MANUAL.

No próximo capítulo, iremos olhar as várias opções nas quais você deverá se basear sempre que precisar trabalhar com conjuntos de dados maiores e mais complexos. Você verá como a persistência transitiva trabalha com o modelo em cascata do Hibernate, como executar operações em lote e em massa eficientemente, e como se tornar parte integral e manipular o comportamento padronizado do Hibernate quando os objetos forem carregados e guardados.

CAPÍTULO 12

COMO MODIFICAR OBJETOS EFICIENTEMENTE

Esse capítulo aborda

- Mudanças de estado transitivo
- Processamento em lote e em massa
- Interceptação do ciclo de vida da persistência

518 | JAVA PERSISTENCE COM HIBERNATE

Esse capítulo lhe mostra como fazer manipulações de dados mais eficientes. Nós otimizamos e reduzimos a quantidade de código necessário para guardar objetos e discutimos as opções de processamento mais eficientes. Você deve estar familiarizado com os estados básicos do objeto e com as interfaces de persistência; é necessária a leitura dos capítulos anteriores para entender este.

Primeiro iremos lhe mostrar como a persistência transitiva pode tornar o seu trabalho com redes complexas de objetos mais fácil. As opções de cascata que você pode habilitar nas aplicações Hibernate e Java Persistence reduzem de forma significativa a quantidade de código que outrora era necessário para inserir, atualizar, ou deletar vários objetos ao mesmo tempo.

Nós então discutimos como grandes conjuntos de dados são tratados de uma maneira melhor, com operações em lote na sua aplicação ou com operações em massa que executam diretamente no banco de dados.

E, por fim, nós lhe mostramos filtragem de dados e interceptação, cada uma delas proporciona uma maneira transparente de você se tornar parte integral do processo de carregar e guardar que fica dentro do motor do Hibernate. Essas características deixam você influenciar ou participar no ciclo de vida dos seus objetos sem escrever código complexo de aplicação e sem vincular o seu modelo de domínio ao mecanismo de persistência.

Vamos começar com persistência transitiva e guardar mais de um objeto simultaneamente.

12.1 PERSISTÊNCIA TRANSITIVA

As aplicações não triviais, reais, trabalham não somente com objetos únicos, mas também, de preferência, com redes de objetos. Quando a aplicação manipula uma rede de objetos persistentes, o resultado pode ser um grafo de objetos que consiste em instâncias persistentes, desligadas, e transientes. *Persistência transitiva* é uma técnica que lhe permite propagar a persistência para subgrafos transientes e desligados automaticamente.

Por exemplo, se você adicionar uma recém instanciada Category à já persistente hierarquia de categorias, ela deve se tornar persistente automaticamente sem uma chamada à save() ou persist(). Nós demos um exemplo um pouco diferente no Capítulo 6, Seção 6.4, "Como mapear um relacionamento pai/filho", quando você mapeou um relacionamento pai/filho entre Bid e Item. Nesse caso, os lances não só se tornavam persistentes automaticamente quando eram adicionados a um item, como também eram deletados automaticamente quando o item dono era deletado. Você efetivamente fez de Bid uma entidade completamente dependente de uma outra entidade, Item (a entidade Bid não é um tipo de valor, ela ainda suporta referências compartilhadas).

Existe mais de um modelo para persistência transitiva. O mais conhecido é *persistência por acessibilidade* (*persistence by reachability*); discutiremos isso primeiro. Ainda que alguns princípios básicos sejam os mesmos, o Hibernate usa o seu próprio, modelo mais poderoso, como você verá mais à frente. O mesmo é verdade para o Java Persistence, que também tem o conceito de persistência transitiva e quase todas as opções que o Hibernate fornece de maneira nativa.

12.1.1 Persistência por acessibilidade

Uma camada de persistência de objetos é dita implementar *persistência por acessibilidade* se qualquer instância se torna persistente sempre que a aplicação cria uma referência de objeto para a instância a partir de uma outra instância que já é persistente. Esse comportamento é ilustrado pelo diagrama de objetos (note que isso não é um diagrama de classes) na Figura 12.1.

Nesse exemplo, Computer é um objeto persistente. Os objetos Desktop PCs e Monitors também são persistentes: eles são acessíveis a partir da instância Category Computer. Electronics e Cellphones são transientes. Note que assumimos que a navegação só é possível para categorias filhas, mas não para o pai – por exemplo, você pode chamar computer.getChildCategories(). Persistência por acessibilidade é um algoritmo recursivo. Todos os objetos alcançáveis a partir de uma instância persistente se tornam persistentes ou quando a instância original se torna persistente ou justo antes do estado em memória ser sincronizado com o repositório de dados.

Persistência por acessibilidade garante integridade referencial; qualquer grafo de objetos pode ser completamente recriado através do carregamento do objeto-raiz persistente. Uma aplicação pode andar pela rede de objetos de associação em associação sem nunca ter que se preocupar com o estado persistente das instâncias. (Bancos de dados SQL têm uma abordagem diferente para integridade referencial; baseando-se em restrições declarativas e procedimentais para detectar uma aplicação que se comporta inadequadamente.)

Na mais pura forma de persistência por acessibilidade, o banco de dados tem algum objeto-raiz ou de nível superior, de qual todos os outros objetos persistentes são alcançáveis. Idealmente, uma instância deve se tornar transiente e ser deletada do banco de dados se ela não for alcançável via referências a partir do objeto-raiz persistente.

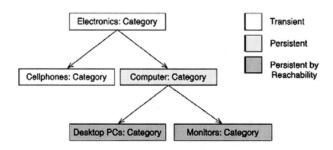

Figura 12.1 Persistência por acessibilidade com um objeto-raiz persistente.

520 | JAVA PERSISTENCE COM HIBERNATE

Nem o Hibernate e nem outras soluções de ORM implementam isso – aliás, não existe um análogo do objeto-raiz persistente em um banco de dados SQL e nenhum coletor de lixo persistente que possa detectar instâncias não referenciadas. Repositórios de dados orientados para objetos podem implementar um algoritmo de coletor de lixo, similar ao implementado para objetos em memória pela JVM. Mas essa opção não está disponível no mundo ORM; digitalizar todas as tabelas por linhas não referenciadas não vai executar de forma aceitável.

Então, persistência por acessibilidade é no máximo uma meia solução. Ela o ajuda a tornar persistentes objetos transientes e a propagar seus estados para o banco de dados sem muitas chamadas ao gerenciador de persistência. Contudo, pelo menos no contexto de bancos de dados SQL e ORM, ela não é uma solução completa para o problema de tornar transientes objetos persistentes (removendo seus estados do banco de dados). No fim das contas isso parece ser um problema muito mais difícil. Você não pode remover todas as instâncias alcançáveis quando você remove um objeto – outras instâncias persistentes ainda podem guardar referências delas (lembre-se de que entidades podem ser compartilhadas). Você nem mesmo pode remover com segurança instâncias que não forem referenciadas por qualquer objeto persistente em memória; as instâncias em memória são somente um subconjunto de todos os objetos representados no banco de dados.

Vamos olhar para o modelo de persistência transitiva do Hibernate que é mais flexível.

12.1.2 Como aplicar cascateamento para as associações

O modelo de persistência transitiva do Hibernate usa o mesmo conceito básico que o modelo de persistência por acessibilidade: as associações de objeto são examinadas para determinar estado transitivo. Além disso, o Hibernate lhe permite especificar um *estilo de cascata* para cada mapeamento de associação, o qual oferece muito mais flexibilidade e controle de granulosidade fina para todas as transições de estado. O Hibernate lê o estilo declarado e cascateia operações automaticamente para objetos associados.

Por padrão, o Hibernate não navega em uma associação quando está procurando por objetos transientes ou desligados, por isso salvar, deletar, religar, fundir, e assim por diante, uma Category não tem efeito em qualquer categoria filha referenciada pela coleção childCategories do pai. Esse é o oposto do comportamento padronizado do modelo de persistência por acessibilidade. Se, para uma determinada associação, você deseja habilitar uma persistência transitiva, deverá sobrescrever esse padrão no metadado de mapeamento.

Essas definições são chamadas de opções de cascateamento. Elas estão disponíveis para cada mapeamento de associação de entidade (um-para-um, um-para-muitos, muitos-para-muitos), em sintaxe XML e de anotação. Veja a Tabela 12.1 para uma lista de todas as definições e uma descrição de cada opção.

Em metadado de mapeamento XML, você coloca o atributo cascade="..." no elemento de mapeamento <one-to-one> ou <many-to-one> para habilitar mudanças de estado transitivo. Todos os mapeamentos de coleção (<set>, <bag>, <list>, e <map>) suportam o atributo cascade.

CAPÍTULO 12 – COMO MODIFICAR OBJETOS EFICIENTEMENTE | 521

A definição delete-orphan, no entanto, é aplicável somente às coleções. Obviamente, você nunca tem que habilitar persistência transitiva para uma coleção que referencie classes de tipo de valor – aqui o ciclo de vida dos objetos associados é dependente e implícito. Controle de granulosidade fina de ciclo de vida dependente é relevante e disponível somente para associações entre entidades.

Tabela 12.1 Opções de cascateamento de associação de entidade do Hibernate e do Java Persistence

Atributo XML	Anotação Descrição
Nenhum	(Padrão) O Hibernate ignora a associação.
save-update	org.hibernate.annotations.CascadeType.SAVE_UPDATE O Hibernate navega a associação quando a Session é descarregada e quando um objeto é passado para o save() ou o update(), e salva instâncias transientes recém instanciadas e persiste mudanças a instâncias desligadas.
persist	javax.persistence.CascadeType.PERSIST O Hibernate torna persistente qualquer instância associada transiente quando um objeto é passado para o persist(). Se você usar Hibernate nativo, a cascata ocorrerá somente em tempo de chamada. Se você usar o módulo EntityManager, essa operação será cascateada quando o contexto de persistência for descarregado.
merge	javax.persistence.CascadeType.MERGE O Hibernate navega a associação e funde as instâncias associadas desligadas com instâncias persistentes equivalentes quando um objeto é passado para o merge(). Instâncias transientes alcançáveis tornam-se persistentes.
delete	org.hibernate.annotations.CascadeType.DELETE O Hibernate navega a associação e deleta instâncias associadas persistentes quando um objeto é passado para o delete() ou o remove().
remove	javax.persistence.CascadeType.REMOVE Essa opção habilita deleção em cascata para instâncias associadas persistentes quando um objeto é passado para o remove() ou o delete().
lock	org.hibernate.annotations.CascadeType.LOCK Essa opção cascateia a operação lock() para instâncias associadas, religando-as ao contexto de persistência se os objetos estiverem desligados. Note que o LockMode não é cascateado; o Hibernate assume que você não quer bloqueios pessimistas em objetos associados – por exemplo, pois um bloqueio pessimista no objeto-raiz é bom o bastante para evitar modificação concorrente.
replicate	org.hibernate.annotations.CascadeType.REPLICATE O Hibernate navega a associação e cascateia a operação replicate() para objetos associados.
evict	org.hibernate.annotations.CascadeType.EVICT O Hibernate evence objetos associados do contexto de persistência quando um objeto é passado para o evict() na Session do Hibernate.
refresh	javax.persistence.CascadeType.REFRESH O Hibernate relê o estado de objetos associados a partir do banco de dados quando um objeto é passado para o refresh().

522 | Java Persistence com Hibernate

Tabela 12.1 Opções de cascateamento de associação de entidade do Hibernate e do Java Persistence (continuação)

Atributo XML	Anotação Descrição
all	javax.persistence.CascadeType.ALL Essa definição inclui e habilita todas as opções de cascata listadas anteriormente.
delete-orphan	org.hibernate.annotations.CascadeType.DELETE_ORPHAN Essa definição extra e especial habilita deleção de objetos associados quando eles são removidos da associação, ou seja, de uma coleção. Se você habilitar essa definição em uma coleção de entidade, você estará informando ao Hibernate que os objetos associados não têm referências compartilhadas e que podem ser deletados com segurança quando uma referência for removida da coleção.

FAQ *Qual é a relação entre* cascade *e* inverse*?*   Não existe relação; são noções diferentes. A extremidade não inversa de uma associação é usada para gerar as declarações SQL que gerenciam a associação no banco de dados (inserção e atualização da(s) coluna(s) de chave estrangeira). O cascateamento habilita mudanças de estado transitivo de objeto através de associações de classe de entidade.

Aqui estão alguns exemplos de opções de cascata em arquivos de mapeamento XML. Note que este código não é de um único mapeamento de entidade ou de uma única classe, mas somente ilustrativo:

```
<many-to-one   name="parent"
               column="PARENT_CATEGORY_ID"
               class="Category"
               cascade="save-update, persist, merge"/>
...

<one-to-one name="shippingAddress"
            class="Address"
            cascade="save-update, lock"/>
...

<set name="bids" cascade="all, delete-orphan"
     inverse="true">
   <key column ="ITEM_ID"/>
   <one-to-many class="Bid"/>
</set>
```

CAPÍTULO 12 – COMO MODIFICAR OBJETOS EFICIENTEMENTE | 523

Como você pode ver, várias opções de cascata podem ser combinadas e aplicadas a uma determinada associação como uma lista separada por vírgula. Note também que delete-orphan não está incluído em all.

As opções de cascata são declaradas com anotações de duas maneiras possíveis. Primeira, todas as anotações de mapeamento de associação, @ManyToOne, @OneToOne, @OneToMany e @ManyToMany, suportam um atributo cascade. O valor desse atributo é um único ou uma lista de valores javax.persistence.CascadeType. Por exemplo, o mapeamento XML ilustrativo feito com anotações se parece com isso:

```
@ManyToOne(cascade = { CascadeType.PERSIST, CascadeType.MERGE })
@JoinColumn(name = "PARENT_CATEGORY_ID", nullable = true)
private Category parent;

...

@OneToMany(cascade = CascadeType.ALL)
private Set<Bid> bids = new HashSet<Bid>();
```

Obviamente, nem todos os tipos de cascateamento estão disponíveis no pacote padronizado javax.persistence. Somente opções de cascata relevantes para operações EntityManager, como persist() e merge(), são padronizadas. Você tem de usar uma anotação de extensão do Hibernate para aplicar qualquer opção de cascata exclusiva do Hibernate:

```
@ManyToOne(cascade = { CascadeType.PERSIST, CascadeType.MERGE })
@org.hibernate.annotations.Cascade(
    org.hibernate.annotations.CascadeType.SAVE_UPDATE
)
@JoinColumn(name = "PARENT_CATEGORY_ID", nullable = true)
private Category parent;

...

@OneToOne
@org.hibernate.annotations.Cascade({
    org.hibernate.annotations.CascadeType.SAVE_UPDATE,
    org.hibernate.annotations.CascadeType.LOCK
})
@PrimaryKeyJoinColumn
private Address shippingAddress;

...

@OneToMany(cascade = CascadeType.ALL)
@org.hibernate.annotations.Cascade(
    org.hibernate.annotations.CascadeType.DELETE_ORPHAN
)
private Set<Bid> bids = new HashSet<Bid>();
```

524 | Java Persistence com Hibernate

Uma extensão do Hibernate de opção de cascata pode ser usada ou como uma adição às opções já definidas na anotação de associação (primeiro e último exemplo) ou como uma definição independente se nenhuma opção padronizada se aplicar (segundo exemplo).

O modelo, do Hibernate, de estilo em cascata no nível da associação é tanto mais rico quanto menos seguro do que a persistência por acessibilidade. O Hibernate não dá as mesmas poderosas garantias de integridade referencial que a persistência por acessibilidade fornece. Ao invés disso, o Hibernate delega parcialmente as preocupações de integridade referencial para as restrições de chave estrangeira do banco de dados SQL subjacente.

Existe uma boa razão para essa decisão de projeto: ela permite que as aplicações Hibernate usem objetos *desligados* eficientemente, pois você pode controlar a religação e a fundição de um grafo de objetos desligados no nível da associação. Mas as opções de cascata não estão disponíveis somente para evitar religação e fundição desnecessária: elas serão úteis sempre que você precisar tratar mais de um objeto simultaneamente.

Vamos trabalhar no conceito de estado transitivo com alguns mapeamentos de associação como exemplo. Recomendamos que você leia a próxima seção de uma só vez, pois cada exemplo é construído com base no anterior.

12.1.3 Como trabalhar com estado transitivo

Administradores do CaveatEmptor são capazes de criar novas categorias, renomear categorias, e mover subcategorias ao redor da hierarquia de categoria. Essa estrutura pode ser vista na Figura 12.2.

Agora, você mapeia essa classe e a associação, usando XML:

```
<class name="Category" table="CATEGORY">
  ...
  <property name="name" column="CATEGORY_NAME"/>

  <many-to-one   name="parentCategory"
                 class="Category"
                 column="PARENT_CATEGORY_ID"
                 cascade="none"/>

  <set   name="childCategories"
         table="CATEGORY"
         cascade="save-update"
         inverse="true">
    <key column="PARENT_CATEGORY_ID"/>
    <one-to-many class="Category"/>
  </set>
  ...
</class>
```

Figura 12.2 Classe Category com associações para si própria.

Essa é uma associação recursiva bidirecional um-para-muitos. A extremidade monovalorada é mapeada com o elemento <many-to-one> e a propriedade de tipo Set com o <set>. Ambas se referem à mesma coluna de chave estrangeira PARENT_CATEGORY_ID. Todas as colunas estão na mesma tabela, CATEGORY.

Como criar uma nova categoria

Suponha que você crie uma nova Category, como uma categoria filha de Computer; veja a Figura 12.3.

Você tem várias maneiras de criar esse novo objeto Laptops e salvá-lo no banco de dados. Você pode voltar ao banco de dados e recuperar a categoria Computer a quem a nova categoria Laptops irá pertencer, adicionar a nova categoria, e confirmar a transação:

```
Session session = sessionFactory.openSession();
Transaction tx = session.beginTransaction();

Category computer =
         (Category) session.load(Category.class, computerId);

Category laptops = new Category("Laptops");

computer.getChildCategories().add(laptops);
laptops.setParentCategory(computer);

tx.commit();
session.close();
```

A instância computer é persistente (note como você usa o load() para trabalhar com um proxy e evitar a ida ao banco de dados), e a associação childCategories tem salvamento em cascata habilitado. Por isso, esse código resulta na nova categoria laptops se tornando persistente quando tx.commit() é chamado, à medida que o Hibernate cascateia o estado persistente para os elementos da coleção childCategories de computer. O Hibernate examina o estado dos objetos e seus relacionamentos quando o contexto de persistência é descarregado e enfileira uma declaração INSERT.

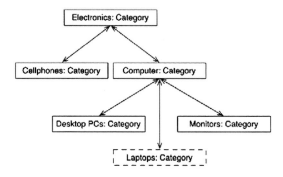

Figura 12.3 Adicionando uma nova Category ao grafo de objetos.

Como criar uma nova categoria em um modo desligado

Vamos fazer a mesma coisa novamente, mas dessa vez vamos criar a ligação entre Computer e Laptops fora do escopo do contexto de persistência:

```
Category computer =
            (Category) session.get() // Carregada na Session anterior

Category laptops = new Category("Laptops");

computer.getChildCategories().add(laptops);
laptops.setParentCategory(computer);
```

Agora você tem o objeto desligado totalmente inicializado (nada de proxy) computer, carregado em uma Session anterior, associado com o novo objeto transiente laptops (e vice-versa). Você torna essa mudança persistente nos objetos, salvando o novo objeto em uma segunda Session do Hibernate, um novo contexto de persistência:

```
Session session = sessionFactory.openSession();
Transaction tx = session.beginTransaction();

// Persiste uma nova categoria e a ligação para sua categoria pai
session.save(laptops);

tx.commit();
session.close();
```

O Hibernate inspeciona a propriedade identificadora do banco de dados do objeto laptops.parentCategory e corretamente cria a referência para a categoria Computer no banco de dados. O Hibernate insere o valor identificador do pai dentro do campo de chave estrangeira da nova linha Laptops em CATEGORY.

Você não pode obter um proxy desligado para computer nesse exemplo, pois computer.getChildCategories() iria acionar a inicialização do proxy e você iria ver uma LazyInitializationException: A Session já está fechada. Você não pode andar pelo grafo de objetos através de limites não inicializados em estado desligado.

Como você tem cascade="none" definido para a associação parentCategory, o Hibernate ignora as mudanças a quaisquer das outras categorias na hierarquia (Computer, Electronics)! Ele não cascateia a chamada para save() às entidades referidas por essa associação. Se você habilitasse cascade="save-update" no mapeamento <many-to-one> de parentCategory, o Hibernate iria navegar todo o grafo de objetos em memória, sincronizando todas as instâncias com o banco de dados. Isso é obviamente um processamento extra que você prefere evitar.

Nesse caso, você nem precisa e nem quer persistência transitiva para a associação parentCategory.

CAPÍTULO 12 – COMO MODIFICAR OBJETOS EFICIENTEMENTE | 527

Como salvar várias novas instâncias com persistência transitiva

Por que temos operações em cascata? Você poderia salvar o objeto laptop, como mostrado no exemplo anterior, sem usar qualquer mapeamento de cascata. Bem, considere o seguinte caso:

```
Category computer = ... // Carregada em uma Session anterior

Category laptops = new Category("Laptops");
Category laptopUltraPortable = new Category("Ultra-Portable");
Category laptopTabletPCs = new Category("Tablet PCs");

laptops.addChildCategory(laptopUltraPortable);
laptops.addChildCategory(laptopTabletPCs);

computer.addChildCategory(laptops);
```

(Perceba que o método de conveniência addChildCategory() define ambas as extremidades da ligação da associação em uma chamada, como descrito anteriormente neste livro.)

Seria indesejável ter que salvar cada uma das três novas categorias individualmente em uma nova Session. Felizmente, como você mapeou a associação childCategories (a coleção) com cascade="save-update", você não precisará fazer isso. O mesmo código mostrado anteriormente, que salvou a única categoria Laptops, irá salvar todas as três novas categorias em uma nova Session:

```
Session session = sessionFactory.openSession();
Transaction tx = session.beginTransaction();

// Persiste todas as três novas instâncias de Category
session.save(laptops);

tx.commit();
session.close();
```

Você provavelmente está imaginando por que o estilo em cascata é chamado de cascade="save-update" em vez de somente cascade="save". Depois de tornar persistentes todas as três categorias, suponha que você faça as seguintes mudanças na hierarquia de categoria em um evento subseqüente, fora de uma Session (você está trabalhando com objetos desligados novamente):

```
laptops.setName("Laptop Computers");                 // Modifica
laptopUltraPortable.setName("Ultra-Portable Notebooks"); // Modifica
laptopTabletPCs.setName("Tablet Computers");         // Modifica

Category laptopBags = new Category("Laptop Bags");
laptops.addChildCategory(laptopBags);                // Adiciona
```

Você adiciona uma nova categoria (laptopBags) como uma filha da categoria Laptops, e modifica todas as três categorias existentes. O seguinte código propaga todas essas mudanças para o banco de dados:

528 | Java Persistence com Hibernate

```
Session session = sessionFactory.openSession();
Transaction tx = session.beginTransaction();

// Atualiza três instâncias velhas de Category e insere a nova
session.saveOrUpdate(laptops);

tx.commit();
session.close();
```

Pelo fato de você ter especificado cascade="save-update" na coleção childCategories, o Hibernate determinará o que é necessário para persistir os objetos para o banco de dados. Nesse caso, ele enfileira três declarações SQL UPDATE (para laptops, laptopUltraPortable, laptopTablePCs) e uma INSERT (para laptopBags). O método saveOrUpdate() informa ao Hibernate que propague o estado de uma instância para o banco de dados criando uma nova linha de banco de dados se a instância for uma nova instância transiente ou atualizando a linha existente se a instância for uma instância desligada.

Usuários mais experientes de Hibernate usam exclusivamente o saveOrUpdate(); é muito mais fácil deixar o Hibernate decidir o que é novo e o que é velho, especialmente em uma rede de objetos mais complexa com estados misturados. A única desvantagem (que na verdade não é séria) do uso exclusivo do saveOrUpdate() é que ele algumas vezes não pode adivinhar se uma instância é velha ou nova sem disparar um SELECT no banco de dados – por exemplo, quando uma classe é mapeada com uma chave natural composta e nenhum propriedade de versão ou de marcação de horário.

Como o Hibernate diferencia as instâncias velhas das novas? Um leque de opções está disponível. O Hibernate assumirá que uma instância é uma instância transiente não salva se:

- A propriedade identificadora for null.
- A propriedade de versão ou de marcação de horário (se ela existir) for null.
- Uma nova instância da mesma classe persistente, criada pelo Hibernate internamente, tiver o mesmo valor identificador do banco de dados que a instância dada.
- Você fornecer um unsaved-value no documento de mapeamento para a classe, e o valor da propriedade identificadora combine com ele. O atributo unsaved-value também estará disponível para elementos de mapeamento de versão e de marcação de horário.
- Os dados da entidade com o mesmo valor identificador não estiveram no cache de segundo nível.
- Você fornecer uma implementação de org.hibernate.Interceptor e retornar Boolean.TRUE a partir do Interceptor.isUnsaved() depois de checar a instância em seu próprio código.

No modelo de domínio do CaveatEmptor, você usa o tipo que pode ser nulo java.lang.Long como o seu tipo da propriedade identificadora em todos os lugares. Como você está usando

CAPÍTULO 12 – COMO MODIFICAR OBJETOS EFICIENTEMENTE | 529

identificadores sintéticos, gerados, isso resolve o problema. Novas instâncias têm um valor identificador da propriedade null, então o Hibernate as trata como transientes. Instâncias desligadas têm um valor identificador não nulo, então o Hibernate as trata de acordo.

Raramente é necessário customizar as rotinas de detecção automática inerentes ao Hibernate. O método saveOrUpdate() sempre sabe o que fazer com o objeto dado (ou quaisquer objetos alcançáveis, se o cascateamento de save-update estiver habilitado para uma associação). Contudo, se você usar uma chave natural composta e não existir propriedade de versão ou de marcação de horário na sua entidade, o Hibernate terá de ir ao banco de dados com um SELECT e descobrir se uma linha com o mesmo identificador composto já existe. Em outras palavras, recomendamos que você quase sempre use saveOrUpdate() no lugar dos métodos individuais save() ou update(), o Hibernate é esperto o bastante para fazer a coisa certa e ele torna a transitividade "tudo isso deve estar em estado persistente, não importando se é novo ou velho" muito mais fácil de tratar.

Acabamos de discutir as opções básicas de persistência transitiva no Hibernate, para salvar novas instâncias e religar instâncias desligadas com menos linhas de código possível. A maioria das outras opções de cascata é igualmente fácil de entender: persist, lock, replicate e evict fazem o que você esperaria – elas tornam transitiva uma determinada operação da Session. A opção de cascata merge tem efetivamente as mesmas conseqüências que save-update.

Acontece que deleção de objeto é uma coisa mais difícil de compreender; a definição delete-orphan em determinados casos causa confusão para novos usuários de Hibernate. Não porque seja complexo, mas porque muitos desenvolvedores Java tendem a esquecer que estão trabalhando com uma rede de ponteiros.

Considere deleção transitiva

Imagine que você queira deletar um objeto Category. Você tem que passar esse objeto para o método delete() em uma Session; ele está agora em estado *removido* e irá desaparecer do banco de dados quando o contexto de persistência for descarregado e confirmado. Contudo, você vai receber uma *violação da restrição de chave estrangeira* se qualquer outra Category guardar uma referência para a linha deletada naquele momento (talvez porque ela ainda fosse referenciada como o pai de outras).

É de sua responsabilidade deletar todas as ligações para uma Category antes de você deletar a instância. Esse é o comportamento normal de entidades que suportam referências compartilhadas. Qualquer valor de propriedade (ou componente) de tipo de valor de uma instância de entidade é deletado automaticamente quando a instância de entidade dona é deletada. Elementos de coleção de tipo de valor (por exemplo, a coleção de objetos Image para um Item) serão deletados se você remover as referências da coleção dona.

530 | Java Persistence com Hibernate

Em certas situações, você quer deletar uma instância de entidade através da remoção de uma referência a uma coleção. Em outras palavras, você pode garantir que uma vez que remova da coleção a referência a essa entidade, nenhuma outra referência irá existir. Então, o Hibernate pode deletar seguramente a entidade depois que aquela última referência foi removida. O Hibernate assume que uma entidade órfã sem referências deve ser deletada. No modelo de domínio de exemplo, você habilita esse estilo em cascata especial para a coleção (ele só está disponível para coleções) bids, no mapeamento de Item:

```
<set name="bids"
    cascade="all, delete-orphan"
    inverse="true">
    <key column="ITEM_ID"/>
    <one-to-many class="Bid"/>
</set>
```

Agora você pode deletar objetos Bid removendo-os dessa coleção – por exemplo, em estado desligado:

```
Item anItem = ... // Carregada na Session anterior

anItem.getBids().remove(aBid);
anItem.getBids().remove(anotherBid);

Session session = sessionFactory.openSession();
Transaction tx = session.beginTransaction();

session.saveOrUpdate(anItem);

tx.commit();
session.close();
```

Se você não habilitar a opção delete-orphan, terá de deletar explicitamente as instâncias Bid depois de remover a última referência a elas da coleção:

```
Item anItem = ... // Carregada na Session anterior

anItem.getBids().remove(aBid);
anItem.getBids().remove(anotherBid);

Session session = sessionFactory.openSession();
Transaction tx = session.beginTransaction();

session.delete(aBid);
session.delete(anotherBid);

session.saveOrUpdate(anItem);

tx.commit();
session.close();
```

Deleção automática de órfãos economiza duas linhas de código – duas linhas de código inconvenientes. Sem deleção de órfão, você teria que se lembrar de todos os objetos Bid que deseja deletar – o código que remove um elemento da coleção está freqüentemente em uma camada diferente da do código que executa a operação delete(). Com deleção de órfão habilitada, você pode remover órfãos da coleção, e o Hibernate irá assumir que eles não são mais referenciados por qualquer outra entidade. Note novamente que a deleção de órfão está implícita se você mapear uma coleção de componentes; a opção extra é somente relevante para uma coleção de referências de entidade (quase sempre um <one-to-many>).

Java Persistence e EJB 3.0 também suportam mudanças de estado transitivo através de associações de entidade. As opções de cascata padronizadas são similares às do Hibernate, então você pode aprendê-las facilmente.

12.1.4 Associações transitivas com JPA

A especificação do Java Persistence suporta anotações para associações de entidade que habilitam manipulação de objeto em cascata. Assim como em Hibernate nativo, cada operação da EntityManager tem um estilo em cascata equivalente. Por exemplo, considere a árvore Category (associações pai e filho) mapeada com anotações:

```java
@Entity
public class Category {

    private String name;

    @ManyToOne
    public Category parentCategory;

    @OneToMany(mappedBy = "parentCategory",
                cascade = { CascadeType.PERSIST,
                    CascadeType.MERGE }
            )
    public Set<Category> childCategories = new HashSet<Category>();
    ...
}
```

Você habilita opções padronizadas de cascata para as operações persist() e merge(). Você pode agora criar e modificar instâncias Category em estado persistente ou desligado, assim como você fez antes com Hibernate nativo:

```java
Category computer = ... // Carregada em um contexto de persistência anterior

Category laptops = new Category("Laptops");
Category laptopUltraPortable = new Category("Ultra-Portable");
Category laptopTabletPCs = new Category("Tablet PCs");

laptops.addChildCategory(laptopUltraPortable);
laptops.addChildCategory(laptopTabletPCs);
```

532 | JAVA PERSISTENCE COM HIBERNATE

```
computer.setName("Desktops and Laptops");
computer.addChildCategory(laptops);

EntityManager em = emf.createEntityManager();
EntityTransaction tx = em.getTransaction();
tx.begin();

computer = em.merge(computer);

tx.commit();
em.close();
```

Uma única chamada ao merge() torna persistente qualquer modificação ou adição. Lembre-se de que o merge() não é o mesmo que religação: ele retorna um novo valor que você deve vincular à variável corrente como um *handle* para o estado corrente depois da fundição.

Algumas opções de cascata não são padronizadas, mas sim específicas do Hibernate. Você vai mapear essas anotações (todas elas estão no pacote org.hibernate.annotations) se estiver trabalhando com a API Session ou se quiser uma definição extra para a EntityManager (por exemplo, org.hibernate.annotations.CascadeType.DELETE_ORPHAN). Mas tenha cuidado, de qualquer forma – opções customizadas de cascata em uma antiga aplicação pura JPA introduzem implícitas mudanças de estado de objeto que podem ser difíceis de comunicar a alguém que não as espere.

Nas seções anteriores, exploramos as opções de cascata de associação de entidade com arquivos de mapeamento XML do Hibernate e com anotações Java Persistence. Com mudanças de estado transitivo, você economiza linhas de código deixando o Hibernate navegar e cascatear as modificações para os objetos associados. Recomendamos que você considere quais associações em seu modelo de domínio são candidatas a mudanças de estado transitivo e então implemente isso com opções de cascata. Na prática, é extremamente útil se você também colocar a opção de cascata no diagrama UML do seu modelo de domínio (com estereótipos) ou em qualquer outra documentação similar que seja compartilhada entre os desenvolvedores. Fazer isso melhora a comunicação na sua equipe de desenvolvimento, pois todo mundo sabe quais operações e associações implicam mudanças de estado em cascata.

Persistência transitiva não é a única maneira de você manipular muitos objetos com uma única operação. Muitas aplicações têm que modificar enormes conjuntos de objetos: por exemplo, imagine que você tenha de definir um indicador em 50.000 objetos Item. Isso é uma operação em massa que é mais bem executada diretamente no banco de dados.

12.2 OPERAÇÕES EM MASSA E EM LOTE

Você usa mapeamento objeto/relacional para mover dados para dentro da camada (física) de aplicação para que com isso possa usar uma linguagem de programação orientada para objetos a fim de processar esses dados. Essa é uma boa estratégia se você está implementando uma aplicação multiusuário de processamento de transação em tempo real, com conjuntos de dados de tamanho pequeno para médio envolvidos em cada unidade de trabalho.

CAPÍTULO 12 – COMO MODIFICAR OBJETOS EFICIENTEMENTE | 533

Por outro lado, operações que requerem quantidades maciças de dados são melhores *se não* forem executadas na camada (física) da aplicação. Você deve mover a operação para perto da localização dos dados, ao invés de fazer o contrário. Em um sistema SQL, as declarações DML UPDATE e DELETE executam diretamente no banco de dados e são freqüentemente suficientes se você tiver de implementar uma operação que envolva milhares de linhas. Operações mais complexas podem requerer que procedimentos mais complexos rodem dentro do banco de dados; por isso, você deve considerar *procedimentos armazenados* como uma possível estratégia.

Você pode se voltar para JDBC e SQL a qualquer momento em aplicações Hibernate ou Java Persistence. Nesta seção, iremos lhe mostrar como evitar isso e como executar operações em massa e em lote com o Hibernate e o JPA.

12.2.1 Declarações em massa com HQL e JPA QL

A Linguagem de Consulta do Hibernate (HQL – Hibernate Query Language) é similar ao SQL. A principal diferença entre as duas é que o HQL usa nomes de classe ao invés de nomes de tabela, e nomes de propriedade ao invés de nomes de coluna. Ela também entende herança – ou seja, sempre que você estiver consultando uma superclasse ou uma interface.

A linguagem de consulta do JPA, como definida pelo JPA e EJB 3.0, é um *subconjunto* do HQL. Por isso, todas as consultas e declarações que são JPA QL válidas também são HQL válidas. As declarações que iremos lhe mostrar, para operações em massa que executam diretamente no banco de dados, estão disponíveis em JPA QL e HQL. (O Hibernate adotou as operações em massa padronizadas do JPA.)

As declarações disponíveis suportam atualização e deleção de objetos diretamente no banco de dados sem a necessidade de recuperar os objetos para a memória. Uma declaração que pode selecionar dados e inseri-los como novos objetos de entidade também é fornecida.

Como atualizar objetos diretamente no banco de dados

Nos capítulos anteriores, nós repetimos que você deveria pensar em *gerenciamento de estado* de objetos, não em como as declarações SQL são gerenciadas. Essa estratégia assume que os objetos aos quais você está se referindo estão disponíveis em memória. Se você executar uma declaração SQL que opera diretamente nas linhas do banco de dados, qualquer mudança que você fizer não afetará os objetos em memória (seja qual for o estado em que eles estejam). Em outras palavras, qualquer declaração DML direta ignora o contexto de persistência do Hibernate (e todos os caches).

Uma solução pragmática que evita essa questão é uma simples convenção: execute primeiro quaisquer operações DML diretas em um contexto de persistência fresquinho. Então, use a Session do Hibernate ou a EntityManager para carregar e guardar objetos. Essa convenção garante que o contexto de persistência não será afetado por quaisquer declarações executadas antes. Alternativamente, você pode seletivamente usar a operação refresh() para

534 | JAVA PERSISTENCE COM HIBERNATE

recarregar o estado de um objeto persistente a partir do banco de dados, se você sabe que ele foi modificado por trás do contexto de persistência.

O Hibernate e o JPA oferecem operações DML que são um pouco mais poderosas que o puro SQL. Vamos dar uma olhada na primeira operação em HQL e JPA QL, um UPDATE:

```
Query q =
   session.createQuery("update Item i set i.isActive = :isActive");
q.setBoolean("isActive", true);
int updatedItems = q.executeUpdate();
```

Essa declaração HQL (ou declaração JPA QL, se executada com a EntityManager) se parece com uma declaração SQL. Contudo, ela usa um nome de entidade (nome da classe) e um nome de propriedade. Ela também é integrada à API de vinculação de parâmetros do Hibernate. O número de objetos de entidade atualizados retorna – e não o número de linhas atualizadas. Um outro benefício é que a declaração UPDATE do HQL (JPA QL) funciona para hierarquias de herança:

```
Query q = session.createQuery(
   "update CreditCard set stolenOn <= :now where type = 'Visa'"
);
q.setTimestamp("now", new Date() );
int updatedCreditCards = q.executeUpdate();
```

O motor de persistência sabe como executar essa atualização, mesmo se várias declarações SQL tenham que ser geradas; atualiza várias tabelas-base (pois CreditCard está mapeada para várias tabelas de superclasse e subclasse). Esse exemplo também não contém um apelido para a classe de entidade – ele é opcional. Contudo, se você usar um apelido, todas as propriedades devem ser prefixadas com o apelido. Note também que as declarações UPDATE HQL (e JPA QL) podem somente referenciar uma única classe de entidade; você não pode escrever uma única declaração para atualizar os objetos Item e CreditCard simultaneamente, por exemplo. Subconsultas são permitidas na cláusula WHERE; quaisquer junções são permitidas somente nessas subconsultas.

As operações DML diretas, por padrão, não afetam quaisquer valores de versão ou de marcação de horário das entidades afetadas (isso é padronizado no Java Persistence). Com HQL, no entanto, você pode incrementar o número da versão de instâncias de entidade modificadas diretamente:

```
Query q =
   session.createQuery(
      "update versioned Item i set i.isActive = :isActive"
   );
q.setBoolean("isActive", true);
int updatedItems = q.executeUpdate();
```

(A palavra-chave versioned não será permitida se a sua propriedade de versão ou de marcação de horário basear-se em uma org.hibernate.usertype.UserVersionType customizada.)

A segunda operação HQL (JPA QL) em massa que introduzimos é a DELETE:

```
Query q = session.createQuery(
    "delete CreditCard c where c.stolenOn is not null"
);
int updatedCreditCards = q.executeUpdate();
```

As mesmas regras das declarações UPDATE se aplicam: nada de junções, somente uma única classe de entidade, apelidos opcionais, subconsultas permitidas na cláusula WHERE.

Assim como operações SQL em massa, operações HQL (JPA QL) em massa não afetam o contexto de persistência, elas ignoram qualquer cache. Cartões de crédito ou itens em memória não serão atualizados se você executar um desses exemplos.

A última operação HQL em massa pode criar objetos diretamente no banco de dados.

Como criar novos objetos diretamente no banco de dados

Vamos assumir que todos os cartões Visa de seus clientes foram roubados. Você escreve duas operações em massa para marcar o dia em que eles foram roubados (bem, o dia em que você descobriu o roubo) e para remover os dados comprometidos de cartão de crédito dos seus registros. Como você trabalha para uma empresa responsável, você tem que reportar os cartões de crédito roubados às autoridades e clientes afetados. Então, antes de deletar os registros, você extrai tudo o que foi roubado e cria algumas centenas (ou milhares) de objetos StolenCreditCard. Essa é uma nova classe que você escreve somente para esse propósito:

```
public class StolenCreditCard {
    private Long id;
    private String type;
    private String number;
    private String expMonth;
    private String expYear;
    private String ownerFirstname;
    private String ownerLastname;
    private String ownerLogin;
    private String ownerEmailAddress;
    private Address ownerHomeAddress;
    ... // Construtores, métodos getter e setter
}
```

Você agora mapeia essa classe para sua tabela dona STOLEN_CREDIT_CARD, ou com um arquivo XML ou com anotações JPA (você não deve ter qualquer problema pra fazer isso por conta própria). A seguir, você precisa de uma declaração que execute diretamente no banco de dados, recupere todos os cartões de crédito comprometidos e crie novos objetos StolenCreditCard:

```
Query q = session.createQuery(
    "insert into StolenCreditCard
        (type, number, expMonth, expYear,
```

536 | JAVA PERSISTENCE COM HIBERNATE

```
        ownerFirstname, onwerLastname, ownerLogin,
        ownerEmailAddress, ownerHomeAddress)
select
        c.type, c.number, c.expMonth, c.expYear,
        u.firstname, u.lastname, u.username,
        u.email, u.homeAddress
    from CreditCard c join c.user u
    where c.stolenOn is not null"
);
int createdObjects = q.executeUpdate();
```

Essa operação faz duas coisas: primeiro, os detalhes dos registros CreditCard e de seus respectivos donos (um User) são selecionados. O resultado é então inserido dentro da tabela para a qual a classe StolenCreditCard está mapeada.

Note o seguinte:

- As propriedades que são o alvo de um INSERT ... SELECT (nesse caso, as propriedades da StolenCreditCard que você lista) têm que existir para uma determinada subclasse, não uma superclasse (abstrata). O fato de a StolenCreditCard não fazer parte de uma hierarquia de herança não é problema.

- Os tipos que retornam pelo SELECT devem combinar com os tipos requeridos do INSERT – nesse caso, vários tipos string e um componente (o mesmo tipo de componente para seleção e inserção).

- O identificador do banco de dados para cada objeto StolenCreditCard será gerado automaticamente pelo gerador de identificador com o qual você mapeou a classe StolenCreditCard. Alternativamente, você pode adicionar a propriedade identificadora à lista de propriedades inseridas e fornecer um valor através de seleção. Note que geração automática de valores identificadores funciona somente para geradores de identificador que operem diretamente dentro do banco de dados, como campos identity ou sequence.

- Se os objetos gerados são de uma classe versionada (com uma propriedade version ou timestamp), uma versão fresquinha (zero, ou marcação de horário de hoje) também será gerada. Alternativamente, você pode selecionar um valor de versão (ou de marcação de horário) e adicionar a propriedade de versão (ou de marcação de horário) à lista de propriedades inseridas.

E, por fim, note que o INSERT ... SELECT está disponível somente com HQL; JPA QL não padroniza esse tipo de declaração – por isso, a sua declaração pode não ser portável.

As operações em massa de HQL e JPA QL abordam muitas situações nas quais você geralmente iria recorrer ao SQL puro. Por outro lado, algumas vezes você não pode excluir a camada (física) de aplicação em uma operação de dados em massa.

12.2.2 Como processar em lotes

Imagine que você tenha de manipular todos os objetos Item, e que as mudanças que você fez não sejam tão triviais, como definir um indicador (que você fez com uma única declaração, anteriormente). Vamos também presumir que você não possa criar um procedimento armazenado SQL, por qualquer que seja a razão (talvez porque a sua aplicação tenha de trabalhar em sistemas de gerenciamento de banco de dados que não suportam procedimentos armazenados). A sua única escolha é escrever o procedimento em Java e recuperar uma quantidade maciça de dados para a memória a fim de processá-la no procedimento.

Você deve executar esse procedimento colocando o trabalho em lotes. Isso significa que você cria muitos conjuntos de dados menores ao invés de um único conjunto de dados que nem mesmo iria caber na memória.

Como escrever um procedimento com atualizações em lote

O seguinte código carrega 100 objetos Item por vez para processamento:

```
Session session = sessionFactory.openSession();
Transaction tx = session.beginTransaction();

ScrollableResults itemCursor =
    session.createQuery("from Item").scroll();

int count=0;
while ( itemCursor.next() ) {
   Item item = (Item) itemCursor.get(0);
   modifyItem(item);
   if ( ++count % 100 == 0 ) {
      session.flush();
      session.clear();
   }
}

tx.commit();
session.close();
```

Você usa uma consulta HQL (uma simples) para carregar todos os objetos Item a partir do banco de dados. Mas em vez de recuperar o resultado da consulta completamente para a memória, você abre um cursor pronto para operar. Um cursor é um ponteiro para um conjunto de resultados que fica no banco de dados. Você pode controlar o cursor com o objeto ScrollableResults e movê-lo pelo resultado. A chamada get(int i) recupera um único objeto para a memória, o objeto que o cursor está apontando atualmente. Cada chamada para next() avança o cursor para o próximo objeto. Para evitar exaustão de memória, você descarrega (flush()) e limpa (clear()) o contexto de persistência antes de carregar os próximos 100 objetos para dentro dele.

538 | JAVA PERSISTENCE COM HIBERNATE

Uma descarga do contexto de persistência escreve as mudanças que você fez nos últimos 100 objetos Item para o banco de dados. Para melhor performance, você deve definir o tamanho da propriedade de configuração do Hibernate (e JDBC) hibernate.jdbc.batch_size para o mesmo tamanho do seu procedimento em lote: 100. Todas as declarações UPDATE executadas durante o descarregamento são então também colocadas em lote no nível do JDBC.

(Note que você deve desabilitar o cache de segundo nível para quaisquer operações em lote; caso contrário, toda modificação de um objeto durante o procedimento em lote dever ser propagada para o cache de segundo nível dessa classe persistente. Isso é um processamento extra desnecessário. Você irá aprender como controlar o cache de segundo nível no próximo capítulo.)

A API do Java Persistence infelizmente não suporta resultados de consulta baseados em cursor. Você tem que chamar org.hibernate.Session e org.hibernate.Query para acessar essa característica.

A mesma técnica pode ser usada para criar e persistir um grande número de objetos.

Como inserir muitos objetos em lotes

Se for preciso criar algumas centenas ou milhares de objetos em uma unidade de trabalho, poderá acabar ocorrendo exaustão de memória. Todo objeto que é passado para o insert() ou o persist() é adicionado ao cache do contexto de persistência.

Uma solução clara e direta é descarregar e limpar o contexto de persistência após um certo número de objetos. Você efetivamente coloca em lote as inserções:

```
Session session = sessionFactory.openSession();
Transaction tx = session.beginTransaction();

for ( int i=0; i<100000; i++ ) {
   Item item = new Item(...);
   session.save(item);
   if ( i % 100 == 0 ) {
      session.flush();
      session.clear();
   }
}

tx.commit();
session.close();
```

Aqui você cria e persiste 100.000 objetos, 100 de cada vez. Novamente, lembre-se de definir a propriedade de configuração hibernate.jdbc.batch_size para um valor equivalente e desabilite o cache de segundo nível para a classe persistente. Advertência: o Hibernate silenciosamente desabilitará inserções em lote do JDBC se a sua entidade estiver mapeada com um gerador de identificador identity; muitos drivers JDBC não suportam processamento em lote nesse caso.

CAPÍTULO 12 – COMO MODIFICAR OBJETOS EFICIENTEMENTE | 539

Uma outra opção que evita completamente o consumo de memória do contexto de persistência (efetivamente desabilitando-o) é a interface StatelessSession.

12.2.3 Como usar uma Session sem estado

O contexto de persistência é uma característica essencial do motor do Hibernate e do Java Persistence. Sem um contexto de persistência, você não seria capaz de manipular o estado do objeto e de ter o Hibernate detectando suas mudanças automaticamente. Muitas outras coisas também não seriam possíveis.

Contudo, o Hibernate lhe oferece uma interface alternativa, se você preferir trabalhar com o seu banco de dados executando declarações. Essa interface orientada para declaração, org.hibernate.StatelessSession, se parece e trabalha como JDBC puro, exceto que você ganha o benefício das classes persistentes mapeadas e da portabilidade de banco e dados do Hibernate.

Imagine que você queira executar o mesmo procedimento "atualize todos os objetos item" que você escreveu em um exemplo anterior só que com essa interface:

```
Session session = sessionFactory.openStatelessSession();
Transaction tx = session.beginTransaction
ScrollableResults itemCursor =
    session.createQuery("from Item").scroll();

while ( itemCursor.next() ) {
    Item item = (Item) itemCursor.get(0);
    modifyItem(item);
    session.update(item);
}

tx.commit();
session.close();
```

O processamento em lote não existe nesse exemplo – você abre uma StatelessSession. Você não mais trabalha com objetos em estado persistente; tudo o que retorna do banco de dados está em estado desligado. Por isso, após modificar um objeto Item, você precisa chamar o update() para tornar as suas mudanças permanentes. Note que essa chamada não mais religa o item modificado e desligado. Ela executa imediatamente um UPDATE SQL; o item novamente está em estado desligado após o comando.

Desabilitar o contexto de persistência e trabalhar com a interface StatelessSession tem algumas outras sérias conseqüências e limitações conceituais (pelo menos, se você comparála com a Session normal):

- Uma StatelessSession não tem um cache de contexto de persistência e não interage com qualquer outro cache de segundo nível ou de consulta. Tudo o que você faz resulta em operações SQL imediatas.

| 540 | JAVA PERSISTENCE COM HIBERNATE

- Modificações nos objetos não são detectadas automaticamente (nada de checagem de sujeira), e operações SQL não são executadas o mais tarde possível (nada de escrita assíncrona).

- Nenhuma modificação de um objeto e nenhuma operação que você chame são cascateadas para qualquer instância associada. Você está trabalhando com instâncias de uma única classe de entidade.

- Quaisquer modificações em uma coleção mapeada como uma associação de entidade (um-para-muitos, muitos-para-muitos) são ignoradas. Somente coleções de tipo de valor são consideradas. Você então não deve mapear associações de entidade com coleções, mas somente o lado não inverso com chaves estrangeiras para muitos-para-um; trate o relacionamento somente através de um lado. Escreva uma consulta para obter dados que outrora iria recuperar iterando através de uma coleção mapeada.

- A StatelessSession ignora qualquer interceptador (org.hibernate.Interceptor) habilitado e não pode ser interceptada através do sistema de evento (ambas as características são discutidas mais à frente neste capítulo).

- Você não tem escopo garantido de identidade de objeto. A mesma consulta produz duas diferentes instâncias desligadas em memória. Isso pode levar a efeitos de distorção de dados se você não implementar com cuidado o método equals() de suas classes persistentes.

Bons casos de uso para uma StatelessSession são raros; você pode preferi-la se o processamento em lote manual com uma Session comum se tornar inconveniente. Lembre-se de que as operações insert(), update() e delete() têm naturalmente semânticas diferentes das operações equivalentes save(), update(), delete() em uma Session comum. (Elas provavelmente deveriam ter nomes diferentes também; a API StatelessSession foi adicionada ao Hibernate *ad hoc*, sem muito planejamento. O time de desenvolvimento do Hibernate discutiu renomear essa interface em uma futura versão do Hibernate; você pode achá-la sob um diferente nome na versão do Hibernate que está usando.)

Até agora neste capítulo, nós lhe mostramos como guardar e manipular muitos objetos com a estratégia mais eficiente através de operações em cascata, em massa e em lote. Agora iremos considerar interceptação e filtragem de dados, e como você pode se tornar parte integral do processamento do Hibernate de um modo transparente.

12.3 FILTRAGEM DE DADOS E INTERCEPTAÇÃO

Imagine que você não queira ver todos os dados de seu banco de dados. Por exemplo, o usuário da aplicação atualmente logado pode não ter o direito de ver tudo. Geralmente, você adiciona uma condição às suas consultas e restringe o resultado dinamicamente. Isso se tornará difícil, porém, se você tiver de tratar uma preocupação como segurança ou dado temporal ("Me mostre somente os dados da semana passada", por exemplo). Até mesmo mais difícil será uma

Capítulo 12 – Como modificar objetos eficientemente | 541

restrição em coleções; se você iterar através dos objetos Item em uma Category, você verá todos eles.

Uma possível solução para esse problema usa visões de banco de dados. O SQL não padroniza visões dinâmicas – visões que podem ser restritas e movidas em tempo de execução com algum parâmetro (o usuário atualmente logado, um período de tempo, e assim por diante). Alguns bancos de dados oferecem opções de visões mais flexíveis, e se elas estiverem disponíveis, serão caras e/ou complexas (o Oracle oferece um Banco de dados Virtual Privado (VPD – Virtual Private Database), por exemplo).

O Hibernate fornece uma alternativa para visões de banco de dados dinâmicas: *filtros de dados* com parametrização dinâmica em tempo de execução. Iremos olhar os casos de uso e aplicações de filtros de dados nas seções seguintes.

Uma outra questão comum em aplicações de banco de dados são preocupações ortogonais que requerem conhecimento dos dados que são guardados e carregados. Por exemplo, imagine que você tenha de escrever um log de auditoria de toda modificação de dados em sua aplicação. O Hibernate oferece uma interface org.hibernate.Interceptor que lhe permite se tornar parte integral do processamento interno do Hibernate e executar uma ação paralela como o log de auditoria. Você pode fazer muito mais com interceptação, e iremos lhe mostrar alguns truques depois de completarmos nossa discussão sobre filtros de dados.

O núcleo do Hibernate é baseado em um modelo de evento/escuta, um resultado da última refatoração de suas entranhas. Se um objeto deve ser carregado, por exemplo, um LoadEvent é disparado. O núcleo do Hibernate é implementado com receptores padronizados para tais eventos e esse sistema tem interfaces públicas que lhe deixam inserir os seus próprios receptores se você quiser. O sistema de evento oferece completa customização de qualquer operação imaginável que aconteça dentro do Hibernate, e deve ser considerado a alternativa mais poderosa para interceptação – iremos lhe mostrar como escrever um receptor customizado e tratar eventos você mesmo.

Vamos primeiro aplicar filtragem de dados dinâmica a uma unidade de trabalho.

12.3.1 Filtros de dados dinâmicos

O primeiro caso de uso para filtragem de dados dinâmica está relacionado à segurança de dados. Um User no CaveatEmptor tem uma propriedade ranking. Agora assuma que os usuários só podem dar lances em itens que sejam oferecidos por outros usuários com uma classificação igual ou menor que a sua. Em termos de negócio, você tem vários grupos de usuários que são definidos por uma classificação arbitrária (um número), e os usuários só podem comercializar dentro de seus grupos.

Você pode implementar isso com consultas complexas. Por exemplo, digamos que você não queira mostrar todos os objetos Item de uma Category, mas somente aqueles que forem vendidos por usuários do mesmo grupo (com uma classificação igual ou menor que a do usuário logado). Você escreveria uma consulta HQL ou Criteria para recuperar esses itens.

542 | Java Persistence com Hibernate

Contudo, se você usar aCategory.getItems() e navegar por esses objetos, todas as instâncias Item ficarão visíveis.

Você resolve esse problema com um filtro dinâmico.

Como definir um filtro de dados

Um filtro de dados dinâmico é definido com um único nome global, no metadado de mapeamento. Você pode adicionar essa definição de filtro global a qualquer arquivo de mapeamento XML que você queira, desde que seja dentro de um elemento <hibernate-mapping>:

```
<filter-def name="limitItemsByUserRank">
   <filter-param name="currentUserRank" type="int"/>
</filter-def>
```

Esse filtro é nomeado de limitItemsByUserRank e aceita um argumento de tempo de execução do tipo int. Você pode colocar a anotação equivalente @org.hibernate.annotations.FilterDef em qualquer classe que queira (ou dentro do metadado de pacote); ela não tem qualquer efeito no comportamento dessa classe:

```
@org.hibernate.annotations.FilterDef(
   name="limitItemsByUserRank",
   parameters = {
      @org.hibernate.annotations.ParamDef(
         name = "currentUserRank", type = "int"
      )
   }
)
```

O filtro está inativo agora; nada (exceto talvez pelo nome) indica que, supostamente, ele se aplique aos objetos Item. Você tem de aplicar e implementar o filtro nas classes ou coleções que queira filtrar.

Como aplicar e implementar o filtro

Você quer aplicar o filtro definido à classe Item para que nenhum item fique visível se o usuário logado não tiver a classificação necessária:

```
<class name="Item" table="ITEM">
   ...
   <filter name="limitItemsByUserRank"
      condition=":currentUserRank >=
                 (select u.RANK from USER u
                 where u.USER_ID = SELLER_ID)"/>
</class>
```

O elemento <filter> pode ser definido com um mapeamento de classe. Ele aplica um filtro nomeado às instâncias dessa classe. O atributo condition é uma expressão SQL que é passada diretamente para o sistema de banco de dados, então você pode usar qualquer operador ou função SQL. Ela deve resultar em *verdadeiro* se um registro passar pelo filtro. Neste exemplo, você usa uma subconsulta para obter a classificação do vendedor do item. Colunas não qualificadas, como a SELLER_ID, referem-se à tabela à qual a classe de entidade está mapeada. Se a classificação do usuário atualmente logado não é maior ou igual que a classificação retornada pela subconsulta, a instância Item é descartada.

Eis a mesma coisa com anotações na entidade Item:

```
@Entity
@Table(name = "ITEM")
@org.hibernate.annotations.Filter(
    name = "limitItemsByUserRank",
    condition=":currentUserRank >= " +
              "(select u.RANK from USER u" +
              " where u.USER_ID = SELLER_ID)"
)
public class Item implements { ... }
```

Você pode aplicar vários filtros agrupando-os dentro de uma anotação @org.hibernate.annotations.Filters. Um filtro definido e aplicado, se habilitado para uma determinada unidade de trabalho, descarta qualquer instância Item que não passe pela condição. Vamos habilitá-lo.

Como habilitar o filtro

Você definiu um filtro de dados e aplicou-o a uma classe persistente. Ele ainda não está filtrando nada; ele deve ser habilitado e parametrizado na aplicação para uma determinada Session (a EntityManager não suporta essa API – você tem que se voltar para as interfaces do Hibernate para essa funcionalidade):

```
Filter filter = session.enableFilter("limitItemsByUserRank");
filter.setParameter("currentUserRank", loggedInUser.getRanking());
```

Você habilita o filtro pelo nome; esse método retorna uma instância Filter. Esse objeto aceita os argumentos de tempo de execução. Você deve definir os valores dos parâmetros que você definiu. Outros métodos úteis da classe Filter são getFilterDefinition() (que lhe permite iterar através dos nomes e tipos dos parâmetros) e validate() (que joga uma HibernateException se você esqueceu de definir um parâmetro). Você também pode definir uma lista de argumentos com setParameterList(), isso é principalmente útil se a sua condição SQL contém uma expressão com um operador quantificador (o operador IN, por exemplo).

Agora toda a consulta HQL ou Criteria que é executada na Session filtrada restringe as instâncias Item retornadas:

544 | Java Persistence com Hibernate

```
List<Item> filteredItems =
                 session.createQuery("from Item").list();
List<Item> filteredItems =
                 session.createCriteria(Item.class).list();
```

Dois métodos de recuperação de objetos *não* são filtrados: recuperação por identificador e acesso navegacional às instâncias Item (como a partir de uma Category com aCategory.getItems()).

Recuperação por identificador não pode ser restringida com um filtro de dados dinâmico. Isso também é conceitualmente errado: se você sabe o identificador de um Item, por que não lhe seria permitido vê-lo? A solução é filtrar os identificadores – ou seja, não expor identificadores que sejam restritos em primeiro lugar. Raciocínio similar se aplica à filtragem de associações muitos-para-um ou um-para-um. Se uma associação muitos-para-um fosse filtrada (por exemplo, retornando null se você chamar anItem.getSeller()), a multiplicidade da associação iria mudar! Isso também é conceitualmente errado e não é o objetivo dos filtros.

Você pode resolver a segunda questão, acesso navegacional, aplicando o mesmo filtro a uma coleção.

Como filtrar coleções

Até agora, chamar aCategory.getItems() retorna todas as instâncias Item que referenciadas por essa Category. Isso pode ser restringido com um filtro aplicado a uma coleção:

```
<class name="Category" table="CATEGORY">

    ...

    <set name="items" table="CATEGORY_ITEM">
      <key column="CATEGORY_ID"/>
      <many-to-many class="Item" column="ITEM_ID">

        <filter name="limitItemsByUserRank"
               condition=":currentUserRank >=
                          (select u.RANK from USERS u where
 u.USER_ID = SELLER_ID)"/>
      </many-to-many>
    </set>
</class>
```

Nesse exemplo, você não aplica o filtro ao elemento da coleção, mas sim ao <many-to-many>. Agora a coluna não qualificada SELLER_ID na subconsulta referencia o alvo da associação, a tabela ITEM, e não a tabela de junção CATEGORY da associação. Com anotações, você pode aplicar um filtro a uma associação muitos-para-muitos com @org.hibernate.annotations.FilterJoinTable(s) no campo @ManyToMany ou no método getter.

Se a associação entre Category e Item fosse um-para-muitos, você criaria o seguinte mapeamento:

```
<class name="Category" table="CATEGORY">

    ...

    <set name="items">
        <key column="CATEGORY_ID"/>
        <one-to-many class="Item"/>

        <filter name="limitItemsByUserRank"
                condition=":currentUserRank >=
                            (select u.RANK from USERS u
➥ where u.USER_ID = SELLER_ID)"/>
    </set>

</class>
```

Com anotações, você só coloca a @org.hibernate.annotations.Filter(s) no campo ou método getter correto, próximo à anotação @OneToMany ou @ManyToMany.

Se você habilitar o filtro em uma Session, toda a iteração através de uma coleção de itens (items) de uma categoria (Category) será filtrada.

Se você tem uma condição de filtro padronizada que se aplica a muitas entidades, declare-a com a sua definição do filtro:

```
<filter-def name="limitByRegion"
            condition="REGION >= :showRegion">
    <filter-param name="showRegion" type="int"/>
</filter-def>
```

Se aplicada a uma entidade ou coleção com ou sem uma condição adicional e habilitada em uma Session, esse filtro sempre compara a coluna REGION da tabela de entidade com o argumento de tempo de execução showRegion.

Existem muitos outros excelentes casos de uso para filtros de dados dinâmicos.

Casos de uso para filtros de dados dinâmicos

Os filtros dinâmicos do Hibernate são úteis em muitas situações. A única limitação é a sua imaginação e a sua habilidade com expressões SQL. Alguns casos típicos de uso são os seguintes:

- *Limites de segurança* – Um problema comum é a restrição de acesso aos dados dada alguma condição arbitrária relacionada à segurança. Isso pode ser a classificação de um usuário, um determinado grupo ao qual o usuário deve pertencer, ou um papel ao qual o usuário foi designado.

546 | Java Persistence com Hibernate

- *Dado regional* – Freqüentemente, o dado é guardado com um código regional (por exemplo, todos os contatos de negócio de uma equipe de vendas). Cada vendedor trabalha somente em um conjunto de dados que cobre a sua região.

- *Dado temporal* – Muitas aplicações corporativas precisam aplicar aos dados visões baseadas em tempo (por exemplo, ver um conjunto de dados da semana passada). Os filtros de dados do Hibernate podem fornecer restrições temporais básicas que o ajudem a implementar esse tipo de funcionalidade.

Um outro conceito útil é a interceptação das entranhas do Hibernate, para implementar preocupações ortogonais.

12.3.2 Como interceptar eventos do Hibernate

Vamos assumir que você queira escrever um log de auditoria de todas as modificações de objeto. Esse log de auditoria é mantido em uma tabela do banco de dados que contém as informações sobre as mudanças feitas em outros dados – especialmente, sobre o *evento* que resulta da mudança. Por exemplo, você pode registrar a informação sobre eventos de criação e atualização de itens de leilão. A informação registrada geralmente inclui o usuário, a data e hora do evento, que tipo de evento ocorreu, e o item que foi modificado.

Logs de auditoria são freqüentemente tratados usando gatilhos de banco de dados. Por outro lado, algumas vezes é melhor para a aplicação tomar a responsabilidade, especialmente se a portabilidade entre diferentes bancos de dados for requerida.

Você precisa de vários elementos para implementar o log de auditoria. Primeiro, você tem que marcar as classes persistentes para as quais você quer habilitar o log de auditoria. Depois, você define *que* informação pertencerá ao log, como o usuário, a data, a hora, e o tipo de modificação. E, por fim, você junta tudo isso com um interceptador (org.hibernate.Interceptor) que automaticamente cria a trilha de auditoria.

Como criar a interface de marcação

Primeiro, crie uma interface de marcação, Auditable. Você usa essa interface para marcar todas as classes persistentes que devem ser automaticamente auditadas:

```
package auction.model;

public interface Auditable {
    public Long getId();
}
```

Essa interface requer que uma classe de entidade persistente exponha o seu identificador com um método getter; você precisa dessa propriedade para gerar o log da trilha de auditoria. Habilitar o log de auditoria para uma determinada classe persistente é então trivial. Você a adiciona à declaração da classe – por exemplo, para Item:

CAPÍTULO 12 – COMO MODIFICAR OBJETOS EFICIENTEMENTE | 547

```
public class Item implements Auditable { ... }
```

Claro, se a classe Item não expunha um método público getId(), você precisa adicioná-lo.

Como criar e mapear o registro do log

Agora crie uma nova classe persistente, AuditLogRecord. Essa classe representa a informação da qual você quer gerar o log para sua tabela do banco de dados de auditoria:

```
public class AuditLogRecord {

    public String message;
    public Long entityId;
    public Class entityClass;
    public Long userId;
    public Date created;
    AuditLogRecord() {}
    public AuditLogRecord(String message,
                          Long entityId,
                          Class entityClass,
                          Long userId) {
        this.message = message;
        this.entityId = entityId;
        this.entityClass = entityClass;
        this.userId = userId;
        this.created = new Date();
    }
}
```

Você não deve considerar essa classe como parte do seu modelo de domínio! Por isso você expõe todos os atributos como públicos; é improvável que você tenha de refatorar essa parte da aplicação. A AuditLogRecord é parte da sua camada de persistência e possivelmente compartilha o mesmo pacote com outras classes relacionadas com persistência, como a HibernateUtil ou as suas classes UserType customizadas de extensão.

A seguir, mapeie essa classe para a tabela do banco de dados AUDIT_LOG:

```
<hibernate-mapping default-access="field">

<class name="persistence.audit.AuditLogRecord"
       table="AUDIT_LOG" mutable="false">
    <id type="long" column="AUDIT_LOG_ID">
        <generator class="native"/>
    </id>

    <property name="message"
              type="string"
              column="MESSAGE"
              length="255"
              not-null="true"/>
```

JAVA PERSISTENCE COM HIBERNATE

```xml
<property name="entityId"
        type="long"
        column="ENTITY_ID"
        not-null="true"/>

<property name="entityClass"
        type="class"
        column="ENTITY_CLASS"
        not-null="true"/>

<property name="userId"
        type="long"
        column="USER_ID"
        not-null="true"/>

<property name="created"
        column="CREATED"
        type="java.util.Date"
        update="false"
        not-null="true"/>
</class>

</hibernate-mapping>
```

Você mapeia o acesso padronizado com uma estratégia field (nada de métodos getter na classe) e, como os objetos AuditLogRecord nunca são atualizados, mapeie a classe como mutable="false". Note que você não declara um nome de propriedade identificadora (a classe não tem tal propriedade); o Hibernate então gerencia a chave de surrogate de um AuditLogRecord internamente. Você não planeja usar o AuditLogRecord em um modo desligado, então ele não precisa conter uma propriedade identificadora. Contudo, se você mapeou essa classe com anotações como uma entidade do Java Persistence, uma propriedade identificadora é requerida. Achamos que você não terá quaisquer problemas para criar esse mapeamento de entidade por sua conta.

O log de auditoria é de certa forma uma preocupação ortogonal para a lógica de negócio que deixa o evento passível de ter o log gerado. É possível misturar a lógica para o log de auditoria com a lógica de negócio, mas em muitas aplicações é preferível que o log de auditoria seja tratado em um pedaço de código central, transparentemente para a lógica de negócio (e especialmente quando você se baseia em opções de cascata). Criar uma nova AuditLogRecord e salvá-la sempre que um Item for modificado são procedimentos que certamente não são para você executar manualmente. O Hibernate oferece uma interface Interceptor de extensão.

Como escrever um interceptador

Um método logEvent() deve ser chamado automaticamente quando você chama o save(). A melhor maneira de se fazer isso com o Hibernate é implementando a interface Interceptor. A Listagem 12.1 mostra um interceptador para o log de auditoria.

Listagem 12.1 Implementação de um interceptador para o log de auditoria

```java
public class AuditLogInterceptor extends EmptyInterceptor {

    private Session session;
    private Long userId;

    private Set inserts = new HashSet();
    private Set updates = new HashSet();

    public void setSession(Session session) {
        this.session=session;
    }

    public void setUserId(Long userId) {
        this.userId=userId;
    }
    public boolean onSave(Object entity,
                          Serializable id,
                          Object[] state,
                          String[] propertyNames,
                          Type[] types)
            throws CallbackException {

        if (entity instanceof Auditable)
            inserts.add(entity);

        return false;
    }

    public boolean onFlushDirty(Object entity,
                          Serializable id,
                          Object[] currentState,
                          Object[] previousState,
                          String[] propertyNames,
                          Type[] types)
            throws CallbackException {
        if (entity instanceof Auditable)
            updates.add(entity);

        return false;
    }

    public void postFlush(Iterator iterator)
                    throws CallbackException {
        try {
```

550 | JAVA PERSISTENCE COM HIBERNATE

```
        for (Iterator it = inserts.iterator(); it.hasNext();) {
            Auditable entity = (Auditable) it.next();
            AuditLog.logEvent("create",
                              entity,
                              userId,
                              session.connection());
        }
        for (Iterator it = updates.iterator(); it.hasNext();) {
            Auditable entity = (Auditable) it.next();
            AuditLog.logEvent("update",
                              entity,
                              userId,
                              session.connection());
        }
    } finally {
        inserts.clear();
        updates.clear();
    }
    }
}
```

A API Interceptor do Hibernate tem muito mais métodos que os apresentados nesse exemplo. Como você está estendendo a EmptyInterceptor, no lugar de implementar a interface diretamente, você pode se basear nas semânticas padronizadas de todos os métodos que você não sobrescreve. O interceptador tem dois aspectos interessantes.

Esse interceptador precisa dos atributos session e userId para realizar o seu trabalho; um cliente usando esse interceptador deve definir ambas as propriedades. O outro aspecto interessante é a rotina do log de auditoria no onSave() e no onFlushDirty(): você adiciona as entidades novas e atualizadas às coleções inserts e updates. O método onSave() do interceptador é chamado sempre que uma entidade é salva pelo Hibernate; o método onFlushDirty() é chamado sempre que o Hibernate detecta um objeto sujo.

O log de fato da trilha de auditoria é feito no método postFlush(), que o Hibernate chama depois de executar o SQL que sincroniza o contexto de persistência com o banco de dados. Você usa a chamada estática AuditLog.logEvent() (uma classe e método que discutiremos a seguir) para gerar o log do evento. Note que você não pode gerar log de eventos no onSave(), pois o valor identificador de uma entidade transiente pode não ser conhecido nesse ponto. O Hibernate garante definir os identificadores de entidade durante o descarregamento, então o postFlush() é o lugar correto para se gerar o log dessa informação.

Note também como usar o atributo session: você passa a conexão JDBC de uma dada Session para a chamada estática AuditLog.logEvent(). Existe uma boa razão para isso, que discutiremos em mais detalhes.

Vamos primeiro juntar tudo isso e ver como você habilita o novo interceptador.

Como habilitar o interceptador

Você precisa designar o interceptador a uma Session do Hibernate quando abrir a Session pela primeira vez:

```
AuditLogInterceptor interceptor = new AuditLogInterceptor();
Session session = getSessionFactory().openSession(interceptor);
Transaction tx = session.beginTransaction();

interceptor.setSession(session);
interceptor.setUserId( currentUser.getId() );

session.save(newItem); // Aciona o onSave() do Interceptor

tx.commit();
session.close();
```

O interceptador está ativo para a Session que você abriu com ele.

Se você trabalha com sessionFactory.getCurrentSession(), você não controla a abertura de uma Session; ela é tratada transparentemente por uma das implementações inerentes de CurrentSessionContext do Hibernate. Você pode escrever a sua própria (ou estender uma existente) implementação de CurrentSessionContext e fornecer a sua própria rotina para abrir a Session corrente e designar um interceptador a ela.

Um outro jeito de habilitar um interceptador é defini-lo globalmente no objeto Configuration com setInterceptor() antes de construir a SessionFactory. Contudo, qualquer interceptador, definido em um Configuration e ativo para todas as Sessions, deve ser implementado como *thread-safe*! A única instância Interceptor é compartilhada por Sessions rodando concorrentemente. A implementação AuditLogInterceptor não é *thread-safe*: ela usa membros variáveis (as filas inserts e updates).

Você também pode definir um interceptador compartilhado *thread-safe* que tenha um construtor sem argumento para todas as instâncias EntityManager em JPA com a seguinte opção de configuração no persistence.xml:

```
<persistence-unit name="...">
    <properties>
        <property name="hibernate.ejb.interceptor"
                value="my.ThreadSafeInterceptorImpl"/>
        ...
    </properties>
</persistence-unit>
```

Vamos voltar para aquele interessante código de tratamento de Session no interceptador e descobrir por que você passa a connection() da Session corrente para o AuditLog.logEvent().

Como usar uma Session temporária

Deve estar claro o motivo por que você precisa de uma Session dentro da AuditLogInterceptor. O interceptador tem que criar e persistir objetos AuditLogRecord, então uma primeira tentativa para o método onSave() poderia ser a seguinte rotina:

```
if (entity instanceof Auditable) {

    AuditLogRecord logRecord = new AuditLogRecord(...);
    // define a informação de log

    session.save(logRecord);
}
```

Isso parece ser claro: crie uma nova instância AuditLogRecord e salve-a, usando a Session corrente que esteja rodando. Isso, entretanto, não funciona.

É ilegal invocar a Session original do Hibernate a partir de uma função de *callback* (nesse caso, é a função que ao invés de ser chamada por algum código seu é chamada pelo Hibernate quando necessária) do interceptador. A Session está em um estado frágil durante as chamadas do interceptador. Você não pode salvar (save()) um novo objeto durante o salvamento de outros objetos! Um bom truque que evita essa questão é abrir uma nova Session somente com o propósito de salvar um único objeto AuditLogRecord. Você pode reusar a conexão JDBC da Session original.

Esse tratamento da Session *temporária* é encapsulado na classe AuditLog, mostrada na Listagem 12.2.

Listagem 12.2 A classe de ajuda AuditLog usa uma Session temporária

```
public class AuditLog {

    public static void logEvent(
        String message,
        Auditable entity,
        Long userId,
        Connection connection) {

        Session tempSession =
                    getSessionFactory().openSession(connection);
        try {
            AuditLogRecord record =
                new AuditLogRecord(message,
                                    entity.getId(),
                                    entity.getClass(),
                                    userId );

                tempSession.save(record);
                tempSession.flush();

        } finally {
            tempSession.close();
```

Capítulo 12 – Como modificar objetos eficientemente | 553

```
        }
    }
}
```

O método logEvent() usa uma nova Session na mesma conexão JDBC, mas ele nunca inicia ou confirma qualquer transação de banco de dados. Tudo o que ele faz é executar uma única declaração SQL durante o descarregamento.

Esse truque com uma Session temporária para algumas operações na mesma conexão e transação JDBC é algumas vezes útil em outras situações. Tudo o que você tem de lembrar é que uma Session nada mais é do que um cache de objetos persistentes (o contexto de persistência) e uma fila de operações SQL que sincroniza esse cache com o banco de dados.

Nós o encorajamos a experimentar e tentar diferentes padrões de projeto de interceptador. Por exemplo, você poderia reprojetar o mecanismo de auditoria para gerar log para qualquer entidade, e não somente as Auditable. A página da internet do Hibernate também tem exemplos usando interceptadores aninhados ou até mesmo para geração de log para um histórico completo (incluindo informação atualizada de propriedade e coleção) de uma entidade.

A interface org.hibernate.Interceptor também tem muitos outros métodos que você pode usar para se tornar parte integral do processamento do Hibernate. Nós achamos que a interceptação é quase sempre suficiente para implementar qualquer preocupação ortogonal.

Dito isso, o Hibernate deixa que você se integre mais a fundo em seu núcleo com o sistema de evento extensível em que ele é baseado.

12.3.3 O sistema de evento do núcleo

O Hibernate 3.x foi um grande redesenho da implementação do motor de persistência do núcleo se comparado ao Hibernate 2.x. O novo motor do núcleo é baseado em um modelo de eventos e receptores. Por exemplo, se o Hibernate precisa salvar um objeto, um evento é acionado. Quem quer que seja que escute esse tipo de evento pode pegá-lo e tratar o salvamento do objeto. Todas as funcionalidades do núcleo do Hibernate são então implementadas como um conjunto de receptores padronizados, que podem tratar todos os eventos do Hibernate.

Isso foi projetado como um sistema aberto: você pode escrever e habilitar os seus próprios receptores para os eventos do Hibernate. Você pode ou substituir os receptores padronizados existentes ou estendê-los e executar uma ação paralela ou um procedimento adicional. Substituir os receptores de evento é raro; fazer isso implica que a sua própria implementação de receptor possa cuidar de um pedaço de funcionalidade do núcleo do Hibernate.

554 | JAVA PERSISTENCE COM HIBERNATE

Essencialmente, todos os métodos da interface Session se correlacionam com um evento. O método load() aciona um LoadEvent, e por padrão esse evento é processado com o DefaultLoadEventListener.

Um receptor customizado deve implementar a interface apropriada para o evento que ele quer processar e/ou estender uma das classes básicas de conveniência fornecidas pelo Hibernate, ou quaisquer dos receptores padronizados de evento. Eis aqui um exemplo de um receptor customizado do evento de carregamento:

```
public class SecurityLoadListener extends DefaultLoadEventListener {

    public void onLoad(LoadEvent event,
                        LoadEventListener.LoadType loadType)
        throws HibernateException {

        if ( !MySecurity.isAuthorized(
                event.getEntityClassName(), event.getEntityId()
            )
        ) {
            throw MySecurityException("Unauthorized access");
        }

        super.onLoad(event, loadType);

    }
}
```

Esse receptor chama o método estático isAuthorized() com o nome da entidade da instância que tem de ser carregada e com o identificador do banco de dados dessa instância. Uma exceção customizada de tempo de execução será jogada se o acesso a essa instância for negado. Se nenhuma exceção for jogada, o processamento será passado para a implementação padronizada na superclasse.

Receptores devem ser considerados efetivamente *singletons*, significando que eles são compartilhados entre requisições e dessa forma não devem salvar qualquer estado relacionado à transação, como as variáveis de instância. Para uma lista de todos os eventos e interfaces de receptor no Hibernate nativo, veja o Javadoc da API do pacote org.hibernate.event. Uma implementação de receptor também pode implementar múltiplas interfaces de receptor de evento.

Receptores customizados podem ou serem registrados programaticamente através de um objeto Configuration do Hibernate ou serem especificados no XML de configuração do Hibernate (configuração declarativa através do arquivo de propriedades não é suportada). Você também precisa de uma entrada de configuração que informe o Hibernate para usar o receptor em adição ao receptor padronizado:

```
<session-factory>
    ...
    <event type="load">
```

```
          <listener class="auction.persistence.MyLoadListener"/>
      </event>

  </session-factory>
```

Os receptores são registrados na mesma ordem em que são listados no seu arquivo de configuração. Você pode criar uma pilha de receptores. Nesse exemplo, como você está estendendo o inerente DefaultLoadEventListener, só existe um. Se você não estendesse o DefaultLoadEventListener, você teria que nomear o inerente DefaultLoadEventListener como o primeiro receptor na sua pilha – caso contrário você estaria desabilitando o carregamento no Hibernate!

Alternativamente você pode registrar a sua pilha de receptores programaticamente:

```
Configuration cfg = new Configuration();

LoadEventListener[] listenerStack =
    { new MyLoadListener(), … };

cfg.getEventListeners().setLoadEventListeners(listenerStack);
```

Receptores registrados declarativamente não podem compartilhar instâncias. Se o mesmo nome de classe é usado em múltiplos elementos <listener/>, cada referência resulta em uma instância separada dessa classe. Se você precisa da capacidade de compartilhar instâncias de receptor entre tipos de receptor, você deve usar a abordagem de registro programático.

O Hibernate EntityManager também suporta customização de receptores. Você pode configurar receptores de evento compartilhados na sua configuração persistence.xml com o seguinte:

```
<persistence-unit name="...">
    <properties>
        <property name="hibernate.ejb.event.load"
                value="auction.persistence.MyLoadListener, …"/>
        ...
    </properties>
</persistence-unit>
```

O nome da propriedade da opção de configuração muda para cada tipo de evento que você queira escutar (load no exemplo anterior).

Se você substituir os receptores inerentes, assim como MyLoadListener o faz, você precisa estender os receptores padronizados corretos. Na época em que redigíamos estas linhas, o Hibernate EntityManager não empacotava o seu próprio LoadEventListener, então o receptor que estende o org.hibernate.event.DefaultLoadEventListener também funcionava bem. Você pode encontrar uma lista completa e atualizada de receptores padronizados do Hibernate EntityManager na documentação de referência e no Javadoc do pacote org.hibernate.ejb.event. Estenda qualquer desses receptores se você quiser manter o comportamento básico do motor do Hibernate EntityManager.

556 | JAVA PERSISTENCE COM HIBERNATE

Você raramente tem que estender o sistema de evento do núcleo do Hibernate com a sua própria funcionalidade. Na maior parte do tempo, um org.hibernate.Interceptor é flexível o bastante. Ele ajuda a ter mais opções e a ser capaz de substituir qualquer pedaço do motor do núcleo do Hibernate de uma forma modular.

O padrão EJB 3.0 inclui várias opções de interceptação, para *session bean*s e entidades. Você pode colocar qualquer interceptador customizado em volta de uma chamada a método de um *session bean*, interceptar qualquer modificação a uma instância de entidade, ou deixar que o serviço do Java Persistence chame métodos no seu *bean* em determinados eventos de ciclo de vida.

12.3.4 Receptores e *callback*s de entidade

Receptores de entidade do EJB 3.0 são classes que interceptam eventos de *callback* de uma entidade, como o carregamento e o armazenamento de uma instância de entidade. Isso é similar aos interceptadores do Hibernate nativo. Você pode escrever receptores customizados, e ligá-los a entidades através de anotações ou de uma vinculação ao seu descritor de implantação XML.

Olhe o seguinte receptor trivial de entidade:

```
import javax.persistence.*;
public class MailNotifyListener {

    @PostPersist
    @PostLoad
    public void notifyAdmin(Object entity) {
        mail.send("Somebody saved or loaded: " + entity);
    }

}
```

Um receptor de entidade não implementa qualquer interface em particular; ele precisa de um construtor sem argumento (no exemplo anterior, ele é o construtor padronizado). Você aplica anotações de *callback* a quaisquer métodos que necessitem ser notificados de um determinado evento; você pode combinar vários *callback*s em um único método. Você não tem permissão de duplicar o mesmo *callback* em vários métodos.

A classe receptora é vinculada a uma determinada classe de entidade por meio da anotação:

```
import javax.persistence.*;
@Entity
@EntityListeners(MailNotifyListener.class)
public class Item {
    ...

    @PreRemove
    private void cleanup() {
        ...
    }
}
```

CAPÍTULO 12 – COMO MODIFICAR OBJETOS EFICIENTEMENTE | 557

A anotação @EntityListeners receberá um arranjo de classes, se você precisar vincular vários receptores. Você também pode colocar anotações de *callback* na própria classe de entidade, mas, novamente, você não pode duplicar *callback*s em métodos de uma única classe. Contudo, você pode implementar o mesmo *callback* em várias classes receptoras ou na classe de entidade e receptora.

Você também pode aplicar receptores a superclasses para toda a hierarquia e definir receptores padronizados no seu arquivo de configuração orm.xml. E, finalmente, você pode excluir receptores de superclasse ou receptores padronizados para uma determinada entidade com as anotações @ExcludeSuperclassListeners e @ExcludeDefaultListeners.

Todos os métodos de *callback* podem ter qualquer visibilidade, devem retornar void, e não estão autorizados a jogar quaisquer exceções checadas. Se uma exceção não checada é jogada, e uma transação JTA está em progresso, essa transação é revertida.

Uma lista de *callback*s JPA disponíveis é mostrada na Tabela 12.2.

Tabela 12.2 Anotações e *callback*s de evento JPA

Anotação de *callback*	Descrição
@PostLoad	É acionado depois que uma instância de entidade foi carregada com find() ou getReference(), ou quando uma consulta do Java Persistence é executada. Também é chamado depois do método refresh() ser invocado.
@PrePersist, @PostPersist	Ocorre imediatamente quando o persist() é chamado em uma entidade, e depois da inserção no banco de dados.
@PreUpdate, @PostUpdate	É executado antes e depois do contexto de persistência ser sincronizado com o banco de dados – ou seja, antes e depois do descarregamento. É acionado somente quando o estado da entidade requer sincronização (por exemplo, porque ele é considerado sujo).
@PreRemove, @PostRemove	É acionado quando o remove() é chamado ou se a instância de entidade é removida por cascata, e depois da deleção no banco de dados.

Ao contrário dos interceptadores do Hibernate, oas receptores de entidade são classes sem estado. Você então não pode reescrever o exemplo anterior do Hibernate de log de auditoria com receptores de entidade, pois você precisaria guardar o estado de objetos modificados em filas locais. Um outro problema é que uma classe de entidade receptora não tem permissão de usar a EntityManager. Certas implementações JPA, como o Hibernate, deixam você novamente fornecer o truque com um segundo contexto de persistência temporário, mas você deve olhar para interceptadores do EJB 3.0 por *session bean*s e provavelmente codificar esse log de auditoria em uma camada superior do seu sistema integrado.

12.4 Resumo

Neste capítulo, você aprendeu a trabalhar com conjuntos de dados grandes e complexos eficientemente. Primeiro olhamos as opções de cascata do Hibernate e como a persistência transitiva pode ser habilitada com Java Persistence e anotações. Depois abordamos as operações em massa em HQL e JPA QL e como escrever procedimentos em lote que trabalhem em um subconjunto de dados para evitar a exaustão de memória.

Na última seção, você aprendeu como habilitar filtragem de dados do Hibernate e como você criar visões de dados dinâmicas no nível da aplicação. E, por fim, introduzimos o ponto de extensão Interceptor do Hibernate, o sistema de evento do núcleo do Hibernate, e o mecanismo padronizado de *callback* de entidade do Java Persistence.

A Tabela 12.3 mostra um resumo que você pode usar para comparar as características do Hibernate nativo e o Java Persistence.

No próximo capítulo, trocamos de perspectiva e discutimos como recuperar objetos a partir do banco de dados com a estratégia de melhor performance de recuperação e cacheamento.

Tabela 12.3 Planilha de comparação do Hibernate e do JPA para o Capítulo 12

Hibernate Core	Java Persistence e EJB 3.0
O Hibernate suporta persistência transitiva com opções de cascata para todas as operações.	Modelo de persistência transitiva com opções de cascata equivalentes às do Hibernate. Usa anotações do Hibernate para casos especiais.
O Hibernate suporta operações em massa de UPDATE, DELETE e INSERT ... SELECT em HQL polimórfico, que são executadas diretamente no banco de dados.	O JPA QL suporta operação em massa direta de UPDATE e DELETE.
O Hibernate suporta cursor no resultado da consulta para atualizações em lote.	O Java Persistence não padroniza consulta com cursores, volte-se para a API do Hibernate.
Poderosa filtragem de dados está disponível para a criação de visões de dados dinâmicas.	Usa anotações de extensão do Hibernate para o mapeamento de filtros de dados.
Pontos de extensão estão disponíveis para interceptação e receptores de evento.	Fornece tratadores de *callback* do ciclo de vida da entidade padronizados.

CAPÍTULO 13

COMO OTIMIZAR A RECUPERAÇÃO E O CACHEAMENTO

Esse capítulo aborda

- Estratégias de recuperação global
- Cacheamento na teoria
- Cacheamento na prática

560 | JAVA PERSISTENCE COM HIBERNATE

Neste capítulo, iremos lhe mostrar como recuperar objetos a partir do banco de dados e como você pode otimizar o carregamento de redes de objetos quando navega de objeto em objeto na sua aplicação.

Nós então habilitamos cacheamento; você irá aprender como agilizar a recuperação de dados em aplicações locais e distribuídas.

13.1 COMO DEFINIR O PLANO DE RECUPERAÇÃO GLOBAL

Recuperar objetos persistentes a partir do banco de dados é uma das partes mais interessantes do trabalho com o Hibernate.

13.1.1 As opções de recuperação de objeto

O Hibernate fornece as seguintes maneiras de se pegar objetos do banco de dados:

- Navegando o grafo de objetos, começando a partir de um objeto carregado, através do acesso aos objetos associados pelos métodos de acesso à propriedade como o aUser.getAddress().getCity(), e assim por diante. O Hibernate automaticamente carregará (e pré-carregará) nós do grafo enquanto você chama os métodos de acesso, se o contexto de persistência ainda estiver aberto.

- Recuperação por identificador, o método mais conveniente quando o valor identificador único de um objeto é sabido.

- A linguagem de consulta do Hibernate (HQL), que é uma linguagem de consulta totalmente orientada para objetos. A linguagem de consulta do Java Persistence (JPA QL) é um subconjunto padronizado da linguagem de consulta do Hibernate.

- A interface Criteria do Hibernate, que fornece uma maneira orientada para objetos e *type-safe* de executar consultas sem a necessidade de manipulação de seqüência de caracteres. Esse instrumento inclui consultas baseadas em objetos de exemplo.

- Consultas em SQL nativo, incluindo chamadas a procedimentos armazenados, nas quais o Hibernate ainda toma conta de mapear conjuntos de resultados JDBC para grafos de objetos persistentes.

Na sua aplicação Hibernate ou Java Persistence, você usa uma combinação dessas técnicas.

Nós não iremos discutir cada método de recuperação em muitos detalhes neste capítulo. Estamos mais interessados no assim chamado *plano de recuperação* padronizado e nas assim chamadas *estratégias de recuperação* padronizadas. O plano e a estratégia de recuperação padrão são o plano e a estratégia que se aplicam a uma determinada associação de entidade ou coleção. Em outras palavras, definem *se* e *como* um objeto associado ou uma coleção deve ser carregado(a), quando o objeto da entidade dona é carregado, e quando você acessa um objeto associado ou coleção. Cada método de recuperação pode usar um diferente plano e

Capítulo 13 – Como otimizar a recuperação e o cacheamento | 561

estratégia – ou seja, um plano que define que parte da rede de objetos persistentes deve ser recuperada e como ela deve ser recuperada. O seu objetivo é achar o melhor método de recuperação e estratégia de recuperação para cada caso de uso em sua aplicação; ao mesmo tempo, você também quer minimizar o número de consultas SQL para melhor performance.

Antes de olharmos as opções de plano e estratégias de recuperação, iremos lhe dar uma visão geral dos métodos de recuperação. (Nós também mencionamos o sistema de cacheamento do Hibernate algumas vezes, mas o exploraremos por completo mais adiante neste capítulo.)

Você viu como os objetos são recuperados por identificador no capítulo anterior, então não iremos repetir aqui. Vamos direto para as opções mais flexíveis de consulta, HQL (equivalente ao JPA QL) e Criteria. Ambas lhe permitem criar consultas arbitrárias.

A Linguagem de Consulta do Hibernate e JPA QL

A Linguagem de Consulta do Hibernate é um dialeto orientado para objetos da conhecida linguagem de consulta de banco de dados SQL. O HQL sustenta alguma semelhança com o ODMG OQL, mas diferentemente do OQL, ele é adaptado para uso com bancos de dados SQL, é mais fácil de aprender (graças a sua semelhança com o SQL), e é totalmente implementado (não sabemos de qualquer implementação OQL que esteja completa).

O padrão EJB 3.0 define a linguagem de consulta do Java Persistence. Esse novo JPA QL e o HQL foram alinhados de forma que o JPA QL seja um *subconjunto* do HQL. Uma consulta JPA QL válida é sempre uma consulta HQL válida também; o HQL tem mais opções, que devem ser consideradas extensões do fornecedor do subconjunto padronizado.

O HQL é comumente usado para recuperação de objeto, não para atualização, inserção, ou deleção de dados. Sincronização de estado de objeto é o trabalho do gerenciador de persistência, e não do desenvolvedor. Mas, como mostramos no capítulo anterior, o HQL e o JPA QL suportam operações diretas em massa para atualização, deleção e inserção, se isso for requerido pelo caso de uso (operações de massa de dados).

Na maior parte do tempo, você só precisa recuperar objetos de uma determinada classe e restringir pelas propriedades dessa classe. Por exemplo, a seguinte consulta recupera um usuário pelo primeiro nome.

```
Query q = session.createQuery(
    "from User as u where u.firstname = :fname"
);
q.setString("fname", "John");
List result = q.list();
```

Depois de preparar a consulta q, você vincula um valor ao parâmetro nomeado :fname. O resultado retorna como uma lista (List) de objetos User.

562 | Java Persistence com Hibernate

O HQL é poderoso, e mesmo que você não possa usar as características mais avançadas o tempo todo, elas são necessárias para os problemas mais difíceis. Por exemplo, o HQL suporta:

- A capacidade de aplicar restrições a propriedades de objetos associados relacionados por referência ou guardados em coleções (para navegar pelo grafo de objetos usando linguagem de consulta).

- A capacidade de recuperar somente propriedades de uma entidade ou entidades, sem o processamento extra de carregar a entidade você mesmo para dentro do contexto de persistência. Isso é algumas vezes chamado de consulta informativa; porém é mais correto chamar de *projeção*.

- A capacidade de ordenar os resultados da consulta.

- A capacidade de paginar os resultados.

- Agregar com group by, having, e funções de agregação como sum, min e max/min.

- Junções externas quando estiver recuperando múltiplos objetos por linha.

- A capacidade de chamar funções SQL padronizadas e definidas pelo usuário.

- Subconsultas (consultas aninhadas).

Discutimos todas essas características nos Capítulos 14 e 15, junto com o opcional mecanismo de consulta do SQL nativo.

Como consultar com critérios

A API do Hibernate *consulta por critérios* (QBC – *query by criteria*) permite que uma consulta seja construída pela manipulação de objetos de critérios em tempo de execução. Isso deixa você especificar restrições dinamicamente sem manipulações diretas de seqüência de caracteres, porém você não perde muito da flexibilidade ou do poder do HQL. Por outro lado, as consultas expressas como critérios são freqüentemente muito menos legíveis do que as consultas expressas em HQL.

Recuperar um usuário pelo primeiro nome é fácil com um objeto Criteria:

```
Criteria criteria = session.createCriteria(User.class);
criteria.add( Restrictions.like("firstname", "John") );
List result = criteria.list();
```

Um Criteria é uma árvore de instâncias Criterion. A classe Restrictions fornece métodos estáticos de fábrica (*factory*) que retornam instâncias Criterion. Uma vez que a árvore de critérios é construída, ela é executada no banco de dados.

Muitos desenvolvedores preferem consulta por critérios, considerando-a uma abordagem mais orientada para objetos. Eles também gostam do fato de a sintaxe de consulta poder ser analisada e validada em tempo de compilação, enquanto que as expressões HQL não são

CAPÍTULO 13 – COMO OTIMIZAR A RECUPERAÇÃO E O CACHEAMENTO | 563

analisadas até o tempo de execução (ou de inicialização, se consultas nomeadas exteriorizadas são usadas).

A coisa boa sobre a API Criteria do Hibernate é o framework Criterion. Esse framework permite extensão pelo usuário, que é mais difícil no caso de uma linguagem de consulta como o HQL.

Note que a API Criteria é nativa do Hibernate; ela não é parte do padrão Java Persistence. Na prática, a Criteria será a extensão mais comum do Hibernate que você utilizará na sua aplicação JPA. Esperamos que uma versão futura do padrão EJB ou JPA inclua uma interface de consulta programática similar.

Como consultar por exemplo

Como parte da característica da Criteria, o Hibernate suporta *consulta por exemplo* (QBE – *query by example*). A idéia por trás da consulta por exemplo é que a aplicação forneça uma instância da classe consultada, com certos valores de propriedade definidos (para valores não padronizados). A consulta retorna todas as instâncias persistentes com valores de propriedade que combinem. Consulta por exemplo não é uma abordagem particularmente poderosa. Contudo, ela pode ser conveniente em algumas aplicações, especialmente se ela for usada em combinação com a Criteria:

```
Criteria criteria = session.createCriteria(User.class);

User exampleUser = new User();
exampleUser.setFirstname("John");
criteria.add( Example.create(exampleUser) );

criteria.add( Restrictions.isNotNull("homeAddress.city") );

List result = criteria.list();
```

Esse exemplo primeiro cria uma nova Criteria que consulta por objetos User. Depois você adiciona um objeto Example, uma instância User com somente a propriedade firstname definida. E, por fim, um critério Restriction é adicionado antes de se executar a consulta.

Um caso de uso típico de consulta por exemplo é uma tela de busca que permite aos usuários especificarem uma faixa de valores diferentes de propriedade a ser combinada pelo conjunto de resultados retornado. Esse tipo de funcionalidade pode ser difícil de expressar de forma limpa em uma linguagem de consulta; manipulações de seqüência de caracteres são requeridas para especificar um conjunto dinâmico de restrições.

A API Criteria e o mecanismo de consulta por exemplo são discutidos mais detalhadamente no Capítulo 15.

Você agora sabe as opções básicas de recuperação no Hibernate. Vamos nos concentrar nos planos e estratégias de recuperação de objetos no resto desta seção.

Vamos começar pela definição do *que* deve ser carregado para dentro da memória.

13.1.2 O plano de recuperação preguiçosa padronizada

O Hibernate assume como padrão uma estratégia de recuperação preguiçosa para todas as entidades e coleções. Isso significa que o Hibernate por padrão só carrega os objetos pelos quais você esteja consultando. Vamos explorar isso com alguns exemplos.

Se você consultar por um objeto Item (digamos que você o carregue pelo seu identificador), precisamente esse Item e nada mais é carregado para dentro da memória:

```
Item item = (Item) session.load(Item.class, new Long(123));
```

Essa recuperação por identificador resulta em uma única (ou possivelmente várias, se tabelas secundárias ou de herança forem mapeadas) declaração SQL que recupera uma instância Item. No contexto de persistência, na memória, você agora tem esse objeto item disponível em estado persistente, como mostrado na Figura 13.1.

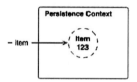

Figura 13.1 Um espaço reservado não inicializado para uma instância Item.

Nós mentimos para você. O que está disponível na memória depois da operação load() não é um objeto item persistente. Até mesmo o SQL que carrega um Item não é executado. O Hibernate criou um *proxy* que se parece com o verdadeiro.

13.1.3 Entenda *proxies*

Proxies são espaços reservados gerados em tempo de execução. Sempre que o Hibernate retorna uma instância de uma classe de entidade, ele checa se pode retornar um *proxy* no lugar evitando uma ida ao banco de dados. Um *proxy* é um espaço reservado que aciona o carregamento do objeto real quando ele é acessado pela primeira vez:

```
Item item = (Item) session.load(Item.class, new Long(123));
item.getId();
item.getDescription(); // Inicializa o proxy
```

A terceira linha nesse exemplo aciona a execução do SQL que recupera um Item para dentro da memória. Desde que você só acesse a propriedade identificadora do banco de dados, nenhuma inicialização do *proxy* é necessária. (Note que isso não é verdade se você mapear a propriedade identificadora com acesso direto ao campo; o Hibernate então nem sabe que o método getId() existe. Se você chamá-lo, o *proxy* tem que ser inicializado.)

Capítulo 13 – Como otimizar a recuperação e o cacheamento | 565

Um *proxy* é útil se você precisar do Item só para criar uma referência, por exemplo:

```
Item item = (Item) session.load(Item.class, new Long(123));
User user = (User) session.load(User.class, new Long(1234));

Bid newBid = new Bid("99.99");
newBid.setItem(item);
newBid.setBidder(user);

session.save(newBid);
```

Você primeiro carrega dois objetos, um Item e um User. O Hibernate não vai ao banco de dados para fazer isso: ele retorna dois *proxies*. Isso é tudo do que você precisa, pois você só precisa do Item e do User para criar um novo Bid. A chamada save(newBid) executa uma declaração INSERT para salvar a linha na tabela BID com o valor de chave estrangeira de um Item e de um User – isso é tudo que os *proxies* podem e têm que fornecer. O trecho de código anterior não executa qualquer SELECT!

Se chamar get() em vez de load() você aciona uma ida ao banco de dados e nenhum *proxy* retorna. A operação get() sempre vai ao banco de dados (se a instância já não está no contexto de persistência e se nenhum cache de segundo nível transparente está ativo) e retorna null se o objeto não pode ser encontrado.

Um fornecedor de JPA pode implementar carregamento preguiçoso com *proxies*. Os nomes de método das operações que são equivalentes ao load() e ao get() na API EntityManager são find() e getReference():

```
Item item = em.find(Item.class, new Long(123));

Item itemRef = em.getReference(Item.class, new Long(1234));
```

A primeira chamada, find(), tem que ir ao banco de dados para inicializar uma instância Item. Não são permitidos *proxies* – é o equivalente da operação get() do Hibernate. A segunda chamada, getReference(), pode retornar um *proxy*, mas ele não tem que – que se traduz no load() do Hibernate.

Pelo fato dos *proxies* do Hibernate serem instâncias de subclasses geradas em tempo de execução de classes de entidade, você não pode pegar a classe de um objeto com os operadores usuais. É ai que o método de ajuda HibernateProxyHelper.getClassWithout InitializingProxy(o) é útil.

Vamos assumir que você tenha uma instância Item dentro da memória, seja pegando-a explicitamente ou chamando uma de suas propriedades e forçando a inicialização de um *proxy*. O seu contexto de persistência agora contém um objeto totalmente carregado, como mostra a Figura 13.2.

Novamente, você pode ver *proxies* nessa figura. Dessa vez, esses são *proxies* que foram gerados para todas as associações *-para-um*. Objetos de entidade associados *não* são carregados de imediato; os *proxies* carregam somente os valores identificadores. A partir de uma perspectiva diferente: os valores identificadores são todas as colunas de chave estrangeira na linha do item. Coleções também não são carregadas de imediato, mas usamos o termo *invólucro de coleção* para descrever esse tipo de espaço reservado. Internamente, o Hibernate tem um conjunto de coleções espertas que podem se inicializar sob demanda. O Hibernate substitui as suas coleções por essas; é por isso que você só deve usar interfaces de coleção no seu modelo de domínio. Por padrão, o Hibernate cria espaços reservados para todas as associações e coleções, e só recupera componentes e propriedades de tipo de valor de imediato. (Infelizmente esse não é o plano de recuperação padrão padronizado pelo Java Persistence; voltaremos às diferenças mais adiante.)

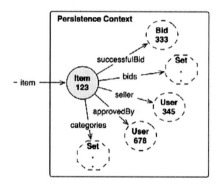

Figura 13.2 Proxies e *invólucros de coleção* representam o limite do grafo carregado.

FAQ *O carregamento preguiçoso de associações um-para-um funciona?* Carregamento preguiçoso para associações um-para-um é algumas vezes confuso para usuários novos do Hibernate. Se você considerar associações um-para-um baseadas em chaves primárias compartilhadas (Capítulo 7, Seção 7.1.1, "Associações de chave primária compartilhada"), uma associação só poderá ter um *proxy* se ela for constrained="true". Por exemplo, um Address sempre tem uma referência para um User. Se essa associação aceita nulo e é opcional, o Hibernate primeiro teria que ir ao banco de dados para descobrir se é um *proxy* ou um null que deve ser aplicado – o propósito de carregamento preguiçoso é não ter de ir ao banco de dados de modo algum. Você pode habilitar carregamento preguiçoso através de interceptação e instrumentação de bytecode, que iremos discutir mais à frente.

Um *proxy* será inicializado se você chamar qualquer método que não seja o método getter do identificador, uma coleção será inicializada se você começar a iterar através de seus elementos ou se você chamar quaisquer das operações de gerenciamento de coleção, como a size() e a contains(). O Hibernate fornece uma definição adicional que é, na maioria das vezes,

CAPÍTULO 13 – COMO OTIMIZAR A RECUPERAÇÃO E O CACHEAMENTO | 567

útil para grandes coleções; elas podem ser mapeadas como extrapreguiçosas. Por exemplo, considere a coleção bids de um Item:

```
<class name="Item" table="ITEM">
    ...

    <set name="bids"
        lazy="extra"
        inverse="true">
        <key column="ITEM_ID"/>
        <one-to-many class="Bid"/>
    </set>

</class>
```

O invólucro de coleção é agora mais esperto que antes. A coleção não será mais inicializada se você chamar size(), contains()ou isEmpty() – o banco de dados é consultado para recuperar a informação necessária. Se ela é um Map ou uma List, as operações containsKey() e get() também consultam o banco de dados diretamente. Uma anotação de extensão do Hibernate habilita a mesma otimização:

```
@OneToMany
@org.hibernate.annotations.LazyCollection(
    org.hibernate.annotations.LazyCollectionOption.EXTRA
)
private Set<Bid> bids = new HashSet<Bid>();
```

Vamos definir um plano de recuperação que não seja totalmente preguiçoso. Primeiro, você pode desabilitar a geração de *proxy* para classes de entidade.

13.1.4 Como desabilitar a geração de *proxy*

Proxies são uma coisa boa: eles permitem que você carregue somente o dado realmente necessário. Eles deixam até mesmo que você crie associações entre objetos sem ir ao banco de dados desnecessariamente. Algumas vezes você precisa de um plano diferente – por exemplo, você quer expressar que um objeto User deve *sempre* ser carregado para dentro da memória e que nenhum espaço reservado deve retornar no lugar.

Você pode desabilitar a geração de *proxy* para uma determinada classe de entidade com o atributo lazy="false" no metadado de mapeamento XML:

```
<class name="User"
    table="USERS"
    lazy="false">
    ...
</class>
```

568 | JAVA PERSISTENCE COM HIBERNATE

O padrão JPA não requer uma implementação com *proxies*; a palavra *proxy* nem sequer aparece na especificação. O Hibernate é um fornecedor de JPA que se baseia em *proxies* por padrão, então a chave que desabilita os *proxies* do Hibernate está disponível como uma extensão de fornecedor:

```
@Entity
@Table(name = "USERS")
@org.hibernate.annotations.Proxy(lazy = false)
public class User { ... }
```

Desabilitar geração de *proxy* para uma entidade tem sérias conseqüências. Todas essas operações requerem uma ida ao banco de dados:

```
User user = (User) session.load(User.class, new Long(123));
User user = em.getReference(User.class, new Long(123));
```

Um load() de um objeto User não pode retornar um *proxy*. A operação JPA getReference() não pode mais retornar uma referência *proxy*. Isso pode ser o que você deseja alcançar. Contudo, desabilitar *proxies* também tem conseqüências para todas as associações que fazem referência à entidade. Por exemplo, a entidade Item tem uma associação seller para uma entidade User. Considere as seguintes operações que recuperam um Item:

```
Item item = (Item) session.get(Item.class, new Long(123));
Item item = em.find(Item.class, new Long(123));
```

Além de recuperar a instância Item, a operação get() agora também carrega o vendedor (seller) ligado à entidade Item; nenhum *proxy* de User é retorna para essa associação. O mesmo é verdade para JPA: o Item que foi carregado com find() não referencia um *proxy* de seller. O usuário que está vendendo o item deve ser carregado de imediato. (Respondemos à pergunta de *como* isso é recuperado mais à frente.)

Desabilitar a geração de *proxy* em um nível global é freqüentemente de uma granulosidade bem grossa. Geralmente, você só quer desabilitar o comportamento de carregamento preguiçoso de uma determinada associação de entidade ou coleção para definir um plano de recuperação de granulosidade fina. Você quer o oposto: carregamento ansioso de uma determinada associação ou coleção.

13.1.5 Carregamento ansioso de associações e coleções

Você viu que o Hibernate é preguiçoso por padrão. Todas as entidades associadas e coleções não são inicializadas se você carregar um objeto de entidade. Naturalmente, você freqüentemente quer o oposto: especificar que uma determinada associação de entidade ou coleção deve *sempre* ser carregada. Você quer a garantia de que esse dado esteja disponível em memória sem uma ida adicional ao banco de dados. Mais importante, você quer uma garantia de que, por exemplo, possa acessar o vendedor de um item se a instância Item estiver

CAPÍTULO 13 – COMO OTIMIZAR A RECUPERAÇÃO E O CACHEAMENTO | 569

em estado desligado. Você tem que definir esse plano de recuperação, a parte da sua rede de objetos que você quer que sempre seja carregada para dentro da memória.

Vamos assumir que você sempre requeira o vendedor (seller) de um item (Item). No metadado de mapeamento XML do Hibernate você iria mapear a associação de Item para User como lazy="false":

```
<class name="Item" table="ITEM">
    ...

    <many-to-one name="seller"
                 class="User"
                 column="SELLER_ID"
                 update="false"
                 not-null="true"
                 lazy="false"/>
    ...
</class>
```

A mesma garantia "sempre carregue" pode ser aplicada às coleções – por exemplo, todos os lances (bids) de um item:

```
<class name="Item" table="ITEM">
    ...

    <many-to-one name="seller" lazy="false" .../>

    <set name="bids"
         lazy="false"
         inverse="true">
        <key column="ITEM_ID"/>
        <one-to-many class="Bid"/>
    </set>

    ...
</class>
```

Se você agora pegar (get()) um Item (ou forçar a inicialização de um *proxy* Item), ambos, o objeto seller e todos os lances, serão carregados como instâncias persistentes para dentro do seu contexto de persistência:

```
Item item = (Item) session.get(Item.class, new Long(123));
```

O contexto de persistência depois dessa chamada é mostrado graficamente na Figura 13.3.

Outras associações e coleções mapeadas como preguiçosas (o licitante (bidder) de cada instância Bid, por exemplo) não são novamente inicializadas e são carregadas assim que você as acesse. Imagine que você feche o contexto de persistência depois de carregar um Item. Você agora pode navegar, em estado desligado, para o vendedor do item e iterar através de todos os lances para aquele item. Se você navegar para as categorias a que esse item estiver designado, você receberá uma LazyInitializationException! Obviamente, essa coleção não fazia parte do seu plano de recuperação e não foi inicializada antes d eo contexto de persistência ser fechado. Isso também acontecerá se você tentar acessar um *proxy* – por exemplo, o usuário que aprovou o item. (Note que você pode acessar esse *proxy* de duas maneiras: através das referências approvedBy e bidder.)

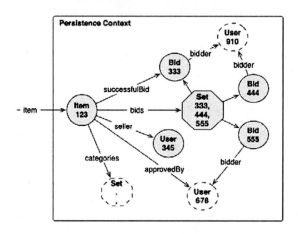

Figura 13.3 Um grafo maior recuperado ansiosamente através de associações e coleções preguiçosas desabilitadas.

Com anotações, você troca o FetchType de uma associação de entidade ou de uma coleção para conseguir o mesmo resultado:

```
@Entity
public class Item {

    ...

    @ManyToOne(fetch = FetchType.EAGER)
    private User seller;

    @OneToMany(fetch = FetchType.EAGER)
    private Set<Bid> bids = new HashSet<Bid>();

    ...
}
```

O FetchType.EAGER fornece as mesmas garantias que o lazy="false" no Hibernate: a instância de entidade associada deve ser recuperada ansiosamente, e não preguiçosamente. Nós já mencionamos que o Java Persistence tem um plano de recuperação padronizado diferente do Hibernate. Embora todas as associações no Hibernate sejam completamente preguiçosas, todas as associações @ManyToOne e @OneToOne assumem como padrão FetchType.EAGER! Esse procedimento foi padronizado para permitir implementações de fornecedor de Java Persistence sem carregamento preguiçoso (na prática, tal fornecedor de persistência não seria muito útil). Recomendamos que você assuma como padrão o plano de recuperação de carregamento preguiçoso do Hibernate definindo FetchType.LAZY nos seus mapeamentos de associação para-um e que somente o sobrescreva quando necessário:

```
@Entity
public class Item {

    ...

    @ManyToOne(fetch = FetchType.LAZY)
    private User seller;

    ...
}
```

Você agora sabe como criar um plano de recuperação; ou seja, como você define que parte da rede de objetos persistentes deve ser recuperada para dentro da memória. Antes de lhe mostrarmos a forma de definir *como* esses objetos devem ser carregados e como você pode otimizar o SQL que será executado, gostaríamos de demonstrar uma estratégia alternativa de carregamento preguiçoso que não se baseia em *proxies*.

13.1.6 Carregamento preguiçoso com interceptação

Geração de *proxy* em tempo de execução como o fornecido pelo Hibernate é uma excelente escolha para carregamento preguiçoso transparente. As únicas necessidades que essa implementação expõe são um construtor sem argumentos de visibilidade pública ou de pacote em classes que devem ter um *proxy* gerado, e declarações de classe e de métodos não finais. Em tempo de execução, o Hibernate gera uma subclasse que age como a classe *proxy*; isso não é possível com um construtor privado ou uma classe de entidade final.

Por outro lado, muitas outras ferramentas de persistência não usam *proxies* de tempo de execução: elas usam *interceptação*. Não sabemos de muitas razões boas de por que você iria usar interceptação ao invés de geração de *proxy* em tempo de execução no Hibernate. A necessidade do construtor não privado certamente não é grande coisa. Contudo, em dois casos, você pode não querer trabalhar com *proxies*:

- Os únicos casos em que os *proxies* de tempo de execução não são completamente transparentes são associações polimórficas testadas com instanceof. Ou, quando você pode querer fazer uma conversão de tipo em um objeto, mas não pode, pois o *proxy* é uma instância de uma subclasse gerada em tempo de execução. Mostramos como evitar essa questão e como contornar o problema no Capítulo 7, Seção 7.3.1, "Associações polimórficas muitos-para-um". Interceptação em vez de *proxies* também faz essas questões desaparecerem.

572 | JAVA PERSISTENCE COM HIBERNATE

- *Proxies* e invólucros de coleção só podem ser usados para carregamento preguiçoso de associações de entidade e coleções. Eles não podem ser usados para carregamento preguiçoso de componentes ou propriedades escalares individuais. Consideramos esse tipo de otimização como sendo raramente útil. Por exemplo, você geralmente não quer carregar preguiçosamente o preço inicial de um item. Otimizar no nível de colunas individuais que são selecionadas no SQL é desnecessário se você não está trabalhando com (a) um número significativo de colunas opcionais ou (b) com colunas opcionais contendo valores grandes que têm de ser recuperados sob demanda. Valores grandes são mais bem representados com *objetos localizadores* (LOBs); eles fornecem carregamento preguiçoso por definição sem a necessidade de interceptação. Contudo, interceptação (em conjunto com *proxies*, geralmente) pode ajudá-lo a otimizar leituras de coluna.

Vamos discutir interceptação para carregamento preguiçoso com alguns exemplos.

Imagine que você não quer utilizar um *proxy* da classe de entidade User, mas você ainda quer o benefício de carregar preguiçosamente uma associação para User – por exemplo, como o vendedor (seller) de um item (Item). Você mapeia a associação com no-proxy:

```
<class name="Item" table="ITEM">
    ...

    <many-to-one name="seller"
                class="User"
                column="SELLER_ID"
                update="false"
                not-null="true"
                lazy="no-proxy"/>
    ...
</class>
```

O padrão do atributo lazy é proxy. Definindo no-proxy, você está informando ao Hibernate que aplique interceptação a essa associação:

```
Item item = (Item) session.get(Item.class, new Long(123));
User seller = item.getSeller();
```

A primeira linha recupera um objeto Item em estado persistente. A segunda linha acessa o vendedor desse item. Essa chamada ao getSeller() é interceptada pelo Hibernate e aciona o carregamento do usuário em questão. Note como os *proxies* são mais preguiçosos que a interceptação: você chama item.getSeller().getId() sem forçar a inicialização do *proxy*. Isso torna a interceptação menos útil se você só quiser definir referências; como discutimos anteriormente.

Você também pode carregar preguiçosamente propriedades que sejam mapeadas com <property> ou <component>; aqui o atributo que habilita a interceptação é lazy="true", em mapeamentos XML do Hibernate. Com anotações, @Basic(fetch = FetchType.LAZY) é uma

CAPÍTULO 13 – COMO OTIMIZAR A RECUPERAÇÃO E O CACHEAMENTO | 573

dica para o Hibernate que uma propriedade ou um componente deve ser carregado preguiço-samente através de interceptação.

Para desabilitar *proxies* e habilitar interceptação para associações com anotações, você tem que se basear em uma extensão do Hibernate:

```
@ManyToOne
@JoinColumn(name="SELLER_ID", nullable = false, updatable = false)
@org.hibernate.annotations.LazyToOne(
    org.hibernate.annotations.LazyToOneOption.NO_PROXY
)
private User seller;
```

Para habilitar a interceptação, o bytecode de suas classes deve ser instrumentado depois da compilação, e antes do tempo de execução. O Hibernate fornece uma tarefa Ant para esse propósito:

```
<target name="instrument" depends="compile">

    <taskdef name="instrument"
            classname=
➥ "org.hibernate.tool.instrument.cglib.InstrumentTask"
            classpathref="project.classpath"/>

    <instrument verbose="true">
        <fileset dir="${build.dir}/my/entity/package/">
            <include name="*.class"/>
        </fileset>
    </instrument>

</target>
```

Deixamos com você se você quiser utilizar interceptação para carregamento preguiçoso – em nossa experiência, bons casos de uso são raros.

Naturalmente, você não somente quer definir *que* parte da sua rede de objetos persistentes deve ser carregada, como também *como* esses objetos são recuperados. Em adição a criar um plano de recuperação, você quer otimizá-lo com as estratégias de recuperação corretas.

13.2 COMO SELECIONAR UMA ESTRATÉGIA DE RECUPERAÇÃO

O Hibernate executa declarações SELECT para carregar objetos para dentro da memória. Se você carregar um objeto, um único ou vários SELECTs serão executados, dependendo do número de tabelas envolvidas e da *estratégia de recuperação* que você aplicou.

O seu objetivo é minimizar o número de declarações SQL e simplificar as declarações SQL, para que consultar possa ser tão eficiente quanto possível. Você faz isso aplicando a melhor estratégia de recuperação a cada coleção ou associação. Vamos caminhar pelas diferentes opções passo a passo.

574 | JAVA PERSISTENCE COM HIBERNATE

Por padrão, o Hibernate recupera objetos associados e coleções preguiçosamente sempre que você os acessa (presumimos que você mapeie todas as associações para-um como FetchType.LAZY se você usa Java Persistence). Olhe o seguinte código de exemplo trivial:

```
Item item = (Item) session.get(Item.class, new Long(123));
```

Você não configurou qualquer associação ou coleção para ser não preguiçosa, então os *proxies* podem ser gerados para todas as associações. Por isso, essa operação resulta no seguinte SELECT SQL:

```
select item.* from ITEM item where item.ITEM_ID = ?
```

(Note que o SQL que o Hibernate produz de fato contém apelidos gerados automaticamente; removemos por razões de legibilidade em todos os exemplos seguintes.) Você pode ver que o SELECT só consulta a tabela ITEM e recupera uma determinada linha. Todas as associações de entidade e coleções não são recuperadas. Se você acessar qualquer coleção não inicializada ou associação que tenha um *proxy*, um segundo SELECT será executado para recuperar o dado sob demanda.

O seu primeiro passo de otimização é reduzir o número de SELECTs adicionais sob demanda que você necessariamente vê com o comportamento preguiçoso padronizado – por exemplo, através da pré-recuperação dos dados.

13.2.1 Como pré-recuperar dados em lotes

Se toda associação de entidade e coleção é recuperada somente sob demanda, muitas declarações SELECT SQL adicionais podem ser necessárias para completar um determinado procedimento. Por exemplo, considere a seguinte consulta que recupera todos os objetos Item e que acessa os dados do vendedor de cada item:

```
List allItems = session.createQuery("from Item").list();

processSeller( (Item)allItems.get(0) );
processSeller( (Item)allItems.get(1) );
processSeller( (Item)allItems.get(2) );
```

Naturalmente, você usa um *loop* aqui e itera através dos resultados, mas o problema que esse código expõe é o mesmo. Você vê um SELECT para recuperar todos os objetos Item, e um SELECT adicional para cada vendedor de um item assim que você o processa. Todos os objetos associados User são *proxies*. Esse é um dos piores cenários de caso que iremos descrever mais à frente em detalhes: o *problema das n+1 seleções*. É assim que o SQL se parece:

```
select items...

select u.* from USERS u where u.USER_ID = ?
select u.* from USERS u where u.USER_ID = ?
```

CAPÍTULO 13 – COMO OTIMIZAR A RECUPERAÇÃO E O CACHEAMENTO | 575

```
select u.* from USERS u where u.USER_ID = ?
...
```

O Hibernate oferece alguns algoritmos que podem pré-recuperar objetos User. A primeira otimização que discutimos agora é chamada de *recuperação em lote*, e funciona da seguinte maneira: se um *proxy* de um User deve ser inicializado, vá em frente e inicialize vários no mesmo SELECT. Em outras palavras, se você já sabe que existem três instâncias Item no contexto de persistência, e que todas elas têm um *proxy* aplicado às suas associações seller, você pode muito bem inicializar todos os *proxies* ao invés de somente um.

Recuperação em lote é freqüentemente chamada de uma *otimização de adivinhação cega* (*blind-guess optimization*), pois você não sabe quantos *proxies* User não inicializados podem existir em um determinado contexto de persistência. No exemplo anterior, esse número depende do número de objetos Item retornados. Você arrisca um palpite e aplica uma estratégia de recuperação pelo *tamanho do lote* (batch-size) ao seu mapeamento da classe User:

```
<class name="User"
       table="USERS"
       batch-size="10">
...
</class>
```

Você está informando ao Hibernate que pré-recupere até 10 *proxies* não inicializados em um único SELECT SQL, se um *proxy* deve ser inicializado. O SQL resultante da consulta e procedimento anterior pode se parecer com o seguinte:

```
select items...

select u.* from USERS u where u.USER_ID in (?, ?, ?)
```

A primeira declaração que recupera todos os objetos Item é executada quando você chama o list() na consulta. A próxima declaração, que recupera três objetos User, é acionada assim que você inicializa o primeiro *proxy* retornado com a chamada allItems.get(0).getSeller(). Essa consulta carrega três vendedores de uma só vez – pois essa é a quantidade de itens que a consulta inicial retornou e a quantidade de *proxies* que não estão inicializados no contexto de persistência corrente. Você definiu o tamanho do lote como "até 10". Se mais de 10 itens retornarem, você verá como a segunda consulta recuperará 10 vendedores em um lote. Se a aplicação acionar um outro *proxy* que não foi inicializado, um lote de outros 10 será recuperado – e assim por diante, até que não falte mais nenhum *proxy* não inicializado no contexto de persistência ou até que a aplicação pare de acessar objetos *proxy*.

> **FAQ** *Qual é o algoritmo de fato da recuperação em lote?* Você pode pensar sobre a recuperação em lote como explicado anteriormente, mas poderá ver um algoritmo um pouco diferente se experimentá-la na prática. Cabe a você se você quer saber e entender esse algoritmo, ou se você confia no Hibernate para fazer a coisa certa. Como um exemplo,

imagine um tamanho de lote de 20 e um número total de 119 *proxies* não inicializados que têm de ser carregados em lotes. Em tempo de inicialização, o Hibernate lê o metadado de mapeamento e cria 11 carregadores de lote internamente. Cada carregador sabe quantos *proxies* ele pode inicializar: 20, 10, 9, 8, 7, 6, 5, 4, 3, 2, 1. O objetivo é minimizar o consumo de memória para a criação do carregador e criar carregadores o suficiente para que toda recuperação em lote possível possa ser produzida. Um outro objetivo é minimizar o número de SELECTs SQL, é claro. Para inicializar 119 *proxies* o Hibernate executa 7 lotes (você provavelmente esperava 6, pois 6 x 20 > 119). Os carregadores de lote que são aplicados são cinco vezes 20, uma vez 10, e uma vez 9, automaticamente selecionados pelo Hibernate.

Recuperação em lote também está disponível para coleções:

```
<class name="Item" table="ITEM">
    ...
    <set name="bids"
        inverse="true"
        batch-size="10">
        <key column="ITEM_ID"/>
        <one-to-many class="Bid"/>
    </set>

</class>
```

Se você agora forçar a inicialização de uma coleção bids, até mais 10 coleções do mesmo tipo, se elas não estiverem inicializadas no contexto de persistência corrente, serão carregadas de imediato:

```
select items...

select b.* from BID b where b.ITEM_ID in (?, ?, ?)
```

Nesse caso, você novamente tem três objetos Item em estado persistente, e o acesso a uma das coleções bids não carregadas. Agora todos os três objetos Item têm seus lances (bids) carregados em um único SELECT.

Definições de tamanho de lote para *proxies* de entidade e coleções também estão disponíveis com anotações, mas somente como extensões do Hibernate:

```
@Entity
@Table(name = "USERS")
@org.hibernate.annotations.BatchSize(size = 10)
public class User { ... }

@Entity
public class Item {

    ...
    @OneToMany
```

CAPÍTULO 13 – COMO OTIMIZAR A RECUPERAÇÃO E O CACHEAMENTO   577

```
@org.hibernate.annotations.BatchSize(size = 10)
private Set<Bid> bids = new HashSet<Bid>();

  ...
}
```

Pré-recuperar *proxies* e coleções com uma estratégia de lote é realmente uma adivinhação cega. É uma otimização esperta que pode reduzir de forma significativa o número de declarações SQL o que é normalmente necessário para inicializar todos os objetos com os quais você está trabalhando. O único lado ruim de pré-recuperação é, claro, que você pode pré-recuperar dados que não irá precisar no final das contas. A troca que se faz é um possível consumo maior de memória, por menos declarações SQL. O segundo é freqüentemente muito mais importante: memória é barata, mas escalonar servidores de banco de dados não é.

Um outro algoritmo de pré-recuperação que não é de adivinhação cega usa *subseleções* para inicializar muitas coleções com uma única declaração.

13.2.2 Como pré-recuperar coleções com subseleções

Vamos pegar o último exemplo e aplicar uma (provável) otimização de pré-recuperação melhor:

```
List allItems = session.createQuery("from Item").list();

processBids( (Item)allItems.get(0) );
processBids( (Item)allItems.get(1) );
processBids( (Item)allItems.get(2) );
```

Você tem um SELECT SQL inicial para recuperar todos os objetos Item, e um SELECT adicional para cada coleção bids, quando acessada. Uma possibilidade de melhorar isso seria recuperação em lote; contudo, você precisaria descobrir um tamanho de lote ótimo por experimento. Uma otimização muito melhor é *recuperação com subseleção* para esse mapeamento de coleção:

```
<class name="Item" table="ITEM">
    ...
    <set name="bids"
        inverse="true"
        fetch="subselect">
        <key column="ITEM_ID"/>
        <one-to-many class="Bid"/>
    </set>
</class>
```

O Hibernate agora inicializa *todas* as coleções bids para todos os objetos Item carregados, tão logo você force a inicialização de uma coleção bids. Ele faz isso re-executando a consulta inicial (um pouco modificada) em uma subseleção:

578 | JAVA PERSISTENCE COM HIBERNATE

```
select i.* from ITEM i
select b.* from BID b
  where b.ITEM_ID in (select i.ITEM_ID from ITEM i)
```

Com anotações, você novamente tem que usar uma extensão do Hibernate para habilitar essa otimização:

```
@OneToMany
@org.hibernate.annotations.Fetch(
  org.hibernate.annotations.FetchMode.SUBSELECT
)
private Set<Bid> bids = new HashSet<Bid>();}
```

Pré-recuperação usando uma subseleção é uma otimização poderosa; iremos lhe mostrar mais alguns detalhes sobre isso adiante, quando percorrermos um cenário típico. Recuperação com subseleção estava, na época em que redigíamos estas linhas, disponível somente para coleções, e não para *proxies* de entidade. Note também que a consulta original que é reexecutada como uma subseleção só é lembrada pelo Hibernate para uma determinada Session. Se você desligar uma instância Item sem inicializar a coleção de bids, e, então, religá-la e começar a iterar através da coleção, nenhuma pré-recuperação de outras coleções ocorrerá.

Todas as estratégias de recuperação anteriores são úteis se você tenta reduzir o número de SELECTs adicionais que são normais se você trabalha com carregamento preguiçoso e recupera objetos e coleções sob demanda. A última estratégia de recuperação é o oposto de recuperação sob demanda. Freqüentemente você quer recuperar objetos associados ou coleções no mesmo SELECT inicial com um JOIN.

13.2.3 Recuperação ansiosa com junções

Carregamento preguiçoso é uma excelente estratégia padronizada. Por outro lado, você pode freqüentemente olhar o seu domínio e modelo de dados e dizer, "Toda vez que eu preciso de um item, eu também preciso do vendedor desse item.". Se puder fazer essa declaração, você deve ir ao seu metadado de mapeamento, habilitar a *recuperação ansiosa* para a associação seller, e utilizar junções SQL:

```
<class name="Item" table="ITEM">
  ...
  <many-to-one name="seller"
               class="User"
               column="SELLER_ID"
               update="false"
               fetch="join"/>
</class>
```

O Hibernate agora carrega ambos, o item e seus vendedores, em uma única declaração SQL. Por exemplo:

Capítulo 13 – Como otimizar a recuperação e o cacheamento | 579

```
Item item = (Item) session.get(Item.class, new Long(123));
```

Essa operação aciona o seguinte SELECT SQL:

```
select i.*, u.*
from ITEM i
    left outer join USERS u on i.SELLER_ID = u.USER_ID
where i.ITEM_ID = ?
```

Obviamente, o vendedor não é mais carregado preguiçosamente sob demanda, mas sim imediatamente. Por isso, uma definição fetch="join" desabilita o carregamento preguiçoso. Se você somente habilitar a recuperação ansiosa com lazy="false", verá um segundo SELECT imediato. Com fetch="join", você tem o vendedor carregado no mesmo SELECT único. Olhe o conjunto de resultados dessa consulta mostrado na Figura 13.4.

```
select i.*, u.* from ITEM i
left outer join USERS u on i.SELLER_ID = u.USER_ID
where i.ITEM_ID = ?
```

ITEM_ID	DESCRIPTION	SELLER_ID	...	USER_ID	USERNAME	...
1	Item Nr. One	2	...	2	johndoe	...

Figura 13.4 Duas tabelas são reunidas
para recuperar ansiosamente linhas associadas.

O Hibernate lê essa linha e prepara dois objetos a partir do resultado. Ele os conecta com uma referência de Item para User, a associação seller. Se um Item não tiver um vendedor, todas as colunas u.* serão preenchidas com NULL. É por isso que o Hibernate usa uma junção *externa*, para que ele possa recuperar não somente objetos Item com vendedores, mas sim todos eles. Mas você sabe que um item tem de ter um vendedor no CaveatEmptor. Se você habilitar <many-to-one not-null="true"/>, o Hibernate executará uma junção interna ao invés de uma junção externa.

Você também pode definir a estratégia de recuperação ansiosa com junção em uma coleção:

```
<class name="Item" table="ITEM">
    ...
    <set name="bids"
        inverse="true"
        fetch="join">
        <key column="ITEM_ID"/>
        <one-to-many class="Bid"/>
    </set>
</class>
```

Se você agora carregar muitos objetos Item, por exemplo com createCriteria(Item.class).list(), a declaração SQL resultante irá se parecer com a seguinte:

580 | JAVA PERSISTENCE COM HIBERNATE

```
select i.*, b.*
from ITEM i
  left outer join BID b on i.ITEM_ID = b.ITEM_ID
```

O conjunto de resultados agora contém *muitas* linhas, com dados duplicados para cada Item que tenha muitos lances, e preenchimentos com NULL para todos os objetos Item que não tenham lances. Veja o conjunto de resultados na Figura 13.5.

O Hibernate cria três instâncias Item persistentes, assim como quatro instâncias Bid, e liga-as umas às outras no contexto de persistência para que você possa navegar nesse grafo e iterar através das coleções – até mesmo quando o contexto de persistência é fechado e todos os objetos são desligados.

Recuperar ansiosamente coleções usando junções *internas* é conceitualmente possível, e faremos isso mais à frente em consultas HQL. Contudo, não iria fazer muito sentido cortar todos os objetos Item sem lances em uma estratégia de recuperação global no metadado de mapeamento, portanto não existe opção para recuperação ansiosa global de coleções com junção interna.

Com anotações do Java Persistence, você habilita a recuperação ansiosa com um atributo da anotação FetchType:

```
@Entity
public class Item {

    ...

    @ManyToOne(fetch = FetchType.EAGER)
    private User seller;

    @OneToMany(fetch = FetchType.EAGER)
    private Set<Bid> bids = new HashSet<Bid>();

    ...
}
```

Esse exemplo de mapeamento deve parecer familiar. Você já o usou para carregamento preguiçoso de uma associação e uma coleção. O Hibernate por padrão interpreta isso como

```
select i.*, b.* from ITEM i
left outer join BID b on I.ITEM_ID = b.ITEM_ID
```

ITEM_ID	DESCRIPTION	...	BID_ID	ITEM_ID	AMOUNT
1	Item Nr. One	...	1	1	99.00
1	Item Nr. One	...	2	1	100.00
1	Item Nr. One	...	3	1	101.00
2	Item Nr. Two	...	4	2	4.99
3	Item Nr. Three	...	NULL	NULL	NULL

Figura 13.5 Recuperação com junção externa de uma coleção de elementos associados.

CAPÍTULO 13 – COMO OTIMIZAR A RECUPERAÇÃO E O CACHEAMENTO | 581

uma recuperação ansiosa que não deve ser executada com um segundo SELECT imediato, mas sim com um JOIN na consulta inicial.

Você pode manter a anotação do Java Persistence FetchType.EAGER, porém você pode trocar de recuperação com junção para uma segunda seleção imediata explicitamente adicionando uma anotação de extensão do Hibernate:

```
@Entity
public class Item {

    ...

    @ManyToOne(fetch = FetchType.EAGER)
    @org.hibernate.annotations.Fetch(
        org.hibernate.annotations.FetchMode.SELECT
    )
    private User seller;
}
```

Se uma instância Item é carregada, o Hibernate irá carregar ansiosamente o vendedor desse item com um segundo SELECT imediato.

E por fim, temos que introduzir uma definição de configuração global do Hibernate que você pode usar para controlar o número máximo de associações de entidade juntadas (nada de coleções). Considere todos os mapeamentos de associação many-to-one e one-to-one que você definiu para fetch="join" (ou FetchType.EAGER) no seu metadado de mapeamento. Vamos assumir que Item tenha uma associação successfulBid, que Bid tenha uma bidder, e que User tenha uma shippingAddress. Se essas associações são mapeadas com fetch="join", quantas tabelas são juntadas e quanto dado é recuperado quando você carrega um Item?

O número de tabelas juntadas nesse caso depende da propriedade de configuração global hibernate.max_fetch_depth. Por padrão, nenhum limite é definido, portanto carregar um Item também recupera um Bid, um User e um Address em uma única seleção. Definições razoáveis são pequenas, geralmente entre 1 e 5. Você pode até *desabilitar* a recuperação com junção para associações muitos-para-um e um-para-um definindo a propriedade para 0! (Note que alguns dialetos de banco de dados podem apresentar essa propriedade: por exemplo, o MySQLDialect a define para 2.)

Consultas SQL também ficam mais complexas se mapeamentos de junção ou de herança são envolvidos. Você precisará considerar algumas opções extras de otimização sempre que tabelas secundárias forem mapeadas para uma determinada classe de entidade.

13.2.4 Como otimizar a recuperação para tabelas secundárias

Se você consultar por objetos que são de uma classe que é parte de uma hierarquia de herança, as declarações SQL ficam mais complexas:

582 | JAVA PERSISTENCE COM HIBERNATE

```
List result = session.createQuery("from BillingDetails").list();
```

Essa operação recupera todas as instâncias BillingDetails. Agora o SELECT SQL depende da estratégia de mapeamento de herança que você escolheu para BillingDetails e suas subclasses CreditCard e BankAccount. Assumindo que você mapeou todas elas para uma tabela (uma *tabela-por-hierarquia*), a consulta não tem qualquer diferença de uma consulta mostrada na seção anterior. Contudo, se você as mapeou com polimorfismo implícito, essa única operação HQL pode resultar em *vários* SELECTs SQL contra cada tabela de cada subclasse.

Junções externas para uma hierarquia tabela-por-subclasse

Se você mapear a hierarquia de uma forma normalizada (veja as tabelas e o mapeamento no Capítulo 5, Seção 5.1.4, "Tabela por subclasse"), todas as tabelas de subclasse sofrem um OUTER JOIN na declaração inicial:

```
select
    b1.BILLING_DETAILS_ID,
    b1.OWNER,
    b1.USER_ID,
    b2.NUMBER,
    b2.EXP_MONTH,
    b2.EXP_YEAR,
    b3.ACCOUNT,
    b3.BANKNAME,
    b3.SWIFT,
    case
        when b2.CREDIT_CARD_ID is not null then 1
        when b3.BANK_ACCOUNT_ID is not null then 2
        when b1.BILLING_DETAILS_ID is not null then 0
    end as clazz
from
        BILLING_DETAILS b1
    left outer join
        CREDIT_CARD b2
            on b1.BILLING_DETAILS_ID = b2.CREDIT_CARD_ID
    left outer join
        BANK_ACCOUNT b3
            on b1.BILLING_DETAILS_ID = b3.BANK_ACCOUNT_ID
```

Essa já é uma consulta interessante. Ela junta três tabelas e utiliza uma expressão CASE ... WHEN ... END para preencher a coluna clazz com um número entre 0 e 2. O Hibernate pode então ler o conjunto de resultados e decidir com base nesse número que linha retornada representa uma instância de qual classe.

Muitos sistemas de gerenciamento de banco de dados limitam o número máximo de tabelas que podem ser combinadas com um OUTER JOIN. Você possivelmente irá alcançar esse limite se tiver uma hierarquia de herança larga e profunda mapeada com uma estratégia normalizada

Capítulo 13 – Como otimizar a recuperação e o cacheamento | 583

(estamos falando de hierarquias de herança que devem ser reconsideradas para acomodar o fato de que, afinal de contas, você está trabalhando com um banco de dados SQL).

Como trocar para seleções adicionais

No metadado de mapeamento, você pode então informar ao Hibernate que troque para uma estratégia diferente de recuperação. Você quer algumas partes da sua hierarquia de herança sendo recuperadas com declarações SELECT adicionais imediatas, e não com um OUTER JOIN na consulta inicial.

O único jeito de habilitar essa estratégia de recuperação é refatorando levemente o mapeamento, como uma mistura de *tabela-por-hierarquia* (com uma coluna discriminadora) e *tabela-por-subclasse* com o mapeamento <join>:

```
<class name="BillingDetails"
       table="BILLING_DETAILS"
       abstract="true">

  <id name="id"
      column="BILLING_DETAILS_ID"
      .../>

  <discriminator
      column="BILLING_DETAILS_TYPE"
      type="string"/>

  ...
    <subclass name="CreditCard" discriminator-value="CC">
       <join table="CREDIT_CARD" fetch="select">
          <key column="CREDIT_CARD_ID"/>
          ...
       </join>
    </subclass>

    <subclass name="BankAccount" discriminator-value="BA">
       <join table="BANK_ACCOUNT" fetch="join">
          <key column="BANK_ACCOUNT_ID"/>
          ...
       </join>
    </subclass>

</class>
```

Esse mapeamento coloca cada uma das classes, CreditCard e BankAccount, com a sua própria tabela, mas conserva a coluna discriminadora na tabela da superclasse. A estratégia de recuperação para objetos CreditCard é select, enquanto que a estratégia para BankAccount é a padrão, join. Agora, se você consultar por todos os BillingDetails, o seguinte SQL é produzido:

584 | JAVA PERSISTENCE COM HIBERNATE

```
select
    b1.BILLING_DETAILS_ID,
    b1.OWNER,
    b1.USER_ID,
    b2.ACCOUNT,
    b2.BANKNAME,
    b2.SWIFT,
    b1.BILLING_DETAILS_TYPE as clazz
from
    BILLING_DETAILS b1
    left outer join
        BANK_ACCOUNT b2
            on b1.BILLING_DETAILS_ID = b2.BANK_ACCOUNT_ID

select cc.NUMBER, cc.EXP_MONTH, cc.EXP_YEAR
from CREDIT_CARD cc where cc.CREDIT_CARD_ID = ?

select cc.NUMBER, cc.EXP_MONTH, cc.EXP_YEAR
from CREDIT_CARD cc where cc.CREDIT_CARD_ID = ?
```

O primeiro SELECT SQL recupera todas as linhas da tabela da superclasse e todas as linhas da tabela BANK_ACCOUNT. Ele também retorna valores discriminadores para cada linha como a coluna clazz. O Hibernate agora executa uma seleção adicional contra a tabela CREDIT_CARD para cada linha do primeiro resultado que teve o discriminador correto para um CreditCard. Em outras palavras, se ocorrerem duas consultas, isso quer dizer que duas linhas da tabela BILLING_DETAILS da superclasse representam (parte de) um objeto CreditCard.

Esse tipo de otimização é raramente necessário, mas agora você também sabe que pode trocar de uma estratégia de recuperação padronizada join por uma de seleção (select) adicional imediata sempre que lidar com um mapeamento <join>.

Completamos a nossa jornada através de todas as opções que você pode definir no metadado de mapeamento para influenciar o plano e a estratégia de recuperação padronizada. Você aprendeu como definir *o que* deve ser carregado através da manipulação do atributo lazy, e *como* ele deve ser carregado através da definição do atributo fetch. Em anotações, você usa FetchType.LAZY e FetchType.EAGER, e usa as extensões do Hibernate para controle de granulosidade mais fina do plano e estratégia de recuperação.

Saber todas as opções disponíveis é somente um passo em direção a uma aplicação Hibernate ou Java Persistence otimizada e eficiente. É também necessário saber quando aplicar e quando não aplicar uma determinada estratégia.

13.2.5 Diretrizes de otimização

Por padrão, o Hibernate nunca carrega dado que você não pediu, o que reduz o consumo de memória do seu contexto de persistência. Contudo, ele também o expõe ao assim chamado problema das n+1 seleções. Se toda associação e coleção é somente inicializada sob demanda,

CAPÍTULO 13 – COMO OTIMIZAR A RECUPERAÇÃO E O CACHEAMENTO | 585

e você não tem outra estratégia configurada, um determinado procedimento pode muito bem executar dúzias ou até mesmo centenas de consultas para pegar todos os dados que você pede. Você precisa da estratégia correta para evitar a execução de muitas declarações SQL.

Se você trocar da estratégia padronizada para consultas que ansiosamente recuperam dados com junções, você pode acabar se deparando com um outro problema, a questão do *produto cartesiano*. Em vez de executar muitas declarações SQL, você pode agora (freqüentemente como um efeito colateral) criar declarações que recuperam dados demais.

Você precisa achar o meio termo entre os dois extremos: a estratégia correta de recuperação para cada procedimento e caso de uso na sua aplicação. Você precisa saber que plano e estratégia de recuperação global você deve definir no seu metadado de mapeamento, e que estratégia de recuperação você aplica somente a uma determinada consulta (com HQL ou Criteria).

Nós agora introduzimos os problemas básicos de seleções demais e de produtos cartesianos e então o guiamos através da otimização passo a passo.

O problema das n+1 seleções

O problema das n+1 seleções é fácil de entender com algum código de exemplo. Vamos assumir que você não configure qualquer plano ou estratégia de recuperação no seu metadado de mapeamento: tudo é preguiçoso e carregado sob demanda. O seguinte código de exemplo tenta achar os lances mais altos de todos os itens (claro, existem muitas outras maneiras de se fazer isso mais facilmente):

```
List<Item> allItems = session.createQuery("from Item").list();
// List<Item> allItems = session.createCriteria(Item.class).list();

Map<Item, Bid> highestBids = new HashMap<Item, Bid>();

for (Item item : allItems) {
    Bid highestBid = null;
    for (Bid bid : item.getBids() ) { // Inicializa a coleção
        if (highestBid == null)
            highestBid = bid;
        if (bid.getAmount() > highestBid.getAmount())
            highestBid = bid;
    }
    highestBids.put(item, highestBid);
}
```

Primeiro você recupera todas as instâncias Item; não existe diferença entre as consultas HQL e Criteria. Essa consulta aciona um SELECT SQL que recupera todas as linhas da tabela ITEM e retorna *n* objetos persistentes. Em seguida, você itera através desse resultado e acessa cada objeto Item.

586 | Java Persistence com Hibernate

O que você acessa é a coleção bids de cada Item. Essa coleção não está inicializada até agora, os objetos Bid para cada item têm que ser carregados com uma consulta adicional. Todo esse trecho de código então produz n+1 seleções.

Você sempre quer evitar n+1 seleções.

Uma primeira solução poderia ser uma mudança no seu metadado de mapeamento global da coleção, habilitando pré-recuperação em lotes:

```
<set name="bids"
     inverse="true"
     batch-size="10">
     <key column="ITEM_ID"/>
     <one-to-many class="Bid"/>
</set>
```

Ao invés de n+1 seleções, você agora vê n/10+1 seleções para recuperar as coleções necessárias para dentro da memória. Essa otimização parece razoável para uma aplicação de leilão: "Somente carregue os lances para um item quando eles são necessários, sob demanda. Mas se uma coleção de lances deve ser carregada para um determinado item, assuma que outros objetos-item no contexto de persistência também precisam de sua coleção de lances inicializada. Faça isso em lotes, pois é um tanto provável que *nem todos* os objetos-item precisam de seus lances.".

Com uma pré-recuperação baseada em subseleção, você pode reduzir o número de seleções para exatamente duas:

```
<set name="bids"
     inverse="true"
     fetch="subselect">
     <key column="ITEM_ID"/>
     <one-to-many class="Bid"/>
</set>
```

A primeira consulta no procedimento agora executa um único SELECT SQL para recuperar todas as instâncias Item. O Hibernate se lembra dessa declaração e a aplica novamente quando você acessar a primeira coleção não inicializada. Todas as coleções são inicializadas com a segunda consulta. A razão para essa otimização é um pouco diferente: "Somente carregue os lances para um item quando eles são necessários, sob demanda. Mas se uma coleção de lances deve ser carregada, para um determinado item, assuma que todos os outros objetos-item no contexto de persistência também precisam de sua coleção de lances inicializada.".

E por fim, você pode efetivamente desligar o carregamento preguiçoso da coleção bids e trocar para uma estratégia de recuperação ansiosa que resulte em somente um único SELECT SQL:

```
<set name="bids"
     inverse="true"
     fetch="join">
```

CAPÍTULO 13 – COMO OTIMIZAR A RECUPERAÇÃO E O CACHEAMENTO | 587

```
    <key column="ITEM_ID"/>
    <one-to-many class="Bid"/>
</set>
```

Isso parece ser uma otimização que você não deve fazer. Será mesmo que você pode dizer que "sempre que um item é necessário, todos os seus lances também são necessários"? Estratégias de recuperação em metadado de mapeamento funcionam em um nível global. Não consideramos fetch="join" uma otimização comum para mapeamentos de coleção; você raramente precisa de uma coleção totalmente inicializada *o tempo todo*. Além de resultar em consumo maior de memória, toda coleção que sofre um OUTER JOIN é um passo em direção a um problema de produto cartesiano mais sério, que iremos explorar em mais detalhes logo.

Na prática, você provavelmente irá habilitar uma estratégia em lote ou de subseleção no seu metadado de mapeamento para a coleção bids. Se um determinado procedimento, como esse a seguir, requer todos os lances para cada item em memória, você modifica a consulta HQL ou Criteria inicial e aplica uma estratégia de recuperação dinâmica:

```
List<Item> allItems =
    session.createQuery("from Item i left join fetch i.bids")
            .list();

List<Item> allItems =
    session.createCriteria(Item.class)
            .setFetchMode("bids", FetchMode.JOIN)
            .list();

// Itere através das coleções...
```

Ambas as consultas resultam em um único SELECT que recupera os lances para todas as instâncias Item com um OUTER JOIN (como aconteceria se você tivesse mapeado a coleção com fetch="join").

Essa é provavelmente a primeira vez que você vê como definir uma estratégia de recuperação que não seja global. As definições globais de plano e estratégia de recuperação que você põe no seu metadado de mapeamento são somente isso: padrões globais que sempre se aplicam. Qualquer processo de otimização também precisa de regras de granulosidade mais fina, estratégias e planos de recuperação que são aplicáveis a somente um determinado procedimento ou caso de uso. Teremos muito mais a dizer sobre recuperação com HQL e Criteria no próximo capítulo. Tudo o que você precisa saber agora é que essas opções existem.

O problema das n+1 seleções aparece em mais situações do que quando você trabalha somente com coleções preguiçosas. *Proxies* não inicializados expõem o mesmo comportamento: você pode precisar de muitos SELECTs para inicializar todos os objetos com que você está trabalhando em um determinado procedimento. As diretrizes de otimização que mostramos são as mesmas, mas existe uma exceção: a definição fetch="join" em associações <many-to-one> ou <one-to-one> é uma otimização comum, assim como é uma anotação

JAVA PERSISTENCE COM HIBERNATE

@ManyToOne(fetch = FetchType.EAGER) (que é o padrão no Java Persistence). Recuperação ansiosa com junção para associações de extremidade única, diferentemente da recuperação ansiosa com junção externa para coleções, não cria um problema de produto cartesiano.

O problema do produto cartesiano

O oposto do problema das n+1 seleções são declarações SELECT que recuperam dados *demais*. Esse problema do produto cartesiano sempre aparece se você tenta recuperar várias coleções em "paralelo".

Vamos assumir que você tomou a decisão de aplicar uma definição global fetch="join" à coleção bids de um Item (apesar da nossa recomendação de usar pré-recuperação global e uma estratégia dinâmica de recuperação com junção somente quando necessário). A classe Item tem outras coleções: por exemplo, images. Vamos também assumir que você decide que todas as imagens para cada item têm que ser carregadas o tempo todo, ansiosamente com uma estratégia fetch="join":

```
<class name="Item">
    ...

    <set name="bids"
        inverse="true"
        fetch="join">
        <key column="ITEM_ID"/>
        <one-to-many class="Bid"/>
    </set>

    <set name="images"
        fetch="join">
        <key column="ITEM_ID"/>
        <composite-element class="Image">...
    </set>

</class>
```

Se você mapeia duas coleções em paralelo (a entidade dona delas é a mesma) com uma estratégia de recuperação ansiosa com junção externa, e carrega todos os objetos Item, o Hibernate executa um SELECT SQL que cria um produto das duas coleções:

```
select item.*, bid.*, image.*
    from ITEM item
        left outer join BID bid on item.ITEM_ID = bid.ITEM_ID
        left outer join ITEM_IMAGE image on item.ITEM_ID = image.ITEM_ID
```

Olhe o conjunto de resultados dessa consulta, mostrado na Figura 13.6.

Esse conjunto de resultados contém vários dados redundantes. O item 1 tem três lances e duas imagens, o item 2 tem um lance e uma imagem, e o item 3 não tem lances e nem imagens. O tamanho do produto depende do tamanho das coleções que você está recuperando: 3 vezes

Capítulo 13 – Como otimizar a recuperação e o cacheamento | 589

2, 1 vezes 1, mais 1, dando um total de 8 linhas de resultado. Agora imagine que você tenha 1.000 itens no banco de dados, e que cada item tenha 20 lances e 5 imagens – você irá ver um conjunto de resultados com possivelmente 100.000 linhas! O tamanho desse resultado pode muito bem ser vários megabytes. Tempo de processamento e memória consideráveis são necessários no servidor de banco de dados para criar esse conjunto de resultados. Todos os dados devem ser transferidos através da rede. O Hibernate imediatamente remove todas as duplicidades quando ele organiza o conjunto de resultados em objetos persistentes e coleções – informação redundante é pulada. Três consultas certamente são mais rápidas!

```
select Item.*, bid.*, Image.* from ITEM Item
left outer join BID bid on Item.ITEM_ID = bid.ITEM_ID
left outer join ITEM_IMAGE Image on Item.ITEM_ID = Image.ITEM_ID
```

ITEM_ID	DESCRIPTION	...	BID_ID	ITEM_ID	AMOUNT	...	IMAGE_NAME
1	Item Nr. One	...	1	1	99.00	...	foo.jpg
1	Item Nr. One	...	1	1	99.00	...	bar.jpg
1	Item Nr. One	...	2	1	100.00	...	foo.jpg
1	Item Nr. One	...	2	1	100.00	...	bar.jpg
1	Item Nr. One	...	3	1	101.00	...	foo.jpg
1	Item Nr. One	...	3	1	101.00	...	bar.jpg
2	Item Nr. Two	...	4	2	4.99	...	baz.jpg
3	Item Nr. Three	...	NULL	NULL	NULL	...	NULL

*Figura 13.6 Um produto é o resultado
de duas junções externas com muitas linhas.*

Você consegue três consultas se você mapear as coleções em paralelo com fetch="subselect"; essa é a otimização recomendada para coleções em paralelo. Contudo, para toda regra há uma exceção. Enquanto as coleções forem pequenas, um produto pode ser uma estratégia de recuperação aceitável. Note que as associações monovaloradas em paralelo que são recuperadas ansiosamente com SELECTs que possuem junção externa não criam um produto, por natureza.

E por fim, embora o Hibernate deixe você criar produtos cartesianos com fetch="join" em duas coleções em paralelo, ele joga uma exceção se você tenta habilitar fetch="join" em coleções <bag> em paralelo. O conjunto de resultados de um produto não pode ser convertido em coleções de sacola, pois o Hibernate não consegue saber quais linhas contêm duplicidades que são válidas (sacolas permitem duplicidades) e quais não são. Se você usar coleções de sacola (elas são a coleção padronizada da @OneToMany no Java Persistence) não habilite uma estratégia de recuperação que resulte em produtos. Use recuperação com subseleções ou com uma segunda seleção imediata para recuperação ansiosa em paralelo de coleções de sacola.

Estratégias de recuperação dinâmicas e globais o ajudam a resolver os problemas das n+1 seleções e do produto cartesiano. O Hibernate oferece uma outra opção para inicializar um *proxy* ou uma coleção que é algumas vezes útil.

Como forçar a inicialização de um *proxy* e de uma coleção

Um *proxy* ou invólucro de coleção é automaticamente inicializado sempre que qualquer de seus métodos é invocado (exceto pelo getter da propriedade identificadora, que pode retornar o valor identificador sem recuperar o objeto persistente subjacente). Pré-recuperação e recuperação ansiosa com junção são possíveis soluções para recuperar todos os dados de que você precisa.

Você algumas vezes quer trabalhar com uma rede de objetos em estado desligado. Você recupera todos os objetos e coleções que devem ser desligados e então fecha o contexto de persistência.

Nesse cenário, é algumas vezes útil inicializar explicitamente um objeto antes de fechar o contexto de persistência, sem recorrer a uma mudança na estratégia de recuperação global ou a uma diferente consulta (que consideramos a solução que você deve sempre preferir).

Você pode usar o método estático Hibernate.initialize() para inicialização manual de uma *proxy*:

```
Session session = sessionFactory.openSession();
Transaction tx = session.beginTransaction();

Item item = (Item) session.get(Item.class, new Long(1234));

Hibernate.initialize( item.getSeller() );

tx.commit();
session.close();

processDetached( item.getSeller() );
...
```

Pode ser passado para o Hibernate.initialize() um invólucro de coleção ou um *proxy*. Note que se você passar um invólucro de coleção para o initialize(), ele não inicializa os objetos-alvo de entidade que são referenciados por essa coleção. No exemplo anterior, uma chamada Hibernate.initalize(item.getBids()) não iria carregar todos os objetos Bid dentro dessa coleção. Ele inicializa a coleção com *proxies* de objetos Bid!

Inicialização explícita com esse método estático de ajuda é raramente necessária; você deve sempre preferir uma recuperação dinâmica com HQL ou Criteria.

Agora que você sabe todas as opções, problemas, e possibilidades, vamos caminhar por um típico procedimento de otimização de aplicação.

CAPÍTULO 13 – COMO OTIMIZAR A RECUPERAÇÃO E O CACHEAMENTO | 591

Otimização passo a passo

Primeiro, habilite o log de SQL do Hibernate. Você também deve estar preparado para ler, entender, e avaliar as consultas SQL e suas características de performance para o seu esquema de banco de dados específico: será uma única operação de junção externa mais rápida que duas seleções? São todos os índices usados de forma correta, e qual é a taxa de acertos do cache dentro do banco de dados? Peça ao seu DBA para ajudá-lo com essa avaliação de performance; somente ele tem o conhecimento para decidir que plano de execução de SQL é o melhor. (Se você quer se tornar um especialista nessa área, nós recomendamos o livro *SQL Tuning* por Dan Tow, [Tow, 2003].)

As duas propriedades de configuração hibernate.format_sql e hibernate.use_sql_comments tornam muito mais fácil ler e categorizar as declarações SQL nos seus arquivos de log. Habilite ambas durante a otimização.

Em seguida, execute caso de uso por caso de uso da sua aplicação e note quantas e que declarações SQL são executadas pelo Hibernate. Um caso de uso pode ser uma única tela na sua aplicação web ou uma seqüência de diálogos com o usuário. Esse passo também envolve a coleta dos métodos de recuperação de objetos que você utiliza em cada caso de uso: caminhar pelas ligações dos objetos, recuperação por identificador, HQL, e consultas Criteria. O seu objetivo é diminuir o número (e a complexidade) das declarações SQL para cada caso de uso ajustando o plano e a estratégia de recuperação padronizada no metadado.

É hora de definir o seu plano de recuperação. Tudo é carregado preguiçosamente por padrão. Considere trocar para lazy="false" (ou FetchType.EAGER) em mapeamentos muitos-para-um, um-para-um, e (algumas vezes) de coleção. O plano de recuperação global define os objetos que são sempre carregados ansiosamente. Otimize suas consultas e habilite recuperação ansiosa se você precisa de objetos carregados ansiosamente não globalmente, mas sim em um determinado procedimento – um caso de uso somente.

Uma vez que o plano de recuperação seja definido e que a quantidade de dados requerida por um determinado caso de uso seja conhecida, otimize *como* esse dado é recuperado. Você pode encontrar duas questões comuns:

■ *As declarações SQL usam operações de junção que são muito complexas e lentas.* Primeiro otimize o plano de execução de SQL com o seu DBA. Se isso não resolver o problema, remova o fetch="join" nos mapeamentos de coleção (ou não o defina em primeiro lugar). Otimize todas as suas associações muitos-para-um e um-para-um considerando se elas realmente precisam de uma estratégia fetch="join" ou se o objeto associado deve ser carregado com uma seleção secundária. Tente também ajustar com a opção de configuração global hibernate.max_fetch_depth, mas tenha em mente que é melhor deixar em um valor entre 1 e 5.

592 | JAVA PERSISTENCE COM HIBERNATE

■ *Muitas declarações SQL pode ser que sejam executadas.* Defina fetch="join" em mapeamentos de associação muitos-para-um e um-para-um. Em casos raros, se tiver certeza absoluta, habilite fetch="join" para desabilitar carregamento preguiçoso em determinadas coleções. Tenha em mente que mais de uma coleção carregada ansiosamente por classe persistente cria um produto. Avalie se o seu caso de uso pode se beneficiar de pré-recuperação de coleções, com lotes ou subseleções. Use tamanhos de lote entre 3 e 15.

Após definir uma nova estratégia de recuperação, reexecute o caso de uso e cheque o SQL gerado novamente. Registre as declarações SQL e vá para o próximo caso de uso. Após otimizar todos os casos de uso, cheque cada um novamente e veja se qualquer otimização global produziu efeito colateral. Com alguma experiência, você será facilmente capaz de evitar quaisquer efeitos negativos e conseguirá acertar de primeira.

Essa técnica de otimização é útil para mais do que as estratégias de recuperação padronizadas; você também pode usá-la para ajustar consultas HQL e Criteria, que podem definir o plano e a estratégia de recuperação dinamicamente. Você freqüentemente pode substituir uma definição de recuperação global com uma nova consulta dinâmica ou com uma mudança de uma consulta existente – teremos muito mais a falar sobre essas opções no próximo capítulo.

Na próxima seção, introduzimos o sistema de cacheamento do Hibernate. Cachear dados na camada (física) de aplicação é uma otimização complementar que você pode utilizar em qualquer aplicação multiusuário sofisticada.

13.3 FUNDAMENTOS DO CACHEAMENTO

Uma grande justificativa para nossas declarações de que se espera que as aplicações que usam uma camada de persistência objeto/relacional superem em desempenho as aplicações construídas usando JDBC direto é o potencial para o cacheamento. Embora argumentemos de maneira passional que a maioria das aplicações deve ser projetada de modo a ser possível alcançar performance aceitável *sem* o uso de um cache, não há dúvida que, para alguns tipos de aplicações, especialmente aplicações de predominância de leitura ou aplicações que mantêm metadado significativo no banco de dados, o cacheamento pode ter um grande impacto na performance. Além disso, escalonar uma aplicação altamente concorrente para milhares de transações em tempo real geralmente requer algum cacheamento para reduzir a carga no(s) servidor(es) de banco de dados.

Iniciamos nossa exploração de cacheamento com alguma informação de base. Isso inclui uma explicação dos diferentes escopos de identidade e de cacheamento e o impacto de se fazer o cache em isolamento de transação. Essa informação e essas regras podem ser aplicadas ao cacheamento em geral e são válidas para mais do que as aplicações do Hibernate. Essa discussão lhe dá o conhecimento de por que o sistema de cacheamento do Hibernate é do jeito

Capítulo 13 – Como otimizar a recuperação e o cacheamento | 593

que é. Introduzimos então o sistema de cacheamento do Hibernate e lhe mostramos como habilitar, ajustar e gerenciar o cache de primeiro e segundo nível do Hibernate. Recomendamos que você estude cuidadosamente os fundamentos apresentados nessa seção antes que comece a usar o cache. Sem o embasamento, você pode rapidamente se deparar com problemas de concorrência difíceis de depurar e arriscar a integridade de seus dados.

Cacheamento é tudo sobre otimização de performance, então naturalmente ele não é parte da especificação do Java Persistence ou do EJB3.0. Todo fornecedor põe à sua disposição diferentes soluções para otimização, em particular algum cacheamento de segundo nível. Todas as estratégias e opções que apresentamos nesta seção funcionam para uma aplicação com Hibernate nativo ou uma aplicação que dependa das interfaces do Java Persistence e use o Hibernate como um fornecedor de persistência.

Um cache mantém uma representação do estado corrente de um banco de dados próximo à aplicação, ou em memória ou no disco da máquina do servidor de aplicações. O cache é uma cópia local do dado. O cache fica entre a sua aplicação e o banco de dados.

O cache pode ser usado para evitar uma ida ao banco de dados sempre que:

- A aplicação executar uma pesquisa por identificador (chave primária).
- A camada de persistência resolver uma associação ou coleção de forma preguiçosa.

Também é possível fazer o cache dos resultados de consultas. Como você verá no Capítulo 15, o ganho de performance de se fazer o cache dos resultados de uma consulta é mínimo em muitos casos, com isso essa funcionalidade é usada com muito menos freqüência.

Antes de vermos como o cache do Hibernate trabalha, vamos percorrer as diferentes opções de cacheamento e ver como elas estão relacionadas à identidade e concorrência.

13.3.1 Estratégias e escopos de cacheamento

Cacheamento é um conceito tão fundamental em persistência objeto/relacional que você não consegue entender a performance, a escalabilidade, ou as semânticas transacionais de uma implementação ORM sem primeiro saber que tipo de estratégia de cacheamento (ou estratégias) ela usa. Existem três tipos principais de cache:

- *Cache com escopo de transação* – Ligado à unidade de trabalho corrente, que pode ser uma transação de banco de dados ou até mesmo uma conversação. Ele é válido e usado somente enquanto a unidade de trabalho roda. Toda unidade de trabalho tem o seu próprio cache. Dados nesse cache não são acessados concorrentemente.

- *Cache com escopo de processo* – Compartilhado entre muitas (possivelmente concorrentes) unidades de trabalho ou transações. Isso significa que o dado no cache com escopo de processo é acessado por *threads* rodando concorrentemente, obviamente com implicações no isolamento de transação.

594 | JAVA PERSISTENCE COM HIBERNATE

- *Cache com escopo de cluster* – Compartilhado entre múltiplos processos na mesma máquina ou entre múltiplas máquinas em um cluster. Aqui, a comunicação na rede é um importante ponto que vale uma consideração.

Um cache com escopo de processo pode guardar as próprias instâncias persistentes no cache, ou ele pode guardar só os seus estados persistentes em um formato desmontado. Toda unidade de trabalho que acessa o cache compartilhado então remonta uma instância persistente a partir dos dados cacheados.

Um cache com escopo de cluster requer algum tipo de *comunicação remota de processo* para manter a consistência. Cacheamento de informação deve ser replicado para todos os nós no cluster. Para muitas (nem todas) aplicações, o cache com escopo de cluster é de valor dúbio, pois ler e atualizar o cache podem ser somente um pouco mais rápido que ir diretamente ao banco de dados.

As camadas de persistência podem fornecer múltiplos níveis de cacheamento. Por exemplo, um *erro de cache* (*cache miss* – uma pesquisa no cache por um item que não esteja contido no cache) no escopo de transação pode ser seguido por uma pesquisa no escopo de processo. Uma requisição ao banco de dados é o último recurso.

O tipo de cache usado por uma camada de persistência afeta o escopo de identidade do objeto (o relacionamento entre a identidade do objeto Java e a identidade do banco de dados).

Cacheamento e identidade do objeto

Considere um cache com escopo de transação. Parece natural que esse cache também seja usado como o escopo de identidade de objetos. Isso significa que o cache implementa tratamento de identidade: duas pesquisas por objetos usando o mesmo identificador do banco de dados retorna a mesma instância Java de fato. Um cache com escopo de transação será, então, ideal se um mecanismo de persistência também fornecer identidade de objeto com escopo de unidade de trabalho.

Mecanismos de persistência com um cache com escopo de processo podem escolher implementar identidade com escopo de processo. Nesse caso, a identidade do objeto é equivalente à identidade do banco de dados para todo o processo. Duas pesquisas usando o mesmo identificador do banco de dados em duas unidades de trabalho rodando concorrentemente resultam na mesma instância Java. Alternativamente, objetos recuperados a partir do cache com escopo de processo podem ser retornados *por valor*. Nesse caso, cada unidade de trabalho recupera a sua própria cópia do estado (pense sobre dado cru), e as instâncias persistentes resultantes não são idênticas. O escopo do cache e o escopo da identidade do objeto não são mais os mesmos.

Um cache com escopo de cluster sempre precisa de comunicação remota e, nesse caso, de soluções de persistência orientadas para POJO como o Hibernate, os objetos são sempre passados remotamente por valor. Um cache com escopo de cluster então não pode garantir identidade através de um cluster.

CAPÍTULO 13 – COMO OTIMIZAR A RECUPERAÇÃO E O CACHEAMENTO | 595

Para arquiteturas típicas de aplicação corporativa ou web, é mais conveniente que o escopo de identidade do objeto seja limitado a uma única unidade de trabalho. Em outras palavras, nem é necessário e nem desejável ter objetos idênticos em duas *threads* concorrentes. Em outros tipos de aplicações (incluindo algumas arquiteturas de cliente "gordo" ou desktop), pode ser apropriado usar identidade do objeto com escopo de processo. Isso é particularmente verdade onde a memória é extremamente limitada – o consumo de memória de um cache com escopo de unidade de trabalho é proporcional ao número de *threads* concorrentes.

Contudo, o verdadeiro aspecto negativo de identidade com escopo de processo é a necessidade de sincronizar o acesso às instâncias persistentes no cache, que resulta em uma alta probabilidade de *deadlocks* e escalabilidade reduzida por causa da contenção de bloqueios.

Cacheamento e concorrência

Qualquer implementação ORM que permita que múltiplas unidades de trabalho compartilhem as mesmas instâncias persistentes deve fornecer alguma forma de bloqueio no nível do objeto para garantir a sincronização de acesso concorrente. Geralmente isso é implementado usando bloqueios de leitura e escrita (mantidos em memória) junto com detecção de *deadlock*. Implementações como o Hibernate que mantêm um distinto conjunto de instâncias para cada unidade de trabalho (identidade com escopo de unidade de trabalho) evitam essas questões em um grau considerável.

É de nossa opinião que bloqueios mantidos em memória devem ser evitados, pelo menos para aplicações corporativas ou web onde a escalabilidade para muitos usuários é uma preocupação prioritária. Nessas aplicações, geralmente não é necessário comparar a identidade do objeto através de unidades de trabalho *concorrentes*; cada usuário deve ser completamente isolado de outros usuários.

Existe um caso particularmente forte para essa visão quando o banco de dados relacional subjacente implementa um modelo de concorrência multiversão (Oracle ou PostgreSQL, por exemplo). É um tanto indesejável para o cache de persistência objeto/relacional redefinir as semânticas transacionais ou o modelo de concorrência do banco de dados subjacente.

Vamos considerar as opções novamente. Um cache com escopo de unidade de trabalho/ transação é preferido se você também usa identidade de objeto com escopo de unidade de trabalho e se ele é a melhor estratégia para sistemas multiusuário altamente concorrentes. Esse cache de primeiro nível é obrigatório, pois ele também garante objetos idênticos. Contudo, esse não é o único cache que você pode usar. Para alguns dados, um cache de segundo nível com escopo para o processo (ou cluster) que retorna dados por valor pode ser útil. Esse cenário então tem duas camadas de cache; você verá mais à frente que o Hibernate usa essa abordagem.

596 | JAVA PERSISTENCE COM HIBERNATE

Vamos discutir que dados se beneficiam do cacheamento de segundo nível – em outras palavras, quando se voltar para o cache de segundo nível com escopo de processo (ou cluster) em conjunto com o obrigatório cache de primeiro nível com escopo de transação.

Cacheamento e isolamento de transação

Um cache com escopo de processo ou cluster torna dados recuperados a partir do banco de dados em uma unidade de trabalho visível para uma outra unidade de trabalho. Isso pode ter alguns efeitos colaterais desagradáveis em isolamento de transação.

Primeiro, se uma aplicação tem acesso não exclusivo ao banco de dados, cacheamento com escopo de processo não deve ser usado, exceto para dados que mudam raramente e que podem ser atualizados com segurança por uma expiração de cache. Esse tipo de dados ocorre freqüentemente em aplicações do tipo gerenciador de conteúdo, mas raramente em aplicações financeiras ou EIS (Sistemas de Informação Corporativa).

Existem dois cenários principais para acesso não exclusivo para se prestar atenção:

- Aplicações em cluster
- Dados legado compartilhados

Qualquer aplicação projetada para escalonar deve suportar operação em cluster. Um cache com escopo de processo não mantém consistência entre os diferentes caches em diferentes máquinas no cluster. Nesse caso, um cache de segundo nível (distribuído) com escopo de cluster deve ser usado no lugar do cache com escopo de processo.

Muitas aplicações Java compartilham acesso a seus bancos de dados com outras aplicações. Nesse caso, você não deve usar qualquer tipo de cache além de um cache de primeiro nível com escopo de unidade de trabalho. Não existe uma maneira para um sistema de cache saber quando a aplicação de legado atualizou o dado compartilhado. Na verdade, é *possível* implementar uma funcionalidade no nível da aplicação para acionar uma invalidação do cache com escopo de processo (ou cluster) quando mudanças são feitas no banco de dados, mas não sabemos de padrão ou melhor maneira de se alcançar isso. Certamente, isso nunca será uma característica inerente ao Hibernate. Se você implementar tal solução, você muito provavelmente estará por conta própria, pois ela é específica ao ambiente e produtos usados.

Após considerar acesso a dados não exclusivo, você deve estabelecer que nível de isolamento é necessário para os dados da aplicação. Nem toda implementação de cache respeita todos os níveis de isolamento de transação e é crítico encontrar qual é o requerido. Vamos olhar para dados que se beneficiam mais de um cache com escopo de processo (ou cluster). Na prática, achamos útil basearmo-nos em um diagrama de modelo de dados (ou diagrama de classes) quando fazemos essa avaliação. Tome notas no diagrama que expressam se uma determinada entidade (ou classe) é uma boa ou má candidata para cacheamento de segundo nível.

Uma solução totalmente ORM deixa você configurar o cacheamento de segundo nível separadamente para cada classe. Classes que são boas candidatas para o cacheamento são classes que representam:

- Dados que mudam raramente
- Dados não críticos (por exemplo, dados de gerenciador de conteúdo)
- Dados que são locais para a aplicação e não são compartilhados

Candidatos ruins para o cacheamento de segundo nível são:

- Dados que são atualizados com freqüência
- Dados financeiros
- Dados que são compartilhados com uma aplicação legado

Essas não são as únicas regras que geralmente aplicamos. Muitas aplicações têm um número de classes com as seguintes propriedades:

- Um pequeno número de instâncias
- Cada instância referenciada por muitas instâncias de uma outra classe ou classes
- Instâncias que são raramente (ou nunca) atualizadas

Esse tipo de dado é algumas vezes chamado de *dado referencial*. Exemplos de dados referenciais são códigos postais, endereços de referência, localizações de escritório, mensagens de texto estáticas, e assim por diante. Dado referencial é um excelente candidato para cacheamento com um escopo de processo ou cluster, e qualquer aplicação que use pesadamente dado referencial irá se beneficiar enormemente se o dado for cacheado. Você permite que o dado seja atualizado quando o período de tempo limite do cache expira.

Nós moldamos uma imagem de um sistema de cacheamento de duas camadas nas seções anteriores, com um cache de primeiro nível com escopo de unidade de trabalho e um opcional cache de segundo nível com escopo de processo ou cluster. Isso é próximo ao sistema de cacheamento do Hibernate.

13.3.2 A arquitetura do cache do Hibernate

Como já indicamos mais cedo, o Hibernate tem uma arquitetura de cache com dois níveis. Os vários elementos desse sistema podem ser vistos na Figura 13.7:

- O cache de primeiro nível é o cache do contexto de persistência. Um tempo de vida da Session do Hibernate corresponde a ou uma única requisição (geralmente implementada com uma transação de banco de dados) ou uma conversação. Esse é um cache de primeiro nível obrigatório que também garante o escopo de identidade do objeto e do banco de dados (a exceção sendo a StatelessSession, que não tem um contexto de persistência).

- O cache de segundo nível no Hibernate é plugável e pode ser com escopo de processo ou cluster. Esse é um cache de estado (retornado por valor), e não de instâncias persistentes de fato. Uma estratégia de concorrência do cache define os detalhes de isolamento de transação para um determinado item de dados, enquanto que o fornecedor de cache representa a implementação do cache físico. O uso do cache de segundo nível é opcional e pode ser configurado em um fundamento por classe e por coleção – cada cache utiliza a sua própria região do cache físico.

- O Hibernate também implementa um cache para conjuntos de resultados de uma consulta que integre quase com o cache de segundo nível. Essa é uma característica opcional; ela requer duas regiões adicionais do cache físico que guardam os resultados cacheados de uma consulta e as marcações de horário de quando uma tabela foi atualizada pela última vez. Discutimos o cache de consulta nos próximos capítulos, pois o seu uso é estreitamente ligado à consulta sendo executada.

Nós já discutimos o cache de primeiro nível, o contexto de persistência, em detalhes. Vamos em frente para o opcional cache de segundo nível.

O cache de segundo nível do Hibernate

O cache de segundo nível do Hibernate tem escopo de processo ou cluster: Todos os contextos de persistência que foram iniciados a partir de uma determinada SessionFactory (ou são associados com EntityManagers de uma determinada unidade de persistência) compartilham o mesmo cache de segundo nível.

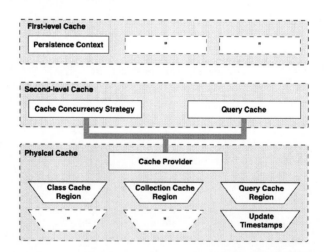

Figura 13.7 A arquitetura do cache de dois níveis do Hibernate.

Instâncias persistentes são guardadas no cache de segundo nível em uma forma desmontada. Pense em desmonte como um processo um pouco parecido com a serialização (o algoritmo é muito mais rápido do que o da serialização Java, no entanto).

A implementação interna desse cache com escopo de processo/cluster não é de muito interesse. Mais importante é o uso correto das *políticas de cache* – estratégias de cacheamento e fornecedores de cache físico.

Diferentes tipos de dados necessitam de diferentes políticas de cache: a proporção de leituras para escritas varia, o tamanho das tabelas do banco de dados varia, e algumas tabelas são compartilhadas com outras aplicações externas. O cache de segundo nível é configurável na granulosidade de um papel de coleção ou classe individual. Isso deixa que você, por exemplo, habilite o cache de segundo nível para classes de dado referencial e o desabilite para classes que representam registros financeiros. A política de cache envolve definir o seguinte:

- Se o cache de segundo nível é habilitado
- A estratégia de concorrência do Hibernate
- As políticas de expiração do cache (como o tempo limite, LRU, e a memória sensível)
- O formato físico do cache (memória, arquivos indexados, replicado em cluster)

Nem todas as classes se beneficiam do cacheamento, então é importante ser capaz de desabilitar o cache de segundo nível. Repetindo, o cache é geralmente útil somente para classes de predominância de leitura. Se você tem um dado que é freqüentemente muito mais atualizado do que lido, não habilite o cache de segundo nível, mesmo se todas as outras condições para o cacheamento sejam verdadeiras! O preço de se manter o cache durante atualizações pode possivelmente sobrepujar o benefício de performance de leituras mais rápidas. Além disso, o cache de segundo nível pode ser perigoso em sistemas que compartilham o banco de dados com outras aplicações de escrita. Como explicado em seções anteriores, você deve utilizar um julgamento cuidadoso aqui para cada classe e coleção em que queira habilitar o cacheamento.

O cache de segundo nível do Hibernate é configurado em dois passos. Primeiro, você tem de decidir que *estratégia de concorrência* usar. Depois disso, você configura os atributos do cache físico e da expiração do cache usando o *fornecedor de cache*.

Estratégias de concorrência inerentes

Uma estratégia de concorrência é um mediador: responsável por guardar itens de dados no cache e de recuperá-los a partir do cache. Esse é um importante papel, pois ele também define as semânticas de isolamento de transação para aquele item em particular. Você terá que decidir, para cada classe persistente e coleção, que estratégia de concorrência do cache usar se você quiser habilitar o cache de segundo nível.

600 | JAVA PERSISTENCE COM HIBERNATE

As quatro estratégias de concorrência inerentes representam níveis decrescentes de severidade em termos de isolamento de transação:

- *Transacional* – Disponível em um ambiente gerenciado somente, ele garante total isolamento de transação até *repeatable read*, se necessário. Use essa estratégia para dados de predominância de leitura onde é crítico prevenir dados antigos em transações concorrentes, no raro caso de uma atualização.

- *Leitura-escrita* – Essa estratégia sustenta o isolamento *read committed*, usando um mecanismo de marcação de horário e está disponível somente em ambientes não "clusterizados". Novamente, use essa estratégia para dados de predominância de leitura onde é crítico prevenir dados antigos em transações concorrentes, no raro caso de uma atualização.

- *Leitura-escrita-não-rigorosa* – Não trás qualquer garantia de consistência entre o cache e o banco de dados. Se existe uma possibilidade de acesso concorrente a mesma entidade, você deve configurar um tempo limite de expiração suficientemente curto. Caso contrário, você pode ler dado antigo a partir do cache. Use essa estratégia se o dado dificilmente muda (muitas horas, dias, ou até mesmo semanas) e se uma pequena probabilidade de dado antigo não é de preocupação crítica.

- *Somente-leitura* – Uma estratégia de concorrência adequada para dados que nunca mudam. Use-a para dados referenciais somente.

Note que com severidade decrescente vem performance crescente. Você tem que cuidadosamente avaliar a performance de um cache em cluster com isolamento total de transação antes de usá-lo em produção. Em muitos casos, você vai estar melhor desabilitando o cache de segundo nível para uma determinada classe se dado antigo não é uma opção! Primeiro faça um benchmark da sua aplicação com o cache de segundo nível desabilitado. Habilite-o para classes que são boas candidatas, uma de cada vez, enquanto você continuamente testa a escalabilidade de seu sistema e avalia as estratégias de concorrência.

É possível definir a sua própria estratégia de concorrência implementando org.hibernate.cache.CacheConcurrencyStrategy, mas isso é uma tarefa relativamente difícil e apropriada somente para casos raros de otimização.

O seu próximo passo após considerar as estratégias de concorrência que você irá usar para as suas classes candidatas de cache é escolher um *fornecedor de cache*. O fornecedor é um plugin, a implementação física de um sistema de cache.

Como escolher um fornecedor de cache

Por agora, o Hibernate lhe força a escolher um único fornecedor de cache para toda a aplicação. Fornecedores para os seguintes produtos de código aberto são inerentes do Hibernate:

- *EHCache* é um fornecedor de cache destinado para um simples cache com escopo de processo em uma única JVM. Ele pode fazer o cache na memória ou no disco, e ele suporta o opcional cache de resultado de consulta do Hibernate. (A última versão do EHCache agora suporta cacheamento em cluster, mas não testamos isso ainda.)

- *OpenSymphony OSCache* é um serviço que suporta cacheamento para a memória e disco em uma única JVM, com um rico conjunto de políticas de expiração e suporte ao cache de consulta.

- *SwarmCache* é um cache em cluster baseado no JGroups. Ele usa invalidação em cluster, mas não suporta o cache de consulta do Hibernate.

- *JBoss Cache* é um cache em cluster totalmente transacional replicado também baseado na biblioteca de transmissão múltipla do JGroups. Ele suporta replicação ou invalidação, comunicação síncrona ou assíncrona, e bloqueio otimista ou pessimista. O cache de consulta do Hibernate é suportado, assumindo que os relógios estejam sincronizados no cluster.

É fácil escrever um adaptador para outros produtos implementando org.hibernate.cache. CacheProvider. Muitos sistemas de cacheamento comerciais são plugáveis no Hibernate com essa interface.

Nem todo fornecedor de cache é compatível com toda estratégia de concorrência! A matriz de compatibilidade na Tabela 13.1 irá ajudá-lo a escolher uma combinação apropriada.

Configurar um cacheamento envolve dois passos: primeiro você olha no metadado de mapeamento as suas coleções e classes persistentes e decide que estratégia de concorrência do cache você gostaria de usar para cada classe e cada coleção. No segundo passo, você habilita o

Tabela 13.1 Suporte da estratégia de concorrência do cache

Estratégia de concorrência Fornecedor de cache	Somente -leitura	Leitura-escrita- não-rigorosa	Leitura- escrita	Transacional
EHCache	X	X	X	
OSCache	X	X	X	
SwarmCache	X	X		
JBoss Cache	X			X

602 | JAVA PERSISTENCE COM HIBERNATE

seu fornecedor de cache preferido na configuração global do Hibernate e customiza as definições específicas do fornecedor e as regiões do cache físico. Por exemplo, se você está usando OSCache, você edita o oscache.properties, ou para o EHCache, o ehcache.xml no seu classpath.

Vamos habilitar o cacheamento para as classes do CaveatEmptor Category, Item e Bid.

13.4 CACHEAMENTO NA PRÁTICA

Primeiro iremos considerar cada classe de entidade e coleção e descobrir que estratégia de concorrência do cache pode ser apropriada. Depois de selecionarmos um fornecedor de cache para cacheamento local e em cluster, escreveremos seus arquivos de configuração.

13.4.1 Como selecionar uma estratégia de controle de concorrência

A Category tem um pequeno número de instâncias e é atualizada raramente, e as instâncias são compartilhadas entre muitos usuários. Ela é uma grande candidata ao uso do cache de segundo nível.

Comece adicionando o elemento de mapeamento requerido a fim de informar o Hibernate para cachear as instâncias Category.

```
<class name="auction.model.Category"
    table="CATEGORY">
  <cache usage="read-write"/>
  <id ...
</class>
```

O atributo usage="read-write" informa ao Hibernate para usar a estratégia de concorrência leitura-escrita para o cache auction.model.Category. O Hibernate agora irá ao cache de segundo nível sempre que você navegar para uma Category ou quando você carregar uma Category por identificador.

Se você usa anotações, precisará de uma extensão do Hibernate:

```
@Entity
@Table(name = "CATEGORY")
@org.hibernate.annotations.Cache(usage =
    org.hibernate.annotations.CacheConcurrencyStrategy.READ_WRITE
)
public class Category { ... }
```

Você usa read-write em vez de nonstrict-read-write, pois a Category é uma classe altamente concorrente, compartilhada entre muitas transações concorrentes. (Está claro que um nível de isolamento *read committed* é bom o suficiente.) Uma nonstrict-read-write iria se basear

CAPÍTULO 13 – COMO OTIMIZAR A RECUPERAÇÃO E O CACHEAMENTO | 603

somente em expiração de cache (tempo limite), mas você prefere que as mudanças nas categorias sejam visíveis imediatamente.

Os caches de classe são sempre habilitados para toda uma hierarquia de classes persistentes. Você não pode somente cachear instâncias de uma determinada subclasse.

Esse mapeamento é o suficiente para informar ao Hibernate que deve cachear todos os valores de propriedade simples de Category, mas não o estado de entidades associadas ou coleções. Coleções requerem a sua própria região do cache (<cache>). Para a coleção items você usa uma estratégia de concorrência read-write:

```
<class name="auction.model.Category"
      table="CATEGORY">

  <cache usage="read-write"/>
  <id ...

  <set name="items">
    <cache usage="read-write"/>
    <key ...
  </set>

</class>
```

O nome da região do cache da coleção é o nome da classe totalmente qualificado mais o nome da propriedade da coleção, auction.model.Category.items. A anotação @org.hibernate.annotations.Cache também pode ser declarada em um campo ou método getter da coleção.

Essa definição do cache é efetiva quando você chama aCategory.getItems() – em outras palavras, um cache de coleção é uma região que contém "que itens estão em que categoria". É um cache de identificadores somente; não existe dado real de Category ou Item nessa região.

Se você requer que as próprias instâncias Item sejam cacheadas, você deve habilitar o cacheamento da classe Item. Uma estratégia *leitura-escrita* é especialmente apropriada. Os seus usuários não querem tomar decisões (fazendo um lance, por exemplo) baseadas em possíveis dados antigos de um item. Vamos dar um passo à frente e considerar a coleção bids: um determinado lance (Bid) na coleção bids é imutável, mas a coleção bids é mutável, e unidades de trabalho concorrentes precisam ver qualquer adição ou remoção de um elemento da coleção sem demora:

```
<class name="Item"
      table="ITEM">

  <cache usage="read-write"/>

  <id ...

  <set name="bids">
```

604 | JAVA PERSISTENCE COM HIBERNATE

```
    <cache usage="read-write"/>
    <key ...
  </set>

</class>
```

Você aplica uma estratégia *somente-leitura* à classe Bid:

```
<class name="Bid"
    table="BID" mutable="false">

  <cache usage="read-only"/>

  <id ...

</class>
```

Os dados de Bid nunca são então expirados do cache, pois eles só podem ser criados e nunca atualizados. (Os lances, claro, podem ser expirados pelo fornecedor de cache – por exemplo, se o número máximo de objetos no cache for alcançado.) O Hibernate também removerá os dados do cache se uma instância Bid for deletada, mas ele não fornece qualquer garantia transacional ao fazer isso.

User é um exemplo de classe que poderia ser cacheada com a estratégia *leitura-escrita-não-rigorosa*, mas não estamos certos se faz sentido cachear os usuários.

Vamos definir o fornecedor de cache, suas políticas de expiração, e as regiões físicas do seu cache. Você usa regiões do cache para configurar cacheamento de classe e coleção individualmente.

13.4.2 Entenda regiões do cache

O Hibernate mantém diversas classes/coleções em diferentes *regiões do cache*. Uma região é um cache nomeado: um *handle* pelo qual você pode referenciar classes e coleções na configuração do fornecedor de cache e definir as políticas de expiração aplicáveis àquela região. Uma descrição mais gráfica é que regiões são baldes de dados, dos quais existem dois tipos: um tipo que contém o dado desmontado de instâncias de entidade, e o outro tipo que contém somente identificadores de entidades ligadas através de uma coleção.

O nome da região é o nome da classe no caso de um cache de classe, ou o nome da classe junto com o nome da propriedade no caso de um cache de coleção. Instâncias Category são cacheadas em uma região chamada auction.model.Category, enquanto que a coleção items é cacheada em uma região chamada auction.model.Category.items.

A propriedade de configuração do Hibernate chamada hibernate.cache.region_prefix pode ser usada para especificar um prefixo de nome de região para uma determinada SessionFactory ou unidade de persistência. Por exemplo, se o prefixo é definido para db1, a

Category é cacheada em uma região chamada db1.auction.model.Category. Essa definição é necessária se a sua aplicação funciona com múltiplas instâncias SessionFactory ou unidades de persistência. Sem isso, os nomes de região do cache de diferentes unidades de persistência podem conflitar.

Agora que você sabe sobre regiões do cache, pode configurar as propriedades físicas do cache auction.model.Category. Primeiro vamos escolher um fornecedor de cache. Suponha que você esteja rodando a sua aplicação de leilão em uma única JVM, então você não precisa de um fornecedor que tenha conhecimento de cluster.

13.4.3 Como configurar um fornecedor de cache local

Você precisa definir a propriedade de configuração que seleciona um fornecedor de cache:

```
hibernate.cache.provider_class = org.hibernate.cache.EhCacheProvider
```

Você escolhe o EHCache como o seu cache de segundo nível nesse caso.

Agora, você precisa especificar as propriedades das regiões do cache. O EHCache tem o seu próprio arquivo de configuração, ehcache.xml, no classpath da aplicação. A distribuição do Hibernate vem empacotada com arquivos de configuração de exemplo para todos os fornecedores de cache empacotados, então recomendamos que você leia os comentários de uso nesses arquivos para configuração detalhada e assuma os padrões para todas as opções que não mencionamos explicitamente.

Uma configuração de cache no ehcache.xml para a classe Category pode se parecer com isso:

```
<cache name="auction.model.Category"
      maxElementsInMemory="500"
      eternal="true"
      timeToIdleS econds="0"
      timeToLiveSeconds="0"
      overflowToDisk="false"
/>
```

Existe um pequeno número de instâncias Category. Você então desabilita a evicção escolhendo um limite de tamanho do cache maior que o número de categorias no sistema e definindo eternal="true", desabilitando a evicção por limite de tempo. Não existe necessidade de expirar dado cacheado por limite de tempo porque a estratégia de concorrência do cache Category é *leitura-escrita* e pois não existem outras aplicações mudando os dados de uma categoria diretamente no banco de dados. Você também desabilita o estouro do cache se baseando em disco, pois você sabe que existem poucas instâncias de Category e então o consumo de memória não será um problema.

Os lances, por outro lado, são pequenos e imutáveis, mas existem muitos deles, então você deve configurar o EHCache para gerenciar cuidadosamente o consumo de memória do cache. Você usa assim um limite de tempo para expiração e um limite de tamanho máximo do cache:

606 | JAVA PERSISTENCE COM HIBERNATE

```
<cache name="auction.model.Bid"
       maxElementsInMemory="50000"
       eternal="false"
       timeToIdleSeconds="1800"
       timeToLiveSeconds="100000"
       overflowToDisk="false"
/>
```

O atributo timeToIdleSeconds define o tempo de expiração em segundos desde que um elemento foi acessado pela última vez no cache. Você deve definir um valor sensato aqui, pois você não quer que lances que não são usados consumam a memória. O atributo timeToLiveSeconds define o tempo máximo de expiração em segundos a partir do momento em que o elemento foi adicionado ao cache. Como os lances são imutáveis, você não precisa que sejam removidos do cache se eles estão sendo acessados regularmente. Por isso, timeToLiveSeconds é definido para o número alto.

O resultado é que lances cacheados serão removidos do cache se não foram usados nos últimos 30 minutos ou se foram os itens menos usados recentemente quando o tamanho total do cache alcança o seu limite máximo de 50.000 elementos.

Você desabilita o cache baseado em disco nesse exemplo, pois você antecipa que o servidor de aplicações será implantado na mesma máquina que o banco de dados. Se a arquitetura física esperada fosse diferente, você talvez pudesse habilitar o cache baseado em disco para reduzir o tráfego de rede. Acessar dados no disco local é mais rápido que acessar o banco de dados através de uma rede.

Políticas de evicção de cache ótimas são, como você pode ver, específicas do dado e da aplicação. Você deve considerar muitos fatores externos, incluindo a memória disponível na máquina do servidor de aplicações, a carga esperada na máquina do banco de dados, a latência de rede, a existência de aplicações de legado, e assim por diante. Alguns desses fatores não podem ser conhecidos em tempo de desenvolvimento, então você precisa freqüentemente testar repetidamente o impacto de performance de diferentes definições no ambiente de produção ou em uma simulação. Consideramos otimização com o cache de segundo nível algo que você não fará durante o desenvolvimento, pois testar sem conjuntos de dados e concorrência reais não mostra a performance e a escalabilidade final do sistema. Isso é especialmente verdade em um cenário mais complexo, com um cache replicado em um cluster de maquinas.

13.4.4 Como configurar um cache replicado

O EHCache será um excelente fornecedor de cache se a sua aplicação for implantada em uma única maquina virtual. Contudo, aplicações corporativas que suportam milhares de usuários concorrentes podem requerer mais poder de computação, e escalonar a sua aplicação pode ser crítico para o sucesso do seu projeto. Aplicações com Hibernate são naturalmente escalonáveis: nenhum aspecto do Hibernate limita os nós nos quais a sua aplicação é

Capítulo 13 – Como otimizar a recuperação e o cacheamento | 607

implantada. Com algumas mudanças na sua configuração do cache, você pode até usar um sistema de cacheamento em cluster.

Recomendamos o JBoss Cache, um sistema de cacheamento próprio para cluster (cluster-safe) baseado em TreeCache e na biblioteca de transmissão múltipla do JGroups. O JBoss Cache é extremamente escalonável e a comunicação de cluster pode ser ajustada de qualquer maneira imaginável.

Agora iremos passar por uma configuração do JBoss Cache para o CaveatEmptor para um pequeno cluster de dois nós, chamados de nó *A* e nó *B*. Contudo, somente falamos um pouco do tópico, configurações de cluster são por natureza complexas e muitas definições dependem do cenário em particular.

Primeiro você tem de verificar que todos os arquivos de mapeamento usem *somente-leitura* ou *transacional* como a estratégia de concorrência do cache. Essas são as únicas estratégia suportadas pelo fornecedor JBoss Cache. Existe um bom truque que ajuda a evitar esse problema de busca e substitui no futuro. Ao invés de colocar os elementos <cache> nos seus arquivos de mapeamento, você pode centralizar a configuração do cache no seu hibernate.cfg.xml:

```
<hibernate-configuration>
<session-factory>

    <property .../>
    <mapping .../>

    <class-cache
            class="org.hibernate.auction.model.Item"
            usage="transactional"/>

    <collection-cache
            collection="org.hibernate.auction.model.Item.bids"
            usage="transactional"/>

</session-factory>

</hibernate-configuration>
```

Você habilitou cacheamento transacional para Item e a coleção bids nesse exemplo. Contudo, existe uma importante advertência: na época em que escrevíamos este texto, o Hibernate entrava em conflito se você também tivesse elementos <cache> no arquivo de mapeamento para Item. Você então não pode usar a configuração global para sobrescrever as definições do arquivo de mapeamento. Recomendamos que você use a configuração global do cache desde o inicio, especialmente se você não estiver certo de como a sua aplicação pode ser implantada. É também mais fácil ajustar as definições do cache com uma única localização da configuração.

O próximo passo para a configuração do cluster é a configuração do fornecedor JBoss Cache. Primeiro você o habilita na configuração do Hibernate – por exemplo, se você não estiver usando propriedades, no hibernate.cfg.xml:

608 | JAVA PERSISTENCE COM HIBERNATE

```
<property name="cache.provider_class">
    org.hibernate.cache.TreeCacheProvider
</property>
```

O JBoss Cache tem o seu próprio arquivo de configuração, treecache.xml, esperado que esteja no classpath da sua aplicação. Em alguns cenários, você precisa de uma diferente configuração para cada nó em seu cluster, e você deve garantir que o arquivo correto seja copiado para o classpath na implantação. Vamos olhar um típico arquivo de configuração. No cluster de dois nós (chamado de MyCluster), esse arquivo é usado no nó *A*:

```
<server>
    <classpath codebase="./lib"
                archives="jboss-cache.jar, jgroups.jar"/>
    <mbean code="org.jboss.cache.TreeCache"
        name="jboss.cache:service=TreeCache">

        <depends>jboss:service=Naming</depends>
        <depends>jboss:service=TransactionManager</depends>

        <attribute name="TransactionManagerLookupClass">
            org.jboss.cache.GenericTransactionManagerLookup
        </attribute>

        <attribute name="ClusterName">MyCluster</attribute>
        <attribute name="NodeLockingScheme">PESSIMISTIC</attribute>
        <attribute name="CacheMode">REPL_SYNC</attribute>
        <attribute name="IsolationLevel">REPEATABLE_READ</attribute>

        <attribute name="FetchInMemoryState">false</attribute>
        <attribute name="InitialStateRetrievalTimeout">20000</attribute>
        <attribute name="SyncReplTimeout">20000</attribute>
        <attribute name="LockAcquisitionTimeout">15000</attribute>
        <attribute name="ClusterConfig">
            <config>
                <UDP loopback="false"/>

                <PING timeout="2000"
                      num_initial_members="3"
                      up_thread="false"
                      down_thread="false"/>

                <FD_SOCK/>

                <pbcast.NAKACK gc_lag="50"
                               retransmit_timeout="600,1200,2400,4800"
                               max_xmit_size="8192"
                               up_thread="false" down_thread="false"/>

                <UNICAST timeout="600,1200,2400"
                         window_size="100"
                         min_threshold="10"
```

CAPÍTULO 13 – COMO OTIMIZAR A RECUPERAÇÃO E O CACHEAMENTO   609

```
                down_thread="false"/>

        <pbcast.STABLE desired_avg_gossip="20000"
                up_thread="false"
                down_thread="false"/>

        <FRAG frag_size="8192"
            down_thread="false"
            up_thread="false"/>

        <pbcast.GMS join_timeout="5000"
                join_retry_timeout="2000"
                shun="true" print_local_addr="true"/>

        <pbcast.STATE_TRANSFER up_thread="true"
                        down_thread="true"/>
    </config>
  </attribute>

 </mbean>
</server>
```

Concordo, esse arquivo de configuração deve parecer assustador de início, mas ele é fácil de entender. Você tem de saber que ele não é somente um arquivo de configuração para o JBoss Cache, ele é muitas coisas em um: uma configuração de serviço JMX para implantação em JBoss AS, um arquivo de configuração para o TreeCache, e uma configuração de granulosidade fina do JGroups, a biblioteca de comunicação.

Ignore as primeiras linhas relacionadas à implantação no JBoss e olhe o primeiro atributo, TransactionManagerLookupClass. O GenericTransactionManagerLookup tenta encontrar o gerenciador de transação nos servidores de aplicações mais populares, mas ele também funciona em um ambiente independente sem JTA (cacheamento em cluster sem um gerenciador de transação é um cenário raro). Se o JBoss Cache jogar uma exceção na inicialização, informando a você que ele não pode encontrar o gerenciador de transação, você terá de criar tal classe de pesquisa você mesmo para o seu fornecedor de JTA/servidor de aplicações.

Depois estão os atributos de configuração para um cache replicado que usa comunicação *sincronizada*. Isso significa que um nó mandando uma mensagem de sincronização espera até que todos os nós no grupo tenham conhecimento da mensagem. Essa é uma boa escolha para um cache replicado real; comunicação assíncrona não bloqueante seria mais apropriada se o nó *B* fosse um nó em *estado de prontidão quente* (*hot standby* – um nó que imediatamente assume se o nó *A* falha) ao invés de um parceiro ativo (*live partner*). Essa é uma questão de superação automática de falhas versus capacidade de computação, ambas boas razões para configurar um cluster. A maioria dos atributos de configuração deve ser auto-explicativa como os limites de tempo e a recuperação de estado quando um nó se junta a um cluster.

O JBoss Cache também pode evencer elementos, para prevenir exaustão de memória. Nesse exemplo, você não configura uma política de evicção, então o cache começa lentamente a

610 | JAVA PERSISTENCE COM HIBERNATE

preencher toda memória disponível. Você terá que consultar a documentação do JBoss Cache para configuração de política de evicção; o uso de definições de evicção e de nomes de região do Hibernate é similar ao EHCache.

O JBoss Cache também suporta invalidação em vez de replicação de dado modificado em um cluster, uma escolha potencialmente de melhor performance. O cache de consulta do Hibernate, contudo, requer replicação. Você também pode trocar para bloqueio otimista (OPTIMISTIC) ao invés de pessimista, novamente aumentando a escalabilidade do cache em cluster. Fazer isso requer um diferente plug-in de fornecedor de cache do Hibernate, org.hibernte.cache.OptimisticTreeCacheProvider.

E, por fim, vamos olhar a configuração do JGroups da comunicação em cluster. A ordem dos protocolos de comunicação é extremamente importante, então não mude ou adicione linhas randomicamente. O mais interessante é o primeiro protocolo, <UDP>. O atributo loopback deve ser definido para verdadeiro se o nó A é uma máquina Microsoft Windows (não é nesse caso).

Os outros atributos do JGroups são mais complexos e podem ser encontrados na documentação do JGroups. Eles lidam com os algoritmos de descoberta usados para detectar novos nós em um grupo, detecção de falha, e, em geral, o gerenciamento da comunicação do grupo.

Após mudar a estratégia de concorrência do cache de suas classes persistentes para *transacional* (ou *somente-leitura*) e criar um arquivo treecache.xml para o nó A, você pode iniciar a sua aplicação e olhar para a saída do log. Recomendamos que você habilite o log de DEBUG para o pacote org.jboss.cache; você então verá como o JBoss Cache lê a configuração e apresenta o nó A como o primeiro nó no cluster. Para implantar o nó B, implante a aplicação nesse nó; nenhum arquivo de configuração precisa ser modificado (se o segundo nó também não é uma máquina Microsoft Windows). Se você iniciar esse segundo nó, deverá ver mensagens de junção em ambos os nós. A sua aplicação Hibernate agora usa cacheamento totalmente transacional em um cluster.

Existe uma última definição opcional a considerar. Para fornecedores de cache em cluster, pode ser melhor definir a opção de configuração do Hibernate hibernate.cache.use_minimal_puts para true. Quando essa definição é habilitada, o Hibernate só adiciona um item ao cache depois de checar para garantir que o item já não esteja no cache. Essa estratégia executa melhor se as escritas no cache ("*puts*") são muito mais caras que as leituras do cache ("*gets*"). Esse é o caso para um cache replicado em um cluster, mas não para um cache local ou um fornecedor de cache que se baseie em invalidação em vez de replicação.

Não importa se você está usando um cache em cluster ou local, você algumas vezes precisa controlá-lo programaticamente, seja por motivos de teste ou de ajuste.

13.4.5 Como controlar o cache de segundo nível

O Hibernate tem alguns métodos úteis que podem ajudá-lo a testar e ajustar o seu cache. Considere a chave de configuração global para o cache de segundo nível, hibernate.cache.use_second_level_cache. Por padrão, qualquer elemento <cache> nos seus arquivos de mapeamento (ou no hibernate.cfg.xml, ou na forma de anotação) aciona o cache de segundo nível e carrega o fornecedor de cache na inicialização. Se você quer desabilitar o cache de segundo nível globalmente sem remover os elementos de mapeamento de cache ou anotações, defina essa propriedade de configuração para false.

Assim como a Session e a EntityManager fornecem métodos para controlar o cache de primeiro nível do contexto de persistência programaticamente, a SessionFactory também fornece para o cache de segundo nível. Em uma aplicação JPA, você tem que ter acesso a SessionFactory interna subjacente, como descrito no Capítulo 2, Seção 2.2.4, "Como trocar para interfaces do Hibernate".

Você pode chamar o evict() para remover um elemento do cache de segundo nível especificando a classe e o valor identificador do objeto:

```
SessionFactory.evict( Category.class, new Long(123) );
```

Você também pode evencer todos os elementos de uma certa classe ou somente evencer um determinado papel de coleção especificando um nome de região:

```
SessionFactory.evict("auction.model.Category");
```

Você raramente irá precisar desses mecanismos de controle. Note também que a evicção do cache de segundo nível é não transacional, ou seja, a região do cache não é bloqueada durante a evicção.

O Hibernate também oferece opções de modo de cache (CacheMode) que podem ser ativadas para uma determinada Session. Imagine que você quer inserir muitos objetos dentro do banco de dados em uma Session. Você precisa fazer isso em lotes, para evitar a exaustão de memória – todo objeto é adicionado ao cache de primeiro nível. Contudo, ele também é adicionado ao cache de segundo nível, se habilitado para a classe de entidade. Um CacheMode controla a interação do Hibernate com o cache de segundo nível:

```
Session session = sessionFactory.openSession();
Transaction tx = session.beginTransaction();

session.setCacheMode(CacheMode.IGNORE);

for ( int i=0; i<100000; i++ ) {
    Item item = new Item(...);
    session.save(item);
    if ( i % 100 == 0 ) {
        session.flush();
        session.clear();
```

612 | JAVA PERSISTENCE COM HIBERNATE

```
    }
}
tx.commit();
session.close();
```

Definir CacheMode.IGNORE informa ao Hibernate que não interaja com o cache de segundo nível, nessa Session em particular. As opções disponíveis são as seguintes:

- CacheMode.NORMAL – O comportamento padronizado.

- CacheMode.IGNORE – O Hibernate nunca interage com o cache de segundo nível exceto para invalidar itens cacheados quando atualizações ocorrem.

- CacheMode.GET – É possível que o Hibernate leia itens a partir do cache de segundo nível, mas ele não irá adicionar itens exceto para invalidar itens quando atualizações ocorrerem.

- CacheMode.PUT – O Hibernate nunca lê itens a partir do cache de segundo nível, mas ele adiciona itens ao cache à medida que ele os lê a partir do banco de dados.

- CacheMode.REFRESH – O Hibernate nunca lê itens a partir do cache de segundo nível, mas ele adiciona itens ao cache à medida que ele os lê a partir do banco de dados. Nesse modo, o efeito da opção hibernate.cache.use_minimal_puts é ignorado, de maneira a *forçar* uma atualização do cache em um cache replicado em cluster.

Bons casos de uso para quaisquer modos de cache exceto NORMAL e IGNORE são raros.

Isso completa a nossa discussão dos caches de primeiro e segundo nível em uma aplicação Hibernate. Gostaríamos de repetir uma declaração que fizemos no início dessa seção: a sua aplicação deve executar satisfatoriamente sem o cache de segundo nível. Nós somente remediamos os sintomas, e não o problema de fato se um determinado procedimento na sua aplicação estiver rodando em 2 ao invés de 50 segundos com o cache de segundo nível habilitado. Customização do plano e estratégia de recuperação é sempre o seu primeiro passo de otimização; então, use o cache de segundo nível para tornar a sua aplicação veloz e para escaloná-la para a carga de transação concorrente que ela terá de tratar em produção.

13.5 RESUMO

Neste capítulo, você criou um plano de recuperação global e definiu que objetos e coleções devem ser carregados para a memória o tempo todo. Você definiu o plano de recuperação baseado em seus casos de uso e em como você quer acessar as entidades associadas e iterar através das coleções na sua aplicação.

Depois, você selecionou a estratégia correta de recuperação para o seu plano de recuperação. O seu objetivo é minimizar o número de declarações SQL e a complexidade de cada declaração SQL que deve ser executada. Você especialmente quer evitar as questões das n+1

CAPÍTULO 13 – COMO OTIMIZAR A RECUPERAÇÃO E O CACHEAMENTO | 613

seleções e do produto Cartesiano que examinamos em detalhes, usando várias estratégias de otimização.

A segunda metade deste capítulo introduziu cacheamento com a teoria por trás do cacheamento e uma lista que você pode aplicar para descobrir que classes e coleções são boas candidatas para o opcional cache de segundo nível do Hibernate. Você então configurou e habilitou o cacheamento de segundo nível para algumas classes e coleções com o fornecedor local EHCache, e com um habilitado para cluster JBoss Cache.

A Tabela 13.2 mostra um resumo que você pode usar para comparar características do Hibernate nativo e o Java Persistence.

Tabela 13.2 Planilha de comparação do Hibernate e do JPA para o Capítulo 13

Hibernate Core	Java Persistence e EJB 3.0
O Hibernate suporta definição do plano de recuperação com carregamento preguiçoso através de *proxies* ou baseado em interceptação.	O Hibernate implementa um fornecedor Java Persistence com carregamento preguiçoso com *proxy* ou baseado em interceptação.
O Hibernate permite controle de granulosidade fina sobre o plano e estratégias de recuperação.	O Java Persistence padroniza anotações para declaração do plano de recuperação, extensões do Hibernate são usadas para otimização de granulosidade fina da estratégia de recuperação.
O Hibernate fornece um ótimo cache de segundo nível para dados de classe e de coleção, configurado em um arquivo de configuração ou arquivos de mapeamento XML do Hibernate.	Usa anotações do Hibernate para a declaração da estratégia de concorrência do cache em entidades e coleções.

Os próximos capítulos lidam exclusivamente com como consultar e como escrever e executar consultas HQL, JPA QL, SQL, e Criteria com todas as interfaces do Hibernate e do Java Persistence.

CAPÍTULO 14

COMO CONSULTAR COM HQL E JPA QL

Esse capítulo aborda

- Entenda as várias opções de consulta
- Como escrever consultas HQL e JPA QL
- Junções, consultas de relatório, subseleções

As consultas são a parte mais interessante na escrita de um bom código de acesso a dados. Uma consulta complexa pode requerer um longo tempo para ficar correta, e seu impacto na performance da aplicação pode ser enorme. Por outro lado, escrever consultas se torna muito mais fácil com mais experiência, e o que parecia difícil a princípio é somente uma questão de saber algumas características mais avançadas.

Se você já vem usando SQL escrito à mão há alguns anos, pode estar achando que o ORM vai tirar um tanto da expressividade e flexibilidade com as quais você está acostumado. Esse não é o caso de Hibernate e Java Persistence.

Os recursos poderosos de consulta do Hibernate lhe permitem expressar quase tudo o que você geralmente (ou até mesmo excepcionalmente) precisa expressar em SQL, mas em termos de orientação para objetos - usando classes e propriedades de classes.

Iremos lhe mostrar as diferenças entre as consultas do Hibernate nativo e o subconjunto padronizado no Java Persistence. Você também poderá usar esse capítulo como uma referência; portanto algumas seções são escritas em um estilo menos verboso, mas mostram muitos exemplos de código pequenos para diferentes casos de uso. Nós também às vezes omitimos otimizações na aplicação CaveatEmptor para melhor legibilidade. Por exemplo, em vez de nos referirmos ao tipo valor MonetaryAmount, usamos uma quantia BigDecimal em comparações.

14.1 Como criar e rodar consultas

Vamos começar com alguns exemplos para que você entenda o uso básico. Em capítulos anteriores, mencionamos que existem três maneiras de expressar consultas no Hibernate:

- Linguagem de Consulta do Hibernate (HQL), e o subconjunto padronizado na forma do JPA QL:

```
session.createQuery("from Category c where c.name like 'Laptop%'");
entityManager.createQuery(
    "select c from Category c where c.name like 'Laptop%'"
);
```

- A API Criteria para *consulta por critérios* (QBC) e *consulta por exemplo* (QBE):

```
session.createCriteria(Category.class)
        .add( Restrictions.like("name", "Laptop%") );
```

- SQL direto com ou sem mapeamento automático de conjuntos de dados para objetos:

```
session.createSQLQuery(
    "select {c.*} from CATEGORY {c} where NAME like 'Laptop%'"
).addEntity("c", Category.class);
```

Uma consulta deve ser preparada no código da aplicação antes de sua execução. Portanto, consultar envolve vários passos distintos:

616 | JAVA PERSISTENCE COM HIBERNATE

1. Crie a consulta, com qualquer restrição ou projeção de dados que você quer recuperar.
2. Vincule argumentos de tempo de execução aos parâmetros da consulta; a consulta pode ser reusada com a troca das opções.
3. Execute a consulta preparada contra o banco de dados que resulta na recuperação dos dados. Você pode controlar como a consulta é executada e como os dados devem ser recuperados para dentro da memória (tudo de uma vez ou parcialmente, por exemplo).

O Hibernate e o Java Persistence oferecem interfaces de consulta e métodos nessas interfaces para preparar e executar operações arbitrárias de recuperação de dados.

14.1.1 Como preparar uma consulta

As interfaces org.hibernate.Query e org.hibernate.Criteria, ambas definem vários métodos para o controle da execução de uma consulta. Em adição, a Query fornece métodos para vincular valores concretos aos parâmetros da consulta. Para executar uma consulta na sua aplicação, você precisa obter uma instância de uma dessas interfaces usando a Session.

O Java Persistence especifica a interface javax.persistence.Query. A interface padronizada não é tão rica quanto a API do Hibernate nativo, mas oferece todos os métodos necessários para executar uma consulta de diferentes maneiras e para vincular argumentos aos parâmetros da consulta. Infelizmente, a útil API Criteria do Hibernate não tem equivalente em Java Persistence, embora seja muito provável que uma interface de consulta similar seja adicionada em uma futura versão do padrão.

Como criar um objeto consulta

Para criar uma nova instância Query do Hibernate, chame ou createQuery() ou createSQLQuery() em uma Session. O método createQuery() prepara uma consulta HQL:

```
Query hqlQuery = session.createQuery("from User");
```

O createSQLQuery() é usado para criar uma consulta SQL usando a sintaxe nativa do banco de dados subjacente:

```
Query sqlQuery =
        session.createSQLQuery(
            "select {user.*} from USERS {user}"
        ).addEntity("user", User.class);
```

Em ambos os casos, o Hibernate retorna um novo e instanciado objeto Query que pode ser usado para especificar exatamente como uma determinada consulta deve ser executada e para permitir a execução da consulta. Até agora, nenhum SQL foi mandado para o banco de dados.

CAPÍTULO 14 – COMO CONSULTAR COM HQL E JPA QL | 617

Para obter uma instância Criteria, chame createCriteria(), passando a classe dos objetos que você quer que a consulta retorne. Isso também é chamado de a *entidade-raiz* da consulta por critérios, a classe User nesse exemplo:

```
Criteria crit = session.createCriteria(User.class);
```

A instância Criteria pode ser usada da mesma maneira que o objeto Query – mas ela também é usada para construir a representação orientada para objetos da consulta, através da adição de instâncias Criterion e navegando as associações para novas Criterias.

Com a API do Java Persistence, o seu ponto de início para consultas é a EntityManager. Para criar uma instância javax.persistence.Query para o JPA QL, chame createQuery():

```
Query ejbQuery = em.createQuery("select u from User u");
```

Para criar uma consulta em SQL nativo, use createNativeQuery():

```
Query sqlQuery =
        em.createNativeQuery(
        "select u.USER_ID, u.FIRSTNAME, u.LASTNAME from USERS u",
        User.class
        );
```

A forma com que você define os objetos retornados a partir de uma consulta nativa é um pouco diferente da do Hibernate (não existem espaços reservados na consulta aqui).

Após ter criado a consulta, você a prepara para execução definindo várias opções.

Como paginar o resultado

Uma técnica comumente usada é *paginação*. Os usuários podem ver os resultados de seus pedidos de busca (por exemplo, por itens (Items) específicos) como uma página. Essa página mostra um subconjunto limitado (digamos, 10 Items) por vez, e os usuários podem navegar pelas páginas manualmente (avançando e retrocedendo). No Hibernate, as interfaces Query e Criteria suportam essa paginação dos resultados da consulta:

```
Query query =
        session.createQuery("from User u order by u.name asc");
query.setMaxResults(10);
```

A chamada para setMaxResults(10) limita o conjunto de resultados da consulta para os primeiros 10 objetos (linhas) retornados pelo banco de dados. Nessa consulta Criteria, a página requisitada se inicia no meio do conjunto de resultados:

```
Criteria crit = session.createCriteria(User.class);
crit.addOrder( Order.asc("name") );
crit.setFirstResult(40);
crit.setMaxResults(20);
```

618 | JAVA PERSISTENCE COM HIBERNATE

Começando pelo quadragésimo objeto, você recupera os próximos 20 objetos. Note que não existe uma maneira padronizada para expressar paginação no SQL – o Hibernate sabe os truques para fazer esse trabalho eficientemente no seu banco de dados em particular. Você pode até *adicionar* essa opção flexível de paginação a uma consulta SQL. O Hibernate irá reescrever o seu SQL para paginação:

```
Query sqlQuery =
        session.createSQLQuery("select {u.*} from USERS {u}")
                .addEntity("u", User.class);
sqlQuery.setFirstResult(40);
sqlQuery.setMaxResults(20);
```

Você pode usar o estilo de codificação de encadeamento de método (métodos retornam o objeto recebido em vez de void) com as interfaces Query e Criteria, reescrevendo os dois exemplos anteriores como se segue:

```
Query query =
    session.createQuery("from User u order by u.name asc")
            .setMaxResults(10);
Criteria crit =
    session.createCriteria(User.class)
            .addOrder( Order.asc("name") )
            .setFirstResult(40)
            .setMaxResults(20);
```

As chamadas encadeadas de método são menos verbosas e são suportadas por muitas APIs do Hibernate. As interfaces de consulta do Java Persistence também suportam paginação e encadeamento de método para consultas JPA QL e SQL com a interface javax.persistence.Query:

```
Query query =
    em.createQuery("select u from User u order by u.name asc")
        .setFirstResult(40)
        .setMaxResults(20);
```

O que se segue na preparação da sua consulta é a definição de quaisquer parâmetros em tempo de execução.

Considere vinculação de parâmetro

Sem vinculação de parâmetro em tempo de execução, você tem que escrever código ruim:

```
String queryString =
        "from Item i where i.description like '" + search + "'";
List result = session.createQuery(queryString).list();
```

Você nunca deve escrever esse código, pois um usuário malicioso poderia buscar pela seguinte descrição de item – ou seja, entrando com o valor de search em uma caixa de diálogo de busca como

```
foo' and callSomeStoredProcedure() and 'bar' = 'bar
```

Como você pode ver, a queryString original não é mais uma simples busca por uma seqüência de caracteres, agora ela também executa um procedimento armazenado no banco de dados! As aspas simples não são precedidas do caractere de escape; portanto a chamada ao procedimento armazenado é uma outra expressão válida na consulta. Se você escrever uma consulta como essa, você abre um enorme buraco de segurança na sua aplicação permitindo a execução de código arbitrário no seu banco de dados. Isso é conhecido como uma questão de segurança de *injeção de SQL*. Nunca passe valores não checados da entrada do usuário para o banco de dados! Felizmente, um simples mecanismo previne essa falha.

O driver JDBC inclui funcionalidade para vinculação de valores aos parâmetros SQL com segurança. Ele sabe exatamente que caracteres no valor do parâmetro devem ser precedidos com o caractere de escape, para que a vulnerabilidade anterior não ocorra. Por exemplo, as aspas simples na search dada são precedidas do caractere de escape e não são mais tratadas como caracteres de controle, mas sim como parte do valor da seqüência de caracteres da busca. Além do mais, quando você usa parâmetros, o banco de dados é capaz de cachear eficientemente declarações preparadas pré-compiladas, melhorando a performance de forma significativa.

Existem duas abordagens para *vinculação de parâmetro*: usando posicional ou usando parâmetros nomeados. O Hibernate e o Java Persistence suportam ambas as opções, mas você não pode usar as duas ao mesmo tempo para uma determinada consulta.

Com parâmetros nomeados, você pode reescrever a consulta como

```
String queryString =
    "from Item item where item.description like :search";
```

O dois pontos seguido por um nome de parâmetro indica um parâmetro nomeado. Então, vincule um valor ao parâmetro search:

```
Query q = session.createQuery(queryString)
                .setString("search", searchString);
```

Como searchString é uma variável de seqüência de caracteres fornecida pelo usuário, você chama o método setString() da interface Query para vinculá-la ao parâmetro nomeado (:search). Esse código é mais limpo, muito mais seguro, e executa melhor, pois uma única declaração SQL compilada pode ser reusada somente se os parâmetros de vinculação mudarem.

Freqüentemente, você irá precisar de múltiplos parâmetros:

```
String queryString = "from Item item"
                + " where item.description like :search"
                + " and item.date > :minDate";
Query q = session.createQuery(queryString)
            .setString("search", searchString)
            .setDate("minDate", mDate);
```

A mesma consulta e código têm um aspecto um pouco diferente em Java Persistence:

620 | JAVA PERSISTENCE COM HIBERNATE

```
Query q = em.createQuery(queryString)
            .setParameter("search", searchString)
            .setParameter("minDate", mDate, TemporalType.DATE);
```

O método setParameter() é uma operação genérica que pode vincular todos os tipos de argumentos, ele somente precisa de uma pequena ajuda para tipos temporais (o motor precisa saber se você quer somente a data, a hora, ou uma vinculação completa da marcação de horário). O Java Persistence suporta somente esse método para vinculação de parâmetros (o Hibernate, a propósito, também tem isso).

O Hibernate, por outro lado, oferece muitas outras operações, algumas delas para integridade, outras para conveniência, que você pode usar para vincular argumentos a parâmetros da consulta.

Como usar a vinculação de parâmetro do Hibernate

Você chamou setString() e setDate() para vincular argumentos a parâmetros da consulta. A interface Query do Hibernate nativo oferece métodos similares de conveniência para vinculação de argumentos para a maioria dos tipos inerentes do Hibernate: tudo desde setInteger() até setTimestamp() e setLocale(). Eles são em sua maioria opcionais; você pode se basear no método setParameter() para descobrir o tipo correto automaticamente (exceto para tipos temporais).

Um método particularmente útil é o setEntity(), que o deixa vincular uma entidade persistente (note que o setParameter() é esperto o suficiente para entender até mesmo isso automaticamente):

```
session.createQuery("from Item item where item.seller = :seller")
        .setEntity("seller", theSeller);
```

Contudo, também existe um método genérico que lhe permite vincular um argumento de qualquer tipo do Hibernate:

```
String queryString = "from Item item"
                    + " where item.seller = :seller and"
                    + " item.description like :desc";

session.createQuery(queryString)
        .setParameter( "seller",
                        theSeller,
                        Hibernate.entity(User.class) )
        .setParameter( "desc", description, Hibernate.STRING );
```

Isso funciona até mesmo para tipos customizados definidos pelo usuário, como o MonetaryAmount:

```
Query q = session.createQuery("from Bid where amount > :amount");
q.setParameter( "amount", givenAmount,
                Hibernate.custom(MonetaryAmountUserType.class) );
```

Se você tem um JavaBean com as propriedades seller e description, você chama o método setProperties() para vincular os parâmetros da consulta. Por exemplo, você pode passar parâmetros de consulta em uma instância da própria classe Item:

```
Item item = new Item();
item.setSeller(seller);
item.setDescription(description);

String queryString = "from Item item"
                   + " where item.seller = :seller and"
                   + " item.description like :desccription";

session.createQuery(queryString).setProperties(item);
```

A vinculação do setProperties() compara os nomes das propriedades do JavaBean com os parâmetros nomeados na consulta, internamente chamando o setParameter() para inferir o tipo do Hibernate e vincular o valor. Na prática, isso se mostra ser menos útil do que parece, pois alguns tipos comuns do Hibernate não são capazes de serem inferidos (tipos temporais, em particular).

Os métodos de vinculação de parâmetro da Query são *null-safe*. Então o seguinte código é válido:

```
session.createQuery("from User as u where u.username = :name")
        .setString("name", null);
```

Contudo, o resultado desse código não é (quase que com certeza) o que você pretendia! O SQL resultante irá conter uma comparação do tipo USERNAME = null, que *sempre* avalia para nulo na lógica ternária do SQL. Em vez disso, você deve usar o operador is null:

```
session.createQuery("from User as u where u.username is null");
```

Como usar parâmetros posicionais

Se você preferir, você pode usar parâmetros posicionais no Hibernate e no Java Persistence:

```
String queryString = "from Item item"
                   + " where item.description like ?"
                   + " and item.date > ?";

Query q = session.createQuery(queryString)
              .setString(0, searchString)
              .setDate(1, minDate);
```

O Java Persistence também suporta parâmetros posicionais:

```
String queryString = "from Item item"
                   + " where item.description like ?1"
                   + " and item.date > ?2";

Query q = em.createQuery(queryString)
```

622 | JAVA PERSISTENCE COM HIBERNATE

```
.setParameter(1, searchString)
.setParameter(2, minDate, TemporalType.DATE);
```

Não somente esse código é menos autodocumentativo do que a alternativa com parâmetros nomeados, como também é muito mais vulnerável a uma fácil ruptura se você mudar a consulta só um pouquinho:

```
String queryString = "from Item item"
                     + " where item.date > ?"
                     + " and item.description like ?";
```

Toda mudança da posição dos parâmetros de vinculação requer uma mudança no código de vinculação de parâmetro. Isso leva a código frágil e de manutenção intensiva. Nossa recomendação é evitar parâmetros posicionais. Eles podem ser mais convenientes se você constrói consultas complexas programaticamente, mas a API Criteria é uma alternativa muito melhor para esse propósito.

Se você tem que usar parâmetros posicionais, lembre-se de que o Hibernate inicia a contagem do 0, mas o Java Persistence inicia do 1, e que você tem que adicionar um número a cada interrogação em uma consulta JPA QL. Eles têm diferentes origens de herança: o Hibernate do JDBC, e o Java Persistence de versões antigas do EJB QL.

Além de parâmetros de vinculação, você freqüentemente quer aplicar outras dicas que influenciam a forma como uma consulta é executada.

Como definir dicas de consulta

Vamos presumir que você faça modificações nos objetos persistentes antes de executar uma consulta. Essas modificações estão somente presentes em memória, então o Hibernate (e fornecedores do Java Persistence) *descarrega(m)* o contexto de persistência e todas as mudanças para o banco de dados antes de executar a sua consulta. Isso garante que a consulta rode em dados atuais e que nenhum conflito entre o resultado da consulta e os objetos em memória ocorra.

Isso é algumas vezes impraticável: por exemplo, se você executa uma seqüência que consiste em muitas operações de consulta-modifica-consulta-modifica, e cada consulta está recuperando um conjunto diferente de dados da anterior. Em outras palavras, você não precisa descarregar as suas modificações para o banco de dados antes de executar uma consulta, pois resultados conflitantes não são um problema. Note que o contexto de persistência fornece *repeatable read* para objetos de entidade, então somente resultados escalares de uma consulta são um problema de qualquer maneira.

Você pode desabilitar o descarregamento do contexto de persistência com setFlushMode() em uma Session ou EntityManager. Ou, se você quer desabilitar o descarregamento somente antes de uma determinada consulta, você pode definir um FlushMode em um objeto Query (Hibernate e JPA):

```
Query q = session.createQuery(queryString)
                 .setFlushMode(FlushMode.COMMIT);
```

CAPÍTULO 14 – COMO CONSULTAR COM HQL E JPA QL | 623

```
Criteria criteria = session.createCriteria(Item.class)
                       .setFlushMode(FlushMode.COMMIT);

Query q = em.createQuery(queryString)
             .setFlushMode(FlushModeType.COMMIT);
```

O Hibernate não irá descarregar o contexto de persistência antes da execução de quaisquer dessas consultas.

Uma outra otimização é um modo de cache (org.hibernate.CacheMode) de granulosidade fina para um determinado resultado de consulta. Você usou um modo de cache no Capítulo 13, Seção 13.4.5, "Como controlar o cache de segundo nível", para controlar como o Hibernate interage com o cache de segundo nível. Se o Hibernate recupera um objeto por identificador, ele pesquisa por ele no cache de primeiro nível do contexto de persistência e, se habilitado, na região do cache de segundo nível para essa entidade. O mesmo acontece quando você executa uma consulta que retorna instâncias de entidade: durante a organização do resultado da consulta, o Hibernate tenta resolver todas as instâncias de entidade pesquisando por elas primeiro no cache do contexto de persistência – ele ignorará os dados da entidade do resultado da consulta se a instância de entidade estiver no cache do contexto de persistência. E, se a instância de entidade recuperada não estiver em qualquer cache, o Hibernate a colocará lá depois que a consulta completar. Você pode controlar esse comportamento com um CacheMode em uma consulta:

```
Query q = session.createQuery("from Item")
                   .setCacheMode(CacheMode.IGNORE);

Criteria criteria = session.createCriteria(Item.class)
                       .setCacheMode(CacheMode.IGNORE);

Query q = em.createQuery(queryString)
             .setHint("org.hibernate.cacheMode",
                       org.hibernate.CacheMode.IGNORE);
```

Um CacheMode.IGNORE, por exemplo, informa ao Hibernate que interaja com o cache de segundo nível para qualquer entidade retornada por essa consulta. Em outras palavras, qualquer instância Item recuperada por essa consulta não é colocada no cache de segundo nível. Definir esse modo de cache é útil se você executa uma consulta que não deve atualizar o cache de segundo nível, talvez porque os dados que você está recuperando sejam somente relevantes para uma determinada situação, e não deveriam exaurir o espaço disponível na região do cache.

Em "Como controlar o cache do contexto de persistência" no Capítulo 9, Seção 9.3.3, nós falamos sobre o controle do contexto de persistência e como você pode reduzir o consumo de memória e prevenir longos ciclos de checagem de sujeira. Uma maneira de desabilitar a checagem de sujeira para um determinado objeto persistente é definir session.setReadOnly(object, true) (a EntityManager não suporta essa API).

Você pode informar ao Hibernate que todos os objetos de entidade retornados por uma consulta devem ser considerados somente de leitura (embora não desligados):

624 | JAVA PERSISTENCE COM HIBERNATE

```
Query q = session.createQuery("from Item")
                    .setReadOnly(true);

Query q = em.createQuery("select i from Item i")
                    .setHint("org.hibernate.readOnly", true);
```

Todos os objetos Item retornados por essa consulta estão em estado persistente, mas nenhuma "foto" para checagem automática de sujeira está habilitada no contexto de persistência. O Hibernate não persiste quaisquer modificações automaticamente, a menos que você desabilite o modo somente de leitura com session.setReadOnly(object, false).

Você pode controlar o tempo de uma consulta rodar definindo um *limite de tempo*:

```
Query q = session.createQuery("from Item")
                    .setTimeout(60); // 1 minuto

Criteria criteria = session.createCriteria(Item.class)
                    .setTimeout(60);

Query q = em.createQuery("select i from Item i")
                    .setHint("org.hibernate.timeout", 60);
```

Esse método tem as mesmas semânticas e conseqüências do método setQueryTimeout() em uma Statement JDBC. Também relacionado ao JDBC subjacente está o *tamanho da recuperação*:

```
Query q = session.createQuery("from Item")
                    .setFetchSize(50);

Criteria criteria = session.createCriteria(Item.class)
                    .setFetchSize(50);

Query q = em.createQuery("select i from Item i")
                    .setHint("org.hibernate.fetchSize", 50);
```

O tamanho da recuperação do JDBC é uma dica de otimização para o driver do banco de dados; ele pode não resultar em qualquer melhoramento de performance se o driver não implementar essa funcionalidade. Se implementar, ele pode melhorar a comunicação entre o cliente JDBC e o banco de dados, recuperando muitas linhas em um lote quando o cliente opera em um resultado de consulta (ou seja, em um ResultSet). Como o Hibernate está trabalhando com o ResultSet por trás dos panos, essa dica pode melhorar a recuperação de dados se você executar uma consulta com list() – que você fará logo.

Quando otimiza uma aplicação, você freqüentemente tem que ler complexos logs SQL. Nós recomendamos muito que você habilite hibernate.use_sql_comments; o Hibernate então irá adicionar um comentário a cada declaração SQL que ele escreve no log. Você pode definir um comentário customizado para uma determinada consulta com setComment():

Capítulo 14 – Como consultar com HQL e JPA QL | 625

```
Query q = session.createQuery("from Item")
                .setComment("My Comment...");

Criteria criteria = session.createCriteria(Item.class)
                    .setComment("My Comment...");

Query q = em.createQuery("select i from Item i")
            .setHint("org.hibernate.comment", "My Comment...");
```

As dicas que você esteve definindo até agora são todas relacionadas ao manejo do Hibernate ou JDBC. Muitos desenvolvedores (e DBAs) consideram uma dica de consulta como sendo algo completamente diferente. Em SQL, uma dica de consulta é um comentário na declaração SQL que contém uma instrução para o otimizador de SQL do sistema de gerenciamento de banco de dados. Por exemplo, se o desenvolvedor ou DBA acha que o plano de execução selecionado pelo otimizador do banco de dados para uma determinada declaração SQL não é o mais rápido, ele usa uma dica para forçar um diferente plano de execução. O Hibernate e o Java Persistence não suportam dicas SQL arbitrárias com uma API; você terá que se voltar para o SQL nativo e escrever a sua própria declaração SQL – você pode, claro, executar essa declaração com as APIs fornecidas.

(Com alguns sistemas de gerenciamento de banco de dados você pode controlar o otimizador com um comentário SQL no início de uma declaração SQL; nesse caso, use Query.setComment() para adicionar a dica. Em outros cenários, você pode ser capaz de escrever um org.hibernate.Interceptor e manipular uma declaração SQL no método onPrepareStatement(sql) antes de ela ser enviada ao banco de dados.)

E por fim, você pode controlar se uma consulta deve forçar um bloqueio pessimista no sistema de gerenciamento de banco de dados – um bloqueio que será mantido até o fim da transação do banco de dados:

```
Query q = session.createQuery("from Item item")
                .setLockMode("item", LockMode.UPGRADE);

Criteria criteria = session.createCriteria(Item.class)
                    .setLockMode(LockMode.UPGRADE);
```

Ambas as consultas, se suportadas pelo seu dialeto do banco de dados, resultam em uma declaração SQL que inclui uma operação ... FOR UPDATE (ou equivalente, se suportada pelo sistema de banco de dados e dialeto). Atualmente, o bloqueio pessimista não está disponível (mas é planejada como uma dica de extensão do Hibernate) na interface de consulta do Java Persistence.

Vamos assumir que as consultas agora estão preparadas, então você pode rodá-las.

14.1.2 Como executar uma consulta

Uma vez que criou e preparou um objeto Query ou Criteria, você está preparado para executá-lo e recuperar o resultado dentro da memória. Recuperar todo o resultado dentro da

626 | JAVA PERSISTENCE COM HIBERNATE

memória de uma só vez é a maneira mais comum de executar uma consulta; chamamos isso de *listagem*. Algumas outras opções disponíveis também serão discutidas a seguir: iteração e rolamento (scrolling). Rolamento é quase tão útil quanto iteração: você raramente precisa de uma dessas opções. Diríamos que mais de 90 por cento de todas as execuções de consulta se baseiam nos métodos list() e getResultList() em uma aplicação normal.

Primeiro, o caso mais comum.

Como listar todos os resultados

No Hibernate, o método list() executa a consulta e retorna os resultados como uma java.util.List:

```
List result = myQuery.list();
```

A interface Criteria também suporta essa operação:

```
List result = myCriteria.list();
```

Em ambos os casos, uma ou várias declarações SQL são executadas imediatamente, dependendo do seu plano de recuperação. Se você mapeia quaisquer associações ou coleções como não preguiçosas, elas devem ser recuperadas em conjunto com os dados que você quer que sejam recuperados com a sua consulta. Todos esses objetos são carregados para a memória, e quaisquer objetos de entidade recuperados estão em estado persistente e adicionados ao contexto de persistência.

O Java Persistence oferece um método com as mesmas semânticas, mas com um nome diferente:

```
List result = myJPAQuery.getResultList();
```

Com algumas consultas você sabe que o resultado é somente uma única instância – por exemplo, se você quer somente o lance mais alto. Nesse caso, você pode lê-la da lista de resultados pelo índice, result.get(0). Ou, você pode limitar o número de linhas retornadas com setMaxResult(1). Então você pode executar a consulta com o método uniqueResult(), pois sabe que somente um objeto retornará:

```
Bid maxBid =
    (Bid) session.createQuery("from Bid b order by b.amount desc")
                 .setMaxResults(1)
                 .uniqueResult();
Bid bid = (Bid) session.createCriteria(Bid.class)
                 .add( Restrictions.eq("id", id) )
                 .uniqueResult();
```

Se a consulta retornar mais de um objeto, uma exceção será jogada. Se o resultado da consulta for vazio, um null retornará. Isso também funciona no Java Persistence, novamente com um nome de método diferente (e, infelizmente, uma exceção será jogada se o resultado for vazio):

Capítulo 14 – Como consultar com HQL e JPA QL | 627

```
Bid maxBid = (Bid) em.createQuery(
                 "select b from Bid b order by b.amount desc"
                 ).setMaxResults(1)
                 .getSingleResult();
```

Recuperar todos os resultados dentro da memória é a maneira mais comum de executar uma consulta. O Hibernate suporta alguns outros métodos que poderão interessá-lo se você quiser otimizar o consumo de memória e o comportamento da execução de uma consulta.

Como iterar através dos resultados

A interface Query do Hibernate também fornece o método iterate() para executar uma consulta. Ele retorna os mesmos dados que o list(), mas se baseia em uma estratégia diferente para recuperar os resultados.

Quando você chama iterate() para executar uma consulta, o Hibernate somente recupera os valores (identificadores) de chave primária dos objetos de entidade em um primeiro SELECT SQL, e então tenta encontrar o resto do estado dos objetos no cache do contexto de persistência, e (se habilitado) no cache de segundo nível.

Considere o seguinte código:

```
Query categoryByName =
     session.createQuery("from Category c where c.name like :name");
categoryByName.setString("name", categoryNamePattern);
List categories = categoryByName.list();
```

Essa consulta resulta na execução de pelo menos um SELECT SQL, com todas as colunas da tabela CATEGORY incluídas na cláusula SELECT:

```
select CATEGORY_ID, NAME, PARENT_ID from CATEGORY where NAME like ?
```

Se você supõe que as categorias já estejam cacheadas no contexto de persistência ou no cache de segundo nível, então você precisa somente do valor identificador (a chave para o cache). Isso então reduz a quantidade de dados recuperada a partir do banco de dados. O seguinte SQL é um pouco mais eficiente:

```
select CATEGORY_ID from CATEGORY where NAME like ?
```

Você pode usar o método iterate() para isso:

```
Query categoryByName =
     session.createQuery("from Category c where c.name like :name");
categoryByName.setString("name", categoryNamePattern);
Iterator categories = categoryByName.iterate();
```

A consulta inicial recupera somente valores de chave primária de Category. Você então itera através do resultado; o Hibernate pesquisa cada objeto Category no contexto de

628 | JAVA PERSISTENCE COM HIBERNATE

persistência corrente e, se habilitado, no cache de segundo nível. Se um erro de cache ocorre, o Hibernate executa um SELECT adicional para cada volta, recuperando o objeto Category por completo pela sua chave primária a partir do banco de dados.

Na maioria dos casos, isso é uma otimização pequena. É geralmente muito mais importante minimizar as leituras de *linha* do que minimizar as leituras de *coluna*. Ainda assim, se o seu objeto possui campos de grandes seqüências de caracteres, essa técnica pode ser útil para minimizar os pacotes de dados na rede e conseqüentemente a latência. Deve ficar claro que essa técnica só será realmente eficaz se a região do cache de segundo nível para a entidade iterada estiver habilitada. Caso contrário, essa técnica produzirá n+1 seleções!

O Hibernate mantém o iterador aberto até você terminar a iteração através de todos os resultados ou até que a Session seja fechada. Você também pode fechá-lo explicitamente com org.hibernate.Hibernate.close(iterator).

Note também que a Criteria do Hibernate e o Java Persistence, na época em que escrevíamos este livro, não suportavam essa otimização.

Uma outra maneira otimizada de executar uma consulta é fazendo o *rolamento* através do resultado.

Rolamento com cursores do banco de dados

O JDBC puro fornece uma característica chamada *conjuntos de dados roláveis*. Essa técnica usa um cursor que é mantido no sistema de gerenciamento de banco de dados. O cursor aponta para uma determinada linha no resultado de uma consulta, e a aplicação pode mover o cursor para frente e para trás. Você pode até mesmo pular para uma determinada linha com o cursor.

Uma das situações em que você deve rolar através dos resultados de uma consulta em vez de carregá-los para a memória envolve conjuntos de dados que são muito grandes para caber na memória. Geralmente você tenta restringir mais o resultado estreitando as condições na consulta. Algumas vezes isso não é possível, talvez porque você precisa de todos os dados, mas quer recuperá-los em vários passos.

Você já viu rolamento em "Como escrever um procedimento com atualizações em lote" no Capítulo 12, Seção 12.2.2, e como implementar procedimentos que trabalham em lotes de dados, pois é aí onde isso é mais útil. O exemplo seguinte mostra uma visão geral de outras opções interessantes na interface ScrollableResults:

```
ScrollableResults itemCursor =
   session.createQuery("from Item").scroll();

itemCursor.first();
itemCursor.last();
itemCursor.get();

itemCursor.next();
itemCursor.scroll(3);
itemCursor.getRowNumber();
itemCursor.setRowNumber(5);
```

Capítulo 14 – Como consultar com HQL e JPA QL | 629

```
itemCursor.previous();
itemCursor.scroll(-3);

itemCursor.close();
```

Esse código não faz muito sentido; ele mostra os métodos mais interessantes na interface ScrollableResults. Você pode definir o cursor para o primeiro e último objeto Item no resultado, ou pegar o Item que o cursor está apontando atualmente com get(). Você pode ir para um determinado Item pulando para uma posição com setRowNumber() ou rolar para frente e para trás com next() e previous(). Um outra opção é rolamento para frente e para trás por meio de um deslocamento, com scroll().

Consultas Criteria do Hibernate também podem ser executadas com rolamento ao invés de list(); o cursor ScrollableResults retornado funciona da mesma maneira. Note que você definitivamente deve fechar o cursor quando terminar de trabalhar com ele, antes de você terminar a transação do banco de dados. Aqui está um exemplo Criteria que mostra a abertura de um cursor:

```
ScrollableResults itemCursor =
    session.createCriteria(Item.class)
        .scroll(ScrollMode.FORWARD_ONLY);

... // Rola somente para frente

itemCursor.close()
```

As constantes ScrollMode da API do Hibernate são equivalentes às constantes em JDBC puro. Nesse caso, a constante garante que o seu cursor só se mova para frente. Isso pode ser necessário como uma precaução; alguns drivers JDBC não suportam rolamento para trás. Outros modos disponíveis são ScrollMode.SCROLL_INSENSITIVE e ScrollMode.SCROLL_SENSITIVE. Um cursor insensível não irá lhe expor dados modificados enquanto o cursor estiver aberto (efetivamente garantido que nenhum dos fenômenos *dirty read*, *unrepeatable read*, ou *phantom read* possa acabar aparecendo no seu conjunto de resultados). Por outro lado, um cursor sensível lhe expõe dados e modificações confirmados recentemente enquanto você trabalha no seu conjunto de resultados. Note que o cache do contexto de persistência do Hibernate ainda fornece *repeatable read* para instâncias de entidade, então somente os valores escalares modificados que você projeta no conjunto de resultados podem ser afetados por essa definição.

Até agora, os exemplos de código que mostramos, todos embutem as seqüências de caracteres literais da consulta no código Java. Isso não é desarrazoado para consultas simples, mas uma vez que você comece a considerar consultas complexas que devem ser divididas em múltiplas linhas, isso fica um pouco difícil de organizar.

14.1.3 Como usar consultas nomeadas

Não gostamos de ver as seqüências de caracteres literais do HQL ou do JPA QL espalhadas por todo o código Java, a não ser que sejam realmente necessárias. O Hibernate deixa você exteriorizar as

630 | JAVA PERSISTENCE COM HIBERNATE

seqüências de caracteres literais da consulta para o metadado de mapeamento, uma técnica que é chamada de *consultas nomeadas*. Isso deixa você armazenar todas as consultas relacionadas a uma determinada classe persistente (ou um conjunto de classes) encapsuladas com o outro metadado dessa classe em um arquivo de mapeamento XML. Ou, se você usa anotações, pode criar consultas nomeadas como metadado de uma determinada classe de entidade ou colocá-las dentro de um descritor de implantação XML. O nome da consulta é usado para chamá-la a partir do código da aplicação.

Como chamar uma consulta nomeada

No Hibernate, o método getNamedQuery() obtém uma instância Query para uma consulta nomeada:

```
session.getNamedQuery("findItemsByDescription")
        .setString("desc", description);
```

Nesse exemplo, você chama a consulta nomeada findItemsByDescription e vincula um argumento de seqüência de caracteres ao parâmetro nomeado desc.

O Java Persistence também suporta consultas nomeadas:

```
em.createNamedQuery("findItemsByDescription")
    .setParameter("desc", description);
```

Consultas nomeadas são globais – ou seja, o nome de uma consulta é considerado um identificador único para uma determinada SessionFactory ou unidade de persistência. Como e onde elas são definidas, em arquivos de mapeamento XML ou anotações, não é preocupação do seu código da aplicação. Até mesmo a linguagem de consulta não importa.

Como definir uma consulta nomeada no metadado XML

Você pode colocar uma consulta nomeada dentro de qualquer elemento <hibernate-mapping> no seu metadado XML. Em aplicações maiores, recomendamos isolar e separar todas as consultas nomeadas dentro de seus próprios arquivos. Ou, você pode querer que algumas consultas sejam definidas dentro do mesmo arquivo de mapeamento XML de uma determinada classe.

O elemento <query> define uma consulta HQL ou JPA QL nomeada:

```
<query name="findItemsByDescription"><![CDATA[
        from Item item where item.description like :desc
]]></query>
```

Você deve colocar o texto da consulta dentro de uma instrução CDATA para que o analisador gramatical do XML não fique confuso com quaisquer caracteres na sua seqüência de caracteres da consulta que possam acidentalmente ser considerados do XML (como o operador *menor*).

Se você colocar uma definição de consulta nomeada dentro de um elemento <class>, em vez da raiz, ela será prefixada com o nome da classe de entidade; por exemplo, findItemsByDescription é então possível de ser chamada com

CAPÍTULO 14 – COMO CONSULTAR COM HQL E JPA QL | 631

auction.model.Item.findItemsByDescription. Caso contrário, você precisa garantir que o nome da consulta seja globalmente único.

Todas as dicas de consulta que você definiu mais cedo com uma API também podem ser definidas declarativamente:

```
<query name="findItemsByDescription"
        cache-mode="ignore"
        comment="My Comment..."
        fetch-size="50"
        read-only="true"
        timeout="60"><![CDATA[
    from Item item where item.description like :desc
]]></query>
```

As consultas nomeadas não precisam ser seqüências de caracteres HQL ou JPA QL; elas até mesmo podem ser consultas em SQL nativo – e o seu código Java não precisa saber a diferença:

```
<sql-query name="findItemsByDescription">
    <return alias="item" class="Item"/>
    <![CDATA[
        select {item.*} from item where description like :desc
    ]]>
</sql-query>
```

Isso é útil se você acha que você pode querer otimizar as suas consultas mais à frente fazendo um ajuste fino no SQL. Também é uma boa solução se você tem que portar uma aplicação legado para Hibernate, onde o código SQL era isolado das rotinas JDBC codificadas à mão. Com consultas nomeadas, você pode facilmente portar as consultas uma-a-uma para arquivos de mapeamento.

Teremos muito mais a dizer sobre consultas em SQL nativo no próximo capítulo.

Como definir uma consulta nomeada com anotações

O padrão Java Persistence especifica as anotações @NamedQuery e @NamedNativeQuery. Você pode ou colocar essas anotações dentro do metadado de uma determinada classe ou dentro de um arquivo descritor XML do JPA. Note que o nome da consulta deve ser globalmente único em todos os casos; nenhum nome de classe ou pacote é prefixado automaticamente.

Vamos assumir que você considera uma determinada consulta nomeada como pertencente a uma determinada classe de entidade:

```
package auction.model;
import ...;
@NamedQueries({
    @NamedQuery(
    name = "findItemsByDescription",
    query = "select i from Item i where i.description like :desc"
    ),
```

632 | JAVA PERSISTENCE COM HIBERNATE

```
    . . .
})
@Entity
@Table(name = "ITEM")
public class Item { ... }
```

Uma solução muito mais comum é o encapsulamento de consultas no descritor de implantação orm.xml:

```
<entity-mappings ...>
    . . .
    <named-query name="findAllItems">
        <query>select i from Item i</query>
    </named-query>
    <entity class="Item">
        . . .
        <named-query name="findItemsByDescription">
            <query>
                select i from Item i where i.description like :desc
            </query>
            <hint name="org.hibernate.comment" value="My Comment"/>
            <hint name="org.hibernate.fetchSize" value="50"/>
            <hint name="org.hibernate.readOnly" value="true"/>
            <hint name="org.hibernate.timeout" value="60"/>
        </named-query>
    </entity>
</entity-mappings>
```

Você pode ver que o descritor do Java Persistence suporta um ponto de extensão: os elementos hint de uma definição named-query. Você pode usá-lo para definir dicas específicas do Hibernate, assim como você fez mais cedo programaticamente com a interface Query.

As consultas em SQL nativo têm o seu próprio elemento e também podem ser definidas dentro ou fora de um mapeamento de entidade:

```
<named-native-query name="findItemsByDescription"
                    result-set-mapping="myItemResult">
    <query>select i.NAME from ITEM i where i.DESC = :desc</query>
    <hint name="org.hibernate.timeout" value="200"/>
</named-native-query>
```

Embutir SQL nativo é muito mais poderoso do que o que mostramos até agora (você pode definir mapeamentos arbitrários do conjunto de resultados). Voltaremos a outras opções de embutimento de SQL no próximo capítulo.

Deixamos por sua conta se você quer utilizar a característica de consulta nomeada. Contudo, consideramos as seqüências de caracteres da consulta no código da aplicação (exceto se elas estiverem em anotações) como sendo uma segunda escolha; você deve sempre, se possível, exteriorizar as suas seqüências de caracteres de consulta.

Agora você sabe como criar, preparar, e executar uma consulta com as APIs do Hibernate e do Java Persistence e metadado. É hora de aprender as linguagens e opções de consulta em mais detalhes. Começamos com HQL e JPA QL.

14.2 Consultas HQL e JPA QL básicas

Vamos começar com algumas simples consultas para que você vá se familiarizando com a sintaxe e as semânticas do HQL. Aplicamos *seleção* para nomear a fonte de dados, *restrição* para comparar os registros com os critérios, e *projeção* para selecionar os dados que você quer que retornem a partir de uma consulta.

> **TENTE** *Como testar consultas do Hibernate* – O *Hibernate Tools* para a IDE Eclipse suporta uma visão Hibernate Console. Você pode testar as suas consultas na janela da console, e ver o SQL gerado e o resultado imediatamente.

Você também irá aprender JPA QL nesta seção, pois ele é um subconjunto da funcionalidade do HQL – iremos mencionar as diferenças quando necessário.

Quando falamos sobre consultas nesta seção, geralmente queremos dizer declarações SELECT, operações que recuperam dados a partir do banco de dados. O HQL também suporta declarações UPDATE, DELETE, e até mesmo INSERT ... SELECT, como discutimos no Capítulo 12, Seção 12.2.1, "Declarações em massa com HQL e JPA QL". O JPA QL inclui UPDATE e DELETE. Não iremos repetir essas operações em massa aqui e iremos nos concentrar nas declarações SELECT. Contudo, tenha em mente que algumas diferenças entre o HQL e o JPA QL também podem se aplicar a operações em massa – por exemplo, se uma determinada função é portável.

As declarações SELECT em HQL funcionam até mesmo sem uma cláusula SELECT; só a FROM é necessária. Esse não é o caso em JPA QL, onde a cláusula SELECT não é opcional. Isso não é uma grande diferença na prática; quase todas as consultas requerem uma cláusula SELECT, seja se você escreve JPA QL ou HQL. Contudo, começamos nossa exploração de consultas com a cláusula FROM, pois em nossa experiência ela é mais fácil de entender. Tenha em mente que para traduzir essas consultas para o JPA QL, você deve teoricamente adicionar uma cláusula SELECT para completar a declaração, mas o Hibernate o deixa assim mesmo executar a consulta se você esquecer de adicionar a cláusula (assumindo SELECT *).

14.2.1 Seleção

A consulta mais simples em HQL é uma seleção (note que não nos referimos a uma cláusula ou declaração SELECT aqui, mas sim de onde o dado é selecionado) de uma única classe persistente:

```
from Item
```

Essa consulta gera o seguinte SQL:

```
select i.ITEM_ID, i.NAME, i.DESCRIPTION, ... from ITEM i
```

634 | Java Persistence com Hibernate

Como usar apelidos

Geralmente, quando você seleciona uma classe para consultar a partir dela usando HQL ou JPA QL, você precisa designar um *apelido* à classe consultada para usar como referência em outras partes da consulta:

```
from Item as item
```

A palavra-chave as é sempre opcional. O seguinte é equivalente:

```
from Item item
```

Pense nisso como sendo algo semelhante à declaração da variável temporária no seguinte código Java:

```java
for ( Iterator i = allQueriedItems.iterator(); i.hasNext(); ) {
   Item item = (Item) i.next();
   ...
}
```

Você designa o apelido item a instâncias consultadas da classe Item, permitindo que você se referencie aos seus valores de propriedade mais à frente no código (ou consulta). Para fazer você lembrar da similaridade, recomendamos que use a mesma convenção de nomenclatura para apelidos que usa para variáveis temporárias (*camelCase*, geralmente). Contudo, pode ser que usemos apelidos mais curtos em alguns dos exemplos neste livro, como i ao invés de item, para manter o código impresso legível.

> **FAQ** *São o HQL e o JPA QL sensíveis à caixa da letra?* Nós nunca escrevemos as palavras-chave do HQL e do JPA QL em caixa alta; também nunca escrevemos as palavras-chave do SQL em caixa alta. Elas ficam com uma aparência feia e antiquada – a maioria dos terminais modernos pode mostrar ambos os caracteres, caixa alta e caixa baixa. De qualquer forma, o HQL e o JPA QL não são sensíveis à caixa para palavras-chave, então você pode escrever FROM Item AS item se você gosta de gritaria.

Consultas polimórficas

O HQL e o JPA QL, como linguagens de consulta orientadas para objeto, suportam *consultas polimórficas* – consultas por instâncias de uma classe e todas as instâncias de suas subclasses, respectivamente. Você já sabe o suficiente de HQL e JPA QL para ser capaz de demonstrar isso. Considere a seguinte consulta:

```
from BillingDetails
```

Isso retorna objetos do tipo BillingDetails, que é uma classe abstrata. Nesse caso, os objetos concretos são dos subtipos de BillingDetails: CreditCard e BankAccount. Se você quer somente instâncias de uma determinada subclasse, você pode usar

Capítulo 14 – Como consultar com HQL e JPA QL   635

```
from CreditCard
```

A classe nomeada na cláusula from nem sequer precisa ser uma classe persistente mapeada; qualquer classe vai servir! A seguinte consulta retorna todos os objetos persistentes:

```
from java.lang.Object
```

Claro, isso também funciona para interfaces – essa consulta retorna todos os objetos persistentes serializáveis:

```
from java.io.Serializable
```

Da mesma forma, a seguinte consulta por critérios retorna todos os objetos persistentes (sim, você pode selecionar todas as tabelas do seu banco de dados com tal consulta):

```
from java.lang.Object
```

Note que o Java Persistence não padroniza consultas polimórficas que usam interfaces não mapeadas. Contudo, isso funciona com Hibernate EntityManager.

Polimorfismo se aplica não somente a classes nomeadas explicitamente na cláusula FROM, mas também a associações polimórficas, como você verá mais à frente nesse capítulo.

Discutimos a cláusula FROM, agora vamos seguir para outras partes do HQL e do JPA QL.

14.2.2 Restrição

Geralmente, você não quer recuperar todas as instâncias de uma classe. Você deve ser capaz de expressar restrições nos valores de propriedade de objetos que retornem pela consulta. Isso é chamado de *restrição*. A cláusula WHERE é usada para expressar uma restrição em SQL, HQL e JPA QL. Essas expressões podem ser tão complexas quanto você precisar definir claramente o pedaço de dado que está procurando. Note que restrição não somente se aplica a declarações SELECT; você também usa uma restrição para limitar o escopo de uma operação UPDATE ou DELETE.

Isso é uma típica cláusula WHERE que restringe os resultados a todos os objetos User com o endereço de e-mail dado:

```
from User u where u.email = 'foo@hibernate.org'
```

Perceba que a restrição é expressa em termos de uma propriedade, email, da classe User, e que você usa uma noção orientada para objetos para isso.

O SQL gerado por essa consulta é

```
select u.USER_ID, u.FIRSTNAME, u.LASTNAME, u.USERNAME, u.EMAIL
    from USER u
    where u.EMAIL = 'foo@hibernate.org'
```

636 | JAVA PERSISTENCE COM HIBERNATE

Você pode incluir literais em suas declarações e condições, com aspas simples. Outros literais comumente usados em HQL e JPA QL são TRUE e FALSE:

```
from Item i where i.isActive = true
```

Uma restrição é expressa usando a lógica ternária. A cláusula WHERE é uma expressão lógica que avalia para verdadeiro, falso, ou nulo para cada tupla de objetos. Você constrói expressões lógicas comparando propriedades de objetos com outras propriedades ou valores literais, usando os operadores de comparação inerentes.

> **FAQ** *O que é lógica ternária?* Uma linha é incluída em um conjunto de resultados SQL se e somente se a cláusula WHERE avaliar para verdadeiro. Em Java, objetoNaoNulo==null avalia para falso e null==null avalia para verdadeiro. Em SQL, COLUNA_NAO_NULA=null e null=null ambas avaliam para nulo, não para verdadeiro. Dessa forma, o SQL precisa de um operador especial, IS NULL, para testar se um valor é nulo. Essa *lógica ternária* é uma maneira de tratar expressões que podem ser aplicadas a valores de coluna nulos. Tratar o nulo não como um marcador especial, mas sim como um valor normal é uma extensão SQL à familiar lógica binária do modelo relacional. O HQL e o JPA QL têm que suportar essa lógica ternária com operadores ternários.

Vamos caminhar através dos operadores de comparação mais comuns.

Expressões de comparação

O HQL e o JPA QL suportam os mesmos operadores de comparação básicos que o SQL. Aqui estão alguns exemplos que devem lhe parecer familiar se você conhece SQL:

```
from Bid bid where bid.amount between 1 and 10
from Bid bid where bid.amount > 100
from User u where u.email in ('foo@bar', 'bar@foo')
```

Pelo fato de o banco de dados subjacente implementar lógica ternária, testar por valores null requer algum cuidado. Lembre-se de que null = null não avalia para verdadeiro em SQL, mas sim para null. Todas as comparações que usam um operando null avaliam para null. (É por isso que você geralmente não vê o literal null em consultas.) O HQL e o JPA QL fornecem um operador estilo SQL IS [NOT] NULL:

```
from User u where u.email is null
from Item i where i.successfulBid is not null
```

Essa consulta retorna todos os usuários sem endereço de e-mail e itens que estão vendidos.

O operador LIKE permite as buscas com caracteres curinga, onde os caracteres curinga são % e _, como em SQL:

```
from User u where u.firstname like 'G%'
```

CAPÍTULO 14 – COMO CONSULTAR COM HQL E JPA QL | 637

Essa expressão restringe o resultado para usuários com um primeiro nome (firstname) iniciando com uma letra G maiúscula. Você também pode negar o operador LIKE, por exemplo, em uma expressão de verificação de igualdade de uma subseqüência de caracteres:

```
from User u where u.firstname not like '%Foo B%'
```

O símbolo de porcentagem significa qualquer seqüência de caracteres; o traço inferior pode ser usado para servir de caractere curinga de um único caractere. Você pode definir um caractere de escape se você quiser uma porcentagem ou traço inferior literal:

```
from User u where u.firstname like '\%Foo%' escape='\'
```

Essa consulta retorna todos os usuários com um primeiro nome que inicia com *%Foo*.

O HQL e o JPA QL suportam expressões aritméticas:

```
from Bid bid where ( bid.amount / 0.71 ) - 100.0 > 0.0
```

Operadores lógicos (e parêntesis para agrupamento) são usados para combinar expressões:

```
from User user
         where user.firstname like 'G%' and user.lastname like 'K%'
from User u
         where ( u.firstname like 'G%' and u.lastname like 'K%' )
         or u.email in ('foo@hibernate.org', 'bar@hibernate.org' )
```

Você pode ver a precedência de operadores na Tabela 14.1, do topo para a base.

Os operadores listados e suas precedências são os mesmos em HQL *e* JPA QL. Os operadores aritméticos, por exemplo multiplicação e adição, são auto-explicativos. Você já viu como expressões de comparação binária têm as mesmas semânticas que as suas contrapartes em SQL e como agrupá-las e combiná-las com operadores lógicos. Vamos discutir tratamento de coleção.

Tabela 14.1 Precedência de operador do HQL e JPA QL

Operador	Descrição
.	Operador de navegação de expressão de caminho
+, -	Sinal unário de positivo ou negativo (todos os valores numéricos sem sinal são considerados positivos)
*, /	Multiplicação e divisão regular de valores numéricos
+, -	Adição e subtração regular de valores numéricos
=, <>, <, >, >=, <=, [NOT] BETWEEN, [NOT] LIKE, [NOT] IN, IS [NOT] NULL	Operadores de comparação binária com semânticas SQL
IS [NOT] EMPTY, [NOT] MEMBER [OF]	Operadores binários para coleções em HQL e JPA QL
NOT, AND, OR	Operadores lógicos para ordenação de avaliação de expressão

638 | Java Persistence com Hibernate

Expressões com coleções

Todas as expressões nas seções anteriores incluíram somente expressões de caminho mono-valoradas: user.email, bid.amount, e assim por diante. Você também pode usar expressões de caminho que terminam em coleções na cláusula WHERE de uma consulta, com os operadores corretos.

Por exemplo, vamos assumir que você queira restringir o seu resultado da consulta pelo tamanho de uma coleção:

```
from Item i where i.bids is not empty
```

Essa consulta retorna todas as instâncias Item que têm um elemento em sua coleção bids. Você também pode expressar que requer que um determinado elemento esteja presente em uma coleção:

```
from Item i, Category c where i.id = '123' and i member of c.items
```

Essa consulta retorna instâncias Item e Category – geralmente você adiciona uma cláusula SELECT e projeta somente um dos dois tipos de entidade. Ela retorna uma instância Item com a chave primária '123' (um literal em aspas simples) e todas as instâncias Category que esse Item esteja associado com. (Um outro truque que você usa aqui é o especial caminho .id; esse campo sempre se refere ao identificador do banco de dados de uma entidade, não importando qual seja o nome da propriedade identificadora.)

Existem muitas outras maneiras de trabalhar com coleções em HQL e JPA QL. Por exemplo, você pode usá-las em chamadas de função.

Como chamar funções

Uma característica extremamente poderosa do HQL é a habilidade de chamar funções SQL na cláusula WHERE. Se o seu banco de dados suporta funções definidas pelo usuário (a maioria suporta), você pode usar isso para todo tipo de uso, bom e ruim. Por agora, vamos considerar a utilidade das funções do padrão ANSI SQL UPPER() e LOWER(). Elas podem ser usadas para buscas insensíveis à caixa das letras:

```
from User u where lower(u.email) = 'foo@hibernate.org'
```

Uma outra expressão comum é concatenação – embora os dialetos SQL sejam diferentes aqui, o HQL e o JPA QL suportam uma função concat() portável:

```
from User user
        where concat(user.firstname, user.lastname) like 'G% K%'
```

Também típica é uma expressão que requer o tamanho de uma coleção:

```
from Item i where size(i.bids) > 3
```

O JPA QL padroniza as funções mais comuns, conforme resumido na Tabela 14.2.

CAPÍTULO 14 – COMO CONSULTAR COM HQL E JPA QL | 639

Tabela 14.2 Funções JPA QL padronizadas

Função	Aplicabilidade
UPPER(s), LOWER(s)	Valores de seqüência de caracteres; retorna um valor de seqüência de caracteres
CONCAT(s1, s2)	Valores de seqüência de caracteres; retorna um valor de seqüência de caracteres
SUBSTRING(s, deslocamento, extensao)	Valores de seqüência de caracteres (o deslocamento inicia em 1); retorna um valor de seqüência de caracteres
TRIM([[BOTH|LEADING|TRAILING] char [FROM]] s)	Apara os espaços em ambos (BOTH) os lados de s se nenhum char ou outra especificação é dado; retorna um valor de seqüência de caracteres
LENGTH(s)	Valor de seqüência de caracteres; retorna um valor numérico
LOCATE(busca, s, deslocamento)	Busca pela posição de busca em s iniciando no deslocamento; retorna um valor numérico
ABS(n), SQRT(n), MOD(dividendo, divisor)	Valores numéricos; retorna um valor absoluto de mesmo tipo do argumento de entrada, a raiz quadrada como double, e o resto de uma divisão como um integer
SIZE(c)	Expressões de coleção; retorna um integer, ou 0 se vazio

Todas as funções JPA QL padronizadas podem ser usadas nas cláusulas WHERE e HAVING de uma consulta (o segundo você verá logo). O HQL nativo é um pouco mais flexível. Primeiro, ele oferece funções adicionais portáveis, como mostra a Tabela 14.3.

Tabela 14.3 Funções HQL adicionais

Função	Aplicabilidade
BIT_LENGTH(s)	Retorna o número de bits em s
CURRENT_DATE(), CURRENT_TIME(), CURRENT_TIMESTAMP()	Retorna a data e/ou hora da máquina do sistema de gerenciamento de banco de dados
SECOND(d), MINUTE(d), HOUR(d), DAY(d), MONTH(d), YEAR(d)	Extrai a hora e a data de um argumento temporal
CAST(t as Tipo)	Converte um dado tipo t em um Tipo do Hibernate
INDEX(colecaoJuntada)	Retorna o índice do elemento da coleção juntada
MINELEMENT(c), MAXELEMENT(c), MININDEX(c), MAXINDEX(c), ELEMENTS(c), INDICES(c)	Retorna um elemento ou índice de coleções indexadas (mapas, listas, arranjos)
Registrado em org.hibernate.Dialect	Estende o HQL com outras funções para um dialeto

640 | JAVA PERSISTENCE COM HIBERNATE

A maioria dessas funções HQL se traduz em uma contraparte em SQL que você provavelmente já usou antes. Essa tabela de tradução é possível de ser customizada e estendida com um dialeto (org.hibernate.Dialect). Cheque o código-fonte do dialeto que você está usando para o seu banco de dados; você provavelmente irá encontrar muitas outras funções já registradas lá para pronto uso no HQL. Tenha em mente que toda função que não esteja incluída na superclasse org.hibernate.Dialect pode não ser portável para outros sistemas de gerenciamento de banco de dados!

Uma outra recente adição a API do Hibernate é o método addSqlFunction() na API Configuration do Hibernate:

```
Configuration cfg = new Configuration();
cfg.addSqlFunction(
    "lpad",
    new StandardSQLFunction("lpad", Hibernate.STRING)
);
... cfg.buildSessionFactory();
```

Essa operação adiciona a função SQL lpad ao HQL. Veja o Javadoc da StandardSQLFunction e suas subclasses para mais informações.

O HQL até mesmo tenta ser esperto quando você chama uma função que não estava registrada para o seu dialeto SQL: Qualquer função que é chamada na cláusula WHERE de uma declaração HQL, e que não é conhecida pelo Hibernate, é passada diretamente para o banco de dados, como uma chamada de função SQL. Isso funciona muito bem se você não se importa sobre a portabilidade de banco de dados, mas isso requer que você mantenha os seus olhos bem abertos para funções não portáveis se você se importa.

E por fim, antes de passarmos para a cláusula SELECT em HQL e JPA QL, vamos ver como os resultados podem ser ordenados.

Como ordenar os resultados da consulta

Todas as linguagens de consulta fornecem algum mecanismo para ordenar os resultados da consulta. O HQL e o JPA QL fornecem uma cláusula ORDER BY, similar a do SQL.

Essa consulta retorna todos os usuários, ordenados pelo nome do usuário (username):

```
from User u order by u.username
```

Você especifica ordem ascendente ou descendente usando asc ou desc:

```
from User u order by u.username desc
```

Você pode ordenar por múltiplas propriedades:

```
from User u order by u.lastname asc, u.firstname asc
```

CAPÍTULO 14 – COMO CONSULTAR COM HQL E JPA QL | 641

Você agora sabe como escrever uma cláusula FROM, WHERE, e ORDER BY. Você sabe como selecionar as entidades das quais você quer recuperar as instâncias e as expressões e operações necessárias para restringir e ordenar o resultado. Tudo o que você precisa agora é a habilidade de projetar os dados desse resultado para o que você precisa na sua aplicação.

14.2.3 Projeção

A cláusula SELECT executa projeção em HQL e JPA QL. Ela lhe permite especificar exatamente que objetos ou propriedades de objetos você precisa no resultado da consulta.

Simples projeção de entidades e valores escalares

Por exemplo, considere a seguinte consulta HQL:

```
from Item i, Bid b
```

Essa é uma consulta HQL válida, mas é inválida em JPA QL – o padrão requer que você use uma cláusula SELECT. Ainda assim, o mesmo resultado implícito a partir desse *produto* de Item e Bid também pode ser produzido com uma explícita cláusula SELECT. Essa consulta retorna pares ordenados de instâncias Item e Bid:

```
Query q = session.createQuery("from Item i, Bid b");
// Query q = em.createQuery("select i, b from Item i, Bid b");
Iterator pairs = q.list().iterator();
// Iterator pairs = q.getResultList().iterator();
while ( pairs.hasNext() ) {
    Object[] pair = (Object[]) pairs.next();
    Item item = (Item) pair[0];
    Bid bid = (Bid) pair[1];
}
```

Essa consulta retorna uma List de Object[]. No índice 0 está o Item, e no índice 1 está o Bid. Pelo fato de isso ser um produto, o resultado contém toda combinação possível de linhas Item e Bid encontradas nas duas tabelas subjacentes. Obviamente, essa consulta não é útil, mas você não deve ficar surpreso de receber uma coleção de Object[] como um resultado de consulta.

A seguinte cláusula SELECT explícita também retorna uma coleção de objetos (Object[]):

```
select i.id, i.description, i.initialPrice
    from Item i where i.endDate > current_date()
```

Os objetos retornados por essa consulta contém um Long no índice 0, uma String no índice 1, e um BigDecimal ou MonetaryAmount no índice 2. Esses são valores escalares, não instâncias de entidade. Então, eles não estão em qualquer estado persistente, como uma instância de entidade estaria. Eles não são transacionais e obviamente não são checados automaticamente por estado sujo. Chamamos esse tipo de consulta de *consulta escalar*.

Como conseguir resultados distintos

Quando você usar uma cláusula SELECT, não há mais garantia de que os elementos do resultado serão únicos. Por exemplo, as descrições dos itens não são únicas, então a seguinte consulta pode retornar a mesma descrição mais de uma vez:

```
select item.description from Item item
```

É difícil enxergar como ter duas linhas idênticas em um resultado de consulta pode ser de alguma maneira significante, então se você acha que duplicatas são possíveis, você normalmente usa a palavra-chave DISTINCT:

```
select distinct item.description from Item item
```

Isso elimina as duplicatas da lista retornada das descrições de Item.

Como chamar funções

Também é (para alguns dialetos SQL do Hibernate) possível chamar funções SQL especificas do banco de dados a partir da cláusula SELECT. Por exemplo, a seguinte consulta recupera a data e a hora correntes do servidor do banco de dados (sintaxe do Oracle), junto com uma propriedade de Item:

```
select item.startDate, current_date() from Item item
```

A técnica de funções do banco de dados na cláusula SELECT não é limitada a funções dependentes de banco de dados, ela funciona com outras funções SQL mais genéricas (ou padronizadas) também:

```
select item.startDate, item.endDate, upper(item.name)
   from Item item
```

Essa consulta retorna objetos (Object[]) com uma data inicial e final de um item de leilão, e o nome do item todo em caixa alta.

Em particular, é possível chamar *funções de agregação* SQL, que iremos abordar mais à frente neste capítulo. Note, no entanto, que o padrão Java Persistence e o JPA QL não garantem que qualquer função, que não seja uma função de agregação, possa ser chamada na cláusula SELECT. O Hibernate e o HQL permitem mais flexibilidade, e acreditamos que outros produtos, que suportem o JPA QL, irão fornecer a mesma liberdade até um certo nível. Note também que funções desconhecidas ao Hibernate não são passadas para o banco de dados como uma chamada de função SQL, assim como elas são na cláusula WHERE. Você tem que registrar uma função no seu org.hibernate.Dialect para habilitá-la para a cláusula SELECT em HQL.

As seções anteriores devem ter familiarizado você com o HQL e o JPA QL básico. É hora de olhar as opções de consulta mais complexas, como junções, recuperação dinâmica, subseleções e consultas de relatório.

14.3 Junções, consultas de relatório e subseleções

É difícil categorizar algumas consultas como avançadas e outras como básicas. Sem dúvida, as consultas que lhe mostramos nas seções anteriores deste capítulo não irão levá-lo muito longe.

Pelo menos você também precisa saber como as *junções* funcionam. A habilidade de arbitrariamente juntar dados é uma das forças fundamentais de acesso a dado relacional. Juntar dados é também a operação básica que lhe permite recuperar várias coleções e objetos associados em uma única consulta. Nós agora lhe mostramos como operações básicas de junção funcionam e como você as usa para escrever uma estratégia de *recuperação dinâmica*.

Outras técnicas que consideramos avançadas incluem aninhamento de declarações com *subseleções* e *consultas informativas* que agregam e agrupam os resultados eficientemente.

Vamos começar com junções e como elas podem ser usadas para recuperação dinâmica.

14.3.1 Como juntar relações e associações

Você usa uma *junção* para combinar dados de duas (ou mais) relações. Por exemplo, você pode juntar os dados das tabelas ITEM e BID, como mostra a Figura 14.1. (Note que nem todas as colunas e possíveis linhas são mostradas; por isso a razão dos três pontinhos.)

O que a maioria das pessoas pensa quando escutam a palavra *junção* no contexto de bancos de dados SQL é em uma *junção interna*. Uma junção interna é a mais importante de vários tipos de junções e é a mais fácil de se entender. Considere a declaração SQL e o resultado na Figura 14.2. Essa declaração SQL é uma *junção interna no estilo ANSI* na cláusula FROM.

Se você junta as tabelas ITEM e BID com uma junção interna, usando os seus atributos em comum (a coluna ITEM_ID), você pega todos os itens e seus lances em uma nova tabela de resultado. Note que o resultado dessa operação contém somente itens que *têm* lances. Se você quer *todos* os itens, e valores NULL ao invés de dado de lance quando não existe lance correspondente, você usa uma *junção externa (à esquerda)*, como mostra a Figura 14.3.

Você pode pensar em uma junção de tabela como funcionando como o seguinte. Primeiro, você pega um produto de duas tabelas, pegando todas as combinações possíveis de linhas de ITEM com linhas de BID.

ITEM

ITEM_ID	DESCRIPTION	...
1	Item Nr. One	...
2	Item Nr. Two	...
3	Item Nr. Three	...

BID

BID_ID	ITEM_ID	AMOUNT
1	1	99.00
2	1	100.00
3	1	101.00
4	2	4.99

Figura 14.1 As tabelas ITEM e BID são obviamente candidatas para uma operação de junção.

```
select i.*, b.* from ITEM i
inner join BID b on i.ITEM_ID = b.ITEM_ID
```

ITEM_ID	DESCRIPTION	...	BID_ID	ITEM_ID	AMOUNT
1	Item Nr. One	...	1	1	99.00
1	Item Nr. One	...	2	1	100.00
1	Item Nr. One	...	3	1	101.00
2	Item Nr. Two	...	4	2	4.99

Figura 14.2 A tabela de resultado de uma junção interna no estilo ANSI de duas tabelas.

Segundo, você filtra essas linhas unidas usando uma *condição de junção*. (Qualquer bom motor de banco de dados tem algoritmos muito mais sofisticados para avaliar uma junção; ele geralmente não constrói um produto consumidor de memória e então filtra todas as linhas.) A condição de junção é uma expressão booleana que avalia para verdadeiro se a linha juntada é para ser incluída no resultado. No caso da junção externa à esquerda, cada linha na tabela ITEM (à esquerda) que *nunca* satisfaz a condição de junção é também incluída no resultado, com valores NULL retornados para todas as colunas de BID.

Uma junção externa *à direita* recupera todos os lances e nulo se um lance não tiver item – não é uma consulta sensata nessa situação. Junções externas à direita são raramente usadas; os desenvolvedores sempre pensam da esquerda para a direita e colocam a tabela de condução (driving table) primeiro.

Em SQL, a condição de junção é geralmente especificada explicitamente. (Infelizmente, não é possível usar o nome de uma restrição de chave estrangeira para especificar como duas tabelas devem ser juntadas.) Você especifica a condição de junção na cláusula ON para uma junção no estilo ANSI ou na cláusula WHERE para uma assim chamada *junção no estilo teta* (*theta*), where I.ITEM_ID = B.ITEM_ID.

Agora discutimos as opções de junção do HQL e do JPA QL. Lembre-se de que ambos são baseados e traduzidos para o SQL, então mesmo se a sintaxe for um pouco diferente você deverá sempre se referir aos dois exemplos mostrados anteriormente e verificar que você entendeu como o SQL resultante e o conjunto de resultados se aparentam.

```
select i.*, b.* from ITEM i
left outer join BID b on i.ITEM_ID = b.ITEM_ID
```

ITEM_ID	DESCRIPTION	...	BID_ID	ITEM_ID	AMOUNT
1	Item Nr. One	...	1	1	99.00
1	Item Nr. One	...	2	1	100.00
1	Item Nr. One	...	3	1	101.00
2	Item Nr. Two	...	4	2	4.99
3	Item Nr. Three	...	NULL	NULL	NULL

Figura 14.3 O resultado de uma junção externa à esquerda no estilo ANSI de duas tabelas.

Opções de junção do HQL e do JPA QL

Em consultas do Hibernate, você geralmente não especifica uma condição de junção explicitamente. Mais exatamente, você especifica o nome de uma associação de classe Java mapeada. Isso é basicamente a mesma característica que preferíamos que tivesse em SQL, uma condição de junção expressa com um nome de restrição de chave estrangeira. Como você mapeou a maioria, se não todos, relacionamentos de chave estrangeira do seu esquema do banco de dados no Hibernate, você pode usar os nomes dessas associações mapeadas na linguagem de consulta. Isso é na verdade um adorno sintático, mas é conveniente.

Por exemplo, a classe Item tem uma associação chamada bids com a classe Bid. Se você faz referência a essa associação em uma consulta, através de seu nome, o Hibernate tem informação suficiente no documento de mapeamento para então deduzir a expressão de junção de tabela. Isso ajuda a fazer consultas menos verbosas e mais legíveis.

Aliás, o HQL e o JPA QL fornecem quatro maneiras de expressar junções (internas e externas):

- Uma *implícita* junção de associação
- Uma *costumeira* junção na cláusula FROM
- Uma junção de *recuperação* na cláusula FROM
- Uma junção no *estilo teta* na cláusula WHERE

Mais à frente nós lhe mostramos como escrever uma junção entre duas classes que não possuem uma associação definida (uma junção no estilo teta) e como escrever junções costumeiras e de recuperação na cláusula FROM de uma consulta.

Junções implícitas de associação são simples abreviações. (Note que decidimos fazer os seguintes exemplos mais fáceis de serem lidos e de se entender omitindo freqüentemente a cláusula SELECT – válido em HQL, inválido em JPA QL.)

Junções implícitas de associação

Até agora, você só usou simples nomes qualificados de propriedade como bid.amount e item.description em consultas. O HQL e o JPA QL suportam expressões de caminho de propriedade de múltiplas partes com uma notação de ponto para dois propósitos diferentes:

- Consultar componentes
- Expressar junções implícitas de associação

O primeiro uso é claro:

```
from User u where u.homeAddress.city = 'Bangkok'
```

Você referencia partes do componente mapeado Address com uma notação de ponto. Nenhuma tabela é juntada nessa consulta; as propriedades do componente homeAddress

646 | JAVA PERSISTENCE COM HIBERNATE

estão todas mapeadas para a mesma tabela junto com os dados de User. Você também pode escrever uma expressão de caminho na cláusula SELECT:

```
select distinct u.homeAddress.city from User u
```

Essa consulta retorna uma List de Strings. Como as duplicatas não fazem muito sentido, você as elimina com DISTINCT.

O segundo uso de expressões de caminho de múltiplas partes é a junção implícita de associação:

```
from Bid bid where bid.item.description like '%Foo%'
```

Isso resulta em uma junção implícita nas associações muitos-para-um de Bid para Item – o nome dessa associação é item. O Hibernate sabe que você mapeou essa associação com a chave estrangeira ITEM_ID na tabela BID e gera a condição de junção SQL de acordo. Junções implícitas são sempre guiadas ao longo de associações muitos-para-um ou um-para-um, nunca através de uma associação de valor coleção (você não pode escrever item.bids.amount).

Junções múltiplas são possíveis em uma única expressão de caminho. Se a associação de Item para Category é muitos-para-um (ao invés da atual muitos-para-muitos), você pode escrever

```
from Bid bid where bid.item.category.name like 'Laptop%'
```

Nós desaprovamos o uso desse adorno sintático para consultas mais complexas. Junções SQL são importantes, e especialmente quando se está otimizando consultas, você precisa ser capaz de ver imediatamente exatamente quantas delas existem. Considere a seguinte consulta (novamente, usando uma muitos-para-um de Item para Category):

```
from Bid bid
    where bid.item.category.name like 'Laptop%'
    and bid.item.successfulBid.amount > 100
```

Quantas junções são necessárias para expressar isso em SQL? Mesmo se você conseguir a resposta certa, ela leva mais do que alguns segundos para ser calculada. A resposta é três; o SQL gerado é algo parecido com isso:

```
select ...
from BID B
inner join ITEM I on B.ITEM_ID = I.ITEM_ID
inner join CATEGORY C on I.CATEGORY_ID = C.CATEGORY_ID
inner join BID SB on I.SUCCESSFUL_BID_ID = SB.BID_ID
where C.NAME like 'Laptop%'
and SB.AMOUNT > 100
```

Fica mais óbvio se você expressar essa consulta com junções explícitas do HQL e do JPA QL na cláusula FROM.

Junções expressas na cláusula FROM

O Hibernate faz distinções entre os propósitos para junção. Suponha que você esteja consultando Items. Existem duas possíveis razões de por que você estaria interessado em juntá-los com Bids.

Você pode querer limitar o item retornado pela consulta com base em algum critério que deve ser aplicado em seus lances. Por exemplo, você pode querer todos os Items que têm um lance de mais de R$100; portanto isso requer uma junção interna. Você não está interessado nos itens que não possuem lances até agora.

Por outro lado, você pode estar principalmente interessado nos Items, mas você pode querer executar uma junção externa só porque você quer recuperar todos os lances para os itens consultados na mesma declaração SQL, algo que chamamos mais cedo de recuperação ansiosa com junção. Lembra que você prefere mapear todas as associações como *preguiçosa* por padrão, então uma consulta de recuperação ansiosa com junção externa é usada para sobrescrever a estratégia de recuperação padronizada em tempo de execução para um determinado caso de uso.

Vamos primeiro escrever algumas consultas que usam junções internas para o propósito de restrição. Se você quer recuperar instâncias Item e restringir o resultado para itens que têm lances com uma certa quantia, você tem que designar um apelido a uma associação juntada:

```
from Item i
   join i.bids b
      where i.description like '%Foo%'
      and b.amount > 100
```

Essa consulta designa o apelido i para a entidade Item e o apelido b para os lances juntados de Item. Você então usa ambos os apelidos para expressar critérios de restrição na cláusula WHERE.

O SQL resultante é:

```
select i.DESCRIPTION, i.INITIAL_PRICE, ...
          b.BID_ID, b.AMOUNT, b.ITEM_ID, b.CREATED_ON
from ITEM i
inner join BID b on i.ITEM_ID = b.ITEM_ID
where i.DESCRIPTION like '%Foo%'
and b.AMOUNT > 100
```

A consulta retorna todas as combinações de lances associados e itens como pares ordenados:

```
Query q = session.createQuery("from Item i join i.bids b");
Iterator pairs = q.list().iterator();
while ( pairs.hasNext() ) {
   Object[] pair = (Object[]) pairs.next();
   Item item = (Item) pair[0];
   Bid bid = (Bid) pair[1];
}
```

648 | Java Persistence com Hibernate

Ao invés de uma List de Items, essa consulta retorna uma List de arranjos Object[]. No índice 0 está o Item, e, no índice 1, está o Bid. Um determinado Item pode aparecer múltiplas vezes, uma vez para cada Bid associado. Esses itens duplicados são referências em memória duplicadas, e não instâncias duplicadas!

Se você não quiser os lances no resultado da consulta, poderá especificar uma cláusula SELECT no HQL (é obrigatório no JPA QL de qualquer maneira). Você usa o apelido em uma cláusula SELECT para projetar somente os objetos que você quer:

```
select i
from Item i join i.bids b
where i.description like '%Foo%'
and b.amount > 100
```

Agora o SQL gerado se parece com isso:

```
select i.DESCRIPTION, i.INITIAL_PRICE, ...
from ITEM i
inner join BID b on i.ITEM_ID = b.ITEM_ID
where i.DESCRIPTION like '%Foo%'
and b.AMOUNT > 100
```

O resultado da consulta contém somente itens, e pelo fato de ser uma *junção interna*, somente itens que têm lances:

```
Query q = session.createQuery("select i from Item i join i.bids b");
Iterator items = q.list().iterator();
while ( items.hasNext() ) {
   Item item = (Item) items.next();
}
```

Como você pode ver, usar apelidos em HQL e JPA QL é igual para ambas, classes diretas e associações juntadas. Você usou uma coleção nos exemplos anteriores, mas a sintaxe e as semânticas são as mesmas para associações monovaloradas, como muitos-para-um e um-para-um. Você designa apelidos na cláusula FROM dando um nome à associação e então usa os apelidos na cláusula WHERE e possivelmente na cláusula SELECT.

O HQL e o JPA QL oferecem uma sintaxe alternativa para junção de uma coleção na cláusula FROM e para designar a ela um apelido. Esse operador IN() tem a sua história em uma versão mais antiga do EJB QL. Suas semânticas são as mesmas que as de uma junção normal de coleção. Você pode reescrever a última consulta como se segue:

```
select i
from Item i in(i.bids) b
where i.description like '%Foo%'
and b.amount > 100
```

Capítulo 14 – Como consultar com HQL e JPA QL | 649

A parte from Item i in(i.bids) b resulta na mesma junção interna que a do exemplo anterior com from Item i join i.bids b.

Até agora, você só escreveu junções internas. Junções externas são mais usadas para recuperação dinâmica, que iremos discutir logo. Algumas vezes você quer escrever uma simples consulta com uma junção externa sem aplicar uma estratégia de recuperação dinâmica. Por exemplo, a consulta seguinte é uma variação da primeira consulta e recupera itens e lances com uma mínima quantia:

```
from Item i
    left join i.bids b
        with b.amount > 100
        where i.description like '%Foo%'
```

A primeira coisa que é nova nessa declaração é a palavra-chave LEFT. Opcionalmente você pode escrever LEFT OUTER JOIN e RIGHT OUTER JOIN, mas geralmente preferimos a forma curta. A segunda mudança é a condição de junção adicional seguida da palavra chave WITH. Se coloca a expressão b.amount > 100 dentro da cláusula WHERE você restringe o resultado para instâncias Item que têm lances. Isso não é o que você quer aqui: você quer recuperar itens e lances, e até mesmo os itens que não têm lances. Adicionando uma condição de junção adicional à cláusula FROM, você pode restringir as instâncias Bid e ainda assim recuperar todos os objetos Item. Essa consulta novamente retorna pares ordenados de objetos Item e Bid. E, por fim, note que condições de junção adicionais com a palavra-chave WITH estão somente disponíveis em HQL; o JPA QL suporta somente a condição básica de junção externa representada pela associação de chave estrangeira mapeada.

Um cenário muito mais comum no qual junções externas interpretam um importante papel é a recuperação dinâmica ansiosa.

Estratégias de recuperação dinâmica com junções

Todas as consultas que você viu na seção anterior têm uma coisa em comum: as instâncias Item retornadas têm uma coleção chamada bids. Essa coleção, se mapeada como lazy="true" (padrão), não é inicializada, e uma declaração SQL adicional é acionada tão logo você a acesse. O mesmo é verdade para todas as associações de extremidade única, como a seller de cada Item. Por padrão, o Hibernate gera um *proxy* e carrega a instância User associada preguiçosamente e somente sob demanda.

Que opções você tem para mudar esse comportamento? Primeiro, você pode mudar o plano de recuperação no seu metadado de mapeamento e declarar uma coleção ou uma associação monovalorada como lazy="false". O Hibernate então executa o SQL necessário para garantir que a desejada rede de objetos seja carregada sempre. Isso também significa que uma única declaração HQL ou JPA QL pode resultar em várias operações SQL!

Por outro lado, você geralmente não modifica o plano de recuperação no metadado de mapeamento a não ser que você esteja absolutamente certo de que ele deva ser aplicado globalmente. Você geralmente escreve um novo plano de recuperação para um determinado caso de uso. Isso é o que você já fez escrevendo declarações HQL e JPA QL; você definiu um

650 | JAVA PERSISTENCE COM HIBERNATE

plano de recuperação com seleção, restrição e projeção. A única coisa que o fará mais eficiente é a correta *estratégia de recuperação dinâmica*. Por exemplo, não existe uma razão de por que você precisa de várias declarações SQL para recuperar todas as instâncias Item e para inicializar suas coleções bids, ou para recuperar o seller de cada Item. Isso pode ser feito ao mesmo tempo, com uma operação de junção.

Em HQL e JPA QL você pode especificar que uma instância de entidade associada ou uma coleção deva ser recuperada ansiosamente com a palavra-chave FETCH na cláusula FROM:

```
from Item i
    left join fetch i.bids
        where i.description like '%Foo%'
```

Essa consulta retorna todos os itens com uma descrição que contém a seqüência de caracteres "Foo" e todas as suas coleções de lances em uma única operação. Quando executada, ela retorna uma lista de instâncias Item, com suas coleções bids totalmente inicializadas. Isso é bastante diferente se comparado aos pares ordenados retornados pelas consultas na seção anterior!

O propósito de uma junção de recuperação é otimização de performance: você usa essa sintaxe só porque quer inicialização ansiosa das coleções bids em uma única operação SQL:

```
select i.DESCRIPTION, i.INITIAL_PRICE, ...
        b.BID_ID, b.AMOUNT, b.ITEM_ID, b.CREATED_ON
from ITEM i
left outer join BID b on i.ITEM_ID = b.ITEM_ID
where i.DESCRIPTION like '%Foo%'
```

Uma cláusula WITH adicional não iria fazer muito sentido aqui. Você não pode restringir as instâncias Bid: todas as coleções devem ser totalmente inicializadas.

Você também pode pré-recuperar associações muitos-para-um ou um-para-um, usando a mesma sintaxe:

```
from Bid bid
    left join fetch bid.item
    left join fetch bid.bidder
        where bid.amount > 100
```

Essa consulta executa o seguinte SQL:

```
select b.BID_ID, b.AMOUNT, b.ITEM_ID, b.CREATED_ON
        i.DESCRIPTION, i.INITIAL_PRICE, ...
        u.USERNAME, u.FIRSTNAME, u.LASTNAME, ...
from BID b
left outer join ITEM i on i.ITEM_ID = b.ITEM_ID
left outer join USER u on u.USER_ID = b.BIDDER_ID
where b.AMOUNT > 100
```

Se você escreve JOIN FETCH sem LEFT, consegue carregamento preguiçoso com uma junção interna (você também consegue se escrever INNER JOIN FETCH); uma pré-recuperação com uma junção interna, por exemplo, retorna objetos Item com suas coleções bids totalmente inicializadas, mas nenhum objeto Item que não possua lances. Tal consulta é raramente útil para coleções, mas pode ser usada em uma associação muitos-para-um que não permita nulo; por exemplo, join fetch item.seller funciona numa boa.

Recuperação dinâmica em HQL e JPA QL é claro; contudo, você deve se lembrar das seguintes advertências:

- Você nunca designa um apelido a qualquer associação ou coleção juntada para recuperação para adicional restrição ou projeção. Então left join fetch i.bids b where b = ... é inválido, enquanto left join fetch i.bids b join fetch b.bidder é válido.

- Você não deve recuperar mais do que uma coleção em paralelo; caso contrário você cria um produto cartesiano. Você pode recuperar a quantidade de objetos monovalorados associados que quiser sem criar um produto. Esse é basicamente o mesmo problema que discutimos no Capítulo 13, Seção 13.2.5, "O problema do produto cartesiano".

- O HQL e o JPA QL ignoram qualquer estratégia de recuperação que você definiu em metadado de mapeamento. Por exemplo, mapear a coleção bids em XML com fetch="join", não surte efeito em qualquer declaração HQL ou JPA QL. Uma estratégia de recuperação dinâmica ignora a estratégia de recuperação global (por outro lado, o plano de recuperação global não é ignorado – toda associação ou coleção não preguiçosa é garantida de ser carregada, mesmo se várias consultas SQL são neces-sárias).

- Se você recuperar ansiosamente uma coleção, duplicatas podem retornar. Olhe a Figura 14.3: essa é exatamente a operação SQL executada para uma consulta select i from Item i join fetch i.bids HQL ou JPA QL. Cada Item é duplicado no lado esquerdo da tabela de resultados tantas vezes quanto o dado de um Bid relacionado é apresentado. A List retornada pela consulta HQL ou JPA QL preserva essas duplicatas como referências. Se você preferir descartar essas duplicatas precisará ou envolver a List em um Set (por exemplo, com Set noDupes = new LinkedHashSet(resultList)) ou usar a palavra-chave DISTINCT: select distinct i from Item i join fetch i.bids – note que nesse caso o DISTINCT não opera no nível do SQL, mas força o Hibernate a descartar as duplicatas em memória quando estiver organizando o resultado em objetos. Claramente, duplicatas não podem ser evita-das no resultado SQL.

652 | Java Persistence com Hibernate

- As opções de execução de consulta que são baseadas nas linhas do resultado SQL, como a paginação com setMaxResults()/setFirstResult(), são semanticamente incorretas se uma coleção é recuperada ansiosamente. Se você tem uma coleção recuperada ansiosamente em sua consulta, na época em que escrevemos, o Hibernate recorre a limitar o resultado em memória, ao invés de usar o SQL. Isso pode ser menos eficiente, então nós não recomendamos o uso de JOIN FETCH com setMaxResults()/setFirstResult(). Futuras versões do Hibernate talvez recorram a uma diferente estratégia de consulta SQL (como recuperação com duas consultas e subseleção) se setMaxResults()/setFirstResult() é usado em combinação com um JOIN FETCH.

É assim que o Hibernate implementa recuperação dinâmica de associação, uma característica poderosa que é essencial para alcançar alta performance em qualquer aplicação. Como explicado no Capítulo 13, Seção 13.2.5, "Otimização passo a passo", ajustar o plano e a estratégia de recuperação com consultas é a sua primeira otimização, seguida por definições globais no metadado de mapeamento quando se torna óbvio que mais e mais consultas têm necessidades iguais.

A última opção de junção na lista é a junção no estilo teta.

Junções no estilo teta

Um produto lhe permite recuperar todas as possíveis combinações de instâncias de duas ou mais classes. Essa consulta retorna todos os pares ordenados de objetos User e Category:

```
from User, Category
```

Obviamente, isso geralmente não é útil. Existe um caso onde isso é comumente usado: junções no estilo teta.

Em SQL tradicional, uma junção no estilo teta é um produto cartesiano junto com uma condição de junção na cláusula WHERE, que é aplicada ao produto para restringir o resultado.

Em HQL e JPA QL, a sintaxe no estilo teta é útil quando a sua condição de junção não é um relacionamento de chave estrangeira mapeado para uma associação de classe. Por exemplo, suponha que você armazene o nome do usuário em registros de *log*, em vez de mapear uma associação de LogRecord para User. As classes não sabem nada uma da outra, pois elas não estão associadas. Você então pode achar todos Users e seus LogRecords com a seguinte junção no estilo teta:

```
from User user, LogRecord log where user.username = log.username
```

A condição de junção aqui é uma comparação de username, presente como um atributo em ambas as classes. Se ambas as linhas têm o mesmo username, elas são unidas (com uma junção interna) no resultado. O resultado da consulta consiste em pares ordenados:

Capítulo 14 – Como consultar com HQL e JPA QL | 653

```
Iterator i =
  session.createQuery("from User user, LogRecord log" +
                      " where user.username = log.username")
            .list().iterator();

while ( i.hasNext() ) {
  Object[] pair = (Object[]) i.next();
  User user = (User) pair[0];
  LogRecord log = (LogRecord) pair[1];
}
```

Você pode certamente aplicar uma cláusula SELECT para projetar somente os dados nos quais esteja interessado.

Você provavelmente não irá precisar usar as junções no estilo teta com freqüência. Note que atualmente não é possível em HQL e JPA QL fazer junção externa de duas tabelas que não têm uma associação mapeada – junções no estilo teta são junções internas.

E, por fim, é extremamente comum executar consultas que comparam valores de chave primária ou chave estrangeira a parâmetros de consulta ou outros valores de chave primária ou estrangeira.

Como comparar identificadores

Se você pensa na comparação de identificador em termos mais orientados para objetos, o que você realmente está fazendo é comparando referências de objeto. O HQL e o JPA QL suportam o seguinte:

```
from Item i, User u
     where i.seller = u and u.username = 'steve'
```

Nessa consulta, i.seller se refere à chave estrangeira para a tabela USER na tabela ITEM (na coluna SELLER_ID), e user se refere à chave primária da tabela USER (na coluna USER_ID). Essa consulta usa uma junção em estilo teta e é equivalente à consulta mais preferida

```
from Item i join i.seller u
     where u.username = 'steve'
```

Por outro lado, a seguinte junção no estilo teta *não pode* ser reexpressa como uma junção na cláusula FROM:

```
from Item i, Bid b
     where i.seller = b.bidder
```

Nesse caso, i.seller e b.bidder são chaves estrangeiras da tabela USER. Note que essa é uma importante consulta na aplicação; você a usa para identificar pessoas dando lance para seus próprios itens.

654 | JAVA PERSISTENCE COM HIBERNATE

Você também pode querer comparar um valor de chave estrangeira a um parâmetro de consulta, talvez para achar todos os comentários de um usuário:

```
User givenUser = ...
Query q = session.createQuery(
                "from Comment c where c.fromUser = :user"
                );
q.setEntity("user", givenUser);
List result = q.list();
```

Alternativamente, algumas vezes você prefere expressar esses tipos de consultas em termos de valores identificadores em vez de referências de objeto. Um valor identificador pode ser referido por ou o nome da propriedade identificadora (se existir uma) ou o nome da propriedade especial id. (Note que somente o HQL garante que a propriedade especial id sempre se refira a qualquer propriedade identificadora arbitrariamente nomeada; o JPA QL não garante.)

Essas consultas são equivalentes às consultas anteriores:

```
from Item i, User u
    where i.seller.id = u.id and u.username = 'steve'
from Item i, Bid b
    where i.seller.id = b.bidder.id
```

Contudo, você agora pode usar o valor identificador como um parâmetro de consulta:

```
Long userId = ...
Query q = session.createQuery(
                "from Comment c where c.fromUser.id = :userId"
                );
q.setLong("userId", userId);
List result = q.list();
```

Considerando atributos identificadores, existe um mundo de diferenças entre as seguintes consultas:

```
from Bid b where b.item.id = 1
from Bid b where b.item.description like '%Foo%'
```

A segunda consulta usa uma junção implícita de tabela; a primeira não tem junções de modo algum!

Isso completa nossa discussão de consultas que envolvam junções. Você aprendeu como escrever uma simples junção interna implícita com notação de ponto e como escrever uma explícita junção interna ou externa com apelidos na cláusula FROM. Nós também olhamos as estratégias de recuperação dinâmica com operações SQL de junção interna e externa.

Nosso próximo tópico são consultas avançadas que consideramos na maioria das vezes úteis para *relatório*.

14.3.2 Consultas de relatório

As consultas de relatório se aproveitam da habilidade do banco de dados de executar agrupamento e agregação de dados eficientemente. Elas são mais relacionais por natureza; elas nem sempre retornam entidades. Por exemplo, em vez de recuperar entidades Item que estejam em estado persistente (e automaticamente são checadas por sujeira), uma consulta informativa pode somente recuperar os nomes dos itens e os preços iniciais de leilão. Se essa é somente a informação de que precisa (talvez até mesmo agregada, o maior preço inicial em uma categoria, e assim por diante) para uma tela informativa, você não precisa de instâncias de entidade transacionais e pode economizar o processamento extra de checagem automática de sujeira e cacheamento no contexto de persistência.

O HQL e o JPA QL permitem que você use várias características de SQL que são mais comumente usadas para relatório – embora elas também sejam usadas para outras coisas. Em consultas de relatório, você usa a cláusula SELECT para projeção e as cláusulas GROUP BY e HAVING para agregação.

Pelo fato de já termos discutidos a cláusula básica SELECT, iremos direto para agregação e agrupamento.

Projeção com funções de agregação

As funções de agregação que são reconhecidas pelo HQL e padronizadas em JPA QL são count(), min(), max(), sum() e avg().

Essa consulta conta todos os Items:

```
select count(i) from Item i
```

O resultado retorna como um Long:

```
Long count =
        (Long) session.createQuery("select count(i) from Item i")
                .uniqueResult();
```

A próxima variação da consulta conta todos os Items que têm um successfulBid (valores nulos são eliminados):

```
select count(i.successfulBid) from Item i
```

Essa consulta calcula o total de todos os Bids bem sucedidos:

```
select sum(i.successfulBid.amount) from Item i
```

A consulta retorna um BigDecimal, pois a propriedade amount é do tipo BigDecimal. A função SUM() também reconhece tipos de propriedade BigInteger e retorna Long para todos os outros tipos de propriedade numéricos. Perceba o uso de uma junção implícita na cláusula SELECT: você navega a associação (successfulBid) de Item para Bid referenciando-a com um ponto.

656 | JAVA PERSISTENCE COM HIBERNATE

A próxima consulta retorna a menor e maior quantias de lance para um determinado Item:

```
select min(bid.amount), max(bid.amount)
        from Bid bid where bid.item.id = 1
```

O resultado é um par ordenado de BigDecimals (duas instâncias de BigDecimal, em um arranjo Object[]).

A função especial COUNT(DISTINCT) ignora duplicatas:

```
select count(distinct i.description) from Item i
```

Quando você chama uma função de agregação na cláusula SELECT, sem especificar qualquer agrupamento em uma cláusula GROUP BY, você colapsa o resultado para uma única linha, contendo o(s) valor(es) agregado(s). Isso significa que (na ausência de uma cláusula GROUP BY) qualquer cláusula SELECT que contenha uma função de agregação deve somente conter funções de agregação.

Para estatísticas e relatórios mais avançados, você precisa ser capaz de executar *agrupamento*.

Como agrupar resultados agregados

Assim como em SQL, qualquer propriedade ou apelido que apareça em HQL ou JPA QL fora de uma função de agregação na cláusula SELECT deve também aparecer na cláusula GROUP BY.

Considere a próxima consulta, que conta o número de usuários com o mesmo sobrenome:

```
select u.lastname, count(u) from User u
group by u.lastname
```

Veja o SQL gerado:

```
select u.LAST_NAME, count(u.USER_ID)
from USER u
group by u.LAST_NAME
```

Nesse exemplo, a u.lastname não está dentro de uma função de agregação; você a usa para agrupar o resultado. Você também não precisa especificar a propriedade que quer contar. O SQL gerado automaticamente usará a chave primária, se você usar um apelido definido na cláusula FROM.

A próxima consulta acha a média das quantias dos lances para cada item:

```
select bid.item.id, avg(bid.amount) from Bid bid
group by bid.item.id
```

Essa consulta retorna pares ordenados de identificador de Item e valores da média das quantias dos lances. Perceba como você usa a propriedade especial id para se referir ao

Capítulo 14 – Como consultar com HQL e JPA QL | 657

identificador de uma classe persistente, não importando qual seja o verdadeiro nome da propriedade do identificador. (De novo, essa propriedade especial não é padronizada no JPA QL).

A próxima consulta conta o número de lances e calcula a média dos lances por item não vendido:

```
select bid.item.id, count(bid), avg(bid.amount)
from Bid bid
where bid.item.successfulBid is null
group by bid.item.id
```

Essa consulta usa uma junção implícita de associação. Para uma ordinária junção explícita na cláusula FROM (não uma junção de recuperação), você pode reexpressar a consulta como se segue:

```
select bidItem.id, count(bid), avg(bid.amount)
from Bid bid
    join bid.item bidItem
where bidItem.successfulBid is null
group by bidItem.id
```

Algumas vezes, você também quer restringir o resultado selecionando somente determinados valores de um grupo.

Como restringir grupos com HAVING

A cláusula WHERE é usada para executar a operação relacional de restrição em linhas. A cláusula HAVING executa restrição em grupos.

Por exemplo, a próxima consulta conta usuários com o mesmo sobrenome e que começam com "A":

```
select user.lastname, count(user)
from User user
group by user.lastname
    having user.lastname like 'A%'
```

As mesmas regras governam as cláusulas SELECT e HAVING: somente propriedades agrupadas podem aparecer fora de uma função de agregação. A próxima consulta conta o número de lances por item não vendido, retornando resultados somente para aqueles itens que têm mais de 10 lances:

```
select item.id, count(bid), avg(bid.amount)
from Item item
    join item.bids bid
where item.successfulBid is null
group by item.id
    having count(bid) > 10
```

658 | JAVA PERSISTENCE COM HIBERNATE

A maioria das consultas informativas usa uma cláusula SELECT para escolher uma lista de propriedades projetadas ou agregadas. Você viu isso no caso de existir mais de uma propriedade ou apelido listado na cláusula SELECT, o Hibernate retorna os resultados da consulta como tuplas – cada linha da lista de resultado da consulta é uma instância de Object[].

Como utilizar instanciação dinâmica

Tuplas, especialmente comuns com consultas informativas, são inconvenientes, então o HQL e o JPA QL fornecem uma chamada de construtor SELECT NEW. Além de criar novos objetos dinamicamente com essa técnica, você também pode usá-la em conjunto com agregação e agrupamento.

Se você define uma classe chamada ItemBidSummary com um construtor que recebe um Long, um Long e um BigDecimal, a seguinte consulta pode ser usada:

```
select new ItemBidSummary(
            bid.item.id, count(bid), avg(bid.amount)
            )
from Bid bid
where bid.item.successfulBid is null
group by bid.item.id
```

No resultado dessa consulta, cada elemento é uma instância de ItemBidSummary, que é um resumo de um Item, o número de lances para esse item, e a média das quantias dos lances. Note que você tem que escrever um nome de classe totalmente qualificado aqui, com um nome de pacote, a não ser que a classe tenha sido importada para a coleção de nomes do HQL (veja o Capítulo 4, Seção 4.3.3, "Como nomear entidades para consultas"). Essa abordagem é *type-safe*, e uma classe de transferência de dados como a ItemBidSummary pode ser facilmente estendida para impressão especial formatada de valores em relatórios.

A classe ItemBidSummary é um *bean* Java, ela não tem que ser uma classe persistente de entidade mapeada. Por outro lado, se você usa a técnica SELECT NEW com uma classe de entidade mapeada, todas as instâncias retornadas pela sua consulta estão em estado *transiente* – então você pode usar essa característica para popularizar vários novos objetos e, então, salvá-los.

As consultas informativas (de relatórios) podem ter um impacto na performance da sua aplicação. Vamos explorar essa questão um pouco mais.

Como melhorar a performance com consultas informativas

A única vez que vimos algum processamento extra significativo em código Hibernate se comparado a consultas JDBC diretas – e depois só para simples casos de teste de brincadeira não realistas – é no caso especial de consultas somente leitura contra um banco de dados local. Nesse caso, é possível para um banco de dados cachear completamente em memória os resultados de uma consulta e responder rapidamente, então benchmarks serão geralmente inúteis se o conjunto de dados for pequeno: SQL puro e JDBC são sempre a opção mais rápida.

O Hibernate, por outro lado, mesmo com um pequeno conjunto de dados, deve ainda fazer o trabalho de adicionar os objetos resultantes de uma consulta ao cache do contexto de persistência (talvez também para o cache de segundo nível), gerenciar unicidade, e assim por diante. Se você alguma vez desejar evitar o processamento extra de gerenciar o cache do contexto de persistência, consultas informativas lhe darão uma maneira de fazer isso. O processamento extra de uma consulta informativa do Hibernate se comparado a SQL/JDBC direto geralmente não é mensurável, até mesmo em casos extremos irreais, como carregar um milhão de objetos a partir de um banco de dados local sem latência de rede.

As consultas informativas usando projeção em HQL e JPA QL deixam você especificar que propriedades deseja recuperar. Para consultas informativas, você não está selecionando entidades em estado gerenciado, mas somente propriedades ou valores agregados:

```
select user.lastname, count(user) from User user
group by user.lastname
```

Essa consulta não retorna instâncias de entidade persistente, então o Hibernate não adiciona qualquer objeto persistente ao cache do contexto de persistência. Isso significa que nenhum objeto deve ser vigiado por estado sujo também.

Então, as consultas de relatório resultam em liberação mais rápida de memória alocada, pois os objetos não são mantidos no cache do contexto de persistência até que contexto seja fechado – eles podem ser coletados pelo coletor de lixo tão logo sejam desreferenciados pela aplicação, após executar o relatório.

Quase sempre, essas considerações são de menor importância, então não saia por aí e reescreva todas as suas transações somente leitura para usar consultas informativas ao invés de objetos gerenciados, cacheados e transacionais. As consultas informativas são mais verbosas e (discutivelmente) menos orientadas para objetos. Elas também tornam menos eficiente o uso de caches do Hibernate, que é muito mais importante uma vez que você considere o processamento extra de comunicação remota com o banco de dados em sistemas de produção. Você deve esperar até achar um caso onde encontre realmente um problema de performance antes de usar essa otimização. Você já pode criar consultas HQL e JPA QL realmente complexas com o que você já viu até agora. Consultas ainda mais avançadas podem incluir declarações aninhadas, conhecidas como *subseleções*.

14.3.3 Como usar subseleções

Uma importante e poderosa característica do SQL são as *subseleções*. Uma subseleção é uma consulta de seleção embutida em uma outra consulta, geralmente nas cláusulas SELECT, FROM e WHERE.

O HQL e o JPA QL suportam subconsultas na cláusula WHERE. Subseleções na cláusula FROM não são suportadas pelo HQL e JPA QL (embora a especificação as liste como uma possível extensão futura), pois ambas as linguagens não têm *fechamento transitivo*. O resultado de uma consulta pode não ser tabular, então ele não pode ser reusado para seleção

660 | Java Persistence com Hibernate

em uma cláusula FROM. Subseleções na cláusula SELECT também não são suportadas na linguagem de consulta, mas podem ser mapeadas para propriedades com uma fórmula, como mostrado em "Junção inversa de propriedades" no Capítulo 8, Seção 8.1.3.

(Algumas plataformas suportadas pelo Hibernate não implementam subseleções SQL. O Hibernate suportará subseleções somente se o sistema de gerenciamento de banco de dados SQL fornecer essa característica.)

Aninhamento correlacionado e não correlacionado

O resultado de uma subconsulta pode conter uma única linha ou múltiplas linhas. Tipicamente, subconsultas que retornam linhas únicas executam agregação. A seguinte subconsulta retorna o número total de itens vendidos por um usuário; a consulta externa retorna todos os usuários que venderam mais de 10 itens:

```
from User u where 10 < (
    select count(i) from u.items i where i.successfulBid is not null
)
```

Isso é uma *subconsulta correlacionada* – ela se referencia a um apelido (u) da consulta externa. A próxima subconsulta é uma *subconsulta não correlacionada*:

```
from Bid bid where bid.amount + 1 >= (
    select max(b.amount) from Bid b
)
```

A subconsulta nesse exemplo retorna a maior quantia de lance em todo o sistema; a consulta exterior retorna todos os lances cuja quantia esteja dentro de uma tolerância de um (real) da maior quantia.

Note que em ambos os casos, a subconsulta é delimitada por parêntesis. Isso é sempre necessário.

Subconsultas não correlacionadas são inofensivas, e não existe razão para não usá-las quando forem convenientes, embora elas possam sempre ser reescritas como duas consultas (elas não referenciam uma à outra). Você deve pensar mais cuidadosamente no impacto de performance de subconsultas correlacionadas. Em um banco de dados maduro, o custo de performance de uma simples subconsulta correlacionada é similar ao custo de uma junção. Contudo, não é necessariamente possível reescrever uma subconsulta correlacionada usando várias consultas separadas.

Quantificação

Se uma subconsulta retorna múltiplas linhas, ela é combinada com *quantificação*. ANSI SQL, HQL e JPA QL definem os seguintes quantificadores:

- ALL – A expressão avalia para true a comparação verdadeira para todos os valores no resultado da subconsulta. Ela avalia para false um único valor do resultado da subconsulta que falhe no teste de comparação.

CAPÍTULO 14 – COMO CONSULTAR COM HQL E JPA QL | 661

- ANY – A expressão avalia para true a comparação verdadeira para algum (qualquer) valor no resultado da subconsulta. Se o resultado da subconsulta estiver vazio ou nenhum valor satisfaça a comparação, ela avaliará para false. A palavra-chave SOME é um sinônimo para ANY.

- IN – Esse operador binário de comparação pode comparar uma lista de valores contra o resultado de uma subconsulta e avalia para true todos os valores encontrados no resultado.

Por exemplo, essa consulta retorna itens onde todos os lances são menores que 100:

```
from Item i where 100 > all ( select b.amount from i.bids b )
```

A próxima consulta retorna todos os outros, itens com lances maiores ou iguais a 100:

```
from Item i where 100 <= any ( select b.amount from i.bids b )
```

Essa consulta retorna itens com um lance de exatamente 100:

```
from Item i where 100 = some ( select b.amount from i.bids b )
```

Esta também faz a mesma coisa da anterior:

```
from Item i where 100 in ( select b.amount from i.bids b )
```

O HQL suporta uma sintaxe de atalho para subconsultas que operam em elementos ou índices de uma coleção. A seguinte consulta usa a função especial do HQL elements():

```
List result =
    session.createQuery("from Category c" +
                     " where :givenItem in elements(c.items)")
          .setEntity("givenItem", item)
          .list()
```

A consulta retorna todas as categorias às quais o item pertence, e é equivalente ao seguinte HQL (e válido JPA QL), onde a subconsulta é mais explícita:

```
List result =
    session.createQuery(
"from Category c where :givenItem in (select i from c.items i)"
)
.setEntity("item", item)
.list();
```

Junto com elements(), o HQL fornece indices(), maxelement(), minelement(), maxindex(), minindex() e size(), equivalentes a uma certa subconsulta correlacionada contra a coleção passada. Recorra à documentação do Hibernate para maiores informações sobre essas funções especiais; elas são raramente usadas.

662 | JAVA PERSISTENCE COM HIBERNATE

Subconsultas são uma técnica avançada; você deve questionar o uso freqüente de subconsultas, pois consultas com subconsultas podem freqüentemente ser reescritas usando somente junções e agregação. Contudo, elas são mais poderosas e úteis de tempos em tempos.

14.4 RESUMO

Você agora é capaz de escrever uma grande variedade de consultas em HQL e JPA QL. Você aprendeu neste capítulo como preparar e executar consultas, e como vincular parâmetros. Nós lhe mostramos restrição, projeção, junções, subseleções e muitas outras opções que você provavelmente já conhecia do SQL.

A Tabela 14.4 mostra um resumo que você pode usar para comparar características do Hibernate nativo e o Java Persistence.

Tabela 14.4 Planilha de comparação do Hibernate e do JPA para o Capítulo 14

Hibernate Core	Java Persistence e EJB 3.0
As APIs do Hibernate suportam execução de consulta com listagem, iteração e rolamento.	O Java Persistence padroniza execução de consulta com listagem.
O Hibernate suporta parâmetros de vinculação da consulta nomeados e posicionais.	O Java Persistence padroniza as opções de parâmetro de vinculação nomeado e posicional.
As APIs de consulta do Hibernate suportam dicas de consulta no nível da aplicação.	O Java Persistence permite aos desenvolvedores fornecer dicas de consulta arbitrárias específicas de fornecedor (Hibernate)
O HQL suporta chamadas de função, subseleções, junções, projeção, e restrição tipo SQL.	O JPA QL suporta chamadas de função, subseleções, junções, projeção, e restrição tipo SQL – subconjunto do HQL.

No próximo capítulo vamos nos concentrar em técnicas de consulta mais avançadas, como geração programática de consultas complexas com a API Criteria e embutimento de consultas do SQL nativo. Também iremos falar sobre o cache de consulta e quando você deve habilitá-lo.

CAPÍTULO 15

OPÇÕES AVANÇADAS
DE CONSULTA

Esse capítulo aborda

- Como consultar com as APIs Criteria e Example
- Como embutir consultas do SQL nativo
- O opcional cache do resultado de consulta

664 | JAVA PERSISTENCE COM HIBERNATE

Este capítulo explica todas as opções de consulta que você pode considerar opcionais ou avançadas. Você irá precisar do primeiro assunto deste capítulo, a interface de consulta Criteria, sempre que criar consultas mais complexas programaticamente. Essa API é muito mais conveniente e elegante do que a geração programática de seqüências de caracteres de consulta para HQL e JPA QL. Infelizmente, ela só está disponível como uma API do Hibernate nativo; o Java Persistence não padroniza (ainda) uma interface de consulta programática.

Ambos, o Hibernate e o Java Persistence, suportam consultas escritas em SQL nativo. Você pode embutir chamadas à SQL e a procedimentos armazenados no seu código-fonte Java ou exteriorizá-los para metadado de mapeamento. O Hibernate pode executar o seu SQL e converter o conjunto de resultados em objetos mais convenientes, dependendo do seu mapeamento.

Filtragem de coleções é uma simples característica de conveniência do Hibernate – você não irá usá-la com freqüência. Ela o ajuda a substituir uma consulta mais elaborada com uma simples chamada a API e um fragmento de consulta, por exemplo, se você quer obter um subconjunto dos objetos em uma coleção.

E por fim, discutiremos o opcional cache do resultado de consulta – nós já mencionamos que ele não é útil em todas as situações, então iremos dar uma olhada mais de perto nos benefícios de cachear resultados de uma consulta e quando você idealmente habilitaria essa característica.

Vamos começar com consulta por critérios e consulta por exemplo.

15.1 COMO CONSULTAR COM CRITÉRIOS E EXEMPLO

As APIs Criteria e Example estão disponíveis somente no Hibernate; o Java Persistence não padroniza essas interfaces. Como mencionado anteriormente, parece provável que outros fornecedores, não somente o Hibernate, suportem uma interface de extensão similar e que uma futura versão do padrão irá incluir essa funcionalidade.

Consultar com objetos de exemplo e critérios gerados programaticamente é freqüentemente a solução preferida quando as consultas ficam mais complexas. Isso é especialmente verdade se você tem que criar uma consulta em tempo de execução. Imagine que você tenha de implementar uma máscara de busca na sua aplicação, com muitas caixas de seleção, campos de entrada, e chaves que o usuário possa habilitar. Você deve criar uma consulta de banco de dados a partir da seleção do usuário. A maneira tradicional de se fazer isso é criar uma seqüência de caracteres de consulta através de concatenação, ou talvez escrever um *construtor de consulta* que possa construir a seqüência de caracteres de consulta SQL para você. Você se depararia com o mesmo problema se tentasse usar o HQL ou o JPA QL nesse cenário.

As interfaces Criteria e Example lhe permitem construir consultas programaticamente por meio da criação e da combinação dos objetos na ordem correta. Nós agora lhe mostramos como trabalhar com essas APIs e como expressar seleção, restrição, junções e projeção. Assumimos que você leu o capítulo anterior e que já sabe como essas operações são traduzidas para o SQL. Mesmo se decidir usar as APIs Criteria e Example como a sua primeira maneira de escrever consultas tenha em mente que o HQL e o JPA QL são sempre mais flexíveis devido a sua natureza baseada em seqüência de caracteres.

Vamos começar com alguns exemplos básicos de seleção e restrição.

15.1.1 Consultas básicas por critérios

A consulta por critérios mais simples se parece com isso:

```
session.createCriteria(Item.class);
```

Ela recupera todas as instâncias persistentes da classe Item. Isso também é chamado de a *entidade-raiz* da consulta por critérios.

Consultas por critérios também suportam polimorfismo:

```
session.createCriteria(BillingDetails.class);
```

Essa consulta retorna instâncias de BillingDetails e suas subclasses. Da mesma forma, a seguinte consulta por critérios retorna todos os objetos persistentes:

```
session.createCriteria(java.lang.Object.class);
```

A interface Criteria também suporta ordenação de resultados com o método addOrder() e o critério Order:

```
session.createCriteria(User.class)
       .addOrder( Order.asc("lastname") )
       .addOrder( Order.asc("firstname") );
```

Você não precisa ter uma Session aberta para criar um objeto de critérios; uma DetachedCriteria pode ser instanciada e mais à frente ligada a uma Session para execução (ou a uma outra Criteria como uma subconsulta):

```
DetachedCriteria crit =
   DetachedCriteria.forClass(User.class)
                   .addOrder( Order.asc("lastname") )
                   .addOrder( Order.asc("firstname") );
List result = crit.getExecutableCriteria(session).list();
```

Geralmente você quer restringir o resultado e não recuperar todas as instâncias de uma classe.

Como aplicar restrições

Para uma consulta por critérios, você deve construir um objeto Criterion para expressar uma restrição. A classe Restrictions fornece métodos de fábrica para tipos Criterion inerentes. Vamos buscar por objetos User com um determinado endereço de email:

666 | JAVA PERSISTENCE COM HIBERNATE

```
Criterion emailEq = Restrictions.eq("email", "foo@hibernate.org");
Criteria crit = session.createCriteria(User.class);
crit.add(emailEq);
User user = (User) crit.uniqueResult();
```

Você cria uma Criterion que representa a restrição a uma comparação de igualdade e a adiciona a Criteria. Esse método eq() tem dois argumentos: primeiro o nome da propriedade, e então o valor que deve ser comparado. O nome da propriedade é sempre dado com uma seqüência de caracteres; tenha em mente que esse nome pode mudar durante uma refatoração do seu modelo de domínio e que você deve atualizar quaisquer consultas por critérios predefinidas manualmente. Note também que as interfaces de critérios não suportam vinculação explícita de parâmetro, pois ela não é necessária. No exemplo anterior você vinculou a seqüência de caracteres "foo@hibernate.org" à consulta; você pode vincular qualquer java.lang.Object e deixar o Hibernate descobrir o que fazer com ele. O método uniqueResult() executa a consulta e retorna exatamente um objeto como um resultado – você tem de fazer a conversão corretamente.

Geralmente, você escreve isso um pouco menos verboso, usando encadeamento de método:

```
User user =
    (User) session.createCriteria(User.class)
                .add(Restrictions.eq("email", "foo@hibernate.org"))
                .uniqueResult();
```

Obviamente, consultas por critérios são mais difíceis de ler se ficam mais complexas – uma boa razão para preferi-las para geração de consulta dinâmica e programática, mas para usar HQL e JPA QL exteriorizados para consultas predefinidas. Uma nova característica do JDK 5.0 são as *importações estáticas*; elas ajudam a tornar as consultas por critérios mais legíveis. Por exemplo, adicionando

```
import static org.hibernate.criterion.Restrictions.*;
```

você é capaz de abreviar o código de restrição da consulta por critérios para

```
User user =
    (User) session.createCriteria(User.class)
                .add( eq("email", "foo@hibernate.org") )
                .uniqueResult();
```

Uma alternativa para obter uma Criterion é um objeto Property – isso será mais útil mais à frente nesta seção quando discutirmos projeção:

```
session.createCriteria(User.class)
        .add( Property.forName("email").eq("foo@hibernate.org") );
```

Você também pode indicar uma propriedade de um componente com a usual notação de ponto:

```
session.createCriteria(User.class)
        .add( Restrictions.eq("homeAddress.street", "Foo"));
```

CAPÍTULO 15 – OPÇÕES AVANÇADAS DE CONSULTA | 667

A API Criteria e o pacote org.hibernate.criterion oferecem muitos outros operadores além do eq() que você pode usar para construir expressões mais complexas.

Como criar expressões de comparação

Todos os operadores de comparação SQL (e HQL, JPA QL) regulares também estão disponíveis via a classe Restrictions:

```
Criterion restriction =
    Restrictions.between("amount",
                new BigDecimal(100),
                new BigDecimal(200) );
session.createCriteria(Bid.class).add(restriction);
session.createCriteria(Bid.class)
        .add( Restrictions.gt("amount", new BigDecimal(100) ) );
String[] emails = { "foo@hibernate.org", "bar@hibernate.org" };
session.createCriteria(User.class)
        .add( Restrictions.in("email", emails) );
```

Um operador lógico ternário também está disponível; essa consulta retorna todos os usuários sem endereço de e-mail:

```
session.createCriteria(User.class)
        .add( Restrictions.isNull("email") );
```

Você também precisa ser capaz de achar os usuários que *realmente* têm um endereço de e-mail:

```
session.createCriteria(User.class)
        .add( Restrictions.isNotNull("email") );
```

Você também pode testar uma coleção com isEmpty(), isNotEmpty(), ou o seu tamanho atual:

```
session.createCriteria(Item.class)
        .add( Restrictions.isEmpty("bids"));
session.createCriteria(Item.class)
        .add( Restrictions.sizeGt("bids", 3));
```

Ou você pode comparar duas propriedades:

```
session.createCriteria(User.class)
        .add( Restrictions.eqProperty("firstname", "username") );
```

As interfaces da consulta por critérios também têm suporte especial para comparação de seqüência de caracteres.

Comparação de seqüência de caracteres

Para consultas por critérios, buscas com caractere curinga podem usar ou os mesmos símbolos de caractere curinga que o HQL e o JPA QL (sinal de porcentagem e traço inferior) ou especificar um

668 | JAVA PERSISTENCE COM HIBERNATE

MatchMode. O MatchMode é uma maneira conveniente de expressar uma comparação de subseqüência de caracteres sem manipulação de seqüência de caracteres. Essas duas consultas são equivalentes:

```
session.createCriteria(User.class)
        .add( Restrictions.like("username", "G%") );
session.createCriteria(User.class)
        .add( Restrictions.like("username", "G", MatchMode.START) );
```

Os MatchModes permitidos são START, END, ANYWHERE, e EXACT.

Você freqüentemente também quer realizar uma comparação de seqüência de caracteres insensível à caixa. Onde você iria recorrer a uma função como a LOWER() em HQL ou JPA QL, na qual se basear em um método da API Criteria:

```
session.createCriteria(User.class)
        .add( Restrictions.eq("username", "foo").ignoreCase() );
```

Você pode combinar expressões com operadores lógicos.

Como combinar expressões com operadores lógicos

Se você adicionar múltiplas instâncias Criterion à mesma instância Criteria, elas serão aplicadas em conjunção (usando and):

```
session.createCriteria(User.class)
        .add( Restrictions.like("firstname", "G%") )
        .add( Restrictions.like("lastname", "K%") );
```

Se você precisa de disjunção (or), existem duas opções. A primeira é usar Restrictions.or() junto com Restrictions.and():

```
session.createCriteria(User.class)
    .add(
       Restrictions.or(
          Restrictions.and(
             Restrictions.like("firstname", "G%"),
             Restrictions.like("lastname", "K%")
             ),
          Restrictions.in("email", emails)
       )
    );
```

A segunda opção é usar Restrictions.disjunction() junto com Restrictions.conjunction():

```
session.createCriteria(User.class)
        .add( Restrictions.disjunction()
          .add( Restrictions.conjunction()
            .add( Restrictions.like("firstname", "G%") )
            .add( Restrictions.like("lastname", "K%") )
```

Capítulo 15 – Opções avançadas de consulta | 669

```
        )
        .add( Restrictions.in("email", emails) )
    );
```

Achamos que ambas as opções são feias, mesmo após gastar cinco minutos tentando formatá-las para uma maior legibilidade possível. Importações estáticas do JDK 5.0 podem ajudar a melhorar a legibilidade consideravelmente, mas mesmo assim, a não ser que você esteja construindo uma consulta dinamicamente, a seqüência de caracteres do HQL ou do JPA QL é muito mais fácil de entender.

Você pode ter percebido que muitos operadores padronizados de comparação (menor que, maior que, igual, e assim por diante) são inerentes à API Criteria, mas alguns operadores estão faltando. Por exemplo, quaisquer operadores aritméticos como o de adição e divisão não são suportados diretamente.

Uma outra questão é chamada à função. A Criteria tem funções inerentes somente aos casos mais comuns como a comparação insensível à caixa de seqüência de caracteres. O HQL, por outro lado, lhe permite chamar funções SQL arbitrárias na cláusula WHERE.

A API Criteria tem um instrumento similar: você pode adicionar uma expressão SQL arbitrária como uma Criterion.

Como adicionar expressões SQL arbitrárias

Vamos assumir que você queira testar uma seqüência de caracteres por seu tamanho e restringir o resultado da sua consulta de acordo. A API Criteria não tem equivalente à função LENGTH() em SQL, HQL, ou JPA QL.

Você pode, no entanto, adicionar uma expressão de função em SQL puro a sua Criteria:

```
session.createCriteria(User.class)
    .add( Restrictions.sqlRestriction(
        "length({alias}.PASSWORD) < ?",
        5,
        Hibernate.INTEGER
        )
    );
```

Essa consulta retorna todos os objetos User que têm uma senha com menos de 5 caracteres. O espaço reservado {alias} é necessário para prefixar qualquer apelido de tabela no SQL final; ele sempre se refere à tabela para a qual a entidade-raiz está mapeada (USERS nesse caso). Você também usa um parâmetro posicional (parâmetros nomeados não são suportados por essa API) e especifica o seu tipo como Hibernate.INTEGER. Em vez de um único vínculo de argumento e tipo, você também pode usar uma versão sobrecarregada do método sqlRestriction() que suporta arranjos de argumentos e tipos.

Esse instrumento é poderoso – por exemplo, você pode adicionar uma subseleção SQL à cláusula WHERE com quantificação:

```
session.createCriteria(Item.class)
    .add( Restrictions.sqlRestriction(
```

670 | Java Persistence com Hibernate

```
" '100' > all" +
" ( select b.AMOUNT from BID b" +
" where b.ITEM_ID = {alias}.ITEM_ID )"
)
);
```

Essa consulta retorna todos os objetos Item que não têm lances maiores que 100.

(O sistema de consulta por critérios do Hibernate é extensível: Você também poderia envolver a função SQL LENGTH() em sua própria implementação da interface Criterion.)

E, por fim, pode escrever consultas por critérios que incluem subconsultas.

Como escrever subconsultas

Uma subconsulta em uma consulta por critérios é uma subseleção na cláusula WHERE. Assim como em HQL, JPA QL e SQL, o resultado de uma subconsulta pode conter uma única linha ou múltiplas linhas. Tipicamente, subconsultas que retornam somente uma linha realizam agregação.

A seguinte subconsulta retorna o número total de itens vendidos por um usuário; a consulta externa retorna todos os usuários que venderam mais de 10 itens:

```
DetachedCriteria subquery =
            DetachedCriteria.forClass(Item.class, "i");

subquery.add( Restrictions.eqProperty("i.seller.id", "u.id"))
       .add( Restrictions.isNotNull("i.successfulBid") )
       .setProjection( Property.forName("i.id").count() );
Criteria criteria = session.createCriteria(User.class, "u")
                    .add( Subqueries.lt(10, subquery) );
```

Essa é uma subconsulta correlacionada. A DetachedCriteria faz referência ao apelido u; esse apelido é declarado na consulta externa. Note que a consulta externa usa um operador *menor que*, pois a subconsulta é o operando à direita. Note também que i.seller.id não resulta em uma junção, pois SELLER_ID é uma coluna na tabela ITEM, que é a entidade-raiz para esses critérios desligados.

Vamos seguir para o próximo tópico sobre consultas por critérios: junções e recuperação dinâmica.

15.1.2 Junções e recuperação dinâmica

Assim como em HQL e JPA QL, você pode ter diferentes razões por que queira expressar uma junção. Primeiro, você pode querer usar uma junção para restringir o resultado por alguma propriedade de uma classe juntada. Por exemplo, você pode querer recuperar todas as instâncias Item que são vendidas por um determinado User.

Claro, você também quer usar junções, para dinamicamente, recuperar coleções ou objetos associados, assim como você faria com a palavra-chave fetch em HQL e JPA QL. Em consultas por critérios você tem as mesmas opções disponíveis, com um FetchMode.

Capítulo 15 – Opções avançadas de consulta | 671

Primeiro olhamos as junções normais e como você expressa as restrições que envolvem as classes associadas.

Como juntar associações para restrição

Existem duas maneiras de expressar uma junção na API Criteria; portanto existem duas maneiras nas quais você pode usar apelidos para restrição. A primeira é o método createCriteria() da interface Criteria. Isso basicamente significa que você pode aninhar chamadas ao createCriteria():

```
Criteria itemCriteria = session.createCriteria(Item.class);
itemCriteria.add(
    Restrictions.like("description",
                    "Foo",
                    MatchMode.ANYWHERE)
);

Criteria bidCriteria = itemCriteria.createCriteria("bids");
bidCriteria.add( Restrictions.gt( "amount", new BigDecimal(99) ) );

List result = itemCriteria.list();
```

Você geralmente escreve a consulta como a seguinte (encadeamento de método):

```
List result =
    session.createCriteria(Item.class)
    .add( Restrictions.like("description",
                    "Foo",
                    MatchMode.ANYWHERE)
    )
    .createCriteria("bids")
    .add( Restrictions.gt("amount", new BigDecimal(99) ) )
    .list();
```

A criação de uma Criteria para os lances do item resulta em uma junção interna entre as tabelas das duas classes. Note que você pode chamar list() em qualquer das instâncias Criteria sem mudar o resultado da consulta. Aninhar critérios funciona não somente para coleções (como a bids), mas também para associações monovaloradas (como a seller):

```
List result =
    session.createCriteria(Item.class)
    .createCriteria("seller")
    .add( Restrictions.like("email", "%@hibernate.org") )
    .list();
```

Essa consulta retorna todos os itens vendidos por usuários com um determinado padrão de endereço de e-mail.

672 | JAVA PERSISTENCE COM HIBERNATE

A segunda maneira de expressar as junções internas com a API Criteria é designar um apelido à entidade juntada:

```
session.createCriteria(Item.class)
        .createAlias("bids", "b")
        .add( Restrictions.like("description", "%Foo%") )
        .add( Restrictions.gt("b.amount", new BigDecimal(99) ) );
```

E o mesmo para uma restrição em uma associação monovalorada, a seller:

```
session.createCriteria(Item.class)
        .createAlias("seller", "s")
        .add( Restrictions.like("s.email", "%hibernate.org") ) );
```

Essa abordagem não usa uma segunda instância de Criteria; é basicamente o mesmo mecanismo de designação de apelido que você escreveria na cláusula FROM de uma declaração HQL/JPA QL. Propriedades da entidade juntada devem então ser qualificadas pelo apelido designado no método createAlias(), tal como s.email. Propriedades da entidade-raiz da consulta por critérios (Item) podem ser referenciadas sem o apelido qualificador, ou com o apelido "this":

```
session.createCriteria(Item.class)
        .createAlias("bids", "b")
        .add( Restrictions.like("this.description", "%Foo%") )
        .add( Restrictions.gt("b.amount", new BigDecimal(99) ) );
```

E, finalmente, note que, na época da escrita destas linhas, somente a junção de coleções ou entidades associadas que contêm referências a entidades (um-para-muitos e muitos-para-muitos) era suportada no Hibernate com a API Criteria. O exemplo seguinte tenta juntar uma coleção de componentes:

```
session.createCriteria(Item.class)
        .createAlias("images", "img")
        .add( Restrictions.gt("img.sizeX", 320 ) ) );
```

O Hibernate falha com uma exceção e lhe informa que a propriedade onde você quer colocar o apelido não representa uma associação de entidade. Achamos que essa característica provavelmente já esteja implementada na época em que você estiver lendo este livro.

Uma outra sintaxe que também é inválida, mas que você pode ficar tentado a usar, é uma junção implícita de uma associação monovalorada com a notação de ponto:

```
session.createCriteria(Item.class)
        .add( Restrictions.like("seller.email", "%hibernate.org") ) );
```

A seqüência de caracteres "seller.email" não é uma propriedade ou um caminho de propriedade do componente. Crie um apelido ou um objeto aninhado Criteria para juntar essa associação de entidade.

Vamos discutir recuperação dinâmica de coleções e objetos associados.

CAPÍTULO 15 – OPÇÕES AVANÇADAS DE CONSULTA | 673

Recuperação dinâmica com consultas por critérios

Em HQL e JPA QL, você usa a operação join fetch para preencher ansiosamente uma coleção ou para inicializar um objeto mapeado como preguiçoso e que teria, caso contrário, um *proxy* criado para ele. Você pode fazer o mesmo usando a API Criteria:

```
session.createCriteria(Item.class)
        .setFetchMode("bids", FetchMode.JOIN)
        .add( Restrictions.like("description", "%Foo%") );
```

Essa consulta retorna todas as instâncias Item com uma determinada coleção e ansiosamente carrega a coleção bids para cada Item.

Um FetchMode.JOIN habilita recuperação ansiosa através de uma junção externa SQL. Se você quiser usar uma junção interna ao invés (raro, pois ela não retornaria itens que não tivessem lances), você pode forçá-la:

```
session.createCriteria(Item.class)
        .createAlias("bids", "b", CriteriaSpecification.INNER_JOIN)
        .setFetchMode("b", FetchMode.JOIN)
        .add( Restrictions.like("description", "%Foo%") );
```

Você também pode pré-recuperar associações muitos-para-um e um-para-um:

```
session.createCriteria(Item.class)
        .setFetchMode("bids", FetchMode.JOIN)
        .setFetchMode("seller", FetchMode.JOIN)
        .add( Restrictions.like("description", "%Foo%") );
```

Tenha cuidado, no entanto. As mesmas advertências como em HQL e JPA QL se aplicam aqui: recuperar ansiosamente mais de uma coleção em paralelo (como bids *e* images) resulta em um produto cartesiano SQL que é provavelmente mais lento do que duas consultas separadas. A limitação do conjunto de resultados para paginação, se você usa recuperação ansiosa para coleções, também é feita em memória.

Contudo, a recuperação dinâmica com Criteria e FetchMode é um pouco diferente do que com HQL e JPA QL: uma consulta Criteria não ignora as estratégias globais de recuperação como definidas no metadado de mapeamento. Por exemplo, se a coleção bids for mapeada com fetch="join" ou FetchType.EAGER, a consulta seguinte resultará em uma junção externa da tabela ITEM e BID:

```
session.createCriteria(Item.class)
        .add( Restrictions.like("description", "%Foo%") );
```

As instâncias Item retornadas têm suas próprias coleções bids inicializadas e totalmente carregadas. Isso não acontece com HQL e JPA QL a não ser que você manualmente consulte com LEFT JOIN FETCH (ou, claro, mapeie a coleção como lazy="false", que resulte em uma segunda consulta SQL).

674 | JAVA PERSISTENCE COM HIBERNATE

Como uma conseqüência, consultas por critérios podem retornar referências duplicadas para instâncias distintas da entidade-raiz, mesmo se você não aplique FetchMode.JOIN a uma coleção em sua consulta. A última consulta de exemplo pode retornar centenas de referências Item, mesmo que você tenha somente uma dúzia no banco de dados. Relembre a nossa discussão em "Estratégias de recuperação dinâmica com junções", no Capítulo 14, Seção 14.3.1 e olhe novamente a declaração SQL e o conjunto de resultados na Figura 14.3.

Você pode remover as referências duplicadas na List do resultado envolvendo-a em uma LinkedHashSet (uma HashSet comum não iria manter a ordem ou o resultado da consulta). Em HQL e JPA QL, você também pode usar a palavra-chave DISTINCT; contudo, não existe equivalente direto disso em Criteria. É aí onde o ResultTransformer se torna útil.

Como aplicar um transformador de resultado

Um transformador de resultado pode ser aplicado a uma consulta para que você filtre ou organize o resultado com o seu próprio procedimento ao invés do comportamento padronizado do Hibernate. O comportamento padronizado do Hibernate é um conjunto de transformadores padronizados que você pode substituir e/ou customizar.

Todas as consultas por critérios retornam somente instâncias da entidade-raiz, por padrão:

```
List result = session.createCriteria(Item.class)
                .setFetchMode("bids", FetchMode.JOIN)
                .setResultTransformer(Criteria.ROOT_ENTITY)
                .list();

Set distinctResult = new LinkedHashSet(result);
```

A Criteria.ROOT_ENTITY é a implementação padronizada da interface org.hibernate.transform.ResultTransformer. A consulta anterior produz o mesmo resultado, com ou sem essa definição de transformador. Ela retorna todas as instâncias Item e inicializa suas coleções bids. A List provavelmente (dependendo do número de Bids de cada Item) contém referências Item duplicadas.

Alternativamente, você pode aplicar um transformador diferente:

```
List distinctResult =
      session.createCriteria(Item.class)
            .setFetchMode("bids", FetchMode.JOIN)
            .setResultTransformer(Criteria.DISTINCT_ROOT_ENTITY)
            .list();
```

O Hibernate agora descarta as referências duplicadas da entidade-raiz antes de retornar o resultado – essa é efetivamente a mesma filtragem que ocorre em HQL ou JPA QL se você usa a palavra-chave DISTINCT.

CAPÍTULO 15 – OPÇÕES AVANÇADAS DE CONSULTA | 675

Os transformadores de resultado também serão úteis se você quiser recuperar entidades apelidadas em uma consulta de junção:

```
Criteria crit =
        session.createCriteria(Item.class)
                .createAlias("bids", "b")
                .createAlias("seller", "s")
                .setResultTransformer(Criteria.ALIAS_TO_ENTITY_MAP);

List result = crit.list();
for (Object aResult : result) {
   Map map = (Map) aResult;
   Item item = (Item) map.get(Criteria.ROOT_ALIAS);
   Bid bid = (Bid) map.get("b");
   User seller = (User) map.get("s");
   ...
}
```

Primeiro, uma consulta por critérios é criada que junta Item com suas associações bids e seller. Isso é uma junção interna SQL através de três tabelas. O resultado dessa consulta, em SQL, é uma tabela onde cada linha contém dado de item, lance, e usuário – quase a mesma coisa do mostrado na Figura 14.2. Com o transformador padronizado, o Hibernate retorna somente as instâncias Item. E, com o transformador DISTINCT_ROOT_ENTITY, ele descarta referências Item duplicadas. Nenhuma das opções parece sensata – o que você realmente quer é retornar toda a informação em um mapa. O transformador ALIAS_TO_ENTITY_MAP pode organizar o resultado SQL em uma coleção de instâncias Map. Cada Map tem três entidades: uma Item, uma Bid e uma User. Todo o dado do resultado é preservado e pode ser acessado na aplicação. (O Criteria.ROOT_ALIAS é um atalho para "this".)

Bons casos de uso para esse último transformador são raros. Note que você também pode implementar o seu próprio org.hibernate.transform.ResultTransformer. Além do mais, consultas HQL e SQL nativo também suportam um ResultTransformer:

```
Query q = session.createQuery(
   "select i.id as itemId," +
   " i.description as desc," +
   " i.initialPrice as price from Item i");
q.setResultTransformer( Transformers.aliasToBean(ItemDTO.class) );
```

Essa consulta agora retorna uma coleção de instâncias ItemDTO, e os atributos desse *bean* são populados através dos métodos setter setItemId(), setDesc() e setPrice().

Uma maneira muito mais comum de definir que dado é para ser retornado a partir de uma consulta é projeção. A Criteria do Hibernate suporta o equivalente de uma cláusula SELECT para simples projeção, agregação e agrupamento.

676 | Java Persistence com Hibernate

15.1.3 Projeção e consultas informativas

Em HQL, JPA QL, e SQL, você escreve uma cláusula SELECT para definir a projeção para uma determinada consulta. A API Criteria também suporta projeção, claro que programaticamente e não baseada em seqüência de caracteres. Você pode selecionar exatamente que objetos ou propriedades de objetos você precisa no resultado da consulta e como você possivelmente quer agregar e agrupar resultados para um relatório.

Listas simples de projeção

A consulta seguinte por critérios retorna somente os valores identificadores de instâncias Item que ainda estão em leilão:

```
session.createCriteria(Item.class)
        .add( Restrictions.gt("endDate", new Date()) )
        .setProjection( Projections.id() );
```

O método setProjection() em uma Criteria aceita ou um único atributo projetado, como no exemplo anterior, ou uma lista de várias propriedades que hão de ser incluídas no resultado:

```
session.createCriteria(Item.class)
        .setProjection( Projections.projectionList()
            .add( Projections.id() )
            .add( Projections.property("description") )
            .add( Projections.property("initialPrice") )
        );
```

Essa consulta retorna uma List de Object[], assim como o HQL e o JPA QL iriam com uma equivalente cláusula SELECT. Uma maneira alternativa para especificar uma propriedade para projeção é a classe Property:

```
session.createCriteria(Item.class)
        .setProjection( Projections.projectionList()
            .add( Property.forName("id") )
            .add( Property.forName("description") )
            .add( Property.forName("initialPrice") )
        );
```

Em HQL e JPA QL, você pode usar instanciação dinâmica com a operação SELECT NEW e retornar uma coleção de objetos customizados no lugar de Object[]. O Hibernate empacota um ResultTransformer para consultas por critérios que pode fazer quase o mesmo (aliás, é mais flexível). A próxima consulta retorna o mesmo resultado que a anterior, mas envolvido em objetos de transferência de dados:

```
session.createCriteria(Item.class)
        .setProjection( Projections.projectionList()
            .add( Projections.id()
```

CAPÍTULO 15 – OPÇÕES AVANÇADAS DE CONSULTA

677

```
                .as("itemId") )
    .add( Projections.property("description")
                .as("itemDescription") )
    .add( Projections.property("initialPrice")
                .as("itemInitialPrice") )
) .setResultTransformer(
    new AliasToBeanResultTransformer(ItemPriceSummary.class)
) ;
```

A ItemPriceSummary é um simples *bean* Java com métodos setter ou campos públicos de nome itemId, itemDescription e itemInitialPrice. Ela não precisa ser uma classe persistente mapeada; somente os nomes das propriedades/campos devem combinar com os apelidos designados às propriedades projetadas na consulta por critérios. Os apelidos são designados com o método as() (que você pode pensar como o equivalente à palavra-chave AS em um SELECT SQL). O transformador de resultado chama os métodos setter ou popula os campos diretamente e retorna uma coleção de objetos ItemPriceSummary.

Vamos fazer projeções mais complexas com Criteria, envolvendo agregação e agrupamento.

Agregação e agrupamento

As funções de agregação e opções de agrupamento usuais também estão disponíveis em consultas por critérios. Um método claro e direto conta o número de linhas no resultado:

```
session.createCriteria(Item.class)
        .setProjection( Projections.rowCount() );
```

> **DICA** *Pegando a contagem total para paginação* – Em aplicações reais, você freqüentemente deve permitir aos usuários navegarem pelas páginas de listas e ao mesmo tempo informá-los qual o total de itens na lista. Uma maneira de pegar o número total é uma consulta Criteria que executa um rowCount(). Em vez de escrever essa consulta adicional, você pode executar a mesma Criteria que recupera os dados para a lista com scroll(). Então chame last() e getRowNumber() para pular e pegar o número da última linha. Isso mais um é o número total de objetos que você lista. Não se esqueça de fechar o cursor. Essa técnica é especialmente útil se você está trabalhando com um objeto existente DetachedCriteria e não quer duplicar e manipular sua projeção para executar um rowCount(). Ela também funciona com consultas HQL ou SQL.

Agregações mais complexas usam funções de agregação. A consulta seguinte acha o número de lances e a quantia média dos lances que cada usuário fez:

```
session.createCriteria(Bid.class)
        .createAlias("bidder", "u")
        .setProjection( Projections.projectionList()
```

```
            .add( Property.forName("u.id").group() )
            .add( Property.forName("u.username").group() )
            .add( Property.forName("id").count() )
            .add( Property.forName("amount").avg() )
    );
```

Essa consulta retorna uma coleção de Object[] com quatro campos: o identificador do usuário, o nome de login, o número de lances e a quantia média dos lances. Lembre-se de que você pode novamente usar um transformador de resultado para instanciação dinâmica e ter objetos de transferência de dados retornados, ao invés de Object[]s. Uma versão alternativa que produz o mesmo resultado é como a seguinte:

```
session.createCriteria(Bid.class)
        .createAlias("bidder", "u")
        .setProjection( Projections.projectionList()
            .add( Projections.groupProperty("u.id") )
            .add( Projections.groupProperty("u.username") )
            .add( Projections.count("id") )
            .add( Projections.avg("amount") )
        );
```

A sintaxe que você prefere é simplesmente uma questão de gosto. Um exemplo mais complexo aplica apelidos às propriedades agregadas e agrupadas, para ordenação do resultado:

```
session.createCriteria(Bid.class)
        .createAlias("bidder", "u")
        .setProjection( Projections.projectionList()
            .add( Projections.groupProperty("u.id") )
            .add( Projections.groupProperty("u.username").as("uname") )
            .add( Projections.count("id") )
            .add( Projections.avg("amount") )
        )
        .addOrder( Order.asc("uname") );
```

Na época em que este livro estava sendo escrito, o suporte para HAVING e restrição em resultados agregados não estavam disponíveis em consultas por critérios do Hibernate. Isso provavelmente será adicionado em breve.

Você pode adicionar expressões de SQL nativo a restrições em uma consulta por critérios; a mesma característica está disponível para projeção.

Como usar projeções SQL

Uma projeção SQL é um fragmento arbitrário adicionado à cláusula SELECT SQL gerada. A consulta a seguir produz a agregação e o agrupamento como nos exemplos anteriores, mas também adiciona um valor adicional ao resultado (o número de itens):

Capítulo 15 – Opções avançadas de consulta | 679

```
String sqlFragment =
   "(select count(*) from ITEM i where i.ITEM_ID = ITEM_ID)" +
   " as numOfItems";

session.createCriteria(Bid.class)
        .createAlias("bidder", "u")
        .setProjection( Projections.projectionList()
           .add( Projections.groupProperty("u.id") )
           .add( Projections.groupProperty("u.username") )
           .add( Projections.count("id") )
           .add( Projections.avg("amount") )
           .add( Projections.sqlProjection(
                   sqlFragment,
                   new String[] { "numOfItems" },
                   new Type[] { Hibernate.LONG }
              )
           )
        );
```

O SQL gerado é como o seguinte:

```
select
     u.USER_ID,
     u.USERNAME,
     count(BID_ID),
     avg(BID_AMOUNT),
     (select
        count(*)
     from
        ITEM i
     where
        i.ITEM_ID = ITEM_ID) as numOfItems
  from
     BID
  inner join
     USERS u
        on BIDDER_ID = u.USER_ID
  group by
     u.USER_ID,
     u.USERNAME
```

O fragmento SQL é embutido na cláusula SELECT. Ele pode conter qualquer expressão e chamada de função arbitrária suportadas pelo sistema de gerenciamento de banco de dados. Qualquer nome de coluna não qualificado (como ITEM_ID) se refere à tabela da entidade-raiz da Criteria (BID). Você deve informar ao Hibernate o apelido retornado da projeção SQL, numOfItems, e o seu valor de tipo mapeamento do Hibernate, Hibernate.LONG.

O verdadeiro poder da API Criteria é a possibilidade de combinar Criterions arbitrários com *objetos de exemplo*. Essa característica é conhecida como consulta por exemplo.

15.1.4 Consulta por exemplo

É comum que consultas por critérios sejam construídas programaticamente através da combinação de vários Criterions opcionais dependendo da entrada do usuário. Por exemplo, um administrador de sistema pode procurar os usuários por qualquer combinação de primeiro ou último nome e recuperar o resultado ordenado pelo nome de usuário.

Usando HQL ou JPA QL, você pode construir a consulta usando manipulações de seqüência de caracteres:

```
public List findUsers(String firstname,
                        String lastname) {
    StringBuffer queryString = new StringBuffer();
    boolean conditionFound = false;

    if (firstname != null) {
        queryString.append("lower(u.firstname) like :firstname ");
        conditionFound=true;
    }
    if (lastname != null) {
        if (conditionFound) queryString.append("and ");
        queryString.append("lower(u.lastname) like :lastname ");
        conditionFound=true;
    }
    String fromClause = conditionFound ?
                        "from User u where " :
                        "from User u ";
    queryString.insert(0, fromClause).append("order by u.username");

    Query query = getSession()
                        .createQuery( queryString.toString() );
    if (firstname != null)
        query.setString( "firstName",
                        '%' + firstname.toLowerCase() + '%' );
    if (lastname != null)
        query.setString( "lastName",
                        '%' + lastname.toLowerCase() + '%' );

    return query.list();
}
```

Esse código é bem tedioso e ruidoso, então vamos tentar uma abordagem diferente. A API Criteria que você aprendeu até agora parece promissora:

```
public List findUsers(String firstname,
                        String lastname) {

    Criteria crit = getSession().createCriteria(User.class);

    if (firstname != null) {
        crit.add( Restrictions.ilike("firstname",
```

CAPÍTULO 15 – OPÇÕES AVANÇADAS DE CONSULTA | 681

```
                                firstname,
                                MatchMode.ANYWHERE) );
}
if (lastname != null) {
   crit.add( Restrictions.ilike("lastname",
                                lastname,
                                MatchMode.ANYWHERE) );
}

crit.addOrder( Order.asc("username") );

return crit.list();
}
```

Esse código é muito mais curto. Note que o operador ilike() executa uma comparação insensível à caixa. Parece não haver dúvida de que essa seja uma abordagem melhor. Contudo, para telas de busca com muitos critérios de busca opcionais, existe uma maneira ainda melhor.

À medida que você adiciona novos critérios de busca, a lista de parâmetros de findUsers() cresce. Seria melhor capturar as propriedades buscáveis como um objeto. Como todas as propriedades da busca pertencem à classe User, por que não usar uma instância de User para esse propósito?

Consulta por exemplo (QBE) se baseia nessa idéia. Você fornece uma instância da classe consultada com algumas propriedades inicializadas, e a consulta retorna todas as instâncias persistentes com valores de propriedade que combinam. O Hibernate implementa o QBE como parte da API de consulta Criteria:

```
public List findUsersByExample(User u) throws {

   Example exampleUser =
      Example.create(u)
             .ignoreCase()
             .enableLike(MatchMode.ANYWHERE)
             .excludeProperty("password");

   return getSession().createCriteria(User.class)
                      .add(exampleUser)
                      .list();
}
```

A chamada para create() retorna uma nova instância de Example para a instância dada de User. O método ignoreCase() coloca a consulta, por exemplo, em um modo insensível à caixa para todas as propriedades valoradas com seqüência de caracteres. A chamada para enableLike() especifica que o operador like SQL deve ser usado para todas as propriedades valoradas com seqüência de caracteres, e especifica um MatchMode. E, por fim, você pode excluir determinadas propriedades da busca com excludeProperty(). Por padrão, todas as propriedades de tipo de valor, excluindo a propriedade identificadora, são usadas na comparação.

682 | JAVA PERSISTENCE COM HIBERNATE

Você de forma significativa simplificou o código *novamente*. A melhor coisa sobre as consultas Example do Hibernate é que uma Example nada mais é do que uma simples Criterion. Você pode livremente misturar e combinar consulta por exemplo com consulta por critérios.

Vamos ver como isso funciona restringindo também os resultados da busca para usuários com itens não vendidos. Para esse propósito, você pode adicionar uma Criteria ao usuário de exemplo, restringindo o resultado usando sua coleção items de Items:

```
public List findUsersByExample(User u) {

    Example exampleUser =
        Example.create(u)
                .ignoreCase()
                .enableLike(MatchMode.ANYWHERE);

    return getSession().createCriteria(User.class)
            .add( exampleUser )
            .createCriteria("items")
              .add( Restrictions.isNull("successfulBid") )
            .list();
}
```

Até mesmo melhor, você pode combinar propriedades de User e propriedades de Item na mesma busca:

```
public List findUsersByExample(User u, Item i) {

    Example exampleUser =
        Example.create(u).ignoreCase().enableLike(MatchMode.ANYWHERE);

    Example exampleItem =
        Example.create(i).ignoreCase().enableLike(MatchMode.ANYWHERE);

    return getSession().createCriteria(User.class)
            .add( exampleUser )
            .createCriteria("items")
              .add( exampleItem )
            .list();
}
```

Nesse momento, pedimos que você dê um passo atrás e considere quanto código seria necessário para implementar *essa* tela de busca usando SQL/JDBC codificado à mão. Nós não iremos reproduzi-lo aqui; ele iria se esticar por páginas. Note também que o cliente do método findUsersByExample() não precisa saber qualquer coisa sobre o Hibernate, e ele ainda pode criar critérios complexos para buscar.

Se HQL, JPA QL, e até mesmo Criteria e Example não são poderosos o suficiente para expressar uma determinada consulta, você deve se voltar para SQL nativo.

CAPÍTULO 15 – OPÇÕES AVANÇADAS DE CONSULTA | 683

15.2 COMO USAR CONSULTAS EM SQL NATIVO

Consultas HQL, JPA QL, ou por critérios devem ser flexíveis o bastante para executar quase qualquer consulta que você queira. Elas se referem ao esquema de objeto mapeado; portanto, se o seu mapeamento funciona como esperado, as consultas do Hibernate devem lhe dar o poder de que precisa para recuperar dados da maneira que quiser. Existem algumas exceções. Se você quer incluir uma dica de SQL nativo para instruir o otimizador de consulta do sistema de gerenciamento de banco de dados, por exemplo, você precisa escrever o SQL você mesmo. Consultas HQL, JPA QL, e por critérios, não têm palavras-chave para isso.

Por outro lado, ao invés de se voltar para uma consulta SQL manual, você pode sempre tentar *estender* os mecanismos de consulta inerentes e incluir suporte à sua operação especial. Isso é mais difícil de fazer com HQL e JPA QL, pois você tem de modificar a gramática dessas linguagens baseadas em seqüência de caracteres. É fácil estender a API Criteria e adicionar novos métodos ou novas classes Criterion. Olhe para o código fonte do Hibernate no pacote org.hibernate.criterion; ele é bem projetado e documentado.

Quando você não pode estender as capacidades inerentes de consulta ou evitar SQL não portável escrito manualmente, você deve primeiro considerar usar as opções de consulta de SQL nativo do Hibernate, que apresentamos agora. Tenha em mente que você pode sempre se voltar para uma Connection JDBC puro e preparar qualquer declaração SQL você mesmo. As opções SQL do Hibernate lhe permitem embutir declarações SQL em uma API Hibernate e se beneficiar dos serviços extras que tornam a sua vida mais fácil.

Mais importante, o Hibernate pode tratar o conjunto de resultados da sua consulta SQL.

15.2.1 Tratamento automático do conjunto de resultados

A maior vantagem de executar uma declaração SQL com a API Hibernate é organização automática do conjunto de resultados tabular em objetos de negócio. A próxima consulta SQL retorna uma coleção de objetos Category:

```
List result = session.createSQLQuery("select * from CATEGORY")
                .addEntity(Category.class)
                .list();
```

O Hibernate lê o conjunto de resultados da consulta SQL e tenta descobrir os nomes e tipos das colunas como definidos no seu metadado de mapeamento. Se a coluna CATEGORY_NAME é retornada, e ela está mapeada para propriedade name da classe Category, o Hibernate sabe como popular essa propriedade e finalmente retorna objetos de negócio totalmente carregados.

684 | Java Persistence com Hibernate

O * na consulta SQL projeta todas as colunas selecionadas para o conjunto de resultados. O mecanismo automático de descoberta então funciona somente para consultas triviais; as consultas mais complexas precisam de uma projeção explícita. A próxima consulta retorna uma coleção de objetos Item:

```
session.createSQLQuery("select {i.*} from ITEM i" +
                       " join USERS u on i.SELLER_ID = u.USER_ID" +
                       " where u.USERNAME = :uname")
        .addEntity("i", Item.class)
        .setParameter("uname", "johndoe");
```

A cláusula SELECT SQL inclui um espaço reservado que menciona o apelido de tabela i e projeta todas as colunas dessa tabela para o resultado. Qualquer outro apelido de tabela, como o da tabela juntada USERS, que só é relevante para a restrição, não é incluído no conjunto de resultados. Você agora informa ao Hibernate com addEntity() que o espaço reservado para o apelido i se refere a todas as colunas que são necessárias para popular a classe de entidade Item. Os nomes e tipos das colunas são novamente adivinhados automaticamente pelo Hibernate durante a execução da consulta e organização do resultado.

Você pode até mesmo recuperar ansiosamente coleções e objetos associados em uma consulta em SQL nativo:

```
session.createSQLQuery("select {i.*}, {u.*} from ITEM i" +
                       " join USERS u on i.SELLER_ID = u.USER_ID" +
                       " where u.USERNAME = :uname")
        .addEntity("i", Item.class)
        .addJoin("u", "i.seller")
        .setParameter("uname", "johndoe");
```

Essa consulta SQL projeta dois conjuntos de colunas a partir de dois apelidos de tabela, e você usa dois espaços reservados. O espaço reservado i novamente se refere às colunas que populam os objetos de entidade Item retornados por essa consulta. O método addJoin() informa ao Hibernate que o apelido u se refere às colunas que podem ser usadas para imediatamente popularem o seller associado de cada Item.

Organização automática de conjuntos de resultados em objetos de negócio não é o único benefício da característica de consulta em SQL nativo no Hibernate. Você pode até mesmo usá-la se tudo o que você quer recuperar seja um simples valor escalar.

15.2.2 Como recuperar valores escalares

Um valor escalar pode ser qualquer tipo valor do Hibernate. Os mais comuns são as seqüências de caracteres, os números, ou as marcações de horário. A seguinte consulta SQL retorna dados de item:

```
List result = session.createSQLQuery("select * from ITEM").list();
```

CAPÍTULO 15 – OPÇÕES AVANÇADAS DE CONSULTA | 685

O resultado dessa consulta é uma List de Object[]s, efetivamente uma tabela. Cada campo em cada arranjo é do tipo escalar – ou seja, uma seqüência de caracteres, um número, ou uma marcação de horário. Exceto pelo envolvimento em um Object[], o resultado é exatamente o mesmo do de uma consulta similar em JDBC puro. Isso obviamente não é tão útil, mas um benefício da API Hibernate é que ela joga exceções não checadas para que você não tenha que colocar a consulta em um bloco try/catch assim como você teria se chamasse a API JDBC.

Se você não está projetando tudo com *, você precisa informar ao Hibernate que valores escalares quer retornar do seu resultado:

```
session.createSQLQuery("select u.FIRSTNAME as fname from USERS u")
        .addScalar("fname");
```

O método addScalar() informa ao Hibernate que o seu apelido SQL fname deve retornar como um valor escalar e que o tipo deve ser automaticamente adivinhado. A consulta retorna uma coleção de seqüências de caracteres. Essa descoberta automática de tipo funciona bem na maioria dos casos, mas você pode querer especificar o tipo explicitamente algumas vezes – por exemplo, quando você quer converter um valor com um UserType:

```
Properties params = new Properties();
params.put("enumClassname", "auction.model.Rating");

session.createSQLQuery(
        "select c.RATING as rating from COMMENTS c" +
        " where c.FROM_USER_ID = :uid"
)
.addScalar("rating",
            Hibernate.custom(StringEnumUserType.class, params) )
.setParameter("uid", new Long(123));
```

Primeiro, olhe a consulta SQL. Ela seleciona a coluna RATING da tabela COMMENTS e restringe o resultado aos comentários feitos por um determinado usuário. Vamos assumir que esse campo no banco de dados contenha valores de seqüências de caracteres, como EXCELLENT, OK, ou BAD. Portanto, o resultado da consulta SQL são valores de seqüências de caracteres.

Você naturalmente iria mapear isso não como uma simples seqüência de caracteres em Java, mas sim usando uma enumeração e provavelmente um UserType customizado do Hibernate. Nós fizemos isso no Capítulo 5, Seção 5.3.7, "Como mapear as enumerações", e criamos um StringEnumUserType que pode traduzir as seqüências de caracteres no banco de dados SQL para as instâncias de qualquer enumeração em Java. Ele deve ser parametrizado com o enumClassname que você quer que ele converta valores em – auction.model.Rating nesse exemplo. Definindo o tipo customizado preparado com o método addScalar() na consulta, você habilita-o como um conversor que trata o resultado, e você recebe uma coleção de objetos Rating em vez de simples seqüências de caracteres.

686 | Java Persistence com Hibernate

E, por fim, você pode misturar resultados escalares e objetos de entidade na mesma consulta em SQL nativo:

```
session.createSQLQuery(
    "select {i.*}, u.FIRSTNAME as fname from ITEM i" +
    " join USERS u on i.SELLER_ID = u.USER_ID" +
    " where u.USERNAME = :uname"
)
.addEntity("i", Item.class)
.addScalar("fname")
.setParameter("uname", "johndoe");
```

O resultado dessa consulta é novamente uma coleção de Object[]s. Cada arranjo tem dois campos: uma instância Item e uma seqüência de caracteres.

Você provavelmente concorda que consultas em SQL nativo são mais difíceis de ler do que declarações HQL ou JPA QL, e que parece ser muito mais atrativo isolá-las e exteriorizá-las em metadado de mapeamento. Você fez isso no Capítulo 8, Seção 8.2.2, "Como integrar procedimentos e funções armazenados", para consultas de procedimento armazenado. Não iremos repetir isso aqui, pois a única diferença entre consultas de procedimento armazenado e consultas em SQL puro é a sintaxe da chamada ou declaração – a organização e opções de mapeamento do conjunto de resultados são as mesmas.

O Java Persistence padroniza o JPA QL e também permite a opção de se voltar para SQL nativo.

15.2.3 SQL nativo em Java Persistence

O Java Persistence suporta consultas em SQL nativo com o método createNativeQuery() em uma EntityManager. Uma consulta em SQL nativo pode retornar instâncias de entidade, valores escalares, ou uma mistura de ambos. Contudo, diferente do Hibernate, a API no Java Persistence utiliza o metadado de mapeamento para definir o tratamento do conjunto de resultados. Vamos caminhar por alguns exemplos.

Uma simples consulta SQL não precisa de um explícito mapeamento do conjunto de resultados:

```
em.createNativeQuery("select * from CATEGORY", Category.class);
```

O conjunto de resultados é automaticamente organizado em uma coleção de instâncias Category. Note que o motor de persistência espera que todas as colunas requeridas para criar uma instância de Category retornem pela consulta, incluindo todas as colunas de propriedade, componente, e chave estrangeira – caso contrário uma exceção é jogada. Você pode ter de usar apelidos no SQL para retornar os mesmos nomes de coluna como definidos no seu metadado de mapeamento da entidade.

Se a sua consulta em SQL nativo retornar múltiplos tipos de entidade ou tipos escalares, será necessário aplicar um explícito mapeamento do conjunto de resultados. Por exemplo,

CAPÍTULO 15 – OPÇÕES AVANÇADAS DE CONSULTA | 687

uma consulta que retorne uma coleção de Object[]s, onde em cada arranjo o índice 0 seja uma instância Item e o índice 1, uma instância User, poderá ser escrita como a seguinte:

```
em.createNativeQuery("select " +
    "i.ITEM_ID, i.ITEM_PRICE, u.USERNAME, u.EMAIL " +
    "from ITEM i join USERS u where i.SELLER_ID = u.USER_ID",
    "ItemSellerResult");
```

O último argumento, ItemSellerResult, é o nome de um mapeamento de resultado que você define em metadado (no nível da classe ou global em XML JPA):

```
@SqlResultSetMappings({
    @SqlResultSetMapping(
        name = "ItemSellerResult",
        entities = {
            @EntityResult(entityClass = auction.model.Item.class),
            @EntityResult(entityClass = auction.model.User.class)
        }
    )
})
```

Esse mapeamento do conjunto de resultados provavelmente não funciona para a consulta que mostramos – lembre-se de que para mapeamento automático, todas as colunas requeridas para instanciar objetos Item e User devem retornar na consulta SQL. É improvável que as quatro colunas que você retorna representem as únicas propriedades persistentes. Para o objetivo do exemplo, vamos assumir que elas são e que o seu problema de fato são os nomes das colunas no conjunto de resultados, que não combinam com os nomes das colunas mapeadas. Primeiro, adicione apelidos à declaração SQL:

```
em.createNativeQuery("select " +
    "i.ITEM_ID as ITEM_ID, i.ITEM_PRICE as ITEM_PRICE, " +
    "u.USERNAME as USER_NAME, u.EMAIL as USER_EMAIL " +
    "from ITEM i join USERS u on i.SELLER_ID = u.USER_ID",
    "ItemSellerResult");
```

Em seguida, use @FieldResult no mapeamento do conjunto de resultados para mapear apelidos aos campos das instâncias de entidade:

```
@SqlResultSetMapping(
name = "ItemSellerResult",
entities = {
    @EntityResult(
        entityClass = auction.model.Item.class,
        fields = {
            @FieldResult(name = "id", column = "ITEM_ID"),
            @FieldResult(name = "initialPrice", column = "ITEM_PRICE")
        }),
    @EntityResult(
```

688 | JAVA PERSISTENCE COM HIBERNATE

```
      entityClass = auction.model.User.class,
      fields = {
         @FieldResult(name = "username", column = "USER_NAME"),
         @FieldResult(name = "email", column = "USER_EMAIL")
   })
})
```

Você também pode retornar resultados com tipo escalar. A seguinte consulta retorna identificadores de item de leilão e o número de lances para cada item:

```
em.createNativeQuery("select " +
   "i.ITEM_ID as ITEM_ID, count(b.*) as NUM_OF_BIDS " +
   "from ITEM i join BIDS b on i.ITEM_ID = b.ITEM_ID " +
   "group by ITEM_ID",
   "ItemBidResult");
```

O mapeamento do conjunto de resultados não contém mapeamentos entities dessa vez, somente columns:

```
@SqlResultSetMapping(
name = "ItemBidResult",
columns = {
   @ColumnResult(name = "ITEM_ID"),
   @ColumnResult(name = "NUM_OF_BIDS")
})
```

O resultado dessa consulta é uma coleção de Object[]s, com dois campos, ambos de algum tipo numérico (muito provavelmente long). Se você quiser misturar tipos escalares e entidades como um resultado de consulta, combine os atributos entities e columns em uma @SqlResultSetMapping.

E, finalmente note que a especificação JPA não requer que a vinculação de parâmetro nomeado seja suportada para consultas em SQL nativo. O Hibernate suporta isso.

A seguir, discutiremos uma outra mais exótica, mas conveniente às característica do Hibernate (o Java Persistence não tem uma equivalente): *filtros de coleção.*

15.3 COMO FILTRAR COLEÇÕES

Você pode desejar executar uma consulta contra todos os elementos de uma coleção. Por exemplo, você pode ter um Item e deseja recuperar todos os lances para esse determinado item, ordenados pela hora que o lance foi criado. Você pode mapear uma coleção classificada ou ordenada para esse propósito, mas existe uma escolha mais fácil. Você pode escrever uma consulta, e você já deve saber como:

```
session.createQuery("from Bid b where b.item = :givenItem" +
                " order by b.created asc")
      .setEntity("givenItem", item);
```

Essa consulta funciona, pois a associação entre lances e itens é bidirecional e cada Bid sabe o seu Item. Não existe qualquer junção nessa consulta; b.item se refere à coluna ITEM_ID na tabela BID, e você define o valor para a comparação diretamente. Imagine que essa associação seja unidirecional – Item tem uma coleção de Bids, mas nenhuma associação inversa existe de Bid para Item. Você pode tentar a seguinte consulta:

```
select b from Item i join i.bids b
    where i = :givenItem order by b.amount asc
```

Essa consulta é ineficiente – ela usa uma junção totalmente desnecessária. Uma melhor solução melhor e mais elegante é usar um *filtro de coleção* – uma consulta especial que pode ser aplicada a uma coleção persistente (ou arranjo). Ela é comumente usada também para restringir ou ordenar um resultado. Você a aplica a um Item já carregado e sua coleção de lances:

```
List filteredCollection =
    session.createFilter( item.getBids(),
                    "order by this.created asc" ).list();
```

Esse filtro é equivalente à primeira consulta desta seção e resulta em SQL idêntico. O método createFilter() na Session recebe dois argumentos: uma coleção persistente (ela não tem que estar inicializada) e uma seqüência de caracteres de consulta HQL. Consultas de filtro de coleção têm uma cláusula FROM implícita e uma condição WHERE implícita. O apelido this se refere implicitamente a elementos da coleção de lances.

Os filtros de coleção do Hibernate não são executados em memória. A coleção de lances pode estar não inicializada quando o filtro for chamado e, se for o caso, permanece não inicializada. Além do mais, os filtros não se aplicam aos resultados de consulta ou coleções transientes. Eles podem ser aplicados somente a uma coleção persistente atualmente referenciada por uma instância de entidade ligada ao contexto de persistência do Hibernate. O termo filtro é um tanto enganoso, pois o resultado da filtragem é uma completamente nova e diferente coleção; a coleção original não é tocada.

A única cláusula requerida de uma consulta HQL é a cláusula FROM. Como um filtro de coleção tem uma implícita cláusula FROM, o filtro seguinte é válido:

```
List filteredCollection =
    session.createFilter( item.getBids(), "" ).list();
```

Para a grande surpresa de todos, incluindo a projetista dessa característica, esse *filtro trivial* acabou se mostrando útil. Você pode usá-lo para paginar elementos de uma coleção:

```
List filteredCollection =
    session.createFilter( item.getBids(), "" )
            .setFirstResult(50)
            .setMaxResults(100)
            .list();
```

690 | JAVA PERSISTENCE COM HIBERNATE

Geralmente, você usa um ORDER BY com consultas paginadas, no entanto.

Mesmo que você não precise de uma cláusula FROM em um filtro de coleção, você pode ter um se quiser. Um filtro de coleção nem mesmo precisa retornar elementos da coleção sendo filtrada. A próxima consulta retorna qualquer Category com o mesmo nome de uma categoria na coleção dada:

```
String filterString =
    "select other from Category other where this.name = other.name";

List result =
    session.createFilter( cat.getChildCategories(), filterString )
        .list();
```

A seguinte consulta retorna uma coleção de Users que têm lance no item:

```
List result =
    session.createFilter( item.getBids(),
                        "select this.bidder" )
        .list();
```

A próxima consulta retorna todos os lances desses usuários (incluindo aqueles para outros itens):

```
List result =
    session.createFilter(
        item.getBids(),
        "select elements(this.bidder.bids)"
    ).list();
```

Note que a consulta usa a função especial do HQL elements() para projetar todos os elementos de uma coleção.

Tudo isso é muito divertido, mas a razão mais importante para a existência de filtros de coleção é a de permitir que a aplicação recupere alguns elementos de uma coleção sem inicializar toda a coleção. No caso de coleções grandes, isso é importante para alcançar performance aceitável. A próxima consulta recupera todos os lances feitos por um usuário na semana que passou:

```
List result =
    session.createFilter( user.getBids(),
                        "where this.created > :oneWeekAgo" )
            .setTimestamp("oneWeekAgo", oneWeekAgo)
            .list();
```

Novamente, isso não inicializa a coleção bids do User.

Consultas, não importando em que linguagem e que API sejam escritas, devem sempre ser ajustadas para executar conforme as suas expectativas antes de decidir agilizá-las com o opcional *cache de consulta*.

CAPÍTULO 15 – OPÇÕES AVANÇADAS DE CONSULTA | 691

15.4 COMO CACHEAR RESULTADOS DE CONSULTA

Nós falamos sobre o cache de segundo nível e a arquitetura geral do cache do Hibernate no Capítulo 13, Seção 13.3, "Fundamentos do cacheamento". Você sabe que o cache de segundo nível é um cache compartilhado de dados, e que o Hibernate tenta resolver dados através de pesquisa nesse cache sempre que você acessa um *proxy* ou coleção não carregado(a) ou quando você carrega um objeto por identificador (esses são todos pesquisas por identificador, do ponto de visto do cache de segundo nível). Resultados de consulta, por outro lado, são, por padrão, não cacheados.

Algumas consultas ainda usam o cache de segundo nível, dependendo de como você executa uma consulta. Por exemplo, se você decide executar uma consulta com iterate(), como apresentado no capítulo anterior, somente as chaves primárias de entidades serão recuperadas do banco de dados, e os dados da entidade serão pesquisados através do cache de primeiro e, se habilitados para uma determinada entidade, de segundo nível. Nós também concluímos que essa opção só fará sentido se o cache de segundo nível estiver habilitado, pois uma otimização de leituras de coluna geralmente não influencia a performance.

Cachear resultados de consulta é uma questão completamente diferente. O cache do resultado de consulta está por padrão desabilitado, e toda consulta HQL, JPA QL, SQL e Criteria sempre vai ao banco de dados primeiro. Nós primeiro iremos lhe mostrar como habilitar o cache do resultado de consulta e como ele funciona. Então discutiremos por que ele está desabilitado e por que poucas consultas se beneficiam do cacheamento de resultado.

15.4.1 Como habilitar o cache do resultado de consulta

O cache de consulta deve ser habilitado usando uma propriedade de configuração do Hibernate:

```
hibernate.cache.use_query_cache = true
```

Contudo, essa definição sozinha não é o suficiente para o Hibernate cachear os resultados de consulta. Por padrão, todas as consultas sempre ignoram o cache. Para habilitar o cacheamento de consulta para uma determinada consulta (para permitir que seus resultados sejam adicionados ao cache, e para permitir desenhar seus resultados *a partir* do cache), você usará a interface org.hibernate.Query.

```
Query categoryByName =
    session.createQuery("from Category c where c.name = :name");
categoryByName.setString("name", categoryName);
categoryByName.setCacheable(true);
```

O método setCachable() habilita o cache de resultado. Ele também está disponível na API Criteria. Se você quiser habilitar cacheamento de resultado para uma javax.persistence.Query, use setHint("org.hibernate.cacheable", true).

692 | JAVA PERSISTENCE COM HIBERNATE

15.4.2 Entenda o cache de consulta

Quando uma consulta é executada pela primeira vez, seus resultados são cacheados em uma região de cache – essa região é diferente de qualquer outra região de cache de entidade ou coleção que você pode já ter configurado. O nome da região é por padrão org.hibernate.cache.QueryCache.

Você pode mudar a região de cache para uma determinada consulta com o método setCacheRegion():

```
Query categoryByName =
    session.createQuery("from Category c where c.name = :name");
categoryByName.setString("name", categoryName);
categoryByName.setCacheable(true);
categoryByName.setCacheRegion("my.Region");
```

Isso é raramente necessário; você usará uma diferente região de cache para algumas consultas somente se você precisar de uma diferente configuração da região – por exemplo, para limitar o consumo de memória do cache de consulta em um nível de maior granulosidade fina.

A região padronizada de cache do resultado de consulta mantém as declarações SQL (incluindo todos os parâmetros vinculados) e o conjunto de resultados de cada declaração SQL. Esse não é o conjunto de resultados SQL completo, no entanto. Se o conjunto de resultados contiver instâncias de entidade (as consultas de exemplo anteriores retornem instâncias Category), somente os valores identificadores serão mantidos no cache do conjunto de resultados. As colunas de dados de cada entidade serão descartadas do conjunto de resultados quando ele for colocado dentro da região de cache. Então, acessar o cache do resultado de consulta significa que o Hibernate irá, para as consultas anteriores, achar alguns valores identificadores de Category.

É de responsabilidade da região do cache de segundo nível auction.model.Category (em conjunto com o contexto de persistência) cachear o estado das entidades. Isso é similar à estratégia de pesquisa do iterate(), como explicada anteriormente. Em outras palavras, se você consulta por entidades e decide habilitar o cacheamento, tenha certeza de também habilitar o regular cacheamento de segundo nível para essas entidades. Se você não o fizer, você poderá acabar com *mais* idas ao banco de dados depois de habilitar o cache de consulta.

Se você cacheia o resultado de uma consulta que não retorna instâncias de entidade, mas retorna somente os mesmos valores escalares (e.g., nomes e preços de item), esses valores são mantidos no cache do resultado de consulta diretamente.

Se o cache do resultado de consulta estiver habilitado no Hibernate, uma outra sempre necessária região de cache também estará presente: org.hibernate.cache.Update TimestampsCache. Essa é uma região de cache usada pelo Hibernate internamente.

O Hibernate usa a região de marcação de horário para decidir se um conjunto de resultados de consulta cacheado é antigo. Quando você reexecuta uma consulta que tem cacheamento habilitado, o Hibernate olha o cache de marcação de horário pela marcação de horário da mais recente inserção, atualização, ou deleção feita na(s) tabela(s) consultada(s). Se a marcação de horário encontrada for maior que a marcação de horário dos resultados de consulta cacheados, os resultados cacheados serão descartados e uma nova consulta será despachada. Isso efetivamente garante que o Hibernate não irá usar o resultado de consulta cacheado se qualquer tabela que possa estar envolvida na consulta contiver dado atualizado; e por esse motivo, o resultado cacheado poderá ser antigo. Para melhores resultados, você deve configurar a região de marcação de horário para que a marcação de horário atualizada de uma tabela não expire do cache enquanto resultados de consulta dessas tabelas ainda estejam cacheados em uma das outras regiões. A maneira mais fácil é desligar a expiração para a região de cache de marcação de horário em sua configuração do fornecedor do cache de segundo nível.

15.4.3 Quando usar o cache de consulta

A maioria das consultas não se beneficia do cacheamento de resultado. Isso pode vir como uma surpresa. Afinal de contas, evitar uma ida ao banco de dados parece que é sempre uma boa coisa. Existem duas boas razões de por que isso nem sempre funciona para consultas arbitrárias, se comparado à navegação de objeto ou recuperação por identificador.

A primeira: você deve se perguntar com que freqüência irá executar a mesma consulta repetidamente. Feito isso, você pode ter algumas consultas na sua aplicação que sejam executadas repetidas vezes, com exatamente os mesmos argumentos vinculados aos parâmetros, e a mesma declaração SQL automaticamente gerada. Consideramos isso um caso raro, mas quando você tem certeza de que uma consulta é executada com repetição, ela se torna uma boa candidata para cacheamento de resultado.

A segunda, para aplicações que executam muitas consultas e poucas inserções, deleções, ou atualizações, cachear consultas pode melhorar a performance e a escalabilidade. Por outro lado se a aplicação executa muitas escritas, o cache de consulta não será utilizado eficientemente. O Hibernate expira um conjunto de resultados de consulta cacheado quando existe *qualquer* inserção, atualização, ou deleção de *qualquer* linha de uma tabela que apareceu no resultado de consulta cacheado. Isso significa que resultados cacheados podem ter um curto tempo de vida, e mesmo se uma consulta é executada repetidamente, nenhum resultado cacheado pode ser usado devido a modificações concorrentes do mesmo dado (mesmas tabelas).

Para muitas consultas, o benefício do cache do resultado de consulta é inexistente ou, pelo menos, não tem o impacto que você esperaria. Mas um tipo especial de consulta pode se beneficiar enormemente do cacheamento de resultado.

15.4.4 Pesquisas ao cache por identificador natural

Vamos assumir que você tenha uma entidade que tem uma chave natural. Não estamos falando sobre uma chave primária natural, mas sobre uma *chave de negócio* que se aplica a um único ou compostos atributos de sua entidade. Por exemplo, o nome de login de um usuário pode ser uma chave única de negócio, se imutável. Essa é a chave que nós já isolamos como

694 | JAVA PERSISTENCE COM HIBERNATE

perfeita para a implementação de uma boa rotina de igualdade de objeto equals(). Você pode achar exemplos de tais chaves em "Como implementar a igualdade com uma chave de negócio", no Capítulo 9, Seção 9.2.3.

Geralmente, você mapeia os atributos que formam a sua chave natural como propriedades regulares no Hibernate. Você pode habilitar uma restrição unique no nível do banco de dados para representar essa chave. Por exemplo, se você considerar a classe User, poderá decidir que username e emailAddress formam a chave de negócio da entidade:

```
<class name="User">
    <id name="id".../>
        <property name="username" unique-key="UNQ_USERKEY"/>
        <property name="emailAddress" unique-key="UNQ_USERKEY"/>
    ...

</class>
```

Esse mapeamento habilita uma restrição de chave única no nível do banco de dados que abrange duas colunas. Vamos também assumir que as propriedades da chave de negócio sejam imutáveis. Isso é improvável, porque você provavelmente permite aos usuários de atualizarem seus endereços de e-mail, mas a funcionalidade que estamos apresentando agora faz sentido somente se você está lidando com uma chave de negócio imutável. Você mapeia a imutabilidade como se segue:

```
<class name="User">
    <id name="id".../>

    <property name="username"
              unique-key="UNQ_USERKEY"
              update="false"/>
    <property name="emailAddress"
              unique-key="UNQ_USERKEY"
              update="false"/>
    ...

</class>
```

Ou, para utilizar pesquisas ao cache por chave de negócio, você pode mapeá-la com <natural-id>:

```
<class name="User">
    <id name="id".../>

    <cache usage="read-write"/>

    <natural-id mutable="false">
        <property name="username"/>
        <property name="emailAddress"/>
    </natural-id>
    ...
</class>
```

CAPÍTULO 15 – OPÇÕES AVANÇADAS DE CONSULTA | 695

Esse agrupamento automaticamente habilita a geração de uma restrição SQL de chave única que abrange todas as propriedades agrupadas. Se o atributo mutable for definido para false, ele também previnirá a atualização das colunas mapeadas. Você pode agora usar essa chave de negócio para pesquisas no cache:

```
Criteria crit = session.createCriteria(User.class);

crit.add( Restrictions.naturalId()
            .set("username", "johndoe")
            .set("emailAddress", "jd@hibernate.org")
        );
crit.setCacheable(true);

User result = (User) crit.uniqueResult();
```

Essa consulta por critérios encontra um determinado objeto usuário baseada na chave de negócio. Ela resulta em uma pesquisa ao cache de segundo nível pela chave de negócio – lembre-se de que isso geralmente é uma pesquisa por chave primária e é possível somente para recuperação por identificador primário. O mapeamento da chave de negócio e a API Criteria lhe permitem expressar essa especial pesquisa ao cache de segundo nível por chave de negócio.

Na época em que redigíamos estas linhas, nenhuma anotação de extensão do Hibernate para um mapeamento de identificador natural estava disponível, e o HQL não suportava uma palavra-chave equivalente para pesquisa por chave de negócio.

Do nosso ponto de vista, cachear no segundo nível é uma importante característica, mas não é a primeira opção quando otimizando performance. Erros na construção de consultas ou uma parte desnecessariamente complexa de seu modelo de objetos não podem ser melhorados com uma abordagem "cacheie tudo". Se uma aplicação executa em um nível aceitável somente com um cache quente – ou seja, um cache completo após várias horas ou dias de tempo de execução – deve ser checada por sérios erros de projeto, consultas não performáticas e problemas de n+1 seleções. Antes de você decidir habilitar qualquer das opções do cache de consulta explicadas aqui, primeiro revise e ajuste a sua aplicação seguindo as diretrizes apresentadas em "Otimização passo a passo", no Capítulo 13, Seção 13.2.5.

15.5 RESUMO

Neste capítulo, você gerou consultas programaticamente com as APIs Criteria e Example do Hibernate. Também olhamos as consultas SQL embutidas e exteriorizadas e como você pode mapear o conjunto de resultados de uma consulta SQL para objetos de negócio mais convenientes automaticamente. O Java Persistence também suporta SQL nativo e padroniza como você pode mapear o conjunto de resultados de consultas SQL exteriorizadas.

E, por fim, abordamos o cache do resultado de consulta e discutimos por que ele é útil somente em certas situações.

696 | Java Persistence com Hibernate

A Tabela 15.1 mostra um resumo que você pode usar para comparar características do Hibernate nativo e o Java Persistence.

Tabela 15.1 Planilha de comparação do Hibernate e do JPA para o Capítulo 15

Hibernate Core	Java Persistence e EJB 3.0
O Hibernate suporta uma poderosa API Criteria e Example para geração de consulta programática.	Alguma API QBC e QBE é esperada em uma versão por vir do padrão.
O Hibernate tem opções de mapeamento flexíveis para consultas SQL embutidas e exteriorizadas, com organização automática de conjuntos de resultados.	O Java Persistence padroniza mapeamento e embutimento de SQL e suporta organização de conjunto de resultados.
O Hibernate suporta uma API de filtro de coleção.	O Java Persistence não padroniza uma API de filtro de coleção.
O Hibernate pode cachear resultados de consulta.	Uma dica de consulta específica do Hibernate pode ser usada para cachear resultados de consulta.

No próximo capítulo, iremos juntar todos os pedaços e nos concentrar no desenho e na arquitetura de aplicações com Hibernate, Java Persistence e componentes EJB 3.0. Também faremos um teste unitário de uma aplicação Hibernate.

CAPÍTULO 16

COMO CRIAR E TESTAR APLICAÇÕES EM CAMADAS

Esse capítulo aborda

- Como criar aplicações em camadas
- Serviços e componentes gerenciados
- Estratégias para teste de integração

698 | JAVA PERSISTENCE COM HIBERNATE

O Hibernate visa a ser usado em quase qualquer cenário arquitetural imaginável. O Hibernate pode rodar dentro de um contêiner de servlet; você pode usá-lo com framework de aplicação web tipo Struts, WebWork, ou Tapestry, ou dentro de um contêiner EJB, ou para gerenciar dado persistente em uma aplicação Java Swing.

Mesmo – talvez *especialmente* – com todas essas opções, é freqüentemente difícil ver exatamente como o Hibernate deve ser integrado a uma determinada arquitetura baseada em Java. Inevitavelmente, você precisará escrever código de infra-estrutura para suportar o seu próprio desenho da aplicação. Neste capítulo, descrevemos arquiteturas Java comuns e mostramos como o Hibernate pode ser integrado a cada cenário.

Discutimos como você projeta e cria camadas em uma típica aplicação web baseada em requisição/resposta, e como separar o código por funcionalidade. Depois disso, introduzimos serviços Java EE e EJBs e mostramos como componentes gerenciados podem tornar sua vida mais fácil e reduzir a codificação de infra-estrutura que normalmente seria necessária.

E por fim, presumimos que você também esteja interessado em testar a sua aplicação em camadas, com ou sem componentes gerenciados. Atualmente, o teste é uma das atividades mais importantes em um trabalho do desenvolvedor, e aplicar as ferramentas e estratégias corretas é essencial para tempos de rápidas reviravoltas e produtividade (sem mencionar a qualidade do software). Iremos ver teste unitário, funcional, e de integração, com nosso atual framework favorito de teste: *TestNG*.

Vamos começar com um exemplo de uma típica aplicação web.

16.1 O HIBERNATE EM UMA APLICAÇÃO WEB

Enfatizamos a importância de distribuição disciplinada da aplicação em camadas no Capítulo 1. A distribuição em camadas ajuda a alcançar separação de preocupações, tornando o código mais legível através do agrupamento de códigos que fazem coisas similares. A distribuição em camadas, no entanto carrega um preço. Cada camada extra aumenta a quantidade de código que leva para implementar um simples pedaço de funcionalidade – e mais código torna a funcionalidade mais difícil de se trocar.

Nessa seção, nós lhe mostramos como integrar o Hibernate em uma típica aplicação em camadas. Presumimos que você queira escrever uma simples aplicação web com servlets Java. Precisamos de um simples caso de uso da aplicação CaveatEmptor para demonstrar essas idéias.

16.1.1 Como introduzir o caso de uso

Quando um usuário faz um lance em um item, o CaveatEmptor deve executar as seguintes tarefas, tudo em uma única requisição:

Capítulo 16 – Como criar e testar aplicações em camadas | 699

1. Checar que a quantia introduzida pelo usuário seja maior que a maior quantia dos lances existentes para o item.

2. Checar que o leilão não tenha terminado ainda.

3. Criar um lance para o item.

4. Informar o usuário do resultado das tarefas.

Se qualquer uma das checagens falhar, o usuário deve ser informado do motivo; se ambas as checagens são bem-sucedidas, o usuário deve ser informado que o lance foi feito. Essas checagens são as regras de negócio. Se uma falha ocorre no acesso ao banco de dados, os usuários devem ser informados que o sistema está no momento indisponível (uma preocupação de infra-estrutura).

Vamos ver como você pode implementar isso em uma aplicação web.

16.1.2 Como escrever um controlador

A maioria das aplicações web Java usa algum tipo de framework de aplicação *Modelo/Visão/Controlador* (MVC); mesmo muitas que usam servlets puro seguem o padrão MVC através do uso de modelos (templating) para implementar o código de apresentação, separando a lógica de controle da aplicação em um servlet ou múltiplos servlets.

Você agora irá escrever tal servlet controlador que implementa o caso de uso introduzido anteriormente. Com uma abordagem MVC, você escreve o código que implementa o caso de uso "dar lance" em um método execute() de uma ação chamada de PlaceBidAction. Assumindo algum tipo de framework web, nós não mostramos como ler parâmetros da requisição ou como avançar para a próxima página. O código mostrado pode até ser a implementação de um método doPost() de um servlet puro.

A primeira tentativa de escrita de tal controlador, mostrada na Listagem 16.1, mistura todas as preocupações em um só lugar – não existem camadas.

Listagem 16.1 Implementando um caso de uso em um método execute()

```
public void execute() {

    Long itemId = ...           // Pega o valor da requisição
    Long userId = ...           // Pega o valor da requisição
    BigDecimal bidAmount = ... // Pega o valor da requisição
    Transaction tx = null;

    try {

        Session session = ◄──────❶
            HibernateUtil.getSessionFactory().getCurrentSession();

        tx = session.beginTransaction();

        // Carrega o Item requisitado
```

700 | JAVA PERSISTENCE COM HIBERNATE

```java
Item item = (Item) session.load(Item.class, itemId);        ◄————②

// Verifica se o leilão ainda é válido
if ( item.getEndDate().before( new Date() ) ) {        ◄————③
    ... // Avança para a página de erro
}

// Verifica a quantia do lance
Query q =                      ◄————④
    session.createQuery("select max(b.amount)" +
                        " from Bid b where b.item = :item");
q.setEntity("item", item);
BigDecimal maxBidAmount = (BigDecimal) q.uniqueResult();
if (maxBidAmount.compareTo(bidAmount) > 0) {
    ... // Avança para a página de erro
}

// Adiciona o novo lance ao item
User bidder = (User) session.load(User.class, userId);        ◄————⑤
Bid newBid = new Bid(bidAmount, item, bidder);
item.addBid(newBid);

... // Coloca o novo lance no contexto de requisição    ◄————⑥

tx.commit();    ◄————⑦

... // Avança para a página de sucesso

} catch (RuntimeException ex) {        ◄————⑧
    if (tx != null) tx.rollback();
    throw ex;
}
}
```

❶ Você pega uma Session usando o contexto de persistência corrente e, então, inicia uma transação de banco de dados. Nós apresentamos a classe HibernateUtil em "Como construir uma SessionFactory" no Capítulo 2, Seção 2.1.3, e discutimos definição de escopo do contexto de persistência no Capítulo 11, Seção 11.1, "Como propagar a Session do Hibernate". Uma nova transação de banco de dados é iniciada na Session corrente.

❷ Você carrega o Item a partir do banco de dados, usando seu valor de identificador.

❸ Se a data final do leilão é anterior à data corrente, você avança para uma página de erro. Geralmente você quer um tratamento de erro mais sofisticado para essa exceção, com uma mensagem de erro qualificada.

❹ Usando uma consulta HQL, você checa se existe um lance maior para o item corrente no banco de dados. Se existir um, você avançará para uma página de erro.

CAPÍTULO 16 – COMO CRIAR E TESTAR APLICAÇÕES EM CAMADAS | 701

❺ Se todas as checagens forem bem-sucedidas, você efetuará o novo lance adicionando-o ao item. Você não tem que salvá-lo manualmente – ele é salvo usando persistência transitiva (cascateamento de Item para Bid).

❻ A nova instância Bid precisa ser armazenada em alguma variável que seja acessível à página seguinte, para que você possa mostrá-la ao usuário. Você pode usar um atributo no contexto de requisição do servlet para isso.

❼ A confirmação da transação do banco de dados descarrega o estado corrente da Session para o banco de dados e fecha a Session corrente automaticamente.

❽ Se qualquer RuntimeException é jogada, ou pelo Hibernate ou por outros serviços, você reverte a transação e rejoga a exceção para ser tratada apropriadamente fora do controlador.

A primeira coisa errada com esse código é a aglomeração causada por todo o código de transação e de tratamento de exceção. Como esse código é tipicamente idêntico para todas as ações, você gostaria de centralizá-lo em algum lugar. Uma opção é colocá-lo no método execute() de alguma superclasse abstrata de suas ações. Você também terá um problema com *inicialização preguiçosa*, se acessar o novo lance na página de sucesso (success), extraindo-o do contexto de requisição para renderização: O contexto de persistência do Hibernate está fechado, e você não pode mais carregar coleções e *proxies* preguiçosos.

Vamos começar a limpar esse desenho e introduzir camadas. O primeiro passo é habilitar carregamento preguiçoso na página success implementando o padrão *Open Session in View*.

16.1.3 O padrão Open Session in View

A motivação por trás do padrão *Open Session in View* (OSIV) é que a visão extraia informação de objetos de negócio navegando a rede de objetos começando em algum objeto desligado – por exemplo, a recém-criada instância Bid que foi colocada no contexto de requisição pela sua ação. A visão – ou seja, a página que deve ser renderizada e mostrada – acessa esse objeto desligado para pegar o dado de conteúdo para a página.

Em uma aplicação Hibernate, pode ser que existam associações não inicializadas (*proxies* ou coleções) que devem ser percorridas enquanto a visão estiver sendo renderizada. Nesse exemplo, a visão pode listar todos os itens vendidos pelo licitante (como parte de uma tela de visão geral) chamando newBid.getBidder().getItems().iterator(). Isso é um caso raro, mas certamente um acesso válido. Como a coleção items do User é carregada somente sob demanda (comportamento padronizado da coleção e associação preguiçosa do Hibernate), ela não está inicializada nesse ponto. Você não pode carregar coleções e *proxies* não inicializados de uma instância de entidade que esteja em estado desligado.

702 | JAVA PERSISTENCE COM HIBERNATE

Se a Session do Hibernate e, portanto, o contexto de persistência é sempre fechado ao final do método execute() da ação, o Hibernate joga uma LazyInitializationException quando essa associação (ou coleção) não carregada é acessada. O contexto de persistência não está mais disponível, então o Hibernate não pode carregar a coleção preguiçosa no acesso.

> **FAQ** *Por que o Hibernate não pode abrir uma nova Session se ele tem que carregar objetos preguiçosamente?* A Session do Hibernate é o contexto de persistência, o escopo de identidade do objeto. O Hibernate garante que existe no máximo uma representação em memória de uma determinada linha do banco de dados, em um contexto de persistência. Abrir uma Session sob demanda, por detrás dos panos, iria também criar um novo contexto de persistência, e todos os objetos carregados nesse escopo de identidade iriam potencialmente conflitar com objetos carregados no contexto de persistência original. Você não pode carregar dados sob demanda quando um objeto está fora do escopo garantido de identidade do objeto – quando ele está desligado. Por outro lado, você pode carregar dados desde que os objetos estejam em estado persistente, gerenciados por uma Session, mesmo quando a transação original já foi confirmada. Em tal cenário, você tem que habilitar o modo autoconfirmação, como discutido no Capítulo 10, Seção 10.3, "Acesso não transacional a dados". Recomendamos que você não use o modo de autoconfirmação em uma aplicação web; é muito mais fácil estender a Session e transação original para transpor toda a requisição. Em sistemas onde você não pode iniciar e terminar uma transação facilmente quando objetos têm de ser carregados sob demanda dentro de uma Session, como aplicações desktop Swing que usam Hibernate, o modo autoconfirmação é útil.

Uma primeira solução é assegurar que todas as associações e coleções necessárias estejam totalmente inicializadas antes de avançar para a visão (discutiremos isso mais à frente), mas uma abordagem mais conveniente em uma arquitetura em duas camadas (físicas) com uma camada de persistência e de apresentação colocalizadas é deixar o contexto de persistência aberto até que a visão esteja completamente renderizada.

O padrão OSIV lhe permite ter um único contexto de persistência do Hibernate por requisição, transpondo a renderização da visão e potencialmente múltiplos execute()s de ação. Ele também pode ser implementado facilmente – por exemplo, com um filtro de servlet:

```
public class HibernateSessionRequestFilter implements Filter {

    private SessionFactory sf;
    private static Log log = ...;

    public void doFilter(ServletRequest request,
```

CAPÍTULO 16 – COMO CRIAR E TESTAR APLICAÇÕES EM CAMADAS | 703

```
                ServletResponse response,
                FilterChain chain)
        throws IOException, ServletException {

    try {
        // Começando uma transação do banco de dados
        sf.getCurrentSession().beginTransaction();

        // Chame o próximo filtro (continue o processamento da requisição)
        chain.doFilter(request, response);

        // Confirme a transação do banco de dados
        sf.getCurrentSession().getTransaction().commit();

    } catch (Throwable ex) {
        // Reverta somente
        try {
            if (sf.getCurrentSession().getTransaction().isActive())
                sf.getCurrentSession().getTransaction().rollback();
        } catch (Throwable rbEx) {
            log.error("Could not rollback after exception!", rbEx);
            rbEx.printStackTrace();
        }

        // Deixe outro tratar isto...
        throw new ServletException(ex);
    }
}

public void init(FilterConfig filterConfig)
            throws ServletException {
    sf = HibernateUtil.getSessionFactory();
}

public void destroy() {}

}
```

Esse filtro age como um interceptor para requisições ao servlet. Ele roda toda vez que uma requisição chega ao servidor e deve ser processada. Ele precisa da SessionFactory na inicialização, e ele a pega da classe de ajuda HibernateUtil. Quando a requisição chega, você inicia uma transação de banco de dados e abre um novo contexto de persistência. Após o controlador ter executado e a visão ter sido renderizada, você confirma a transação de banco de dados. Graças à propagação e à vinculação automática da Session pelo Hibernate, esse é automaticamente o escopo do contexto de persistência.

O tratamento de exceção também foi centralizado e encapsulado nesse interceptor. Cabe a você escolher a opção que gostaria de pegar para uma reversão da transação de banco de dados; Throwable é a variação pega-tudo, que significa que até mesmo Errors jogados, e não somente Exceptions e RuntimeExceptions, acionam uma reversão. Note que a reversão de fato também

704 | JAVA PERSISTENCE COM HIBERNATE

pode jogar um erro ou exceção – sempre garanta (por exemplo, imprimindo o *stack trace*) que essa exceção secundária não esconda ou engula o problema original que levou à reversão.

O código do controlador agora está livre de transação e de tratamento de exceção e já parece muito melhor:

```
public void execute() {

    // Pega os valores da requisição

    Session session =
        HibernateUtil.getSessionFactory().getCurrentSession();

    // Carrega o Item requisitado
    // Verifica se o leilão ainda é válido
    // Verifica a quantia do lance
    // Adiciona o novo lance ao item
    // Coloca o novo lance em um escopo para a próxima página
    // Avança para a página de sucesso

}
```

A Session corrente retornada pela SessionFactory é o mesmo contexto de persistência que agora está com o escopo do interceptor envolvendo esse método (e a renderização da página de resultado).

Você pode implementar esse padrão da maneira que quiser, desde que tenha a habilidade de interceptar requisições e de colocar código em volta do seu controlador. Muitos frameworks web oferecem interceptores nativos; você deve usar aquele que ache mais atrativo. A implementação mostrada aqui com um filtro de servlet não é livre de problemas.

Mudanças feitas nos objetos na Session são descarregadas para o banco de dados em intervalos irregulares e, finalmente, quando a transação é confirmada. A confirmação da transação pode ocorrer depois de a visão ter sido renderizada. O problema é o tamanho do buffer do motor de servlet: se os conteúdos da visão excederem o tamanho de buffer, o buffer poderá ser descarregado, e os conteúdos mandados ao cliente. O buffer pode ser descarregado muitas vezes quando o conteúdo é renderizado, mas a primeira descarga também envia o código de status do protocolo HTTP. Se as declarações SQL na descarga/confirmação do Hibernate disparam uma violação de restrição no banco de dados, o usuário pode já ter visto uma saída bem-sucedida! Você não pode mudar o código de status (por exemplo, usar um 500 Internal Server Error); ele já foi enviado para o cliente (como 200 OK).

Existem várias maneiras de prevenir essa rara exceção; ajuste o tamanho de buffer dos seus servlets, ou descarregue a Session antes de avançar/redirecionar para a visão. Alguns frameworks web não preenchem imediatamente o buffer de resposta com conteúdo renderizado – eles usam o seu próprio buffer e descarregam-no somente com a resposta após a visão ter sido completamente renderizada, então consideramos esse um problema com programação servlet em Java puro.

Vamos continuar com a limpeza do controlador e extrair a lógica de negócio para dentro da camada de negócio.

16.1.4 Como projetar inteligentes modelos de domínio

A idéia por trás do padrão MVC é que a lógica de controle (na aplicação de exemplo, isso é lógica de fluxo de página), definições de visão, e lógica de negócio devem ser muito bem separadas. Atualmente, o controlador contém alguma lógica de negócio – código que você pode ser capaz de reusar no admitido e improvável evento da sua aplicação ganhar uma nova interface com usuário – e o modelo de domínio consiste em burros objetos mantenedores de dados. As classes persistentes definem estado, mas nenhum comportamento.

Sugerimos que você migre a lógica de negócio para dentro do modelo de domínio, criando uma camada de negócio. A API dessa camada é a API do modelo de domínio. Isso adiciona algumas linhas de código, mas também aumenta o potencial para posterior reuso, é mais orientado para objetos e, portanto, oferece várias maneiras de estender a lógica de negócio (por exemplo, usando um *padrão strategy* para diferentes estratégias de lance se de repente precisar implementar "o lance mais baixo ganha"). Você também pode testar a lógica de negócio independentemente do fluxo de página ou de qualquer outra preocupação.

Primeiro, adicione o novo método placeBid() a classe Item:

```
public class Item {
    ...

    public Bid placeBid(User bidder, BigDecimal bidAmount,
                        Bid currentMaxBid, Bid currentMinBid)
        throws BusinessException {

        // Verifica o lance mais alto (TODO:padrão Strategy?)
        if (currentMaxBid != null &&
            currentMaxBid.getAmount().compareTo(bidAmount) > 0) {
            throw new BusinessException("Bid too low.");
        }

        // Leilão ainda válido
        if ( this.getEndDate().before( new Date() ) )
            throw new BusinessException("Auction already ended");

        // Cria novo lance
        Bid newBid = new Bid(bidAmount, this, bidder);
```

706 JAVA PERSISTENCE COM HIBERNATE

```
// Dá o lance para este Item
this.addBid(newBid);

    return newBid;
  }
}
```

Esse código basicamente executa todas as checagens que precisam do estado dos objetos de negócio, mas não executam o código de acesso a dados. A motivação é encapsular a lógica de negócio em classes do modelo de domínio sem qualquer dependência no acesso a dados persistentes ou qualquer outra infra-estrutura. Tenha em mente que essas classes não devem saber nada sobre persistência, pois você pode precisar delas fora do contexto de persistência (por exemplo, na camada (física) de apresentação ou em um teste unitário da lógica).

Você moveu código a partir do controlador para o modelo de domínio, com uma exceção digna de atenção. Esse código do controlador antigo não poderia ser movido como está:

```
// Verifica a quantia do lance
Query q = session.createQuery("select max(b.amount)" +
                              " from Bid b where b.item = :item");
q.setEntity("item", item);
BigDecimal maxBidAmount = (BigDecimal) q.uniqueResult();

if (maxBidAmount.compareTo(bidAmount) > 0) {
    ... // Avança para a página de erro
}
```

Você freqüentemente irá encarar a mesma situação em aplicações reais: lógica de negócio está misturada com código de acesso a dados e até mesmo a lógica de fluxo de página. Algumas vezes é difícil extrair somente a lógica de negócio sem quaisquer dependências. Se agora olha a solução, a introdução dos parâmetros currentMaxBid e currentMinBid no método Item.placeBid(), você vê como resolver esse tipo de problema. Fluxo de página e código de acesso a dados permanecem no controlador, mas fornecem o dado requerido para a lógica de negócio:

```
public void execute() {

    Long itemId = ...         // Pega o valor da requisição
    Long userId = ...         // Pega o valor da requisição
    BigDecimal bidAmount = ... // Pega o valor da requisição

    Session session =
        HibernateUtil.getSessionFactory().getCurrentSession();

    // Carrega o Item requisitado
    Item item = (Item) session.load(Item.class, itemId);

    // Pega os lances máximo e mínimo para este Item
    Query q = session.getNamedQuery(QUERY_MAXBID);
    q.setParameter("itemid", itemId);
```

Capítulo 16 – Como criar e testar aplicações em camadas | 707

```
Bid currentMaxBid = (Bid) q.uniqueResult();

q = session.getNamedQuery(QUERY_MINBID);
q.setParameter("itemid", itemId);
Bid currentMinBid = (Bid) q.uniqueResult();

// Carrega o licitante
User bidder = (User) session.load(User.class, userId);

try {

    Bid newBid = item.placeBid(bidder,
                               bidAmount,
                               currentMaxBid,
                               currentMinBid);

    ... // Coloca o novo lance no contexto de requisição

    ... // Avançar para página de sucesso

} catch (BusinessException e) {
    ... // Avançar para página de erro apropriada
}
}
```

O controlador agora está completamente sem ciência de qualquer lógica de negócio – ele nem mesmo sabe se o novo lance deve ser maior ou menor que o último. Você encapsulou toda a lógica de negócio no modelo de domínio e pode agora testar a lógica de negócio como uma unidade isolada sem qualquer dependência de ações, fluxo de página, persistência, ou outro código de infra-estrutura (chamando o Item.placeBid() em um teste unitário).

Você pode até mesmo desenhar um diferente fluxo de página pegando e redirecionando exceções específicas. A BusinessException é uma exceção declarada e checada, então você tem de tratá-la no controlador de algum modo. Cabe a você se quiser reverter a transação nesse caso, ou se tiver uma chance de recuperá-la de algum modo. Contudo, sempre considere o estado do seu contexto de persistência quando tratando exceções: lá podem existir modificações não descarregadas de uma tentativa anterior quando você reusar a mesma Session após uma exceção da aplicação. (Claro, você nunca pode reusar uma Session que jogou uma exceção de tempo de execução fatal.) A forma segura é sempre reverter a transação do banco de dados em qualquer exceção e repetir com uma nova Session.

O código da ação já parece bom. Você deve tentar manter a sua arquitetura simples; isolar o tratamento de exceção e de transação e extrair a lógica de negócio pode fazer uma diferença significativa. Contudo, o código da ação está agora vinculado ao Hibernate, pois ele usa a API Session para acessar o banco de dados. O padrão MVC não diz muito sobre onde o P de Persistência deve ficar.

16.2 Como criar uma camada de persistência

Misturar código de acesso a dados com lógica de aplicação viola a ênfase em separação de preocupações. Existem várias razões por que você deve considerar esconder as chamadas do Hibernate atrás de uma façade " a assim chamada camada de persistência:

- A camada de persistência pode prover um nível maior de abstração para operações de acesso a dados. Ao invés de operações básicas de consulta e CRUD, você pode expor operações de maior nível, como um método getMaximumBid(). Essa abstração é a razão primária por que você quer criar uma camada de persistência em aplicações maiores: para suportar o reuso das mesmas operações não CRUD.

- A camada de persistência pode ter uma interface genérica sem expor de fato detalhes de implementação. Em outras palavras, você pode esconder o fato de que esteja usando o Hibernate (ou o Java Persistence) para implementar as operações de acesso a dados de qualquer cliente da camada de persistência. Nós consideramos a portabilidade da camada de persistência uma preocupação não importante, pois soluções completas de mapeamento objeto/relacional como o Hibernate já fornecem portabilidade de banco de dados. É muito improvável que você reescreva a sua camada de persistência com um software diferente no futuro e ainda assim não vai querer mudar qualquer código de cliente. Além do mais, considere o Java Persistence como uma padronizada e totalmente portátil API.

- A camada de persistência pode unificar operações de acesso a dados. Essa preocupação é relacionada à portabilidade, mas por um ângulo um pouco diferente. Imagine que você tenha que lidar com código de acesso a dados misturado, como operações Hibernate e JDBC. Unificando a façade que os clientes vêm e usam, você pode esconder esse detalhe de implementação do cliente.

Se considerar portabilidade e unificação como sendo efeitos colaterais da criação da camada de persistência, a sua motivação primária é alcançar um maior nível de abstração, uma manutenibilidade melhorada, e o reuso de código de acesso a dados. Essas são boas razões, e o encorajamos a criar uma camada de persistência com uma façade genérica em todas exceto nas mais simples aplicações. É novamente importante que você não torne o código do seu sistema mais flexível e sofisticado do que ele precisa e que primeiro você considere usar a API Hibernate (ou Java Persistence) diretamente sem qualquer camada adicional. Vamos assumir que você quer criar uma camada de persistência e projetar uma façade que os clientes irão chamar.

Existe mais de uma maneira de projetar uma façade da camada de persistência – algumas aplicações pequenas podem usar um único objeto PersistenceManager; algumas podem usar algum tipo de desenho orientado para comando, e outras misturam operações de acesso a dados dentro de classes de domínio (registro ativo – active record) – mas nós preferimos o padrão DAO.

16.2.1 Um genérico padrão de objeto de acesso a dados

O padrão de projeto DAO originado no Java Blueprints da Sun é até mesmo usado na infame aplicação demo Java Petstore. Um DAO define uma interface para operações de persistência (métodos CRUD e de achar) relacionadas a uma determinada entidade persistente; ele lhe recomenda agrupar código que se relaciona com a persistência daquela entidade.

Usando características do JDK 5.0 como genéricos e argumentos variáveis, você pode projetar uma boa camada de persistência DAO facilmente. A estrutura básica do padrão que estamos propondo aqui é mostrada na Figura 16.1.

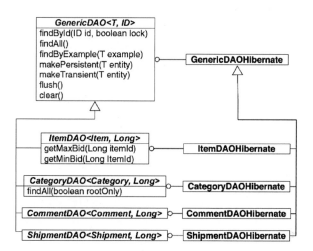

Figura 16.1 Interfaces DAO genéricas suportam implementações arbitrárias

Nós projetamos a camada de persistência com duas hierarquias paralelas: interfaces em um lado, implementações no outro lado. As operações básicas de recuperação e armazenamento de objeto são agrupadas em uma genérica superinterface e uma superclasse que implementa essas operações com uma determinada solução de persistência (iremos usar o Hibernate). A interface genérica é estendida por interfaces para determinadas entidades que necessitam de operações adicionais de acesso a dados relacionadas a negócio. Novamente, você pode ter uma ou várias implementações de uma interface DAO de entidade.

Vamos primeiro considerar as operações básicas CRUD que toda entidade compartilha e precisa; você as agrupa na superinterface genérica:

```
public interface GenericDAO<T, ID extends Serializable> {

    T findById(ID id, boolean lock);
```

710 | Java Persistence com Hibernate

```
List<T> findAll();

List<T> findByExample(T exampleInstance,
                      String... excludeProperty);

T makePersistent(T entity);

void makeTransient(T entity);

void flush();

void clear();
}
```

A GenericDAO é uma interface que requer argumentos de tipo se você quer implementá-la. O primeiro parâmetro, T, é a instância de entidade para a qual você está implementando um DAO. Muitos dos métodos DAO usam esse argumento para retornar objetos de uma maneira *type-safe*. O segundo parâmetro define o tipo do identificador do banco de dados – nem todas as entidades podem usar o mesmo tipo para sua propriedade identificadora. A segunda coisa que é interessante aqui é o argumento variável no método findByExample(); você logo verá como isso melhora a API para um cliente.

E, por fim, isso é claramente a base para uma camada de persistência que funciona *orientada para estado*. Métodos como makePersistent() e makeTransient() mudam um estado do objeto (ou muitos objetos de uma vez com cascateamento habilitado). As operações flush() e clear() podem ser usadas por um cliente para gerenciar o contexto de persistência. Você iria escrever uma interface DAO completamente diferente se a sua camada de persistência fosse *orientada para declaração*; por exemplo, se você não estivesse usando o Hibernate para implementá-la, mas somente JDBC puro.

A façade da camada de persistência que introduzimos aqui não expõe qualquer interface Hibernate ou Java Persistence para o cliente, então teoricamente você pode implementá-la com qualquer software sem fazer quaisquer mudanças no código de cliente. Você pode não querer ou precisar de portabilidade da camada de persistência, como explicado anteriormente. Nesse caso, você deve considerar expor interfaces Hibernate ou Java Persistence – por exemplo, um método findByCriteria(DetachedCriteria) que os clientes possam usar para executar consultas Criteria do Hibernate arbitrárias. Essa decisão lhe cabe; você pode decidir que expor interfaces Java Persistence é uma escolha mais segura que expor interfaces Hibernate. Contudo, você deve saber que enquanto é possível mudar a implementação da camada de persistência do Hibernate para o Java Persistence ou para qualquer outro software de mapeamento objeto/relacional orientado para estado totalmente caracterizado, é quase impossível reescrever uma camada de persistência que é orientada para estado com declarações JDBC puro.

A seguir, você implementa as interfaces DAO.

CAPÍTULO 16 – COMO CRIAR E TESTAR APLICAÇÕES EM CAMADAS | 711

16.2.2 Como implementar a interface CRUD genérica

Vamos continuar com uma possível implementação da interface genérica, usando APIs Hibernate:

```
public abstract class
    GenericHibernateDAO<T, ID extends Serializable>
        implements GenericDAO<T, ID> {

    private Class<T> persistentClass;
    private Session session;

    public GenericHibernateDAO() {
        this.persistentClass = (Class<T>)
            ( (ParameterizedType) getClass().getGenericSuperclass() )
                .getActualTypeArguments()[0];
    }

    public void setSession(Session s) {
        this.session = s;
    }

    protected Session getSession() {
        if (session == null)
            session = HibernateUtil.getSessionFactory()
                                    .getCurrentSession();
        return session;
    }

    public Class<T> getPersistentClass() {
        return persistentClass;
    }

    ...
```

Até agora esse é o interno código-base (plumbing) da implementação com Hibernate. Na implementação, você precisa de acesso a uma Session do Hibernate, então você exige que o cliente do DAO injete a Session corrente que ele quer usar com um método setter. Isso é na maioria das vezes útil em teste de integração. Se o cliente não definiu uma Session antes de usar o DAO, você pesquisa pela Session corrente quando ela é necessária pelo código do DAO.

A implementação DAO deve também saber a que classe de entidade persistente ela é destinada; você usa Java Reflection no construtor para encontrar a classe do argumento genérico T e armazena-a em um membro local.

Se você escreve uma implementação DAO genérica com Java Persistence, o código parece quase o mesmo. A única mudança é que uma EntityManager é necessária pelo DAO, não uma Session.

Você pode agora implementar as operações CRUD de fato, novamente com Hibernate:

```java
@SuppressWarnings("unchecked")
public T findById(ID id, boolean lock) {
   T entity;
   if (lock)
      entity = (T) getSession()
          .load(getPersistentClass(), id, LockMode.UPGRADE);
   else
      entity = (T) getSession()
          .load(getPersistentClass(), id);

   return entity;
}
@SuppressWarnings("unchecked")
public List<T> findAll() {
   return findByCriteria();
}

@SuppressWarnings("unchecked")
public List<T> findByExample(T exampleInstance,
                                String... excludeProperty) {
   Criteria crit =
      getSession().createCriteria(getPersistentClass());
   Example example = Example.create(exampleInstance);
   for (String exclude : excludeProperty) {
      example.excludeProperty(exclude);
   }
   crit.add(example);
   return crit.list();
}

@SuppressWarnings("unchecked")
public T makePersistent(T entity) {
   getSession().saveOrUpdate(entity);
   return entity;
}
public void makeTransient(T entity) {
   getSession().delete(entity);
}

public void flush() {
   getSession().flush();
}

public void clear() {
   getSession().clear();
}

/**
 * Use este dentro de subclasses como um método de conveniência.
 */
@SuppressWarnings("unchecked")
protected List<T> findByCriteria(Criterion... criterion) {
```

CAPÍTULO 16 – COMO CRIAR E TESTAR APLICAÇÕES EM CAMADAS | 713

```
Criteria crit =
  getSession().createCriteria(getPersistentClass());
for (Criterion c : criterion) {
  crit.add(c);
}
return crit.list();
}
```

Todas as operações de acesso a dados usam getSession() para pegar a Session designada para esse DAO. A maioria desses métodos é clara e direta, e você não deve ter qualquer problema para entendê-los depois de ler os capítulos anteriores deste livro. As anotações @SurpressWarning são opcionais – as interfaces do Hibernate são escritas para JDKs anteriores a 5.0, então todas as conversões são não checadas e o compilador do JDK 5.0 gera um aviso para cada uma diferente. Olhe o método protegido findByCriteria(): consideramos esse um método de conveniência que torna a implementação de outras operações de acesso a dados mais fáceis. Ele recebe zero ou mais argumentos Criterion e adiciona-os a uma Criteria que é então executada. Esse é um exemplo de argumentos variáveis do JDK 5.0. Note que decidimos não expor esse método na pública interface DAO genérica; ele é um detalhe de implementação (você pode chegar a uma diferente conclusão).

Uma implementação com o Java Persistence é clara e direta, embora ele não suporte uma API Criteria. Ao invés de saveOrUpdate(), você usa merge() para tornar persistente qualquer objeto transiente ou desligado, e retorna o resultado fundido.

Você agora completou o maquinário básico da camada de persistência e a interface genérica que ela expõe para a camada superior do sistema. No próximo passo, você cria interfaces DAO relacionadas à entidade e implementa-as estendendo a interface e implementação genérica.

16.2.3 Como implementar DAOs de entidade

Vamos presumir que você queira implementar operações de acesso a dados não CRUD para a entidade de negócio Item. Primeiro, escreva uma interface:

```
public interface ItemDAO extends GenericDAO<Item, Long> {

  Bid getMaxBid(Long itemId);
  Bid getMinBid(Long itemId);

}
```

A interface ItemDAO estende a superinterface genérica e a parametriza com um tipo entidade Item e um Long como o tipo do identificador do banco de dados. Duas operações de acesso a dados são relevantes para a entidade Item: getMaxBid() e getMinBid().

714 | Java Persistence com Hibernate

Uma implementação dessa interface com Hibernate estende a implementação CRUD genérica:

```
public class ItemDAOHibernate
        extends GenericHibernateDAO<Item, Long>
        implements ItemDAO {

    public Bid getMaxBid(Long itemId) {
        Query q = getSession().getNamedQuery("getItemMaxBid");
        q.setParameter("itemid", itemId);
        return (Bid) q.uniqueResult();
    }

    public Bid getMinBid(Long itemId) {
        Query q = getSession().getNamedQuery("getItemMinBid");
        q.setParameter("itemid", itemId);
        return (Bid) q.uniqueResult();
    }
}
```

Você pode ver o quão fácil essa implementação foi, graças à funcionalidade provida pela superclasse. As consultas foram exteriorizadas para metadado de mapeamento e são chamadas por nome, o que evita a barafunda do código.

Recomendamos que você crie uma interface até mesmo para entidades que não tenham quaisquer operações de acesso a dados não CRUD:

```
public interface CommentDAO extends GenericDAO<Comment, Long> {
    // Vazio
}
```

A implementação é igualmente clara e direta:

```
public static class CommentDAOHibernate
        extends GenericHibernateDAO<Comment, Long>
        implements CommentDAO {}
```

Nós recomendamos essa interface e implementação vazia, pois você não pode instanciar a implementação genérica abstrata. Além do mais, um cliente deve se basear em uma interface específica para uma determinada entidade, dessa forma evitando refatoração custosa no futuro se adicionais operações de acesso a dados forem introduzidas. Você pode não seguir a nossa recomendação, no entanto, e tornar a GenericHibernateDAO não abstrata. Essa decisão depende da aplicação que você está escrevendo e que mudanças você espera no futuro.

Vamos colocar isso tudo junto e ver como os clientes instanciam e usam os DAOs.

16.2.4 Como usar objetos de acesso a dados

Se um cliente deseja utilizar a camada de persistência, ele tem de instanciar os DAOs de que precisa e, então, chamar os métodos nesses DAOs. No caso previamente introduzido de uso da aplicação web Hibernate, o código do controlador e ação se parece com isto:

```
public void execute() {

    Long itemId = ...          // Pega o valor da requisição
    Long userId = ...          // Pega o valor da requisição
    BigDecimal bidAmount = ... // Pega o valor da requisição

    // Prepara os DAOs
    ItemDAO itemDAO = new ItemDAOHibernate();
    UserDAO userDAO = new UserDAOHibernate();

    // Carrega o Item requisitado
    Item item = itemDAO.findById(itemId, true);

    // Pega os lances máximo e mínimo para este Item
    Bid currentMaxBid = itemDAO.getMaxBid(itemId);
    Bid currentMinBid = itemDAO.getMinBid(itemId);

    // Carrega o licitante
    User bidder = userDAO.findById(userId, false);
    try {

        Bid newBid = item.placeBid(bidder,
                                   bidAmount,
                                   currentMaxBid,
                                   currentMinBid);
        ... // Coloca o novo lance no contexto de requisição
        ... // Avançar para página de sucesso

    } catch (BusinessException e) {
        ... // Avançar para página de erro apropriada
    }
}
```

Você quase consegue evitar qualquer dependência no Hibernate do código controlador, exceto por uma coisa: ainda precisa instanciar uma implementação DAO específica no controlador. Uma (não muito sofisticada) maneira de evitar essa dependência é o tradicional padrão abstract factory.

Primeiro, crie uma fábrica abstrata para objetos de acesso a dados:

```
public abstract class DAOFactory {

    /**
     * Método Factory para instanciação de fábricas concretas.
     */
```

716 | JAVA PERSISTENCE COM HIBERNATE

```java
public static DAOFactory instance(Class factory) {
    try {
        return (DAOFactory)factory.newInstance();
    } catch (Exception ex) {
        throw new RuntimeException(
                    "Couldn't create DAOFactory: " + factory
                    );
    }
}

// Adicione suas interfaces DAO aqui
public abstract ItemDAO getItemDAO();
public abstract CategoryDAO getCategoryDAO();
public abstract CommentDAO getCommentDAO();
public abstract UserDAO getUserDAO();
public abstract BillingDetailsDAO getBillingDetailsDAO();
public abstract ShipmentDAO getShipmentDAO();

}
```

Essa fábrica abstrata pode construir e retornar qualquer DAO. Agora implemente esta fábrica para os seus DAOs do Hibernate:

```java
public class HibernateDAOFactory extends DAOFactory {

    public ItemDAO getItemDAO() {
        return (ItemDAO) instantiateDAO(ItemDAOHibernate.class);
    }
    ...
    private GenericHibernateDAO instantiateDAO(Class daoClass) {
        try {
            GenericHibernateDAO dao = (GenericHibernateDAO)
                                daoClass.newInstance();
            return dao;
        } catch (Exception ex) {
            throw new RuntimeException(
                        "Can not instantiate DAO: " + daoClass, ex
                        );
        }
    }

    // Liste todas as implementações DAO vazias
    public static class CommentDAOHibernate
            extends GenericHibernateDAO<Comment, Long>
            implements CommentDAO {}

    public static class ShipmentDAOHibernate
            extends GenericHibernateDAO<Shipment, Long>
            implements ShipmentDAO {}
    ...
}
```

CAPÍTULO 16 – COMO CRIAR E TESTAR APLICAÇÕES EM CAMADAS | 717

Várias coisas interessantes acontecem aqui. Primeira, a implementação da fábrica encapsula como o DAO é instanciado. Você pode customizar esse método e definir uma Session manualmente antes de retornar a instância DAO.

Segunda, você move a implementação do CommentDAOHibernate para dentro da fábrica como uma classe pública e estática. Lembre-se de que você precisa dessa implementação, mesmo que seja vazia, para deixar os clientes trabalharem com interfaces relacionadas a uma entidade. Contudo, ninguém lhe força a criar dezenas de classes de implementação vazias em arquivos separados; você pode agrupar todas as implementações vazias na fábrica. Se no futuro você tiver que introduzir mais operações de acesso a dados para a entidade Comment, mova a implementação da fábrica para o seu próprio arquivo. Nenhum outro código precisa ser trocado – os clientes se baseiam somente na interface CommentDAO.

Com esse padrão factory, você pode mais adiante simplificar como os DAOs são usados no controlador da aplicação web:

```
public void execute() {

    Long itemId = ...          // Pega o valor da requisição
    Long userId = ...          // Pega o valor da requisição
    BigDecimal bidAmount = ... // Pega o valor da requisição

    // Prepara os DAOs
    DAOFactory factory = DAOFactory.instance(DAOFactory.HIBERNATE);
    ItemDAO itemDAO = factory.getItemDAO();
    UserDAO userDAO = factory.getUserDAO();

    // Carrega o Item requisitado
    Item item = itemDAO.findById(itemId, true);

    // Pega os lances máximo e mínimo para este Item
    Bid currentMaxBid = itemDAO.getMaxBid(itemId);
    Bid currentMinBid = itemDAO.getMinBid(itemId);

    // Carrega o licitante
    User bidder = userDAO.findById(userId, false);

    try {
        ...
    }
}
```

A única dependência no Hibernate, e a única linha de código que expõe a verdadeira implementação da camada de persistência para o código de cliente, é a recuperação da DAOFactory. Você pode querer mover esse parâmetro para dentro da sua configuração externa da aplicação para que possa possivelmente trocar de implementações DAOFactory sem mudar qualquer código.

718 | JAVA PERSISTENCE COM HIBERNATE

DICA *Misturando código Hibernate e JDBC em um DAO* – Raramente você tem de usar JDBC puro quando tem o Hibernate disponível. Lembre-se de que se precisar de uma Connection JDBC para executar uma declaração que o Hibernate não possa produzir automaticamente, você poderá sempre se voltar para session.connection(). Então, não achamos que você precise de diferentes e separados DAOs para algumas chamadas JDBC. A questão de misturar o Hibernate com JDBC puro não é o fato de que você possa ter de fazê-lo algumas vezes (e você definitivamente deve esperar que o Hibernate não vá resolver 100 por cento de todos os seus problemas), mas sim que os desenvolvedores sempre tentam esconder o que fizeram. Não existe qualquer problema com código de acesso a dados misturado desde que ele esteja propriamente documentado. Lembre-se também de que o Hibernate suporta quase todas as operações SQL com APIs nativas, então você não tem que necessariamente se voltar para JDBC puro.

Você agora criou uma limpa, flexível, e poderosa camada de persistência que esconde os detalhes de acesso a dados de qualquer código de cliente. As questões seguintes estão provavelmente ainda na sua cabeça:

- *Você tem que escrever fábricas?* O padrão factory é tradicional e é usado em aplicações que principalmente se baseiam em pesquisa de serviços *stateless*. Uma estratégia alternativa (ou algumas vezes complementar) é *injeção de dependência*. A especificação do EJB 3.0 padroniza injeção de dependência para componentes gerenciados, então nós iremos olhar para uma estratégia alternativa de escrita de DAO mais adiante neste capítulo.

- *Você tem que criar uma interface DAO por entidade do domínio?* Nossa proposta não aborda todas as possíveis situações. Em aplicações maiores, você pode agrupar DAOs por pacote de domínio ou criar hierarquias mais profundas de DAOs que forneçam especialização de granulosidade mais fina para determinadas subentidades. Existem muitas variações do padrão DAO, e você não deve restringir as suas opções à nossa recomendada solução genérica. Sinta-se à vontade para experimentar, e considere esse padrão um bom ponto de partida.

Você agora sabe como integrar o Hibernate a uma tradicional aplicação web e como criar uma camada de persistência seguindo padrões de boas práticas. Se tem de projetar e escrever uma aplicação em três camadas (físicas), você precisa considerar uma arquitetura um tanto diferente.

16.3 INTRODUÇÃO AO PADRÃO COMMAND

Os padrões e as estratégias introduzidos nas seções anteriores são perfeitos se você tem que escrever uma aplicação web de pequeno para médio porte com Hibernate e Java Persistence. O padrão OSIV funciona em qualquer arquitetura em duas camadas (físicas), onde a apresentação, o negócio, e a camada de persistência estão colocalizados na mesma máquina virtual.

No entanto, tão logo você introduz uma terceira camada (física) e move a camada de apresentação para uma máquina virtual separada, o contexto de persistência corrente não pode ser mais mantido aberto até que a visão tenha sido renderizada. Esse é tipicamente o caso em aplicação EJB em três camadas (físicas), ou em uma arquitetura com um cliente rico em um processo separado.

Se a camada de apresentação roda em um processo diferente, você precisa minimizar as requisições entre esse processo e a camada (física) que roda as camadas de negócio e de persistência da aplicação. Isso significa que você não pode usar a abordagem preguiçosa anterior, na qual a visão permite puxar dados a partir dos objetos do modelo de domínio, conforme necessário. Em vez disso, a camada (física) de negócio deve aceitar a responsabilidade de carregar todo o dado necessário subseqüentemente para renderização da visão.

Embora certos padrões que podem minimizar a comunicação remota, como os padrões *session façade* e *data transfer object* (DTO), tenham sido amplamente usados na comunidade de desenvolvedores Java, queremos discutir uma abordagem um pouco diferente. O padrão *Command* (também chamado frequentemente de *EJB Command*) é uma sofisticada solução que combina as vantagens de outras estratégias.

Vamos escrever uma aplicação em três camadas (físicas) que utiliza esse padrão.

16.3.1 As interfaces básicas

O padrão *Command* é baseado na idéia de uma hierarquia de classes de comando, cada uma delas implementa uma simples interface Command. Olhe essa hierarquia na Figura 16.2.

Um determinado Command é uma implementação de uma ação, um evento, ou qualquer coisa que possa se encaixar em uma descrição similar. O código de cliente cria objetos de comando e prepara-os para execução. A CommandHandler é uma interface que pode executar objetos Command. O cliente passa um objeto Command para um tratador na camada (física) do servidor, e o tratador executa-o. O objeto Command então retorna para o cliente.

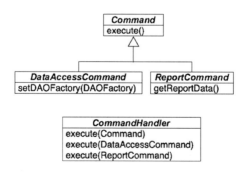

Figura 16.2 As interfaces do padrão Command.

A interface Command tem um método execute(); qualquer comando concreto deve implementar esse método. Qualquer subinterface pode adicionar métodos adicionais que são chamados antes (setters) ou depois (getters) do Command ser executado. Um Command está então combinando *entrada*, *controlador* e *saída* para um determinado evento.

Executar objetos Command – ou seja, chamando seus métodos execute() – é o trabalho de uma implementação CommandHandler. A execução de comandos é despachada polimorficamente.

A implementação dessas interfaces (e classes abstratas) pode ter a seguinte aparência:

```
public interface Command {
    public void execute() throws CommandException;
}
```

Os comandos também encapsulam tratamento de exceção, para que qualquer exceção jogada durante a execução seja envolvida em uma CommandException que pode então ser tratada de acordo pelo cliente.

A DataAccessCommand é uma classe abstrata:

```
public abstract class DataAccessCommand implements Command {
    protected DAOFactory daoFactory;

    public void setDAOFactory(DAOFactory daoFactory) {
        this.daoFactory = daoFactory;
    }

}
```

Qualquer Command que precisa acessar o banco de dados deve usar um objeto de acesso a dados, então uma DAOFactory deve ser definida antes que um DataAccessCommand possa ser executado. Esse é freqüentemente o trabalho da implementação CommandHandler, pois a camada de persistência está na camada (física) do servidor.

A interface remota do tratador de comando é igualmente simples:

```
public interface CommandHandler {

    public Command executeCommand(Command c)
                    throws CommandException;

    public DataAccessCommand executeCommand(DataAccessCommand c)
                    throws CommandException;

    public Reportcommand executeCommand(ReportCommand c)
                    throws CommandException;
}
```

Vamos escrever algumas implementações concretas e usar comandos.

16.3.2 Como executar objetos de comando

Um cliente que deseja executar um comando precisa instanciar e preparar um objeto Command. Por exemplo, dar um lance em um leilão requer um BidForItemCommand no cliente:

```
BidForItemCommand bidForItem =
            new BidForItemCommand(userId, itemId, bidAmount);

try {
   CommandHandler handler = getCommandHandler();
   bidForItem = (BidForItemCommand)handler.executeCommand(bidForItem);

   // Extrai novo lance para renderização
   newBid = bidForItem.getNewBid();

   // Avançar para página de sucesso

} catch (CommandException ex) {
   // Avançar para página de erro
   // ex.getCause();
}
```

Um BidForItemCommand precisa de todos os valores de entrada para essa ação como argumentos do construtor. O cliente então pesquisa um tratador de comando e passa o objeto BidForItemCommand para execução. O tratador retorna a instância após a execução, e o cliente extrai quaisquer valores de saída do objeto retornado. (Se você trabalha com JDK 5.0, use genéricos para evitar conversões de tipo não seguras.)

Como o tratador de comando é pesquisado e instanciado depende da implementação do tratador de comando e como a comunicação remota acontece. Você nem mesmo tem que chamar um tratador de comando remoto – ele pode ser um objeto local.

Vamos olhar para a implementação do comando e do tratador de comando.

Como implementar comandos de negócio

A BidForItemCommand estende a classe abstrata DataAccessCommand e implementa o método execute():

```
public class BidForItemCommand extends DataAccessCommand
                            implements Serializable {
   // Entrada
   private Long userId;
   private Long itemId;
   private BigDecimal bidAmount;

   // Saída
   private Bid newBid;

   public BidForItemCommand(Long userId,
```

JAVA PERSISTENCE COM HIBERNATE

```java
                                Long itemId,
                                BigDecimal bidAmount) {
    this.userId = userId;
    this.itemId = itemId;
    this.bidAmount = bidAmount;
}

public Bid getNewBid() {
    return newBid;
}
public void execute() throws CommandException {

    ItemDAO itemDAO = daoFactory.getItemDAO();
    UserDAO userDAO = daoFactory.getUserDAO();

    try {

        Bid currentMaxBid = itemDAO.getMaxBid(itemId);
        Bid currentMinBid = itemDAO.getMinBid(itemId);

        Item item = itemDAO.findById(itemId, false);
        newBid = item.placeBid(userDAO.findById(userId, false),
                            bidAmount,
                            currentMaxBid,
                            currentMinBid);

    } catch (BusinessException ex) {
        throw new CommandException(ex);
    }
  }
}
```

Esse é basicamente o mesmo código que você escreveu no último estágio do refinamento da aplicação web mais cedo nesse capítulo. No entanto, com essa abordagem, você tem um claro contrato para entrada requerida e saída retornada de uma ação.

Como as instâncias Command são enviadas através do cabo, você precisa implementar Serializable (esse marcador deve estar na classe concreta, não nas superclasses ou interfaces).

Vamos implementar o tratador de comando.

Como implementar um tratador de comando

O tratador de comando pode ser implementado da maneira que você quiser; suas responsabilidades são simples. Muitos sistemas precisam somente de um único tratador de comando, como o seguinte:

```java
@Stateless
public class CommandHandlerBean implements CommandHandler {

    // A camada de persistência que queremos chamar
```

CAPÍTULO 16 – COMO CRIAR E TESTAR APLICAÇÕES EM CAMADAS | 723

```
DAOFactory daoFactory =
DAOFactory.instance(DAOFactory.HIBERNATE);

@TransactionAttribute(TransactionAttributeType.NEVER)
public Command executeCommand(Command c)
        throws CommandException {
    c.execute();
    return c;
}

@TransactionAttribute(TransactionAttributeType.REQUIRED)
public Command executeCommand(DataAccessCommand c)
        throws CommandException {
    c.setDAOFactory(daoFactory);
    c.execute();
    return c;
}
}
```

Esse é um tratador de comando implementado como um *stateless session bean* EJB 3.0. Você usa uma pesquisa por EJB no cliente para pegar uma referência para esse (local ou remoto) *bean* e, então, passa objetos Command para ele para execução. O tratador sabe como preparar um determinado tipo de comando – por exemplo, definindo uma referência à camada de persistência antes da execução.

Graças a transações declarativas e gerenciadas por contêiner, esse tratador de comando não contém qualquer código Hibernate. Claro, você também pode implementar esse tratador de comando como um POJO sem anotações EJB 3.0 e gerenciar os limites da transação programaticamente. Por outro lado, como os EJBs já suportam comunicação remota para pronto uso, eles são a melhor escolha para tratadores de comando em arquiteturas de três camadas (físicas).

Existem muitas outras variações desse padrão básico *Command*.

16.3.3 Variações do padrão Command

Primeiro, nem tudo é perfeito com o padrão *Command*. Provavelmente a mais importante questão com esse padrão é a necessidade de interfaces que não são de apresentação no classpath do cliente. Como o BidForItemCommand precisa dos DAOs, você tem que incluir a interface da camada de persistência no classpath do cliente (mesmo se o comando é executado somente na camada (física) intermediária). Não existe uma solução real, então a severidade desse problema depende do seu cenário de implantação e quão facilmente você pode empacotar a sua aplicação de acordo. Note que o cliente precisa das interfaces DAO somente para instanciar uma DataAccessCommand, então você pode ser capaz de estabilizar as interfaces antes de trabalhar na implementação da sua camada de persistência.

724 | JAVA PERSISTENCE COM HIBERNATE

Ademais, como você só tem um comando, o padrão *Command* parece mais trabalhoso do que o tradicional padrão *session façade*. Contudo, conforme o sistema cresce, a adição de novos comandos torna-se mais simples, pois preocupações ortogonais como tratamento de exceção e checagem de autorização podem ser implementadas no tratador de comando. Comandos são fáceis de implementar e extremamente reusáveis. Você não deve se sentir restringido por nossa hierarquia de interface de comando proposta; sinta-se à vontade para projetar interfaces de comando e comandos abstratos mais complexos e sofisticados. Você também pode agrupar comandos usando delegação – por exemplo, um DataAccessCommand pode instanciar e chamar um ReportCommand.

Um comando é um ótimo montador para dado que é requerido para renderização de uma determinada visão. Ao invés de ter a visão puxando a informação a partir de objetos de negócio carregados ansiosamente (o que requer colocalização da camada de apresentação e de persistência, para que você possa ficar dentro do mesmo contexto de persistência), um cliente pode preparar e executar os comandos necessários para renderizar uma determinada tela – cada comando transporta dados para a camada de apresentação e em suas propriedades de saída. De certo modo, um comando é um tipo de objeto de transferência de dados com uma rotina inerente de montagem.

Além do mais, o padrão *Command* lhe permite implementar qualquer funcionalidade de *Desfazer* (*Undo*) facilmente. Cada comando pode ter um método undo() que pode negar quaisquer mudanças permanentes que foram feitas pelo método execute(). Ou, você pode enfileirar vários objetos de comando no cliente e mandá-los para o tratador de comando somente quando uma determinada conversação se completar.

O padrão *Command* também é ótimo se você tem que implementar uma aplicação desktop. Você pode, por exemplo, implementar um comando que dispara eventos quando um dado é mudado. Todos os diálogos que precisam ser atualizados recebem esse evento, através do registro de um receptor no tratador de comando.

Você pode envolver os comandos com interceptores EJB 3.0. Por exemplo, você pode escrever um interceptor para o seu tratador de comando *session bean* que pode transparentemente injetar um determinado serviço em objetos de comando de um determinado tipo. Você pode combinar e empilhar esses interceptores no seu tratador de comando. Você pode até mesmo implementar um tratador de comando local no cliente que, graças aos interceptores EJB, pode transparentemente decidir se um comando precisa ser direcionado para o servidor (para um outro tratador de comando) ou se o comando pode ser executado desconectado no cliente.

O *stateless session bean* não precisa ser o único tratador de comando. É fácil implementar um tratador de comando baseado em JMS que executa comandos assincronamente. Você pode até mesmo armazenar um comando no banco de dados para execução programada. Comandos podem ser usados fora do ambiente do servidor – em um processo em lote ou caso de teste unitário, por exemplo.

CAPÍTULO 16 – COMO CRIAR E TESTAR APLICAÇÕES EM CAMADAS | 725

Na prática, uma arquitetura que se baseia no padrão *Command* funciona bem.

Na próxima seção, discutimos como os componentes EJB 3.0 podem simplificar mais ainda uma arquitetura de aplicação em camadas.

16.4 COMO PROJETAR APLICAÇÕES COM EJB 3.0

Nós focamos neste livro o padrão Java Persistence e discutimos somente alguns exemplos de outras construções da programação EJB 3.0. Escrevemos alguns *session beans* EJB, habilitamos transações gerenciadas por contêiner, e usamos injeção por contêiner para pegar uma EntityManager.

Existe muito mais para ser revelado no modelo de programação EJB 3.0. Nas seções seguintes, nós lhe mostraremos como simplificar alguns dos padrões anteriores com componentes EJB 3.0. Contudo, novamente só olhamos as características relevantes para uma aplicação de banco de dados, então você precisa se referir para outra documentação se você quer saber mais sobre marcadores de tempo (timers), interceptores EJB, ou EJBs *message-driven*.

Primeiro você irá implementar uma ação em uma aplicação web com um *stateful session bean*, um controlador conversacional. Em seguida você irá simplificar os objetos de acesso a dados tornando-os EJBs para conseguir transações gerenciadas por contêiner e injeção de dependências. Você também irá trocar de quaisquer interfaces do Hibernate para Java Persistence, a fim de ficar totalmente compatível com EJB 3.0.

Você começa implementando uma conversação com componentes EJB 3.0 em uma aplicação web.

16.4.1 Como implementar uma conversação com stateful beans

Um *stateful session bean* (SFSB) é o perfeito controlador para uma conversação potencialmente prolongada entre a aplicação e o usuário. Você pode escrever um SFSB que implemente todos os passos em uma conversação – por exemplo, uma conversação de cadastrar item (*PlaceItem*):

1. O usuário entra com informação do item
2. O usuário pode adicionar imagens a um item
3. O usuário encaminha o formulário pronto

O passo 2 dessa conversação poderá ser executado repetidamente, se mais de uma imagem for adicionada. Vamos implementar isso com um SFSB que usa Java Persistence e a EntityManager diretamente.

Uma única instância SFSB é responsável por toda a conversação. Primeiro, eis aqui a interface de negócio:

726 | Java Persistence com Hibernate

```java
public interface PlaceItem {

    public Item createItem(Long userId, Map itemData);

    public void addImage(String filename);

    public void submit();
}
```

No primeiro passo da conversação, o usuário entra com os detalhes básicos do item e fornece um identificador de usuário. A partir disso, uma instância Item é criada e armazenada na conversação. O usuário pode então executar eventos addImage() várias vezes. E por fim, o usuário completa o formulário, e o método submit() é chamado para terminar a conversação. Note como você pode ler a interface como uma história da sua conversação.

Essa é uma possível implementação:

```java
@Stateful
@TransactionAttribute(TransactionAttributeType.NEVER)
public class PlaceItemBean implements PlaceItem {
    @PersistenceContext(type = PersistenceContextType.EXTENDED)
    private EntityManager em;

    private Item item;
    private User seller;

    public Item createItem(Long userId, Map itemData) {

        // Carrega o vendedor para dentro da conversação
        seller = em.find(User.class, userId);

        // Cria o item para a conversação
        item = new Item(itemData, seller);
        seller.addItem(item);
        return item;
    }

    public void addImage(String filename) {
        item.getImages().add(filename);
    }
    @Remove
    @TransactionAttribute(TransactionAttributeType.REQUIRED)
    public void submit() {
        em.persist(item);
    }
}
```

Uma instância desse *stateful session bean* é vinculada a um determinado cliente EJB, então ela também age como um cache durante a conversação. Você usa um contexto de persistência estendido que será descarregado somente quando o submit() retorne, pois esse é o único método que executa dentro de uma transação. Todo o acesso a dados em outros métodos roda em modo autoconfirmação. Então em.find(User.class, userId) executa de forma não transacional, enquanto que em.persist(item) é transacional. Como o método submit() é também marcado com @Remove, o contexto de persistência é fechado automaticamente quando esse método retorna, e o *stateful session bean* é destruído.

Uma variação dessa implementação não chama a EntityManager diretamente, mas sim objetos de acesso a dados.

16.4.2 Como escrever DAOs com EJBs

Um objeto de acesso a dados é o perfeito *stateless session bean*. Cada método de acesso a dados não requer qualquer estado; ele somente precisa de uma EntityManager. Então, quando você implementa uma GenericDAO com Java Persistence, você exige que uma EntityManager seja definida:

```
public abstract class GenericEJB3DAO<T, ID extends Serializable>
    implements GenericDAO<T, ID> {

    private Class<T> entityBeanType;

    private EntityManager em;
    public GenericEJB3DAO() {
        this.entityBeanType = (Class<T>)
          ((ParameterizedType) getClass().getGenericSuperclass())
            .getActualTypeArguments()[0];
    }
    @PersistenceContext
    public void setEntityManager(EntityManager em) {
        this.em = em;
    }

    protected EntityManager getEntityManager() {
        return em;
    }
    public Class<T> getEntityBeanType() {
        return entityBeanType;
    }

    ...

}
```

Essa é realmente a mesma implementação que você criou anteriormente para o Hibernate na Seção 16.2.2, "Como implementar a interface CRUD genérica". Contudo, você marca o método setEntityManager() com @PersistenceContext, para que você consiga injeção automática da EntityManager correta quando esse *bean* executar dentro de um contêiner. Se ele for executado fora de um contêiner de tempo de execução EJB 3.0, você poderá definir a EntityManager manualmente.

728 | JAVA PERSISTENCE COM HIBERNATE

Não iremos lhe mostrar a implementação de todas as operações CRUD com JPA; você deve ser capaz de implementar o findById(), e assim por diante, por conta própria.

A seguir, eis a implementação de um DAO concreto com métodos de negócio de acesso a dados:

```
@Stateless
@TransactionAttribute(TransactionAttributeType.REQUIRED)
public class ItemDAOBean extends GenericEJB3DAO<Item, Long>
                        implements ItemDAO {
    public Bid getMaxBid(Long itemId) {
        Query q = getEntityManager()
                    .createNamedQuery("getItemMaxBid");
        q.setParameter("itemid", itemId);
        return (Bid) q.getSingleResult();
    }
    public Bid getMinBid(Long itemId) {
        Query q = getEntityManager()
                    .createNamedQuery("getItemMinBid");
        q.setParameter("itemid", itemId);
        return (Bid) q.getSingleResult();
    }
    ...
}
```

Essa subclasse concreta é o *stateless session bean* EJB, e todos os métodos que são chamados, incluindo aqueles herdados da superclasse GenericDAO, requerem um contexto de transação. Se um cliente desse DAO chama um método sem uma transação ativa, uma transação é iniciada para esse método DAO.

Você não mais precisa de quaisquer fábricas DAO. O controlador da conversação que você escreveu anteriormente está ligado com os DAOs automaticamente através de injeção de dependência.

16.4.3 Como utilizar injeção de dependência

Você agora refatora o controlador da conversação PlaceItem e adiciona uma camada de persistência. Em vez de acessar JPA diretamente, você chama DAOs que são injetados no controlador da conversação pelo contêiner em tempo de execução:

```
@Stateful
public class PlaceItemWithDAOsBean implements PlaceItem {

    @PersistenceContext(
        type = PersistenceContextType.EXTENDED,
        properties =
            @PersistenceProperty(
                name="org.hibernate.flushMode",
                value="MANUAL"
            )
```

CAPÍTULO 16 – COMO CRIAR E TESTAR APLICAÇÕES EM CAMADAS | 729

```
)
private EntityManager em;

@EJB ItemDAO itemDAO;
@EJB UserDAO userDAO;

private Item item;
private User seller;

public Item createItem(Long userId, Map itemData) {

    // Carrega o vendedor para dentro da conversação
    seller = userDAO.findById(userId);

    // Cria o item para a conversação
    item = new Item(itemData, seller);

    return item;
}

public void addImage(String filename) {
    item.getImages().add(filename);
}

@Remove
public void submit() {
    itemDAO.makePersistent(item);
    em.flush();
}
}
```

A anotação @EJB marca os campos itemDAO e userDAO para injeção de dependência automática. O contêiner pesquisa uma implementação (cuja implementação é dependente de fornecedor, mas nesse caso só existe uma para cada interface) da interface dada e define-a no campo.

Você não desabilitou transações nessa implementação, você só desabilitou descarregamento automático com a propriedade de extensão org.hibernate.flushmode do Hibernate. Você então descarrega o contexto de persistência uma vez, quando o método @Remove do SFSB se completa e antes da transação desse método confirmar.

Existem duas razões para isso:

- Todos os métodos DAO que você está chamando requerem um contexto de transação. Se você não iniciar uma transação para cada método no controlador da conversação, o delimitador da transação será uma chamada em um dos objetos de acesso a dados. Contudo, você quer que os métodos createItem(), addImages() e submit() sejam o escopo da transação, no caso de você executar várias operações DAO.

- Você tem um contexto de persistência estendido que é automaticamente vinculado ao e tem o escopo definido para o *stateful session bean*. Como os DAOs são *stateless session beans*, esse único contexto de persistência poderá ser propagado para dentro

730 | JAVA PERSISTENCE COM HIBERNATE

de todos os DAOs somente quando um contexto de transação estiver ativo e propagado também. Se os DAOs forem *stateful session beans*, você poderá propagar o contexto de persistência corrente através de instanciação mesmo quando não existir contexto de transação para uma chamada ao DAO, mas isso também significa que o controlador da conversação deverá destruir quaisquer DAOs *stateful* manualmente.

Sem a propriedade de extensão do Hibernate, você teria que fazer dos seus DAOs *stateful session beans* para permitir propagação do contexto de persistência entre chamadas de método não transacional. Seria então responsabilidade do controlador chamar o método @Remove de cada DAO em seu próprio método @Remove – o que você também não quer. Você quer desabilitar o descarregamento sem escrever quaisquer métodos não transacionais.

O EJB 3.0 inclui muitas outras características de injeção, e elas se estendem a outras especificações Java EE 5.0. Por exemplo, você pode usar a injeção @EJB em um contêiner de servlet Java, ou @Resource, para pegar qualquer recurso nomeado da JNDI injetada automaticamente. Contudo, essas características estão fora do escopo deste livro.

Agora que você criou camadas de aplicação, você precisa de uma forma de testá-las para exatidão.

16.5 COMO TESTAR

Testar é provavelmente a única atividade mais importante na qual um desenvolvedor Java se engaja durante um dia de trabalho. Testar determina a exatidão do sistema a partir de um ponto de vista funcional assim como a partir de uma perspectiva de performance e escalabilidade. Testes executados com êxito significam que todos os componentes e as camadas da aplicação interagem corretamente e funcionam juntos harmoniosamente, conforme suas especificações.

Você pode testar e provar um sistema de software de muitas maneiras diferentes. No contexto de persistência e de gerenciamento de dados, você obviamente está mais interessado em testes automatizados. Nas seções seguintes, você criará muitos tipos de testes que você poderá rodar repetidamente a fim de checar o comportamento correto da sua aplicação.

Primeiro olhamos as diferentes categorias de testes. Teste unitário funcional, de integração, e independente, todos têm um diferente objetivo e propósito, e você precisa saber quando cada estratégia é apropriada. Nós então escrevemos testes e introduzimos o framework *TestNG* (http://www.testng.org). E, por fim, consideramos teste de estresse e de carga, e como você pode descobrir se o seu sistema irá escalar um alto número de transações concorrentes.

16.5.1 Entenda os diferentes tipos de testes

Nós categorizamos o teste de software como o seguinte:

- *Teste de aceitação* – Este tipo de teste não é necessariamente automatizado e geralmente não é o trabalho do desenvolvedor da aplicação e projetistas do sistema. Teste de aceitação é o estágio final do teste de um sistema, conduzido pelo cliente (ou qualquer outra parte interessada) que está decidindo se o sistema satisfaz os requerimentos do projeto. Esses testes podem incluir qualquer métrica, desde a funcionalidade, a performance, até a usabilidade.

- *Teste de performance* – Um teste de estresse ou de carga exercita o sistema com um alto número de usuários concorrentes, idealmente uma carga igual ou maior da que é esperada uma vez que o software roda em produção. Como isso é uma faceta tão importante dos testes para qualquer aplicação com processamento de dados transacionais em tempo real, veremos o teste de performance mais adiante detalhadamente.

- *Teste unitário da lógica* – Estes testes consideram um único pedaço de funciona-lidade, freqüentemente somente um método de negócio (por exemplo, se o lance mais alto realmente ganha no sistema de leilão). Se um componente é testado como uma única unidade, ele é testado independentemente de qualquer outro componen-te. Teste unitário da lógica não envolve quaisquer subsistemas como bancos de dados.

- *Teste unitário de integração* – Um teste de integração determina se a interação entre os componentes, serviços e subsistemas do software funcionam como esperada. No contexto de processamento de transação e de gerenciamento de dados, isso pode significar que você quer testar se a aplicação funciona corretamente com o banco de dados (por exemplo, se um lance recém-feito para um item de leilão está corretamente salvo no banco de dados).

- *Teste unitário funcional* – Um teste funcional exercita todo um caso de uso e a interface pública em todos os componentes da aplicação necessários para completar esse caso de uso em particular. Um teste funcional pode incluir fluxo de trabalho da aplicação e a interface com o usuário (por exemplo, simulando como um usuário deve ser logado antes de dar um novo lance para um item de leilão).

Nas seções seguintes, concentramo-nos em teste unitário de integração, pois ele é o tipo mais relevante de teste quando dado persistente e processamento de transação são as suas preocupações primárias. Isso não quer dizer que outros tipos de testes não sejam igualmente importantes, e iremos fornecer dicas ao longo do caminho. Se você quer ter uma idéia de tudo, recomendamos *JUnit in Action* ([Massol, 2003]).

732 | Java Persistence com Hibernate

Não usamos JUnit, mas sim TestNG. Isso não deve incomodá-lo muito, pois os fundamentos que apresentamos são aplicáveis a qualquer framework de teste. Achamos que o TestNG torna o teste unitário funcional e de integração mais fáceis que o JUnit, e gostamos especialmente de suas características JDK 5.0 e configuração baseada em anotação de montagens de teste.

Vamos primeiro escrever um simples teste unitário da lógica isolado, para que você possa ver como o TestNG funciona.

16.5.2 Introdução ao TestNG

TestNG é um framework de teste que tem algumas funcionalidades únicas, que o tornam especialmente útil para testes unitários que envolvem complexas configurações de teste, como teste funcional ou de integração. Algumas das características do TestNG são anotações JDK 5.0 para declaração de montagens de teste, suporte para parâmetros de configuração e agrupamento flexível de testes em suítes de teste, suporte para uma variedade de plug-ins para IDEs e Ant, e a habilidade de executar testes em uma ordem específica seguindo dependências.

Queremos abordar essas características passo a passo, então você primeiro escreve um simples teste unitário da lógica sem qualquer integração em um subsistema.

Um teste unitário no TestNG

Um teste unitário da lógica valida um único pedaço de funcionalidade e checa se todas as regras de negócio são seguidas por um determinado componente ou método. Se você acompanhou nossa discussão mais cedo neste capítulo sobre inteligentes modelos de domínio (Seção 16.1.4, "Como projetar 'inteligentes' modelos de domínio"), você sabe que preferimos encapsular unidade testável de lógica de negócio na implementação do modelo de domínio. Um teste unitário da lógica executa um teste de métodos na camada de negócios e modelo de domínio:

```java
public class AuctionLogic {

    @org.testng.annotations.Test(groups = "logic")
    public void highestBidWins() {

        // Um usuário é necessário
        User user = new User(...);

        // Crie uma instância Item
        Item auction = new Item(...);

        // Dê um lance
        BigDecimal bidAmount = new BigDecimal("100.00");
        auction.placeBid(user, bidAmount,
                    new BigDecimal(0), new BigDecimal(0) );

        // Dê um outro lance maior
        BigDecimal higherBidAmount = new BigDecimal("101.00");
        auction.placeBid(user, higherBidAmount,
```

Capítulo 16 – Como criar e testar aplicações em camadas 733

```
                    bidAmount, bidAmount );

        // Aplique uma assertiva para verificar o estado
        assert auction.getBids().size() == 2;
    }
}
```

A classe AuctionLogic é uma classe arbitrária com os assim chamados métodos de teste. Um *método de teste* é qualquer método marcado com a anotação @Test. Opcionalmente, mais tarde, você poderá designar nomes de grupo para métodos de teste a fim de montar uma suíte de teste dinamicamente combinando grupos.

O método de teste highestBidWins() executa parte da lógica para o caso de uso "Dar um lance". Primeiro, uma instância de User é necessária para dar lances – ou seja, é o mesmo usuário, não é uma preocupação para esse teste.

Esse teste pode falhar de diversas maneiras, indicando que uma regra de negócio foi violada. O primeiro lance faz o leilão começar (o maior e o menor lance correntes são zero), então você não espera qualquer falha aqui. Dar um segundo lance é o passo que deverá ser bem-sucedido sem jogar uma BusinessException, pois a nova quantia de lance é maior que a quantia do lance anterior. E, por fim, você aplica uma assertiva a fim de verificar o estado do leilão com a palavra-chave do Java assert e uma operação de comparação.

Você freqüentemente quer testar a lógica de negócio por falha e espera uma exceção.

Como esperar falhas em um teste

O sistema de leilão tem um bug muito sério. Se olhar a implementação de Item.placeBid() na Seção 16.1.4, "Como projetar 'inteligentes' modelos de domínio", você poderá ver que é possível checar se a nova quantia de lance dada vai ser maior que qualquer quantia de lance existente. No entanto, você nunca a checa contra o preço inicial de começo de um leilão. Isso significa que um usuário pode dar qualquer lance, mesmo menor que o preço inicial.

Você se assegura disso testando por falha. O seguinte procedimento espera uma exceção:

```
public class AuctionLogic {

    @Test(groups = "logic")
    public void highestBidWins() { ... }

    @Test(groups = "logic")
    @ExpectedExceptions(BusinessException.class)
    public void initialPriceConsidered() {

        // Um usuário é necessário
        User user = new User(...);

        // Crie uma instância Item
        Item auction = new Item(..., new BigDecimal("200.00") );
```

734 | JAVA PERSISTENCE COM HIBERNATE

```
    // Dê um lance
    BigDecimal bidAmount = new BigDecimal("100.00");
    auction.placeBid(user, bidAmount,
                    new BigDecimal(0), new BigDecimal(0) );
}
}
```

Agora, dar um lance com um valor de 100 tem que falhar, pois o preço inicial de começo do leilão é 200. O TestNG requer que esse método jogue uma BusinessException – caso contrário o teste falha. Tipos de exceção de negócio de granulosidade mais fina deixam você testar por falhas partes essenciais da lógica de negócio com maior precisão.

No final, a quantidade de caminhos de execução do seu modelo de domínio considerada define a sua cobertura de teste da lógica de negócio total. Você pode usar ferramentas como a *cenqua clover* (http://www.cenqua.com/clover/), que pode extrair a porcentagem de cobertura de código da sua suíte de teste e fornecer muitos outros detalhes interessantes sobre a qualidade do seu sistema.

Vamos executar esses métodos de teste anteriores com TestNG e Ant.

Como criar e rodar uma suíte de teste

Você pode criar uma suíte de teste de diversas maneiras com TestNG e iniciar os testes. Você pode chamar métodos de teste diretamente com um clique de um botão na sua IDE (depois de instalar o plug-in do TestNG), ou você pode integrar o teste unitário na sua construção regular com uma tarefa do Ant e uma descrição XML da suíte de teste.

Uma descrição XML da suíte de teste para os testes unitários das seções anteriores se parece com a seguinte:

```
<!DOCTYPE suite SYSTEM "http://testng.org/testng-1.0.dtd" >

<suite name="CaveatEmptor" verbose="2">

    <test name="BusinessLogic">
      <run><include name="logic.*"/></run>

      <packages>
          <package name="auction.test"/>
      </packages>

      <!— Ou somente a classe...
      <classes>
          <class name="auction.test.AuctionLogic"/>
      </classes>
      —>
    </test>

</suite>
```

Capítulo 16 – Como criar e testar aplicações em camadas | 735

Uma suíte de teste é uma reunião de vários testes lógicos – não confunda isso com métodos de teste. Um teste lógico é determinado em tempo de execução pelo TestNG. Por exemplo, o teste lógico de nome BusinessLogic inclui todos os métodos de teste (ou seja, métodos marcados com @Test) em classes do pacote auction.test. Esses métodos de teste devem pertencer a um grupo que se inicia com o nome logic; note que .* é uma expressão regular significando "qualquer número de caracteres arbitrários". Alternativamente, você pode listar as classes de teste que gostaria de considerar como parte desse teste lógico explicitamente, ao invés de todo o pacote (ou vários pacotes).

Você pode escrever algumas classes e métodos de teste, arrumá-los da maneira que for conveniente, e então criar montagens arbitrárias de teste misturando e comparando classes, pacotes e grupos nomeados. Essa montagem de testes lógicos a partir de classes e pacotes arbitrários e a separação em grupos com comparação por caractere curinga tornam o TestNG mais poderoso do que muitos outros frameworks de teste.

Salve o arquivo XML de descrição da suíte como test-logic.xml no diretório-base do seu projeto. Agora, rode essa suíte de teste com o Ant e o seguinte alvo no seu build.xml:

```
<taskdef resource="testngtasks" classpathref="project.classpath"/>

<target name="unittest.logic" depends="compile, copymetafiles">
    description="Run logic unit tests with TestNG">

    <delete dir="${basedir}/test-output"/>
    <mkdir dir="${basedir}/test-output"/>

    <testng outputDir="${basedir}/test-output"
        classpathref="project.classpath">
        <xmlfileset dir="${basedir}">
            <include name="test-logic.xml"/>
        </xmlfileset>
    </testng>

</target>
```

Primeiro, as tarefas Ant do TestNG são importadas para dentro da construção. Então, o alvo unittest.logic inicia uma execução do TestNG com o arquivo de descrição da suíte test-logic.xml no diretório-base do seu projeto. O TestNG cria um relatório HTML no outputDir, então você limpa esse diretório toda vez antes de rodar um teste.

Chame esse alvo do Ant e experimente com a sua primeira montagem TestNG. A seguir discutiremos teste de integração, e como o TestNG pode lhe auxiliar com configuração flexível do ambiente de tempo de execução.

736 | Java Persistence com Hibernate

16.5.3 Como testar a camada de persistência

Testar a camada de persistência significa que vários componentes têm de ser exercitados e checados para ver se interagem corretamente. Isso significa:

- *Testar mapeamentos* – Você quer testar mapeamentos por exatidão sintática (se todas as colunas e tabelas mapeadas combinam com as propriedades e classes).

- *Testar transições de estado do objeto* – Você quer testar se um objeto transita corretamente de estado transiente para persistente para desligado. Em outras palavras, você quer se assegurar de que o dado seja salvo corretamente no banco de dados, que possa ser carregado corretamente, e que todas as possíveis regras de cascateamento para mudanças de estado transitivo funcionem de acordo com as expectativas..

- *Testar consultas* – Qualquer consulta HQL, Criteria e (possivelmente) SQL não trivial deve ser testada por exatidão do dado retornado.

Todos esses testes requerem que a camada de persistência não seja testada de forma independente, mas sim integrada com um sistema de gerenciamento de banco de dados. Além disso, toda infra-estrutura restante, como uma SessionFactory do Hibernate ou uma EntityManagerFactory do JPA, deve estar disponível; você precisa de um ambiente de tempo de execução que habilite quaisquer serviços que você queira incluir no teste de integração.

Considere o sistema de gerenciamento de banco de dados no qual você quer rodar esses testes. Idealmente, esse deve ser o mesmo produto SGBD que você vai implantar em produção para a sua aplicação. Por outro lado, em alguns casos você pode rodar os testes de integração em um sistema diferente em desenvolvimento – por exemplo, o leve HSQL DB. Note que transições de estado do objeto podem ser testadas transparentemente, graças às características de portabilidade de banco de dados do Hibernate. Qualquer aplicação sofisticada tem mapeamentos e consultas que são freqüentemente feitos para um determinado sistema de gerenciamento de banco de dados (com fórmulas e declarações em SQL nativo), então qualquer teste de integração com um produto de banco de dados que não seja o de produção não será expressivo. Muitos fornecedores de SGBD oferecem licenças gratuitas ou até mesmo versões mais leves de seus principais produtos de banco de dados para propósitos de desenvolvimento. Considere essas coisas antes de trocar para um diferente sistema de gerenciamento de banco de dados durante o desenvolvimento.

Você deve primeiro preparar o ambiente de teste e habilitar a infra-estrutura de tempo de execução antes de escrever quaisquer testes unitários de integração.

Como escrever uma superclasse DBUnit

Um ambiente para teste de integração de uma camada de persistência requer que o sistema de gerenciamento de banco de dados esteja instalado e ativo – esperamos que isso já esteja arranjado no seu caso. Em seguida, você precisa considerar a montagem do seu teste de integração e como executar a configuração e os testes na ordem correta.

Primeiro, para usar os seus objetos de acesso a dados você tem que iniciar o Hibernate – construir uma SessionFactory é a parte mais fácil. Mais difícil é definir a seqüência de operações de configuração necessárias antes e depois de rodar um teste. Uma seqüência comum é essa:

1. Restaure o conteúdo do banco de dados para um estado conhecido. A maneira mais fácil de fazer isso é através de uma exportação automática de um esquema de banco de dados com o conjunto de ferramentas do Hibernate. Você então começa a testar com um banco de dados vazio, limpo.

2. Crie qualquer dado básico para o teste através da importação do dado para o banco de dados. Isso pode ser feito de diversas maneiras, como por exemplo, programaticamente em código Java ou com ferramentas como a DBUnit (http://www.dbunit.org).

3. Crie objetos e execute qualquer que seja a transição de estado que queira testar, como salvar ou carregar um objeto chamando os seus DAOs em um método de teste TestNG.

4. Aplique uma assertiva para verificar o estado após uma transição checando os objetos em código Java e/ou executando declarações SQL e verificando o estado do banco de dados.

Considere vários testes de integração semelhantes. Será que você deve sempre iniciar do passo 1 e exportar um esquema de banco de dados fresquinho após todo método de teste, e então importar todo dado básico novamente? Se você executar um grande número de testes, isso pode ser demorado. Por outro lado, essa abordagem é muito mais fácil do que deletar e limpar após todo método de teste, que seria um passo adicional.

Uma ferramenta que pode ajudá-lo com esses passos de configuração e preparação para cada teste é a DBUnit. Você pode importar e gerenciar conjuntos de dados facilmente – por exemplo, um conjunto de dados que deve ser restaurado para um estado conhecido para cada rodada de teste.

Apesar de o TestNG lhe permitir combinar e montar suítes de teste de qualquer forma imaginável, uma superclasse que encapsula todas as operações de preparação da DBUnit e de configuração é conveniente. Veja uma superclasse apropriada para teste de integração de objetos de acesso a dados do Hibernate na Listagem 16.2.

Listagem 16.2 Uma superclasse para teste de integração do Hibernate

```java
public abstract class HibernateIntegrationTest {

    protected SessionFactory sessionFactory;     ◄────❶

    protected String dataSetLocation;     ◄────❷
    protected List<DatabaseOperation> beforeTestOperations
        = new ArrayList<DatabaseOperation>();
    protected List<DatabaseOperation> afterTestOperations
        = new ArrayList<DatabaseOperation>();
```

```java
    private ReplacementDataSet dataSet;    ◄———❸

@BeforeTest(groups = "integration-hibernate")    ◄———❹
void startHibernate() throws Exception {
    sessionFactory = HibernateUtil.getSessionFactory();
}

@BeforeClass(groups = "integration-hibernate")    ◄———❺
void prepareDataSet() throws Exception {

    // Verifique se a subclasse preparou tudo
    prepareSettings();
    if (dataSetLocation == null)
        throw new RuntimeException(
            "Test subclass needs to prepare a dataset location"
        );

    // Carregue o arquivo base de conjunto de dados
    InputStream input =
        Thread.currentThread().getContextClassLoader()
            .getResourceAsStream(dataSetLocation);

        dataSet = new ReplacementDataSet(
                new FlatXmlDataSet(input)
                );
        dataSet.addReplacementObject("[NULL]", null);
}

@BeforeMethod(groups = "integration-hibernate")    ◄———❻
void beforeTestMethod() throws Exception {
    for (DatabaseOperation op : beforeTestOperations ) {
        op.execute(getConnection(), dataSet);
    }
}

@AfterMethod(groups = "integration-hibernate")    ◄———❼
void afterTestMethod() throws Exception {
    for (DatabaseOperation op : afterTestOperations ) {
        op.execute(getConnection(), dataSet);
    }
}

// Subclasses podem/têm que sobrescrever os seguintes métodos

protected IDatabaseConnection getConnection() throws Exception {    ◄———❽

    // Pegue uma conexão JDBC do Hibernate
    Connection con =
        ((SessionFactoryImpl)sessionFactory).getSettings()
                .getConnectionProvider().getConnection();

    // Desabilite a checagem de restrição de chave estrangeira
```

Capítulo 16 – Como criar e testar aplicações em camadas | 739

```
con.prepareStatement("set referential_integrity FALSE")
    .execute();

return new DatabaseConnection( con);
}

protected abstract void prepareSettings();  ◄────❾
}
```

❶ Todos os testes em uma determinada suíte usam a mesma SessionFactory do Hibernate.

❷ Uma subclasse pode customizar as operações de banco de dados da DBUnit que são executadas antes e depois de todo método de teste.

❸ Uma subclasse pode customizar que conjunto de dados da DBUnit deva ser usado para todos os seus métodos de teste.

❹ O Hibernate é iniciado antes que um teste lógico da montagem de teste rode – novamente, note que a @BeforeTest não significa antes de cada método de teste.

❺ Para cada (sub)classe de teste, um conjunto de dados da DBUnit deve ser carregado a partir de um arquivo XML, e todos os marcadores de nulo têm que ser substituídos com NULLs de fato.

❻ Antes de cada método de teste, você executa as operações necessárias de banco de dados com a DBUnit.

❼ Após cada método de teste, você executa as operações necessárias de banco de dados com a DBUnit.

❽ Por padrão, você obtém uma conexão JDBC puro a partir da ConnectionProvider do Hibernate e envolve-a em uma DatabaseConnection da DBUnit. Você também desabilita checagem de restrição de chave estrangeira para essa conexão.

❾ Uma subclasse deve sobrescrever esse método e preparar a localização do arquivo do conjunto de dados e as operações que supostamente rodem antes e depois de cada método de teste.

Essa superclasse cuida de muitas coisas de uma vez, e escrever testes de integração como subclasses é fácil. Cada subclasse pode customizar que queira trabalhar com um conjunto de dados da DBUnit (iremos discutir esses conjuntos de dados logo) e que operações nesse conjunto de dados (por exemplo, INSERT e DELETE) têm de rodar antes e após a execução de um determinado método de teste.

Note que essa superclasse assume que o banco de dados está ativo e que um esquema válido foi criado. Se você quer recriar e exportar automaticamente o esquema do banco de dados para cada suíte de teste, habilite a opção de configuração hibernate.hbm2ddl.auto definindo-a para create. O Hibernate então remove o antigo e exporta um novo esquema de banco de dados quando a SessionFactory é construída.

A seguir, vamos olhar os conjuntos de dados da DBUnit.

Como preparar os conjuntos de dados

Com a estratégia de teste proposta, cada (sub)classe de teste funciona com um determinado conjunto de dados. Isso é meramente uma decisão que tomamos para simplificar a superclasse; você pode usar um conjunto de dados por método de teste ou um único conjunto de dados para todo o teste lógico, se você quiser.

Um conjunto de dados é uma coleção de dados que a DBUnit pode manter para você. Existem muitas maneiras de criar e trabalhar com conjuntos de dados na DBUnit. Gostaríamos de introduzir um dos cenários mais fáceis, que geralmente é suficiente. Primeiro, escreva um conjunto de dados em um arquivo XML, na sintaxe requerida pela DBUnit:

```
<?xml version="1.0"?>

<dataset>
    <USERS   USER_ID                    ="1"
             OBJ_VERSION                ="0"
             FIRSTNAME                  ="John"
             LASTNAME                   ="Doe"
             USERNAME                   ="johndoe"
             PASSWORD                   ="secret"
             EMAIL                      ="jd@mail.tld"
             RANK                       ="0"
             IS_ADMIN                   ="false"
             CREATED                    ="2006-09-23 13:45:00"
             HOME_STREET                =" [NULL] "
             HOME_ZIPCODE               =" [NULL] "
             HOME_CITY                  =" [NULL] "
             DEFAULT_BILLING_DETAILS_ID =" [NULL] "
    />
    <ITEM />
</dataset>
```

Você não precisa de um DTD para esse arquivo, apesar de que especificando um DTD isso vai lhe permitir verificar a exatidão sintática do conjunto de dados (ele também significa que você deve converter parte do seu esquema do banco de dados em um DTD). Cada linha de dados tem o seu próprio elemento com o nome da tabela. Por exemplo, um elemento <USERS> declara os dados para uma linha na tabela USERS. Note que você usa [NULL] como a indicação que é substituída pela superclasse do teste de integração com um real NULL SQL. Note também que você pode adicionar uma linha vazia para cada tabela que gostaria que a DBUnit mantivesse. No conjunto de dados mostrado aqui, a tabela ITEM é parte do conjunto de dados, e a DBUnit pode deletar qualquer dado naquela tabela (que vem a calhar mais à frente).

Vamos presumir que esse conjunto de dados seja salvo em um arquivo XML basedata.xml no pacote auction.test.dbunit. A seguir você irá escrever uma classe de teste que utiliza esse conjunto de dados.

Como escrever uma classe de teste

Uma *classe de teste* agrupa métodos de teste que se baseiam em um determinado conjunto de dados. Olhe o seguinte exemplo:

```
public class PersistentStateTransitions
           extends HibernateIntegrationTest {
   protected void prepareSettings() {
     dataSetLocation = "auction/test/dbunit/basedata.xml";
     beforeTestOperations.add(DatabaseOperation.CLEAN_INSERT);
   }
   ...
}
```

Essa é uma subclasse de HibernateIntegrationTest, e ela prepara a localização do conjunto de dados de que precisa. Ela também precisa que uma operação CLEAN_INSERT rode antes de qualquer método de teste. Essa operação de banco de dados da DBUnit deleta todas as linhas (efetivamente limpa as tabelas USERS e ITEM) e então insere as linhas como definidas no conjunto de dados. Você tem um estado do banco de dados limpo para cada método de teste.

A DBUnit inclui muitas operações de banco de dados (DatabaseOperation) inerentes, como a INSERT, DELETE, DELETE_ALL, e até mesmo REFRESH. Cheque a documentação de referência da DBUnit para uma lista completa; nós não iremos repeti-la aqui. Note que você pode empilhar operações:

```
public class PersistentStateTransitions
               extends HibernateIntegrationTest {
   protected void prepareSettings() {
     dataSetLocation = "auction/test/dbunit/basedata.xml";
     beforeTestOperations.add(DatabaseOperation.DELETE_ALL);
     beforeTestOperations.add(DatabaseOperation.INSERT);
     afterTestOperations.add(DatabaseOperation.DELETE_ALL);
   }
   ...

}
```

Antes de cada método de teste, todo conteúdo nas tabelas do conjunto de dados é deletado e então inserido. Após cada método de teste, todo conteúdo de banco de dados nas tabelas do conjunto de dados é deletado novamente. Essa pilha garante um estado do banco de dados limpo antes e após cada método de teste.

Você pode agora escrever os métodos de teste de fato nessa classe de teste. O nome da classe, PersistentStateTransition, dá uma dica do que você quer fazer:

```
@Test(groups = "integration-hibernate")
public void storeAndLoadItem() {

   // Inicie uma unidade de trabalho
```

742 | JAVA PERSISTENCE COM HIBERNATE

```java
sessionFactory.getCurrentSession().beginTransaction();
// Prepare os DAOs
ItemDAOHibernate itemDAO = new ItemDAOHibernate();
itemDAO.setSession( sessionFactory.getCurrentSession() );

UserDAOHibernate userDAO = new UserDAOHibernate();
userDAO.setSession( sessionFactory.getCurrentSession() );
// Prepare um objeto usuário
User user = userDAO.findById(11, false);
// Torne um novo item de leilão persistente
Calendar startDate = GregorianCalendar.getInstance();
Calendar endDate = GregorianCalendar.getInstance();
endDate.add(Calendar.DAY_OF_YEAR, 3);
Item newItem =
    new Item( "Testitem", "Test Description", user,
            new BigDecimal(123), new BigDecimal(333),
            startDate.getTime(), endDate.getTime() );

itemDAO.makePersistent(newItem);

// Termine a unidade de trabalho
sessionFactory.getCurrentSession()
            .getTransaction().commit();

// Consulta SQL direta para pegar o estado do banco de dados em
// modo autoconfirmação
StatelessSession s = sessionFactory.openStatelessSession();
Object[] result = (Object[])
        s.createSQLQuery("select INITIAL_PRICE ip," +
                        "SELLER_ID sid from ITEM")
        .addScalar("ip", Hibernate.BIG_DECIMAL)
        .addScalar("sid", Hibernate.LONG)
        .uniqueResult();
s.close();
// Certifique a exatidão do estado
assert result[0].getClass() == BigDecimal.class;
assert result[0].equals( newItem.getInitialPrice().getValue() );
assert result[1].equals( 11 );
}
```

Esse método de teste torna uma instância Item persistente. Embora este livro goste de muito código, existem somente algumas partes interessantes.

Uma instância User é necessária para essa transição de estado, então a informação de usuário que você definiu no conjunto de dados é carregada através do Hibernate. Você tem que fornecer o mesmo valor identificador (11 no exemplo) que escreveu no conjunto de dados como a chave primária.

Quando a unidade de trabalho confirma, todas as transições de estado estão completas e o estado da Session está sincronizado com o banco de dados. O passo final é o verdadeiro teste, aplicar assertivas para verificar se o conteúdo do banco de dados está no estado esperado.

Você pode testar o estado do banco de dados de várias maneiras. Obviamente que você não usa uma consulta do Hibernate ou operação da Session para esse propósito, pois o Hibernate é uma camada adicional entre o seu teste e o verdadeiro conteúdo do banco de dados. Para garantir que você esteja realmente indo ao banco de dados e que esteja vendo o estado como ele está, recomendamos que você use uma consulta SQL.

O Hibernate torna fácil executar uma consulta SQL e checar os valores retornados. No exemplo, você abre uma StatelessSession do Hibernate para criar essa consulta SQL. A conexão com o banco de dados usada nessa consulta está em modo de autoconfirmação (hibernate.connection.autocommit definido para true), pois você não inicia uma transação. Esse é o perfeito caso de uso para a StatelessSession, pois ela desativa qualquer cache, qualquer cascateamento, quaisquer interceptores, ou qualquer coisa que poderia vir a interferir com a sua visão no banco de dados.

Vamos juntar isso tudo em uma suíte de teste TestNG e um alvo do Ant.

Como rodar os testes de integração

Esse é o descritor XML da suíte de teste:

```
<!DOCTYPE suite SYSTEM "http://testng.org/testng-1.0.dtd" >

<suite name="CaveatEmptor" verbose="2">

    <test name="PersistenceLayer">
        <groups>
            <run><include name="integration-hibernate.*"/></run>
        </groups>

        <packages>
            <package name="auction.test.dbunit"/>
        </packages>
    </test>

</suite>
```

O teste lógico PersistenceLayer inclui todas as classes de teste e métodos de teste encontrados no pacote auction.test.dbunit, se seus nomes de grupo iniciam com integration-hibernate. Isso também é verdade para quaisquer métodos de configuração TestNG (aqueles marcados com @BeforeClass e assim por diante), então você precisa colocar quaisquer classes (a superclasse também) com métodos de configuração no mesmo pacote e adicioná-las ao mesmo grupo.

Para rodar essa suíte de teste com o Ant, substitua o nome do descritor XML da suíte no alvo Ant que você escreveu na Seção 16.5.2, "Como criar e rodar uma suíte de teste".

Nós somente lidamos com uma pequena parte do TestNG e da DBUnit nos exemplos anteriores. Existem muito mais opções úteis; por exemplo, você pode parametrizar métodos de teste no TestNG com definições arbitrárias no seu descritor da suíte. Você pode criar uma

744 | Java Persistence com Hibernate

montagem de teste que inicia um servidor de contêiner de EJB 3.0 (veja o código no Capítulo 2, Seção 2.2.3, "Como rodar a aplicação" e a superclasse EJB3IntegrationTest no arquivo de baixar do CaveatEmptor) e então teste as suas camadas EJB. Recomendamos a documentação do TestNG e da DBUnit, respectivamente, à medida que você comece a construir o seu ambiente de teste a partir das classes básicas e com as estratégias que mostramos.

Você pode estar se perguntando como testar mapeamentos e consultas, pois nós só discutimos teste de transições de estado do objeto. Primeiro, você pode testar mapeamentos facilmente definindo hibernate.hbm2ddl.auto para validate. O Hibernate então verifica os mapeamentos checando-os contra os metadados do catálogo do banco de dados quando a SessionFactory é construída. Segundo, testar consultas é o mesmo que testar transições de estado do objeto: escreva métodos de teste de integração e aplique uma assertiva para verificar o estado do dado retornado.

E, por fim, consideramos teste de estresse e de carga, e em quais aspectos você tem de se concentrar a fim de testar a performance do seu sistema.

16.5.4 Considere benchmarks de performance

Uma das coisas mais difíceis em desenvolvimento de aplicação corporativa é garantir a performance e a escalabilidade de uma aplicação. Vamos definir esses termos primeiro.

Considera-se geralmente *performance* o tempo de reação de uma aplicação baseada em requisição/resposta. Se você clica em um botão, espera uma resposta em meio segundo. Ou, dependendo do caso de uso, você espera que um determinado evento (ou operação em lote) possa ser executado em um razoável período de tempo. Naturalmente, *razoável* depende da situação e padrões de uso de alguma funcionalidade da aplicação.

Escalabilidade é a habilidade de um sistema executar razoavelmente sob maior carga. Imagine que ao invés de 1 pessoa clicando 1 botão, 5.000 pessoas clicam vários botões. Quanto melhor a escalabilidade de um sistema, maior a quantidade de usuários concorrentes que você pode aceitar sem degradação de performance.

Nós já tivemos muito que falar sobre performance. Criar um sistema que execute bem é, na nossa opinião, sinônimo de criar uma aplicação de banco de dados/Hibernate que não tem evidentes gargalos de performance. Um gargalo de performance pode ser qualquer coisa que você considera um erro de programação ou plano ruim – por exemplo, a estratégia de recuperação errada, uma consulta errada, ou manejo ruim da Session e contexto de persistência. Testar um sistema por performance razoável é geralmente parte dos testes de aceitação. Na prática, o teste de performance é freqüentemente feito por um grupo dedicado de usuários finais testadores em um ambiente de laboratório, ou com um grupo fechado de usuários em condições do mundo real. Testes de performance puramente automatizados são raros.

CAPÍTULO 16 – COMO CRIAR E TESTAR APLICAÇÕES EM CAMADAS | 745

Você também pode achar gargalos de performance com um teste automatizado de escalabilidade; esse é o objetivo principal. Contudo, nós já vimos muitos testes de estresse e carga em nossas carreiras, e a maioria deles não consideravam uma ou várias das seguintes regras:

- *Testar escalabilidade com conjuntos de dados do mundo real.* Não teste com um conjunto de dados que possa caber completamente dentro do cache de um disco rígido no servidor do banco de dados. Use dados que já existem, ou use um gerador de dados de teste para produzir dados de teste (por exemplo, TurboData: http://www.turbodata.ca/). Garanta que os dados de teste fiquem o mais próximo possível dos dados que o sistema irá trabalhar em produção, com a mesma quantidade, distribuição e seletividade.

- *Testar escalabilidade com concorrência.* Um teste de performance automatizado que mede o tempo que ele leva para fazer uma única consulta com um único usuário ativo não lhe diz coisa alguma sobre a escalabilidade do sistema em produção. Serviços de persistência como o Hibernate são projetados para alta concorrência, então um teste sem concorrência pode até mesmo mostrar um processamento extra que você não espera! A partir do momento que habilitar mais unidades de trabalho e transações concorrentes, você verá como características como o cache de segundo nível o ajudam a manter a performance.

- *Testar escalabilidade com casos de uso reais.* Se a sua aplicação tem que processar transações complexas (por exemplo, calculando valores do mercado de ações baseados em sofisticados modelos estatísticos), você deve testar a escalabilidade do seu sistema executando esses casos de uso. Analise os seus casos de uso, e pegue os cenários que são predominantes – muitas aplicações têm somente um punhado de casos de uso mais críticos. Evite escrever microbenchmarks que randomicamente armazenam e guardam alguns milhares de objetos; os números desses tipos de testes são insignificantes.

Criar um ambiente de teste para a execução automática de testes de escalabilidade é um esforço. Se seguir todas as nossas regras, você primeiro precisará gastar um tempo analisando os seus dados, seus casos de uso, e a sua carga esperada para o sistema. Uma vez que você tenha essa informação, é hora de gerar os testes automatizados.

Tipicamente, um teste de escalabilidade de uma aplicação cliente/servidor requer a simulação de clientes rodando concorrentemente e a coleção de estatísticas para cada operação executada. Você deve considerar as soluções existentes de teste, seja comercial (como a LoadRunner, http://www.mercury.com/) ou de código aberto (como a The Grinder [http://grinder.sourceforge.net/] ou JMeter [http://jakarta.apache.org/jmeter/]). Criar testes geralmente envolve escrever scripts de controle para os clientes simulados assim como configurar os agentes que rodam nos processos do servidor (por exemplo, para execução direta de determinadas transações ou a coleção de estatísticas).

746 | JAVA PERSISTENCE COM HIBERNATE

E, por fim, testar performance e (especialmente) escalabilidade de um sistema é natural-mente um estágio separado no ciclo de vida de uma aplicação de software. Você não deve testar a escalabilidade do sistema nos estágios iniciais do desenvolvimento. Você não deve habilitar o cache de segundo nível do Hibernate até você ter um ambiente de teste construído seguindo as regras que mencionamos.

Em um estágio mais avançado do seu projeto, será possível adicionar testes automatizados de escalabilidade aos testes de integração noturnos. Você deve testar a escalabilidade do seu sistema antes de colocá-lo em produção, como parte do ciclo normal de teste. Por outro lado, nós não recomendamos atrasar qualquer tipo de teste de performance e escalabilidade até o último minuto. Não tente consertar os seus gargalos de performance, através de uma tentativa de ajuste fino do cache de segundo nível do Hibernate, um dia antes do sistema entrar em produção. Você provavelmente não será bem-sucedido.

Considere o teste de performance e de carga como sendo uma parte essencial do seu processo de desenvolvimento, com estágios, métricas, e requisitos bem definidos.

16.6 RESUMO

Neste capítulo, vimos aplicações em camadas e alguns importantes padrões e melhores práticas. Nós discutimos como você pode projetar uma aplicação web com Hibernate e implementar o padrão *Open Session in View*. Você agora sabe como criar inteligentes modelos de domínio e como separar lógica de negócio do código do controlador. O flexível padrão *Command* é um grande trunfo no seu arsenal de projeto de software. Vimos componentes EJB 3.0 e como você pode simplificar mais além uma aplicação POJO adicionando algumas anotações.

E, finalmente, discutimos a camada de persistência extensivamente; você escreveu objetos de acesso a dados e testes de integração com TestNG que exercita a camada de persistência.

CAPÍTULO 17

INTRODUÇÃO AO JBOSS SEAM

Esse capítulo aborda

- Desenvolvimento de aplicação web com JSF e EJB 3.0
- Como melhorar aplicações web com o Seam
- Como integrar o Seam com o Hibernate Validator
- Como gerenciar contextos de persistência com o Seam

748 | JAVA PERSISTENCE COM HIBERNATE

Neste último capítulo, nós lhe mostramos o framework *JBoss Seam*. O Seam é um novo framework inovador para desenvolvimento de aplicação web com a plataforma Java EE 5.0. O Seam traz dois novos padrões, JavaServer Faces (JSF) e EJB 3.0, muito mais próximos um do outro, através da unificação de seus modelos de programação e componente. Mais atrativo para os desenvolvedores que se baseiam no Hibernate (ou qualquer fornecedor Java Persistence em EJB 3.0) é o gerenciamento automático do contexto de persistência do Seam e a "primeira classe constrói" (first-class constructs) que ele fornece para a definição de conversações no fluxo da aplicação. Se você já viu uma LazyInitializationException na sua aplicação Hibernate, o Seam tem as soluções certas.

Há muito mais a ser dito sobre o Seam, e nós o encorajamos a ler este capítulo mesmo que já tenha tomado uma decisão por um framework diferente ou se não estiver escrevendo uma aplicação web. Embora o Seam atualmente se destine a aplicações web e também se baseie no JSF como um framework de apresentação, outras opções deverão estar disponíveis no futuro (você já pode usar chamadas Ajax para acessar componentes Seam, por exemplo). Além do mais, muitos conceitos centrais do Seam estão sendo padronizados atualmente e trazidos de volta à plataforma Java EE 5.0 com a Web Beans JSR 299 (http://www.jcp.org/en/jsr/detail?id=299).

Existem muitas maneiras de explicar o Seam e igualmente muitas maneiras de aprender o Seam. Neste capítulo, primeiro olhamos para problemas que o Seam promete resolver; então, discutimos várias soluções e destacamos as características mais interessantes para você, um usuário do Hibernate.

17.1 O MODELO DE PROGRAMAÇÃO DO JAVA EE 5.0

O Java EE 5.0 é significativamente mais fácil de usar e muito mais poderoso que seus predecessores. Duas especificações da plataforma Java EE 5.0, as mais relevantes para os desenvolvedores de aplicação web, são JSF e EJB 3.0.

O que existe de tão bom sobre JSF e EJB 3.0? Primeiro destacamos conceitos principais e características em cada especificação. Você então irá escrever um pequeno exemplo com JSF e EJB 3.0 e irá compará-lo com a maneira antiga de escrever aplicações web em Java (pense em Struts e EJB 2.x). Depois, focalizaremos as questões ainda presentes e como o Seam pode tornar o JSF e o EJB 3.0 uma combinação ainda mais poderosa e conveniente.

Note que é impossível abordar tudo sobre JSF e EJB 3.0 neste capítulo. Recomendamos que você leia este capítulo junto com o tutorial da Sun de Java EE 5.0 (http://java.sun.com/javaee/5/docs/tutorial/doc/) e navegue pelo tutorial se quiser saber mais sobre um determinado assunto. Por outro lado, se já teve algum contato com JSF ou EJB 3.0 (ou até mesmo Hibernate), provavelmente irá achar fácil aprender o Seam.

17.1.1 Considere JavaServer Faces

O JSF simplifica a construção de interfaces web com o usuário em Java. Como um framework de apresentação, o JSF fornece as seguintes características de alto nível:

- O JSF define um modelo de componente extensível para componentes visuais, freqüentemente chamados de *widgets*.

- O JSF define um modelo de programação de componente para *beans de apoio*, ou *beans gerenciados*, que contém a lógica da aplicação.

- O JSF define a interação entre a interface com o usuário e a lógica da aplicação e lhe permite vincular ambos de uma forma flexível.

- O JSF lhe permite definir regras de navegação declarativamente em XML – ou seja, que página seja mostrada para um determinado resultado na sua lógica da aplicação.

Vamos gastar um pouco mais de tempo nessas características e no que as torna úteis.

O JSF define um conjunto de componentes visuais inerentes que toda implementação JSF tem de suportar (como botões e campos de entrada de texto). Esses componentes visuais são renderizados em páginas como HTML (e Javascript). Na época em que estas linhas eram redigidas, várias bibliotecas JSF de *widget* de alta qualidade de código aberto e comercial estavam disponíveis. Componentes visuais prontos são ótimos para você como desenvolvedor; você não tem de codificá-los à mão, e, mais importante, você não tem de mantê-los ou fazê-los funcionar em diferentes navegadores (o que é especialmente doloroso se você precisa de componentes visuais mais sofisticados que usem Javascript).

As páginas são criadas com qualquer motor de modelo HTML que entenda os *widgets* JSF. Embora o JSP pareça uma escolha óbvia, na nossa experiência, não é a melhor. Achamos que o *JavaServer Facelets* (https://facelets.dev.java.net/) é uma perfeita combinação para construir visões JSF e criar modelos HTML que contenham *widgets* JSF. (Um outro bônus legal de usar Facelets é que você tem a nova linguagem de expressão unificada de graça, mesmo sem um contêiner de servlet apto para JSP 2.1.) Iremos usar Facelets em todos os exemplos JSF neste capítulo.

Os componentes de aplicação gerenciados pelo JSF, chamados de *beans de apoio*, fazem a sua interface da aplicação web funcionar; eles contêm o código da aplicação. Esses são POJOs comuns,definidos e interligados em arquivos XML de configuração JSF. Essa ligação suporta injeção de dependência básica, assim como gerenciamento do ciclo de vida de instâncias de bean de apoio. Os escopos disponíveis para um bean de apoio (onde ele vive) são o contexto de requisição HTTP corrente, o contexto de sessão HTTP corrente, e o contexto global de aplicação. Você escreve lógica de aplicação criando beans e deixando o JSF gerenciar seus ciclos de vida em um desses contextos.

750 | Java Persistence com Hibernate

Você pode vincular valores de modelo de um bean de apoio para um componente visual com uma linguagem de expressão. Por exemplo, você cria uma página com um campo de entrada de texto e o vincula a um campo ou par de métodos getter/setter de um bean de apoio nomeado. Esse nome de bean de apoio é então mapeado em configuração JSF para uma classe de bean de apoio de fato, junto com uma declaração de como uma instância dessa classe deve ser tratada pelo JSF (no contexto de requisição, de sessão HTTP, ou de aplicação). O motor JSF mantém automaticamente o campo (ou propriedade) do bean de apoio sincronizado com o estado do *widget* como visto (ou manipulado) pelo usuário.

O JSF é um framework de apresentação orientado para evento. Se você clica um botão, um ActionEvent JSF é disparado e passado para receptores registrados. Um receptor de um evento de ação é novamente um bean de apoio que você nomeia na sua configuração JSF. O bean de apoio pode então reagir a esse evento – por exemplo, salvando o valor corrente de um campo de bean de apoio (que está vinculado a um *widget* de entrada de texto) dentro do banco de dados. Essa é uma explicação simplificada do que o JSF faz. Internamente, cada requisição do navegador web passa através de várias fases de processamento.

Uma típica seqüência de processamento de requisição no servidor, quando você clica um botão em uma página JSF, é como a seguinte (esse processo é ilustrado na Figura 17.7):

1. *Restaurar Visão* (*Restore View*) de todos os *widgets* (o JSF pode armazenar o estado do *widget* no servidor ou no cliente).

2. *Aplicar Parâmetros de Requisição* (*Apply Request Parameters*) para atualizar o estado dos *widgets*.

3. *Processar Validações* (*Process Validations*) que são necessárias para validar uma entrada do usuário.

4. *Atualizar Valores de Modelo* (*Update Model Values*) que apóiam o *widget* chamando os métodos setter e campos vinculados de um bean de apoio.

5. *Invocar Aplicação* (*Invoke Application*), e passe o evento de ação para os receptores.

6. *Renderizar* a página de *Resposta* (*Render Response*) que o usuário vê.

Obviamente uma requisição pode tomar diferentes rotas; por exemplo, *Renderizar Resposta* pode ocorrer depois de *Processar Validações*, se uma validação falhar.

Uma boa ilustração do ciclo de vida JSF e das fases de processamento pode ser encontrada no já mencionado tutorial da Sun de Java EE 5.0 no Capítulo 9, "The Life Cycle of a JavaServer Faces Page". Nós também iremos voltar ao modelo de processamento JSF mais adiante neste capítulo.

CAPÍTULO 17 – INTRODUÇÃO AO JBOSS SEAM | 751

Que resposta é renderizada e qual página é mostrada para o usuário dependem das regras de navegação definidas e do resultado de um evento de ação. Os resultados em JSF são simples seqüências de caracteres, como "success" ou "failure". Essas seqüências de caracteres são produzidas pelos seus beans de apoio e então mapeadas para páginas em um arquivo de configuração XML do JSF. Isso também é chamado de *livre fluxo de navegação*; por exemplo, você pode clicar no botão *Voltar* do seu navegador ou pular diretamente para uma página entrando sua URL.

JSF, combinado com Facelets, é uma ótima solução se você estiver procurando por um framework web. Por outro lado, os beans de apoio da sua aplicação web – os componentes que implementam a lógica da aplicação – geralmente precisam acessar recursos transacionais (bancos de dados, na maior parte do tempo). É aí onde o EJB 3.0 entra em cena.

17.1.2 Considere EJB 3.0

EJB 3.0 é um padrão Java EE 5.0 que define um modelo de programação para componentes transacionais. Para você, como um desenvolvedor de aplicação web, as seguintes características do EJB 3.0 são mais interessantes:

- O EJB 3.0 define um modelo de programação de componente que é baseado principalmente em anotações em classes de puro Java.

- O EJB 3.0 define componentes sem estado, com estado, e orientado para mensagem, e como o ambiente de tempo de execução gerencia o ciclo de vida de instâncias do componente.

- O EJB 3.0 define como os componentes são interligados, como você pode obter referências para componentes, e como os componentes podem chamar um ao outro.

- O EJB 3.0 define como as preocupações ortogonais são tratadas, tais como transações e segurança. Você também pode escrever interceptores customizados e colocá-los em volta de seus componentes.

- O EJB 3.0 padroniza o Java Persistence e como você pode acessar um banco de dados SQL com mapeamento objeto/relacional automático e transparente.

Se você quiser acessar um banco de dados SQL, crie suas classes de entidade do modelo de domínio (tais como Item, User, Category) e as mapeie com anotações da especificação Java Persistence para um esquema de banco de dados. A API do gerenciador de persistência do EJB 3.0, a EntityManager, é agora a sua porta de entrada para operações de banco de dados.

Você executa operações de banco de dados em componentes EJB 3.0 – por exemplo, *stateful* ou *stateless session beans*. Esses beans são classes de puro Java, que você habilita como EJBs com algumas anotações. Você então consegue os serviços do contêiner, como injeção de dependência automática (você obtém a EntityManager quando você precisa dela) e demarcação de transação declarativa em métodos do componente. *Stateful session beans* o ajudam a manter o estado para um determinado cliente, por exemplo, se um usuário tiver de passar por várias páginas em uma conversação com a aplicação.

752 | Java Persistence com Hibernate

Pode você usar entidades e componentes EJB 3.0 como beans de apoio para *widgets* e ações JSF? Pode você vincular um *widget* de campo texto JSF a um campo em sua classe de entidade Item? Pode um clique de botão JSF ser direcionado diretamente para um método do *session bean*?

Vamos tentar isso com um exemplo.

17.1.3 Como escrever uma aplicação web com JSF e EJB 3.0

A aplicação web que você irá criar é simples; ela tem uma tela de busca onde os usuários podem entrar com um identificador em um determinado item, e uma tela de detalhe aparece quando o item é encontrado no banco de dados. Nessa tela de detalhe, os usuários podem editar os dados do item e salvar as mudanças no banco de dados.

(Não achamos que você deva necessariamente codificar essa aplicação enquanto estiver lendo os exemplos; mais adiante, nós fazemos melhoras significativas introduzindo o Seam. Esta é a hora de começar a codificar.)

Comece com o modelo de dados para a entidade: um Item.

Como criar a classe de entidade e como mapear

A classe de entidade Item vem do CaveatEmptor. Ela também já está anotada e mapeada para o banco de dados SQL (Listagem 17.1).

Listagem 17.1 Uma classe de entidade anotada e mapeada

```
package auction.model;
import ...;

@Entity
@Table(name = "ITEM")
public class Item implements Serializable {

    @Id @GeneratedValue
    @Column(name = "ITEM_ID")
    private Long id = null;

    @Column(name = "ITEM_NAME", length = 255,
            nullable = false, updatable = false)
    private String name;

    @ManyToOne(fetch = FetchType.LAZY)
    @JoinColumn(name="SELLER_ID",
                nullable = false, updatable = false)
    private User seller;

    @Column(name = "DESCRIPTION", length = 4000, nullable = false)
    private String description;

    @Column( name="INITIAL_PRICE", nullable = false)
```

Capítulo 17 – Introdução ao JBoss Seam | 753

```
private BigDecimal initialPrice;

Item() {}

// Métodos getter e setter...
}
```

Essa é uma versão simplificada da entidade Item do CaveatEmptor, sem quaisquer coleções. A seguir é a página de busca que permite aos usuários buscarem por objetos-item.

Como escrever a página de busca com Facelets e JSF

A página de busca da aplicação é uma página escrita com Facelets como o motor de modelo, e seu XML válido. *Widgets* JSF são embutidos nessa página para criar o formulário de busca com seus campos de entrada e botões (Listagem 17.2).

Listagem 17.2 A página search.xhtml em XHTML com Facelets

```
<!DOCTYPE html PUBLIC    ←——❶
        "-//W3C//DTD XHTML 1.0 Transitional//EN"
        "http://www.w3.org/TR/xhtml1/DTD/xhtml1-transitional.dtd">

<html xmlns="http://www.w3.org/1999/xhtml"    ←——❷
     xmlns:ui="http://java.sun.com/jsf/facelets"
     xmlns:h="http://java.sun.com/jsf/html"
     xmlns:f="http://java.sun.com/jsf/core">

<head>
  <title>CaveatEmptor - Search items</title>
  <link href="screen.css" rel="stylesheet" type="text/css"/>    ←——❸
</head>

<body>

<ui:include src="header.xhtml"/>    ←——❹

<h:form>    ←——❺
  <span class="errors"><h:message for="itemSearchField"/></span>    ←——❻

  <div class="entry">    ←——❼
    <div class="label">Enter item identifier:</div>
    <div class="input">
      <h:inputText id="itemSearchField"    ←——❽
                      size="3" required="true"
                      value="#{itemEditor.itemId}">
             <f:validateLongRange minimum="0"/>    ←——❾
      </h:inputText>
    </div>
  </div>

  <div class="entry">
```

754 | Java Persistence com Hibernate

```
<div class="label"> </div>

    <div class="input">
        <h:commandButton value="Search" styleClass="button"      ◄————⑩
                         action="#{itemEditor.doSearch}"/>
    </div>
</div>

</h:form>

</body>
</html>
```

❶ Todo arquivo XHTML válido precisa da declaração correta do tipo de documento.

❷ Em adição a comum coleção de nomes XHTML, você importa a coleção de nomes do Facelets e duas coleções de nomes JSF para componentes HTML visuais e componentes JSF do núcleo (por exemplo, para validação de entrada).

❸ O leiaute da página é tratado com folhas de estilo em cascata (CSS) exteriorizadas em um arquivo separado.

❹ Um modelo comum de cabeçalho de página é importado com <ui:import> do Facelets.

❺ Um formulário JSF (note a coleção de nomes h) é um formulário HTML que, se enviado, é processado pelo servlet JSF.

❻ O JSF pode produzir mensagens, como erros de validação.

❼ Cada <div> é um rótulo ou um campo do formulário, estilizado com a classe CSS label ou input.

❽ O componente de entrada de texto JSF que renderiza um campo de entrada HTML. O identificador é útil para vinculá-lo à mensagem de erro produzida, o tamanho define o tamanho visual do campo de entrada, e a entrada do usuário é requerida quando esse formulário é enviado. A parte mais interessante é a *vinculação de valor* do campo de entrada a um bean de apoio (chamado itemEditor) e um par de métodos getter/setter (chamados getItemId()/setItemId()) nesse bean de apoio. Esse é o modelo de dados ao qual esse campo de entrada está vinculado, e o JSF sincroniza mudanças automaticamente.

❾ O JSF também suporta validação de entrada e vem com um leque de validadores inerentes. Aqui você pode declarar que a entrada do usuário não pode ser negativa (identificadores de item são inteiros positivos).

⑩ O botão de enviar do formulário tem uma vinculação de ação para o método doSearch() do bean de apoio chamado itemEditor. O que acontece após a ação de executar depende do resultado desse método.

É assim como a página se aparenta renderizada no navegador (Figura 17.1).

Figura 17.1 A página de busca com widgets JSF.

Se você olhar um URL, perceberá que a página foi chamada com o sufixo .jsf; você provavelmente esperava ver search.xhtml. O sufixo .jsf é um mapeamento de servlet; o servlet JSF roda sempre que você chama uma URL que termina em .jsf, e após a instalação do Facelets, você o configurou no web.xml para usar .xhtml internamente. Em outras palavras, a página search.xhtml é renderizada pelo servlet JSF.

Se você clicar no botão Search sem ter entrado com um valor de busca, uma mensagem de erro será mostrada na página. Isso também acontece se você tenta entrar com um valor não inteiro ou inteiro não positivo, e isso tudo é tratado pelo JSF automaticamente.

Se você entrar com um valor de identificador do item válido, e o bean de apoio encontrará o item no banco de dados, você será redirecionado para a tela de edição do item. (Vamos finalizar a interface com o usuário antes de nos concentrarmos na lógica da aplicação no bean de apoio.)

Como escrever a página de edição

A página de edição mostra os detalhes do item que foi encontrado na busca e permite que o usuário edite esses detalhes. Quando o usuário decide salvar suas mudanças, e a validação é bem-sucedida, a aplicação mostra a página de busca novamente.

O código-fonte para a página de edição é mostrado na Listagem 17.3.

Listagem 17.3 A página edit.xhtml com um formulário de detalhe

```
<!DOCTYPE html PUBLIC
...
<html xmlns=
...
<head>
...
<body>
...

<h2>Editing item: #{itemEditor.itemId}</h2>    ◄──❶

<h:form>

    <span class="errors"><h:messages/></span>
```

```
<div class="entry" >
   <div class="label" >Name: </div>
   <div class="input" >
      <h:inputText required="true" size="25"          ❷
                          value="#{itemEditor.itemName}" >
         <f:validateLength minimum="5" maximum="255"/>
      </h:inputText>
   </div>
</div>
<div class="entry" >
   <div class="label" >Description:</div>
      <div class="input" >
         <h:inputTextarea cols="40" rows="4" required="true"
                             value="#{itemEditor.itemDescription}" >
            <f:validateLength minimum="10" maximum="4000"/>
         </h:inputTextarea>
      </div>
</div>
<div class="entry" >
   <div class="label" >Initial price (USD):</div>
      <div class="input" >
         <h:inputText size="6" required="true"
                          value="#{itemEditor.itemInitialPrice}" >
            <f:converter converterId="javax.faces.BigDecimal"/>
         </h:inputText>
      </div>
</div>
<div class="entry" >
   <div class="label" > </div>
      <div class="input" >
         <h:commandButton value="Save" styleClass="button"
                             action="#{itemEditor.doSave}"/>        ❸
      </div>
</div>

</h:form>

</body>
</html>
```

❶ Você pode colocar uma expressão de vinculação de valor fora de qualquer componente. Nesse caso, o método getItemId() no bean de apoio itemEditor é chamado, e o valor de retorno termina na página HTML.

❷ Novamente, uma vinculação de valor é usada para vincular o campo de texto de entrada a um par de métodos getter/setter (ou campo) no bean de apoio.

❸ Essa vinculação de ação referencia o método doSave() no bean de apoio itemEditor. Dependendo do resultado desse método, ou a página é mostrada novamente (com mensagens de erro) ou o usuário é redirecionado para a página de busca.

A Figura 17.2 mostra a página renderizada.

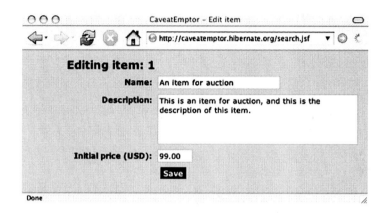

Figura 17.2 A página de edição com detalhes do item carregados.

Por que a URL está mostrando search.jsf? Não deveria ser edit.jsf? Considere o processamento de requisição do servlet JSF. Se o usuário clica no botão Search da página search.jsf, o método doSearch() do bean de apoio roda após a validação da entrada. Se o resultado desse método aciona um redirecionamento para a página edit.xhtml, esse documento é renderizado pelo servlet JSF, e o HTML é enviado para o navegador. A URL não muda! Os usuários não podem colocar em seus favoritos a página de edição, que nessa aplicação simples é desejável.

Agora que você completou a camada de topo da aplicação, a visão, considere a camada que acessa o banco de dados (você pode chamar isso de a camada de negócios). Como acessar um banco de dados SQL é uma operação transacional, você escreve um EJB.

Como acessar o banco de dados em um EJB

Se você já trabalhou com EJB 2.x (e Struts) antes, o código que acessa o banco de dados é muito provavelmente o código procedimental em um *stateless session bean*. Vamos fazer isso em EJB 3.0 (Listagem 17.4).

758 | Java Persistence com Hibernate

Listagem 17.4 Um *stateless session bean* com uma façade de acesso a dados

```
package auction.beans;

import ...;

@Stateless ◄──────❶
@TransactionAttribute(TransactionAttributeType.REQUIRED) ◄──────❷
public class EditItemBean implements EditItem { ◄──────❸

    @PersistenceContext ◄──────❹
    EntityManager em;

    public Item findById(Long itemId) { ◄──────❺
        return em.find(Item.class, itemId);
    }

    public Item save(Item item) { ◄──────❻
        return em.merge(item);
    }
}
```

❶ Uma anotação @Stateless transforma essa classe puro Java em um *stateless session bean*. Em tempo de execução, um pool de instâncias é preparado, e cada cliente que requisita um *session bean* recebe uma instância do pool para executar um método.

❷ Todos os métodos que são chamados nesse *session bean* são envolvidos em uma transação de sistema, que inscreve todos os recursos transacionais que podem ser usados durante esse procedimento. Esse também é o padrão se você não anotar o bean.

❸ Um *session bean* precisa de uma interface. Geralmente você implementa essa interface diretamente. A interface EditItem tem dois métodos.

❹ Quando o contêiner de tempo de execução distribui uma instância do *session bean* a partir do pool, ele injeta uma EntityManager com um contexto de persistência (novo) com escopo definido ao da transação.

❺ Se um cliente chama findById(), uma transação de sistema tem início. A operação da EntityManager executa uma consulta SQL nessa transação; o contexto de persistência é descarregado e fechado quando a transação confirma (quando o método retorna). A instância de entidade Item retornada está em estado desligado.

❻ Se um cliente chama save(), uma transação de sistema inicia. A instância desligada dada é fundida para dentro de um (novo) contexto de persistência. Quaisquer mudanças feitas na instância Item desligada são descarregadas e confirmadas para o banco de dados. Um novo *handle* para a instância Item que agora reflete as últimas mudanças retorna. Essa nova instância Item está novamente em estado desligado quando o método retorna, e o contexto de persistência é fechado.

CAPÍTULO 17 – INTRODUÇÃO AO JBOSS SEAM | 759

Você pode chamar o *session bean* mostrado na Listagem 17.4 de um *objeto de acesso a dados* (DAO). Ele também pode ser uma *session façade*. A aplicação não é complexa o suficiente para fazer uma boa distinção; se mais métodos que não são de acesso a dados fossem adicionados a sua interface, o *session bean* iria representar parte da interface da camada de negócios com uma tradicional (principalmente procedimental) *session façade*.

Uma peça ainda está faltando no quebra-cabeça: os botões e *widgets* de entrada JSF têm vinculações de valor e ação para um bean de apoio. Será o bean de apoio o mesmo que o *session bean*, ou você terá de escrever uma outra classe?

Como conectar as camadas com um bean de apoio

Sem o Seam, você tem de escrever um bean de apoio que conecte o seu estado do *widget* e ações JSF ao *stateless session bean* transacional. Esse bean de apoio tem os métodos getter e setter que são referenciados com expressões nas páginas. Ele também pode falar com o *session bean* e executar operações transacionais. O código para o bean de apoio é mostrado na Listagem 17.5.

Listagem 17.5 Um componente bean de apoio JSF conecta as camadas

```
package auction.backingbeans;
import ...

public class ItemEditor {   ◄──────❶

    private Long itemId;   ◄──────❷
    private Item item;   ◄──────❸

    public Long getItemId() {
        return itemId;
    }

    public void setItemId(Long itemId) {
        this.itemId = itemId;
    }

    public String getItemName() {
        return item.getName();
    }                                                        ❹

    public void setItemName(String itemName) {
        this.item.setName( itemName );
    }

    public String getItemDescription() {
        return item.getDescription();
    }

    public void setItemDescription(String itemDescription) {
        this.item.setDescription( itemDescription );
    }
```

JAVA PERSISTENCE COM HIBERNATE

```java
public BigDecimal getItemInitialPrice() {
   return item.getInitialPrice();
}

public void setItemInitialPrice(BigDecimal itemInitialPrice) {
   this.item.setInitialPrice( itemInitialPrice );
}

public String doSearch() {
   item = getEditItemEJB().findById(itemId);
   return item != null ? "found" : null;
}

public String doSave() {
   item = getEditItemEJB().save(item);
   return "success";
}

private EditItem getEditItemEJB() {
   try {
      return (EditItem)
         new InitialContext()
            .lookup("caveatemptor/EditItemBean/local");
   } catch (NamingException ex) {
      throw new RuntimeException(ex);
   }
}
}
```

❶ Você não implementa quaisquer interfaces; essa é uma classe de puro Java.

❷ O bean de apoio mantém um identificador de item internamente com um campo.

❸ O bean de apoio também guarda a instância Item que está sendo editada por um usuário.

❹ Métodos getter e setter para todas as vinculações de valor em search.xhtml e edit.xhtml. Esses são os métodos usados pelo JSF para sincronizar o estado do modelo interno dos beans de apoio com o estado dos *widgets* de UI.

❺ O método doSearch() está vinculado à ação de um botão JSF. Ele usa o componente *session bean* EJB para encontrar a instância Item para o itemId corrente no bean de apoio. O seu resultado ou é a seqüência de caracteres found ou null.

❻ O método doSave() está vinculado à ação de um botão JSF. Ele usa o componente *session bean* EJB para salvar o estado do campo item. (Como isso é uma fundição, você tem de atualizar o campo item com o valor retornado, o estado após a fundição.) O seu resultado ou é a seqüência de caracteres success ou uma exceção.

❼ O método de ajuda getEditItemEJB() obtém um *handle* para o *session bean* EJB. Essa pesquisa na JNDI poderá ser substituída por uma injeção de dependência automática

CAPÍTULO 17 – INTRODUÇÃO AO JBOSS SEAM | 761

se o ambiente de tempo de execução suportar a especificação Java Servlet 2.5. (Na época em que este livro era escrito, o Tomcat 5.5 implementava somente Java Servlets 2.4, e o Tomcat 6 estava em estágio alfa.)

O bean de apoio é um componente gerenciado pelo tempo de execução JSF. As expressões que você usa nas páginas se referem a um bean de apoio por nome, itemEditor. No arquivo de configuração XML do JSF (geralmente WEB-INF/faces-config.xml), você mapeia esse nome à classe do bean de apoio (Listagem 17.6).

Listagem 17.6 Uma configuração JSF descreve o bean de apoio e fluxo de navegação

```xml
<?xml version="1.0"?>
<!DOCTYPE faces-config PUBLIC
    "-//Sun Microsystems, Inc.//DTD JavaServer Faces Config 1.0//EN"
    "http://java.sun.com/dtd/web-facesconfig_1_1.dtd" >

<faces-config>

    <managed-bean>
        <managed-bean-name>itemEditor</managed-bean-name>
        <managed-bean-class>
            auction.backingbeans.ItemEditor
        </managed-bean-class>
        <managed-bean-scope>session</managed-bean-scope>
    </managed-bean>

    <navigation-rule>
        <from-view-id>/search.xhtml</from-view-id>
        <navigation-case>
            <from-outcome>found</from-outcome>
            <to-view-id>/edit.xhtml</to-view-id>
        </navigation-case>
    </navigation-rule>

    <navigation-rule>
        <from-view-id>/edit.xhtml</from-view-id>
        <navigation-case>
            <from-outcome>success</from-outcome>
            <to-view-id>/search.xhtml</to-view-id>
        </navigation-case>
    </navigation-rule>

</faces-config>
```

Essa aplicação tem um bean de apoio e duas regras de navegação. O bean de apoio é declarado com o nome itemEditor e implementado por auction.backingBeans.ItemEditor. Expressões em páginas JSF podem agora referenciar métodos e campos desse bean de apoio em um modo de acoplamento fraco, por nome. O servlet JSF gerencia instâncias do bean de apoio, uma instância para cada sessão HTTP.

762 | JAVA PERSISTENCE COM HIBERNATE

Vamos pegar isso e dar um passo adiante: uma expressão em uma página JSF é uma seqüência de caracteres, como #{itemEditor.itemId}. Essa expressão basicamente resulta em uma busca por uma variável chamada itemEditor. São buscados, nessa ordem, a requisição corrente, a sessão HTTP corrente e o contexto da aplicação corrente. Se uma página JSF for renderizada e essa expressão tiver de ser avaliada, então uma variável com esse nome será encontrada no contexto de sessão HTTP, ou o servlet JSF criará uma nova instância do bean de apoio e a vinculará ao contexto de sessão HTTP.

As regras de navegação declaram que a página é renderizada após um resultado da ação. Esse é um mapeamento de seqüências de caracteres, retornadas pelas ações, para as páginas.

A sua aplicação agora está completa; é hora de analisá-la em mais detalhes.

17.1.4 Análise da aplicação

Possivelmente você olha para o código nas seções anteriores e pensa: "Foi muito código a escrever para colocar quatro campos de formulário em páginas web e conectá-los a quatro colunas no banco de dados". Ou, se você já passou muito tempo com EJB 2.x e Struts, você provavelmente dirá: "Isso é ótimo: eu não tenho mais que gerenciar a sessão HTTP eu mesmo, e todo o código estereotipado do EJB já era".

Você está correto de qualquer maneira. O Java EE 5.0 e especialmente JSF e EJB 3.0 são um passo adiante significativo para aplicações web Java, mas nem tudo é perfeito. Iremos agora olhar as vantagens do Java EE 5.0 e compará-lo ao J2EE 1.4 e frameworks web antes do JSF. Mas também iremos tentar encontrar coisas que possam ser melhoradas, código que possa ser evitado, e estratégias que possam ser simplificadas. É aí onde o Seam entra mais adiante.

Comparação do código com J2EE

Se você tem algum conhecimento de J2EE 1.4/Struts, essa aplicação JSF e EJB 3.0 já lhe parece muito mais atrativa. Existem menos artefatos que em uma aplicação web Java tradicional – por exemplo, você pode desligar uma instância Item da *session bean façade* e transferi-la para o bean de apoio JSF. Com *entity beans* EJB 2.x, você precisava de um objeto de transferência de dados (DTO) para fazer isso.

O código é muito mais compacto. Com EJB 2.x, o *session bean* deve implementar a interface SessionBean com todos os seus métodos de manutenção. Em EJB 3.0, isso é resolvido com uma simples anotação @Stateless. Também não existe código de ActionForm do Struts que manualmente vincule o estado de um campo de formulário HTML a uma variável de instância no receptor de ação.

CAPÍTULO 17 – INTRODUÇÃO AO JBOSS SEAM | 763

Em geral, a aplicação é transparente, sem chamadas obscuras que mantêm valores na sessão HTTP ou na requisição HTTP. O JSF transparentemente coloca e pesquisa valores nesses contextos.

Se você considerar o mapeamento objeto/relacional da classe Item, você provavelmente concordará que umas poucas anotações em um POJO são mais simples que um descritor de implantação para um *entity bean* EJB 2.x. Além do mais, o mapeamento objeto/relacional, como definido pelo Java Persistence, não é somente muito mais poderoso e rico em características que os *entity beans* EJB 2.x, mas também é muito mais fácil de usar (mesmo se comparado ao Hibernate nativo).

O que não pudemos mostrar em uma simples aplicação é o poder por trás JSF e EJB 3.0. O JSF é extraordinariamente flexível e extensível, você pode escrever os seus próprios *widgets* HTML, pode se tornar parte integral das fases de processamento de uma requisição JSF, e pode até mesmo criar a sua própria camada de visão (se o Facelets não é o que você quer) sem muito esforço. O EJB 3.0 é muito mais fácil de se lidar do que o EJB 2.x e também tem características (como interceptores e injeção de dependência) que nunca estiveram disponíveis em um modelo de programação Java padronizado.

A aplicação pode facilmente ser testada com um framework de teste como o JUnit ou TestNG. Todas as classes são classes de puro Java; você pode instanciá-las, definir dependências (simuladas) manualmente, e rodar um procedimento de teste.

Contudo, existe espaço para melhoramento.

Como melhorar a aplicação

A primeira coisa que se distingue nessa aplicação JSF/EJB3.0 é o bean de apoio JSF. Qual o propósito dessa classe? Ela é requerida pelo JSF, pois você precisa vincular valores e ações a seus campos e métodos. Mas o código não faz qualquer coisa de útil: ele passa qualquer ação para um EJB, um para um. Pior, é o artefato com mais linhas de código.

Você pode argumentar que ele desacopla a visão da camada de negócios. Isso parece razoável, se você usa o seu EJB com uma diferente camada de visão (digamos, um cliente rico). Entretanto, se a aplicação é uma simples aplicação web, o bean de apoio resulta em um forte acoplamento entre as camadas. Qualquer mudança que você faz ou na visão ou na camada de negócios requer mudanças no componente com mais linhas de código. Se você quer melhorar o código, livre-se da colocação em camadas artificial e remova o bean de apoio. Não existe razão por que um EJB não possa ser o bean de apoio. Um modelo de programação não deve forçá-lo a colocar a sua aplicação em camadas. Para melhorar a aplicação, você precisa colapsar camadas artificiais.

A aplicação não funciona em várias janelas de navegador. Imagine que você abra a página de busca em duas janelas de navegador. Na primeira, você busca pelo item 1; na segunda, pelo item 2. Ambas as janelas de navegador lhe mostram uma tela de edição com os detalhes de item 1 e item 2. O que acontece se você fizer mudanças no item 1 e clicar em salvar? As

764 | Java Persistence com Hibernate

mudanças serão feitas no item 2! Se você clicar em salvar na primeira janela de navegador, vai trabalhar no estado que está presente na sessão HTTP, onde o bean de apoio vive. Contudo, o bean de apoio não mais guardará o item 1 – o estado corrente será agora o estado da segunda janela de navegador, editando o item 2. Em outras palavras, você iniciou duas conversações com a aplicação, mas as conversações não estavam isoladas uma da outra. A sessão HTTP não é o contexto correto para estado de conversação concorrente; ela é compartilhada entre janelas de navegador. Você não pode consertar isso facilmente. Fazer essa aplicação (trivial) funcionar em diversas janelas de navegador requer grandes mudanças arquiteturais. Hoje em dia, os usuários esperam que as aplicações web funcionem em diversas janelas de navegador.

A aplicação vaza memória. Quando uma página JSF tenta pela primeira vez resolver a variável itemEditor, uma nova instância de ItemEditor é vinculada à variável no contexto de sessão HTTP. Esse valor nunca é limpo. Mesmo se o usuário clicar em salvar na tela de edição, a instância do bean de apoio ficará na sessão HTTP até o usuário se desconectar ou a sessão HTTP expirar. Imagine que uma aplicação muito mais sofisticada tenha muitos formulários e muitos beans de apoio. A sessão HTTP cresce à medida que o usuário vai clicando pela aplicação, e replicar a sessão HTTP para outros nós em um cluster fica mais custoso a cada clique. Se um usuário volta à tela de busca de item, após trabalhar com um outro módulo da aplicação, um dado antigo é mostrado nos formulários. Uma solução para esse problema seria a limpeza manual da sessão HTTP no final de uma conversação, mas não existe uma maneira fácil de fazer isso. Com JSF e EJB 3.0, você deve codificar isso manualmente. Em nossa experiência, tratamento de variáveis e valores manualmente na sessão HTTP são uma fonte comum de questões incrivelmente difíceis de rastrear.

O fluxo da aplicação é difícil de visualizar e controlar. Como você sabe para onde o clique no botão salvar irá levá-lo? No mínimo, você tem de olhar em dois arquivos: o bean de apoio, que retorna resultados na forma de seqüência de caracteres, e o arquivo de configuração XML do JSF, que define a página mostrada para um determinado resultado. Existe também o sempre presente problema do botão voltar ao navegador, um problema sórdido em qualquer conversação com mais de duas telas.

Pense também no *processo de negócio*. Como você pode definir que o seu fluxo de páginas é parte de um processo de negócio maior? Imagine que buscar e editar um item é somente uma tarefa em um processo de negócio que envolve muitos outros passos – por exemplo, como parte de um processo de revisão. Nenhuma ferramenta ou estratégia o ajuda a integrar gerenciamento de processo de negócio à sua aplicação. Hoje em dia, você não pode mais se dar o privilégio de ignorar os processos de negócio dos quais a sua aplicação é uma parte; você precisa de um modelo de programação que suporte gerenciamento de processo de negócio.

CAPÍTULO 17 – INTRODUÇÃO AO JBOSS SEAM | 765

E por fim, essa aplicação inclui XML demais. Não existe como contornar metadados na aplicação, mas nem todo ele precisa estar em arquivo XML. Metadado em arquivos XML é ótimo se ele muda independentemente do código. Isso pode ser verdade para regras de navegação, mas provavelmente não é verdade para a declaração de beans de apoio e o contexto em que eles vivem. Esse tipo de metadado cresce linearmente com o tamanho da sua aplicação – todo bean de apoio deve ser declarado em XML. Ao invés, você deve colocar uma anotação na sua classe que diga: "Eu sou um bean de apoio para JSF, e eu vivo dentro do contexto de sessão HTTP (ou qualquer outro)". É improvável que sua classe mude de repente seu papel sem quaisquer mudanças no código da classe.

Se concorda com essa análise, você irá gostar do Seam.

17.2 COMO MELHORAR A APLICAÇÃO COM O SEAM

A aplicação web que você escreveu para buscar e editar itens pode ser melhorada se você adicionar o Seam à mistura. Você começa com características básicas do Seam:

- O Seam torna o bean de apoio JSF desnecessário. Você pode vincular ações e valores de *widgets* JSF diretamente a *stateful* e *stateless session beans* EJB. O Seam introduz um modelo de componente unificado: todas as suas classes podem ser transformadas em componentes Seam com anotações. Os componentes estão interligados em um modo de acoplamento fraco, com expressões na forma de seqüência de caracteres.

- O Seam introduz novos contextos e gerencia o escopo do componente automaticamente. Esse rico modelo de contexto inclui contextos lógicos que são significativos para a aplicação, como um contexto de *conversação* ou de *processo de negócio*.

- O Seam introduz um modelo de programação com estado, que é ótimo para conversações. Uma aplicação que guarda estado com conversações gerenciadas pelo Seam funciona em múltiplas janelas de navegador sem esforço extra.

Essa é uma pequena lista do que o Seam pode fazer; há muito mais que você colocará em uso mais adiante. Vamos primeiro criar uma conversacional básica, com estado, simples aplicação Seam. O seu primeiro passo é a arrumação e a configuração do Seam.

Se você quer seguir os exemplos com código, baixe o pacote do CaveatEmptor para o Seam de http://caveatemptor.hibernate.org, e abra-o na sua IDE. Esse também é um bom ponto de partida se você quiser codificar o seu próprio projeto Seam mais adiante.

17.2.1 Como configurar o Seam

A Figura 17.3 mostra os arquivos antes e depois das mudanças que você faz à aplicação web nas seguintes seções.

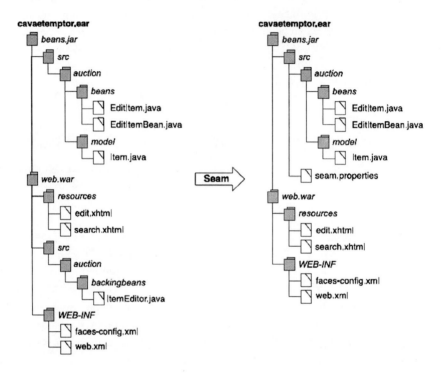

Figura 17.3 O arquivo comprimido da aplicação antes e depois de o Seam ser introduzido.

Duas grandes mudanças são feitas: o bean de apoio JSF não é mais necessário, e o arquivo comprimido beans.jar tem um novo arquivo, seam.properties. Esse arquivo contém duas opções de configuração do Seam para essa simples aplicação (Listagem 17.7).

Listagem 17.7 Um simples arquivo de configuração seam.properties

```
org.jboss.seam.core.init.jndiPattern = caveatEmptor/#{ejbName}/local
org.jboss.seam.core.manager.conversationTimeout = 600000
```

A primeira definição é necessária para o Seam se integrar a um contêiner EJB 3.0. Como o Seam agora é responsável por ligar instâncias de componente em tempo de execução, ele precisa saber como obter EJBs através de pesquisa. O padrão JNDI mostrado aqui é para o servidor de aplicação JBoss. (O Seam roda em qualquer servidor Java EE 5.0 e até mesmo com

CAPÍTULO 17 – INTRODUÇÃO AO JBOSS SEAM | 767

e sem EJB 3.0 em Tomcat normal. Achamos que é mais conveniente você começar com servidor de aplicação JBoss, pois não precisa instalar quaisquer serviços extra.)

Para integrar-se completamente ao EJB 3.0, o Seam também precisa interceptar todas as chamadas aos seus EJBs. Isso é fácil de fazer, graças ao suporte do EJB 3.0 para interceptores customizados. Você não verá quaisquer interceptores no código de suas classes, pois eles geralmente são definidos com um caractere curinga global que corresponde a todos EJBs em META-INF/ejb-jar.xml (não mostrado aqui). Se você baixar um exemplo Seam, ele terá esse arquivo.

A segunda definição no seam.properties determina que o Seam pode destruir uma conversação inativa do usuário após 600.000 milissegundos (10 minutos). Essa definição libera memória na sessão HTTP quando um usuário decide ir almoçar.

O arquivo seam.properties não é somente um arquivo de configuração para o Seam – ele é também um marcador. Quando o Seam começa, ele digitaliza o classpath e todos os arquivos comprimidos por componentes do Seam (classes com a anotação certa). No entanto, digitalizar todos os JARs seria muito custoso, então o Seam somente digitaliza os diretórios e arquivos JAR recursivamente que tenham um arquivo seam.properties no caminho-raiz. Mesmo que não tenha quaisquer definições de configuração, você precisa de um arquivo seam.properties vazio no arquivo comprimido com as suas classes de componente Seam.

Você pode encontrar mais opções de configuração do Seam, e a integração com JSF e o contêiner de servlet, no web.xml e faces-config.xml. Voltaremos ao faces-config.xml mais adiante; o web.xml não é interessante (veja o arquivo comentado no pacote CaveatEmptor).

O Seam também pode ser configurado com um arquivo components.xml no diretório WEB-INF dos WARs. Você irá usar isso mais adiante quando uma configuração mais complexa de componentes for requerida. (Muito do Seam é escrito como componentes Seam. A seqüência de caracteres org.jboss.seam.core.manager é um nome de componente, e conversationTimeout é uma propriedade que você pode acessar como qualquer outra propriedade de componente.)

O seu próximo passo é substituir o bean de apoio JSF por um componente Seam.

17.2.2 Como vincular páginas a componentes Seam com estado

A página search.xhtml não muda de modo algum; reveja o código na Listagem 17.2. Essa página tem uma vinculação de valor para itemEditor.itemId e uma vinculação de ação para itemEditor.doSearch. Quando a página é renderizada pelo servlet JSF, essas expressões são avaliadas, e os *widgets* são vinculados aos respectivos métodos no bean itemEditor.

768 | JAVA PERSISTENCE COM HIBERNATE

A interface do componente EJB

O bean itemEditor é agora um EJB. A interface desse EJB é EditItem.java (Listagem 17.8).

Listagem 17.8 A interface de um componente com estado

```
package auction.beans;

import ...

public interface EditItem {

    // Métodos de vinculação de valor
    public Long getItemId();
    public void setItemId(Long itemId);

    public Item getItem();

    // Métodos de vinculação de ação
    public String doSearch();
    public String doSave();

    // Rotina de limpeza
    public void destroy();
}
```

Os dois primeiros métodos são o getter e setter para a vinculação de valor do campo de entrada de texto de busca da página. O método getItem() (você não precisa de um setter aqui) será usado mais adiante pela página de edição. O método doSearch() é vinculado ao botão Search, doSave() será vinculado a um botão na página de edição.

Essa é uma interface para um componente com estado. Um componente com estado é instânciado quando requisitado pela primeira vez – por exemplo, porque uma página é renderizada pela primeira vez. Todo componente com estado precisa de um método que o ambiente de tempo de execução possa chamar quando o componente é destruído. Você poderia usar o método doSave() e dizer que o ciclo de vida do componente termina quando esse método completa, mas você verá em um minuto por que um método separado é mais limpo.

A seguir, vamos olhar a implementação dessa interface.

A implementação do componente EJB

O componente com estado padronizado em EJB é um *stateful session bean*. A implementação em EditItemBean.java é uma classe POJO com algumas anotações extras. Na Listagem 17.9, todas as anotações Seam são mostradas em negrito.

CAPÍTULO 17 – INTRODUÇÃO AO JBOSS SEAM | 769

Listagem 17.9 A implementação de um componente com estado

```
package auction.beans;

import ...

@Name("itemEditor")                    ←——❶
@Scope(ScopeType.CONVERSATION)  ←——❷

@Stateful  ←——❸
public class EditItemBean implements EditItem {

    @PersistenceContext  ←——❹
    EntityManager em;

    private Long itemId;  ←——❺
    public Long getItemId() { return itemId; }
    public void setItemId(Long itemId) { this.itemId = itemId; }

    private Item item;
    public Item getItem() { return item; }

    @Begin      ←——❻
    public String doSearch() {
       item = em.find(Item.class, itemId);

       if (item == null)
          FacesMessages.instance().add(
             "itemSearchField",
             new FacesMessage("No item found.")
          );

       return item != null ? "found" : null;
    }

    @End    ←——❼
    public String doSave() {
       item = em.merge(item);
       return "success";
    }

    @Destroy   ←——❽
    @Remove
    public void destroy() {}
}
```

❶   A anotação @Name do Seam declara o nome para esse componente Seam. Ela também transforma esse EJB em um componente Seam. Você agora pode referenciar esse componente em qualquer lugar sob esse nome.

770 | JAVA PERSISTENCE COM HIBERNATE

❷ Quando uma instância desse componente é requerida, o Seam a instancia para você. O Seam coloca a instância em um contexto sob seu nome. Eis uma descrição formal: uma instância de EditItem é gerenciada pelo Seam no contexto de conversação, como um valor da variável contextual itemEditor.

❸ Um POJO precisa da anotação @Stateful EJB 3.0 para se tornar um *stateful session bean*.

❹ O contêiner EJB 3.0 injeta uma EntityManager com um novo contexto de persistência dentro desse bean, antes de um método ser chamado por qualquer cliente do bean. O contexto de persistência é fechado quando o método retorna (assumindo que essa chamada de método é também o escopo de uma transação de sistema, que é o padrão aqui).

❺ Esse componente com estado guarda estado internamente, nos campos itemId e item. O estado é exposto com métodos de acesso à propriedade.

❻ Uma anotação @Begin do Seam marca um método que inicia uma conversação prolongada. Se uma ação JSF aciona uma chamada a esse método, o Seam mantém o estado desse componente através de requisições HTTP. O método doSearch() retorna um resultado em seqüência de caracteres (ou null) e gera uma mensagem JSF que pode ser renderizada em uma página. A classe de ajuda FacesMessages do Seam torna essa passagem de mensagem fácil.

❼ Uma anotação @End do Seam marca um método que termina uma conversação prolongada. Se uma ação JSF aciona uma chamada a esse método, e o método retorna, o Seam irá destruir o estado do componente e não mais o manterá através de requisições HTTP.

❽ A anotação @Destroy do Seam marca o método que é chamado pelo Seam quando o estado do componente tem que ser destruído (quando o fim da conversação foi alcançado). Isso é útil para a limpeza interna (não existe qualquer coisa a fazer nesse caso). A anotação @Remove do EJB 3.0 marca o método que um cliente (o Seam, nesse caso) tem de chamar para remover a instância do *stateful session bean*. Essas duas anotações geralmente aparecem no mesmo método.

Por que você não marca o método doSave() com @End, @Destroy e @Remove? O método doSave() pode jogar uma exceção, e essa exceção tem que reverter qualquer transação de sistema. O Seam, no entanto, registra no log e engole qualquer exceção jogada pelo seu método @Destroy, então você freqüentemente vê métodos de destruir vazios em componentes Seam com estado. Além do mais, a instância do componente é necessária por um breve período após o salvamento de um item, para renderizar uma resposta.

Essa implementação EJB encapsula toda lógica da aplicação; não existe mais código Java em qualquer outro lugar (bem, existe a classe de entidade Item). Se você ignorar código trivial, a lógica da aplicação será somente de quatro linhas nos dois métodos de ação.

Mais duas mudanças são necessárias para fazer a aplicação funcionar. Algumas vinculações de valor em edit.xhtml precisam ser modificadas, e o bloco XML que definia o antigo bean de apoio JSF pode ser removido do faces-config.xml.

Como vincular valores e ações

Abra o edit.xhtml e mude as vinculações de valor dos *widgets* de entrada JSF como mostra a Listagem 17.10.

Listagem 17.10 A página edit.xhtml é vinculada a um componente Seam

```
...
<h2>Editing item: #{itemEditor.itemId}</h2>

<h:form>

   <span class="errors"><h:messages/></span>

   <div class="entry">
      <div class="label">Name:</div>
      <div class="input">
         <h:inputText required="true" size="25"
                      value="#{itemEditor.item.name}">
            <f:validateLength minimum="5" maximum="255"/>
         </h:inputText>
      </div>
   </div>
   <div class="entry">
      <div class="label">Description:</div>
      <div class="input">
         <h:inputTextarea cols="40" rows="4" required="true"
                      value="#{itemEditor.item.description}">
            <f:validateLength minimum="10" maximum="4000"/>
         </h:inputTextarea>
      </div>
   </div>

   <div class="entry">
      <div class="label">Initial price (USD):</div>
      <div class="input">
         <h:inputText size="6" required="true"
                      value="#{itemEditor.item.initialPrice}" >
            <f:converter converterId="javax.faces.BigDecimal"/>
         </h:inputText>
      </div>
   </div>

   <div class="entry">
      <div class="label"> </div>
      <div class="input">
         <h:commandButton value="Save" styleClass="button"
                      action="#{itemEditor.doSave}"/>
      </div>
   </div>

</h:form>
...
```

772 | JAVA PERSISTENCE COM HIBERNATE

As vinculações que mudaram são as expressões para os campos de entrada nome, descrição e preço inicial. Eles agora referenciam itemEditor.item, que pode ser resolvido para o método getItem() do componente Seam. O JSF chama o getName() e o setName() na entidade Item retornada para sincronizar o estado do *widget*. A mesma técnica é usada para vincular e sincronizar a descrição e o preço inicial do item. Quando o usuário entra com um novo preço, a variável initialPrice da instância Item que é mantida pelo componente itemEditor é automaticamente atualizada.

A vinculação de ação para o botão Save não muda – o método doSave() do componente itemEditor é ainda o receptor correto . Você pode ver como nomes lógicos de componente e a linguagem de expressão lhe permitem acoplar a visão e camada de negócios facilmente e não muito forte.

E por fim, atualize o faces-config.xml como mostra a Listagem 17.11.

Listagem 17.11 O arquivo de configuração JSF sem beans de apoio

```
...

<faces-config>

    <navigation-rule>
        <from-view-id>/search.xhtml</from-view-id>
        <navigation-case>
            <from-outcome>found</from-outcome>
            <to-view-id>/edit.xhtml</to-view-id>
        </navigation-case>
    </navigation-rule>
    <navigation-rule>
        <from-view-id>/edit.xhtml</from-view-id>
        <navigation-case>
            <from-outcome>success</from-outcome>
            <to-view-id>/search.xhtml</to-view-id>
        </navigation-case>
    </navigation-rule>

    <!— Integra o Seam com o modelo de processamento de requisição JSF —>
    <lifecycle>
        <phase-listener>
            org.jboss.seam.jsf.SeamPhaseListener
        </phase-listener>
    </lifecycle>

</faces-config>
```

Compare essa listagem com a configuração JSF anterior na Listagem 17.6. A declaração do bean de apoio já era (movida para duas anotações Seam no EJB). O receptor de etapa (phase-listener) é novo: o Seam tem que se tornar parte integral do servlet JSF e receber o processamento de toda requisição HTTP. Um receptor customizado de etapa JSF integra o Seam ao JSF.

Nós apresentamos um bom número de novos conceitos, que você provavelmente nunca viu se esse é o seu primeiro contato com o Seam. Vamos analisar a aplicação mais detalhadamente e descobrir se as questões que identificamos mais cedo para a pura aplicação JSF e EJB 3.0 foram resolvidas.

17.2.3 Análise da aplicação Seam

A interface da aplicação web não mudou; ela tem o mesmo aspecto. A única coisa que provavelmente os seus usuários irão perceber é que eles podem buscar e editar itens em várias janelas de navegador sem sobrepor estado e modificações de dados.

O Seam promove um forte e bem definido modelo de programação de aplicação com estado. Vamos seguir o fluxo da aplicação (Figura 17.4) e descobrir como isso funciona internamente.

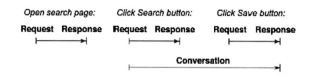

Figura 17.4 O fluxo de requisição/resposta da aplicação.

Como abrir a página de busca

Quando você abre uma janela de navegador e entra com a URL /search.jsf, uma requisição GET HTTP é enviada para o servlet JSF. O ciclo de vida do processamento JSF começa (Figura 17.5).

Nada de muito interessante acontece até o servlet JSF entrar na etapa Renderizar Resposta do processamento de requisição. Não existe qualquer visão para restaurar e nenhum parâmetro de requisição HTTP que deva ser aplicado aos componentes de visão (*widgets*).

Quando a resposta, o arquivo search.xhtml, é renderizada, o JSF usa um responsável por resolver variável para avaliar a vinculação de valor #{itemEditor.itemId}. O responsável por resolver variável do Seam é mais esperto do que o responsável por resolver variável do JSF padronizado. Ele busca pelo itemEditor não no contexto de requisição HTTP, de sessão HTTP, e de aplicação global, mas sim nos contextos lógicos do Seam. Você está correto se acha que esses contextos lógicos são os mesmos – teremos muito mais a dizer sobre isso daqui a pouco. Por agora, pense nos contextos do Seam como mantenedores de variáveis que são buscados hierarquicamente, do contexto com o escopo mais estreito (o *evento* corrente) para o contexto com o escopo mais amplo (a *aplicação* corrente).

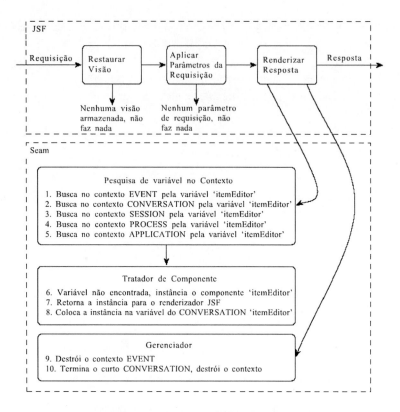

Figura 17.5 O Seam é ativado quando o JSF renderiza a resposta, a página de busca.

A variável itemEditor não pode ser encontrada. Então, o tratador de componente do Seam começa a procurar por um componente Seam com esse nome. Ele encontra o *stateful session bean* que você escreveu e cria uma instância. Essa instância EJB é então dada ao renderizador de página JSF, e o renderizador coloca o valor de retorno de getItemId() no campo de entrada de texto de busca. O método retorna null, então o campo estará vazio quando você abrir a página pela primeira vez.

O tratador de componente do Seam também percebe que o *stateful session bean* tinha uma anotação @Scope(CONVERSATION). A instância é então colocada no contexto de conversação, como um valor da variável contextual itemEditor, o nome do componente.

Quando a página é renderizada completamente, o Seam é invocado novamente (através do receptor de etapa do Seam). O contexto de *evento* do Seam tem um pequeno escopo: ele é capaz de manter variáveis durante somente uma única requisição HTTP. O Seam destrói esse contexto e tudo dentro dele (nada de que você precise no momento).

CAPÍTULO 17 – INTRODUÇÃO AO JBOSS SEAM | 775

O Seam também destrói o contexto de conversação corrente e com ele a variável itemEditor que acabou de ser criada. Isso pode deixá-lo surpreso – você provavelmente esperava que o *stateful session bean* fosse ficar bom por várias requisições. Contudo, o escopo do contexto de conversação é uma única requisição, se ninguém promovê-lo para uma conversação prolongada durante essa requisição. Você promove uma curta conversação de uma só requisição para uma conversação prolongada chamando um método do componente marcado com @Begin. Isso não aconteceu nessa requisição.

A página de busca é agora mostrada pelo navegador, e a aplicação espera pela entrada do usuário e um clique do botão Search.

Como buscar um item

Quando um usuário clica no botão Search, uma requisição POST HTTP é enviada para o servidor e processada pelo JSF (Figura 17.6). Você tem que olhar o código-fonte do search.xhtml e EditItemBean para entender essa ilustração.

Armazenada na requisição anterior (geralmente na sessão HTTP do servidor), o JSF agora encontra uma árvore de *widget* que representa a visão (search.xhtml) e a recria internamente. Essa árvore de *widget* é pequena: tem um formulário, um campo de entrada de texto e um botão de enviar. Em *Aplicar Parâmetros de Requisição*, toda entrada do usuário é pega da requisição HTTP e sincronizada com o estado dos *widgets*. O *widget* de campo de entrada de texto agora contém a seqüência de caracteres de busca introduzida pelo usuário.

DICA   *Como depurar a árvore de widget JSF* – O Facelets pode lhe mostrar a árvore de *widget* JSF. Coloque <ui:debug hotkey="D"/> em qualquer lugar da sua página e abra a página no seu navegador (como uma URL JSF, claro). Agora pressione Ctrl+Shift+d, e uma janela pop-up com a árvore de componente/*widget* JSF abrirá. Se você clicar em *Scoped Variables*, poderá ver onde o Seam armazena internamente seus contextos e gerenciadores (isso provavelmente não é interessante se você não é um desenvolvedor Seam).

Durante Processar Validações, o validador JSF assegura que a seqüência de caracteres de busca introduzida pelo usuário é um inteiro não negativo e que o valor de entrada está presente. Se a validação falhar, o servlet JSF pula para a etapa Renderizar Resposta e renderiza a página search.xhtml novamente com mensagens de erro (o processamento dessa etapa se assemelha à Figura 17.5).

Após a validação, o JSF sincroniza os valores dos objetos-modelo (model objects) que foram vinculados aos *widgets*. Ele chama itemEditor.setItemId(). Essa variável é resolvida pelo Seam, com uma pesquisa em todos os contextos do Seam. Como nenhuma variável itemEditor é encontrada em qualquer contexto, uma nova instância de EditItemBean é criada e colocada no contexto de conversação. O método setItemId() é chamado nessa instância do *stateful session bean*.

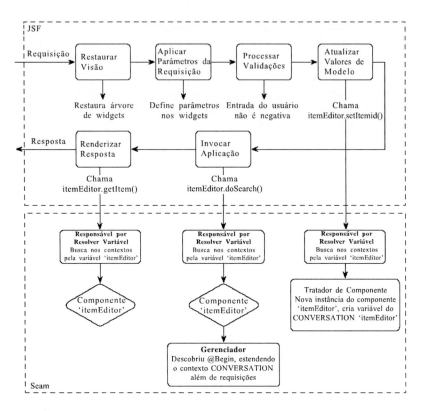

Figura 17.6 O Seam participa no processamento da ação de busca.

O JSF agora executa a ação da requisição chamando o método vinculado itemEditor.doSearch. O Seam resolve a variável itemEditor e a encontra no contexto de conversação. O método doSearch() é chamado na instância EditItemBean, e o contêiner EJB 3.0 trata da transação e do contexto de persistência durante essa chamada. Duas coisas acontecem durante a chamada: a variável membro item do itemEditor agora possui uma instância Item encontrada no banco de dados (ou null, se nada foi encontrado), e a anotação @Begin promove a conversação corrente a uma conversação prolongada. O contexto de conversação é mantido pelo Seam até um método com uma anotação @End ser chamado.

O método doSearch() retorna a seqüência de caracteres found, ou null. Esse resultado é avaliado pelo JSF, e as regras de navegação do faces-config.xml se aplicam. Se o resultado for null, a página search.xhtml será renderizada com a mensagem de erro *Item not found*. Se o resultado for found, as regras de navegação vão declarar que a página edit.xhtml será renderizada.

Durante a renderização da página edit.xhtml, a variável itemEditor deve ser resolvida novamente pelo JSF. O Seam encontra a variável de contexto itemEditor no contexto de conversação, e o JSF vincula os valores dos *widgets* da página (saída de texto, entrada de texto) às propriedades da instância item retornada pelo itemEditor.getItem().

DICA   *Olhadela nos contextos do Seam* – Você pode depurar uma aplicação Seam mais facilmente se usar a tela de depuração do Seam. Essa tela deve ser habilitada. Para fazer isso, edite o seu arquivo seam.properties e adicione org.jboss.seam.core.init.debug = true. Agora, acesse a URL /debug.jsf para ver os contextos do Seam para essa janela de navegador. Você pode ver todas as variáveis e os valores que estão nos contextos correntes de *conversação, sessão, processo* e *aplicação*.

No final da requisição, o Seam destrói seu contexto de evento. O contexto de conversação não é destruído; o usuário da aplicação iniciou uma conversação prolongada executando uma busca. A aplicação aguarda pela entrada do usuário enquanto mostra a página de edição. Se o usuário busca novamente em uma outra janela de navegador, uma segunda conversação rodando concorrentemente é iniciada e promovida a uma conversação prolongada. As duas conversações e seus contextos são isolados automaticamente pelo Seam.

Como editar um item

Quando o usuário clica em Save, o formulário de edição é enviado para o servidor como uma requisição POST HTTP (Figura 17.7).

A visão restaurada nessa requisição é a edit.xhtml, o JSF recria uma árvore interna de *widget* do formulário e todos os seus campos e aplica os valores da requisição HTTP. A validação é um pouco mais complexa; você definiu um pouco mais de validadores JSF na página edit.xhtml.

Após uma validação bem-sucedida, o JSF atualiza os valores vinculados ao modelo chamando os métodos setter na instância Item retornada pelo itemEditor.getItem(). A vinculação itemEditor é resolvida (através do Seam) para uma variável contextual no contexto de conversação corrente. O Seam estendeu o contexto de conversação para dentro da requisição corrente, pois a conversação foi promovida a conversação prolongada na requisição anterior.

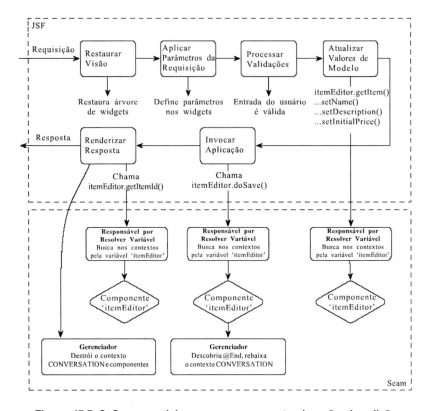

Figura 17.7 O Seam participa no processamento da ação de edição.

Depois, itemEditor.doSave() é chamado; a variável é novamente resolvida no contexto de *conversação*. O código em EditItemBean ou joga uma exceção (se o contêiner EJB 3.0 ou a EntityManager jogar uma exceção) ou a seqüência de caracteres de resultado success retorna. O método está marcado como @End, então o gerenciador do Seam marca a conversação corrente para limpeza após a etapa Renderizar Resposta.

A seqüência de caracteres de resultado success está mapeada para /search.xhtml nas regras de navegação JSF. Durante Renderizar Resposta, as vinculações de valor na página search.xhtml devem ser resolvidas. A única vinculação de valor é #{itemEditor.itemId}, então o Seam tenta novamente encontrar o componente itemEditor em todos os contextos. O itemEditor do (rebaixado, mas ainda ativo) contexto de conversação é usado, e getItemId() retorna um valor. O usuário vê o campo de entrada preenchido, mas mostrando o mesmo valor de busca que foi introduzido no início da conversação.

Quando Renderizar Resposta termina, o Seam remove o contexto de conversação rebaixado e destrói todas as instâncias de componentes com estado que vivem nesse contexto. O método destroy() é chamado no EditItemBean. Como ele está marcado com @Remove, o contêiner EJB 3.0 também limpa o *stateful session bean* internamente. O usuário agora vê a página de busca e pode começar uma outra conversação.

Se você nunca usou JSF, isso é um monte de informação nova para digerir. Por outro lado, se está familiarizado com JSF, você pode ver que o Seam está basicamente recebendo as etapas de processamento do servlet JSF e substituindo o responsável por resolver variável por vinculações de valor e ação por uma variação mais poderosa.

Nós investigamos muito pouco do Seam com essa trivial aplicação. Vamos discutir algumas características mais interessantes e avançadas do Seam que tornam a criação de complexas aplicações web com um banco de dados back end tão fácil quanto.

17.3 Entenda componentes contextuais

Nas seções anteriores, você transformou a básica aplicação web JSF e EJB 3.0 em uma aplicação Seam com estado, conversacional. Fazer isso resultou em menos código e melhorou a funcionalidade da aplicação. Você não devia parar por aí – o Seam tem mais a oferecer.

Você pode interligar componentes Seam de uma maneira contextual. Esse é um poderoso conceito que pode ter um profundo impacto em como você desenha uma aplicação com estado. Em nossa experiência, é uma das maiores razões por que as aplicações Seam têm poucas linhas de código concentrado. Para demonstrar, discutimos como você pode criar nova funcionalidade da aplicação.

Quase toda aplicação web tem uma característica de login/logout e o conceito de um usuário logado. Assumimos que um usuário deve efetuar login no CaveatEmptor tão logo a primeira página da aplicação apareça (que você irá forçar como a tela de login). Uma tela de login e a lógica da aplicação para suportá-la são um perfeito cenário para aprender como componentes Seam podem ser interligados contextualmente.

17.3.1 Como escrever a página de login

O usuário vê a tela de login como mostra a Figura 17.8.

Esta é uma página JSF chamada login.xhtml, escrita com Facelets (Listagem 17.12).

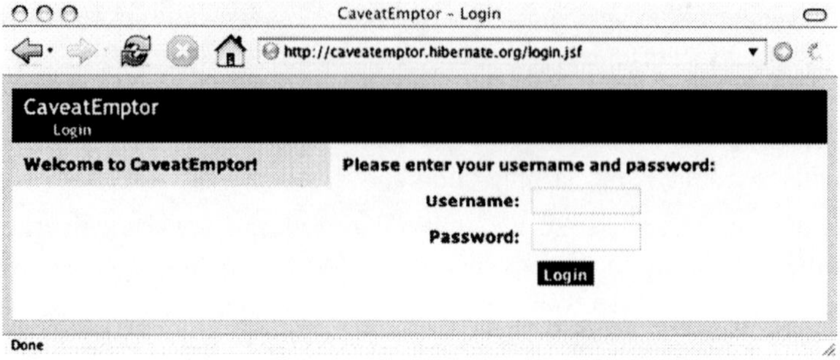

780 | JAVA PERSISTENCE COM HIBERNATE

Figura 17.8 A tela de login do CaveatEmptor.

Listagem 17.12 O código-fonte da página login.xhtml

```
...
<ui:composition   xmlns="http://www.w3.org/1999/xhtml"
                  xmlns:ui="http://java.sun.com/jsf/facelets"
                  xmlns:h="http://java.sun.com/jsf/html"
                  xmlns:f="http://java.sun.com/jsf/core"
                  template="template.xhtml">

<ui:define name="screen">Login</ui:define>

<ui:define name="sidebar">

   <h1>Welcome to CaveatEmptor!</h1>

</ui:define>

<ui:define name="content">
<div class="section">

   <h1>Please enter your username and password:</h1>

   <h:form>

   <span class="errors"><h:messages/></span>

   <div class="entry">
      <div class="label">Username:</div>
      <div class="input">
         <h:inputText required="true" size="10"
                      value="#{currentUser.username}">
            <f:validateLength minimum="3" maximum="255"/>
         </h:inputText>
      </div>
   </div>
```

Capítulo 17 – Introdução ao JBoss Seam | 781

```
<div class="entry">
  <div class="label">Password:</div>
  <div class="input">
    <h:inputSecret required="true" size="10"
                   value="#{currentUser.password}"/>
  </div>
</div>

<div class="entry">
  <div class="label"> </div>
  <div class="input">
    <h:commandButton value="Login" styleClass="button"
                     action="#{login.doLogin}"/>
  </div>
</div>

      </h:form>

  </div>
  </ui:define>

</ui:composition>
```

Você pode ver um pouco mais de Facelets nesse fonte: como um modelo de página global é referenciado (na tag <ui:composition>) e como trechos de código suportados por esse modelo (screen, sidebar, content) são definidos.

O conteúdo da página é um formulário JSF comum, com vinculações de valor e ação para componentes nomeados. Os campos de entrada do formulário de login são vinculados a atributos do currentUser, e o botão Login está vinculado ao método doLogin() do componente login.

Quando a página de login é renderizada pela primeira vez, o JSF tenta resolver as vinculações de valor e ação. Ele usa o responsável por resolver variável do Seam para encontrar os objetos referenciados. O responsável por resolver variável do Seam não encontra os objetos em qualquer contexto do Seam, então instâncias de currentUser e login são criadas.

Vamos olhar o fonte desses componentes.

17.3.2 Como criar os componentes

O primeiro componente é o currentUser. Essa é uma classe que você já tem no CaveatEmptor: a classe de entidade User. Você pode transformá-la em um componente que pode ser tratado pelo Seam com anotações:

```
package auction.model;

import ...

@Name("user")
```

782 | JAVA PERSISTENCE COM HIBERNATE

```
@Role(name = "currentUser", scope = ScopeType.SESSION)

@Entity
public class User implements Serializable {

    @Id @GeneratedValue
    private Long id = null;

    private String firstname;
    private String lastname;
    private String username;
    private String password;

    ...
    public User() {}
}
```

A primeira anotação Seam, @Name, transforma esse POJO em um componente Seam. Agora sempre que o Seam procura por um componente com o nome user, e nenhum contexto do Seam guarda uma variável desse nome, uma nova instância vazia de User é criada pelo Seam e colocada no contexto de evento sob o nome de variável user. O contexto de evento é o contexto padronizado para componentes Seam de entidade (*stateful* e *stateless beans* têm um diferente contexto padronizado).

Para a funcionalidade de login, você não precisa de uma instância User no contexto de *evento*, então você define um papel adicional para esse componente. Sempre que o Seam procura por um componente com o nome currentUser, e nenhum contexto do Seam tem uma variável com esse nome, o Seam instancia um User e o coloca no contexto de *sessão* (a sessão HTTP). Você pode facilmente referir-se a currentUser em qualquer lugar em seu código e metadado e pegar uma referência ao objeto User corrente do Seam.

Quando login.xhtml é renderizada, o Seam cria um novo objeto User e o vincula ao contexto de sessão. Esse usuário ainda não está logado; você precisa entrar com um nome de usuário e uma senha e clicar no botão Login.

Fazendo isso executa, em uma outra requisição, o método doLogin() no componente login. Uma implementação desse componente como um *stateless session bean* é mostrada na Listagem 17.13.

Listagem 17.13 Um componente Seam sem estado implementa os procedimentos de login e logout

```
package auction.beans;

import ...

@Name("login")

@Stateless
public class LoginBean implements Login {
```

Capítulo 17 – Introdução ao JBoss Seam | 783

```java
@In @Out
private User currentUser;

@PersistenceContext
EntityManager em;

@In
private Context sessionContext;

public String doLogin() {
   User validatedUser = null;

   Query loginQuery = em.createQuery(
                       "select u from User u where" +
                       " u.username = :uname" +
                       " and u.password = :pword"
                      );
loginQuery.setParameter("uname", currentUser.getUsername());
loginQuery.setParameter("pword", currentUser.getPassword());

List result = loginQuery.getResultList();
if (result.size() == 1) validatedUser = (User) result.get(0);

if (validatedUser == null) {
   FacesMessages.instance().add(
      new FacesMessage("Invalid username or password!")
   );
   return null;
} else {
   currentUser = validatedUser;

   sessionContext.set(LoggedIn.LOGIN_TOKEN, true);
   // ou:
   Contexts.getSessionContext()
           .set(LoggedIn.LOGIN_TOKEN, true);

   return "start";
   }
 }
 public String doLogout() {
    Seam.invalidateSession();
     return "login";
 }
}
```

Esse código tem duas novas anotações do Seam: @In e @Out. Essas são dicas de apelidação de variável que você usa para a ligação de componente. Vamos discutir o resto do código primeiro antes de nos concentrarmos nessas expressões.

O método doLogin() pega o nome de usuário e a senha da variável membro currentUser e tenta encontrar esse usuário no banco de dados. Se nenhum usuário é encontrado, uma mensagem de erro JSF é enfileirada, e um resultado null resulta em voltar a mostrar a página de login. Se um usuário é encontrado, ele é designado à variável membro currentUser, substituindo o antigo valor dessa variável (nada muda na sessão HTTP até agora).

Você também coloca um sinal (um simples booleano) no contexto de sessão, para indicar que o User corrente está logado. Esse sinal será útil mais adiante quando você precisar testar se o usuário corrente está logado. Nós também discutiremos o método doLogout() adiante; ele invalida a sessão HTTP corrente.

Vamos entender o que @In e @Out fazem.

17.3.3 Como apelidar variáveis contextuais

Apelidar uma variável contextual soa complexo. Contudo, é a descrição formal do que está acontecendo quando você usa @In e @Out no código de um componente Seam. Olhe para Figura 17.9, que mostra o que acontece na etapa Invocar Aplicação do processamento de requisição após o usuário clicar em Login.

A anotação @In informa ao Seam que você quer um valor designado a uma variável membro desse componente. O valor é designado pelo Seam antes de um método do componente ser chamado (o Seam intercepta toda chamada).

De onde vem o valor? O Seam lê o nome da variável membro, o nome de campo currentUser no exemplo anterior, e começa a procurar por uma variável contextual com o mesmo nome em todos os seus contextos. No momento em que doLogin() é chamado, o Seam encontra uma variável currentUser no contexto de sessão. Ele pega *esse* valor e designa-o à variável membro do componente. Essa é uma referência à mesma instância User que está no contexto de sessão; você cria um *apelido* no escopo do componente. Você pode então chamar métodos na variável membro currentUser, como getUsername() e getPassword().

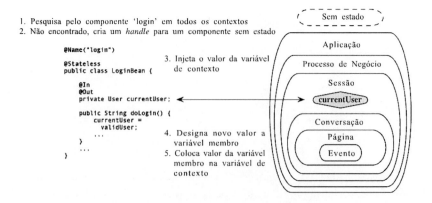

Figura 17.9 O Seam sincroniza um apelido membro com uma variável contextual.

Capítulo 17 – Introdução ao JBoss Seam | 785

A anotação @Out informa ao Seam que você quer um valor designado a uma variável contextual quando o método (qualquer método) do componente retorna. O nome da variável contextual é currentUser, o mesmo do nome do campo. O contexto da variável é o contexto padronizado do componente Seam currentUser (no exemplo anterior, o contexto de sessão). (Lembra do papel que você designou na classe User?) O Seam pega o valor da variável membro e o coloca em uma variável contextual.

Leia o método doLogin() novamente.

Antes de o método executar, o Seam injeta o valor da variável contextual currentUser (encontrada no contexto de sessão) na variável membro com o mesmo nome. O método então executa e trabalha com a variável membro. Após um login bem-sucedido (consulta ao banco de dados), o valor da variável membro é substituído. Esse novo valor deve ser colocado de volta na variável contextual. Após o método executar, o Seam coloca o valor da variável membro currentUser no contexto padronizado definido para esse componente, a sessão.

Em vez de campos, você também pode usar pares de métodos getter e setter para apelidação. Por exemplo, @In pode estar em setCurrentUser() e @Out em getCurrentUser(). Em ambos os casos, o nome da variável contextual apelidada será currentUser.

As anotações @In e @Out são extremamente poderosas. Você verá mais alguns exemplos mais adiante neste capítulo, mas precisamos de muito mais páginas para descrever todas as coisas que você pode fazer com essas anotações. Por favor, leia também os tutoriais na documentação de referência do Seam.

Você também pode trabalhar com variáveis contextuais diretamente, sem apelidá-las como variáveis membro. Na Listagem 17.13, o método doLogin() chama a Contexts diretamente para definir um valor de variável.

E, finalmente, os contextos do Seam formam uma hierarquia (exceto o pseudocontexto *sem estado*) que é buscada do escopo mais estreito para o mais amplo sempre que uma variável contextual precisa ser pesquisada (e quando você não declara explicitamente que contexto deve ser buscado). A documentação de referência do Seam tem uma lista de contextos e seus escopos no Capítulo 2; nós não iremos repeti-la aqui.

Vamos terminar a característica de login/logout e adicionar os pedaços faltantes à configuração e código.

786 | JAVA PERSISTENCE COM HIBERNATE

17.3.4 Como completar a característica de login/logout

As regras de navegação para a característica de login/logout estão faltando. Essas regras estão no faces-config.xml para o JSF:

```xml
<navigation-rule>

    <navigation-case>
        <from-outcome>login</from-outcome>
        <to-view-id>/login.xhtml</to-view-id>
        <redirect/>
    </navigation-case>

    <navigation-case>
        <from-outcome>start</from-outcome>
        <to-view-id>/catalog.xhtml</to-view-id>
    </navigation-case>

</navigation-rule>
```

Quando um usuário faz login com sucesso, o resultado start da ação leva o navegador para a página de início da aplicação, que no CaveatEmptor é o catálogo de itens de leilão.

Quando um usuário faz logout (clicando em um botão que está vinculado ao método login.doLogout()), o resultado login retorna, e /login.xhtml é renderizada. A regra que você define aqui também diz que isso é feito via redirecionamento do navegador. Essa abordagem tem duas conseqüências: primeira, o usuário vê /login.jsf como a URL no navegador; e segunda, o redirecionamento é feito imediatamente após a etapa Invocar Aplicação, após a execução do doLogout(). Você precisa desse redirecionamento para começar uma nova sessão HTTP na etapa seguinte Renderizar Resposta. A antiga sessão HTTP é marcada como inválida pelo doLogout() e é descartada após a etapa Invocar Aplicação.

A aplicação não é realmente segura. Embora os usuários acabem na página de login quando abrem a aplicação, eles podem adicionar outras páginas aos Favoritos (como o catálogo de item de leilão) e ir diretamente para uma URL. Você precisa proteger as páginas e redirecionar o usuário para a página de login, se nenhum sinal de logado estiver presente.

Você também precisa proteger o acesso aos métodos do componente bean diretamente, no caso de o usuário encontrar uma maneira de executar uma ação sem renderizar a página primeiro. (Isso é possível com componentes Seam que são expostos por meio de JavaScript.) Você protege os métodos de um componente com um interceptor EJB 3.0 (Listagem 17.14).

Listagem 17.14 Um interceptor EJB 3.0 que checa o sinal de logado

```java
package auction.interceptors;

import ...

@Name("loginInterceptor")
```

Capítulo 17 – Introdução ao JBoss Seam | 787

```java
@Interceptor(around={BijectionInterceptor.class,
                     ValidationInterceptor.class,
                     ConversationInterceptor.class,
                     BusinessProcessInterceptor.class},
          within= RemoveInterceptor.class)
public class LoggedInInterceptor {

    @AroundInvoke
    public Object checkLoggedIn(InvocationContext invocation)
                 throws Exception {

        String loggedInOutcome = checkLoggedIn();

        if (loggedInOutcome == null) {
            return invocation.proceed();
        } else {
            return loggedInOutcome;
        }
    }

    public String checkLoggedIn() {
        boolean isLoggedIn =
                Contexts.getSessionContext()
                        .get(LoggedIn.LOGIN_TOKEN) != null;
        if (isLoggedIn) {
            return null;
        } else {
            return "login";
        }
    }
}
```

Esse interceptor tem dois usos. Primeiro, é um @Interceptor EJB 3.0 que é executado no meio de outros interceptores EJB 3.0. Esses outros interceptores são todos do Seam, e você precisa colocar seus próprios interceptores na posição correta da pilha. A anotação EJB 3.0 @AroundInvoke marca o método que é chamado antes e depois de qualquer chamada a método em seus componentes protegidos. Se o método checkLoggedIn() não retornar qualquer coisa (resultado nulo), a invocação da chamada interceptada ao componente poderá prosseguir. Se o resultado não for nulo, será passado para o tratador de navegação JSF, e a chamada interceptada ao componente não prosseguirá.

A classe interceptora é também um componente Seam de puro Java (componentes Seam não têm que ser EJBs) com o nome loginInterceptor. O contexto padronizado para um componente JavaBean é o de *evento*. Você pode agora usar esse nome de componente em expressões – por exemplo, com a expressão #{loginInterceptor.checkLoggedIn} – sem passar por interceptação EJB. Isso é útil para proteger as páginas do acesso direto. No Seam você pode

788 | JAVA PERSISTENCE COM HIBERNATE

definir ações que rodem antes de uma página ser renderizada. Essas declarações estão em WEB-INF/pages.xml:

```
<pages>

    <page view-id="/catalog.xhtml"
       action="#{loginInterceptor.checkLoggedIn}"/>

</pages>
```

Quando um usuário vai direto para URL /catalog.jsf, a ação loginInterceptor. checkLoggedIn() roda. Se essa ação tiver um resultado não nulo, o Seam tratará o resultado como um resultado JSF comum e as regras de navegação vão se aplicar.

E, por fim, você protege seus métodos do componente aplicando o interceptor a uma classe EJB. Isso pode ser feito em XML (META-INF/ejb-jar.xml), que é ótimo se você quer usar caracteres curinga e proteger todos os beans em um determinado pacote. Ou, você pode escrever uma anotação de ajuda que encapsula o interceptor:

```
package auction.interceptors;

import ...

@Target(TYPE)
@Retention(RUNTIME)
@Documented
@Interceptors(LoggedInInterceptor.class)
public @interface LoggedIn {
    public static final String LOGIN_TOKEN = "loggedIn";
}
```

Essa anotação também contém a seqüência de caracteres constante à qual todo o outro código se refere, o que é conveniente. Agora, aplique essa anotação a uma classe EJB:

```
package auction.beans;

import ...

@Name("catalog")

@LoggedIn

@Stateful
public class CatalogBean implements Catalog { ... }
```

Sempre que qualquer método desse EJB for chamado, o LoggedInInterceptor rodará e validará se o usuário estiver logado. Se o usuário não estiver logado, o interceptor retornará o resultado login para o JSF.

CAPÍTULO 17 – INTRODUÇÃO AO JBOSS SEAM | 789

Você também pode checar pelo sinal de logado em uma página – por exemplo, se você tem que decidir se o botão Logout deve ser renderizado:

```
<h:form>
  <h:panelGroup rendered="#{loggedIn}">
    Current user: <b>#{currentUser.username}</b>
    (<h:commandLink value="Logout" action="#{login.doLogout}"/>)
  </h:panelGroup>
</h:form>
```

A expressão #{loggedIn} é resolvida para a booleana variável de contexto loggedIn que está presente ou não no contexto de sessão.

A característica de login/logout da aplicação está agora completa. Páginas e métodos de componente estão seguros; somente um usuário logado pode abri-las e chamá-los.

Como as pessoas conseguem uma conta de usuário? Elas têm que preencher um formulário de registro. Você deve validar os dados do formulário e criar a conta no banco de dados.

17.4 COMO VALIDAR ENTRADA DO USUÁRIO

No exemplo anterior, a tela de login e código de login/logout, você se baseia em validadores JSF padronizados e em seu próprio código no método doLogin() para validar entrada do usuário. Quando um usuário envia o formulário de login, o JSF roda os validadores declarados (em login.xhtml) na etapa Processar Validações. Se o usuário entra com um nome de usuário e uma senha, a validação é bem-sucedida, e o método login.doLogin() executa. O nome de usuário e senha passados são vinculados à consulta do banco de dados. A entrada do usuário é validada duas vezes:

- O JSF valida a entrada do formulário HTML antes de ele sincronizar o valor de cada campo de entrada com o modelo vinculado, o currentUser no contexto de sessão do Seam. Se você acessa o currentUser mais adiante em um método de ação, você tem a garantia de que as regras de validação de suas páginas foram checadas.

- O driver JDBC valida a entrada do usuário quando você vincula o nome de usuário e senha à consulta JPA QL. Internamente, isso é uma vinculação a um PreparedStatement JDBC comum, então o driver JDBC aplica o caractere de escape a quaisquer caracteres perigosos que o usuário possa ter introduzido.

Validar a entrada do usuário na camada de apresentação e assegurar que nenhum ataque por injeção de SQL seja possível é bom o bastante para uma simples tela de login. Mas e se você precisar validar um objeto User antes de ele ser salvo no banco de dados – por exemplo, durante um procedimento de registro de conta?

Você precisa de validação mais complexa, pois tem de checar o tamanho do nome de usuário entrado e ver se algum caractere ilegal foi usado, e você também precisa validar a qualidade da senha. Tudo isso pode ser resolvido com mais e possivelmente customizada

790 | Java Persistence com Hibernate

validação na camada de apresentação JSF, mas o esquema do banco de dados também deve validar a integridade dos dados armazenados. Por exemplo, você cria restrições do banco de dados que limitam o tamanho do valor armazenado na coluna USERNAME ou requerem uma combinação bem-sucedida com um padrão de seqüência de caracteres.

Em qualquer aplicação sofisticada, validação de entrada é uma preocupação que precisa ser tratada não somente na camada de apresentação, mas em várias camadas e até mesmo em diferentes camadas (físicas). É uma preocupação ortogonal que pode afetar todo o seu código. Com *Hibernate Validator*, você pode isolar e encapsular as regras de validação e de integridade dos dados facilmente, para todas as camadas da aplicação.

17.4.1 Introdução ao Hibernate Validator

O Hibernate Validator é um módulo do Hibernate Annotations. Você pode usar o Hibernate Validator mesmo sem o Hibernate e o Seam, só com o hibernate3.jar e o hibernate-annotations.jar no seu classpath, em qualquer aplicação Java. (É provável que o Hibernate Validator seja ramificado em seu próprio módulo independente no futuro. Isso depende do trabalho feito na JSR 303, "Bean Validation"; veja http://jcp.org/en/jsr/detail?id=303.)

O Hibernate Validator é um conjunto de anotações que você pode aplicar ao seu modelo de domínio para definir regras de integridade e de validação de dados declarativamente. Você pode estender o Hibernate Validator com as suas próprias restrições, escrevendo as suas próprias anotações.

Essas regras de integridade e de validação aplicadas podem ser usadas com o seguinte:

- *Java Puro* – Você pode chamar a API ClassValidator em qualquer lugar do código Java e fornecer objetos que precisam ser checados. O validador ou completa a validação ou retorna um arranjo de objetos InvalidValue. Cada InvalidValue contém os detalhes sobre a falha da validação, tais como o nome da propriedade e a mensagem de erro.

- *Hibernate* – Em Hibernate nativo, você pode registrar os eventos do Hibernate Validator que se tornam parte integral do processamento interno das operações de persistência do Hibernate. Com esses eventos, o Hibernate pode validar qualquer objeto que você esteja inserindo ou atualizando no banco de dados automaticamente e de forma transparente. Uma InvalidStateException que contém os detalhes é jogada quando a validação falha.

- *Hibernate EntityManager* – Se você usa a API Java Persistence com Hibernate EntityManager, os eventos do Hibernate Validator são ativados por padrão, e todas as instâncias de entidade serão checadas contra as anotações de validação quando você inserir ou atualizar um objeto no banco de dados.

- *SchemaExport* – A característica de geração de esquema de banco de dados do Hibernate pode criar restrições de banco de dados que refletem as suas regras de integridade em DDL SQL. A ferramenta *SchemaExport* (hbm2ddl) lê as anotações de validação no seu modelo de domínio e as coloca em DDL SQL. Cada anotação sabe como o SQL deve se parecer (ou se nenhuma restrição equivalente existe em SQL). Isso é especialmente poderoso se você escreve as suas próprias anotações de validação baseadas em restrições SQL procedimentais customizadas (gatilhos, e assim por diante). Você pode encapsular uma regra customizada de integridade do banco de dados em uma única anotação Java e usar o Hibernate Validator para checar as instâncias de uma classe anotada em tempo de execução.

- *Seam* – Com o Seam, você pode integrar o Hibernate Validator à camada de apresentação e lógica da sua aplicação. O Seam pode automaticamente chamar a API de validação quando um formulário JSF é enviado e decorar o formulário com quaisquer mensagens de erro de validação.

Você já usou o Seam e o Hibernate EntityManager nas seções anteriores. Tão logo você adiciona anotações do Hibernate Validator a suas classes de entidade, essas regras de integridade são validadas pelo Hibernate quando o contexto de persistência é descarregado para o banco de dados.

Vamos ligar o Hibernate Validator à interface com o usuário JSF e implementar uma característica de registro de conta para o CaveatEmptor.

17.4.2 Como criar a página de registro

Iremos começar com a interface com o usuário. Você precisa de uma nova página, register.xhtml, com um formulário JSF. Para chegar a essa página, você deve fornecer um link na página login.xhtml, para que os usuários saibam que eles podem se registrar:

```
<ui:define name="sidebar">

    <h1>Welcome to CaveatEmptor!</h1>

    <div>
        <h:form>
            If you don't have an account, please
            <h:commandLink action="register" immediate="true">
                register...
            </h:commandLink>
        </h:form>
    </div>

</ui:define>
```

Enviar esse formulário automaticamente pula para a etapa Renderizar Resposta no processamento da requisição (nenhuma validação, vinculação de modelo, ou execução de ação é necessária). A seqüência de caracteres register é um simples resultado de navegação, definido nas regras de navegação em faces-config.xml:

792 | JAVA PERSISTENCE COM HIBERNATE

```
<navigation-rule>
  <navigation-case>
    <from-outcome>login</from-outcome>
    <to-view-id>/login.xhtml</to-view-id>
    <redirect/>
  </navigation-case>

  <navigation-case>
    <from-outcome>register</from-outcome>
    <to-view-id>/register.xhtml</to-view-id>
    <!-- Torne este possível de ser adicionado aos Favoritos -->
    <redirect/>
  </navigation-case>
  ...
</navigation-rule>
```

Veja a captura de tela da página de registro na Figura 17.10.

O código para o formulário JSF no register.xhtml usa alguns componentes visuais do Seam para JSF (eles podem ser encontrados no arquivo jboss-seam-ui.jar).

Como decorar a página com tags do Seam

Os componentes do Seam que você agora usa integram a página com o Hibernate Validator (Listagem 17.15). Nós deixamos de fora o HTML básico da página; a única parte interessante é o formulário e como a validação desse formulário funciona. Você também precisa declarar o conjunto de nomes para a taglib do Seam a fim de usar os componentes em modelos do Facelets; o prefixo usado em todos os exemplos seguintes é s.

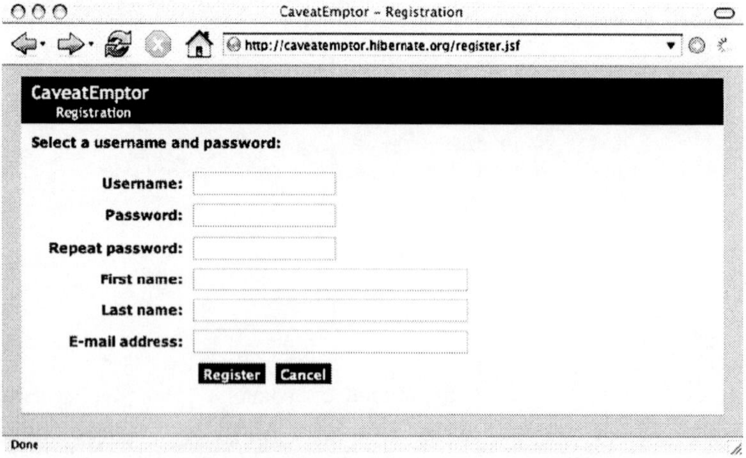

Figura 17.10 A página register.xhtml.

CAPÍTULO 17 – INTRODUÇÃO AO JBOSS SEAM | 793

Listagem 17.15 O fonte da register.xhtml com validação

```
<ui:composition ...
                xmlns:s="http://jboss.com/products/seam/taglib"
                ...>
<h:form>

    <f:facet name="beforeInvalidField">  ◄────❶
        <h:graphicImage value="/img/attention.gif"
                        width="18" height="18"
                        styleClass="attentionImage"/>
    </f:facet>
    <f:facet name="afterInvalidField">  ◄────❷
        <s:message/>
    </f:facet>

    <div class="errors" align="center">
        <h:messages globalOnly="true"/>  ◄────❸
    </div>

    <s:validateAll>  ◄────❹
        <div class="entry">
            <div class="label">Username:</div>
            <div class="input"><s:decorate>  ◄────❺
                <h:inputText size="16" required="true"  ◄────❻
                            value="#{currentUser.username}"/>
            </s:decorate></div>
        </div>

        <div class="entry">
            <div class="label">Password:</div>
            <div class="input"><s:decorate>
                <h:inputSecret size="16" required="true"
                            value="#{currentUser.password}"/>
            </s:decorate></div>
        </div>

        <div class="entry">
            <div class="label">Repeat password:</div>
            <div class="input"><s:decorate>
                <h:inputSecret size="16" required="true"
                            value="#{register.verifyPassword}"/>
            </s:decorate></div>
        </div>

        <div class="entry">
            <div class="label">Firstname:</div>
            <div class="input"><s:decorate>
                <h:inputText size="32" required="true"
                            value="#{currentUser.firstname}"/>
            </s:decorate></div>
        </div>
```

794 | JAVA PERSISTENCE COM HIBERNATE

```
    . . .
</s:validateAll>

<div class="entry">
    <div class="label"> </div>

    <div class="input">
        <h:commandButton value="Register" styleClass="button"        ❼
                        action="#{register.doRegister}"/>

        <h:commandButton value="Cancel" styleClass="button"          ❽
                        action="login" immediate="true"/>
    </div>
</div>

</h:form>
```

❶ Esse componente faceta é usado pelo decorador do Seam para mostrar o erro. Você o verá antes de qualquer campo de entrada que tenha um valor inválido.

❷ O decorador do Seam coloca a mensagem de erro após o campo inválido.

❸ Mensagens de erro globais que não são designadas a qualquer campo são mostradas no topo do formulário.

❹ A tag do Seam <s:validateAll/> habilita o Hibernate Validator para todas as tags filhas – ou seja, todos os campos de entrada que estão encapsulados nesse formulário. Você também pode habilitar o Hibernate Validator para somente um campo envolvendo o campo de entrada com <s:validate/>.

❺ A tag do Seam <s:decorate> trata das mensagens de erro de validação. Ela coloca as facetas beforeInvalidField e afterInvalidField em volta do campo de entrada se um erro ocorrer.

❻ O *widget* JSF de entrada tem um tamanho visível de 16 caracteres. Note que o JSF não limita o tamanho da seqüência de caracteres que o usuário pode introduzir, mas ele requer que o usuário entre com um valor. Essa validação de "não nulo" é ainda trabalho do JSF, não do Hibernate Validator.

❼ O botão Register tem uma vinculação de ação para register.doRegister, um componente Seam.

❽ Você precisa de um botão Cancel que redirecione o usuário para a página de login. Você novamente pula o processamento do formulário com immediate="true".

Quando o formulário de registro é enviado, o Seam participa da etapa Processar Validações do JSF e chama o Hibernate Validator para cada objeto de entidade ao qual você vinculou um campo de entrada. Nesse caso, somente uma instância de entidade deve ser validada, currentUser, que o Seam pesquisa em seus contextos.

Capítulo 17 – Introdução ao JBoss Seam | 795

Se a etapa Processar Validações termina, register.doRegister executa em Invocar Aplicação. Esse é um *stateful session bean* que vive no contexto de evento.

O componente Seam de registro

O formulário de registro tem duas vinculações ao componente Seam register. A primeira vinculação é uma vinculação de valor, com register.verifyPassword. O JSF e o Seam agora sincronizam a entrada do usuário desse campo com os métodos register.setVerifyPassword() e register.getVerifyPassword().

A segunda vinculação é uma vinculação de ação do botão Register para o método register.doRegister(). Esse método deve implementar checagens adicionais após a validação da entrada pelo JSF e Hibernate Validator, antes de o currentUser poder ser armazenado como uma nova conta no banco de dados. Veja o código na Listagem 17.16.

Listagem 17.16 Um stateful session bean implementa a lógica de registro

```
package auction.beans;
import ...

@Name("register")          ◄────❶
@Scope(ScopeType.EVENT)

@Stateful
public class RegisterBean implements Register {
   @In                     ◄────❷
   private User currentUser;

   @PersistenceContext
   private EntityManager em;

   @In(create=true)        ◄────❸
   private transient FacesMessages facesMessages;

   private String verifyPassword;    ◄────❹
   public String getVerifyPassword() {
      return verifyPassword;
   }

   public void setVerifyPassword(String verifyPassword) {
      this.verifyPassword = verifyPassword;
   }

   public String doRegister() {    ◄────❺

      if (!currentUser.getPassword().equals(verifyPassword)) {
         facesMessages.add("Passwords didn't match!")   ◄────❻
         verifyPassword = null;
         return null;
      }
      List existing =        ◄────❼
```

796 | JAVA PERSISTENCE COM HIBERNATE

```
em.createQuery("select u.username from User u" +
              " where u.username = :uname")
    .setParameter("uname", currentUser.getUsername())
    .getResultList();

    if (existing.size() != 0) {
        facesMessages.add("User exists!");
        return null;
    } else {
        em.persist(currentUser);    ◄——————❽
        facesMessages.add("Registration complete.");
        return "login";
    }
}

@Remove @Destroy    ◄——————❾
public void destroy() {}
}
```

❶   O componente Seam register é criado pelo Seam e destruído quando o contexto de evento é destruído, que é o escopo de uma única requisição JSF.

❷   O Seam injeta o currentUser, apelidado a partir da variável contextual, no contexto de sessão.

❸   O Seam injeta (ou cria, se a variável não puder ser encontrada em qualquer contexto) uma instância de FacesMessages. Essa é uma classe de ajuda conveniente se você precisa mandar mensagens a uma página JSF; você a usou antes sem injeção, mas através de pesquisa manual.

❹   O campo verifyPassword desse componente é sincronizado com o formulário JSF.

❺   Esse método implementa a lógica principal para o registro de uma nova conta. Ele é chamado após o Hibernate Validator checar o currentUser.

❻   As duas senhas entradas pelo usuário têm que combinar; caso contrário uma mensagem de erro é mostrada acima do formulário. O resultado null aciona uma reapresentação do formulário de login com a mensagem de erro.

❼   Nomes de usuário são únicos no banco de dados. Essa restrição multilinha não pode ser checada em memória pelo Hibernate Validator. Você precisa executar uma consulta de banco de dados e validar o nome de usuário.

❽   Se todas as validações passarem, você persiste o objeto currentUser; o contexto de persistência é descarregado, e a transação é confirmada quando o método doRegister() retorna. O resultado login redireciona o usuário de volta para a página de login, onde a mensagem *Registration complete* é renderizada acima do formulário de login.

CAPÍTULO 17 – INTRODUÇÃO AO JBOSS SEAM | 797

❾ O Seam chama o método destroy() do componente ao final da requisição JSF, quando o contexto de evento é destruído. O contêiner EJB 3.0 remove o *stateful session bean*, pois o método está marcado com @Remove.

A validação da entrada do usuário é freqüentemente mais complexa do que checar um único valor em um único objeto. O Seam chama o Hibernate Validator para toda instância de entidade vinculada do formulário de registro. Contudo, uma checagem duplicada do nome de usuário introduzido requer acesso ao banco de dados. Você poderia escrever a sua própria extensão do Hibernate Validator para esse propósito, mas parece desarrazoado sempre checar o banco de dados por um nome de usuário duplicado quando um objeto User deve ser validado. Por outro lado, é natural que a lógica de negócio seja implementada com código procedimental, e não declarativamente por completo.

Até agora, o Hibernate Validator não fez nada. Se você enviar o formulário de registro sem entrar com quaisquer valores, somente o inerente validador JSF para os required="true" rodará. Você recebe uma mensagem inerente de erro JSF em cada campo de entrada que informa que um valor é requerido.

Como anotar a classe de entidade

O Hibernate Validator não está ativo, pois não existem regras de integridade na classe de entidade User, então todos os objetos passam no teste de validação. Você pode adicionar anotações de validação aos campos ou aos métodos getter da classe de entidade:

```
package auction.model;

import ...

@Name("user")
@Role(name = "currentUser", scope = ScopeType.SESSION)

@Entity
@Table(name = "USERS")
public class User implements Serializable {

    @Id @GeneratedValue
    @Column(name = "USER_ID")
    private Long id = null;

    @Column(name = "USERNAME", nullable = false, unique = true)
    @org.hibernate.validator.Length(
        min = 3, max = 16,
        message = "Minimum {min}, maximum {max} characters."
    )
    @org.hibernate.validator.Pattern(
        regex="^\\w*$",
        message = "Invalid username!"
    )
    private String username;
```

```
@Column(name = "`PASSWORD`", length = 12, nullable = false)
private String password;

@Column(name = "FIRSTNAME", length = 255, nullable = false)
private String firstname;

@Column(name = "LASTNAME", length = 255, nullable = false)
private String lastname;
...}
```

Você aplica somente duas anotações do Hibernate Validator: os validadores @Length e @Pattern. Esses validadores têm atributos como o comprimento máximo e mínimo, ou um padrão de expressão regular (veja java.util.regex.Pattern). Uma lista de todas as anotações inerentes de validação pode ser encontrada na documentação de referência do Hibernate Validator no pacote Hibernate Annotations. Você também pode facilmente escrever as suas próprias anotações.

Todas as anotações de validação têm um atributo message. Essa mensagem é mostrada próxima ao campo do formulário se uma falha de validação ocorre.

Você pode adicionar mais anotações de validação que também checam a senha, o primeiro nome, e o último nome do usuário. Note que o atributo length da anotação @Column da coluna USERNAME foi removido. Graças à anotação de validação de comprimento, a ferramenta de exportação de esquema do Hibernate agora sabe que um VARCHAR(16) deve ser criado no esquema do banco de dados. Por outro lado, o atributo nullable = false fica, para a geração de uma restrição NOT NULL na coluna do banco de dados. (Você poderia usar uma anotação de validação @NotNull do Hibernate Validator, mas o JSF já checa esse campo para você: o campo do formulário é required="true".)

Após você adicionar as anotações de validação à classe User, enviar o formulário de registro com valores incompletos mostra mensagens de erro, como a Figura 17.11 apresenta.

A característica de registro agora está completa; os usuários podem criar novas contas. Não parece, entretanto, que as mensagens de erro estejam perfeitas. Se você tentar usar a aplicação com esse código, verá que as mensagens de erro não são tão boas quanto as mostradas na Figura 17.11. Os campos que requerem entrada possuem uma mensagem horrorosa _id23: Field input is required, ao invés. E também, será que é uma boa idéia colocar mensagens de erro em inglês nas suas classes de entidade, mesmo se elas estão em metadado de anotação?

Em vez de substituir somente as mensagens de erro padronizado do JSF (que inclui os automaticamente gerados identificadores de *widget*), vamos isolar todas as mensagens da interface com o usuário e também permitir aos usuários que troquem de linguagem.

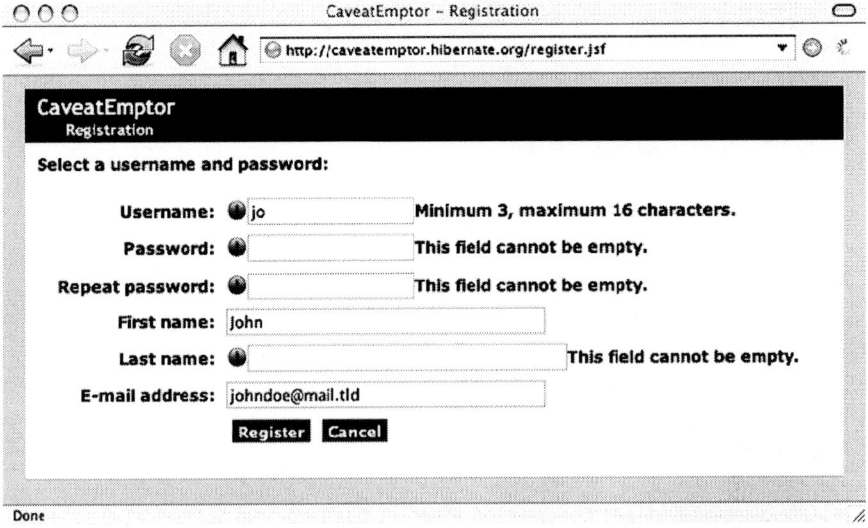

*Figura 17.11 O Seam decora os campos
de entrada com mensagens de erro de validação.*

17.4.3 Internacionalização com o Seam

O primeiro passo em direção a uma aplicação multilíngua é um trocador de língua – digamos, um link no qual o usuário pode clicar no menu do topo da aplicação. O Seam tem um componente localeSelector (ele vive no contexto de sessão) que torna isso fácil:

```
<h:form>
  <h:panelGroup>
    <h:outputText value="#{messages['SelectLanguage']}"/>:
    <h:commandLink
      value="EN"
      action="#{localeSelector.selectLanguage('en')}"/>
    |
    <h:commandLink
      value="DE"
      action="#{localeSelector.selectLanguage('de')}"/>
  </h:panelGroup>
</h:form>
```

O pequeno formulário tem dois hiperlinks: EN e DE. Os usuários podem clicar nos links para trocar a interface da aplicação entre o inglês e o alemão. As ações dos links estão vinculadas ao método localeSelector.selectLanguage(), com argumentos literais. Esses argumentos, en e de, são códigos ISO de linguagem; olhe o Javadoc por java.util.Locale.

800 | JAVA PERSISTENCE COM HIBERNATE

Mas isso não é tudo o que acontece aqui. Quando o formulário é renderizado, a expressão #{messages['SelectLanguage']} é avaliada, e a saída dessa expressão é renderizada como texto, antes dos links de comando. A saída dessa expressão é algo como "Select your language:". De onde isso vem?

Claramente, messages é um componente Seam; ele vive no contexto de sessão. Ele representa um mapa de mensagens exteriorizadas; SelectLanguage é uma chave buscada no mapa. Se o mapa contém um valor para essa chave, o valor é então impresso. Caso contrário, SelectLanguage é impresso literalmente.

Você pode usar o componente messages em qualquer lugar onde possa escrever uma expressão que resolva componentes Seam (que é quase em qualquer lugar). Esse componente é um conveniente *handle* para um pacote de recursos (resource bundle) do Java, que é um termo complicado que significa pares de chave/valor em um arquivo .properties.

O Seam lê automaticamente o messages.properties da raiz do seu classpath para dentro do componente messages. Contudo, o nome do arquivo de fato depende da localidade corrente selecionada. Se um usuário clica no link DE, o arquivo que é buscado no classpath tem o nome messages_de.properties. Se o inglês é a língua ativa (que é o padrão, dependendo da configuração JSF e do navegador), o arquivo que é carregado é o messages_en.properties.

Eis um trecho do messages_en.properties:

```
SelectLanguage = Select language:
PleaseRegisterHint = Create a new account...
SelectUsernameAndPassword = Select a username and password
PasswordVerify = Repeat password
PasswordVerifyField = Controlpassword
Firstname = First name
Lastname = Last name
Email = E-mail address
TooShortOrLongUsername = Minimum 3, maximum 16 characters.
NotValidUsername = Invalid name! {TooShortOrLongUsername}
PasswordVerifyFailed = Passwords didn't match, try again.
UserAlreadyExists = A user with this name already exists.
SuccessfulRegistration = Registration complete, please log in:
DoRegister = Register
Cancel = Cancel

# Sobrescreve as mensagens padrões JSF
javax.faces.component.UIInput.REQUIRED = This field cannot be empty.
```

A última linha sobrescreve a mensagem de erro de validação JSF padronizado para o *widget* de campo de entrada. A sintaxe {Key} é útil se você quer combinar mensagens; a mensagem TooShortOrLongUsername é acrescentada à mensagem NotValidUsername.

Você pode agora substituir todas as seqüências de caracteres em seus arquivos XHTML por expressões que pesquisem chaves no componente Seam messages. Você também pode usar chaves de pacotes de recursos no seu componente RegistrationBean, em código Java:

```java
public String doRegister() {
    if (!currentUser.getPassword().equals(verifyPassword)) {
        facesMessages
            .addFromResourceBundle("PasswordVerifyFailed");
        verifyPassword = null;
        return null;
    }

    List existing =
        em.createQuery("select u.username from User u" +
                       " where u.username = :uname")
            .setParameter("uname", currentUser.getUsername())
            .getResultList();

    if (existing.size() != 0) {
        facesMessages
            .addFromResourceBundle("UserAlreadyExists");
        return null;
    } else {
        em.persist(currentUser);
        facesMessages
            .addFromResourceBundle("SuccessfulRegistration");
        return "login";
    }
}
```

E por fim, você pode usar chaves do pacote de recursos nas mensagens do Hibernate Validator (essa não é uma característica do Seam – ela também funciona sem o Seam):

```java
@Entity
public class User implements Serializable {

...
    @Column(name = "USERNAME", nullable = false, unique = true)
    @org.hibernate.validator.Length(
        min = 3, max = 16,
        message = "{TooShortOrLongUsername}"
    )
    @org.hibernate.validator.Pattern(
        regex="^\\w*$",
        message = "{NotValidUsername}"
    )
    private String username;
...}
```

Vamos traduzir o pacote de recursos e salvá-lo como message_de.properties:

```
SelectLanguage = Sprache:
PleaseRegisterHint = Neuen Account anlegen...
SelectUsernameAndPassword = Benutzername und Passwort w\u00e4hlen
PasswordVerify = Passwort (Wiederholung)
PasswordVerifyField = Kontrollpasswort
Firstname = Vorname
Lastname = Nachname
Email = E-mail Adresse
TooShortOrLongUsername = Minimum 3, maximal 16 Zeichen.
NotValidUsername = Ung\u00fcltiger name! {TooShortOrLongUsername}
PasswordVerifyFailed = Passworte nicht gleich, bitte wiederholen.
UserAlreadyExists = Ein Benutzer mit diesem Namen existiert bereits.
SuccessfulRegistration = Registrierung komplett, bitte einloggen:
DoRegister = Registrieren
Cancel = Abbrechen

# Sobrescreve as mensagens padrões JSF
javax.faces.component.UIInput.REQUIRED = Eingabe erforderlich.
```

Note que você usa seqüências UTF para expressar caracteres que não são ASCII. Se o usuário selecionar alemão na aplicação e tentar se registrar sem completar o formulário, todas as mensagens aparecerão em alemão (Figura 17.12).

Figura 17.12 A interface com o usuário foi traduzida para o alemão.

A língua selecionada é uma definição com escopo de sessão. Ela agora está ativa até o usuário fazer logout (que invalida a sessão HTTP). Se você também definir a chave localeSelector.cookieEnabled=true no seam.properties, a seleção de língua dos usuários será armazenada como um cookie no navegador web.

A última, mas não menos importante, característica do Seam que queremos demonstrar é o tratamento automático do contexto de persistência através do Seam. Se você já viu alguma vez uma LazyInitializationException em uma aplicação Hibernate (e quem nunca viu?) essa é a solução perfeita.

17.5 Como simplificar a persistência com o Seam

Todos os exemplos anteriores neste capítulo usam a EntityManager que foi injetada pelo contêiner EJB 3.0. Um campo membro em um EJB é anotado com @PersistenceContext, e o escopo do contexto de persistência é sempre a transação iniciada e confirmada para um determinado método de ação. Em termos do Hibernate, uma Session do Hibernate é aberta, descarregada, e fechada para todo método chamado em um *session bean*.

Quando um método do *session bean* retorna e o contexto de persistência é fechado, todas as instâncias de entidade que você carregou do banco de dados nesse método do *bean* estão em estado desligado. Você pode renderizar essas instâncias em uma página JSF acessando suas propriedades e coleções inicializadas, mas você recebe uma LazyInitializationException se tentar acessar uma associação ou coleção não inicializada. Você também tem que religar (ou fundir, com a API Java Persistence) uma instância desligada se quiser tê-la em estado persistente novamente. Além do mais, tem que codificar cuidadosamente os métodos equals() e hashCode() das suas classes de entidade, pois o escopo de identidade garantida é somente a transação, o mesmo do (relativamente curto) escopo do contexto de persistência.

Nós já discutimos as conseqüências do estado desligado de objeto várias vezes neste livro. Quase sempre concluímos que evitar o estado desligado *estendendo* o contexto de persistência e escopo de identidade além de uma transação é uma solução preferível. Você já viu o padrão Open Session in View que estende o contexto de persistência para transpor toda uma requisição. Embora esse padrão seja uma solução pragmática para aplicações construídas de um modo sem estado, onde o escopo mais importante é a requisição, você precisa de uma variação mais poderosa se escreve uma aplicação com estado Seam com conversações.

804 | JAVA PERSISTENCE COM HIBERNATE

Se você deixar o Seam injetar uma EntityManager em seus *session beans*, e se deixar o Seam gerenciar o contexto de persistência, ganhará o seguinte:

- *Automática vinculação e definição de escopo de um contexto de persistência estendido para uma conversação* – Você tem um escopo de identidade garantida que transpõe a sua conversação. Uma determinada conversação tem no máximo uma representação em memória de uma determinada linha do banco de dados. Não existem objetos desligados, e você pode facilmente comparar instâncias de entidade com o duplo igual (a==b). Você não tem que implementar o equals() e o hashCode() e comparar as instâncias de entidade por chave de negócio.

- *Nada de LazyInitializationExceptions quando você acessa um proxy ou coleção não inicializada(o) em uma conversação* – O contexto de persistência está ativo por toda a conversação, e o motor de persistência pode recuperar dados sob demanda sempre. O Seam fornece uma implementação muito mais poderosa e conveniente do padrão Open Session in View, que evita objetos desligados não somente durante uma única requisição, mas também durante toda uma conversação.

- *Envolvimento automático da requisição JSF em várias transações de sistema* – O Seam usa várias transações para encapsular as etapas no ciclo de vida da requisição JSF. Discutiremos essa montagem de transação mais adiante; um de seus benefícios é que você tem uma montagem otimizada que mantém os períodos de bloqueio do banco de dados tão curtos quanto possíveis, sem qualquer codificação.

Vamos demonstrar isso com um exemplo, reescrevendo o procedimento de registro da seção anterior como uma conversação com um contexto de persistência estendido. A implementação anterior era basicamente sem estado: o RegisterBean tinha o escopo definido somente para um único evento.

17.5.1 Como implementar uma conversação

Volte e leia o código mostrado na Listagem 17.16. Esse *stateful session bean* é o bean de apoio para a página de registro de conta no CaveatEmptor. Quando um usuário abre ou envia a página de registro, uma instância desse bean é criada e ativa enquanto o evento é processado. O JSF vincula os valores do formulário ao bean (através do verifyPassword e do injetado pelo Seam currentUser) e chama os métodos receptores de ação quando necessário.

Esse é um desenho sem estado. Embora você use um *stateful session bean*, seu escopo é uma única requisição, o contexto de evento no Seam. Essa abordagem funciona bem, pois a conversação que o usuário realiza é trivial – somente uma única página com um único formulário tem de ser preenchida e enviada. A Figura 17.13 mostra um procedimento de registro mais sofisticado.

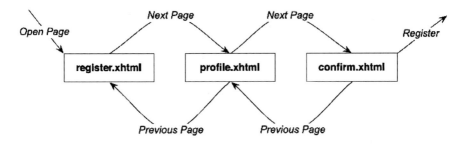

Figura 17.13 O assistente de registro do CaveatEmptor.

O usuário abre a register.xhtml e entra com o nome de usuário e senha desejados. Após o usuário clicar em Next Page, um segundo formulário com os dados de perfil (primeiro nome, endereço de e-mail, e assim por diante) é apresentado e deve ser preenchido. A última página mostra todos os dados da conta e do perfil novamente, para que o usuário possa confirmá-los (ou voltar atrás e corrigi-los).

Esse procedimento de registro é uma conversação em estilo assistente, com os usuais botões Next Page e Previous Page que permitem ao usuário percorrer a conversação. Muitas aplicações precisam desse tipo de diálogo. Sem o Seam, implementar conversações multipáginas ainda é difícil para desenvolvedores de aplicação web. (Note que existem muitos outros bons casos de uso para conversações; o diálogo de assistência é comum.)

Vamos escrever as páginas e os componentes Seam para essa conversação.

A página de registro

A página register.xhtml tem quase a mesma aparência da mostrada na Listagem 17.15. Você remove os campos de perfil do formulário (primeiro nome, último, endereço de e-mail) e substitui o botão Register por um botão Next Page:

```
...
<s:validateAll>

    <div class="entry">
        <div class="label">Username:</div>
        <div class="input">
            <s:decorate>
                <h:inputText size="16" required="true"
                             value="#{register.user.username}"/>
            </s:decorate>
        </div>
```

806 | Java Persistence com Hibernate

```html
    </div>

    <div class="entry">
        <div class="label">Password:</div>
        <div class="input">
            <s:decorate>
                <h:inputSecret size="16" required="true"
                            value="#{register.user.password}"/>
            </s:decorate>
        </div>
    </div>

    <div class="entry">
        <div class="label">Repeat password:</div>
        <div class="input">
            <s:decorate>
                <h:inputSecret size="16" required="true"
                            value="#{register.verifyPassword}"/>
            </s:decorate>
        </div>
    </div>

    </s:validateAll>

    <div class="entry">
        <div class="label"> </div>
        <div class="input">
            <h:commandButton value="Next Page"
                            styleClass="button"
                            action="#{register.enterAccount}"/>
        </div>
    </div>
```

Você ainda está se referindo ao componente register para vincular valores e ações; você verá essa classe em um momento. Você vincula os valores do formulário ao objeto User retornado pelo register.getUser(). O currentUser já era. Você agora tem um contexto de conversação e não precisa mais usar o contexto de sessão HTTP (a implementação anterior não funcionava se o usuário tentasse registrar duas contas em duas janelas de navegador ao mesmo tempo). O componente register agora guarda o estado do User que está vinculado a todos os campos do formulário durante a conversação.

O resultado do método enterAccount() avança o usuário para a próxima página, o formulário de perfil. Note que você ainda se baseia no Hibernate Validator para validação de entrada, chamada pelo Seam (<s:validateAll/>) na etapa Processar Validações da requisição. Se a validação da entrada falha, a página é reexibida.

A página de perfil

A página profile.xhtml é bem parecida com a página register.xhtml. O formulário de perfil inclui os campos do perfil, e os botões na base da página permitem a um usuário voltar ou avançar na conversação:

```
. . .
<div class="entry">
  <div class="label">E-mail address:</div>
  <div class="input">
    <s:decorate>
      <h:inputText size="32" required="true"
                   value="#{register.user.email}"/>
    </s:decorate>
  </div>
</div>

<div class="entry">
  <div class="label"> </div>

  <div class="input">
    <h:commandButton value="Previous Page"
                     styleClass="button"
                     action="register"/>

    <h:commandButton value="Next Page"
                     styleClass="button"
                     action="#{register.enterProfile}"/>
  </div>
</div>
```

Qualquer campo do formulário preenchido pelo usuário é aplicado ao modelo register.user quando o formulário é enviado. O botão Previous Page pula a etapa Invocar Aplicação e resulta no resultado register – a página anterior é mostrada. Note que não existe <s:validateAll/> em volta desse formulário; você não quer Processar Validações quando o usuário clica no botão Previous Page. Chamar o Hibernate Validator é agora delegado à ação register.enterProfile. Você deve validar a entrada do formulário só quando o usuário clicar no Next Page. No entanto, você mantém a decoração nos campos do formulário para mostrar quaisquer mensagens de erro de validação.

A próxima página mostra um resumo da conta e do perfil.

A página de resumo

Na confirm.xhtml, toda entrada é apresentada em um resumo, permitindo ao usuário revisar os detalhes da conta e do perfil antes de finalmente enviá-los para registro:

808 | Java Persistence com Hibernate

```
...
<div class="entry">
   <div class="label">Last name:</div>
   <div class="output">#{register.user.lastname}</div>
</div>

<div class="entry">
   <div class="label">E-mail address:</div>
   <div class="output">#{register.user.email}</div>
</div>

<div class="entry">
   <div class="label"> </div>
   <div class="input">
      <h:commandButton value="Previous Page"
                       styleClass="button"
                       action="profile"/>
      <h:commandButton value="Register"
                       styleClass="button"
                       action="#{register.confirm}"/>
   </div>
</div>
```

O botão Previous Page renderiza a resposta definida pelo resultado profile, que é a página anterior. O método register.confirm é chamado quando o usuário clica em Register. Esse método de ação termina a conversação.

E, por fim, você escreve o componente Seam que dá apoio a essa conversação.

Como escrever um componente Seam conversacional

O RegisterBean mostrado na Listagem 17.16 deve ter o escopo definido para conversação. Primeiro, eis a interface:

```
public interface Register {

   // Métodos de vinculação de valor
   public User getUser();
   public void setUser(User user);

   public String getVerifyPassword();
   public void setVerifyPassword(String verifyPassword);

   // Métodos de vinculação de ação
   public String enterAccount();
   public String enterProfile();
   public String confirm();

   // Rotina de limpeza
   public void destroy();
}
```

Capítulo 17 – Introdução ao JBoss Seam | 809

Uma das vantagens do modelo de conversação do Seam é que você pode ler a sua interface como uma história da sua conversação. O usuário entra com dados de conta e, então, com dados de perfil. E, finalmente, a entrada é confirmada e armazenada.

A implementação do bean é mostrada na Listagem 17.17.

Listagem 17.17 Um componente Seam com escopo definido para conversação

```
package auction.beans;
import ...

@Name("register")
@Scope(ScopeType.CONVERSATION)    ◄──────❶

@Stateful
public class RegisterBean implements Register {

    @PersistenceContext    ◄──────❷
    private EntityManager em;

    @In(create=true)
    private transient FacesMessages facesMessages;

    private User user;    ◄──────❸
    public User getUser() {
        if (user == null) user = new User();
        return user;
    }
    public void setUser(User user) {
        this.user = user;
    }

    private String verifyPassword;    ◄──────❹
    public String getVerifyPassword() {
        return verifyPassword;
    }
    public void setVerifyPassword(String verifyPassword) {
        this.verifyPassword = verifyPassword;
    }

    @Begin(join = true)    ◄──────❺
    public String enterAccount() {
        if ( verifyPasswordMismatch() || usernameExists() ) {
            return null; // Redisplay page
        } else {
            return "profile";
        }
    }

    @IfInvalid(outcome = Outcome.REDISPLAY)    ◄──────❻
    public String enterProfile() {
        return "confirm";
    }
```

JAVA PERSISTENCE COM HIBERNATE

```java
@End(ifOutcome = "login")          ◄————————❼
public String confirm() {
    if ( usernameExists() ) return "register"; // Safety check
    em.persist(user);
    facesMessages.add("Registration successful!");
    return "login";
}

@Remove @Destroy
public void destroy() {}

private boolean usernameExists() {
    List existing =
        em.createQuery("select u.username from User u" +
                       " where u.username = :uname")
            .setParameter("uname",
                          user.getUsername())
            .getResultList();

    if (existing.size() != 0) {
        facesMessages.add("Username exists");
        return true;
    }
    return false;
}

private boolean verifyPasswordMismatch() {
    if (!user.getPassword().equals(verifyPassword)) {
        facesMessages.add("Passwords do not match");
        verifyPassword = null;
        return true;
    }
    return false;
}
}
```

❶ Quando o Seam instancia esse componente, uma instância é vinculada ao contexto de conversação sob o nome de variável register.

❷ O contêiner EJB 3.0 injeta um contexto de persistência com escopo definido para transação. Você irá usar o Seam aqui mais adiante para injetar um contexto de persistência com escopo definido para conversação.

❸ A variável membro user é exposta com métodos de acesso para que *widgets* JSF de entrada possam ser vinculados a propriedades individuais de User. O estado da user é mantido durante a conversação pelo componente register.

❹ A variável membro verifyPassword é também exposta com métodos de acesso para vinculação de valor em formulários, e o estado é mantido durante a conversação.

CAPÍTULO 17 – INTRODUÇÃO AO JBOSS SEAM | 811

❺ Quando o usuário clica em Next Page na primeira tela, o método enterAccount() é chamado. A conversação corrente é promovida a uma conversação prolongada com @Begin, quando esse método retorna, para que ela transponha futuras requisições até que um método marcado com @End retorne. Como os usuários podem voltar para a primeira página e reenviar o formulário, você precisa juntar uma conversação existente se ela já estiver em progresso.

❻ Quando o usuário clica em Next Page na segunda tela, o método enterProfile() é chamado. Como ele está marcado com @IfInvalid, o Seam executa o Hibernate Validator para validação de entrada. Se um erro ocorre, a página é reexibida (Outcome.REDISPLAY é uma conveniente constante de atalho) com mensagens de erro do Hibernate Validator. Se não existirem erros, o resultado será a página final da conversação.

❼ Quando o usuário clica em Register na última tela, o método confirm() é chamado. Quando o método retorna o resultado login, o Seam termina a conversação prolongada e destrói o componente chamando o método marcado com @Destroy. Enquanto isso, se alguma outra pessoa escolher o mesmo nome de usuário, você redirecionará o usuário de volta para a primeira página da conversação; o contexto de conversação ficará intacto e ativo.

Você já viu a maioria das anotações anteriormente neste capítulo. A única anotação nova é a @IfInvalid, que aciona o Hibernate Validator quando o método enterProfile() é chamado. A conversação de registro agora está completa, e tudo funciona como esperado. O contexto de persistência é tratado pelo contêiner EJB, e um novo contexto de persistência é designado a cada método de ação quando o método é chamado.

Você não se deparou com quaisquer problemas, pois o código e as páginas não carregam dados sob demanda puxando dados na visão a partir dos objetos de domínio desligados. Contudo, quase qualquer conversação mais complexa do que o processo de registro irá disparar uma LazyInitializationException.

17.5.2 Como deixar o Seam gerenciar o contexto de persistência

Vamos provocar uma LazyInitializationException. Quando o usuário entra na tela final da conversação, o diálogo de confirmação, você apresenta uma lista de categorias de leilão. Os usuários podem selecionar a categoria padronizada para as contas deles: a categoria de leilão em que eles querem navegar e vender itens por padrão. A lista de categorias é carregada do banco de dados e exposta com um método getter.

Como disparar uma LazyInitializationException

Edite o componente RegisterBean e exponha uma lista de categorias de leilão, carregada do banco de dados:

```
public class RegisterBean implements Register {
   ...

   private List<Category> categories;
   public List<Category> getCategories() {
      return categories;
   }
   ...

   @IfInvalid(outcome = Outcome.REDISPLAY)
   public String enterProfile() {
      categories =
             em.createQuery("select c from Category c" +
                               " where c.parentCategory is null")
                 .getResultList();
      return "confirm";
   }
}
```

Você também adiciona o método getCategories() à interface do componente. Na visão confirm.xhtml, você pode agora fazer uma vinculação a esse método getter para mostrar as categorias:

```
...
<div class="entry">
   <div class="label">E-mail address:</div>
   <div class="output">#{register.user.email}</div>
</div>

<div class="entry">
   <div class="label">Default category:</div>
   <div class="input">
       <tr:tree var="cat"
          value="#{registrationCategoryAdapter.treeModel}">
       <f:facet name="nodeStamp">
          <h:outputText value="#{cat.name}"/>
       </f:facet>
       </tr:tree>
   </div>
</div>
...
```

Para exibir categorias, você usa um *widget* diferente, que não está no conjunto padronizado do JSF. É um componente visual de dados em árvore do projeto Apache MyFaces Trinidad. Ele também precisa de um adaptador que converta a lista de categorias em um modelo de dados em árvore. Mas isso não é importante (você pode encontrar bibliotecas e configuração para isso no arquivo para baixar do CaveatEmptor).

O que *é* importante é se a árvore de categorias é renderizada após o enterProfile() ter sido invocado, o contexto de persistência já foi fechado na etapa Renderizar Resposta. Quais categorias estão agora totalmente disponíveis em estado desligado? Somente as categorias-raiz, categorias sem categoria-pai, foram carregadas do banco de dados. Se o usuário clica na exibição da árvore e quer ver se uma categoria tem algum filho, a aplicação falha com uma LazyInitializationException.

Com o Seam, você pode facilmente estender o contexto de persistência para transpor toda a conversação, não somente um único método ou um único evento. Carregamento sob demanda de dados é então possível em qualquer lugar na conversação e em qualquer etapa do processamento JSF.

Como injetar um contexto de persistência do Seam

Primeiro, configure um contexto de persistência gerenciado pelo Seam. Edite (ou crie) o arquivo components.xml em seu diretório WEB-INF:

```
<components>

    <component name="org.jboss.seam.core.init">

        <!— Habilita a página seam.debug —>
        <property name="debug">false</property>

        <!— Como o Seam pesquisa pelos EJBs na JNDI —>
        <property name="jndiPattern">
            caveatemptor/#{ejbName}/local
        </property>
    </component>

    <component name="org.jboss.seam.core.manager">

        <!— 10 minutos inativo tempo de expiração da conversação —>
        <property name="conversationTimeout">600000</property>

    </component>

    <component
        name="caveatEmptorEM"
        class="org.jboss.seam.core.ManagedPersistenceContext">
        <property name="persistenceUnitJndiName">
            java:/EntityManagerFactories/caveatEmptorEMF
        </property>
    </component>

</components>
```

814 | JAVA PERSISTENCE COM HIBERNATE

Você também move todas as outras opções de configuração do Seam para dentro desse arquivo, então o seam.properties está agora vazio (mas ainda necessário como um marcador para o digitalizador de componente).

Quando o Seam inicia, ele configura a classe ManagedPersistenceContext como um componente do Seam. Isso é como colocar anotações do Seam nessa classe (existem também anotações nessa classe empacotada com o Seam). O nome do componente é caveatEmptorEM, e ele implementa a interface EntityManager. Agora sempre que você precisar de uma EntityManager, deixe o Seam injetar o caveatEmptorEM.

(A classe ManagedPersistenceContext precisa saber como pegar uma EntityManager real, então você tem que fornecer o nome da EntityManagerFactory na JNDI. Como você coloca a EntityManagerFactory dentro da JNDI depende do seu fornecedor de Java Persistence. No Hibernate, você pode configurar essa vinculação com jboss.entity.manager.factory.jndi.name no persistence.xml.)

Modifique o RegisterBean novamente e use o contexto de persistência do Seam:

```
@Name("register")
@Scope(ScopeType.CONVERSATION)

@Stateful
public class RegisterBean implements Register {

    @In(create = true, value = "caveatEmptorEM")
    private EntityManager em;
    ...
```

Quando um método desse componente é chamado pela primeira vez, o Seam cria uma instância de ManagedPersistenceContext, vincula-a à variável caveatEmptorEM no contexto de conversação, e injeta-a no campo membro em antes de o método ser executado. Quando o contexto de conversação é destruído, o Seam destrói a instância ManagedPersistenceContext, que fecha o contexto de persistência.

Quando o contexto de persistência é descarregado?

Como integrar o ciclo de vida do contexto de persistência

O contexto de persistência gerenciado pelo Seam é descarregado sempre que uma transação confirma. Ao invés de colocar transações (com anotações) em volta dos seus métodos de ação, deixe o Seam também gerenciar as transações. Esse é o trabalho de um diferente receptor de etapa do Seam para JSF, substituindo aquele básico no faces-config.xml:

```
<lifecycle>
    <phase-listener>
        org.jboss.seam.jsf.TransactionalSeamPhaseListener
    </phase-listener>
</lifecycle>
```

CAPÍTULO 17 – INTRODUÇÃO AO JBOSS SEAM | 815

Esse receptor usa duas transações de sistema para tratar uma requisição JSF. Uma transação é iniciada na etapa Restaurar Visão e confirmada após a etapa Invocar Aplicação. Quaisquer exceções de sistema nessas etapas acionam uma reversão automática da transação. Uma resposta diferente pode ser preparada com um tratador de exceção (esse é um ponto fraco em JSF – você tem que usar um tratador de exceção de servlet no web.xml para fazer isso). Confirmando a primeira transação após a execução do método de ação estar completa, você mantém quaisquer bloqueios do banco de dados criados pela DML SQL nos métodos de ação tão curtos quanto possíveis.

Uma segunda transação transpõe a etapa Renderizar Resposta de uma requisição JSF. Qualquer visão que puxe dados sob demanda (e acione a inicialização de associações e coleções carregadas ansiosamente) roda nessa segunda transação. Essa é uma transação na qual os dados são somente lidos, então nenhum bloqueio do banco de dados (se o seu banco de dados não está rodando em modo *repeatable read*, ou se ele tem um sistema de controle de concorrência multiversão) é criado durante essa etapa.

E, por fim, note que o contexto de persistência transpõe a conversação, mas o descarregamento e a confirmação podem ocorrer durante a conversação. Portanto, a conversação toda não é atômica. Você pode desabilitar descarregamento automático com @Begin(flushMode = FlushModeType.MANUAL) quando uma conversação for promovida a prolongada; você então tem que chamar o flush() manualmente quando a conversação terminar (geralmente no método marcado com @End).

O contexto de persistência agora está disponível através de injeção do Seam em qualquer componente, sem estado ou com estado. É sempre o mesmo contexto de persistência em uma conversação; ele age como um cache e mapa de identidade para todos os objetos de entidade que foram carregados do banco de dados.

Um contexto de persistência estendido que transpõe toda uma conversação tem outros benefícios que podem não ser óbvios à primeira vista. Por exemplo, o contexto de persistência não é somente o mapa de identidade, mas também o cache de todos os objetos de entidade que foram carregados do banco de dados durante uma conversação.

Imagine que você não guarda estado conversacional entre requisições, mas coloca todo pedaço de informação ou no banco de dados ou na sessão HTTP (ou em campos escondidos do formulário, ou cookies, ou parâmetros de requisição...) ao final de cada requisição. Quando a próxima requisição chega ao servidor, você monta o estado novamente acessando o banco de dados, a sessão HTTP, e assim por diante. Como você não tem outros contextos úteis e qualquer modelo de programação conversacional, você deve remontar e desmontar o estado da aplicação para cada requisição. Esse desenho de aplicação sem estado não escala – você não pode ir ao banco de dados (a camada (física) que é mais custosa de escalar) para toda requisição do cliente!

Os desenvolvedores tentam resolver esse problema habilitando o cache de segundo nível do Hibernate. Contudo, escalar uma aplicação com um cache conversacional é muito mais interessante do que escalá-la com um cache de dados de segundo nível burro. Especialmente

816 | JAVA PERSISTENCE COM HIBERNATE

em um cluster, um cache de segundo nível força uma atualização dos caches em todos os nós do cluster sempre que qualquer pedaço de dado é modificado por qualquer nó. Com o cache conversacional, somente os nós necessários para distribuição de carga ou superação automática de falhas dessa determinada conversação têm que participar da replicação dos dados da conversação corrente (que é nesse caso uma replicação de *stateful session bean*). A replicação pode ser reduzida de forma significativa, pois nenhum cache global compartilhado precisa ser sincronizado.

Gostaríamos de falar muito mais sobre o Seam e lhe mostrar outros exemplos, mas estamos ficando com falta de papel.

17.6 RESUMO

Neste capítulo, vimos JSF, EJB 3.0, e como uma aplicação web que utiliza esses padrões pode ser melhorada com o framework JBoss Seam. Nós discutimos os contextos do Seam e como os componentes podem ser interligados de um modo contextual. Falamos sobre a integração do Seam com o Hibernate Validator, e você viu por que um contexto de persistência gerenciado pelo Seam é a perfeita solução para LazyInitializationExceptions.

Se você achou esse passeio pelo mundo do Seam interessante, há muito mais coisa esperando para ser descoberta:

- O modelo de componente do Seam também suporta um conceito de evento/receptor, que permite aos componentes chamar um ao outro com um padrão de acoplamento fraco (ligado através de expressões) observer/observable.

- Você pode habilitar um fluxo de navegação com estado para uma conversação com um descritor de fluxo de página, substituindo o modelo de navegação JSF sem estado. Isso soluciona quaisquer problemas que você possa ter com o usuário clicando no botão Voltar do navegador durante uma conversação.

- O Seam tem um sofisticado modelo de concorrência para processamento assíncrono no servidor (integrado ao JMS), assim como tratamento de concorrência em conversações (o Seam protege as conversações de duplos-envios (double-submits)).

- O Seam lhe permite interligar conversações e tarefas de gerenciamento de processo de negócio facilmente. Ele integra os fluxos de trabalho e o contexto de processo de negócio do JBoss jBPM (http://www.jboss.com/products/jbpm).

- O Seam integra o JBoss Rules (http://www.jboss.com/products/rules). Você pode acessar políticas em componentes Seam e componentes Seam a partir de regras.

CAPÍTULO 17 – INTRODUÇÃO AO JBOSS SEAM | 817

- Uma biblioteca JavaScript é empacotada com o Seam. Com esse framework Remoting, você pode chamar componentes Seam a partir de código do lado do cliente facilmente. O Seam pode tratar quaisquer requisições Ajax ao seu servidor.

- O Seam Application Framework fornece prontos para uso componentes que lhe permitem escrever uma, facilmente extensível, aplicação CRUD de banco de dados em minutos.

- Os componentes do Seam são facilmente testáveis, com ou sem um contêiner (embutível). O Seam torna o teste de integração e o funcional extremamente fáceis com a superclasse SeamTest para o TestNG; essa classe lhe permite escrever script de interações que simulam um navegador web.

Se você quer continuar com o Seam e explorar outras características que não entraram nessa lista, continue com os tutoriais na documentação de referência do Seam.

ANOTAÇÕES

Impressão e acabamento
Gráfica da Editora Ciência Moderna Ltda.
Tel: (21) 2201-6662